Kohlhammer

Der Insolvenzplan

Handbuch für das Sanierungsverfahren
gemäß §§ 217 bis 269 InsO
mit praktischen Beispielen und Musterverfügungen

von

Prof. Dr. Stefan Smid
Leiter des Centrums für Deutsches und Europäisches Insolvenzrecht
an der Juristischen Fakultät der
Christian-Albrechts-Universität zu Kiel

Prof. Rolf Rattunde
Rechtsanwalt, Insolvenzverwalter und Notar in Berlin
(Fachanwalt für Steuerrecht, Fachanwalt für Insolvenzrecht,
Honorarprofessor an der Hochschule
für Technik und Wirtschaft Berlin)

Prof. Dr. Torsten Martini
Rechtsanwalt, Insolvenzverwalter in Berlin
(Fachanwalt für Insolvenzrecht,
Honorarprofessor an der Hochschule
für Wirtschaft und Recht Berlin)

4., vollständig überarbeitete und erweiterte Auflage

Verlag W. Kohlhammer

4. Auflage 2015

Alle Rechte vorbehalten
© W. Kohlhammer GmbH, Stuttgart
Gesamtherstellung: W. Kohlhammer GmbH, Suttgart

Print:
ISBN 978-3-17-025898-0

E-Book-Formate:
pdf: 978-3-17-025899-2
epub: 978-3-17-025900-9
mobi: 978-3-17-025901-6

Für den Inhalt abgedruckter oder verlinkter Websites ist ausschließlich der jeweilige Betreiber verantwortlich. Die W. Kohlhammer GmbH hat keinen Einfluss auf die verknüpften Seiten und übernimmt keinerlei Haftung.

Vorwort

Der Insolvenzplan hat sich als Instrument der Abwicklung von Insolvenzverfahren zusehends durchgesetzt. Seine schwere Handhabbarkeit haftet ihm nach wie vor an, Rechtsfragen seiner Umsetzung haben sich vermehrt. Das „Gesetz zur weiteren Erleichterung der Sanierung von Unternehmen" (ESUG) vom 7.12.2011, BGBl. I, 2582, hat neue Fragen aufgeworfen, doch zeigen die ersten Insolvenzpläne in Großverfahren nach ESUG seine nun auch merklich zunehmende praktische Bedeutung.

Wie in seinen Vorauflagen stellt dieses Handbuch den systematischen Zusammenhang zwischen den insolvenzplanrechtlichen Vorschriften und den allgemeinen Regelungen des Insolvenzrechts in ihrem Bezug zum Bürgerlichen Recht und Zivilverfahrensrecht dar. Die Rechtsprechung namentlich des BGH bis zum Ende August 2014 wird in ihren Auswirkungen auf die Erarbeitung von Insolvenzplänen erläutert und nicht allein Haftungsrisiken, sondern mehr noch werden Chancen beschrieben, die der Planinitiator nutzen kann.

Die Autoren danken Herrn Wirtschaftsprüfer und Steuerberater Valentin Schmid, Berlin, für die Übernahme der steuerlichen Aspekte in Kapitel 5 und Herrn Dr. Nicolai Kaniess, Berlin, für die tatkräftige Unterstützung im Rahmen der Neuauflage.

Torsten Martini, Rolf Rattunde und Stefan Smid,
Berlin und Kiel/Strande im Dezember 2014

Inhaltsverzeichnis

Vorwort		V
Inhaltsverzeichnis		VII
Abkürzungsverzeichnis		XX
Literaturverzeichnis		XXIV
Einleitung		1
I.	Sanierung und Reorganisation als Aufgaben des Insolvenzverfahrens	1
II.	Die außergerichtliche Sanierung	5
	1. Probleme der außergerichtlichen Sanierung	5
	2. Fiskusprivileg und außergerichtliche Sanierung	8
III.	Statistische Daten	8
IV.	Interessen der Beteiligten	9
V.	Rechtliche Instrumentarien einer Reorganisation und Sanierung	9
VI.	Gang der Darstellung	13
1. Hauptteil: Darstellung und Kritik des Insolvenzplanverfahrens		15
Kapitel 1: Exekution und Sanierung		15
	I. Fragestellung	15
	1. Sanierung statt Zerschlagung	15
	a) Insolvenz (Konkurs) als „Wertvernichter"?	15
	b) Rettung des Konkurses durch „Sanierungsbemühungen"	15
	2. Gerichtliche Kontrolle und Sanierung	15
	3. Übertragende Sanierungen	16
	4. Frühzeitige Einleitung des einheitlichen Insolvenzverfahrens und Sanierungschancen	18
	a) Überblick	18
	b) Person des Insolvenzverwalters	19
	c) Haftungsandrohung	20
	d) Insolvenzarbeitsrecht	21
	e) Insolvenzgeld	22
	f) Beschäftigungsgesellschaften	23
	g) Insolvenzmietrecht	23
	II. Par conditio creditorum: Insolvenzplan und Funktion des Insolvenzrechts	24
Kapitel 2: Übersicht über technische Probleme der Entwicklung eines Insolvenzplans		28
	I. Der vom Gesetzgeber gedachte Gang eines Insolvenzplanverfahrens	28
	1. Grundstrukturen	28
	2. Anwendungsfälle	34
	a) Übersicht	34
	b) Übertragende Sanierung	35
	c) Vorteile von Planverfahren	36
	3. Verquickung von Insolvenz- und Gesellschaftsrecht	38

Inhaltsverzeichnis

	4. „Einheitliches" Insolvenzverfahren oder Trennung von sanierendem Vergleich/Ausgleich und liquidierendem Konkurs	39
	5. Maßstäbe der Auslegung der gesetzlichen Regelungen	41
II.	Begrenzung der allgemeinen Regelungen der InsO	42
III.	Insolvenzplan und Insolvenzgericht	42
	1. Mehrbelastungen der Justiz	42
	2. Gerichtliche Kenntnisse	43
IV.	Verfahrensgrundsätze	44
	1. Rechtliches Gehör	44
	2. Amtsermittlungsgrundsatz	45
	3. „Insolvenzplanspezifische" Verfahrensgrundsätze	45
V.	Persönlicher Anwendungsbereich: „Insolvenzplanfähigkeit"	46
	1. Personenmehrheiten	46
	2. Natürliche Personen	47
VI.	Insolvenzplan bei Massearmut und Masseunzulänglichkeit?	48
VII.	Erfahrungen mit Insolvenzplänen	48

2. Hauptteil: Allgemeine Regeln und Grundsätze des Inhalts und der Ausarbeitung von Insolvenzplänen 49

Kapitel 3: Die Planvorlageberechtigten 49
- I. Planvorlage als Verfahrenshandlung 49
- II. Planvorlage des Insolvenzverwalters 49
  1. Grundlagen 49
  2. Planvorlagebefugnis des Insolvenzverwalters aus eigenem oder abgeleitetem Recht der Gläubiger? ... 50
  3. Planvorlagebefugnis des vorläufigen Insolvenzverwalters? 51
- III. Planvorlagebefugnis des eigenverwaltenden Schuldners aufgrund Beschlusses der Gläubigerversammlung ... 52
- IV. Eigenverwaltung 53

Kapitel 4: Planvorbereitung, Eigenverwaltung und drohende Zahlungsunfähigkeit 56
- I. Planvorlagebefugnis des eigenverwaltenden Schuldners aufgrund Beschlusses der Gläubigerversammlung ... 56
  1. Planbarkeit der „Sanierung durch Insolvenz" 56
     a) Unverzichtbarkeit eines „positiven Insolvenzklimas" 56
     b) Frühzeitige Mitwirkung der Gläubiger 56
     c) Eigenverwaltung und „Schutzschirmverfahren" 57
  2. Die Wahl des „richtigen" Insolvenzverwalters ... 58
  3. Sprachliche Vermittelbarkeit des Plans 60
- II. Stimmbindungsverträge 61
  1. Ausgangslage 61
  2. Schutz des par-conditio-Grundsatzes vor vereitelnden Verträgen 61
  3. Ankauf „fauler Kredite" 63
  4. Zulässigkeit von Stimmrechtsbindungsverträgen .. 64
  5. Auskunftsansprüche von Aktionären gegen insolvente Aktiengesellschaft 65

Inhaltsverzeichnis

	III. Beschaffung der Informationen für die Aufstellung des Insolvenzplans	65
	1. Relevante Informationsquellen	65
	2. Rekursive Plangestaltung durch ständige Informationsverarbeitung	65
	IV. Europarechtliche Fragen: Beihilferechtliche Problemstellungen	66
	1. Begriff der Beihilfe	66
	2. Verfahren bei Vorliegen einer Beihilfe	67
Kapitel 5:	Steuerliche Aspekte des Insolvenzplanverfahrens	69
	I. Stellung der Finanzbehörde im Insolvenzplanverfahren	69
	II. Materiell-steuerrechtliche Fragen im Insolvenzplanverfahren	70
	1. Gewinnrealisation und Mindestbesteuerung	70
	2. Billigkeitsmaßnahmen für Sanierungsgewinne	72
	3. Erhalt von Verlustvorträgen vor und im Insolvenzplanverfahren	76
Kapitel 6:	Inhalt des darstellenden und des gestaltenden Teils des Insolvenzplans sowie die Plananlagen	82
	I. „Vollstreckungsform" des Regelungsgehalts von Insolvenzplänen	82
	1. Rechtsgestaltungen durch den bestätigten Insolvenzplan	82
	a) Übersicht über die Regelungen der §§ 254 ff. InsO	82
	b) Regelungsgegenstände nach § 258 RegEInsO	83
	c) Verhältnis von darstellendem und gestaltendem Teil des Insolvenzplans	83
	2. Wirkung des bestätigten Plans gegenüber dem Insolvenzschuldner	83
	II. Insolvenzplan als Normkomplex zur Gestaltung der Rechte der Verfahrensbeteiligten	84
	1. Plan und Vollstreckungsform	84
	2. Abänderung des bestätigten Insolvenzplans?	85
	III. Inhalt des „darstellenden" Teils des Insolvenzplans	85
	1. Darstellung der Lage des Unternehmens	85
	a) Vermögensstatus, Gläubiger- und Schuldnerverzeichnis	87
	b) Ursachen der Insolvenz	87
	c) Darstellung anfechtbarer Rechtsgeschäfte	87
	2. Darstellung der erforderlichen Maßnahmen zur weiteren Verfahrensabwicklung	87
	a) Grundsatz	89
	b) Autonome Sanierungsmaßnahmen	89
	aa) Übersicht	89
	bb) Autonome Sanierungsmaßnahmen im Einzelnen	91
	c) Maßnahmen, die das Insolvenzrecht selbst zur Verfügung stellt (heteronome Maßnahmen)	93
	aa) Übersicht	93

Inhaltsverzeichnis

    bb) Maßnahmen zur Verbesserung der Personalstruktur 93
    cc) Behandlung nicht erfüllter Verträge 93
    dd) Sicherheiten: Aussonderungsrecht, §§ 47, 48 InsO 97
    ee) Sicherheiten: Absonderungsrecht, §§ 49–51 InsO 98
  d) Insolvenzanfechtung................... 98
  e) Anteils- und Mitgliedschaftsrechte 99
  f) Auffang- und Übernahmegesellschaften...... 99
  g) Drittverpflichtungen.................. 100
 3. Der „bewertende" Teil des Insolvenzplans 100
  a) Bewertung der Sanierungsfähigkeit des Schuldners............................ 100
  b) Bewertung der Tauglichkeit einzelner Maßnahmen............................ 100
  c) Bewertungen zur Vorbereitung der insolvenzgerichtlichen Bestätigung des Planes 100
    aa) §§ 245, 246 InsO 100
    bb) § 251 InsO..................... 101
 4. Anlagen zum darstellenden Teil des Insolvenzplans 101
IV. Der „gestaltende" Teil: Übersicht 101
 1. Grundsatz......................... 101
 2. Einzelne Bestandteile des gestaltenden Teils des Insolvenzplans 102
  a) Beschlüsse der Selbstverwaltungsorgane der Gläubiger......................... 102
  b) Sanierungsprogramm 102
    aa) Schulderlass oder Stundungen 102
    bb) Weitere Willenserklärungen........... 103
  c) Willenserklärungen des Insolvenzverwalters... 103
  d) Willenserklärungen Dritter 103
  e) Anteils- und Mitgliedschaftsrechte 103
  f) Fortführung anhängiger Rechtsstreitigkeiten .. 104
  g) Verfahrensregelungen................. 104
  h) Kreditaufnahmen.................... 104
 3. Insolvenzplan als Titel 105
V. Dokumentierender Teil: Anlagen zum Insolvenzplan gem. §§ 229, 230 InsO 106
 1. Grundsatz......................... 106
 2. Anlagen gem. § 229 InsO im Einzelnen 107
  a) Plananlagen bezogen auf den Zeitpunkt der Verfahrenseröffnung................... 107
  b) Plananlagen bezogen auf den Zeitpunkt des In-Kraft-Tretens des Insolvenzplans 108
  c) IDW-Empfehlungen 108
 3. Anlagen gem. § 230 InsO im Einzelnen 108
  a) Zustimmung zur Ungleichbehandlung....... 108
  b) Weitere Anlagen 108

Kapitel 7: Rechtsnatur des Insolvenzplans 109
 I. Vorbemerkung: Rechtfertigung von Eingriffen in Rechte aus der Struktur („Rechtsnatur") des Insolvenzplans ... 109

Inhaltsverzeichnis

		1. Die „Vertragstheorie" und ihre Kritik	109
		2. Probleme einer Einordnung des Insolvenzplans	109
		3. Schlussfolgerung	110
	II.	Auslegungsfähigkeit und Auslegungsbedürftigkeit der Regelungen des gestaltenden Teils von Insolvenzplänen.	111
		1. Bedenken aufgrund der Titeleigenschaft des Insolvenzplans?	111
		2. Bürgerlich-rechtliche Rahmenbedingungen der Auslegung von Planregelungen	112
		3. Geltungserhaltende Auslegung von Regelungen in Insolvenzplänen	113
Kapitel 8:		Beteiligte, in deren Rechte durch Insolvenzplan eingegriffen werden kann	114
	I.	Reorganisation des Insolvenzschuldners durch „Austausch" von Gesellschaftern	114
		1. Änderung der Rechtsstellung „der Beteiligten" durch den Insolvenzplan, § 221 InsO	114
		2. Formell am Insolvenzverfahren und nach Maßgabe der Eingriffe in ihre Rechtsstellung am Insolvenzverfahren beteiligte Gläubiger	114
		3. Formelle Beteiligung des Insolvenzschuldners	114
		4. Keine Beteiligtenstellung des Insolvenzverwalters.	115
		5. Eingriffe in Rechte der Gesellschafter	115
	II.	Eingriffe in Rechte aussonderungsberechtigter Gläubiger	115
		1. Grundsatz	115
		2. Sonderfall Eigentumsvorbehalt	115
	III.	Gestaltung der schuldrechtlichen Beziehungen aus gegenseitigen Verträgen durch Insolvenzpläne?	118
		1. Sicherung von Nutzungspotenzialen für die Masse	118
		2. Arbeitsrechtliche Rechtsgestaltung durch den Plan?	120
		a) Fragestellung	120
		b) Eingriffe in die Insolvenzforderungen der Arbeitnehmer	120
		c) Gestaltende Eingriffe in die Arbeitsverträge für die Zukunft?	121
		d) Einschränkung des § 613a BGB durch Insolvenzplan?	121
		3. Sonderregelungen für den Pensionssicherungsverein	121
		4. Eingriffe in Rechte der Massegläubiger im masseunzulänglichen Insolvenzplanverfahren	125
Kapitel 9:		Gesellschaftsrechtliche Maßnahmen in der Insolvenz	126
	I.	Vorbemerkungen	126
	II.	Möglicher Planinhalt	128
		1. Fortsetzung der Gesellschaft	128
		2. „Gesellschaftsrechtlich zulässige Maßnahme"	128
	III.	Insbesondere: Kapitalmaßnahmen im Insolvenzplan	129
		1. Vorbemerkung	129
		2. Übertragung von Gesellschaftsanteilen	130

Inhaltsverzeichnis

		3. Kapitalherabsetzung und -erhöhung	130
		4. Debt-Equity-Swap	130
	IV.	Verdrängung gesellschaftsrechtlicher Vorgaben durch das Insolvenzplanverfahren	131
		1. § 254a Abs. 1 InsO	132
		2. § 254a Abs. 2 InsO	132
	V.	Kompensation des Beteiligungsverlusts.	132
	VI.	Weitere Regelungen in Bezug auf Anteilsinhaber	132
	VII.	Abstimmung über den Insolvenzplan	133
Kapitel 10:	Regelung der Masseverbindlichkeiten im Insolvenzplan . . .		135
	I.	Unzulässigkeit bei Masselosigkeit	135
	II.	Zulässigkeit bei Masseunzulänglichkeit	135
Kapitel 11:	Konzerninsolvenzpläne		137
	I.	Einführung: Strukturfragen	137
		1. Insolvenz der Tochtergesellschaft	138
		a) Unternehmensverträge	138
		b) Verlustausgleichspflicht nach § 302 AktG	140
		2. Insolvenz der Muttergesellschaft.	141
		a) Unternehmensverträge	141
		b) Verlustausgleichspflicht nach § 302 AktG	141
		3. Die Insolvenz des (faktischen) GmbH-Konzerns . .	141
		a) GmbH-Konzernrecht	141
		b) Faktische Konzernierung.	141
		4. Konzernübergreifende Sanierung durch Insolvenzpläne in Verbindung mit der Eigenverwaltung . . .	143
	II.	Konzerninsolvenzrecht de lege ferenda: Koordinationspläne und Insolvenzplan	144
		1. Frühere Reformvorschläge	144
		2. Aktuelle Reformvorschläge	144
		a) Konzerngerichtsstand	144
		b) Einheitlicher Gruppen-Verwalter bzw. Gruppen-Sachwalter	145
		c) Koordinationsverfahren	146
		3. Europäische grenzüberschreitende Insolvenzverfahren nach der EuInsVO	147
		a) Bisheriger Rechtszustand	147
		b) De lege feranda.	148
Kapitel 12:	Bildung von Abstimmungsgruppen im Insolvenzplan durch den Planinitiator		150
	I.	Überblick über die Funktion der Gruppenbildung . . .	150
		1. Vorbemerkung.	150
		2. Funktion der Gruppenbildung	150
	II.	Definition der Beteiligtengruppen durch den Schuldner und gerichtliche Kontrolle gem. § 231 InsO	151
	III.	Maßstäbe der Gruppenbildung	152
		1. Absonderungsberechtigte Gläubiger (Nr. 1)	152
		2. Nicht nachrangige Gläubiger (Nr. 2)	153
		3. Nachrangige Gläubiger (Nr. 3)	154
		4. Am Schuldner beteiligte Personen (Nr. 4)	155
		5. Arbeitnehmer (§ 222 Abs. 3 Satz 1 InsO).	156
		6. Kleingläubiger (§ 222 Abs. 3 Satz 2 InsO)	156

Inhaltsverzeichnis

		7. Weitere Gruppenbildung gem. § 222 Abs. 2 InsO .	158
		a) Rechtmäßigkeitsmaßstab der Gruppenbildung .	158
		b) Anwendung des Maßstabes	158
		c) „Ein-Gläubiger-Gruppen"	159

Kapitel 13: Rechtliche Folgerungen für die „taktische" Ausgestaltung des Insolvenzplans 161
    I. Berücksichtigung des Gleichbehandlungsgebots, § 226 InsO 161
    II. Salvatorische Klauseln..................... 162
        1. Die Vorstellung des Gesetzgebers 162
        2. „Abkauf" von Widersprüchen 163
        3. Ausschluss von vorteilsgewährenden Vereinbarungen, § 226 Abs. 3 InsO.................. 165
        4. Pool dinglich berechtigter Gläubiger 165
    III. Aufrechnungsbefugnis..................... 166

3. Hauptteil: Verfahren der Vorprüfung, Erörterung, Abstimmung und Bestätigung des Insolvenzplans................. 167
Kapitel 14: Vorprüfung und Zulassung oder Zurückweisung des Insolvenzplans durch das Insolvenzgericht gem. § 231 InsO ... 167
    I. Insolvenzgerichtliche Aufgabe................ 167
        1. Übersicht 167
        2. Funktionelle Zuständigkeit 168
    II. Maßstäbe der Entscheidung gem. § 231 InsO 169
        1. Übersicht 169
        2. Einhaltung der Rechtsvorschriften über die Formalia des Insolvenzplans, § 231 Abs. 1 Nr. 1 InsO . . 169
            a) Tatbestand 169
            b) Verfahrensökonomische Erwägungen 170
            c) Keine Zurückweisung des Verwalterplans wegen fehlender Konsultation gem. § 218 Abs. 3 InsO 171
            d) Überprüfung der Gruppenbildung gem. § 222 InsO 171
        3. Zurückweisung des Insolvenzplans nach § 231 Abs. 1 Nr. 2 oder 3 InsO.................. 172
            a) Umfang der Prüfung 172
            b) Generalklauseln.................. 173
        4. Zurückweisung des Plans bei Gefährdung der Gläubigerbefriedigung..................... 175
            a) Schutz der Gläubiger als Aufgabe des Insolvenzgerichts 175
            b) Fallgruppen 176
        5. Instanzgerichtliche Judikatur 178
    III. Besondere richterliche Hinweispflicht nach § 231 Abs. 1 InsO........................... 179
        1. Übersicht 179
        2. Hinweispflichten in den Fällen des § 231 Abs. 1 Nr. 2 und 3 InsO 180
    IV. Zurückweisung des Schuldnerplanes gem. § 231 Abs. 2 InsO........................... 181
    V. Fällt das Insolvenzgericht eine „positive" Zulassungsentscheidung gem. § 231 Abs. 2 InsO?........... 181

Inhaltsverzeichnis

	1. Fragestellung	181
	2. Klarstellender Zulassungsbeschluss	181
	3. „Widerruf" der Zulassung und Beendigung des Insolvenzplanverfahrens durch das Insolvenzgericht?	187
Kapitel 15:	Das Verfahren bis zur Erörterung des Planes	190
I.	Anhörung gem. § 232 InsO	190
	1. Einholung der Stellungnahme von den in § 232 Abs. 1 InsO vorgesehenen Stellen	190
	2. Stellung der genossenschaftlichen Prüfungsverbände in der Genossenschaftsinsolvenz	190
	3. Stellungnahmen weiterer Stellen	190
	4. Frist zur Stellungnahme	190
	5. Einholung der Stellungnahmen vor Eröffnung des Insolvenzverfahrens?	191
II.	Niederlegung des Insolvenzplans, § 234 InsO	191
III.	Insolvenzgerichtliche Aussetzung von Verwertung und Verteilung	192
	1. Funktion der Verwertungsaussetzung	192
	2. Antrag des Insolvenzverwalters	192
	3. Antrag des Insolvenzschuldners	193
	4. Aufhebung der Aussetzung durch insolvenzgerichtliche Entscheidung nach § 233 Satz 2 InsO	194
Kapitel 16:	Vorbereitung und Ablauf von Erörterungs- und Abstimmungstermin	197
I.	Vorbereitung des Erörterungs- und Abstimmungstermins durch das Insolvenzgericht	197
	1. Gesetzliche Regelung	197
	2. Terminsbestimmung	197
	3. Öffentliche Bekanntmachung	199
	4. Ladung	199
II.	Ablauf des Erörterungstermins	201
III.	Änderungen des Insolvenzplans im Erörterungstermin	202
	1. Übersicht	202
	2. Mängelbeseitigung im Planverfahren: Absolute und relative Mängel	204
	a) Absolute Mängel	204
	b) Verfahrensmängel	205
	c) Relative Mängel	205
	3. Verhältnis zur insolvenzgerichtlichen Vorprüfung des Insolvenzplans gem. § 231 InsO	206
	4. Vermeidung von missbräuchlichen Abänderungen	206
	5. Einschränkende Auslegung des § 240 InsO	208
	a) Ausschluss der „Nachbesserung" hinsichtlich der Gruppenbildung gem. § 222 InsO	208
	b) Einschränkung der Abänderungsbefugnis wegen der Regelung des Plans von Maßnahmen zur Rechtsgestaltung	209
	6. Eigene Aufgaben des Insolvenzgerichts	210
IV.	Verbindung von Erörterungs- und Prüfungstermin	211
	1. Übersicht	211
	2. Verbindung mit dem Prüfungstermin	211
	3. Anteilsinhaber	211

Inhaltsverzeichnis

	V.	Stimmrechtsfestsetzung	212
		1. Übersicht	212
		2. Insolvenzgläubiger	212
		3. Absonderungsberechtigte	213
		4. Verfahren der Stimmrechtsfestsetzung. Fehlerkorrektur	213
	VI.	Abstimmung über den Insolvenzplan	214
		1. Übersicht	214
		2. Wirkungen der Abstimmung	214
		3. Erforderliche Mehrheiten	214
Kapitel 17:	Bestätigung des Insolvenzplans		218
	I.	Funktion	218
	II.	Übersendung eines Abdrucks des Plans oder einer Zusammenfassung seines wesentlichen Inhalts an Verfahrensbeteiligte, § 252 Abs. 2 InsO	219
	III.	Hinderungsgründe	219
		1. Übersicht	219
		2. „Wesentlichkeit" des Verfahrensverstoßes	220
		3. Fallgruppen	220
		a) Fehlende Zustellung des Insolvenzplans oder von Teilen des Planes (Verstoß gegen § 235 Abs. 3 Satz 2 InsO)	220
		b) Fehlerhafte Stimmrechtsfestsetzung (Verstoß gegen §§ 237, 238 InsO)	221
		c) Fehler bei der Bildung der Abstimmungsgruppen (Verstoß gegen § 222 InsO)	221
		d) Versagungsgründe für eine Restschuldbefreiung	221
		e) Abbedingen zwingenden Rechts	221
		f) Teilbestätigung	222
		4. Unlauteres Zustandekommen	222
		5. Kein insolvenzgerichtliches Ermessen	222
	IV.	Bestätigung im Falle „bedingter" Pläne gem. § 249 InsO	223
	V.	Bedingung der Festsetzung einer bestimmten Verwaltervergütung	224
	VI.	Heilung von Mängeln des Plans durch die insolvenzgerichtliche Bestätigung	225
		1. Insolvenzgerichtliche Bestätigung der Plankorrektur	226
		2. Weiteres Verfahren. Rechtsmittel	226
Kapitel 18:	Planbestätigung trotz mehrheitlicher Ablehnung des Insolvenzplans durch eine oder mehrere Abstimmungsgruppen		227
	I.	Funktion	227
		1. Ausgangslage	227
		2. Cramdown im chapter 11 bankruptcy code	233
		3. Umfang der Ermittlungspflichten des Insolvenzgerichts: Der Fall des AG Mühldorf/Inn und des LG Traunstein	235
	II.	Reichweite der Entscheidung gem. § 245 InsO	245
	III.	Das Verbot der „Schlechterstellung" und die gerichtliche Prognose gem. § 245 Abs. 1 Nr. 1 InsO	245
		1. Best interest test	245

XV

Inhaltsverzeichnis

	2. Maßstäbe	245
	3. Abhängigkeit der Gläubigerbefriedigung vom Zustandekommen des Insolvenzplans	246
	4. Befriedigung absonderungsberechtigter Gläubiger	247
IV.	Schutz bevorrechtigter Gläubiger gem. § 245 Abs. 1 Nr. 2 InsO – die deutsche Variante der absolute priority rule	247
	1. Haftungsverwirklichung als Funktion des Insolvenzverfahrens und Grundlage des Insolvenzplans	247
	2. § 245 Abs. 2 InsO als Vorschrift zur Auslegung des § 245 Abs. 1 Nr. 2 InsO	248
	a) Rechtslage nach der deutschen InsO	248
	b) Absolute priority rule im US-amerikanischen Insolvenzrecht	248
	3. Verhältnis des best interest tests (§ 245 Abs. 1 Nr. 1 InsO) zur absolute priority rule (§ 245 Abs. 1 Nr. 2 InsO)	253
V.	Regelung des § 245 Abs. 1 Nr. 3 InsO	263
	1. Mehrheitsentscheidungen, Gläubigerautonomie und numerische Minderheiten bei der Bestätigung des Insolvenzplans	263
	2. Keine „gestalterischen" Befugnisse des Insolvenzgerichts	265
VI.	Obstruktionsverbot gegenüber der Gruppe der Anteilseigner	266

Kapitel 19: Das Widerspruchsrecht des Insolvenzschuldners gegen den angenommenen Insolvenzplan (§ 247 InsO) 267

I.	Grundlagen	267
	1. Eigene verfahrensrechtliche Beteiligtenstellung des Insolvenzschuldners	267
	2. Inhaber und Grundgedanke des Widerspruchsrechts	267
II.	Reichweite des Widerspruchsrechts des Insolvenzschuldners im Falle der Planinitiative des Insolvenzverwalters	268
	1. Widerspruchsrecht nach § 247 Abs. 2 Nr. 1 InsO	268
	a) Grundsatz	268
	b) Maßstab der „Schlechterstellung"	268
	c) Fallgruppen	268
	2. Widerspruchsrecht nach § 247 Abs. 2 Nr. 2 InsO	269
III.	Reichweite des Widerspruchsrechts des Insolvenzschuldners im Falle seiner Planinitiative	269
	1. Grundsatz	269
	2. Widerspruchsrecht nach § 247 Abs. 2 Nr. 1 InsO	270
	3. Widerspruchsrecht nach § 247 Abs. 2 Nr. 2 InsO	271
IV.	Wirkung der Zustimmungsfiktion und Rechtsschutz	271

Kapitel 20: Minderheitenschutz gem. § 251 InsO 273

I.	Gesetzliche Regelung	273
	1. Zulässigkeit des Antrags auf Versagung der Bestätigung des Insolvenzplans	273
	a) Systematische Stellung der Vorschrift	273
	b) Reichweite des Widerspruchsrechts über den Gesetzeswortlaut hinaus	274

Inhaltsverzeichnis

		2. Glaubhaftmachung.	274
		3. Suspensiveffekt	275
	II.	„Wirtschaftliche Interessen".	275
		1. Prognoseentscheidung des Insolvenzgerichts	275
		a) Verhältnis zu § 245 InsO	275
		b) Glaubhaft gemachter Vortrag	275
		2. Maßstäbe der insolvenzgerichtlichen Prognose . . .	276
		a) Vorstellungen des Gesetzgebers	276
		b) Fallbeispiele	276
	III.	Salvatorische Klauseln.	277
		1. Entlastung des Insolvenzplanverfahrens von Prognoseentscheidungen durch salvatorische Klauseln .	277
		2. Neuregelung durch das ESUG	277
Kapitel 21:	Rechtsbehelf		279
	I.	Geltung der allgemeinen Regelungen	279
		1. Gesetzliche Zulassung der sofortigen Beschwerde gem. § 6 Abs. 1 InsO	279
		2. Fallgruppen.	279
		3. Beschwerdefrist	279
		4. Rechtsbehelfsbelehrung.	279
		5. Rechtskraft des Insolvenzplans.	280
		6. Erfolgreiche Beschwerden	280
	II.	Verfahren und beschwerdegerichtliche Entscheidung .	280
		1. Verfahren mit oder ohne mündliche Verhandlung .	280
		2. Aufhebung des Bestätigungsbeschlusses und Zurückverweisung des Verfahrens an das AG im status quo ante?.	281
	III.	Beschwerdebefugnis, Beschwer und Begründetheit . . .	281
		1. Beschwerdebefugnis gem. § 253 Abs. 1 InsO	281
		2. Widerspruch und Stimmverhalten (formelle Beschwer).	282
		3. Schlechterstellung (materielle Beschwer).	282
	IV.	Begründetheit der Beschwerde	283
	V.	Das Verfahren nach § 253 Abs. 4 Satz 1 und 2 InsO .	284
		1. Unverzügliche Zurückweisung der sofortigen Beschwerde	284
		2. Schadenersatzregelung	284
Kapitel 22:	Wirkung des bestätigten Insolvenzplans.		285
	I.	Persönlicher Geltungsbereich	285
	II.	Materiell-rechtliche Wirkungen.	285
		1. Grundsatz.	285
		a) Gegenstand.	285
		b) Form und Verfahren.	285
		2. Erlass von Forderungen.	286
		3. Aufrechnung mit erlassenen Forderungen.	287
		4. Nicht angemeldete Forderungen („Nachzügler"). .	287
		5. Verjährung von Forderungen	288
		6. Wiederaufleben von Forderungen	289
	III.	Prozessuale Wirkungen (Vollstreckungsschutz)	290

Inhaltsverzeichnis

4. Hauptteil: Planerfüllung und Planüberwachung 293
Kapitel 23: Aufhebung des Insolvenzverfahrens. 293
    I. Wiederherstellung der Befugnisse des Schuldners mit Aufhebung des Insolvenzverfahrens 293
    II. Fortdauer der Funktionen des Insolvenzverwalters und der Mitglieder des Gläubigerausschusses 293
    III. Übersicht. 294
Kapitel 24: Schlussrechnung und Kosten 295
    I. Allgemeines 295
    II. Schlussrechnung bzw. Zwischenrechnung 295
    III. Vergütung des Insolvenzverwalters 296
        1. Berechnungsgrundlage, § 1 InsVV 296
        2. Zuschläge 299
        3. Auslagen 300
        4. Umsatzsteuer 300
    IV. Gerichtskosten 300
    V. Kosten einer Planüberwachung i. S. v. § 269 InsO . . . 301
        1. Kosten des planüberwachenden Insolvenzverwalters 301
        2. Gerichtskosten 301
Kapitel 25: Planüberwachung und Planerfüllung 302
    I. Wirkungen der Aufhebung des Insolvenzverfahrens . . 302
    II. Stellung des Überwachers 302
    III. Prozessstandschaft des Sachwalters wegen Anfechtungsprozessen gem. §§ 129 ff. InsO 304
        1. Regel-Ausnahme-Verhältnis des § 259 Abs. 3 InsO 304
        2. Keine gewillkürte Prozessstandschaft 305
        3. Sonderkonstellation: Unterbrechung und Aufnahme des aufgrund insolvenzplanrechtlicher Regelung fortgesetzten Anfechtungsprozesses im Zweitverfahren 307
        4. Anforderungen an die Regelungen des Insolvenzplans. 308
        5. Befugnis des Planüberwachers zur Führung von Anfechtungsprozessen. 308
        6. Rechtshängigkeit von Forderungen, die der bisherige Verwalter nach Aufhebung des Insolvenzverfahrens nach Planbestätigung noch prozessual verfolgen soll. 309
Kapitel 26: Vollstreckung aus dem Insolvenzplan 311
    I. Titelgläubiger 311
    II. Plan und Tabellenauszug als Titel 311
    III. Vollstreckungsgegenklage des Schuldners 312
    IV. Zwangsvollstreckung aus dem Insolvenzplan gegen Dritte 312
    V. Vollstreckungsklausel bei erheblichen Rückständen, § 257 Abs. 3 InsO. 313
    VI. Streitige Forderungen und Ausfallforderungen 313
    VII. Abweichende Regelungen im Insolvenzplan 314

Inhaltsverzeichnis

5. Hauptteil:	Insolvenzpläne in Insolvenzverfahren über das Vermögen natürlicher Personen.	315
Kapitel 27:	Der Insolvenzplan der natürlichen Person	315
	I. Anwendungsbereich und Bedeutung	315
	II. Inhalt und Besonderheiten des Insolvenzplans der natürlichen Person	316
	1. Gelder Dritter	316
	2. Freigabe der Selbstständigkeit	317
	3. Änderung der wirtschaftlichen Verhältnisse	318
	4. Verfahrenskostenstundung	319
	5. Nachmeldung von Forderungen	320
	6. Deliktische Forderungen	321
	III. Rechtsfolgen des erfolgreichen Insolvenzplans der natürlichen Person	321
	1. Allgemeine Folgen	321
	2. Steuerliche Folgen	321
	a) Grundsatz	321
	b) Anwendung	322
Kapitel 28:	Berufsgruppenspezifische Anwendungsfälle	324
	I. Allgemeines	324
	II. Berufsgruppen	324
	1. Rechtsanwälte und Patentanwälte	324
	2. Notare	325
	3. Steuerberater	326
	4. Wirtschaftsprüfer	327
	5. Vereidigte Buchprüfer	327
	6. Architekten	328
	a) Unbestimmter Rechtsbegriff	328
	b) Ermessen	329
	7. Ärzte, Zahnärzte, Psychologische Psychotherapeuten	330
	a) Approbation	330
	b) Zulassung als Vertragsarzt	331
	c) Fazit	331
Anhang 1:	Musterinsolvenzplan „Star Radio GmbH"	332
Anhang 2:	Musterinsolvenzplan „Habicht AG"	341
Anhang 3:	Verbraucherinsolvenzplan	349
Anhang 4:	Informationsschreiben „Erörterungs- und Abstimmungstermin"	352
Anhang 5:	Stimmrechtsvollmacht	353
Stichwortverzeichnis		355

Abkürzungsverzeichnis

Weitere Abkürzungen siehe *Kirchner*, Abkürzungsverzeichnis der Rechtssprache, 6. Aufl. 2008

a. A.	anderer Ansicht
a. a. O.	am angegebenen Orte
Abs.	Absatz
AcP	Archiv für civilistische Praxis
a. E.	am Ende
a. F.	alter Fassung
AktG	Aktiengesetz
allg.	allgemein
amtl.	amtlich
AnfG	Anfechtungsgesetz
Anm.	Anmerkung(en)
AnwBl.	Anwaltsblatt
AO	Abgabenordnung
arg. (e. contr.)	argumentum (e contrario)
ArchG	Architektengesetz
ArchtG-LSA	Architektengesetz des Landes Sachsen-Anhalt
ArchIngG	Architekten- und Ingenieurgesetz des Landes Mecklenburg-Vorpommern
Art.	Artikel
Aufl.	Auflage
ausd.	ausdrücklich
BaFin	Bundesanstalt für Finanzdienstleitungsaufsicht
BauKaG	Gesetz über die Bayerische Architektenkammer und die Bayerische Ingenieurekammer-Bau
BÄO	Bundesärzteordnung
B. v.	Beschluss vom
BB	Der Betriebsberater
BC	bankruptcy code
Bd.	Band
BNotO	Bundesnotarordnung
Begr.	Begründung
bes.	besonders
Beschl.-Empf.	Beschluss Empfehlung
Beschl. v.	Beschluss vom
BetrVG	Betriebsverfassungsgesetz
BezG	Bezirksgericht
BGB	Bürgerliches Gesetzbuch
BGBl.	Bundesgesetzblatt
BGH	Bundesgerichtshof
BGHZ	Entscheidungen des Bundesgerichtshofs in Zivilsachen
BMJ	Bundesministerium für Justiz
BRAGO	Bundesgebührenordnung für Rechtsanwälte
BSG	Bundessozialgericht
BR-Drs.	Drucksachen des Deutschen Bundesrates
BT-Drs.	Drucksachen des Deutschen Bundestages
BVerfG	Bundesverfassungsgericht
BVerfGE	Bundesverfassungsgerichtsentscheidung
BWahlG	Bundeswahlgesetz
bzw.	beziehungsweise
DB	Der Betrieb
DE	Diskussionsentwurf
ders.	derselbe
d. h.	das heißt

Abkürzungsverzeichnis

dies.	dieselbe(n)
Diss.	Dissertation
DJT	Deutscher Juristentag
DRiG	Deutsches Richtergesetz
DStR	Deutsches Steuerrecht
DStZ	Deutsche Steuerzeitung
DZWir	Deutsche Zeitschrift für Wirtschaftsrecht
DZWIR	Deutsche Zeitschrift für Wirtschafts- und Insolvenzrecht (Fortführung der DZWir seit 1999)
eG	eingetragene Genossenschaft
EGBGB	Einführungsgesetz zum Bürgerlichen Gesetzbuch
EGInsO	Einführungsgesetz zur Insolvenzordnung
Einl.	Einleitung
EMRK	Europäische Konvention zum Schutze der Menschenrechte und Grundfreiheiten vom 4.11.1950
EStG	Einkommensteuergesetz
ESUG	Gesetz zur weiteren Erleichterung der Sanierung von Unternehmen v. 7.12.2011, BGBl. I, S. 2582
etc.	et cetera
EU	Europäische Union
EWiR	Entscheidungen zum Wirtschaftsrecht
FAR	Fachausschuss Recht
FG	Finanzgericht
FGG	Gesetz über freiwillige Gerichtsbarkeit
FK-*Bearbeiter*	Frankfurter Kommentar zur Insolvenzordnung
FinG/FG	Finanzgericht
FR	Finanz-Rundschau
FS	Festschrift
Fußn./Fn.	Fußnote
gem.	gemäß
GenG	Genossenschaftsgesetz
GesO	Gesamtvollstreckungsordnung
GG	Grundgesetz für die Bundesrepublik Deutschland
ggf.	gegebenenfalls
GKG (KV)	Gerichtskostengesetz (Kostenverzeichnis)
GmbH	Gesellschaft mit beschränkter Haftung
GmbHG	Gesetz betreffend die GmbH
GmbHR	GmbH-Rundschau
GewStG	Gewerbesteuergesetz
Halbs.	Halbsatz
HmbArchtG	Hamburgisches Architektengesetz
HGB	Handelsgesetzbuch
HK-*Bearbeiter*	Heidelberger Kommentar zur Insolvenzordnung
h. L.	Herrschende Lehre
h. M.	Herrschende Meinung
HRP	Handbuch der Rechtspraxis
hrsg.	herausgegeben
Hrsg.	Herausgeber
HASG	Hessisches Architekten- und Stadtplanergesetz
i. d. F.	in der Fassung
i. d. R.	in der Regel
IDW	Institut für Wirtschaftsprüfer
IDW S	IDW Standards, siehe www.idw.de
InsbürO	Zeitschrift für Insolvenzsachbearbeitung und Entschuldungsverfahren
InsO	Insolvenzordnung
InsO-E	Gesetzesentwurf zur Insolvenzordnung
InVo	Insolvenz und Vollstreckung
IRÄG	(österreichisches) Insolvenzänderungsgesetz von 1997

Abkürzungsverzeichnis

i. S. d.	im Sinne des
i. V. m.	in Verbindung mit
JbfNPolÖk	Jahrbuch für Neuere Politische Ökonomie
Jura	Juristisches Ausbildung
JuS	Juristische Schulung
JVEG	Justizvergütungs- und Entschädigungsgesetz
Kap.	Kapitel
KG	Kommanditgesellschaft/Kammergericht
KO	Konkursordnung
KP-*Bearbeiter*	Kübler/Prütting, Insolvenzordnung, Kommentar, Loseblattsammlung
krit.	kritisch
KS-*Bearbeiter*	Kölner Schrift zur Insolvenzordnung-*Bearbeiter*, 2. Auflage 2000
KStG	Körperschaftsteuergesetz
KTS	Konkurs, Treuhand und Sanierung
KWG	Gesetz über das Kreditwesen
LG	Landgericht
L. Rew.	Law Review
LS	Leitsatz
m. a. W.	mit anderen Worten
MIF-*Bearbeiter*	*Moss, Gabriel/Fletscher, Ian F./Isaacs, Stuart*, The Regulation on Onsolvency Proceedings: A Commentary and Annotated Guide, 2002
Mot.	Motive
MünchKomm	Münchener Kommentar
m. w. N.	mit weiteren Nachweisen
NArchtG	Niedersächsisches Architektengesetz
n. F.	neue Fassung
NJW	Neue Juristische Wochenschrift
NotZ	Notarzeitschrift
npl	non performing loans
Nr.	Nummer
NR-*Bearbeiter*	Nerlich/Römermann, Insolvenzordnung, Loseblattsammlung
NZI	Neue Zeitschrift für das Recht der Insolvenz und Sanierung
o. dergl. m.	oder dergleichen mehr
OFD	Oberfinanzdirektion
OHG/oHG	Offene Handelsgesellschaft
ÖKO	Österreichische Konkursordnung
OLG	Oberlandesgericht
p.	page
pp.	pages
PSVaG	Pensions-Sicherungs-Verein Versicherungsverein auf Gegenseitigkeit
RdNr.	Randnummer
RechtsA	Rechtsausschuss
ReferentenE	Referentenentwurf
RPflG	Rechtspflegergesetz
RegE (InsO)	Regierungsentwurf (Insolvenzordnung)
RegEInsO	Regierungsentwurf einer Insolvenzordnung
RG	Reichsgericht
RGW	Rat für gegenseitige Wirtschaftsbeihilfe
RGZ	Entscheidungen des Reichsgerichtes in Zivilsachen
Rn.	Randnummer
Rpfleger	Der deutsche Rechtspfleger
S.	Seite

Abkürzungsverzeichnis

SGB III	Sozialgesetzbuch III
SGB V	Sozialgesetzbuch V
StBerG	Steuerberatungsgesetz
sog.	sogenannte
StGB	Strafgesetzbuch
str.	Streitig
TDM	Tausend D-Mark
TVG	Tarifvertragsgesetz
ThürAiKG	Thüringer Gesetz über die Architektenkammer, die Ingenieurkammer und den Schutz von Berufsbezeichnungen
u. a.	unter anderem
u. Ä.	und Ähnliche(s)
u. dergl. m.	und dergleichen mehr
umf.	umfassend
URG	(österreichisches) Bundesgesetz über die Reorganisation von Unternehmen
Urt. v.	Urteil vom
USC	United States Code
usf.	und so fort
UStG	Umsatzsteuergesetz
u. U.	unter Umständen
v.	von, vom, versus
VAG	Versicherungsaufsichtsgesetz
Var.	Variante
VGH	Verwaltungsgerichtshof
VerglO	Vergleichsordnung
vertr.	vertreten
vgl.	vergleiche
VOB (-B)	Verdingungsordnung für Bauleistungen
vol.	volume
wistra	Zeitschrift für Wirtschaft, Steuer, Strafrecht (Jahr, Seite)
WM	Wertpapiermitteilungen
WPg	Die Wirtschaftsprüfung
WPO	The Washington Post Company
WpHG	Gesetz über den Wertpapierhandel
z. B.	zum Beispiel
ZBB	Zeitschrift für Bankrecht und Bankwirtschaft
ZGR	Zeitschrift für Unternehmens- und Gesellschaftsrecht
ZHR	Zeitschrift für das gesamte Handels- und Wirtschaftsrecht
Ziff.	Ziffer
ZInsO	Zeitschrift für das gesamte Insolvenzrecht
ZIP	Zeitschrift für Wirtschaftsrecht
ZPO	Zivilprozessordnung
ZRP	Zeitschrift für Rechtspolitik
ZS	Zivilsenat
ZVI	Zeitschrift für Verbraucher-Insolvenzrecht
z. T.	zum Teil
ZZP	Zeitschrift für Zivilprozess

Literaturverzeichnis

Ahrens, Martin, Negativerklärung zur selbstständigen Tätigkeit gem. § 35 II InsO, NZI 2007, 622
Ahrens, Martin, Probleme mit der Konvaleszenz von Sicherungsabtretungen, NJW-Spezial 2014, 85
Ahrens, Martin/Gehrlein, Markus/Ringstmeier, Andreas, Fachanwalts-Kommentar Insolvenzrecht, 2. Aufl., Köln 2014
Altmeppen, Holger, Zur Rechtsstellung der Gläubiger im Konkurs gestern und heute, in: Festschrift für Peter Hommelhoff zum 70. Geburtstag, hrsg. v. Erle/Goette/Kleindiek, Köln 2012, 1
Andres, Dirk/Leithaus, Rolf (Hrsg.), Insolvenzordnung, Kommentar, 3. Aufl., München 2014 (zit. Andres/Leithaus-*Bearbeiter*)
Andres, Dirk/Pape, Gerhard, Die Freigabe des Neuerwerbs als Mittel zur Bewältigung der Probleme einer selbstständigen Tätigkeit des Schuldners, NZI 2005, 141
Arbeitskreis für Insolvenz- und Schiedsgerichtswesen e.V.(Hrsg.), Kölner Schrift zur Insolvenzordnung, 3. Aufl., 2009 (zit.: *Bearbeiter,* in: Kölner Schrift zur InsO)
Arens, Wolfgang/Düwell, Franz Josef/Wichert, Joachim, Handbuch Umstrukturierung und Arbeitsrecht, 2. Aufl., Bonn 2013
Armbruster, Ekkehard, Die Stellung des haftenden Gesellschafters in der Insolvenz der Personenhandelsgesellschaft nach geltendem und künftigem Recht, Berlin 1996
Arndt, Herbert/Lerch, Klaus/Sandkühler, Gerd (Hrsg.), Bundesnotarordnung, 6. Aufl., Köln 2008
Baird, Douglas G., The Elements of Bankruptcy, New York 1993
Bales, Klaus, Insolvenzplan und Eigenverwaltung – Chancen für einen Neustart im Rahmen der Sanierung und Insolvenz, NZI 2008, 216
Balz, Manfred, Aufgaben und Struktur des künftigen einheitlichen Insolvenzverfahrens, ZIP 1988, 273
Balz, Manfred, Logik und Grenzen des Insolvenzrechts, ZIP 1988, 1438
Balz, Manfred, Sanierung von Unternehmen oder von Unternehmensträgern? Zur Stellung der Eigentümer in einem künftigen Reorganisationsverfahren, Köln 1986
Bange, Hubertus, Die Veräußerung einer Arztpraxis im Rahmen eines (Liquidations-)Insolvenzplanverfahrens, ZInsO 2006, 362
Bareis, Peter/Kaiser, Andreas, Sanierung als Steuersparmodell?, DB 2004, 1841
Baumbach, Adolf/Lauterbach, Wolfgang/Albers, Jan/Hartmann, Peter, Zivilprozessordnung, 69. Aufl., München 2011
Baur, Fritz/Stürner, Rolf/Bruns, Alexander, Zwangsvollstreckungsrecht, 13. Aufl., Heidelberg 2006
Beck, Markus, Die Haftung der Gesellschafter bei der BGB-Erwerbsgesellschaft, Berlin 1999
Berger, Christian, Die unternehmerische Tätigkeit des Insolvenzschuldners im Rahmen der Haftungserklärung nach § 35 Abs. 2 InsO, ZInsO 2008, 1101
Berges, August Maria, Der Konkurs als Aufgabe treuhänderischer Rechtspflege. Die Grundzüge des deutschen Konkurses, KTS 1960, 1
Berges, August Maria, Geschäftsführung in der Vollstreckung, KTS 1956, 113
Berges, August Maria, Öffentlich-rechtliche Wirkungen des allgemeinen Veräußerungsverbotes im Vergleichsverfahren?, KTS 1957, 183
Bernatzik, Edmund, Rechtsprechung und materielle Rechtskraft, Wien 1886
Berner, Susanne, Sicherheitenpools der Lieferanten und Banken im Insolvenzverfahren, Köln 2006.
Berscheid, Ernst-Dieter, Das Insolvenzarbeitsrecht im Insolvenzplanverfahren und in der Eigenverwaltung, in: Festschrift für Hans-Peter Kirchhof, hrsg. v. Gerhardt/Haarmeyer/Kreft, Recklinghausen 2003, 27
Berscheid, Ernst-Dieter, Vorschläge zur Änderung arbeitsrechtlicher Vorschriften der Insolvenzordnung, ZInsO 2010, 1954
Beuthien, Volker/Titze, Thomas, Offene Probleme beim Insolvenzverfahren der eingetragenen Genossenschaft, ZIP 2002, 1116
Bichlmeier, Wilhelm, § 613a BGB und der Wiedereinstellungsanspruch in der Insolvenz, DZWIR 2006, 89
Bieder, Markus A., Zur Behandlung von Sanierungskrediten im Insolvenzplan – Betrachtung zum Spannungsfeld des modifizierten § 32a Abs. 3 GmbHG und § 264 Abs. 1 InsO, ZInsO 2000, 531

Literaturverzeichnis

Bigus, Jochen/Eger, Thomas, Führt die deutsche InsO zu mehr Marktkonformität bei Unternehmensinsolvenzen? – Einige Bemerkungen aus ökonomischer Sicht, ZInsO 2003, 1
Bilgery, Wolfgang, Der schlanke Insolvenzplan, DZWIR 2001, 316
Bitter, Georg, Sanierung in der Insolvenz – Der Beitrag von Treue- und Aufopferungspflichten zum Sanierungserfolg, ZGR 2010, 147
Blersch, Jürgen/Goetsch, Hans W./Haas, Ulrich, Berliner Kommentar Insolvenzrecht, Berlin, Stand: März 2014
Bley, Erich/Mohrbutter, Jürgen, Vergleichsordnung, Kommentar, Bd. 1, §§ 1–81, 4. Aufl., Berlin 1979; Bd. 2, §§ 82–132, 4. Aufl., Berlin 1981
Blum, Walter J./Kaplan, Stanley A., The Absolute Priority Doctrine in corporate Reorganization, 41 U. Chi. L. Rev. 651, 1974
Böckenförde, Björn, Unternehmenssanierung, 2. Aufl., Stuttgart 1996
Böcker, Philipp, Insolvenz im GmbH-Konzern (I), GmbHR, 2004, 1257
Böhle-Stamschräder, Aloys/Kilger, Joachim, Kommentar zur Vergleichsordnung, 11. Aufl., München 1986
Bollig, Klaus, Aufgaben, Befugnisse und Entschädigung des gerichtlichen Sachverständigen im Konkurseröffnungsverfahren, KTS 1990, 599
Borchardt, Peter-Alexander/Frind, Frank, Betriebsfortführung im Insolvenzverfahren, 2. Aufl., Münster 2014
Bork, Reinhard, Einführung in das neue Insolvenzrecht, 5. Aufl., Tübingen 2009
Bötticher, Eduard, Funktionelle und instrumentale Züge des Konkursverfahrens, ZZP Bd. 86 (1973), 373
Bradley, Michael/Rosenzweig, Michael, The Untenable Case for Chapter 11, Yale L. Jour. Vol. 101 (1991), 1043
Brandstätter, Jörn, Die Prüfung der Sanierung notleidender Unternehmen: Grundlagen, Durchführung und Unterstützung durch Expertensysteme, München 1993
Brass, Hans, Aufklärungspflichten im Konkursverfahren, KTS 1956, 25
Braun, Eberhard, Aufrechnung mit im Insolvenzplan erlassenen Forderungen, NZI 2009, 409
Braun, Eberhard, Das Obstruktionsverbot in der Praxis, NZI 1999, 473
Braun, Eberhard, Kommentar zur Insolvenzordnung, 5. Aufl., München 2012 (zit. Braun-*Bearbeiter*)
Braun, Eberhard, Rechtskraft und Rechtskraftdurchbrechung bei Titeln über sittenwidrige Ratenkreditverträge, Köln 1986
Braun, Eberhard/Uhlenbruck, Wilhelm, Unternehmensinsolvenz: Grundlagen, Gestaltungsmöglichkeiten, Sanierung mit der Insolvenzordnung, Düsseldorf 1997
Braun, Eckhart/Geist, Andreas, Forderungsverzichte im „Bermudadreieck" von Sanierungsgewinn, Verlustverrechnung und Mindestbesteuerung, BB 2013, 351
Briegleb, Hans-Carl, Einleitung in die Theorie der summarischen Prozesse, Leipzig 1859
Brinkmann, Moritz, Der strategische Eigenantrag – Missbrauch oder kunstgerechte Handhabung des Insolvenzverfahrens?, ZIP 2014, 197
Brinkmann, Moritz, Wege aus der Insolvenz eines Unternehmens – oder: Die Gesellschafter als Sanierungshindernis, WM 2011, 97
Brünkmans, Christian/Uebele, Sebastian, Rechtsschutz gegen missbräuchliche Insolvenzanträge und insolvenzzweckwidrige Insolvenzpläne?, ZInsO 2014, 265
Bruns, Alexander, Grundpfandrechte in der Insolvenzverfahren – das Ende deutscher Immobiliarsicherheiten?, KTS 2004, 1
Buchalik, Robert, Faktoren einer erfolgreichen Eigenverwaltung, NZI 2000, 294
Buchalik, Robert/Hiebert, Olaf, Insolvenzanfechtung und Insolvenzplan, ZInsO 2014, 109
Buchbinder, David L., A practical guide to bankruptcy, 1990.
Budde, Wolfgang Dieter/Förschle, Gerhart/Winkeljohann, Norbert, Sonderbilanzen: Von der Gründungsbilanz bis zur Liquidationsbilanz, 4. Aufl., München 2008
Burger, Anton, Das deutsche „einheitliche Insolvenzverfahren" unter besonderer Berücksichtigung des Insolvenzplans, in: Festschrift für Stephan Koren zum 60. Geburtstag, hrsg. v. Clement/Socher, Berlin 1993, 363
Burger, Anton/Schellberg, Bernhard, Zur Vorverlagerung der Insolvenzauslösung durch das neue Insolvenzrecht, KTS 1995, 563
Busch, Peter, Die Bestellung des Insolvenzverwalters nach dem „Detmolder Modell", DZWIR 2004, 353

Literaturverzeichnis

Bußhardt, Harald, Der Insolvenzplan – erhöhte Anforderungen an Gerichte, Gläubiger und Verwalter, in: Festschrift für Karlheinz Fuchs zum 70. Geburtstag am 01. Juni 1996, hrsg. v. Wienberg/Demmer, Dresden 1996, 15
Buth, Andrea/Hermanns, Michael, Restrukturierung, Sanierung, Insolvenz, 4. Aufl., München 2014
Cahn, Andreas/Simon, Stefan/Theiselmann, Rüdiger, Dept Equity Swap zum Nennwert!, DB 2010, 1629
Cahn, Andreas/Simon, Stefan/Theiselmann, Rüdiger, Nennwertanrechnung beim Dept Equity Swap!, DB 2012, 501
Callies, Christian/Ruffert, Matthias, EUV/AEUV, Das Verfassungsrecht der Europäischen Union mit Europäischer Grundrechtscharta, 4. Aufl., München 2011
Carl, Oliver, Teilnahmerechte im Konkurs, gerichtliche Verfahrensleitung, Rechte der Beteiligten und ihr Schutz im Insolvenzverfahren, Diss. Halle 1997, Münster 1998
Cranshaw, Friedrich L., Einflüsse des Europäischen Rechts auf das Insolvenzverfahren, Baden-Baden 2006
Dahl, Michael, Aufrechnungsbedürfnis trotz rechtskräftigem Insolvenzplan?, NJW-Spezial 2009, 309
Decher, Christian E./Voland, Thomas, Kapitalschnitt und Bezugsrechtsausschluss im Insolvenzplan – Kalte Enteignung oder Konsequenz des ESUG?, ZIP 2013, 103
Dellinger, Markus/Oberhammer, Paul, Insolvenzrecht: eine Einführung, 2. Aufl., Wien 2004
Depré, Peter, Die anwaltliche Praxis in Insolvenzsachen: eine Einführung in die Anwaltstätigkeit, Stuttgart 1996
Deuschle, Dana, Der Insolvenzplan als Sanierungsinstrument, Saarbrücken 2006
Dorndorf, Eberhard, Zur Dogmatik des Verfahrenszwecks in einem marktadäquaten Insolvenzrecht, in: Festschrift für Franz Merz: zum 65. Geburtstag am 3. Februar 1992, hrsg. v. Gerhard u. a., Köln 1992, 31
Dötsch, Ewald/Jost, Werner/Pung Alexandra/Witt, Georg, Die Körperschaftsteuer, Stuttgart, Stand: 2007
Drukarczyk, Jochen, Kreditverträge, Mobiliarsicherheiten und Vorschläge zu ihrer Reform im Konkursrecht, KTS 1983, 183
Ebbing, Frank, Gläubigerbanken in der Unternehmenskrise, KTS 1996, 327
Eckert, Hans-Georg, Miete, Pacht und Leasing im neuen Insolvenzrecht, ZIP 1996, 897
Ehricke, Ulrich, Das abhängige Konzernunternehmen in der Insolvenz: Wege zur Vergrößerung der Haftungsmasse abhängiger Konzernunternehmen im Konkurs und Verfahrensfragen; eine rechtsvergleichende Analyse, Tübingen 1998
Ehricke, Ulrich, Die Zusammenfassung von Insolvenzverfahren mehrerer Unternehmen desselben Konzerns, DZWIR 1999, 353
Ehricke, Ulrich, Zur gemeinschaftlichen Sanierung insolventer Unternehmen eines Konzerns, ZInsO 2002, 393
Eickmann, Dieter, Vergütungsrecht: Kommentar zur InsVV, 2. Aufl., Köln 2001
Eidenmüller, Horst, Der Insolvenzplan als gesellschaftsrechtliches Universalwerkzeug, NJW 2014, 17
Eidenmüller, Horst, Der Insolvenzplan als Vertrag, JbfNPolÖk Bd. 15 (1996), 164
Eidenmüller, Horst, Die Banken im Gefangenendilemma: Kooperationspflichten und Akkordstörungsverbot im Sanierungsrecht, ZHR Bd. 160 (1996), 343
Eidenmüller, Horst, Obstruktionsverbot, Vorrangregel und Absonderungsrechte, in: Kapitalgeberansprüche, Marktwertorientierung und Unternehmenswert, München 2003
Eidenmüller, Horst, Prognoseentscheidungen im Insolvenzplanverfahren – Verfahrenslähmung durch Minderheitenschutz?, NJW 1999, 1837
Eidenmüller, Horst, Unternehmenssanierung zwischen Markt und Gesetz; Mechanismen zwischen Unternehmensreorganisation und Kooperationspflichten im Reorganisationsrecht, Köln 1999
Eisenhardt, Moritz, Sanierung statt Liquidation: die Geschichte des Vergleichs zur Abwendung des Konkurses unter besonderer Berücksichtigung der Vergleichsordnung von 1927 und 1935, Kiel 2009
Elsing, Siegfried/van Alstine, Michael P., US- amerikanisches Handels- und Wirtschaftsrecht, 2. Aufl., Heidelberg 1999
Eser, Gisbert, Stellung und Aufgaben eines Insolvenzverwalters im neuen Reorganisationsverfahren, KTS 1985, 23
Exler, Markus, Restrukturierungs- und Turnaround-Management, Berlin 2013
Fassbach, Burkhard, Die cram down power des amerikanischen Konkursgerichts nach Chapter 11 des bankruptcy Code, Frankfurt a. M. 1997

Literaturverzeichnis

Fehl, Norbert, Die Gesellschaft bürgerlichen Rechts in der Insolvenz, in: Recht und Pluralismus: Hans Martin Pawlowski zum 65. Geburtstag, hrsg. v. Smid/Fehl, Berlin 1997, 243
Fehl, Norbert, Zur Anwendbarkeit von § 31 Ziff. 2 KO auf Geschäfte einer Kommanditgesellschaft mit einem ihrer Gesellschafter oder dessen nahen Angehörigen, ZGR 1978, 725
Ferber, Michael Martinez in: Berger/Bähr u. a., Erster Leipziger Insolvenzrechtstag, Berlin 2000, 43
Fischer, Roderich, Der Übernahme-Swap durch Insolvenzplan – Investitionsentscheidung im Wettbewerb, NZI 2013, 823
Fleck, Hans-Joachim, Zur Beweislast für pflichtwidriges Organhandeln, GmbHR 1997, 237
Flessner, Axel, Das rechtspolitische Für und Wider eines Sanierungsverfahrens, ZIP 1981, 1283
Flessner, Axel, Grundfragen des künftigen Sanierungsrechts, ZIP 1981, 113
Flöther, Lucas F./Wehner, Insolvenzplanbedingter Forderungserlass und Aufrechnungsbefugnis, ZInsO 2009, 503
Flöther, Lucas/Smid, Stefan/Wehdeking, Silke, Die Eigenverwaltung in der Insolvenz: ein Praxisleitfaden mit erläuterten Musterschriftsätzen, München 2005
Fölsing, Philipp, Die Zähmung des Widerspenstigen im Suhrkamp-Fall: Schutzschirmverfahren bei Gesellschafterstreit, ZInsO 2013, 1325
Frank, Achim, Der verfahrensleitende Insolvenzplan, in: Festschrift für Eberhard Braun zum 60. Geburtstag, hrsg. v. Kind/Kießner/Frank, München 2007, 219
Frank, Achim/Heinrich, Jens, Ein Plädoyer für einen wirksamen Beitrag zur Gläubigerautonomie im Insolvenzplanverfahren, ZInsO 2011, 858
Franke, Günter, Ökonomische Überlegung eines gerichtlichen Sanierungsverfahren, KTS 1983, 37
Franke, Günter, Zur Festlegung von Abstimmungsregeln im Insolvenzverfahren, ZfB 1986, 614
Friedhoff, Heinrich C., Sanierung einer Firma durch Eigenverwaltung und Insolvenzplan, ZIP 2002, 497
Frind, Frank, Forum shopping – made in Germany?, ZInsO 2008, 261
Frind, Frank, Gefahren und Probleme bei der insolvenzgesetzlichen Regelung der Insolvenz der „Unternehmensgruppe", ZInsO 2014, 927
Frind, Frank, InsO-Reform – mit der Praxis und für die Praxis?, ZInsO 2004, 1064
Fritze, Marc/Heithecker, Jan, Insolvenzplansanierung und EU-Beihilfenrecht, EuZW 2010, 817
Frotscher, Gerrit, Besteuerung bei der Insolvenz, 7. Aufl., Frankfurt a. M. 2010
Frowein, Jochen Abraham/Peukert, Wolfgang, Europäische Menschrechtskonvention, EMRK-Kommentar, 3. Aufl., 2009
Funke, Rainer, Der Insolvenzplan des Entwurfs der Insolvenzordnung im Lichte der Erfahrungen mit dem amerikanischen Reorganisations- und Schuldenregulierungsrecht, in: Für Staat und Recht, Festschrift für Herbert Helmrich zum 60. Geburtstag, hrsg. v. Letzgus u. a., München 1994, 627
Gantenberg Florian/Hinrichs, Lars/Janko, Markus, Die Betriebsrentenzusage in der Insolvenz, ZInsO 2009, 1000
Gaul, Hans Friedhelm, Zur Frage nach dem Zweck des Zivilprozesses, AcP 168 (1968), 27
Gawatz, Klaus-Dieter, Bankenhaftung für Sanierungskredite: eine Untersuchung zur Gläubigergefährdung nach § 826 BGB, Köln 1997
Gehrlein, Markus, Banken – vom Kreditgeber zum Gesellschafter – neue Haftungsfallen? (Dept-Equity-Swap nach ESUG), NZI 2012, 257
Gerhardt, Walter, Aspekte zur Wechselwirkung zwischen Konkursrecht und Wirtschaftsleben, in: Festschrift für Friedrich Weber, hrsg. v. Böckelman/Henckel/Jahr, Berlin 1975, 181
Gesellschaftsrechtliche Vereinigung (Hrsg.), Gesellschaftsrecht in der Diskussion 2011, 2012
Goette, Wulf/Habersack, Mathias, Münchener Kommentar zum Aktiengesetz, Band 1, §§ 1–75, 3. Aufl., München 2008, Band 5, §§ 278–328, 3. Aufl., München 2010
Gosch, Dietmar, Kommentar zum Körperschaftssteuergesetz, 2. Aufl., München 2009
Gottwald, Peter (Hrsg.), Insolvenzrechtshandbuch, 4. Aufl., München 2010 (zit. Gottwald-*Bearbeiter*)

Literaturverzeichnis

Gottwald, Peter, Rechtliche Möglichkeiten der Unternehmenssanierung im Insolvenzfall, KTS 1984, 1
Gräber, Fritz (Begr.), Finanzgerichtsordnung, 7. Aufl., München 2010
Grabitz, Eberhard/Hilf, Meinhard/Nettesheim, Martin, Das Recht der Europäischen Union, Band I EUV/AEUV, München, 51. EL, Stand: September 2013
Graeber, Thorsten, Die Vergütung des Insolvenzverwalters für die Überwachung des Insolvenzplans, § 6 Abs. 2 InsVV, InsbürO 2005, 339
Graeber, Thorsten, Vergütungsbestimmung durch Vereinbarungen zwischen einem Insolvenzverwalter und den weiteren Beteiligten eines Insolvenzverfahrens, ZIP 2013, 916
Graf-Schlicker, Marie Luise (Hrsg.), Kommentar zur Insolvenzordnung, 3. Aufl., Köln 2012 (zit. Graf-Schlicker-*Bearbeiter*)
Graf-Schlicker, Marie-Luise, Schwachstellenanalyse und Änderungsvorschläge zum Regelinsolvenzverfahren, ZIP 2002, 1166
Gravenbrucher Kreis, Alternativentwurf des Gravenbrucher Kreises zum Regierungsentwurf einer Insolvenzordnung, ZIP 1993, 625
Gravenbrucher Kreis, Appell gegen die Verabschiedung der Insolvenzrechtsreform, ZIP 1994, 585
Griebel, Josefine, Der Insolvenzplan und seine praktische Bedeutung, München 2005
Groß, Paul J., Sanierung durch Fortführungsgesellschaften, 2. Aufl., Köln 1988
Groß, Paul J./Amen, Matthias, Das Beweismaß der überwiegenden Wahrscheinlichkeit im Rahmen der Glaubhaftmachung einer Fortbestehensprognose, WPg 2003, 67
Groß, Paul J./Amen, Matthias, Die Fortbestehensprognose, WPg 2002, 225
Grote, Hugo/Pape, Gerhard, Endlich: Die Reform der Verbraucherinsolvenz – lohnte das den Aufwand?, AnwBl 2013, 601
Grub, Volker, Der Einfluss des PSVaG auf das Insolvenzverfahren, DZWIR 2000, 223
Grub, Volker, Überjustizialisierung und die Eigenverwaltung des Pleitiers, WM 1994, 880
Grub, Volker, Zur Beendigung des Insolvenzverfahrens bei Insolvenzplan, DZWIR 2004, 317
Grub, Volker/Rinn, Katja, Die neue Insolvenzordnung – ein Freifahrtschein für Bankrotteure? ZIP 1993, 1583
Haarmeyer, Hans/Buchalik, Robert, Handbuch der Sanierung unter Insolvenzschutz, 2014
Haarmeyer, Hans/Wutzke, Wolfgang/Förster, Karsten (Hrsg.), PräsenzKommentar zur Insolvenzordnung, Stand: September 2013 (zit. PK-*Bearbeiter*)
Haarmeyer, Hans/Wutzke, Wolfgang/Förster, Karsten, Handbuch zur Insolvenzordnung, 3. Aufl., München 2001
Haarmeyer, Hans/Wutzke, Wolfgang/Förster, Karsten, Insolvenzrechtliche Vergütung (InsVV), 4. Aufl., München 2007
Haas, Ulrich, Mehr Gesellschaftsrecht im Insolvenzplanverfahren, NZG 2011, 961
Hahn, Carl, Die Gesamten Materialien zur Konkursordnung und dem Einführungsgesetz vom 10. Februar 1877, Berlin 1881
Hänel, Robert, Gläubigerautonomie und das Insolvenzplanverfahren, Diss., Humboldt-Univ. 1999, Berlin 2000
Hanisch, Hans, Zur Reformbedürftigkeit des Konkursrechts und Vergleichsrechts, ZZP 90, 1
Happe, Eike, Die Rechtsnatur des Insolvenzplans, Diss. Göttingen 2002/2003, Köln 2004
Harbeck, Nils, Zulässige Festsetzung der Höhe der Verwaltervergütung im Insolvenzplan, jurisPR-InsR 2/2014 Anm. 4
Harder, Sebastian, Insolvenzplan für alle? – Die Reform der außergerichtlichen und gerichtlichen Schuldenbereinigung, NZI 2013, 70
Harlfinger, Wolf, Der Freiberufler in der Insolvenz, Diss. Kiel 2004, Frankfurt a. M. 2005
Häsemeyer, Ludwig, Der Insolvenzplan als vermögens- und haftungsrechtlicher Vertrag, in: Festschrift für Hans-Friedhelm Gaul zum 70. Geburtstag, hrsg. v. Schilken, Bielefeld 1997, 175
Häsemeyer, Ludwig, Die „Verteilung des Insolvenzrisikos" – Verselbständigung eines heuristischen Hilfsmittels zum Schaden des Schuldrechts und des Insolvenzrechts, KTS 1982, 1
Häsemeyer, Ludwig, Insolvenzrecht, 3. Aufl., Köln 2003

Literaturverzeichnis

Häsemeyer, Ludwig, Obstruktionen gegen Sanierungen sind gesellschaftliche Treuepflichten, ZHR Bd. 160 (1996), 109
Haß, Detlef/Huber, Peter/Gruber, Urs/Heiderhoff, Bettina, EU-Insolvenzverordnung (EuInsVO), München 2005
Hay, Peter R., US-Amerikanisches Recht, 4. Aufl., München 2008
Hegmanns, Ekkehard, Der Gläubigerausschuss: eine Untersuchung zum Selbstverwaltungsrecht der Gläubiger im Konkurs, Köln 1986
Heil, Christof, Akteneinsicht und Auskunft im Konkurs, Diss. Jena 1994, Stuttgart 1995
Hellmann, Friedrich, Lehrbuch des deutschen Konkursrechts, Berlin 1907
Henckel, Wolfram, Deregulierung im Insolvenzverfahren?, KTS 1989, 477
Henckel, Wolfram, DJT 030, Sitzungsbericht O zum 51. DJT 1976, 8
Henckel, Wolfram, Insolvenzrechtsreform zwischen Vollstreckungsrecht und Unternehmensrecht, in: Festschrift für Franz Merz: zum 65. Geburtstag am 3. Februar 1992, hrsg. v. Gerhard u. a., Köln 1992, 197
Henckel, Wolfram, Prozessrecht und materielles Recht, Göttingen 1970
Heni, Bernhard, Konkursabwicklungsprüfung, Diss. Regensburg 1988, Wiesbaden 1988
Herrmann, Carl/Heuer, Gerhard/Raupach, Arndt, Einkommensteuer- und Körperschaftsteuergesetz, Köln, 261. EL, Februar 2014
Herrmann, Juliane, Beihilferechtliche Risiken im Alltag der Sanierungspraxis – Steuerfreiheit von Sanierungsgewinnen als rechtswidrige Beihilfe, ZInsO 2003, 1069
Herzig, Dirk, Das Insolvenzplanverfahren: Eine schwerpunktmäßige Untersuchung aus praktischer Sicht unter dem Gesichtspunkt der Zeitkomponente mit rechtsvergleichender Betrachtung des Reorganisationsverfahrens nach Chapter 11 des Bankruptcy Code, Diss. Regensburg 2000, Frankfurt a. M., 2001
Herzog, Asa S./King, Lawrence P., Bankruptcy Code, 1990/1991
Hess, Harald, Kommentar zur Konkursordnung, 6. Aufl., Neuwied 1998
Hess, Harald/Obermüller, Manfred, Insolvenzplan, Restschuldbefreiung und Verbraucherinsolvenz, 3. Aufl., Heidelberg 2003
Hess, Harald/Pape, Gerhard, InsO und EGInsO, Grundzüge des neuen Insolvenzrechts, Köln 1995.
Hess, Harald/Weis, Michaela, Die Ausweitung der Insolvenzeröffnungstatbestände nach der InsO, InVo 1996, 29
Hess, Harald/Weis, Michaela, Die Insolvenzgründe nach der Insolvenzordnung, InVo 1996, 253
Hingerl, Josef, Gruppenbildung im Insolvenzplanverfahren, ZInsO 2007, 1337
Hingerl, Josef, Insolvenzplan und richterliches Engagement, ZInsO 2004, 232
Hingerl, Josef, System der Restschuldbefreiung bei natürlichen Personen, ZInsO 2013, 21
Hingerl, Josef, Verkürzung des Verbraucherinsolvenzverfahrens durch Insolvenzplan, ZVI 2012, 258
Hirte, Heribert/Knof, Béla/Mock, Sebastian, Das Gesetz zur weiteren Erleichterung der Sanierung von Unternehmen (Teil I), DB 2011, 632
Hofmann, Stefan/Walter Bernhard, Die Veräußerung Not leidender Kredite – aktives Risikomanagement der Bank im Spannungsverhältnis zwischen Bankgeheimnis und Datenschutz, WM 2004, 1566
Hofmeister, Klaus, Top oder Flop?, ZVI 2003, 12
Hohloch, Gerhard, Sanierung durch „Sanierungsverfahren"?, ZGR 1982, 1145
Holzer, Johannes/Kleine-Cosack, Michael/Prütting, Hanns, Die Bestellung des Insolvenzverwalters: dogmatische Grundlagen, verfassungsrechtliche Defizite und rechtspolitische Vorschläge, Köln 2001
Hölzle, Gerrit, Der Insolvenzantrag als Sanierungsoption – auch gegen den Willen von Gesellschaftern?, ZIP 2013, 1851
Hölzle, Gerrit, Die Sanierung von Unternehmen im Spiegel des Wettbewerbs der Rechtsordnungen in Europa, KTS 2011, 291
Horstkotte, Martin/Martini, Torsten, Die Einbeziehung der Anteilseigner in den Insolvenzplan nach ESUG, ZInsO 2012, 557
Huber, Ulrich, Der Eigentumsvorbehalt im Synallagma, ZIP 1987, 750
Hüffer, Uwe, Kommentar zum Aktiengesetz, 11. Aufl., München 2014
Humbeck Jochen, Plädoyer für ein materielles Konzerninsolvenzrecht, NZI 2013, 957
Huntemann, Eva-Maria/Brocksdorff, Christian Graf (Hrsg.), Der Gläubiger im Insolvenzverfahren, Berlin 1999
Ingenstau, Heinz/Korbion, Hermann, VOB Teile A und B Kommentar, 17. Aufl., Neuwied 2010

Literaturverzeichnis

Institut der Wirtschaftsprüfer, IDW Standards (IDW S), siehe www.idw.de
Jackson, Thomas H., The Logic and Limits of Bankruptcy Law, Cambridge, Mass., 1986, Washington D.C. 2001
Jaeger, Ernst, Der Konkurs der offenen Handelsgesellschaft, Freiburg i. B. 1897
Jaeger, Ernst, Insolvenzordnung, Band 2, §§ 56–102, 1. Aufl., Berlin 2007
Jaeger, Ernst, Kommentar zur Konkursordnung und den Einführungsgesetzen, 6./7. Aufl., Berlin 1931
Jaeger, Ernst, Lehrbuch des deutschen Konkursrechts, 8. Aufl., Berlin 1932
Jaeger, Ernst/Henckel, Wolfram, Kommentar zur Konkursordnung und den Einfuhrungsgesetzen, 9. Aufl., Berlin 1997
Jauernig, Othmar, Zwangsvollstreckungs- und Insolvenzrecht, 23. Aufl., München 2010.
Joachim, Norbert/Schwarz, Karina, Beschränkung der Aufrechnung des Insolvenzgläubigers nach einem bestätigten Insolvenzplan auf die Quote?, ZInsO 2009, 408
Jungmann, Carsten, Schlechterstellungsverbot im Insolvenzplanverfahren, KTS 2006, 135
Kahn, Sascha/Adam, Sven, Die Besteuerung von Sanierungsgewinnen aus steuerrechtlicher, insolvenzrechtlicher und europarechtlicher Sicht, ZInsO 2008, 899
Kaltmeyer, Christoph, Der Insolvenzplan als Sanierungsmittel des Schuldners – Unter Berücksichtigung des EGInsÄndG vom 19.12.1998, Teil (I) und (II), ZInsO 1999, 255, 316
Kammel, Volker, Insolvenzverwalterauswahl und Eigenverwaltung im Diskussionsentwurf für ein Sanierungserleichterungsgesetz, NZI 2010, 791
Kanzler, H.-J., Steuerfreiheit des Sanierungsgewinns durch Billigkeitserlaß oder: zurück zu den Wurzeln, FR 2003, 480
Keller, Ulrich, Vergütung und Kosten im Insolvenzverfahren, 3. Aufl., Köln 2010
Kemper, Martin, Die US-amerikanische Erfahrung mit „Chapter 11": ein Vergleich mit dem Insolvenzplan der neuen Insolvenzordnung, Diss. Regensburg 1995, Frankfurt a. M. 1996
Kennedy, Frank R., The Automatic Stay in Bankruptcy, 11 U Mich. J. Law. Rev. 170, 247 (1978)
Kersting, Andrea, Die Rechtsstellung der Gläubiger im Insolvenzplanverfahren, Diss. Münster 1999
Keßler, Jürgen, Die Durchgriffshaftung der GmbH-Gesellschafter wegen existenzgefährdender Eingriffe – Zur dogmatischen Konzeption des Gläubigerschutzes in der GmbH, GmbHR 2002, 945
Keßler, Jürgen, Kapitalerhaltung und normativer Gläubigerschutz in der Einpersonen-GmbH – zum „beiläufigen" Ende des „qualifizierten faktischen" GmbH-Konzerns, GmbHR 2001, 1095
Kilger, Joachim, Grundzüge eines Reorganisationsverfahrens, ZIP 1982, 779
Kilger, Joachim/Schmidt, Karsten, Insolvenzgesetze: KO/VglO/GesO, Kommentar, 17. Aufl., München 1997
Kindler, Peter/Nachmann, Josef, Handbuch Insolvenzrecht in Europa, München, 3. EL, Stand 2013
Kirchhof, Hans-Peter, Münchener Kommentar zum Anfechtungsgesetz, 1. Aufl., München 2012 (zit. MünchKomm-*Bearbeiter*, AnfG)
Kirchhof, Hans-Peter/Eidenmüller, Horst/Stürner, Rolf (Hrsg.), Münchener Kommentar zur Insolvenzordnung, Band 1, §§ 1–79, 3. Aufl., München 2013, Band 3, §§ 217–359, 3. Aufl., München 2014 (zit. MünchKomm-*Bearbeiter*, InsO)
Kisch, Wilhelm, Grundriss des deutschen Konkursrechts, 12./13. Aufl., Mannheim 1935.
Kleindiek, Detlef, Debt-Equity-Swap im Insolvenzplanverfahren, in: Festschrift für Peter Hommelhoff zum 70. Geburtstag, hrsg. v. Erle/Goette/Kleindiek u. a., Köln 2012, 543
Kluth, Thomas, Die wertlosen Gesellschaftsanteile – der Stein des Anstoßes im Sanierungs-Insolvenzplan, ZInsO 2002, 258
Knof, Béla, Der Ordre-public-Vorbehalt nach Art. 26 EuInsVO – eine Allzweckwaffe gegen forum shopping im europäischen Insolvenzrecht?, ZInsO 2007, 629
Knof, Béla/Mock, Sebastian, Innerstaatliches Forum Shopping in der Konzerninsolvenz – Cologne Calling?, ZInsO 2008, 253
Knops, Kai-Oliver/Bamberger, Heinz Georg/Maier-Reimer, Georg (Hrsg.), Recht der Sanierungsfinanzierung, Heidelberg 2005
Koch, Asja, Die Eigenverwaltung nach der Insolvenzordnung, Diss. Hamburg 1997, Frankfurt a. M. 1998

Literaturverzeichnis

Koch, Christian, Prüfung der Sanierungsfähigkeit von Unternehmen, 1996
Köchling, Marcel, Insolvenzpläne – eine aktuelle Betrachtung aus betriebswirtschaftlicher Sicht, DZWIR 2001, 362
Kohler, Josef, Lehrbuch des Konkursrechts, Stuttgart 1891
Kohler, Jürgen, Generalhypothek, besitzlose Mobiliarsicherheiten und Konkursrechtsreform, KTS 1988, 241
Kreft, Gerhardt, Die Wende in Rechtsprechung zu § 17 KO, in: Festschrift für Karlheinz Fuchs zum 70. Geburtstag am 1. Juni 1996, hrsg. v. Wienberg/Demmer, Dresden 1996, 115 = ZIP 1997, 865
Kreft, Gerhart (Hrsg.), Heidelberger Kommentar Insolvenzordnung, 7. Aufl., Heidelberg 2014 (zit.: HK-*Bearbeiter*)
Kremer, Thomas, Unternehmenssanierung in Frankreich, Köln 1994
Kröger, Heike-Kathrin, Welches sind die Rechtsgründe, die zur Versagung der Bestätigung des Insolvenzplans führen?, Diss. Kiel 2013, Hamburg 2014
Krug, Peter, Der Verbraucherkonkurs, Diss. Halle 1996, Köln 1998
Krüger, Wolfgang/Rauscher, Thomas, Münchener Kommentar zur Zivilprozessordnung, Band 1, §§ 1–354, 4. Aufl., München 2013, Band 2, §§ 355–1024, 4. Aufl., München 2012 (zit. MünchKomm-*Bearbeiter*, ZPO)
Kübler, Bruno Maria (Hrsg.), Handbuch der Restrukturierung in der Insolvenz, Köln 2012
Kübler, Bruno Maria (Hrsg.), Neuordnung des Insolvenzrechts, Köln 1989
Kübler, Bruno Maria/Prütting, Hanns/Bork, Reinhard (Hrsg.), Kommentar zur Insolvenzordnung, Stand: 59. Ergänzungslieferung, Juli 2014 (zit.: KPB-*Bearbeiter*)
Kuhn, Georg/Uhlenbruck, Wilhelm, Konkursordnung, 11. Aufl., München 1994
Kunz, Peter/Mundt, Kristina, Rechnungslegungspflichten in der Insolvenz, DStR 1997, 620
Küpper, Norbert/Heinze, Frank-Rüdiger, Die Forderungsnachmeldung von Insolvenzgläubigern i. S. d. § 38 InsO beim bestätigten und durchgeführten Planverfahren – Problem gelöst durch das ESUG?, ZInsO 2013, 471
Kußmaul, Heinz/Richter, Lutz/Tcherveniachki, Vassil, Ausgewählte praktische Problemfelder im Kontext des § 8c KStG, GmbHR 2008, 1009.
Landmann/Rohmer, Gewerbeordnung, München, 65. EL, Stand: September 2013
Lang, Dennis/Muschalle, Volker, Suhrkamp-Verlag – Rechtsmissbräuchlichkeit eines rechtmäßig eingeleiteten Insolvenzverfahrens?, NZI 2013, 953
Langohr-Plato, Uwe, Die betriebliche Altersversorgung im neuen Insolvenzrecht, ZInsO 1998, 368
Lau, Bero-Alexander, Zur Darlegung von Versagungsgründen im Insolvenzplan, EWiR 2010, 29
Leipold, Dieter (Hrsg.), Insolvenzrecht im Umbruch: Analysen und Alternativen, Köln 1991
Leonhardt, Peter/Smid, Stefan/Zeuner, Mark (Hrsg.), Insolvenzordnung (InsO), Kommentar, 3. Aufl., Stuttgart 2010 (zit. Leonhardt/Zeuner/Smid-*Bearbeiter*)
Leonhardt, Peter/Smid, Stefan/Zeuner, Mark (Hrsg.), Internationales Insolvenzrecht 2. Aufl., Stuttgart 2012
Lieder, Solveig, Die Auffanggesellschaft in der Insolvenz – verkannt und kriminalisiert, DZWIR 2004, 452
Lissner, Stefan, Die Insolvenzrechtsreform – Eine Betrachtung der Entwicklung, DZWIR 2014, 59
Lohkemper, Wolfgang, Die Bedeutung des neuen Insolvenzrechts für das Arbeitsrecht, KTS 1996, 1
Lüke, Wolfgang, Die persönliche Haftung des Konkursverwalters: dargestellt am Beispiel der Haftung gegenüber neuen Massegläubigern, Diss. Freiburg 1985, München 1986
Lutter, Marcus, Das Girmes-Urteil, JZ 1995, 1053
Lutter, Marcus, Theorie der Mitgliedschaft, AcP Bd. 180 (1980), 84
Madaus, Stephan, Der Insolvenzplan: von seiner dogmatischen Deutung als Vertrag und seiner Fortentwicklung in eine Bestätigungsinsolvenz, Habil.-Schr. Rostock 2010, Tübingen 2011
Madaus, Stephan, Umwandlungen als Gegenstand eines Insolvenzplans nach dem ESUG, ZIP 2012, 2133
Mai, Vera, Insolvenzplanverfahren, Münster 2008
Marc Bungenber/Matthias Motzkus, Die Praxis des Subventions- und Beihilfenrechts in Deutschland, WiVerw 2013, 73

Literaturverzeichnis

Marotzke, Wolfgang, BGB und InsO – zwei neue Leistungsstörungsrechte, KTS 2002, 152
Marotzke, Wolfgang, Die dinglichen Sicherheiten im neuen Insolvenzrecht, ZZP 109 (1996), 429
Marotzke, Wolfgang, Gegenseitige Verträge im neuen Insolvenzrecht, 3. Aufl., Neuwied 2003
Martini, Torsten, Ausschlussklauseln zur Abwehr von Nachzüglern im Insolvenzplanverfahren, jurisPR-InsR 16/2010 Anm. 2
Martini, Torsten, Die Totgeburt des außergerichtlichen Einigungsversuchs, ZInsO 2001, 249
Martini, Torsten, Sechs Monate ESUG – viele Baustellen offen?, Berliner Anwaltsblatt 2012, 236, 283
März, F., Verwertung des „know how" im Insolvenzverfahren, 1998
Maunz, Theodor/Dürig, Günter (Hrsg.), Grundgesetz-Kommentar, München Stand: Dezember 2013
Maus, Karl Heinz, Die Besteuerung des Sanierungsgewinns – ein Problem für die Sanierungspraxis, die Insolvenzgerichte und die Insolvenzverwalter, ZIP 2002, 589
Mertens, Klaus-Peter, Grundlagen des Konzernarbeitsrechts, ZGR 1984, 542
Meyer, Henning, Zur Anfechtbarkeit von Beraterhonoraren und der Reichweite der Barausnahme des § 142 InsO bei Geschäftsbesorgungen, DZWIR 2003, 6
Meyer, Susanne, Vorrang des Insolvenzrechts vor dem Gesellschaftsrecht? – Überlegungen zur Position des Minderheitsgesellschafters im Schutzschirmverfahren, ZInsO 2013, 2361
Möhlenkamp, Andreas, Flucht nach vorn in die Insolvenz – funktioniert Suhrkamp?, BB 2013, 2831
Mönning, Rolf-Dieter, Betriebsfortführung in der Insolvenz, Köln, 1997
Mothes, Rudolf, Die Beschlagnahme nach Wesen, Art und Wirkung, Leipzig 1903
Müller, Hans-Friedrich, Abfindungsansprüche außenstehender Aktionäre in der Insolvenz des herrschenden Unternehmens, ZIP 2008, 1701
Müller, Hans-Friedrich, Entrechtung der Gesellschafter im Insolvenzverfahren?, DB 2014, 41
Müller, Hans-Friedrich, Reorganisation systemrelevanter Banken, KTS 2011, 1
Müller-Feldhammer, Ralf, Die übertragende Sanierung – ein ungelöstes Problem der Insolvenzrechtsreform, ZIP 2003, 2186
Müller-Gugenberger, Christian/Bieneck, Klaus, Wirtschaftsstrafrecht, 5. Aufl., Köln 2011
Musielak, Hans-Joachim, Zivilprozessordnung mit Gerichtsverfassungsgesetz, Kommentar, 11. Aufl., München 2014
Nerlich, Jörg/Römermann, Volker, Insolvenzordnung, München, 25. EL, Stand: Juli 2013 (zit.: NR-*Bearbeiter*)
Niering, Christoph, Sozialplanansprüche als Stolperstein im Insolvenzplan, NZI 2010, 285
Noack, Ulrich, Gesellschaftsrecht, Köln 1999
Oberhofer, Hermann, Insolvenzplan und Arbeitsrecht, ZInsO 1999, 439
Obermüller, Manfred/Hess, Harald, Insolvenzordnung: eine systematische Darstellung des neuen Insolvenzrechts, 4. Aufl., Heidelberg 2003
Oetker, Friedrich, Konkursrechtliche Fragen, in: Festschrift zum fünfzigjährigen Doktorjubiläum von Bernhard Windscheid am 22. Dezember 1888, hrsg. v. Rostocker Juristenfakultät
Oetker, Friedrich, Konkursrechtliche Grundbegriffe, Stuttgart 1891.
Orth, Manfred, Mindestbesteuerung und Verlustnutzungsstrategien, FR 2005, 515
Otte, Karsten/Wiester, Roland, Nachmeldungen im Planverfahren, NZI 2005, 70
Overrath, Hans-Peter, Die Stimmrechtsbindung, Diss. Bochum 1972, Köln 1973
Pannen, Klaus/Füchs, Joseph/Rattunde, Rolf, Bemerkung zur Insolvenzverwalterbestellung, ZInsO 2002, 414
Pape, Gerhard, Eigenverwaltungsverfahren im Spiegel der Rechtsprechung nach Inkrafttreten des ESUG, ZInsO 2013, 2129
Pape, Gerhard, Konkursverwalter mit beschränkter Haftung?, ZIP 1993, 737
Pape, Gerhard, Rechtliche Stellung, Aufgaben und Befugnisse des Gläubigerausschusses im Insolvenzverfahren, ZInsO 1999, 675.
Pape, Gerhard, Zur Stellung und Bedeutung der Gläubigerversammlung im Konkurs, ZIP 1990, 1251

Literaturverzeichnis

Papke, Horst, Das Bild des Vergleichsverwalters, in: Festschrift für Ernst Knorr, hrsg. v. Pougin/Wysocki, Düsseldorf 1968, 1
Paul, Uwe, Die Rechtsprechung der Insolvenzgerichte zum Insolvenzplanverfahren, ZInsO 2004, 72
Paulus, Christoph, Die Insolvenzrechtsreform und der Schutz gesicherter Gläubiger – unter Berücksichtigung der *adequate protection* des amerikanischen Bancruptcy Reform Act, ZIP 1985, 1449
Pawlowski, Hans-Martin, Aufgabe des Zivilprozesses, ZZP 80 (1967), 345
Pawlowski, Hans-Martin, Methodenlehre für Juristen, 3. Aufl., Heidelberg 1999
Pawlowski, Hans-Martin, Zur Auslegung der Insolvenzordnung, DZWIR 2001, 45
Pawlowski, Hans-Martin/Smid, Stefan, Freiwillige Gerichtsbarkeit, Köln 1993
Prütting, Hanns, Ist die Gesellschaft bürgerlichen Rechts insolvenzfähig?, ZIP 1997, 1725
Prütting, Hanns/Huhn, Christoph, Kollision von Gesellschaftsrecht und Insolvenzrecht bei der Eigenverwaltung?, ZIP 2002, 777
Rassek, Ernst Jan, Begriff und Bestimmung des Kindeswohls als Maßstab bei der Sorgerechtsregelung nach §§ 1671, 1672 BGB: Probleme und Lösungsmöglichkeiten, Frankfurt a. M. 1983
Rattunde, Rolf, Das neue Insolvenzrecht für Unternehmen, AnwBl 2012, 144
Rattunde, Rolf, Sanierung in der Insolvenz, ZIP 2003, 2103
Rattunde, Rolf, Sanierung von Großunternehmen durch Insolvenzpläne – Der Fall Herlitz, ZIP 2003, 596
Rattunde, Rolf/Berner Susanne, Insolvenz einer börsennotierten Aktiengesellschaft, WM 2003, 1313
Rauls, Henning, Das Reorganisationsverfahren der USA gemäß Chapter 11 BC im Deutschen Internationalen Privatrecht, Diss. Göttingen 1993, Aachen 1995
Rendels, Dietmar/Zabel, Karsten, Insolvenzplan, Köln 2013
Rinze, Jens/Heda, Klaudius, Non-Performing Loan und Verbriefungs-Transaktionen: Bankgeheimnis, Datenschutz, § 203 StGB und Abtretung, WM 2004, 1557
Roe, Marc J., A New Model for corporative Reorganization, 83 Common Law Review
Römermann, Volker, Münchener Anwaltshandbuch GmbH-Recht, 3. Aufl., München 2014
Römermann, Volker, Neues Insolvenz- und Sanierungsrecht durch das ESUG, NJW 2012, 645
Rosenberg, Leo/Gaul, Friedhelm/Schilken, Eberhard,, Zwangsvollstreckungsrecht, 11. Aufl., München 1997
Rosenberg, Leo/Schwab, Karl-Heinz/Gottwald, Peter, Zivilprozessrecht, 17. Aufl., 2010
Rühle, Thomas, Gegenseitige Verträge nach Aufhebung des Insolvenzverfahrens, Diss. Kiel 2005, Berlin 2006
Runkel, Hans-P., Die Arztpraxis in der Insolvenz, in: Festschrift für Walter Gerhardt, hrsg. v. Schilken, Köln 2004, 839
Säcker, Franz-Jürger/Rixecker, Roland, Münchener Kommentar zum Bürgerlichen Gesetzbuch, Band 3, §§ 433–610, 6. Aufl., München 2012 (zit. MünchKomm-*Bearbeiter*, BGB)
Schack, Haimo, Einführung in das US-amerikanische Zivilprozessrecht, 3. Aufl., München 2003
Schäfer, Carsten, Insolvenzplan als Lösungsmittel für Mehrheits-/Minderheitskonflikte? – Lehren aus dem Fall Suhrkamp, ZIP 2013, 2237
Scheel, Hansjörg, Konzerninsolvenzrecht: eine rechtsvergleichende Darstellung des US-amerikanischen und des deutschen Rechts, Diss. Konstanz 1993, Köln 1995
Scheibner, Uwe, Zu Besonderheiten im Insolvenzplan in eingetragenen Genossenschaften, DZWIR 1999, 8
Schiessler, Wolfram, Der Insolvenzplan, Diss. Regensburg 1996, Bielefeld 1997
Schmidt, Andreas (Hrsg.), Hamburger Kommentar zum Insolvenzrecht, 4. Aufl., Köln 2012 (zit. HambKomm-*Bearbeiter*)
Schmidt, Herbert, Ermittlungen nach § 75 KO und die dadurch entstehenden Kosten, KTS 1984, 201
Schmidt, Karsten (Hrsg.), Die GmbH in Krise, Sanierung und Insolvenz, 4. Aufl., Köln 2009
Schmidt, Karsten (Hrsg.), Kommentar zur Insolvenzordnung, 18. Aufl., München 2013
Schmidt, Karsten, Das Insolvenzverfahren neuer Art – Kernprobleme der Insolvenzrechtsreform nach dem Kommissionsbericht, ZGR 1986, 178

Literaturverzeichnis

Schmidt, Karsten, Debt-to-Equity-Swap bei der (GmbH & Co.-)Kommanditgesellschaft, ZGR 2012, 566
Schmidt, Karsten, Die Insolvenzrechtsreform nach dem 54. Deutschen Juristentag, KTS 1982, 613
Schmidt, Karsten, Gesellschaftsrecht und Insolvenzrecht im ESUG-Entwurf, BB 2011, 1603
Schmidt, Karsten, Gutachten für den 54. Deutschen Juristentag in Nürnberg: Möglichkeiten der Sanierung von Unternehmen durch Maßnahmen im Unternehmens-, Arbeits, Sozial- und Insolvenzrecht, in: Verhandlungen zum 54. Deutschen Juristentag, Band I Teil D, 1982
Schmidt, Karsten, Organverantwortlichkeit und Sanierung im Insolvenzrecht der Unternehmen, ZIP 1980, 328
Schmidt, Karsten, Schöne neue Sanierungswelt: Die Gläubiger okkupieren die Burg!, ZIP 2012, 2085
Schmidt, Karsten, Wege zum Insolvenzrecht der Unternehmen, Köln 1990
Schmidt, Ludwig/Weber-Grellet, Heinrich (Hrsg.), Einkommensteuergesetz, 33. Aufl., München 2014
Schmittmann, Jens M., Steuerpflichtiger Sanierungsgewinn bei Restschuldbefreiung und Insolvenzplan?, ZInsO, 2003, 505
Schmittmann, Jens M., Vermögensverfall, Insolvenzplan und Notaramt, ZInsO 2006, 419
Schoch, Friedrich/Schneider, Jens-Peter/Bier, Wolfgang, Verwaltungsgerichtsordnung, Kommentar, München, 25. EL., April 2013 (zit. Schoch/Schneider/Bier-*Bearbeiter*)
Schuhmacher, Elmar/Thiemann, Stephan, Mediation und neues Insolvenzrecht – Möglichkeiten und Grenzen alternativer Konfliktlösungen im Insolvenzverfahren, DZWIR 1999, 441
Schultze, August Sigmund, Das deutsche Konkursrecht in seinen juristischen Grundlagen, Berlin 1880
Schwarz, Karina/Lehre, Frank, Aufrechnung mit einer Forderung trotz Insolvenzplan – Stärkung des Fiskusprivilegs, ZInsO 2011, 1540
Schwemmer, Anja-Sophia, Die Verlegung des centre of main interests (COMI) im Anwendungsbereich der EuInsVO, NZI 2009, 355
Segmiller, Alexander, Kapitalmaßnahmen im Insolvenzplan, Diss. Tübingen 2013, Baden-Baden 2013
Serick, Rolf, Eigentumsvorbehalt und Sicherungseigentum, 2. Aufl., Heidelberg 1993
Serick, Rolf, Mobiliarsicherheiten und Insolvenzrechtsreform: eine Auseinandersetzung mit den Berichten der Kommission für Insolvenzrecht, Köln 1987
Simon, Stefan/Brünkmans, Christian, Die Ausgliederung von sanierungswürdigen Betriebsteilen mithilfe des Insolvenzplanverfahrens nach ESUG: Verdrängt die Gläubigerautonomie den institutionalisierten Gläubigerschutz des Umwandlungsgesetzes?, ZIP 2014, 657
Simon, Stefan/Merkelbach, Matthias, Gesellschaftsrechtliche Strukturmaßnahmen im Insolvenzplanverfahren nach dem ESUG, NZG 2012, 121
Skauradszun, Dominik, (Kein) Reformbedarf bei der Eigenverwaltung nach §§ 270 ff. InsO DZWIR 2010, 365
Skrotzki, Zwangsvergleich nach altem Recht, KTS 1958, 105
Smid, Stefan, „Obstruktionsverbot", InVo 1996, 314 ff.
Smid, Stefan, „Sanierungswürdigkeit" als Maßstab des Insolvenzrechts, Rpfleger 1997, 501
Smid, Stefan, Aufrechnung bei durch Insolvenzplan erlassener Gegenforderung, jurisPR-InsR 18/2011 Anm. 2
Smid, Stefan, Deutsches und Europäisches Insolvenzrecht, Kommentar, 2. Aufl., Stuttgart 2004
Smid, Stefan, Die „cram down power" des deutschen Insolvenzgerichts, InVo 2000, 1
Smid, Stefan, Die Abwicklung masseunzulänglicher Insolvenzverfahren nach neuem Recht, WM 1998, 1313
Smid, Stefan, Freigabeerklärung des Insolvenzverwalters/Treuhänders bei selbständiger Tätigkeit des Insolvenzschuldners?, WM 2005, 625
Smid, Stefan, Funktion des Sequesters und Aufgaben des Insolvenzgerichts in der Eröffnungsphase nach der verabschiedeten Insolvenzordnung (InsO), WM 1995, 785
Smid, Stefan, Gerichtliche Bestätigung des Insolvenzplans trotz Versagung seiner Annahme durch Abstimmungsgruppen von Gläubigern, in: Recht und Pluralismus: Hans-Martin Pawlowski zum 65. Geburtstag, hrsg. v. Smid/Fehl, Berlin 1997, 387

Literaturverzeichnis

Smid, Stefan, Gesamtvollstreckungsordnung: Kommentar, 3. Aufl., Baden-Baden 1997 (zit. Smid-*Bearbeiter*, GesO)
Smid, Stefan, Gleichbehandlung der Gläubiger und Wiederherstellung eines funktionsfähigen Insolvenzrechts als Aufgaben der Insolvenzrechtsreform – Bemerkungen zum Regierungsentwurf einer künftigen InsO, BB 1992, 501
Smid, Stefan, Grund und Grenzen der Rechtsmittelbefugnis des Konkursverwalters, ZIP 1995, 1137
Smid, Stefan, Grundzüge des Insolvenzrechts, 4. Aufl., München 2002
Smid, Stefan, Grundzüge des Insolvenzrechts, Bemerkungen aus Anlass der Verabschiedung der Insolvenzordnung, DZWIR 1994, 278
Smid, Stefan, Kontrolle der sachgerechten Abgrenzung von Gläubigergruppen im Insolvenzplanverfahren, InVo 1997, 169
Smid, Stefan, Kreditsicherheiten in der Insolvenz des Sicherungsgebers, Stuttgart, 2003
Smid, Stefan, Nachzüglerforderungen von am Insolvenzplan unbeteiligten Gläubigern, jurisPR-InsR 18/2011 Anm. 5
Smid, Stefan, Präklusion von Einwendungen Verfahrensbeteiligter als Voraussetzung der Sanierung im einheitlichen Insolvenzverfahren?, in: Zivilprozess und Praxis, Festschrift für Egon Schneider zur Vollendung des 70. Lebensjahres, Berlin 1997, 379
Smid, Stefan, Praxishandbuch Insolvenzrecht, 5. Aufl., Berlin 2007
Smid, Stefan, Rechtsmittel gegen Eingriffe in teilnahmerechte Verfahrensbeteiligter durch das Insolvenzgericht, KTS 1993, 1
Smid, Stefan, Rechtsprechung: zur Unterscheidung von Rechtsfürsorge und Prozess, Köln, 1990
Smid, Stefan, Richterliche Rechtserkenntnis: zum Zusammenhang von recht, richterlichem Urteil und Urteilsfolgen im pluralistischen Staat, Berlin 1989
Smid, Stefan, Salvatorische Klauseln als Instrument zur Abwehr von Widersprüchen gegen den Insolvenzplan, ZInsO 1998, 347
Smid, Stefan, Sanierung durch Insolvenzplan – Bemerkungen zur Theorie über praktische Fragen, NZI 2000, 454
Smid, Stefan, Thesen zu Kreditsicherheiten in Insolvenz, übertragender Sanierung und Reorganisation, WM 2002, 1033
Smid, Stefan, Unlauteres Herbeiführen eines Insolvenzplans, DZWIR 2005, 234
Smid, Stefan, Voraussetzungen der sofortigen Beschwerde gegen die Bestätigung eines Insolvenzplans gemäß §§ 251, 253 InsO, NZI 2005, 296
Smid, Stefan, Wert und Unwert vertragstheoretischer Begründungen des Insolvenzplans, DZWIR 2011, 446
Smid, Stefan, Wirkungen von Entscheidungen in Verfahren nach dem FGG, JuS 1996, 49
Smid, Stefan, Zu einigen Fragen der Eigenverwaltung, DZWIR 2002, 493
Smid, Stefan, Zum prozessrechtlichen Grund des Haftungsausschlusses nach BGB § 839 Abs. 2 Satz 1, Jura 1990, 225.
Smid, Stefan, Zum Recht der Planinitiative gemäß § 218 InsO, WM 1996, 1249
Smid, Stefan/Nellesen, Eckerhard, Acht Thesen zum Verhältnis der Aufgaben von Insolvenzgericht und Insolvenzverwalter zu den verfahrensrechtlichen Befugnissen des Schuldners im neuen Insolvenzverfahren, InVo 1998, 113
Smid, Stefan/Rattunde, Rolf, Der Insolvenzplan: Handbuch für das Sanierungsverfahren nach dem neuen Insolvenzrecht mit praktischen Beispielen und Musterverfügungen, 1. Aufl., Stuttgart 1998, 2. Aufl., Stuttgart 2005
Smid, Stefan/Rattunde, Rolf/Martini, Torsten, Der Insolvenzplan: Handbuch für das Sanierungsverfahren nach dem neuen Insolvenzrecht mit praktischen Beispielen und Musterverfügungen, 3. Aufl., Stuttgart 2012
Smid, Stefan/Wehdeking, Silke, Verhältnismäßigkeit der Anordnungen des Eröffnungsbeschlusses, seine Begründung und seine Anfechtung durch sofortige Beschwerde des Schuldners, in: Festschrift für Walter H. Rechberger zum 60. Geburtstag, hrsg. v. Bittner u. a., Wien 2005, 603
Spliedt, Jürgen D., Insolvenz der Gesellschaft ohne Recht der Gesellschaft?, ZInsO 2013, 2155
Spliedt, Jürgen, Dept-Equity-Swap und weitere Strukturänderungen nach dem ESUG, GmbHR 2012, 462
Staudinger, Julius v., BGB, Kommentar, Bd. 2, §§ 422–580a, 12. Aufl., Berlin 1978
Steffan, Bernhard, Sanierung in der Insolvenz WPg-Sonderheft 2003, 148
Stephan, Guido/Riedel, Ernst (Hrsg.), Insolvenzrechtliche Vergütungsverordnung (InsVV), Kommentar, München 2010 (zit. Stephan/Riedel-*Bearbeiter*)

Literaturverzeichnis

Stöber, Kurt, Zwangsversteigerungsgesetz, 19. Aufl., München 2009
Stöber, Michael, Die Kompetenzverteilung bei Kapitalerhöhungen im Insolvenzverfahren, ZInsO 2012, 1811
Stöber, Michael, Strukturmaßnahmen im Insolvenzplanverfahren und gesellschaftsrechtliche Treuepflicht – der Fall Suhrkamp, ZInsO 2013, 2457
Stober, Rolf, Widerruf der Approbation bei Vermögensschädigung?, NJW 1981, 617
Stracke, Hartmut, Das Aus- und Absonderungsrecht des Vorbehaltseigentümers im Konkurs des Vorbehaltskäufers, Diss., Göttingen 1972
Streck, Michael, Kommentar zum Körperschaftssteuergesetz, 7. Aufl., München 2008
Strüber, Malte/von Donat, Christoph, Die ertragsteuerliche Freistellung von Sanierungsgewinnen durch das BMF-Schreiben vom 27.3.2003, BB 2003, 2036
Stürner, Rolf, Möglichkeiten der Sanierung von Unternehmen durch Maßnahmen im Unternehmens- und Insolvenzrecht, ZIP 1982, 761
Suchanek, Markus, Verlustabzugsbeschränkung für Körperschaften: Das BMF-Schreiben v. 4.7.2008 aus Beratersicht, FR 2008, 904
Terbrack, Christoph, Insolvenzpläne betreffend eingetragene Genossenschaften, ZInsO 2001, 1027
Tettinger, Peter J./Wank, Rolf/Ennschat, Jörg, Gewerbeordnung, 8. Aufl., München 2011
Tetzlaff, Christian, Insolvenzplanverfahren und EU-Beihilfenrecht, ZInsO 2009, 1479
Thiemann, Stephan, Die vorläufige Masseverwaltung im Insolvenzeröffnungsverfahren, Berlin 2000
Thole, Christoph, Gesellschaftsrechtliche Maßnahmen in der Insolvenz, Köln 2014
Thole, Christoph, Treuepflicht-Torpedo? Die gesellschaftsrechtliche Treuepflicht im Insolvenzverfahren, ZIP 2013, 1937
Thomas, Heinz/Putzo, Hans, Zivilprozessordnung: FamFG, Verfahren in Familiensachen, GVG, Einführungsgesetze, EG-Zivilverfahrensrecht, 30. Aufl., München 2009
Thorwart, Wolf/Schauer, Ludwig, § 251 InsO – effektiver Minderheitenschutz oder unüberwindbare Hürde?, NZI 2011, 574
Thouet, Philipp, Der Sanierungserlass des BMF – (k)eine Rechtswohltat contra legem, ZInsO 2008, 664
Tipke, Klaus/Kruse, Heinrich W., Kommentar zur Abgabenordnung und Finanzgerichtsordnung, Köln 2007
Toth-Feher, Gesa M./Schick, Olaf, Distressed Oportunities – Rechtliche Probleme beim Erwerb notleidender Forderungen von Banken, ZIP 2004, 491
Uhländer, Christoph, Anmerkung zur Entscheidung des FG Münster vom 27.5.2004, ZInsO 2005, 76
Uhlenbruck, Peter, Konzerninsolvenz über einen Insolvenzplan?, NZI 1999, 41
Uhlenbruck, Peter, Konzerninsolvenzrecht als Problem der Insolvenzrechtsreform, KTS 1986, 419
Uhlenbruck, Wilhelm (Hrsg.), Insolvenzordnung, Kommentar, 13. Aufl., München 2010 (zit. Uhlenbruck-*Bearbeiter*)
Uhlenbruck, Wilhelm, Aus- und Abwahl des Insolvenzverwalters, KTS 1989, 229
Uhlenbruck, Wilhelm, Die GmbH & Co KG in Krise, Konkurs und Vergleich: die rechtlichen und betriebswirtschaftlichen Zusammenhänge bei Insolvenz der KG und der GmbH, 2. Aufl., Köln 1988
Uhlenbruck, Wilhelm, Die juristische Person als Insolvenzverwalter nach dem Entwurf einer Insolvenzordnung (InsO), AnwBl 1993, 453
Uhlenbruck, Wilhelm, Die Verwertung einer freiberuflichen Praxis durch den Insolvenzverwalter, in: Festschrift für Wolfram Henckel zum 70. Geburtstag am 21. April 1995, hrsg. v. Gerhardt, Berlin 1995, 877
Uhlenbruck, Wilhelm, Probleme des Eröffnungsverfahrens nach dem Insolvenzrechts-Reformgesetz 1994, KTS 1994, 169
Uhlenbruck, Wilhelm, Sanierung und Reorganisation als drittes Insolvenzverfahren in einem künftigen Recht?, KTS 1981, 513
Uhlenbruck, Wilhelm, Zum Regierungsentwurf einer Insolvenzordnung und dem Entwurf eines Einführungsgesetzes, KTS 1992, 499
Uhlenbruck, Wilhelm/Brandenburg, Joachim C./Grub, Volker/Wellensiek, Jobst, Die Insolvenzrechtsreform, BB 1992, 1734
Uhlenbruck, Wilhelm/Delhaes, Karl, Handbuch der Rechtspraxis, Konkurs- und Vergleichsverfahren, 5. Aufl., München 1990
Ulmer, Peter, Konkursantragspflicht bei Überschuldung der GmbH und Haftungsrisiken bei Konkursverschleppung, KTS 1981, 469

Literaturverzeichnis

Vallender, Heinz/Deyda, Stephan, Brauchen wir einen Konzerninsolvenzgerichtsstand?, NZI 2009, 825
Verhoeven, Alexander, Konzerne in der Insolvenz nach dem Regierungsentwurf zur Erleichterung der Bewältigung von Konzerninsolvenzen (RegE) – Ende gut, alles gut ... und wenn es nicht gut ist, dann ist es noch nicht das Ende!, ZInsO 2014, 217
Verhoeven, Alexander, Konzerninsolvenz: Eine Lanze für ein modernes und wettbewerbsfähiges deutsches Insolvenzrecht – Teil I, ZInsO 2012, 1689
Von Gleichenstein, Hans, „Freigabe der selbstständigen Tätigkeit" und Zahlungspflicht des Schuldners gem. § 35 Abs. 2, § 295 Abs. 2 InsO, ZVI 2013, 409
von Groll, Rüdiger (Hrsg.), Verluste im Steuerrecht, 29. Jahrestagung der Deutschen Steuerjuristischen Gesellschaft e.V. in Mainz, am 27. und 28. September 2004, Köln 2005
von Leoprechting, Gunter, Insolvenzplan scheitert im Praxistest, DZWIR 2000, 67
von Onciul, Georg, Die rechtzeitige Verfahrensauslösung als ein Mittel zur Wiederherstellung der Funktionsfähigkeit des Insolvenzrechts, Berlin 1997
von Wilmowski, Gustav, Deutsche Reichs-Konkursordnung, 1885
Warren, Elizabeth, The Untenable Case for Repeal of Chapter 11, Yale L. Jour. Vol. 102, 477 (1992)
Warrikoff, Alexander, Die Möglichkeiten zum Unternehmenserhalt nach dem neuen Insolvenzrecht, KTS 1996, 489
Warringsholz, Klaus, Die angemessene Beteiligung der Gläubiger an dem wirtschaftlichen Wert der Masse aufgrund eines Insolvenzplanes, Diss. Kiel 2004, Hamburg 2005
Waxman, Ned W., Bankruptcy, November 2001
Waza, Thomas/Uhländer, Christoph/Schmittmann, Jens M., Insolvenzen und Steuern, 10. Aufl., 2013
Weber, Ahrend, Insolvenzrechtsreform und Mobiliarsicherheiten, WM 1992, 1133
Weber, Friedrich, Zur persönlichen Verantwortlichkeit des Konkursverwalters, in: Festschrift für Friedrich Lent: Zum 75. Geburtstag, 6.1.1957, hrsg. v. Rosenberg/Schwab, München 1957, 301
Weber, Jens, Ermittlung der Teilungsmasse bei Aufhebung des Insolvenzverfahrens nach bestätigtem Insolvenzplan, Rpfleger 2007, 296
Wegmann, Jürgen, Grundlagen betriebswirtschaftlicher Sanierungsprüfung (Reorganisationsprüfung), KTS 1989, 71
Wehdeking, Silke, Die Masseverwaltung des insolventen Schuldners – eine rechtsvergleichende Untersuchung, Berlin 2005
Weintraub, Benjamin, What Every Executive Should Know About Chapter 11, 3rd edit. 1994
Weintraub, Benjamin/Resnick, Alan, Bankruptcy law manual, Boston 1985
Weisemann, Ulrich/Smid, Stefan, Handbuch Unternehmensinsolvenz, Köln 1999
Wellensiek, Jobst, Übertragende Sanierung, NZI 2002, 233
Wellkamp, Ludger, Verfahrensprobleme bei der Insolvenz der Gesellschaft bürgerlichen Rechts, KTS 2000, 331
Wertenbruch, Johannes, Die Personengesellschaft im Vergleich zur AG und GmbH im Insolvenzplanverfahren, ZIP 2013, 1693
Westphal, Lars, Vorinsolvenzliches Sanierungsverfahren, ZGR 2010, 385
Wimmer, Klaus (Hrsg.), Frankfurter Kommentar zur Insolvenzordnung, 7. Aufl., 2013 (zit. FK-*Bearbeiter*)
Wimmer, Klaus, Vom Diskussionsentwurf zum Regierungsentwurf eines Gesetzes zur Erleichterung der Bewältigung von Konzerninsolvenzen, jurisPR-InsR 20/2013 Anm. 1
Wittig, Arne, Distressed Loan Trading – Chance oder Risiko?, NZI 2004, Heft 11, Editorial S. V
Wittig, Arne, Obstruktionsverbot und Cram Down – § 245 InsO im Lichte der LaSalle Street Entscheidung des U.S. Supreme Court vom 3.5.1999, ZInsO 1999, 373
Wollweber, Markus/Hennig, Thomas, Fortführung des Anfechtungsprozesses nach Planaufhebung, Zum Begriff des „anhängigen Rechtsstreits" i.S.d. § 259 Abs. 3 InsO, ZInsO 2013, 49
Zeuner, Mark, Die Anfechtung in der Insolvenz: Ein Handbuch – unter Einbezug des AnfG 1999, München 1999
Zöller, Richard (Hrsg.), Zivilprozessordnung mit Gerichtsverfassungsgesetz und den Einführungsgesetzen, mit Internationalem Zivilprozessrecht, EG-Verordnungen, Kostenanmerkungen, 30. Aufl., Köln 2014

Einleitung

I. Sanierung und Reorganisation als Aufgaben des Insolvenzverfahrens

§ 217 InsO benennt die Inhalte, die in einem Insolvenzplan abweichend von den gesetzlichen Vorschriften geregelt werden können. Diese Inhalte decken sich mit den denkbaren Zwecken eines Insolvenzverfahrens: So können die Masseverwertung (§§ 148 ff. InsO), die Befriedigung der Insolvenzgläubiger (§§ 38 ff. InsO) und der absonderungsberechtigten Gläubiger (§§ 49 ff. InsO), die Haftung des Schuldners (§ 227 InsO) und die Verteilung der Masse (§§ 187 ff. InsO) im Insolvenzplan gesonderte Regelungen erfahren. Mit der Insolvenzrechtsreform hat das Insolvenzrecht ferner einen Sanierungsauftrag erhalten, § 1 Satz 1 2. Alt. InsO. Der Erhalt des Unternehmens soll danach durch abweichende Regelungen in einem Insolvenzplan erreicht werden. Zweck des Insolvenzverfahrens ist schließlich gem. § 1 Satz 2 InsO die Entschuldung von Menschen (§§ 286 ff. InsO).   0.1

Sanierung durch Insolvenz ist kein neues Thema. Die „Wertvernichtung" im „Konkurs" (verstanden als Vermögensliquidation) wurde früh kritisiert und die Abwendung des Konkurses durch eine Schuldenreorganisation (den Vergleich) dem Konkurs vorgeschaltet. Das Scheitern der Vergleichsordnung machte das Thema der Reorganisation und Sanierung in Deutschland zu einer Frage, die außerhalb der Schranken des Insolvenzrechts behandelt wurde. Sollten in der Vergangenheit Unternehmen saniert werden, galt der Grundsatz: Sanierung statt Insolvenz. Die Verhinderung der Verfahrenseröffnung durch massive politische Einflussnahmen mit populistisch verklärtem Blick auf die wirtschaftlichen und rechtlichen Folgen wurde besonders eindrucksvoll in den Fällen Philip Holzmann und Mobilcom AG in Schleswig-Holstein vorgeführt. Kaum ein großes Insolvenzverfahren, vor dem sich nicht Politiker als Retter versuchten. Insolvenz wird demgegenüber vielfach auch als Zerschlagung verstanden.[1] Mit der Diskussion um eine Insolvenzrechtsreform ist der Zusammenhang von gerichtlichem Insolvenzverfahren und Sanierungsverfahren auch in Deutschland wieder in den Vordergrund getreten. Die InsO sieht den **Erhalt des schuldnerischen Unternehmens** ausdrücklich **als ein Ziel des Insolvenzverfahrens** vor, § 1 Abs. 1, 2. Hs. InsO. Dies führt nicht dazu, dass die außergerichtliche Sanierung überflüssig geworden ist. In vielen Fällen ist sie weiterhin notwendig und zweckmäßig. Lässt sich die Insolvenz aber nicht vermeiden, müssen die Sanierungsmittel des Insolvenzrechts frühzeitig und effektiv zum Einsatz kommen. Dann – und nur dann – hat das Insolvenzverfahren als Sanierungsverfahren eine Chance.   0.2

Privatwirtschaft und sogar der Staat sind zunehmend bereit, Unternehmen in die Insolvenz fallen zu lassen. Die Angst vor dem Insolvenzrecht ist geschrumpft, Sanierungsaufkäufe werden vom Kapitalmarkt bestraft. Die hierzulande weithin nach wie vor nicht mehr als gerüchteweise bekannt gewordene Praxis[2] zum US-amerikanischen chapter 11 bankruptcy code lässt ein alltägliches Umgehen mit Sanierungsinsolvenzen als nicht mehr völlig abwegig erscheinen[3]. Inzwischen findet sich diese Tendenz auch in Deutschland. Mittlerweile hat die Insolvenzpraxis in Deutschland Erfahrungen gesammelt, die   0.3

---
1 Leonhardt/Smid/Zeuner-*Smid*, InsO, § 1 Rn. 2.
2 Darstellung einer Entscheidung des US Supreme Court v. 3.5.1999 zum Chapter-11-Verfahren bei *Wittig*, ZInsO 1999, 373 ff.
3 *Elsing/van Alstine*, US-amerikanisches Handels- und Wirtschaftsrecht, Rn. 460.

Einleitung 0.4, 0.5

belegen, dass die Insolvenz nicht zwangsläufig den wirtschaftlichen Tod eines Unternehmensträgers bedeutet, sondern helfen kann. Sanierungserfolge, wie etwa im Fall der Herlitz AG zu Berlin, geben Anlass, die rechtlichen Instrumentarien näher zu bedenken, auf denen die Verbindung von Insolvenzverfahren mit Sanierung und Reorganisation beruht.

Regelungsfunktion, § 217 InsO
- Verwertung der Masse
- Haftung des Schuldners
- Befriedigung der Gläubiger
- Befriedigung der Absonderungsberechtigten
- Verfahrensabwicklung
- Änderung von Anteils- und Mitgliedschaftsrechten
- Sanierung von Unternehmen oder Unternehmensträgern
- Entschuldung von Menschen

0.4 Die **Insolvenz als Sanierungsmittel** anzuerkennen, ist angesichts neuer Insolvenzursachen unvermeidlich. Schon heute sind nicht nur der Staat, sondern auch die Banken oft daran gehindert, Unternehmen mit Krediten zu versorgen.[4] Die zuletzt am 14.12.2012 durch das Rundschreiben 10/2012 der Bundesanstalt für Finanzdienstleistungsaufsicht geänderten *Mindestanforderungen an das Risikomanagement (MaRisk)*[5] der Kreditinstitute sorgen für Restriktionen. Kredite nach „Gutsherrenart", aus Sympathie oder zur persönlichen Hilfe, wie sie in spektakulären Fällen der neunziger Jahre auch der Öffentlichkeit bekannt geworden sind, wird es nicht mehr geben. Die Erwartung, dass dem amerikanischen Beispiel folgend auch in Deutschland mittlere und große Unternehmen immer häufiger durch Insolvenz saniert werden müssen, hat sich insbesondere nach dem Inkrafttreten des Gesetzes zur weiteren Erleichterung der Sanierung von Unternehmen (ESUG)[6] bestätigt.

0.5 Die besonderen **Voraussetzungen von Sanierungsverfahren** sind: Ein positives Insolvenzklima, also frühestmögliche Erarbeitung eines insolvenzrechtlichen Sanierungsszenarios und frühzeitige Kommunikation zwischen allen Beteiligten und eine besondere, am Sanierungszweck (und nur an diesem!) orientierte Auswahl des Insolvenzverwalters. Die Erfahrung zeigt, dass bei rechtzeitigem Einsatz der Sanierungsmittel viele Betriebe, also Arbeitsplätze, Standorte und Werte, eine echte Chance haben. Aber es besteht kein Anlass zur Euphorie: So wenig wie die Insolvenz ein sofortiges Todesurteil ist, ist sie ein Allheilmittel. Nicht jede Insolvenz ermöglicht eine Sanierung. Die meisten Betriebe, die Pleite gehen, gehen zu Recht „pleite". Insolvenzrecht ist Haftungsrecht[7]. Es soll für die bestmögliche Befriedigung von Glaubigern sorgen, die Haftung für Verbindlichkeiten durchsetzen, die Rechte der Berechtigten und der Sicherungsgläubiger schützen und die wirtschaftlichen Probleme eines Menschen oder eines Unternehmens geordnet abwickeln. Das Insolvenzrecht hat eine Sanierungsaufgabe[8], sie steht aber nicht in jedem Fall im Vordergrund. Laxes Sanierungsrecht setzt falsche Anreize: Misswirtschaft darf nicht belohnt, die falschen Unternehmer dürfen nicht gestärkt werden. Sanierungsrecht ist kein Bestandsschutz für Verlustproduktion. Die Möglichkeiten einer solchen Fehlentwicklung beweisen die Erfahrungen mit dem nordamerikanischen bankruptcy code,

---

4 *Lieder*, DZWIR 2004, 452, 454.
5 Als Download auf der Seite der Bundesbank *www.bafin.de/SharedDocs/Veroeffentlichungen/DE/ Rundschreiben/rs_1210_marisk_ba.html* (letzter Abruf am 16.12.2014).
6 ESUG v. 7.12.2011, BGBl. I, S. 2582.
7 Amtl. Begr. zum RegEInsO, Allg. 4a cc, BT-Drs. 12/2443, 83; Leonhardt/Smid/Zeuner-*Smid*, InsO, § 1 Rn. 6 ff., 33.
8 Amtl. Begr. zum RegEInsO, Allg. 4a aa, BT-Drs. 12/2443, 77; Leonhardt/Smid/Zeuner-*Smid*, InsO, § 1 Rn. 38 ff.

bei dem in erheblichem Umfang mit missbräuchlich gestellten Insolvenz-Eigenanträgen gekämpft werden muss.[9] Das deutsche Restschuldbefreiungsverfahren zeigt ähnliche Tendenzen: Zunehmend scheinen „die Falschen" geschützt zu werden.[10] Es besteht die Gefahr, einen „gut gemeinten" Zweck zu verfehlen. Diese Entwicklungen müssen als Warnung verstanden werden: Sanierungsaufgabe kann nur bedeuten, marktwirtschaftlich sinnvolle Sanierungen zu ermöglichen und sinnwidrige Sanierungen zu verhindern.[11] Hierfür ist es erforderlich, die Ursachen der Unternehmenskrisen zu erkennen und die Missstände zu beseitigen.

Schon nach Inkrafttreten der InsO waren die Strukturen des Insolvenzrechts „sanierungsfreundlicher", als der Dualismus von konkursabwendendem Vergleich und zerschlagendem Konkurs nach altem Recht es erlaubte. Dies liegt zum einen daran, dass – wie erwähnt – dem Insolvenzverfahren durch das neue Recht eine Sanierungsaufgabe zukommt. Zum anderen ist die außergerichtliche Sanierung zunehmend mit Haftungsrisiken verbunden. Das ESUG stellt einen Beitrag zur Förderung eines positiven Insolvenz- und Sanierungsklimas dar. Es versucht, den Problemen Rechnung zu tragen, die auftreten, wenn nicht bereits bei der Auswahl des Insolvenzverwalters auf die Sanierung eines Unternehmens Rücksicht genommen wird. § 56 Abs. 1 InsO wurde um einen Satz 3 ergänzt, der vorsieht, dass eine als Verwalter vom Schuldner oder von einem Gläubiger vorgeschlagene Person oder eine Person, die vor dem Eröffnungsantrag in allgemeiner Form über den Ablauf eines Insolvenzverfahrens und dessen Folgen beraten hat, als Insolvenzverwalter bestellt werden kann. In diesem Zusammenhang steht auch § 56a InsO, der insofern Gläubigerrechte durch ein Äußerungs- und Vorschlagsrecht des vorläufigen Gläubigerausschusses statuiert (zum Ganzen unten Rn. 1.14). 0.6

Sanierungen sind Ausnahmefälle. Aber gerade diese Ausnahmefälle sind die volkswirtschaftlich wichtigen, für die nicht nur die zivilverfahrensrechtliche Seite der Insolvenz im Vordergrund stehen darf. Natürlich hat der Gesetzgeber für die meisten Fälle Recht, wenn er die Insolvenzverfahren wirtschaftshygienisch als Instrument der Kriminalitätsprophylaxe begreift.[12] Solche Fälle dürfen und sollen die Beteiligten exekutorisch, zivilverfahrensrechtlich und schematisch abwickeln. Aber wenn es um die Rettung von Firmenwert, Know-how und human capital geht, ist eine andere Sicht der Dinge angezeigt. Dabei wird erst ein längerfristiger Vergleich zeigen, wie erfolgreich Plankonzepte sein können. Denn erst mithilfe des Anfang 2013 in Kraft getretenen *Insolvenzstatistikgesetzes*[13] werden nunmehr aussagekräftigere Daten erhoben: Bisheriges Zahlenmaterial beschränkte sich insofern auf das bloße Verhältnis von Regelinsolvenz- zu Insolvenzplanverfahren. 0.7

Die **Sanierungsaufgabe des Insolvenzrechts** ergibt sich aus den Vorschriften der InsO. Der vorläufige Insolvenzverwalter hat den Betrieb, den er vorfindet, fortzuführen, § 22 Abs. 1 Satz 2 Nr. 2 InsO. Hierbei hilft ihm das Insolvenzgeld, das die Arbeitnehmer in Höhe ihres Nettogehalts für maximal drei Monate vom Arbeitsamt erhalten (vgl. § 183 Abs. 1 SGB III) und welches sich vorfinanzieren lässt. Dessen Einsatz zu Sanierungszwecken ist insolvenzrechtlich anerkannt, § 55 Abs. 3 InsO. Es ist verboten, Betriebe ohne Zustimmung des Insolvenzgerichts oder der Gläubigerversammlung stillzulegen, § 157 InsO. 0.8

---

9 Hierzu *Hay*, US-Amerikanisches Recht, Rn. 619.
10 Vgl. Vorlagebeschluss des AG München zum BVerfG v. 2.3.2003, 1 BvL 11/02, ZInsO 2003, 176, 178.
11 Amtl. Begr. zum RegE InsO, Allg. 3a, BT-Drs. 12/1443; Leonhardt/Smid/Zeuner-*Smid*, InsO, § 1 Rn. 2; *Lieder*, DZWIR 2004, 452, 455.
12 Amtl. Begr. zu Art. 60 EGInsO.
13 Eingeführt durch das ESUG v. 7.12.2011, BGBl. I, 2582; in Kraft seit 1.1.2013.

Einleitung 0.9–0.11

Ferner ist die übertragende Sanierung eines Unternehmens zulässig, § 162 InsO. Mit der Eigenverwaltung und dem Insolvenzplanverfahren (§§ 217 ff. InsO) hat der Gesetzgeber ein eigenes Sanierungsverfahren in die InsO aufgenommen, angelehnt an die VerglO von 1935, den Zwangsvergleich der KO (§§ 173 ff.) von 1878 und chapter 11 US-Bankruptcy-Code von 1978. Für natürliche Personen ist ein Restschuldbefreiungsverfahren vorgesehen, vgl. §§ 1 Satz 2, 286 ff. InsO. Schließlich ist sogar die Verwaltervergütung sanierungsfreundlich ausgestaltet: Nach § 3 Abs. 1 lit. e InsVV steht dem Insolvenzverwalter für den Insolvenzplan eine Prämie zu.

0.9 In der Vergangenheit ist die Eigenverwaltung des insolventen Schuldners weitgehend eine Ausnahmeerscheinung geblieben. Der Reformgesetzgeber hat mit dem ESUG versucht, auch die Regelungen der §§ 270 ff. InsO in einer Weise umzuformen, dass die Intention der Regelungen, dem Schuldner einen vernünftigen Anreiz der Eigenverwaltung zu geben, besser umgesetzt wird. Der BGH hat indes dem antragstellenden Schuldner kein Rechtsmittel dagegen gegeben, das mit einem Eröffnungsbeschluss ein Insolvenzverwalter eingesetzt und die Eigenverwaltung nicht angeordnet wird. Freilich wird auch in Art. 1 Nr. 38 des ESUG kein Rechtsmittel gewährt, wenn das Gericht seinem Antrag nach § 270 InsO nicht entspricht.[14] Damit bleibt die Eigenverwaltung im Ergebnis in ein kaum kontrollierbares Ermessen des Gerichts gestellt.

0.10 Der Zweck des Insolvenzverfahrens ist nach § 1 InsO die bestmögliche Gläubigerbefriedigung. Diesen fördert die Sanierungsaufgabe mit einem besseren Insolvenzergebnis nicht nur für den Schuldner und sein Unternehmen, sondern auch für die Gläubiger, also die Arbeitnehmer, die Lieferanten, die Geldgeber (Banken), die öffentliche Hand (Krankenkassen, Finanzamt etc.) und die Kunden. Bei einer Unternehmenssanierung bleiben Arbeitsplätze erhalten, Kunden behalten ihren Lieferanten, Lieferanten ihren Kunden und die öffentliche Hand ihren Steuer- und Beitragszahler. Zugleich bleiben die Sicherheiten werthaltig und müssen nicht zerschlagen werden. Es ist ferner möglich, die immateriellen Wirtschaftsgüter, den Goodwill und den Firmenwert zu erhalten. Insgesamt stellt sich im Regelfall eine höhere Insolvenzmasse ein, als bei einer zerschlagenden Insolvenz erreicht werden könnte. Schließungskosten (Masseschulden) werden gespart. Ein weiterer günstiger Effekt ist die positive öffentliche Meinung, wenn eine Katastrophe vermieden werden konnte.[15] Je öfter Sanierungsbeispiele bekannt werden, desto eher stellen sich Unternehmen und ihre „stakeholder" auf diese Möglichkeit ein und tragen so zum positiven Insolvenzklima bei.

0.11 So können der Insolvenzverwalter oder der eigenverwaltende Schuldner hinsichtlich solcher gegenseitiger Verträge, deren Erfüllung für das Unternehmen nachteilig wäre, im eröffneten Verfahren vom anderen Teil nicht mehr zur Erfüllung genötigt werden. Im Falle von Dauerschuldverhältnissen können sich Insolvenzverwalter oder eigenverwaltender Schuldner aus für die Masse (die Sanierung des Unternehmens) ungünstigen Mietverhältnissen lösen. Von besonderer Bedeutung für die Sanierung eines Unternehmens sind die Vorschriften zum Insolvenzarbeitsrecht (dazu auch unten Rn. 1.16 ff.).[16] Unternehmen beklagen seit jeher die Zwänge des deutschen Arbeitsrechts, des Betriebsverfassungsrechts, des Tarifrechts und vor allem des Kündigungsschutzes. Personalabbau ist nach deutschem Arbeitsrecht langwierig und kostspielig. Personalüberhänge sind häufig Insolvenzursachen. In der Insolvenz erfahren die starren

---

14 Vgl. HambKomm-*Fiebig* § 270 Rn. 49 ff.
15 *Lieder*, DZWIR 2004, 452, 455 f.
16 Zu arbeitsrechtlichen Fragen im Rahmen der Sanierung *Oberhofer*, ZInsO 1999, 439 ff.; *Berscheid*, FS Kirchhof, 27 ff.; s. auch *Berscheid*, ZInsO 2010, 1954 ff.

Vorschriften des Arbeitsrechts eine Modifizierung: Es gilt ein besonderes Insolvenzarbeitsrecht mit Bestimmungen, die einen Personalabbau unter vereinfachten Bedingungen ermöglichen. Gesetzlich und tariflich geschützte, sogar unkündbare Arbeitsverhältnisse lassen sich vom Insolvenzverwalter mit einer Drei-Monats-Frist gem. § 113 Abs. 1 Satz 2 InsO beenden. Der Insolvenzverwalter kann mit dem Betriebsrat – hat das Unternehmen keinen, sogar mit dem Arbeitsgericht! – einen Interessenausgleich und einen Sozialplan abschließen. Dieser muss eine Namensliste derjenigen Personen enthalten, von denen man sich im Interesse einer „ausgewogenen Personalstruktur" (§ 125 Abs. 1 Satz 1 Nr. 2 InsO) trennen will.[17] Der Personalabbau ist auf diesem Weg meist finanzierbar, da der Umfang eines Sozialplans durch § 123 InsO der Höhe nach auf 2 ½ Monatslöhne und maximal ein Massedrittel beschränkt wird. Der Arbeitnehmer muss gem. § 4 Satz 1 KSchG n. F. innerhalb von drei Wochen nach Zugang einer schriftlichen Kündigung die Unwirksamkeit aus allen Gründen (mit Ausnahme von § 623 BGB) durch Klage vor dem Arbeitsgericht geltend machen.[18] Allerdings ist die Kündigungsschutzklage der auf der Namensliste vom Insolvenzverwalter befindlichen Personen erheblich erschwert, da im Arbeitsgerichtsprozess vermutet wird, dass die Kündigung berechtigt war. Das Insolvenzarbeitsrecht bietet mithin die Möglichkeit, ein Unternehmen innerhalb kurzer Zeit durch Abbau wesentlicher Teile des Personals zu sanieren. Sanierungsinstrumente sind ferner die Anfechtungsmöglichkeiten des Insolvenzrechts gem. §§ 129 ff. InsO. Nachteilige Handlungen aus der Zeit vor der Insolvenz und ungerechtfertigte Vermögensverschiebungen können so zu Gunsten des Unternehmens korrigiert werden. Ferner bietet das Steuerrecht, an sich eher sanierungsfeindlich, weitere Gestaltungsmöglichkeiten. Schließlich fördert der Einsatz von Beschäftigungsgesellschaften ebenfalls den Personalabbau und trägt daher zum Sanierungserfolg bei.

Schließlich löst bereits das insolvenzgerichtliche Sanierungsverfahren das aus, was man im nordamerikanischen Recht den *automatic stay*[19] nennt: Durch die Eröffnung des Insolvenzverfahrens werden Zwangsvollstreckungsmaßnahmen gegen den Unternehmensträger unterbunden (§§ 21 Abs. 2 Nr. 3, 89, 90 InsO) und allgemeine Leistungsklagen i. S. d. § 253 ZPO ausgeschlossen (§ 87 InsO), was zur Beruhigung der Lage beiträgt und den Beteiligten den Rücken zur Verwirklichung der Sanierung freihält.

II. Die außergerichtliche Sanierung

1. Probleme der außergerichtlichen Sanierung

Ein Urteil des IX. Zivilsenats des BGH v. 26.10.2000[20] schaffte über die Reichweite der Haftung wegen einer Teilnahme an Sanierungsbemühungen im Vorfeld der Insolvenzantragsstellung Klarheit. Der Berater des schuldnerischen Unternehmens kann eine persönliche Haftung wegen einer Schädigung von Gläubigern nach Beginn seiner Beratungstätigkeit durch die Fortsetzung des Geschäftsbetriebes der Schuldnerin nur dadurch ausschließen, dass er die Organe der Schuldnerin zur Stellung eines Eigenantrages (§ 13 Abs. 1 InsO) auf-

---

17 *Berscheid*, FS Kirchhof, 27, 33 f.
18 NR-*Hamacher*, InsO, § 113 Rn. 282a, § 113 Abs. 2 InsO ist durch Art. 4 des Gesetzes zur Reform am Arbeitsmarkt vom 24.12.2003 (BGBl. I S. 3002) mit Wirkung zum 1.1.2004 entfallen. Angesichts der nun einheitlichen Klagefrist im Kündigungsschutzgesetz ist diese Regelung weitestgehend obsolet geworden.
19 Vgl. hierzu *Weintraub/Resnick*, Bankruptcy Law Manual, 6–21, 8–18; *Kennedy*, The Automatic Stay in Bankruptcy, 11 U. Mich. J. Law. Rev. 170, 247.
20 BGH, Urt. v. 26.10.2000, IX ZR 289/99, WM 2001, 98; auch BGH, Urt. v. 18.7.2002, IX ZR 480/00, DZWIR 2003, 31 m. Bespr. *H. Meyer*, DZWIR 2003, 6 ff.; *Lieder*, DZWIR 2004, 452, 455.

Einleitung 0.14–0.16

fordert und sie entsprechend belehrt. Der BGH hat dabei darauf hingewiesen, dass diese Pflicht des Sanierungsberaters eines verschuldeten Unternehmens auch nicht dadurch suspendiert wird, dass die Schuldnerin von dritter Seite beraten bzw. betreut wird, wie es insbesondere im genossenschaftlichen Bereich gem. § 54 GenG im Rahmen der Betreuung von Genossenschaften durch genossenschaftliche Prüfungsverbände der Fall ist. Dem Urteil des BGH lag dabei ein Sachverhalt zugrunde, in dem die Beratungstätigkeit durch einen Rechtsanwalt ausgeübt worden war, der von der schuldnerischen Genossenschaft als „außergerichtlicher Vergleichsverwalter" unter Fortdauer der organschaftlichen Tätigkeit von Vorstand und Aufsichtsrat der Genossenschaft bestellt worden war. Der beklagte Rechtsanwalt hat sich dann im Verlauf von über drei Jahren erfolglos um den Abschluss eines außergerichtlichen Vergleichs bemüht, bis es zur Stellung des Eigenantrags kam; u. a. aufgrund von Stellungnahmen des genossenschaftlichen Prüfungsverbandes war von Anfang an klar, dass die schuldnerische Genossenschaft überschuldet war.

0.14 Während die Sanierungsanreize durch die Instrumentarien der InsO erhöht wurden, sind die **Kosten und Risiken einer außergerichtlichen Sanierung** gestiegen. Während der Sanierungsphase müssen die Verluste des Unternehmens finanziert werden, dazu der Sanierungsaufwand, d. h. Aufwendungen für Sozialpläne, Strukturierungsmaßnahmen, Desinvestments oder neue Engagements, ferner Kosten, die die Sanierung selbst verursacht: Risikokreditzinsen, Honorare für Wirtschaftsprüfer und Unternehmensberater. Daneben werden häufig Zeit und Know-how der Beteiligten an einen – vielfach aussichtslosen – Sanierungsversuch verschwendet. Scheitert die Sanierung, sind die Mitarbeiter des Unternehmens demotiviert, die Kunden sind verunsichert und wenden sich der Konkurrenz zu.

0.15 Vor diesem Hintergrund ist es nicht erstaunlich, dass der Gesetzgeber die Risiken einer außergerichtlichen Sanierung verschärft hat. Sie soll auf aussichtsreiche Fälle beschränkt sein. Schlägt sie fehl, soll die Geschäftsleitung so schnell wie möglich Insolvenzantrag stellen. Für Kapitalgesellschaften besteht unmittelbar nach Eintritt von Zahlungsunfähigkeit und Überschuldung die Pflicht zur Insolvenzantragstellung, § 15a InsO. Nach neuer Rechtslage treten die Insolvenzgründe frühzeitig ein.[21] Zahlungsunfähigkeit (§ 17 InsO) liegt schon dann vor, wenn auch nur kleine Teile fälliger Verbindlichkeiten nicht bezahlt werden können.[22] Auch die drohende Zahlungsunfähigkeit ist gem. § 18 InsO Insolvenzgrund und berechtigt den Schuldner selbst zur Antragstellung. Überschuldung gem. § 19 InsO tritt nahezu immer ein, wenn die Fortführung des Unternehmens bis zum Ende des nächsten Geschäftsjahrs[23] ernstlich zweifelhaft geworden ist. Dann nämlich muss der Geschäftsführer zu Zerschlagungswerten bilanzieren[24]. Auf diesem Wege führt er eine rechnerische Überschuldung herbei, die die sofortige Insolvenzantragspflicht nach sich zieht.

0.16 Für die Berater krisenbedrohter Unternehmen bedeutet dies, dass sie bei der außergerichtlichen Sanierung[25] immer den Eintritt der Insolvenz berücksichtigen müssen. Anderenfalls entstehen Haftungsrisiken[26]; erwähnt sei an dieser

---

21 Zur Vorverlagerung der Insolvenzgründe vgl. Leonhardt/Smid/Zeuner-*Smid*, InsO, § 1 Rn. 2, § 17 Rn. 7 und § 19 Rn. 2 f.; *Mönning*, Betriebsfortführung in der Insolvenz, 78; *Lieder*, DZWIR 2004, 452, 455.
22 Uhlenbruck-*Uhlenbruck*, InsO, § 17 Rn. 10.
23 *Groß/Amen*, WPg 2002, 225, 227.
24 Ausführlich hierzu *Groß/Amen*, WPg 2003, 67, 81.
25 BGH Urt. v. 9.7.1953, II ZR 171/84, BGHZ 10, 228.
26 BGH, Urt. v. 9.2.1965, VI ZR 153/63, WM 1975, 475; BGH, Urt. v. 9.12.1969, VI ZR 50/68, LM BGB § 826 Nr. 8; BGHZ 75, 96, 114 f. m. w. N.

Stelle nur die in der „KBV"-Entscheidung des BGH[27] entwickelte persönliche Haftung des GmbH-Gesellschafters gegenüber den Gläubigern für sog. existenzgefährdende Eingriffe. Die Entnahme von Beraterhonoraren für eine außergerichtliche Sanierung kurz vor der Insolvenzantragstellung löst nach der Rechtsprechung des BGH eine Rückzahlungsverpflichtung aus.[28] Werden nicht alle Gläubiger gleich behandelt und z. B. Kleingläubiger vorab voll befriedigt, unterliegen derartige Rechtshandlungen der Insolvenzanfechtung gem. §§ 129 ff. InsO.[29] Steht nicht von vornherein mit Sicherheit fest, dass das Unternehmen sanierungsfähig ist, handeln alle an der Sanierung Beteiligten nach einer Entscheidung des OLG Brandenburg sittenwidrig gem. § 826 BGB.[30] Sicherheiten können infolgedessen nicht mehr anfechtungsfrei (§ 133 InsO) bestellt werden.[31] Scheitert das Sanierungskonzept daran, dass – wie regelmäßig – nicht alle Gläubiger diesem sofort zustimmen, entfaltet es nach der Rechtsprechung des BGH in der Co-op-Entscheidung[32] keine Rechtsverbindlichkeit. Nach alledem muss die außergerichtliche Sanierung mit Zustimmung aller – gleich zu behandelnder – Gläubiger innerhalb von zwei Wochen erfolgen, um Haftungsrisiken zu vermeiden. Eine gangbare Alternative zur Sanierung durch Insolvenz stellt die außergerichtliche Sanierung mithin nicht dar.

0.17 Das Vorliegen von Insolvenzgründen ist für alle Beteiligten evident und deshalb ex post ohne Weiteres beweisbar.[33] Die Folgen einer Verletzung der Insolvenzantragspflicht sind Bestrafung wegen Insolvenzverschleppung, Lieferantenbetrugs, in vielen Fällen auch wegen Untreue oder Beitragsvorenthaltung, und eine spiegelbildliche zivilrechtliche Haftung der Geschäftsleitungsorgane auf Schadensersatz (§§ 823, 826 BGB), auf Erstattung der zwischenzeitlich geleisteten Zahlungen (z. B. § 64 GmbHG) oder der Verfahrenskosten (§ 26 InsO). Zudem bestraft der Gesetzgeber auch die Unterstützung fremder Tat: Wer einem anderen bei seiner unerlaubten Handlung Hilfe leistet, durch Beratung und Begleitung von Insolvenzverschleppungen, haftet wegen Beihilfe (§ 27 StGB)[34] und damit zivilrechtlich als Gesamtschuldner (§ 840 BGB). All dies liefert Gründe, eine Sanierung nicht nur außerhalb, sondern alsbald in der Insolvenz zu versuchen. Demgegenüber weist die Sanierung im Rahmen eines gerichtlichen Insolvenzverfahrens **evidente Vorteile** auf: Den insolvenzrechtlichen Sanierungsinstrumenten ist gemeinsam, dass diese *nur in der Insolvenz* funktionieren, also eine Insolvenz voraussetzen. Dies beruht auf folgendem Grunde: Wirtschaftlicher Zweck des Insolvenzverfahrens ist die Vermögensverwertung, also die Unternehmenszerschlagung, die durch das Insolvenzrecht ermöglicht werden muss. Insolvenzverwalter sind daher rechtlich in der Lage, alle Rechtsbeziehungen des Unternehmens zu seiner Umwelt unmittelbar zu beenden.

0.18 Art. 33 Nr. 16 EGInsO hat mit Inkrafttreten der InsO die Vorschrift des § 419 BGB entfallen lassen. Bekanntlich wurde diese Vorschrift, die eine Haftung des Vermögensübernehmers für die vom Veräußerer begründeten Verbindlichkei-

---

27 BGH, Urt. v. 24.6.2002, II ZR 300/00, NJW 2002, 302; Erweiterung der Rechtsprechung: BGH, Urt. v. 16.7.2007, II ZR 3/04, NZI 2007, 603, 604.
28 BGH, Urt. v. 18.7.2002, IX ZR 480/00, ZIP 2002, 1540; BGH, Urt. v. 18.7.2002, IX ZR 480/00, DZWIR 2003, 31.
29 BGH, Urt. v. 26.10.2000, IX ZR 289/99, ZIP 2001, 33 = NJW 2001, 517.
30 OLG Brandenburg, Urt. v. 21.3.2002, 8 U 71/01, ZIP 2002, 1902 = ZInsO 2002, 929.
31 OLG Hamm, Urt. v. 16.4.1996, 27 U 197/95, ZIP 1996, 1140; BGH, Urt. v. 17.3.2003, IX ZR 272/02, ZIP 2003, 1799.
32 BGH, Urt. v. 12.12.1991, IX ZR 178/91, ZIP 1992, 19; s. hierzu auch *Westphal*, ZGR 2010, 385, 395 ff.
33 Vgl. *Müller-Gugenberger/Bieneck*, Wirtschaftsstrafrecht, § 76 Rn. 1 ff.
34 BGH, Urt. v. 15.11.2001, Wistra 2001, 101

ten vorsah, als Sanierungshemmnis angesehen. Sie stellte sich als Stolperstein auf dem Wege einer übertragenden Sanierung dar. Der Gesetzgeber hat indes § 25 HGB nicht außer Kraft gesetzt. Dessen Anbindungsbereich hat das BAG in einem Urteil aus dem Herbst 2006[35] näher bestimmt. Bereits unter Geltung der Konkursordnung hatte der BGH entschieden, die Veräußerung des Unternehmens durch den Konkursverwalter begründe eine Anwendbarkeit des § 25 Abs. 1 HGB nicht.[36] Das BAG hält an dieser Judikatur fest: Der Insolvenzgläubiger i. S. v. § 38 InsO, der Inhaber von vor Eröffnung des Insolvenzverfahrens begründeten Forderungen ist, kann sich auf § 25 Abs. 1 HGB nicht berufen, wenn das Handelsgeschäft durch den Insolvenzverwalter veräußert worden ist.[37] Zu diesem Ergebnis gelangt das BAG durch eine teleologische Reduktion des Anwendungsbereichs des § 25 Abs. 1 HGB. Würde diese Vorschrift nämlich im Falle des Erwerbs vom Insolvenzverwalter eine Haftung des Erwerbers für die Insolvenzforderungen begründen, würde dies dem Grundsatz der gleichmäßigen Befriedigung aller Insolvenzgläubiger (*par conditio creditorum*) mit einer Quote aus dem Erlös, der bei der Verwertung der Masse erzielt ist, widersprechen. Eine über den Erlös, der der Masse zufließt, hinausgehende Haftung des Erwerbers dergestalt, dass dieser für die Insolvenzforderung einzustehen habe, wird durch § 25 Abs. 1 HGB nicht begründet. Das BAG stellt freilich die Grenzen dieser teleologischen Reduktion des § 25 Abs. 1 HGB klar. Erfolgt der Erwerb des Handelsgeschäfts nicht vom Insolvenzverwalter im eröffneten Verfahren wie im vorliegenden Fall, sondern vor Verfahrenseröffnung von einem vorläufigen Verwalter, kommt es auf die Reichweite seiner Rechtsmacht hierzu von einer durch § 21 Abs. 2 InsO getragenen vorläufigen Anordnung des Insolvenzgerichts nicht an. Denn sobald das Insolvenzverfahren eröffnet wird, greifen auch für diesen Fall die Gesichtspunkte des Grundsatzes par conditio creditorum. Anders stellt sich dies aber dar, wenn sich die Masse auch nach der Veräußerung des Handelsunternehmens durch den vorläufigen Verwalter als unzureichend darstellt und die Eröffnung des Insolvenzverfahrens ausgeschlossen ist.[38]

2. Fiskusprivileg und außergerichtliche Sanierung

0.19 Sollten die öffentlich diskutierten Pläne, ein Fiskusvorrecht im deutschen Insolvenzrecht (wieder) einzuführen, umgesetzt werden, hätte dies zur Folge, dass eine Sanierung von insolventen Unternehmen im Insolvenzplanverfahren bereits daran scheitern würde, dass ein wegen § 245 Abs. 1 Nr. 2 i. V. m. Abs. 2 Nr. 2 InsO erforderlicher Verzicht des Fiskus auf seine Forderungen wegen Verstoßes gegen EU-Beihilferecht (Rn. 4.26 ff.) verbotswidrig und damit nichtig – der Plan mithin hinfällig wäre. Es liegt auf der Hand, dass damit an die Stelle transparenter Insolvenzplanverfahren außergerichtliche Sanierungsbemühungen treten müssten, was zu Lasten solcher Gläubiger gehen würde, die sich nicht durchzusetzen imstande wären.

III. Statistische Daten

0.20 Insolvenzanträge, Verfahrenseröffnungen, Eigenverwaltungen und Insolvenzpläne (1999–2012)

---

35 BAG, Urt. v. 20.9.2006, 6 AZR 215/06, DZWIR 2007, 150 = ZIP 2007, 386.
36 BGH 11.4.1988, BGHZ 104, 151 = ZIP 1988, 727.
37 BAG v. 29.4.1966, 3 AZR 208/65, BAG 18, 286; BAG v. 12.2.1990, 5 AZR 160/89, BAG 64, 136 = ZIP 1990, 662.
38 BGHZ 104, 151 = ZIP 1988, 727 zum Sequester.

Jahr	Unternehmens-insolvenzen Anträge	eröffnete Verfahren	Eröffnungs-quote	Eigenver-waltungen Anordnung zur Eröffnung	je 1000 Insolvenz-anträge	je 1000 eröffnete Verfahren	Insolvenz-pläne Einreich-ungen am Gericht	mit positiver gerichtlicher Vorprüfung
	Anzahl	Anzahl	in %	Anzahl	Anzahl	Anzahl	Anzahl	Anzahl
1999	26.476	9.564	36,1	204	7,7	21,3	47	24
2000	28.235	11.673	41,3	132	4,7	11,3	76	56
2001	32.278	14.646	45,4	240	7,4	16,4	96	79
2002	37.579	21.513	57,2	253	6,7	11,8	154	121
2003	39.320	23.060	58,6	184	4,7	8,0	163	126
2004	39.213	23.897	60,9	173	4,4	7,2	208	168
2005	36.843	23.247	63,1	147	4,0	6,3	226	200
2006	34.137	23.293	68,2	159	4,7	6,8	257	206
2007	29.160	20.491	70,3	147	5,0	7,2	278	238
2008	29.291	21.359	72,9	160	5,0	7,5	283	257
2009	32.687	24.315	74,4	157	4,8	6,5	362	302
2010	31.998	23.511	73,5	214	6,7	9,1	265	215
2011	30.099	22.393	74,4	192	6,4	8,6	247	191
2012	30.099	21.311	70,8	346	11,5	16,2	231	189
Ges.	457.415	284.293	62,15	2.708	5,92	9,53	2.893	2.372

IV. Interessen der Beteiligten

0.21 Mittelpunkt der Strukturen des Sanierungsrechts ist das schuldnerische Unternehmen in seinen Beziehungen zu den übrigen an der Sanierung Beteiligten. Deren Interessen erklären den vielfach ungeordneten Ablauf von Unternehmensinsolvenzen: Bereits im Vorfeld der Insolvenz kommt es zu anfechtbaren Rechtshandlungen, unerlaubten Handlungen oder sogar zu Straftaten. Die Geschäftsleitung will lieber Risiken eingehen, als ihr Scheitern eingestehen; häufig hat sie mehr Angst vor einer **rufschädigenden Insolvenz** als vor den kaum bekannten Haftungsnormen. Unternehmensberater und Sanierungsbeauftragte leben vom Sanierungsprozess (weniger vom Sanierungserfolg) und sind daher regelmäßig daran interessiert, diesen so lange wie möglich durchzuführen. Bei Banken und Lieferanten herrscht das **Prinzip Hoffnung**. Man möchte weder Wertberichtigungen vor der Zeit vornehmen, noch Auslöser der Insolvenz sein. Die Arbeitnehmer fürchten Personalabbau. Politik und Öffentlichkeit versuchen, die Insolvenz und mit ihr einen Skandal zu vermeiden, und fühlen sich verpflichtet, als Retter in der Not aufzutreten (Holzmann, Mobilcom). Die Insolvenzjustiz argumentiert mit **richterlicher Unabhängigkeit**, Ordnungsmäßigkeit des Verfahrens, rechtlichem Gehör und Gleichbehandlung aller Beteiligten. Schließlich wollen sich die Insolvenzverwalter profilieren, Erfolge und nennenswerte Honorare erzielen.

0.22 Diese unterschiedlichen Interessen sorgen dafür, dass das praktikable Sanierungsrecht nicht ausreichend oder rechtzeitig genutzt wird, um Sanierungserfolge zu erzielen. Insolvenzverfahren gelten – leider oft zu Recht – als nicht planbar, Gerichtsentscheidungen als unvorhersehbar. Das Insolvenzverfahren gleicht zuweilen einer lebensgefährlichen Operation, bei der das Operationsteam zusammengelost wird. Dem Amtsgericht Duisburg ist die ausführliche Begründung des Babcock-Borsig-Beschlusses[39] und seine Veröffentlichung zu verdanken: Der Beschluss beschreibt eine Kommunikation, die schief gegangen oder unterblieben ist, gleichsam ein offener Streit auf der Kommandobrücke eines in Seenot geratenen Schiffs. So streiten sich Juristen auf dem Rücken der Arbeitnehmer und zum Entsetzen eines weltweiten Kunden- und Lieferantenkreises.

V. Rechtliche Instrumentarien einer Reorganisation und Sanierung

0.23 Die InsO kennt drei konzeptionelle Möglichkeiten, die zu einer Unternehmenssanierung beitragen können: **die übertragende Sanierung, das Insolvenzplan-**

---

39 AG Duisburg, B. v. 1.9.2002, 62 IN 167/02, ZIP 2002, 1636, 1641.

verfahren und die Eigenverwaltung, die im Gesetz scheinbar ohne eine innere Beziehung nebeneinander stehen, aber doch einen rechtslogischen inneren Zusammenhang aufweisen.[40]

0.24 Das bis zum Inkrafttreten des ESUG geltende deutsche Insolvenzplanrecht ließ bei einer Sanierung mittels eines Insolvenzplans die Rechte der Anteilsinhaber des insolventen Unternehmens unberührt. Dies hat das ESUG mit der Ermöglichung gesellschaftsrechtlicher Gestaltungen im Insolvenzplan geändert, § 225a InsO. Durch den Plan selbst können nunmehr Gesellschafterbeschlüsse, wie sie z. B. für eine Kapitalherabsetzung und eine Kapitalerhöhung erforderlich sind, oder Willenserklärungen einzelner Gesellschafter zur Übertragung ihrer Anteile ersetzt werden. Nach der InsO ist daher zur Sanierung eines insolventen Unternehmens auf der Grundlage eines Insolvenzplans die Mitwirkung der Anteilsinhaber nicht mehr zwingend erforderlich. Anderes gilt unabhängig von den Gesellschafterbeschlüssen, die für eine Kapitalherabsetzung und eine Kapitalerhöhung benötigt werden: Denn durch die Eröffnung des Insolvenzverfahrens wird die Gesellschaft aufgelöst; damit sie weitergeführt werden kann, müssen die Gesellschafter förmlich die Fortsetzung beschließen (vgl. z. B. § 262 Abs. 1 Nr. 3, § 274 Abs. 2 Nr. 1 AktG, § 60 Abs. 1 Nr. 4 GmbHG). Für die Verzahnung der Beschlüsse der Gesellschafter mit dem Insolvenzplan sieht die InsO in § 249 InsO die Möglichkeit vor, im Insolvenzplan dessen Bestätigung davon abhängig zu machen, dass vorher Maßnahmen wie ein Fortsetzungsbeschluss, eine Kapitalerhöhung oder eine Auswechselung von Gesellschaftern erfolgt sind. Die Gefahr, dass ein erfolgversprechendes Sanierungskonzept von den Anteilseignern blockiert werden könnte, wird durch die Möglichkeit von Debt-Equity-Swaps oder Rechtsformänderungen weitgehend gebannt.

0.25 Zudem kann das insolvente Unternehmen Inhaber von Rechtspositionen sein, die nicht oder nur mit Schwierigkeiten und Kosten übertragen werden können, z. B. Lizenzen, Genehmigungen und günstige langfristige Verträge. In einer solchen Situation beseitigt § 225a InsO das Blockadepotential der Anteilseigner, das noch dadurch verstärkt wird, dass für Gesellschafterbeschlüsse über Kapitalmaßnahmen wie insbesondere im Falle von Kapitalerhöhungen gem. § 182 AktG bzw. § 53 GmbHG in der Regel ¾-Mehrheiten erforderlich sind.

0.26 Statistisch im Vordergrund steht die übertragende Sanierung, der „asset deal". Er führt zu einer Übertragung des Vermögens auf einen Investor, ohne dass die Verbindlichkeiten übergehen, wodurch der bilanzielle Sanierungserfolg erreicht wird.[41] Es wird ein neuer Unternehmensträger gegründet.[42] Die Vorteile der übertragenden Sanierung gegenüber dem Insolvenzplan liegen darin, dass Dauer, Kosten und Liquidität definiert sind. Zudem finden die Haftungsvorschriften der § 75 AO, §§ 25, 28 HGB keine Anwendung.[43] Die überwiegende Zahl von Sanierungsfällen wird deswegen mit übertragender Sanierung gelöst.[44]

0.27 Die **übertragende Sanierung** versagt aber, wenn natürliche Personen die Restschuldbefreiung benötigen, wenn kein Investor vorhanden ist, wenn das Unternehmen wegen seiner Größe, wegen immaterieller Wirtschaftsgüter[45], ei-

---

40 Eingehend hierzu *Wehdeking*, Die Masseverwaltung des insolventen Schuldners; *Mai*, Insolvenzplanverfahren, Rn. 42 ff.
41 Uhlenbruck-*Hirte*, InsO, § 11 Rn. 16 ff.
42 *Rattunde*, ZIP 2003, 596, 600.
43 Uhlenbruck-*Hirte*, InsO, § 11 Rn. 17.
44 *Steffan*, WPg-Sonderheft 2003, 148, 155; *Wellensiek*, NZI 2002, 233.
45 Z.B. Lizenzen; vgl. *Hingerl*, ZInsO 2004, 232.

ner Vielzahl von Vertragsverhältnissen etc. unübertragbar ist. Oft sind dies die wichtigen Fälle. In diesen Fällen ist ein Insolvenzplan (§§ 217 ff. InsO) erforderlich. Der **Insolvenzplan saniert den Unternehmensträger,** nicht das Unternehmen.[46] Er erfordert weitgehenden Konsens zwischen den Beteiligten; aber selbst wenn die wesentlichen Beteiligten (Banken, Betriebsrat, Geschäftsleitung, Lieferanten und Kunden) sich einig sind, so ignoriert das deutsche Verfahrensrecht weitgehend ihre Bemühungen um eine geplante Sanierungsinsolvenz. Bisweilen ist es für die Beteiligten – etwa aufgrund von Zufallsregeln im Geschäftsverteilungsplan – nicht einmal möglich festzustellen, welcher Richter wann über einen Insolvenzantrag entscheiden wird, geschweige denn wie. Gut gemeinte Vorschläge dieser Beteiligten, auch wenn sie in der Gläubigerversammlung jede Mehrheit hätten, werden als Einmischung in die richterliche Unabhängigkeit missverstanden und selbst die Mahnung eines Landesvaters[47] muss nicht Gehör finden. Aus diesem Grund ist für viele der **Einsatz des Insolvenzplanverfahrens schwer berechenbar**: Sie können die Dauer des Verfahrens oft nicht einschätzen, wissen nicht, wie viel Geld sie zwischenzeitlich brauchen und ob eine Einigung zwischen den Gläubigern letztlich herbeigeführt oder ersetzt werden kann. Diese Unsicherheitsfaktoren erzeugen Misstrauen vor der Durchführung eines Insolvenzplanverfahrens.[48] Dies ist bedauerlich, denn der **Insolvenzplan bietet viele Vorteile**[49]. Dem Insolvenzverwalter ist es z. B. im Rahmen des Planverfahrens möglich, obstruktive Beteiligte unter Einsatz des Mehrheitsprinzips zum Konsens zu zwingen.[50] Auch ist es hier möglich, wegen der Aussicht auf eine Fortführung des Unternehmens das Management ähnlich wie bei der Eigenverwaltung am Sanierungsprozess zu beteiligen.

0.28 Die Erfahrungen des Insolvenzverwalters und seines Teams im Insolvenzverfahren Herlitz[51] zeigen dagegen, dass es innerhalb kürzester Zeit möglich ist, einen Großkonzern mit Insolvenzplänen erfolgreich zu sanieren. In diesem Verfahren wurden unter Ausnutzung der gesetzlichen Mindestfristen (das „eigentliche" Insolvenzverfahren dauerte von der Verfahrenseröffnung bis zur Gläubigerversammlung im Berichts- und Prüfungstermin nur fünf Wochen) 1.500 Forderungen geprüft, die Schuldenmasse um 300.000.000 € reduziert und fast alle Arbeitsplätze erhalten. Die Insolvenzpläne fanden die 100%-ige Zustimmung aller Gläubigergruppen. Der Fall Herlitz zeigt, dass eine Kombination verschiedener Sanierungsinstrumente innerhalb eines Konzerns sinnvoll und Erfolg versprechend ist: Die börsennotierte Konzernmutter sowie die wichtigste Konzerntochter wurden durch Insolvenzpläne saniert. Die weiteren zahlreichen Töchter wurden teilweise durch share-deal, zum Teil durch übertragende Sanierung, teilweise außergerichtlich saniert.

0.29 Wesentlich für den **erfolgreichen Ablauf eines Insolvenzplanverfahrens** sind: schnelles Verfahren, ausreichende Liquidität und eine umfassende Vorbereitung im Vorfeld der Insolvenz. Es ist die Kommunikation zwischen den Beteiligten erforderlich: Absprachen mit dem Management, den Banken, Lieferanten, mit dem beteiligten Gericht und dem (künftigen) Insolvenzverwalter. Auf diese Weise kann frühzeitig mit der notwendigen Arbeit an einem Sanie-

---

46 *Rattunde*, ZIP 2003, 596.
47 *Wolfgang Clement*, zit. im Beschluss des AG Duisburg, B. v. 1.9.2002, 62 IN 167/02, ZIP 2002, 1636.
48 *von Leoprechting*, DZWIR 2000, 67; *Smid*, NZI 2000, 454, 456.
49 Mit einer beeindruckenden Liste von Vorteilen sowohl gegenüber der außergerichtlichen Sanierung als auch gegenüber der übertragenden Sanierung *Steffan*, WPg-Sonderheft 2003, 148, 159 ff.
50 Ausführlich *Smid/Rattunde*, Der Insolvenzplan, 1. Aufl., 1998, Rn. 505 ff., *Buchalik*, NZI 2000, 294, 301.
51 AG Berlin-Charlottenburg, 109 IN 1653/02 sowie 109 IN 1454/02; ausführlich zum Fall Herlitz *Rattunde*, ZIP 2003, 596, 600.

Einleitung 0.30–0.32

rungskonzept begonnen und tödliche Verzögerungen können vermieden werden.[52]

0.30 Die InsO kennt als drittes Sanierungsinstrument die **Eigenverwaltung**. In der Rechtspraxis ist sie bislang die Ausnahme.[53] Die bekannt gewordenen Fälle (Kirch, Babcock Borsig) sind kaum repräsentativ. In Sanierungsfällen bietet die Eigenverwaltung einen psychologischen Reiz für den Schuldner und seinen Geschäftsführer. Stellt er frühzeitig Insolvenzantrag (§ 18 InsO), muss er nicht um seinen Platz im Unternehmen fürchten, denn die Eigenverwaltung sieht vor, dass der Schuldner selbst – wenn auch unter der Aufsicht eines Sachwalters – berechtigt ist, die Insolvenzmasse zu verwalten und über sie zu verfügen, §§ 270 ff. InsO. Könnte man Insolvenzverfahren planen, indem z. B. das Insolvenzgericht einem potenziellen Antragsteller wohlwollende Prüfung seines Eigenverwaltungsantrages in Aussicht stellt, so würden Anträge wegen drohender Zahlungsunfähigkeit, bis jetzt die Ausnahme, häufiger auftreten. Ein extensiveres Gebrauchmachen von dem Sanierungsinstrument der Eigenverwaltung wäre in diesem Sinne durchaus geeignet, dem Schuldner die Furcht vor der Insolvenz zu nehmen.

0.31 Fälle für die Eigenverwaltung sind solche, bei denen es auf die **besondere Sachkunde** und spezielles Branchenwissen des Schuldners ankommt. Ist der Antrag bei tatsächlich bloß drohender Zahlungsunfähigkeit gestellt oder ist das Unverschulden des Managements am Insolvenzgrund plausibel, so spricht alles für Eigenverwaltung.[54] Dass die Eigenverwaltung, abgesehen von den spektakulären Ausnahmen, bisher so erfolglos ist, liegt übrigens nicht, wie viele meinen, daran, dass sie dem deutschen Recht fremd ist: Schon die Vergleichsordnung von 1935 regelt den Fall des *debtor in possession*[55]. Die Gründe für das Scheitern der Eigenverwaltung sind vielmehr: Bedenken der Justizbeteiligten (der Richter riskiert Haftung, der Verwalter Teile seines Honorars[56]) und das System, Sanierungsfälle den Zerschlagungsfällen gleich zu behandeln. Nicht nur das alte Konkurs- und Vergleichsrecht sah dies anders, auch die nordamerikanische Praxis handelt heute anders[57].

0.32 Im „schnellen" Insolvenzplanverfahren – wie bei Herlitz – ist die Anordnung der Eigenverwaltung unter Umständen überflüssig: Die Geschäftsleitung behält ihre Posten nach erfolgreicher Verfahrensbeendigung ohnehin, und verwaltungspsychologisch gelingt es dem Insolvenzverwalter mitunter besser als der Geschäftsleitung, die die Kreditaufnahme des Schuldners zu vertreten hat, kurzfristige Sanierungserfolge zu erzielen.

Übertragende Sanierung	Insolvenzplan	Eigenverwaltung

Pro:
– Schnelligkeit
– „Besonders interessiert"
  § 162 InsO
– „Unter Wert" § 163 InsO
	Pro:
	– Ungleichbehandlung möglich
	– Keine Kreditentscheidung
	– Anreiz für Verwalter:
	  § 3 Abs. 1 lit. e) InsVV
	– Keine Schlussrechnung
	– Kein Verfahrensabschluss
		Pro:
		– Frühe Antragstellung
		– Kosten
		– Sachkunde
		– Verwalterwahl
		– Image

---

52 So auch die Schilderung einer gelungenen Sanierung mittels Insolvenzplan und Eigenverwaltung durch *Friedhoff*, ZIP 2002, 497 ff.
53 *Smid*, DZWIR 2002, 493, 500; *Buchalik*, NZI 2000, 294; vgl. zur Reform der Eigenverwaltung *Skauradszun*, DZWIR 2010, 365 ff.
54 *Smid/Wehdeking*, FS Rechberger, 603 ff.
55 § 92 VerglO.
56 Vgl. § 12 InsVV (Sachwaltervergütung).
57 *Elsing/van Alstine*, US-amerikanisches Handels- und Wirtschaftsrecht, Rn. 489.

Übertragende Sanierung	Insolvenzplan	Eigenverwaltung
Contra: – Keine Restschuldbefreiung – Kleinunternehmen – Unübertragbare Rechte (Lizenzen, Mietverträge) – Investor oder Finanzierung	Contra: – Liquidität – Zeit – Obstruktion – Rechtsbehelfe – Gesellschafter – Kein Konzerninsolvenzrecht	Contra: – Binnenkompetenz – „Bock als Gärtner" – Verhandlungspsychologie – Zerbrechlichkeit, § 270 Abs. 2 Satz 2 InsO – Überflüssig bei schnellem Insolvenzplan

VI. Gang der Darstellung

Im Folgenden wird der Insolvenzplan als das **Sanierungsmittel** dargestellt, welches durch das geltende Insolvenzrecht bereitgestellt wird. Da diese Darstellung den Betroffenen Arbeitsmittel an die Hand geben soll, wird ebenso auf eine eingehende Auseinandersetzung mit der Gesetzgebungshistorie verzichtet, aus der die InsO und ihre Regeln über den Insolvenzplan hervorgegangen sind, wie die folgende Darstellung ihren Schwerpunkt de lege lata und nicht gesetzgebungskritisch de lege ferenda hat.[58] Dabei erfolgt die Darstellung des Insolvenzplans als Mittel zur finanzwirtschaftlichen Sanierung des Unternehmens. In praxi erschöpft sich eine Sanierung allerdings nicht in der Beseitigung von Buchverlusten, der Wiederherstellung der Zahlungsfähigkeit u. dgl., sondern wird regelmäßig mit leistungswirtschaftlichen Sanierungsmaßnahmen einhergehen, diese gerade fordern. Diese leistungswirtschaftliche Komponente der Sanierung ist nicht Gegenstand dieser Darstellung, die nur den rechtlichen Rahmen beleuchten soll, die das Gesetz auch der Durchsetzung solcher Maßnahmen bietet.

0.33

Des Weiteren wird zunächst die Fragestellung dieser Einleitung aufgegriffen und in einem 1. Hauptteil ein Überblick über Aufgaben und Risiken des Insolvenzplanverfahrens gegeben. Der 2. Hauptteil behandelt die Voraussetzungen, die bei der Aufstellung eines Insolvenzplans zu berücksichtigen sind. Das Verfahren der Zulassung, Abstimmung der betroffenen Gläubiger über den Insolvenzplan und seiner insolvenzgerichtlichen Bestätigung behandelt der 3. Hauptteil. Im 4. Hauptteil wird schließlich auf die Planerfüllung und die Planüberwachung einzugehen sein. Der 5. Hauptteil widmet sich dem Insolvenzplanverfahren natürlicher Personen.

0.34

---

58 Zu alledem verweisen wir auf die 3. Aufl. dieses Buches, dort Rn. 0.29 ff.

1. Hauptteil: Darstellung und Kritik des Insolvenzplanverfahrens

Kapitel 1: Exekution und Sanierung

I. Fragestellung

1. Sanierung statt Zerschlagung

a) **Insolvenz (Konkurs) als „Wertvernichter"?**[1] Schon früh ist aus der Perspektive eines ökonomischen Verständnisses der Funktionsweise des Insolvenzverfahrens auf eine vermeintliche Dysfunktionalität des Konkurses hingewiesen worden. Der Konkurs, so das berühmte Verdikt des bedeutenden Konkursrechtlers *Ernst Jaeger*[2], sei „der größte Wertvernichter". Dass dies so ist, liegt scheinbar auf der Hand. Veräußert man die einzelnen Massegegenstände, so können regelmäßig nur Zerschlagungswerte[3] erzielt werden, die weit hinter dem Wert zurückbleiben, der sich ergäbe, würde man die Vermögensgegenstände unter Aspekten der Fortführung des Unternehmens bewerten.

1.1

b) **Rettung des Konkurses durch „Sanierungsbemühungen".**[4] Die spezifisch konkursbedingten Verluste sind aber nicht nur ein Übel, das der Insolvenzschuldner wie jeder von Zwangsvollstreckungen überzogene Schuldner zu tragen hat. Die ökonomischen Folgen der (zerschlagenden) Liquidation des insolvenzschuldnerischen Vermögens im Insolvenzverfahren wären jedenfalls in Deutschland heute nicht nur untunlich, sondern deshalb in vielen Fällen überhaupt nicht mehr möglich, weil ohne Aussichten auf eine – wie auch immer zu bewerkstelligende – Sanierung des insolventen Unternehmens im Insolvenzverfahren dessen Durchführung oft schon mangels Masse ausgeschlossen wäre.[5] Die Folge davon wäre, dass Insolvenzanfechtungen unterbleiben müssten, die Haftung der Gesellschafter gem. § 93 InsO könnte nicht geltend gemacht, kurz: die Masse nicht zugunsten der Gläubiger gesichert und gemehrt werden. Anders als zu Zeiten des Verdikts *Jaegers* stellt sich die Sanierung daher weniger als Alternative zur konkurslichen Liquidation dar, sondern vielfach als deren *conditio sine qua non* eines geordneten Verfahrens.[6] **Aus schlichter Not heraus erscheint Sanierung so als Tugend.**

1.2

2. Gerichtliche Kontrolle und Sanierung

„Sanierung" setzt voraus, dass die betroffenen Gläubiger in der Verfolgung ihrer Rechte innehalten, um Kreditgebern eine sinnvolle Perspektive zu eröffnen. Mehr noch, eine Sanierung angeschlagener Unternehmensträger bedarf regelmäßig der Zuführung von Geldmitteln („fresh money"). Ohne die Übereinstimmung der Gläubiger funktioniert die Sanierung nicht. Die Einbindung dissentierender Gläubiger stellt sich damit als Kernproblem dar, das es zu lösen gilt, will man einen Raum für erfolgreiche Sanierungsversuche schaffen.

1.3

Außerhalb gerichtlicher Verfahren besteht indes kaum die Aussicht, das Phänomen einer „Akkordstörung" befriedigend zu beherrschen. Das in seinem Bestand gefährdete Unternehmen bedarf zudem oftmals sehr vielschichtiger

1.4

---
1 *Berges*, KTS 1960, 1 ff.
2 *Jaeger*, Lehrbuch des deutschen Konkursrechts, 216.
3 Zum Begriff: Uhlenbruck-*Uhlenbruck*, InsO, § 19 Rn. 16; vgl. auch Gottwald-*Uhlenbruck/Gundlach*, Insolvenzrechtshandbuch, § 6 Rn. 22 ff.
4 *Balz*, Sanierung von Unternehmen oder von Unternehmensträgern, bes. 5 ff., 18 ff.
5 Vgl. etwa Gottwald-*Maus*, Insolvenzrechtshandbuch, 1. Aufl., 1990, § 3.
6 *Mönning*, Betriebsfortführung in der Insolvenz, 22 ff.

Sanierungsmaßnahmen. Das Management ist häufig auszuwechseln, unrentable Produktionsweisen sind einzustellen und unverkäufliche Produkte durch verkäufliche zu ersetzen; Umschuldungen sind einzuleiten, um von Belastungen durch ungünstige Zinssätze loszukommen. Keine dieser Maßnahmen funktioniert, ohne dass Kreditgeber Kapital beisteuern. Solange das Damoklesschwert einer bei Scheitern dieser Sanierungsversuche drohenden Eröffnung eines Insolvenzverfahrens über den Beteiligten schwebt, drohen die Kreditoren der Unternehmenssanierung der ihnen hierfür vom späteren Insolvenzschuldner bestellten Sicherheiten verlustig zu gehen, da sie mit der **Ausübung der Insolvenzanfechtung** seitens des Insolvenzverwalters rechnen müssen. Bei erst anlässlich der Krise bestellten Sicherheiten wird nämlich häufig der Tatbestand einer inkongruenten Deckung nach § 131 InsO vorliegen. Nicht zuletzt kann sich die **gescheiterte Unternehmenssanierung** schlimmstenfalls als **Insolvenzverschleppung** bzw. als **Teilnahme an einem Insolvenzdelikt** darstellen.

1.5 Die außergerichtliche Sanierung hat den unleugbaren Vorteil, dass hier die **Öffentlichkeit ausgeschlossen** werden kann, die wenigstens den größeren Insolvenzverfahren in der Regel beiwohnt. Denn eine erfolgreiche Sanierung, so ist es jedenfalls in der Vergangenheit stets betont worden[7], bedarf der Stille der Bemühungen der Beteiligten. Diese Stille wird aber mit Intransparenz erkauft, in der sich für die Beteiligten nicht selten Abgründe auftun, die schlechthin übersehen werden, gibt man sich dem verführerischen Reiz betriebswirtschaftlicher Rentabilitätsberechnungen usw. hin. Die außergerichtlich erstellte Sanierungsplanung kann sich im Falle des Scheiterns als Insolvenzbetrug und Insolvenzverschleppung (§§ 283 ff. StGB)[8] darstellen; neben den strafrechtlichen Konsequenzen ergeben sich erhebliche zivilrechtliche Haftungsfolgen. So hat der BGH[9] die schadenersatzrechtliche Haftung[10] auch der anwaltlichen Berater von Gesellschaftsvorständen für den Fall bejaht, dass die Beratung zu einer Verzögerung von Antragsstellungen aufgrund fehlgeschlagener außergerichtlicher Sanierungsbemühungen geführt hat. Mit seinem „Akkordstörerurteil"[11] hat der BGH eine „Pflicht" von Gläubigern zur Mitwirkung an Versuchen einer außergerichtlichen Sanierung ausdrücklich abgelehnt, was durch die InsO nachdrücklich bestärkt worden ist.[12] Nicht zuletzt vor diesem Hintergrund erweist sich das gerichtliche Insolvenzplanverfahren als sinnvolle Alternative zu außergerichtlich bleibenden Sanierungsversuchen, bei denen aufgrund der stark divergierenden Interessen der Beteiligten oftmals selbst erfolgversprechende Sanierungskonzepte nicht umgesetzt werden können.

3. Übertragende Sanierungen

1.6 Die deutsche Konkurspraxis hat seit den sechziger Jahren in vielen Fällen den (vermeintlichen) Widerspruch zwischen der gleichmäßigen Befriedigung der Gläubiger im Konkurs und der (bisweilen) wünschenswerten, aber aus tatsächlichen Gründen nicht immer möglichen Sanierung des Unternehmensträgers durch Modelle einer sogenannten „übertragenden Sanierung"[13] aufzulösen versucht[14]. Darunter versteht man die Veräußerung des Betriebsvermögens an einen neugegründeten Unternehmensträger, der sodann an einen Erwerber ver-

---

7 Vgl. Gottwald-*Drukarczyky/Kippes*, Insolvenzrechtshandbuch, § 3 Rn. 1, die weitere Vor- und Nachteile der außergerichtlichen Sanierung auflisten.
8 Diesen Zusammenhang zwischen § 283 StGB und § 823 Abs. 2 BGB übersieht *Gawatz*, Bankenhaftung für Sanierungskredite, Rn. 396–398.
9 BGH, Urt. v. 26.10.2000, IX ZR 289/99, ZIP 2001, 33 = NJW 2001, 517.
10 Zur allg. Beratungspflicht für Risiken aus dem Mandanten bereits bekannten Gesetzesverstößen auch BGH, Urt. v. 6.2.1992, IX ZR 95/91, NJW 1992, 1159, 1160.
11 BGH, Urt. v. 12.12.1991, IX ZR 178/91, ZIP 1992, 191.
12 Ausdrücklich auch *Eidenmüller*, Unternehmenssanierung zwischen Markt und Gesetz, 555 ff., der insoweit von „Kooperationspflichten" spricht.
13 Begrifflich grundlegend: *K. Schmidt*, ZIP 1980, 328, 336; *K. Schmidt*, Wege zum Insolvenzrecht der Unternehmen, 1990, 138, sowie *K. Schmidt*, in: Leipold, Insolvenzrecht im Umbruch, 67 ff. Vgl. zudem *Gottwald*, KTS 1984, 1, 16 ff.; *Henckel*, KTS 1989, 477, 485 f.; *Balz*, Sanierung von Unternehmen oder von Unternehmensträgern, 71 ff.; *Balz*, ZIP 1988, 273, 287 ff.
14 Kritisch zu dieser Praxis *Müller-Feldhammer*, ZIP 2003, 2186 ff.

äußert wird, was naturgemäß vielfach zu einer wirtschaftlich sinnvolleren Abwicklung als durch Veräußerung einzelner Massegegenstände führt.

Die Einführung des Insolvenzplanverfahrens hat die Möglichkeit eines kostengünstigeren Sanierungsverfahrens nicht verstellt; die ablehnende Stellungnahme der Kommission zur Reform des Insolvenzrechts[15] hat sich nicht durchgesetzt[16]. Der Gesetzgeber[17] geht ausdrücklich von einer „**Gleichwertigkeit**" **von Liquidation, übertragender Sanierung und Sanierung des Unternehmensträgers** aus. Daraus ergeben sich praktische Konsequenzen: Die Gläubigerversammlung kann nach § 157 Satz 1 InsO Sanierungsmaßnahmen beschließen, etwa eine übertragende Sanierung[18], statt den Verwalter mit der Ausarbeitung eines Insolvenzplans zu beauftragen. An die Stelle der komplizierten Regelungen des Planverfahrensrechts über den Inhalt des Plans (§§ 220, 221 InsO), die Bildung von Abstimmungsgruppen der Gläubiger (§ 222 InsO), die Vorlagepflichten und Stellungnahmenbefugnisse (§ 232 InsO) oder das Obstruktionsverbot (§ 245 InsO) tritt das allgemeine Verfahren der Entscheidungsbildung in der Gläubigerversammlung gem. §§ 76, 77 InsO. Der Verwalter, dem § 218 InsO die Befugnis zur Vorlage eines Insolvenzplans zumisst, kann anstelle einer Insolvenzplaninitiative der Gläubigerversammlung daher vorschlagen, eine übertragenden Sanierung zuzustimmen. Das ergibt sich auch aus dem Gesetz. Denn der Verwalter hat im Berichtstermin gem. § 156 Abs. 1 Satz 2 InsO die Sanierungsmöglichkeiten des Unternehmens zu beleuchten und die Möglichkeiten für einen Insolvenzplan darzustellen; eine Exklusivität sanierungsrechtlicher Maßnahmen aufgrund eines Insolvenzplans ergibt sich dagegen nicht aus dem Gesetz. Vielmehr treffen die §§ 162 und 163 InsO Regelungen für den Fall einer übertragenden Sanierung, nämlich der Veräußerung des Unternehmens an Dritte.[19] Diese Vorschriften sind nicht allein als Regelungen zu verstehen, die den konkreten Inhalt eines Insolvenzplans betreffen. Schon aus ihrer systematischen Stellung ergibt sich, dass diese Regelungen allgemein gelten sollen. Man kann sogar sagen, dass Sanierungsmaßnahmen außerhalb des Insolvenzplanverfahrens, wenn sie überhaupt gelingen sollen, nicht der langwierigen Prozedur eines Insolvenzplans unterworfen werden dürfen.

1.7

Die Durchführung der übertragenden Sanierung obliegt naturgemäß dem Insolvenzverwalter, der gem. § 159 InsO aufgrund der entsprechenden Beschlüsse der Gläubigerversammlung die Masse zu verwerten hat. Als eine Form der Verwertung stellt sich in einer gesamtvollstreckungsrechtlichen Sichtweise der Insolvenz die übertragende Sanierung dar. Im geltenden Recht ist daher die **übertragende Sanierung Gesamtvollstreckungsmaßnahme des Insolvenzverwalters** als EXEkutionsorgan im Gegensatz zu Sanierungsmaßnahmen in Vergleich und Zwangsvergleich, die der Insolvenzschuldner nach früherem Recht auslöste.

1.8

Im Insolvenzplanrecht ist dieser Gegensatz noch im Zustimmungserfordernis des § 230 Abs. 1 Satz 1 InsO zu solchen Sanierungsmaßnahmen, die die Beteiligung des Schuldners durch Fortführung des Unternehmens vorsehen, zum Ausdruck gebracht. Freilich liegen die Dinge heute dennoch erheblich komplizierter als im früheren Konkurs- und Vergleichsrecht: Die Zuweisung eigener Initiativrechte an den Insolvenzverwalter kann nämlich dann anders gedeutet werden, wenn man bedenkt, dass dem Insolvenzverwalter unter dieser Voraussetzung im Falle der vom Plan vorgesehenen Unternehmensfortführung durch den Schuldner zwangsläufig zugemutet wird, auch beratend für den Schuldner tätig zu werden. Das verschiebt seine Stellung aber radikal. War es bislang

1.9

---

15 Erster Bericht der Kommission für Insolvenzrecht (Erster Bericht), 1985, 152 ff.
16 Amtl. Begr., BT-Drs. 12/2443, Allg. 4 f. aa, 94; *Brandstätter*, Die Prüfung der Sanierung notleidender Unternehmen, 22.
17 Amtl. Begr., BT-Drs. 12/2443, 77, Allg. 3a bb.
18 *Burger*, FS Koren, 363 ff.; ferner *K. Schmidt*, Wege zum Insolvenzrecht der Unternehmen, 141 ff.
19 *Müller-Feldhammer*, ZIP 2003, 2186, 2188.

von Rechts wegen ausgeschlossen, dass der vorkonkurslich tätige „Sanierer" oder der Liquidator eines Unternehmensträgers im Eröffnungsbeschluss als Insolvenzverwalter eingesetzt wurde, weil dieser Personenkreis *befangen* und damit vom Verwalteramt ausgeschlossen war, zeichnen sich Veränderungen ab. Der Verwalter, der vorkonkurslich beratend für den Schuldner tätig war, ist alles andere als der „Herr des Reorganisationsverfahrens"[20]; das gleiche gilt aber für den Insolvenzverwalter, dem von Gesetzes wegen aufgrund seines Amtes beratende Tätigkeiten auf Schuldnerseite zugemutet werden.

1.10 An dieser Stelle zeigt sich der **enge sachliche Zusammenhang von Insolvenzplan und Eigenverwaltung**[21] des Insolvenzschuldners gem. §§ 270 ff. InsO: Dort hat der Sachwalter schließlich von Gesetzes wegen (§ 284 Abs. 1 Satz 2 InsO) die Aufgabe, den Schuldner bei der Ausarbeitung des Insolvenzplans zu unterstützen. Der Sachwalter hat somit auch die Aufgabe, gleichsam neben seiner Kontrollfunktion als Unternehmensberater des Insolvenzschuldners zu fungieren. Zugleich hat sich die Praxis herausgebildet, diejenigen Personen, die *vorbereitend* an der Erstellung des Sanierungskonzepts mitgewirkt haben, als organschaftliche Vertreter der insolvenzschuldnerischen Gesellschaft zu Geschäftsführern oder Vorständen zu berufen.[22] Allein die Betonung des Hauptzwecks der Verwertung des Schuldnervermögens (§ 1 Satz 1 InsO) gegenüber Sanierungsfunktionen des „einheitlichen" Insolvenzverfahrens kann den Insolvenzverwalter oder den Sachwalter davor bewahren, im Falle der Insolvenzplaninitiative des Schuldners in eine vergleichbare Lage zu geraten.

4. Frühzeitige Einleitung des einheitlichen Insolvenzverfahrens und Sanierungschancen

1.11 a) Überblick. Das deutsche Insolvenzplanverfahren basiert auf einer zutreffenden Einsicht des Gesetzgebers über die **Chancen von Sanierungen krisenbefallener**[23] **Unternehmen**[24]. Der Sanierung von Unternehmen in einem insolvenzgerichtlichen Verfahren steht im Wesentlichen im Wege, dass Insolvenzverfahren mangels einer die Kosten des Verfahrens deckenden Masse überhaupt nicht zur Eröffnung gelangen bzw. zu einem frühen Zeitpunkt wegen Massearmut eingestellt werden müssen. Die **Massearmut der Mehrzahl der Insolvenzverfahren** in Deutschland[25] hat einen wesentlichen Grund in der vorkonkurslichen Aushöhlung der schuldnerischen Vermögen durch die Bestellung von besitzlosen Pfandrechten an werthaltigen Vermögensgegenständen zur Besicherung von Darlehen. Es entspricht gesicherter Erfahrung, dass in dem Maße, in dem die Stellung des Eigenantrages zeitlich hinausgezögert wird, zur Sanierung erforderliche freie Mittel aufgezehrt werden. Wie die Situation „gewöhnlich" verfasst ist, in der sich ein Insolvenzschuldner veranlasst sieht, einen Eigenantrag zu stellen, haben *Benjamin Weintraub* und *Alan Resnick* plakativ beschrieben: „Doomsday appears to be at hand".[26]

1.12 Soll eine Sanierung aussichtsreich sein, muss sie **frühzeitig in die Wege geleitet werden, sobald sich Krisensymptome** zeigen.[27] Der deutsche Reformgesetzgeber hat dem dadurch Rechnung zu tragen versucht, dass er dem

---

20 So das Schlagwort von *Eser*, KTS 1985, 23, 28.
21 Hierzu eingehend *Wehdeking*, Masseverwaltung durch den insolventen Schuldner – Eine rechtsvergleichende Untersuchung; erkennbar auch in der Darstellung bei *Buchalik*, NZI 2000, 295 ff.; *Kammel*, NZI 2010, 791.
22 Vgl. allein *Prütting/Huhn*, ZIP 2002, 777, 779 ff.; krit. dagegen AG Duisburg, Beschl. v. 1.9.2002, 62 IN 167/02, ZIP 2002, 1636.
23 Zur Terminologie *Brandstätter*, Die Prüfung der Sanierung notleidender Unternehmen, 5 ff.
24 Amtl. Begr., BT-Drs. 12/2443, 75 ff., 94 ff.
25 „Reiche" Massen im Geltungsbereich der GesO waren eine Übergangserscheinung während der Transformationsperiode der Wirtschaft der DDR.
26 *Weintraub/Resnick*, Bankruptcy Law Manual, 8–12.
27 *Kilger*, ZIP 1982, 779, 781.

Schuldner bzw. seinen Organen eine Reihe von Anreizen zur frühzeitigen Einleitung[28] eines Insolvenzverfahrens bietet, in dessen Rahmen eine Sanierung durchgeführt werden kann. Die Vorverlagerung des Eintrittszeitpunkts der Insolvenz durch die Schaffung eines Tatbestandes der „drohenden Zahlungsunfähigkeit"[29] im Falle der Stellung eines Insolvenzantrags des Schuldners (Eigenantrags) und die Schaffung von Haftungsprivilegien zugunsten der die frühzeitige Anmeldung bewirkenden Gesellschaftsorgane sollen zu diesen Stimulanzien gehören. Durch die Eröffnung spezifisch insolvenzrechtlicher Möglichkeiten der Einleitung eines Insolvenzverfahrens seitens des Schuldners im Wege eines Eigenantrages (§ 13 InsO) verbunden mit Vorlage eines Insolvenzplans[30] (§ 218 InsO) und der Anordnung der Eigenverwaltung[31] (§ 270 InsO) durch den Schuldner während des Insolvenzverfahrens wird nach Vorstellung des Gesetzgebers[32] das Insolvenzverfahren für den Schuldner attraktiv, weil sanierungsfreundlich ausgestaltet. Insofern stellt es einen Systembruch dar, wenn – wie oben (Rn. 0.9) dargestellt – dem Schuldner Rechtsmittel gegen den die Eigenverwaltung ablehnenden Eröffnungsbeschluss verwehrt werden.

Voraussetzung für ein erfolgreiches insolvenzplanrechtliches Sanierungsverfahren ist freilich, dass der Fiskus mit seinen **Steuerforderungen** mit anderen Gläubigern gleichbehandelt wird, wie es die Insolvenzrechtsreform 1994/1999 durchgesetzt hatte. Würde ein Fiskusprivileg wieder in das deutsche Insolvenzrecht eingeführt, hätte dies zur Folge, dass Insolvenzpläne in aller Regel keine Aussicht mehr auf Erfolg hätten. Denn ein Nachgeben des vorrangigen Fiskus würde sich stets als Verstoß gegen beihilferechtliche Vorschriften der EU (Rn. 4.26 ff.) und damit nach § 134 BGB als nichtig darstellen. **1.13**

b) **Person des Insolvenzverwalters.** Eine Sanierungsinitiative des Schuldners kann nur Erfolg haben, wenn er frühzeitig, und d.h. vor Stellung eines Insolvenzantrags, **fachkundigen Rat** in Anspruch nimmt. Früher gab es freilich eine weit verbreitete Praxis, die vor dem Hintergrund der Sorge um die richterliche Unabhängigkeit bei der Auswahl des Insolvenzverwalters den vorkonkurslich tätigen Sanierungsberater als für das Amt des Insolvenzverwalters „verbrannt" ansah. Das ESUG versucht, den damit verbundenen Problemen Rechnung zu tragen. Die Norm des § 56 Abs. 1 InsO ist in Satz 3 durch eine Regelung ergänzt worden, die nunmehr vorsieht, dass eine als Verwalter vom Schuldner oder von einem Gläubiger vorgeschlagene Person oder eine Person, die vor dem Eröffnungsantrag den Schuldner in allgemeiner Form über den Ablauf eines Insolvenzverfahrens und dessen Folgen beraten hat, als Insolvenzverwalter bestellt werden kann. Der Vorschlag einer Person für das **Amt des Insolvenzverwalters**, den der Schuldner oder ein Gläubiger dem Insolvenzgericht unterbreiten, beeinträchtigt nach der ausdrücklich vorgehenden gesetzlichen Regelung die richterliche Unabhängigkeit nicht. Der durch das ESUG einge- **1.14**

---

28 *Brandstätter*, Die Prüfung der Sanierung notleidender Unternehmen, 17 m.w.N.
29 Amtl. Begr., BT-Drs. 12/2443, 84, Allg. 4b aa. – Wieweit dies erfolgreich ist und der Tatbestand der „drohenden Zahlungsunfähigkeit" eine eigenständige Bedeutung neben der Überschuldung erlangen kann, ist zweifelhaft, muss aber im Rahmen dieser Untersuchung ausgeblendet bleiben. Hierzu eingehend jüngst die informative Studie von Möser, Die drohende Zahlungsunfähigkeit des Schuldners als neuer Eröffnungsgrund, 2006, bes. 25 ff., 130 ff.; ferner *Ritter v. Onciul*, Rechtzeitige Verfahrensauslösung als ein Mittel zur Wiederherstellung der Funktionsfähigkeit des Insolvenzrechts, 127 ff. Vgl. ferner *Hess/Weis*, InVo 1996, 29; *Hess/Weis*, InVo 1996, 253, 254; *Burger/Schellberg*, KTS 1995, 563, 572. Krit. *Uhlenbruck*, KTS 1994, 169, 171 f.
30 Dazu *Smid*, WM 1996, 1249 ff.; Leonhardt/Smid/Zeuner-*Smid*, InsO, § 218 Rn. 1.
31 *Obermüller/Hess*, InsO, § 270 Rn. 401–414; *Bork*, Einführung in das neue Insolvenzrecht, Rn. 399 ff.; krit. *Smid*, DZWIR 1994, 278, 281; Leonhardt/Smid/Zeuner-*Smid*, InsO, § 270 Rn. 1; Uhlenbruck-*Riggert*, InsO, § 270 Rn. 1.
32 Amtl. Begr. BT-Drs. 12/2443, 86, 222 f.

fügte § 56a InsO sieht vor, dass dem vorläufigen Gläubigerausschuss vor der Bestellung des Verwalters Gelegenheit zu geben sein wird, sich zu den Anforderungen, die an den Verwalter zu stellen sind, und zur Person eines möglichen Verwalters zu äußern, sofern dies nicht offensichtlich zu einer nachteiligen Veränderung der Vermögenslage des Schuldners führt. Nach § 56a Abs. 2 InsO darf das Gericht von einem einstimmigen Vorschlag nur abweichen, wenn der Vorschlag in Widerspruch zu den Anforderungen nach § 56 Abs. 1 Satz 1 InsO steht.

1.15 c) **Haftungsandrohung.** Eine solche Motivation für den Schuldner oder seine gesetzlichen Vertreter und Organe, den Insolvenzantrag zu stellen, soll bekanntlich durch die entsprechenden zivilrechtlichen und strafrechtlichen Normen über die Haftung dieser Personen bestärkt oder gar erst geschaffen werden.[33] So müssen die Geschäftsführer einer GmbH (§ 64 Abs. 1 GmbHG), die Vorstandsmitglieder einer Aktiengesellschaft (§ 92 Abs. 2 AktG), eines Vereins (§ 42 Abs. 2 BGB), einer Genossenschaft (§ 99 GenG) unverzüglich einen Insolvenzantrag stellen, wenn die juristische Person überschuldet ist. Verletzen sie diese Pflicht, so sind sie den Schuldnern selbst, aber auch allen beteiligten und betroffenen Gläubigern zum Schadenersatz verpflichtet; gegenüber den Schuldnern haften sie sogar für alle Zahlungen, die sie nach dem Eintritt der Insolvenzreife geleistet haben, persönlich. Zusätzlich tritt im Rahmen der genannten juristischen Personen des Handelsrechts eine strafrechtliche Haftung ein (§ 401 AktG, § 84 GmbHG[34], § 148 GenG). Ferner besteht häufig eine Haftung aus Sondervorschriften für bestimmte Verbindlichkeiten. So haften Organe juristischer Personen zivil- und strafrechtlich in der Regel für nicht abgeführte Arbeitnehmerbeitragsanteile zur Sozialversicherung (§ 823 Abs. 2 BGB i. V. m. § 266a StGB), die im Falle der Zahlungseinstellung nicht mehr geleistet werden können. Umgekehrt tritt die Haftung der Organe und gesetzlichen Vertreter in allen genannten Fällen regelmäßig nicht ein, wenn ein Insolvenzantrag gestellt wird. Dass ein Insolvenzantrag nicht bloß bei Zahlungsunfähigkeit und/oder Überschuldung, sondern auch bei drohender Zahlungsunfähigkeit gestellt werden kann, ändert an den Voraussetzungen der zivil- und strafrechtlichen Haftung bzw. Nichthaftung für Insolvenzverschleppung grundsätzlich nichts (vgl. EGInsO Art. 47 – für die AG –, Art. 48 – für die GmbH – und Art. 49 – für die Genossenschaft). Im Übrigen haften die gesetzlichen Vertreter einer Personenhandelsgesellschaft, einer Gesellschaft bürgerlichen Rechts oder eine natürliche Person als persönlicher Schuldner für einen unterlassenen Insolvenzantrag auch im Falle der Zahlungsunfähigkeit oder der Überschuldung. Eine zusätzliche Motivation, einen Insolvenzantrag möglichst frühzeitig zu stellen, sollte nach Vorstellung des Gesetzgebers § 26 Abs. 3 InsO schaffen.[35] Danach müssen Massekostenvorschüsse, die zur Eröffnung eines ansonsten massearmen Insolvenzverfahrens erforderlich sind, von den insolvenzantragspflichtigen Organen oder gesetzlichen Vertretern erstattet werden, wenn die Insolvenzanträge zu spät gestellt wurden. Diese Haftung bliebe freilich unwirksam, wenn das Risiko für ihre Durchsetzung bei der Masse und damit für den wegen § 26 Abs. 3 InsO die Eröffnung empfehlenden Sequester/Verwalter (§ 60 InsO)[36] liegen würde. Der Gesetzgeber hat denn auch folgerichtig dieses Risiko erheblich gemindert: Für die Rechtzeitigkeit der Antragsstellung tragen die Organe anders als im Falle ihrer sonstigen Haftungsinanspruchnahme die Beweislast.

---

33 K. *Schmidt*, ZIP 1980, 328.
34 BGH, Urt. v. 15.11.2001, wistra 2001, 101.
35 Zur überkommenen Rechtslage vgl. *Ulmer*, KTS 1981, 469 ff.
36 *Smid*, in: Kölner Schrift zur InsO, 265 ff. Zur bisherigen Rechtslage im Allgemeinen im Hinblick auf die Beweislast für pflichtwidriges Organhandeln außerhalb der Insolvenzantragspflichten vgl. *Fleck*, GmbHR 1997, 237 ff.

d) **Insolvenzarbeitsrecht.** In erster Linie sind als insolvenzrechtliche Sanierungsinstrumente das **Insolvenzarbeitsrecht** (s. schon oben Rn. 0.11) und das **Insolvenzmietrecht** zu nennen. Besondere Bedeutung haben die Sanierungsinstrumente aus dem Insolvenzarbeitsrecht.[37] Insolvenzgeneigte Unternehmen haben häufig Personalprobleme. Diese hängen mit den Eigenheiten des deutschen Arbeitsrechts, insbesondere des Individualarbeitsrechts – spezifisch mit dem Kündigungsschutzrecht – zusammen. Die Kündigung eines Mitarbeiters ist gemeinhin nur wirksam, wenn besondere betriebliche Gründe die Kündigung i. S. d. § 1 KSchG sozial rechtfertigen. Andernfalls können Mitarbeiter nur gekündigt werden, wenn personen- oder verhaltensbedingte Gründe dies rechtfertigen. Sind danach Kündigungen in Krisenunternehmen grundsätzlich erlaubt, so bedarf es zur Kündigung eines konkreten Mitarbeiters in der Regel einer *Sozialauswahl*. Das bedeutet, dass im gesamten Betrieb, im gesamten Unternehmen, womöglich im gesamten Konzern der sozial am wenigsten schutzwürdige Mitarbeiter gefunden werden muss, der dann erlaubterweise gekündigt werden kann. Soziale Schutzgründe im Sinne des Kündigungsschutzrechtes sind Alter, Gesundheit, Personenstand und Kinder des Mitarbeiters. Kritiker des Kündigungsschutzrechtes behaupten an dieser Stelle, dass das Kündigungsschutzgesetz zu einer Negativauswahl zwinge, weil die leistungsfähigen Mitarbeiter zuerst, diejenigen, die keinen neuen Arbeitsplatz finden würden, aber zuletzt zu kündigen seien.

1.16

Nach § 1 Abs. 2 KSchG muss der Arbeitgeber die Tatsachen beweisen, welche die Kündigung bedingen. Er muss Mitarbeitern Umschulungsmöglichkeiten anbieten, die Arbeitsbedingungen ändern oder den Arbeitnehmer versetzen. Die Tücke steckt im Detail: Jeder gekündigte Mitarbeiter wird im Kündigungsschutzprozess behaupten, dass ein anderer Mitarbeiter sozial weniger schutzwürdig sei als er selbst. Nach Güteverhandlung und Hauptverhandlung endet der Prozess vor dem Arbeitsgericht meistens im Vergleich. Im Ergebnis ist typisch, dass das Gehalt während des Prozesses (sechs Monate) weiter gezahlt werden muss und der Arbeitnehmer für jedes Beschäftigungsjahr ein weiteres halbes Monatsgehalt erhält.

1.17

Ferner sind die **Regeln des BetrVG** zu beachten.[38] Danach unterliegt die Kündigung der Mitbestimmung durch den Betriebsrat. Bei Massenentlassungen ist zusätzlich der Präsident des Landesarbeitsamtes einzuschalten. Ferner wird in aller Regel eine Betriebsänderung vorliegen, bei der die Mitbestimmung wichtig ist und bei der ein Interessenausgleich zu vereinbaren ist, der einen Sozialplan beinhalten wird, der die sozialen Folgen für die entlastenden Mitarbeiter zusätzlich mildert.[39] Während der Dauer der Verhandlungen mit dem Betriebsrat über den Interessenausgleich darf niemand gekündigt werden. All dies führt dazu, dass Unternehmen sich einen Personalabbau nur leisten können, wenn es Ihnen gut geht. Gerade die krisenbehafteten Unternehmen können sich einen Personalabbau in der Regel nicht leisten. Der Weg in die Zahlungsunfähigkeit ist dann geradezu programmiert.

1.18

An dieser Stelle setzt das insolvenzrechtliche Sanierungsrecht ein. Steht ohnehin die Existenz des Unternehmens als Ganzes auf dem Spiel, kommt es auf den sozialen Schutz für den einzelnen Betriebsangehörigen erst in zweiter Linie an. Demzufolge werden die **Regeln des Kündigungsschutzgesetzes ebenso wie die Bestimmungen des Betriebsverfassungsgesetzes** in ihrer praktischen Reichweite **in der Insolvenz eingeschränkt.** Sieht § 622 BGB eine individuelle Kündigungsfrist von maximal sieben Monaten vor, so beträgt sie in der Insolvenz nach

1.19

---

37 *Berscheid*, FS Kirchhof, 27 ff.
38 *Oberhofer*, ZInsO 1999, 439, 442.
39 *Niering*, NZI 2010, 285.

§ 113 Abs. 1 InsO maximal drei Monate. Dies gilt auch dann, wenn Mitarbeiter wegen des fortgeschrittenen Lebensalters, aus tarifvertraglichen oder gesetzlichen Gründen oder wegen einer vertraglichen Vereinbarung unter normalen Bedingungen nicht kündbar wären. Der insolvenzrechtliche Kündigungsschutzprozess konzentriert die Klagegründe und befreit von Kündigungsbeschränkungen.[40] Kündigt der Insolvenzverwalter in Stilllegungsabsicht, so ist die Kündigungsschutzklage des Mitarbeiters in aller Regel aussichtslos, da die betrieblichen Gründe i. S. v. § 1 Abs. 2 Satz 1 KSchG zu vermuten sind. Das praktisch schwierige Problem der Sozialauswahl wird auf die folgende Weise gelöst: Grundsätzlich bleiben Kündigungsschutzgesetz und Betriebsverfassungsgesetz anwendbar. Es können aber Betriebsvereinbarungen gekündigt werden (§ 120 InsO). Es sind auch hier Verhandlungen mit dem Betriebsrat über einen Interessenausgleich und einen Sozialplan vorgesehen. Einigt sich der Betriebsrat mit dem Insolvenzverwalter jedoch nicht, so kann die Zustimmung des Betriebsrats durch das Arbeitsgericht ersetzt werden.[41]

1.20 Die **Sozialauswahl** findet wie folgt statt: Nach § 125 InsO können sich Betriebsrat und Insolvenzverwalter auf eine Namensliste der Mitarbeiter einigen, denen gekündigt werden soll. In einem anschließenden Kündigungsschutzprozess wird vermutet, dass die betrieblichen Erfordernisse zur Kündigung vorliegen, dass die Sozialauswahl richtig ist und dass der Betriebsrat der Kündigung zugestimmt hat. Die Kündigungsschutzklage des betreffenden Mitarbeiters, die normalerweise zur Gehaltsfortzahlung und zu einer Abfindung führt, wird jetzt üblicherweise aussichtslos sein. Die Zustimmung des Betriebsrats zur Namensliste ist zwar erforderlich, wird aber häufig erteilt, wenn für die übrigen Mitarbeiter der Fortbestand der Arbeitsverhältnisse aussichtsreich erscheint. Dieser Mechanismus löst sogar das Problem des § 613a BGB. Nach § 128 InsO gelten die genannten Vorschriften auch für den Fall eines Betriebsübergangs. Für den Sozialplan steht das Verhandlungsergebnis im Regelfall von vornherein fest. Nach § 123 InsO entstehen durch einen Sozialplan max. Masseverbindlichkeiten in Höhe von 2,5 Monatsverdiensten, höchstens von einem Drittel der Insolvenzmasse (§ 123 Abs. 2 InsO).Es besteht auch kein Anspruch auf Wiedereinstellung in der Insolvenz.[42] Geht der Verwalter davon aus, dass der Betrieb stillgelegt wird und kündigt er darauf hin einem Arbeitnehmer, so hat dieser nach Ablauf der Frist, auch wenn ein Betriebsübergang doch noch stattgefunden hat, keinen Anspruch auf Wiedereinstellung bzw. Fortsetzung des Arbeitsverhältnisses.[43]

1.21 e) **Insolvenzgeld.** Das zweite insolvenzrechtliche Sanierungsinstrument ist das Insolvenzgeld, das für die letzten drei Beschäftigungsmonate vor der Insolvenz nach §§ 165 ff. SGB III gewährt wird. Die Bundesagentur für Arbeit schuldet dem Arbeitnehmer für die letzten drei Monate vor der Eröffnung des Insolvenzverfahrens – zumeist also für den gesamten Zeitraum einer vorläufigen Insolvenzverwaltung – sein Nettogehalt bis zur Beitragsbemessungsgrenze. Der Insolvenzverwalter kann mit Zustimmung des Arbeitsamtes den betroffenen Arbeitnehmern ihr Gehalt, anstatt es zu bezahlen, vorfinanzieren. Der Finanzierungsbank werden die Gehaltsansprüche abgetreten, der Insolvenzgeldanspruch geht damit auf die finanzierende Bank über. Das Arbeitsamt kann jedoch die später an die Finanzierungsbank gezahlten Insolvenzgelder nur als Insolvenzgläubiger geltend machen, § 55 Abs. 3 InsO. Werden die Forderungen der Insolvenzgläubiger im Insolvenzverfahren nur quotal befriedigt oder im Insolvenzplan gekürzt, so ergibt sich im Ergebnis eine Subvention des Insol-

---
40 NR-*Hamacher*, InsO, § 113 Rn. 31.
41 *Berscheid*, FS Kirchhof, 27, 38 ff.
42 BAG, Urt. v. 28.10.2004, 8 AZR 199/04, DZWIR 2006, 110; *Bichlmeier*, DZWIR 2006, 89.
43 *Bichlmeier*, DZWIR 2006, 89, 91.

venzverfahrens beziehungsweise des Unternehmens des Schuldners durch die Bundesagentur oder die Beitragszahler.

1.22 Es stellt sich zudem die Frage, ob erneut ein Anspruch auf Insolvenzgeld besteht, wenn ein Insolvenzverfahren über das Vermögen eines Arbeitgebers eröffnet wurde, ein Insolvenzplan gescheitert ist und nochmals die Eröffnung des Insolvenzverfahrens beantragt wird. Das BSG, unter Berufung auf das LSG NRW, verneint einen nochmaligen Anspruch auf Insolvenzgeld. Zur Begründung führt es aus, dass kein neues Insolvenzereignis i. S. d. § 165 Abs. 1 Nr. 1 SGB III besteht, solange die auf einem bestimmten Insolvenzereignis beruhende Zahlungsunfähigkeit des Arbeitgebers andauert, da eine Erfüllung des Insolvenzplans nicht erfolgt ist und somit die Zahlungsfähigkeit des Arbeitgebers nicht wiederhergestellt ist. Allein die Existenz eines Insolvenzplans reicht als solche nicht aus, um eine wiedererlangte Zahlungsfähigkeit zu bejahen. Ein Insolvenzplanverfahren schafft zudem kein schutzwürdiges Vertrauen in die Zahlungsfähigkeit des Arbeitgebers. Die Zahlungsfähigkeit vor der Planerfüllung, die die Sperrwirkung eines Insolvenzereignisses aufheben könnte, kann nur in seltenen Fällen eintreten. Dies ist nur der Fall, wenn sich kurz vor Ende der Laufzeit die wirtschaftliche Situation des Arbeitgebers so weit verbessert hat, dass dieser die Masseverbindlichkeiten sofort erfüllen könnte.[44]

1.23 f) **Beschäftigungsgesellschaften.** Das dritte insolvenzarbeitsrechtliche Sanierungsinstrument sind Beschäftigungsgesellschaften unter Ausnutzung des Transferkurzarbeitergeldes gem. § 175 Abs. 3 SGB III. Hiermit kann ein massenhafter Personalabbau ebenso ermöglicht werden wie eine Umgehung von § 613a BGB. Der Insolvenzverwalter muss mit Zustimmung des Betriebsrats Aufhebungsverträge mit den Arbeitnehmern schließen bei gleichzeitiger Übernahme der betreffenden Arbeitnehmer durch eine Beschäftigungs- und Qualifizierungsgesellschaft (BQG). Diese übernimmt die Mitarbeiter ohne den bisherigen sozialen Besitzstand und zahlt in der Regel für 6 Monate ca. 80% des bisherigen Nettoentgeltes. Die BQG funktioniert oft, weil den Mitarbeitern die sechsmonatige Verschiebung der Arbeitslosigkeit lieber ist als die sofortige Arbeitslosigkeit, zumal die Hoffnung besteht, sich aus der Gesellschaft in den alten Betrieb zurück oder auf ein neues Arbeitsverhältnis bewerben zu können.

1.24 g) **Insolvenzmietrecht.** Unter den insolvenzrechtlichen Sanierungsinstrumenten ist weiterhin das Insolvenzmietrecht zu nennen. Haben Unternehmen langfristig zu große oder zu teure Mieträume, etwa im Wege eines sale-and-lease-back-Verfahrens, gemietet, so ist bei Zweckbauten, bei fallenden Mietzinsen oder bei einer nur teilweisen Räumung der Vermieter zumeist nicht bereit, den Mieter aus dem Mietverhältnis zu entlassen. Zwar bestehen Mietverhältnisse an Immobilien grundsätzlich auch während der Insolvenz fort, § 108 Abs. 1 InsO. Zum Schutz des gefährdeten Unternehmens gibt § 112 InsO eine **Kündigungssperre für alte Mietrückstände** oder vor einer Vermögensverschlechterung des Mieters; der Vermieter kann also nicht den Mieterverzug oder die Insolvenzgründe zum Anlass nehmen, bestehende Mietverträge zu kündigen. Umstritten ist, ob solche Kündigungsgründe nicht wenigstens vertraglich vereinbart werden können. Grundsätzlich besteht für Mietverträge, auch in Bezug auf Kündigungsgründe, Vertragsfreiheit, jedenfalls wenn der gewerbliche Bereich betroffen ist. Andererseits ordnet § 119 InsO an, dass die Vorschriften der §§ 108, 112 InsO zwingendes Recht sind. Ein ursprünglich vorgesehenes ausdrückliches Klauselverbot in § 119 InsO wurde allerdings im Gesetzgebungsverfahren gestrichen, so dass einer im Vordringen befindlichen Meinung zufolge solche Klauseln rechtlich zulässig sind. Nach Ansicht der Insolvenzverwalter kann die

---

44 BSG v. 29. 5. 2008, B 11a AL 57/06 R, ZInsO 2008, 1325 ff.; vgl. vorhergehend LSG NRW v. 6.9.2006, L 12 AL 19/06.

Streichung des Klauselverbots auch darauf beruhen, dass der Gesetzgeber das Klauselverbot als überflüssig angesehen hat. Dann gäbe es Mieterbestandsschutz auch bei Klauseln, welche die Kündigung an die Beantragung oder die Eröffnung eines Insolvenzverfahrens knüpfen. Andererseits hat der Insolvenzverwalter des Mieters in der Insolvenz die Möglichkeit, nicht benötigte Mieträume gem. § 109 InsO zu kündigen. Der Vermieter ist auf seinen Schadensersatzanspruch verwiesen, den er allerdings nur als einfache Insolvenzforderung geltend machen kann.

Insolvenzrechtliche Sanierungsinstrumente
- Konzeptionell:
- Übertragende Sanierung
- Insolvenzplanverfahren
- Eigenverwaltung
- Der frühe Insolvenzantrag

- Instrumentell:
- Beendigung von Verlustverträgen
- Insolvenzarbeitsrecht
- Beschäftigungsgesellschaften
- Insolvenzmietrecht
- Anfechtungsmöglichkeiten
- Steuerrecht: Verlustnutzung

II. Par conditio creditorum: Insolvenzplan und Funktion des Insolvenzrechts

1.25 Die institutionelle **Verbindung von Insolvenzverfahren und Sanierung** hat daher gute Gründe. Gleichwohl wohnen ihr eigene Gefahren inne. Verselbstständigt sich der Sanierungsgedanke im Kontext des Insolvenzrechts, so treten in seinem Gefolge erdrutschartige Veränderungen auf. Worum es dabei geht, lässt sich anhand der Stellung der Beteiligten ablesen. Die Sanierung des Schuldners setzt dessen Mitwirkung notwendig voraus, die – aus verfahrensrechtlicher Sicht – stets mit der Einräumung von Teilnahmerechten und Einflussmöglichkeiten korrespondiert. Die überkommene Konkursordnung schloss derartige Teilnahmerechte und Einflussmöglichkeiten des Gemeinschuldners zum Zweck der Sicherung der Haftung des Gemeinschuldners gegenüber der Gläubigergemeinschaft aus.

1.26 Herkömmlich ist Insolvenzrecht im mitteleuropäischen (deutschen und österreichischen) Rechtsverständnis das **Recht der Universalexekution** – der Gesamtvollstreckung.[45] Die Vorschriften des Insolvenzrechts regeln die Rechtsbeziehungen eines Schuldners zu seinen Gläubigern für den Fall, in dem der Schuldner in eine wirtschaftliche Notsituation geraten ist. Das Insolvenzrecht regelt dabei zunächst die *Realisierung der Haftung des Schuldners* mit einem unzulänglichen Vermögen als Haftungsmasse im Wege der gemeinsamen und gleichmäßigen Befriedigung seiner Gläubiger im Falle seiner Krise.[46] Dann wird der sog. *Universalkonkurs* über das Vermögen des Schuldners eröffnet. Die Gewährleistung einer gleichmäßigen Befriedigung der Gläubiger kann auch durch die Organisation einer Sanierung des Schuldners sichergestellt werden.[47] Leitbild dieses klassischen Verständnisses des Konkurses ist somit die Gesamtvollstreckung.

1.27 Mit *Häsemeyer*[48] lassen sich **drei Funktionen des Insolvenzrechts** namhaft machen. Die *Befriedungsfunktion* lässt sich ganz einfach beschreiben. Die Zahlungsunfähigkeit oder Überschuldung eines Gemeinschuldners tritt regelmäßig dann ein, wenn sein Vermögen nicht mehr ausreicht, die Forderungen seiner

---

45 *Jaeger*, Der Konkurs der offenen Handelsgesellschaft, 12; *Henckel*, FS Merz, 197 ff.; *Häsemeyer*, Insolvenzrecht, 21 f.; *Gottwald-Arnold*, Insolvenzrechtshandbuch, 1. Aufl., 1990, § 1 Rn. 10.
46 *Jaeger*, Der Konkurs der offenen Handelsgesellschaft, 2; *Gerhardt*, FS Weber, 181, 182; *Flessner*, ZIP 1981, 113, 117 f.
47 *Henckel*, FS Merz, 197, 199.
48 *Häsemeyer*, Insolvenzrecht, 19 ff.

Gläubiger zu befriedigen. Diese Masseinsuffizienz löst bei den Gläubigern gewöhnlich die berechtigte Sorge aus, zu kurz zu kommen: Die Gläubiger „laufen zusammen" (concurrere). Ein vom Prioritätsprinzip geprägtes Individualzwangsvollstreckungsrecht, wie es das geltende deutsche Recht ist, kann in dieser Lage Gewalt nicht vermeiden helfen, trägt nicht zur Befriedung der Verhältnisse unter den Gläubigern bei und schützt damit zuletzt auch den Schuldner nicht hinreichend. Die Umstellung von der Individualvollstreckung auf die Gesamtvollstreckung dient also der Befriedung der sozialen Verhältnisse. Die Befriedungsfunktion hängt eng damit zusammen, dass die Gesamtvollstreckung sicherstellt, dass die Gläubiger nach dem Maße ihrer Berechtigung keine Ungleichbehandlungen erleiden müssen. Die *Gleichbehandlungsfunktion* des Konkurses trägt dem Umstand Rechnung, dass die geschilderte Insolvenzsituation des Schuldners Wirkungen auf sämtliche vom Schuldner mit anderen eingegangenen Rechtsgeschäften zeitigt. Die Individualvollstreckung des Gläubigers A gegen den Schuldner lässt dessen Rechtsbeziehungen zu B, C usf. naturgemäß unberührt. Dagegen zeitigt der Konkurs allseitige Wirkungen: *Häsemeyer*[49] spricht insofern überzeugend von einer *Ausgleichshaftung* der Insolvenzgläubiger mit ihren Forderungen. Insolvenzrecht stellt sich nämlich als Haftungsverwirklichungsinstrument dar, bei dem die Gläubiger nicht wegen der Realisierung des Risikos leer ausgehen, sondern wegen ihrer vorangegangenen Einflussnahme auf die Geschäftspolitik des Schuldners miteinander verbunden sind. Der Gesichtspunkt der Verteilung knapper Ressourcen ist im Übrigen dem Privatrecht fremd.[50] Die Ersetzung der zweiseitigen Haftungsordnung des Individualvollstreckungsrechts durch die allseitige Haftungsordnung des Insolvenzrechts[51] dient dem Ausgleich aus ökonomischem Übergewicht herrührenden vorkonkurslichen Einflussnahmen der Gläubiger auf den Schuldner[52]. Schließlich ist eine *Entschuldungsfunktion* des Insolvenzrechts zu beachten.[53] Die Entschuldungsregelungen eines Insolvenzplans und besonders die dem angloamerikanischen Instrument der „discharge" nachgebildeten Restschuldbefreiung gem. §§ 286 ff. InsO haben diese Funktion stärker in den Vordergrund gerückt.

Naturgemäß finden heterogene Zwecke in das Insolvenzgesetzgebungsverfahren einer offenen demokratischen Gesellschaft Eingang. Die Rechtswissenschaft hat diese „Zwecke" hin zur Funktion des Insolvenzverfahrens zu filtrieren.[54] Politiker wünschen den Erhalt von „Standorten"[55], Gewerkschafter den Erhalt von Arbeitsplätzen[56], Lieferanten den Erhalt von Kunden, Kunden den Erhalt von Lieferanten. Ordnungsbehörden möchten z. B. maximalen Umweltschutz durchsetzen; für sie steht das Verschwinden umweltschädlicher Betriebe oder wenigstens die Beseitigung von Sonderabfällen auf der Tagesordnung (die Eröffnung des Konkurses beseitigt kommunalpolitische Hemmungen, umweltpolizeilichen Auflagen Gewicht zu verleihen – die öffentliche Hand ist nach Verfahrenseröffnung nicht mehr „der Schuldige", dem die Insolvenz angelastet werden könnte[57]). Sanierung – und d. h.: die Entschuldung des insolventen Unternehmensträgers – wird aus vielfältigen sozial- und wirtschaftspolitischen Gründen als „Wert" angesehen, hinter dem die Funktion der konkurslichen Haftungsverwirklichung durch Gewährleistung gleichmäßiger Befriedigung der Insolvenz-

---

49 *Häsemeyer*, Insolvenzrecht, 45 ff.; *Häsemeyer*, KTS 1982, 507, 521 ff.
50 *Häsemeyer*, Insolvenzrecht, 32, 39.
51 *Häsemeyer*, Insolvenzrecht, 37.
52 *Häsemeyer*, Insolvenzrecht, 39 ff.; *Häsemeyer*, KTS 1982, 507, 515 ff.
53 *Häsemeyer*, Insolvenzrecht, 48 ff.
54 *Uhlenbruck*, KTS 1981, 513, 524 f.
55 *Braun/Uhlenbruck*, Unternehmensinsolvenz, 513, 547 ff.
56 Krit. *Gerhardt*, FS Weber, 181, 184.
57 Vgl. *Smid*, GesO, § 13 Rn. 41 m. w. N.

gläubiger zurückzutreten scheint.[58] Würde damit für das Insolvenzrecht ein Paradigmenwechsel verbunden, wäre dies nicht ungefährlich. Denn der Übergang von dem Grundsatz der par conditio creditorum zu einer Vielzahl möglicher „Zwecke" des Insolvenzverfahrens wäre doch geeignet, unter ideologischen Vorzeichen die Funktion des Insolvenzverfahrens aufzuheben.[59]

1.29 Nun steht das Insolvenzziel einer bestmöglichen Gläubigerbefriedigung (vgl. § 1 Satz 1 InsO) nicht notwendigerweise im Gegensatz zu anderen möglichen Verfahrenszielen. Soweit z. B. die Gläubigerbefriedigung dadurch maximiert wird, dass ein Unternehmen im Insolvenzverfahren reorganisiert und durch seinen Fortbestand eine wirtschaftlich bessere Aussicht für die Gläubiger als im Falle einer Liquidation realisiert werden kann, dient das Sanierungsverfahren dem spezifisch insolvenzrechtlichen Zweck der Gläubigerbefriedigung. Nach § 1 Satz 1 InsO ist Ziel des Insolvenzverfahrens (weiterhin) die **gemeinschaftliche Gläubigerbefriedigung**[60]. Der Insolvenzplan ist hierfür nur Mittel zur Verfolgung dieses Zwecks.[61] Auch die Rechtswohltat einer Schuldbefreiung ist, jedenfalls im typischen Fall eines Verfahrens der Unternehmensinsolvenz[62], nur Nebenzweck. Standorterhaltung und Arbeitsplatzsicherung auf Kosten der Gläubigerinteressen gibt es also auch nach der InsO nicht.

1.30 Schließlich können die – amtlichen, aber auch die persönlichen – Interessen des Insolvenzverwalters nicht außer Acht gelassen werden. Der Verwalter wird sehr oft auch der Planverfasser sein. Ohne ihn oder gar gegen seine Interessen lassen sich Insolvenzpläne kaum organisieren. Die Furcht der Insolvenzverwalter vor dem neuartigen Planverfahren war demgemäß wohl auch die Hauptursache für den Fehlstart des Modells. Aber nicht nur psychologische Gründe waren hierfür maßgebend. Insolvenzpläne konnten angesichts der sich erst nach und nach festigenden Spruchpraxis der Insolvenzgerichte kaum sicher organisiert werden, da die Entscheidungen der Insolvenzjustiz und der Gläubiger schwer vorhersehbar waren. Die Dauer eines solchen Verfahrens, sein Ergebnis und damit der Umfang der benötigten Liquidität sind deshalb auch heute noch bisweilen kaum prognostizierbar. Verständlich ist daher, dass Unternehmer und Berater in der Insolvenzsituation – sofern möglich – lieber den sicheren Weg einer **übertragenden Sanierung** wählen, anstatt sich auf das Risiko einzulassen, das ein kostspieliger und publizitätsträchtiger Insolvenzplan scheitert.[63] Außerdem machen Insolvenzpläne Arbeit. Es mag zwar zynisch klingen, aber es ist leichter, ein Unternehmen abzuwickeln, als es zu sanieren. Der Verwalter muss nämlich gewissermaßen als Moderator den Konsens zwischen allen am Planverfahren Beteiligten suchen, während er im Zerschlagungsfall lediglich gesetzliche Vorschriften umsetzt. Deshalb ist es wichtig, die Vorteile des Insolvenzplanverfahrens für die Insolvenzverwalter im Auge zu behalten, hervorzuheben und zu propagieren. Insolvenzverfahren, die durch einen Insolvenzplan abgeschlossen werden, sind zwar arbeitsintensiver für die Zeit ihrer Bearbeitung, aber nach verhältnismäßig kurzer Zeit beendet. Die Mühen eines jahrelangen Insolvenzverfahrens mit seinen Problemen der Tabellenbearbeitung, der Sachstandsanfragen, des Schlussberichts und der Schlussrechnung entfallen. Das Insolvenzplanverfahren ist im günstigsten Fall schon nach wenigen Wochen zu Ende, die

---

58 Vgl. im Zusammenhang der Normierung von Verfahrenszwecken: *Dorndorf*, FS Merz, 31, 40 ff. Vgl. weiter *Gerhardt*, in: Leipold, Insolvenzrecht im Umbruch, 1, 3, 5.
59 So zutreffend *Stürner*, ZIP 1982, 761, 764, der „gesellschaftspolitische(r) Korrektur(en) auf insolvenzrechtlichem Vehikel" befürchtet.
60 So ausdr. Amtl. Begr., BT-Drs. 12/2443, 83, Allg. 4a cc: „Hauptzweck".
61 So ausdr. Amtl. Begr., BT-Drs. 12/2443, 90, Allg. 4e aa.
62 Zum bisherigen Recht, nach dem sich der im Zwangsvergleich erlassene Teil der Schulden in eine nicht erzwingbare Naturalobligation verwandeln soll, vgl. allein *Kuhn/Uhlenbruck*, KO, § 193 Rn. 8.
63 *von Leoprechting*, DZWIR 2000, 67.

Exekution und Sanierung 1.31 **Kapitel 1**

weitere Bearbeitung des Falles übernimmt gewissermaßen der Insolvenzschuldner selbst. Hierfür wird der Insolvenzverwalter nicht nur durch das messbare Erfolgserlebnis belohnt, sondern er erhält zudem auch eine höhere Vergütung (§ 3 Abs. 1 lit. e InsVV).[64]

Verwalterinteressen

Vorteile des Planverfahrens:	Nachteile des Planverfahrens:
– Kurzes Verfahren	– Zeit (Unsicherheit)
– Kein Abschluss	– Geld (Liquidität)
– Keine Schlussrechnung	– Arbeit (Konsens)
– Höhere Vergütung (§ 3 Abs. 1 lit. e InsVV)	– Risiko (Image)
– Prestige	

Für den Insolvenzverwalter ist oftmals nicht die mit dem Insolvenzplan zu bewältigende Sachproblematik ein Hinderungsgrund, einen Plan auszuarbeiten und vorzulegen. Mit der Planvorlage bereitet der Insolvenzverwalter dem **Insolvenzgericht** erhebliche Mehraufwendungen gegenüber dem der Verfahrensabwicklung nach allgemeinen Regelungen. Die Vorprüfung des Planes gem. § 231 InsO macht zusätzliche Arbeit, zumal das Insolvenzplanverfahren noch keine insolvenzgerichtliche Routinearbeit ist. Die Mehrarbeit führt überdies zu einem gesteigerten Haftungsrisiko: Viele Rechtsfragen sind offen, und werden gegen den Bestätigungsbeschluss Rechtsmittel eingelegt, wird das Insolvenzgericht unter Umständen erst nach Jahren erfahren, ob die von ihm vertretene Rechtsauffassung zutreffend war. Insofern hilft freilich die durch das ESUG eingeführte Einschränkung der Rechtsmittel gegen den Bestätigungsbeschluss: Denn die in § 253 Abs. 2, 3 InsO vorgesehenen Einschränkungen für die sofortige Beschwerde führen dazu, dass sie vielfach nicht zulässig erhoben werden kann (vgl. Kapitel 21).

1.31

---

64 MünchKomm-*Riedel*, InsO, § 3 InsVV Rn. 33; *Eickmann*, InsVV, § 3 Rn. 31.

Kapitel 2: Übersicht über technische Probleme der Entwicklung eines Insolvenzplans

I. Der vom Gesetzgeber gedachte Gang eines Insolvenzplanverfahrens

1. Grundstrukturen

2.1 Die Abwicklung von Insolvenzverfahren setzt einen erheblichen planerischen Aufwand der Beteiligten, namentlich des Insolvenzverwalters voraus. Er muss im Eröffnungsverfahren als Gutachter (§ 22 Abs. 1, 2 InsO) dem Insolvenzgericht nicht allein über die Lage des späteren Insolvenzschuldners berichten, sondern die Verfahrenskostendeckung durch die Masse abschätzen, was einen Finanzplan für die weitere Entwicklung der Masse voraussetzt. Zu den planerischen Schritten des Insolvenzverwalters gehören dabei auch Planungen für die Verwertung der Masse, ggf. für eine Fortführung des insolvenzschuldnerischen Betriebes.[1] Dieser Aufwand erhöht sich in Fällen, in denen der Insolvenzverwalter die Masse durch eine übertragende Sanierung verwertet.[2] Nach dem Vorbild des US-amerikanischen Rechts hat der deutsche Reformgesetzgeber den Verfahrensbeteiligten die Möglichkeit eingeräumt, an Stelle der allgemeinen Verfahrensregeln das Insolvenzverfahren nach einem **Insolvenzplan (Reorganisationsplan)** abzuwickeln, vgl. § 1 Satz 1, 2. Hs. InsO.[3]

2.2 Allerdings verlief der Weg zum gegenwärtigen Rechtszustand durchaus nicht ohne Windungen: Die ursprünglichen Vorschläge der großen Insolvenzrechtsreformkommission sind im ersten Bericht aus dem Jahr 1985 enthalten. Hier war vorgesehen, wie nach dem amerikanischen Recht, dem Modellcharakter beigemessen wurde, und der deutschen Rechtstradition, ein zweigeteiltes Verfahrensmodell zu schaffen. Außer dem Liquidationsverfahren sollte ein Reorganisationsverfahren für Unternehmensinsolvenzen Bestandteil des neuen Insolvenzrechts sein. Die Kommission legte Leitsätze zum Reorganisationsverfahren vor.[4] Vom späteren Gesetz unterschieden sich diese Leitsätze im Wesentlichen darin, dass im darstellenden Teil ((LS 2.2.6) oder gestaltenden Teil (2.2.7) des Reorganisationsplans nicht nur die durch den Plan begründeten oder geänderten Forderungen und Rechte festgelegt werden konnten, zugleich wurden auch Eingriffe in die Kapital- und Finanzstruktur, in die rechtlichen Verhältnisse, in den Gesellschafterkreis gestattet. Die Gläubiger sollten in drei Gruppen abstimmen. Die Annahme des Plans setzte die Zustimmung aller drei Gläubigergruppen voraus (2.2.16). Allerdings war in jeder Abstimmungsgruppe eine Mindestsumme der Forderungen vorgesehen: Für gesicherte Gläubiger eine Summenmehrheit von 80 % der gesicherten Forderungen und für ungesicherte Gläubiger und Arbeitnehmer eine Summenmehrheit von 60 % der Forderungen (2.2.17). Für Mobiliarsicherheiten enthielt der Reorganisationsplan einen besonderen Minderheitenschutz: Inhabern von Aus- oder Absonderungsrechten, die bei der Abstimmung über den Reorganisationsplan überstimmt worden sind, sollte eine Mindestquote von 50 Prozent geboten werden (2.4.4.7).

2.3 Die InsO sieht ein in ein einheitliches Insolvenzverfahren[5] **integriertes Insolvenzplanverfahren** vor, das der Sanierung insolventer Unternehmen dienen soll.[6] Die vielfältigen Problemstellungen, die sich sowohl aus der Komplexität der juristischen Konstruktion insolvenzschuldnerischer Unternehmensträger als auch aufgrund des Umfangs der Aktivitäten insolvenzbedrohter Unternehmen

---

1 Zur Betriebsfortführung in der Insolvenz vgl. *Mönning*, Betriebsfortführung in der Insolvenz, dort zu Planungen insbesondere 151 ff.
2 Zur übertragenden Sanierung vgl. *Groß*, Sanierung durch Fortführungsgesellschaften, 131 ff.
3 MünchKomm-*Eidenmüller*, InsO, Vor §§ 217–269 Rn. 10 f.; Braun-*Braun/Frank*, InsO, Vor §§ 217–269 Rn. 1.
4 Uhlenbruck-*Lüer*, InsO, Vor §§ 217–269 Rn. 8.
5 Amtl. Begr., Allg. 4a aa, BT-Drs. 12/2443, 82. Vgl. die Übersicht über das Verfahren von *Maus*, in: Kölner Schrift zur InsO, 2000, 2. Aufl., 931 ff.
6 Zum Gang der Gesetzgebung vgl. die 1. Aufl. dieses Werkes, dort Rn. 53 ff.

ergeben, haben in den vergangenen Jahren auch in den Rechtsordnungen, deren Insolvenzrecht universalexekutorische Aufgaben erfüllen soll, zu Versuchen geführt, die Lösungswege im Insolvenzverfahren zu erweitern. An die **Stelle der zerschlagenden Liquidation des schuldnerischen Unternehmens soll nach Möglichkeit dessen Sanierung treten**[7]. Wenigstens soll die Sanierung als eine Handlungsvariante den Beteiligten eröffnet werden. Die Sanierung soll durch einen Zwangsakkord der Verfahrensbeteiligten gewährleistet werden, der nach den Vorstellungen des Gesetzgebers dazu dient, die Überlebensfähigkeit des Unternehmens durch Einschnitte in die Rechte der absonderungsberechtigten ebenso wie in die Rechte der ungesicherten Insolvenzgläubiger herbeizuführen. Vergleich und Zwangsvergleich waren lange vor Außerkrafttreten von VerglO und KO als Instrument der Reorganisation der Verbindlichkeiten eines Schuldners nicht zuletzt deshalb weithin aus dem praktischen Gebrauch geraten, weil die absonderungsberechtigten Gläubiger zur Befriedigung außerhalb des Vergleichs- oder Konkursverfahrens berechtigt waren (§§ 4 Abs. 2, 127 KO).[8] Die InsO sollte nicht zuletzt hier dadurch Abhilfe schaffen, dass die **absonderungsberechtigten Gläubiger in das Insolvenzverfahren „eingebunden" werden.**[9] Die Besonderheit des Insolvenzplans gegenüber Vergleich und Zwangsvergleich ist entscheidend: Während Vergleich und Zwangsvergleich allein ein finanzwirtschaftlich orientiertes Schuldenreorganisationsverfahren angeboten haben, soll der **Insolvenzplan eine umfassende sowohl finanz- als auch leistungswirtschaftliche Reorganisation des Schuldnerunternehmens unterstützen**[10], wobei über den Bereich der nicht nachrangigen Insolvenzgläubiger (der früheren Vergleichs- bzw. Konkursgläubiger) hinaus eben auch die Absonderungsberechtigten einbezogen werden.

Allerdings: Rund anderthalb Jahrzehnte nach Inkrafttreten der InsO ist das Recht des Insolvenzplans, das zu den Kernstücken des neuen Gesetzes zählt, doch immer noch in weiten Strecken terra incognita. Diejenigen Regelungen der InsO, die im Unterschied zu anderen Teilen des Gesetzes keinen Änderungen unterworfen worden sind, sind weithin im Dunkeln geblieben. Die rechtsdogmatische Diskussion über die deutsche Form des Reorganisationsplans wird durch ebenso subjektiv gefärbte wie nach wie vor sehr allgemein gehaltene Stellungnahmen geprägt.[11] Die Diskussion erscheint freilich ermattet; Befürworter[12] und Skeptiker[13] der Regelungen der §§ 217 ff. InsO haben ihre anfänglichen Stellungnahmen relativiert. Das hat nicht zuletzt etwas damit zu tun, dass der Insolvenzplan im Bereich operativ tätiger Industrieunternehmen eine durchaus singuläre Erscheinung geblieben ist[14] und in einem früh in der Öffentlichkeit bekannt gewordenen Fall[15] heftige Auseinandersetzungen[16] ausgelöst hat und eher geeignet war, die Schwierigkeiten ins Bewusstsein zu rufen, die dem Planinitiator ebenso wie den anderen Beteiligten begegnen können.[17] Wo die Instrumentarien der

---

7 Die Literatur hierzu im deutschen Sprachraum ist beinahe unüberschaubar: vgl. nur *K. Schmidt*, ZIP 1980, 233 ff.; *K. Schmidt*, Gutachten für den 54. DJT in Nürnberg: Möglichkeiten der Sanierung von Unternehmen durch Maßnahmen im Unternehmens-, Arbeits-, Sozial- und Insolvenzrecht, in: Verhandlungen zum 54. DJT, Bd. I Teil D, 1982; siehe im Übrigen die Übersicht bei *Häsemeyer*, Insolvenzrecht, 1. Aufl., 1992, 73 ff.
8 Vgl. zur früheren Rechtslage allein *Jaeger/Henckel*, KO, § 4 Rn. 15.
9 Zu der Rechtslage nach der InsO im Gegensatz zu der nach der KO *Smid*, Kreditsicherheiten in der Insolvenz des Sicherungsgebers, § 1 Rn. 15.
10 MünchKomm-*Eidenmüller*, InsO, Vor § 217 Rn. 3.
11 Vgl. z. B. *Köchling*, DZWIR 2001, 362.
12 Vgl. insbes. *Braun/Uhlenbruck*, Unternehmensinsolvenz, 439 ff.
13 Vgl. dagegen *Smid*, Grundzüge, 5. Aufl. (in Vorbereitung).
14 Vgl. den Erfahrungsbericht *Rattundes*, ZIP 2003, 596 ff., zum Reorganisationsplan im Falle der Herlitz PBS AG in Berlin.
15 AG Mühldorf/Inn, B. v. 27.7.1999, 1 IN 26/99, NZI 1999, 422; LG Traunstein, B. v. 27.8.1999, 4 T 2966/99, DZWIR 1999, 464 = NZI 1999, 461 = ZInsO 1999, 577.
16 *Braun*, NZI 1999, 473 und – scharf ablehnend – *Smid*, InVo 2000, 1.
17 Da der Insolvenzplan im Herlitz-Verfahren von allen Abstimmungsgruppen angenommen worden ist, hat dieses 2. große „Planverfahren" das Augenmerk mehr auf eher technische Schwierigkeiten lenken können, vgl. *Rattunde*, ZIP 2003, 596 ff.

1. Hauptteil 2.5–2.7 Darstellung und Kritik des Insolvenzplanverf.

§§ 217 ff. InsO angewandt werden, geschieht dies nicht selten unter Ausblendung dieser Fragen.[18]

2.5 In solchen Fällen, in denen es die wirtschaftliche Lage des insolventen Unternehmensträgers und die Verhältnisse gestatten, soll es der wirtschaftlichen Vernunft der Beteiligten überantwortet sein, flexible und wirtschaftlich sinnvolle Lösungen der Unternehmenskrise durch einen für alle Verfahrensbeteiligten bindenden Insolvenzplan zu entwickeln, mit denen die Befriedigungsaussichten der Gläubiger in der Insolvenz des Schuldners verbessert werden oder eine materielle Insolvenz des Schuldners ausgeschlossen wird.

2.6 § 217 InsO definiert die Funktion des Insolvenzplans. Danach soll die Sanierung des Unternehmens durch eine **von den gesetzlichen Regeln abweichende Festlegung** hinsichtlich der Befriedigung der absonderungsberechtigten Gläubiger und der Insolvenzgläubiger und hinsichtlich der Haftung des Schuldners bewirkt werden können. Jegliche vom gesetzlichen Leitbild der Regelabwicklung, in deren Mittelpunkt die zügige Verwertung gem. § 159 InsO steht, abweichende Gestaltung kann Gegenstand von Insolvenzplänen sein.[19] Ein Insolvenzplan muss daher nicht zwingend den Erhalt des Unternehmens im Wege der Eigensanierung oder der übertragenden Sanierung zum Ziel haben. **In einem Plan kann bspw. auch die längerfristige Liquidation oder die Veräußerung nach der Sanierung vorgesehen sein.**[20] Hinsichtlich des möglichen Regelungsinhalts von Insolvenzplänen ist es sinnvoll, zwischen (primär) finanzwirtschaftlich orientierten und (primär) leistungswirtschaftlich orientierten Plänen sowie Mischformen zu unterscheiden.[21] Mit dem Rechtsinstitut des Insolvenzplans soll nach der Vorstellung des Gesetzgebers über die Möglichkeiten hinaus, die im überkommenen Recht im Rahmen von gerichtlichen Vergleichsverfahren, dem Zwangsvergleich im Konkurs oder im Gesamtvollstreckungsverfahren gegeben waren, insbesondere durch die Einbeziehung der absonderungsberechtigten und der nachrangigen Gläubiger sowie der am schuldnerischen Unternehmen beteiligten Personen dem sanierungswilligen Schuldner, aber auch seinen Gläubigern zahlreiche weitere Gestaltungsmöglichkeiten zur Sanierung des Schuldners eingeräumt werden.

2.7 Durch die **Reorganisation des Insolvenzschuldners** mittels eines Insolvenzplans sollen für die Verfahrensabwicklung eine Reihe von Vorteilen verwirklicht werden. Zum Beispiel ist es bei der Übertragung besonders großer Unternehmen tatsächlich schwierig, sämtliche zu übertragenden Vermögenswerte genau auf einen bestimmten Zeitpunkt zu erfassen und zu bewerten. Auch lassen sich bestimmte Vermögenswerte oder vermögenswerte Positionen nicht übertragen, wie z. B. Ansprüche aus Mietverhältnissen, bestimmte immaterielle Rechte, Lizenzen[22] und dergleichen[23]. Zugleich haben Verfahrensbeteiligte, insbesondere Vertragspartner, für den Fall der juristischen Beendigung des Insolvenzschuldners die Möglichkeit, sich einseitig von diesem zu lösen, in dem etwa Lieferbeziehungen, Mietverhältnisse, Bauaufträge etc. gekündigt oder anders beendet werden. Soweit man der Unternehmenssanierung durch Insolvenzplan derartige Schwächen nimmt, hat dies gleichzeitig erhebliche Bedeutung für Inhalt und Reichweite der zu erstellenden Pläne.[24]

---

18 Was angesichts der bestehenden rechtsdogmatischen Unklarheiten verständlich und geradezu Voraussetzung des Gelingens von Plänen ist.
19 Vgl. IDW S 2 Nr. 2.1. (5).
20 Vgl. IDW S 2 Nr. 2.1. (6).
21 Vgl. IDW S 2 Nr. 2.1. (8).
22 Zu einem Beispielsfall einer Spiellizenz beim Eishockey *Hingerl*, ZInsO 2004, 232.
23 *Steffan*, WPg-Sonderheft 2003, 148, 159.
24 Jedenfalls ist dies die Hoffnung des Gesetzgebers: Amtl. Begr., BT-Drs. 12/2443, 95, Allg. 4f cc.

Die praktische Bedeutung des Insolvenzplanverfahrens ist hoch, auch wenn sich dies aus dem vorhandenen statistischen Material nur schwer ablesen lässt. Seit dem Inkrafttreten der InsO am 1. Januar 1999 hat sich die Zahl der Insolvenzverfahren, in denen Insolvenzpläne aufgestellt worden sind, wie folgt entwickelt: **2.8**

Insolvenzstatistik: Planverfahren 1999 bis 2012[25]

Jahr	InsO-Gerichte	Unternehmensinsolvenz-anträge mit Insolvenzplan	Zurückgewiesene Pläne (§ 231 InsO)	Planverfahren nach gerichtl. Vorprüfung
1999	181	47	9	24
2000	181	76	4	56
2001	181	96	6	79
2002	181	158	7	121
2003	181	162	4	126
2004	181	208	16	168
2005	182	226	12	200
2006	182	258	9	206
2007	182	278	15	238
2008	182	283	13	257
2009	182	362	8	302
2010	182	265	8	215
2011	182	247	7	191
2012	182	231	3	189

Auffällig sind zudem regionale Unterschiede: In den Ländern Baden-Württemberg, Bayern, Nordrhein-Westfalen und Sachsen werden die meisten Insolvenzplanverfahren durchgeführt, während die Stadtstaaten und vor allem Flächenländer wie Sachsen-Anhalt, Rheinland-Pfalz und Mecklenburg-Vorpommern unterrepräsentiert sind. **2.9**

Bewertet man diese Zahlen, scheint der Insolvenzplan gegenüber dem früheren Vergleich zahlenmäßig nicht bedeutend besser abzuschneiden und – betrachtet man die noch darzustellende verfahrensmäßige Erschwerung gegenüber dem Zwangsvergleich – das angestrebte Sanierungsziel eher in die Ferne zu treten. **2.10**

Dem überkommenen „zweigeteilten" Insolvenzrecht wurde der Vorwurf gemacht, nicht mehr funktionstauglich zu sein. Die Sanierung von Unternehmen im Vergleichsverfahren stellte eine extrem seltene Ausnahme dar[26]; Vergleich (und Ausgleich) wurden wegen ihrer gesetzlichen Voraussetzungen nicht mehr als taugliches Instrument für insolvenzrechtliche Sanierungen angesehen.[27] Das alte Konkurs- und Gesamtvollstreckungsrecht ließ sich dadurch charakterisieren, dass es ein Vergleichs- oder Ausgleichsverfahren als Sanierungsverfahren dem liquidierenden Konkurs vorschaltete. Darin lag nach Meinung des Gesetzgebers[28] der Nachteil, dass die Weichen hin auf das Gleis der Liquidation oder zu dem der Sanierung zu einem Zeitpunkt gestellt würden, zu dem die Sanierungschancen sich noch nicht abschließend beurteilen ließen. Die InsO dagegen sieht ein einheitliches Insolvenzverfahren vor, nach dessen Eröffnung sowohl die Liquidation als auch Reorganisation und Sanierung Handlungsalternativen der Beteiligten darstellen. Der Unterschied des Insolvenzplanverfahrens zum **2.11**

---

25 *Schultze & Braun*, Insolvenzstatistiken, Stand: 10/2013, www.schubra.de.
26 Vgl. die Angaben bei *Baur/Stürner*, Zwangsvollstreckungs-, Konkurs- und Vergleichsrecht, 12. Aufl. 1996, Rn. 25.1.
27 Vgl. etwa *Hanisch*, ZZP 90, 1, 23 ff., 33 ff.
28 Amtl. Begr. BT-Drs. 12/2443, 72, Allg. 1 a.

früheren Vergleichsverfahren,[29] das gem. § 2 Abs. 1 Satz 2 VerglO allein durch Antrag des Gemeinschuldners eingeleitet werden konnte,[30] liegt darin, dass dem Schuldner im neuen Recht weite Gestaltungsräume eröffnet sind, vermöge derer er seine Vorstellungen durchsetzen kann. Das „Neue" des Insolvenzplanrechts liegt in der durch die sog. Gruppenbildung im Plan (§ 222 InsO, unten Rn. 12.1 ff.) beeinflussten Abstimmung, dem Obstruktionsverbot (unten Rn. 18.1 ff.), aber auch der Möglichkeit einer Eigenverwaltung des Schuldners, die das Gesetz in den §§ 270 ff. InsO zulässt und die gerade dann auf der Tagesordnung steht, wenn der Schuldner frühzeitig aufgrund drohender Zahlungsunfähigkeit Eigenantrag gestellt hat.

2.12 Dem kann nicht entgegengehalten werden, auch der Vergleichsverwalter habe herkömmlich die Stellung eines Sachwalters eingenommen. Mehr noch: Das Vergleichsverfahren war ein Verfahren, das *allein* der Schuldner einleiten konnte (§ 2 VerglO)[31] und das deshalb auf dessen Initiative und auf sein Wohlwollen und Wohlverhalten angewiesen war; gleiches galt für das Zwangsvergleichsverfahren (§ 173 KO[32], § 16 Abs. 1 GesO)[33]. Das hat in der Wahrnehmung der Reformdiskussion den Handlungsspielraum bei einer Sanierung insolvenzschuldnerischer Unternehmen eingeengt; auch der Verwalter kann nunmehr ein Insolvenzplanverfahren initiieren (unten Rn. 3.2 ff.).

2.13 Typischer Fall eines Insolvenzplans ist daher der **Sanierungsplan**[34]; die amtliche Begründung[35] verlautet dazu, es stünden Regelungen, die das Hauptziel des Insolvenzverfahrens, die bestmögliche Befriedigung der Gläubiger betreffen, im Insolvenzplanverfahren im Vordergrund. Als *Sanierungsplan* zielt der Plan auf die Wiederherstellung der Ertragskraft des schuldnerischen Unternehmens und die Befriedigung der Gläubiger aus den Erträgen des Unternehmens. Dabei kann vorgesehen werden, dass der Schuldner das Unternehmen fortführen und die langfristig gestundeten Insolvenzforderungen im Laufe der Jahre berichtigen soll.

2.14 Da es bei dem Insolvenzplan um die Optimierung der Befriedigungsaussichten der Gläubiger geht, lassen die §§ 217 ff. InsO auch einen **Liquidationsplan** zu[36] – was im Rahmen des früheren Vergleichsverfahrens wegen § 18 Nr. 4 VerglO nicht möglich war: Der Plan kann nach Vorstellung des Gesetzgebers auch darauf beschränkt werden, die Verwertung der Insolvenzmasse und deren Verteilung an die Beteiligten – die absonderungsberechtigten Gläubiger, die Insolvenzgläubiger, den Schuldner oder die an ihm beteiligten Personen – abweichend von den gesetzlichen Vorschriften zu gestalten. Ein solcher Liquidationsplan war bis zum ESUG nicht ganz einfach, weil er allein auf die Verfahrensbeendigung gerichtet sein konnte. Nunmehr sind Regelungen möglich, die der Verfahrensabwicklung dienen – § 217 Satz 1 InsO; § 258 Abs. 1 InsO sieht nunmehr ausdrücklich vor, dass der Insolvenzplan etwas anderes als die Aufhebung des Insolvenzplans nach Eintritt der Rechtskraft seiner Bestätigung vorsehen kann. Das hat erhebliche Vorteile:

---

29 Bzw. zum Ausgleich, wie ihn das österreichische Insolvenzrecht kennt, vgl. *Dellinger/Oberhammer*, Insolvenzrecht.
30 Vgl. allein *Häsemeyer*, Insolvenzrecht, 1. Aufl., 1992, 655.
31 *Baur/Stürner*, Zwangsvollstreckungs-, Konkurs- u. Vergleichsrecht, 12. Aufl. 1996, Rn. 26.1.
32 *Baur/Stürner*, Zwangsvollstreckungs-, Konkurs- u. Vergleichsrecht, 12. Aufl. 1996, Rn. 24.4.
33 Smid-*Smid*, GesO, § 16 Rn. 14.
34 *Mönning*, Betriebsfortführung in der Insolvenz, 69.
35 Begr. RegE InsO, BT-Drs. 12/2443, 195 (zu § 253).
36 Braun-*Braun/Frank*, InsO, Vor §§ 217–269 Rn. 12; *Hess/Obermüller*, Insolvenzplan, Restschuldbefreiung u. Verbraucherinsolvenz, Rn. 7 ff.; *Haarmeyer/Wutzke/Förster*, Handbuch zur Insolvenzordnung, 1997, Rn. 361; *Herzig*, Das Insolvenzplanverfahren, 69 ff.; *Mönning*, Betriebsfortführung in der Insolvenz, 70; *Mai*, Insolvenzplanverfahren, Rn. 263; *Griebel*, Der Insolvenzplan und seine praktische Bedeutung, S. 6.

2.15 Wird eine „übertragende Sanierung" geplant, sieht der Plan vor, dass eine Übertragung des Unternehmens an einen Dritten vorgenommen wird (was allerdings vom Insolvenzverwalter auch außerhalb des komplizierten Insolvenzplanverfahrens durchgeführt werden kann). Zur Vorbereitung der übertragenden Sanierung kann der Insolvenzplan insbesondere nach § 223 Abs. 2 InsO Eingriffe in die Rechte von Absonderungsberechtigten vorsehen – namentlich können Löschungsbewilligungen wegen solcher Grundpfandrechte vorgesehen werden, die einer übertragenden Sanierung im Wege stünden, ohne dass eine „Gesamtabwicklung" des Insolvenzverfahrens im Plan vorgesehen werden muss. Somit ist es möglich, das bisherige Instrumentarium einer übertragenden Unternehmenssanierung als Liquidationsplan im Rahmen eines Insolvenzplanverfahrens nutzbar zu machen. Übertragende Unternehmenssanierungen und Unternehmensreorganisationen stehen somit im Insolvenzverfahren gleichberechtigt nebeneinander. Hieraus folgt zugleich, dass die bisherige konkursrechtliche Sanierungstheorie und -praxis der InsO erhalten bleiben wird. Darüber hinaus können in einem Plan die Verpflichtungen persönlich haftender Gesellschafter einer insolventen Gesellschaft abweichend von den gesetzlichen Vorschriften geregelt werden.

2.16 Für den Insolvenzschuldner ist der Insolvenzplan attraktiv, da im Plan eine **Restschuldbefreiung** vorgesehen werden kann: Handelt es sich beim Schuldner um einen Arbeitnehmer, so besteht die Möglichkeit, in einem Plan die Befriedigung der Gläubiger aus dem künftigen Arbeitseinkommen des Schuldners zu regeln. In einem solchen Schuldenregulierungsplan kann eine Restschuldbefreiung unter anderen Voraussetzungen gewährt werden, als sie in den §§ 286 ff. InsO geregelt sind. Insbesondere will der Gesetzgeber die Möglichkeit eröffnen, dass auch einem Schuldner, der vor der Eröffnung des Insolvenzverfahrens nicht alle Voraussetzungen der „Redlichkeit" erfüllt hat, durch einen Plan Verbindlichkeiten erlassen werden – angesichts der Kostenintensität des Planverfahrens ist dies alles nicht leicht vorstellbar.

2.17 Vorlageberechtigt sind gem. § 218 InsO der **Insolvenzschuldner** sowie der **Insolvenzverwalter,** der in seinem Bericht an die Gläubigerversammlung die Möglichkeit einer Sanierung im Wege eines Insolvenzplans darzulegen hat, § 156 Abs. 1 Satz 2 InsO. Er kann zur Initiierung eines Insolvenzplans und zur Einleitung eines Planverfahrens von der Gläubigerversammlung beauftragt werden. Mit dem Antrag nach § 218 InsO ist ein Entwurf des Plans vorzulegen, der zwei Elemente aufweisen muss: Einen darstellenden Teil, in dem die historische Entwicklung des Schuldners zu entfalten und Maßnahmen zu seiner Sanierung zu beschreiben sind (§ 220 InsO), sowie einen gestaltenden Teil (§ 221 InsO), in dem die konkreten Rechtseingriffe durch den Plan niederzulegen sind. Im gestaltenden Teil des Plans sind zudem die Gläubiger in Gruppen einzuteilen, in denen die Abstimmung über den Plan vollzogen wird.

2.18 Anders als im Vergleichsverfahren (§ 27 VerglO[37]) werden auch die **absonderungsberechtigten Gläubiger** als solche am Insolvenzplanverfahren beteiligt, arg. § 217 InsO.[38]

2.19 Diesen Plan unterzieht das **Insolvenzgericht gem. § 231 InsO** einer Vorprüfung. Wird die Planinitiative nicht auf dieser frühen Stufe gestoppt, leitet das Insolvenzgericht den Planentwurf u. a. dem Betriebsrat zur Stellungnahme zu (§ 232 Abs. 1 Nr. 1 Fall 2 InsO). Dann wird nach den im Plan vorgesehenen **Gruppen abgestimmt.** Der Plan ist angenommen, wenn in jeder Beteiligtengruppe eine

---
37 *Baur/Stürner*, Zwangsvollstreckungs-, Konkurs- u. Vergleichsrecht, 12. Aufl. 1996, Rn. 27.17.
38 Amtl. Begr., BT-Drs. 12/2443, 79, Allg. 3a gg.

Mehrheit für die Annahme erreicht worden ist. Die mehrheitliche Ablehnung des Plans in einer oder mehreren der Abstimmungsgruppen führt indes nicht automatisch zum Scheitern der Planinitiative, die bis zu diesem Zeitpunkt bereits erhebliche Mittel verbraucht hat. Vielmehr obliegt es dem Gericht, zu prüfen, ob sich die Zurückweisung des Plans als „**Obstruktion**" der ablehnenden Beteiligtengruppe(n) darstellt. Wird dies vom Insolvenzgericht bejaht, weil es die Tatbestände des § 245 Abs. 1 Nr. 1 bis 3 InsO für gegeben erachtet, hat es den Plan trotz der Ablehnung durch eine oder mehrere Gläubigergruppen zu bestätigen. Der formell **rechtskräftig bestätigte Plan** beendet grundsätzlich das Insolvenzverfahren, § 258 InsO. Er wirkt für und gegen die Verfahrensbeteiligten, §§ 254, 254b InsO. Insbesondere führt er die durch ihn vorgesehenen Rechtsänderungen herbei. Der Plan ersetzt insoweit die erforderlichen Willenserklärungen. Wegen der durch den Plan begründeten Leistungsbeziehungen dient der Plan in Verbindung mit der Feststellung der Forderungen zur Tabelle als **Titel**, § 257 Abs. 1 Satz 1 InsO. Der rechtskräftig bestätigte Plan kann der Überwachung durch den (bisherigen) Verwalter unterliegen, §§ 260, 261 InsO.

2. **Anwendungsfälle**

2.20 a) **Übersicht.** Die erste Übersicht zeigt, dass es sich bei dem Insolvenzplan um ein komplexes Instrument handelt, dessen Anwendung verfahrensrechtlich nicht frei von Schwierigkeiten ist. Es wird noch im Einzelnen darzulegen sein, dass die Probleme, ebenso wie in der Grundkonzeption, auch im Detail zu suchen und alles andere als einfach zu lösen sind. An skeptischen Stellungnahmen[39] hat es denn im Vorfeld der Verabschiedung der InsO durch den Deutschen Bundestag im Jahr 1994 auch nicht gefehlt. Die – gemessen an den weiterreichenden Erwartungen des Reformgesetzgebers der neunziger Jahre des vergangenen Jahrhunderts – eher geringe Zahl von Insolvenzplänen in der deutschen Praxis (Rn. 2.8) scheint ein Spiegel dieser Schwierigkeiten zu sein. In einigen wenigen **spektakulären Fällen** hat die Öffentlichkeit das Rechtsinstitut des Insolvenzplans kennen gelernt: In Fällen wie Dornier oder Grundig sind Sanierungsversuche gescheitert, im Falle Herlitz hat ein Insolvenzplan den Erhalt des Unternehmens bewirkt und im Fall Suhrkamp wurden mithilfe des Insolvenzplans Konflikte zwischen Gesellschaftern gelöst. Diese bekannt gewordenen Fälle lassen nicht auf den ersten Blick erkennen, in welchen Konstellationen sich ein Insolvenzplan als sinnvolles Instrument der Abwicklung eines Insolvenzfalles darstellt oder wegen seiner Komplexität die Abwicklung nach den allgemeinen gesetzlichen Regeln (im „Regelinsolvenzverfahren") vorzuziehen ist.

2.21 Auch kann eine empirische Betrachtung bisher erlangter Daten keinen vollständigen Blick auf mögliche Anwendungsfälle geben: In der Vergangenheit waren nämlich wegen der Ausschlussregelung in § 312 Abs. 2 InsO a. F. Insolvenzpläne in **Verbraucherinsolvenzverfahren** nicht möglich. Sie konnten bei natürlichen Personen nur in Fällen einer (früheren) selbständigen wirtschaftlichen Tätigkeit zum Einsatz kommen. Dies wurde durch das Gesetz zur Verkürzung

---

39 *Grub*, ZIP 1993, 393, bes. 397 f.; *Grub*, in: Kübler, Neuordnung des Insolvenzrechts, 1989, 79; *Grub*, WM 1994, 880; *Grub/Rinn*, ZIP 1993, 1583 („Freifahrtschein für Bankrotteure"); *Uhlenbruck/Brandenburg/Grub/Wellensiek*, BB 1992, 1734; *Uhlenbruck*, KTS 1992, 499; *Weber*, WM 1992, 1133; *Gravenbrucher Kreis*, ZIP 1994, 585; Stellungnahme des Insolvenzrechtsausschusses des Deutschen Anwaltvereins zum Referentenentwurf (März 1993) setzt mit den Worten ein: „Der Referentenentwurf zur Reform des Insolvenzrechts ist schlecht"; deutlich kritische Stimmen sind auch aus der Wirtschaft laut geworden, vgl. BT-Rechtsausschuss, Zusammenstellung der Stellungnahmen, BT-Drs. 12. Wahlperiode, 4.4.1993: S. 55, 78 (BDI), 254, 255 (Bundesverband der deutschen Bankwirtschaft); 299, 308 (Versicherungswirtschaft); 331 (Zentralverband des deutschen Handwerks); *Brandstätter*, Die Prüfung der Sanierungsfähigkeit notleidender Unternehmen, 23; *Wegmann*, KTS 1989, 71 ff. Skeptisch auch *Ebbing*, KTS 1996, 327, 330.

des Restschuldbefreiungsverfahrens und zur Stärkung der Gläubigerrechte[40] geändert, so dass nunmehr in allen Verfahren über das Vermögen natürlicher Personen Insolvenzpläne zum Einsatz kommen können. Gerade eine insofern mögliche Verkürzung der Zeit bis zur Restschuldbefreiung bietet dem jeweiligen Schuldner „größten Anreiz"[41] zur Verwendung dieses Instituts, was auch in der Vergangenheit zu Versuchen geführt hatte, die Ausschlussregelung zu umgehen[42].

b) Übertragende Sanierung. Im Zusammenhang der Insolvenz **operativ tätiger Unternehmen** ist regelmäßig die „übertragende Sanierung" gegenüber dem Procedere eines Insolvenzplanverfahrens mit geringerem Zeitaufwand und niedrigerem Risiko verbunden.[43] Insolvenzverwalter waren und sind in der Regel bestrebt, funktionsfähige Unternehmen als Einheiten an Erwerber zu verkaufen. Als Erwerber kommen sowohl bereits existierende Unternehmen sowie eigens zu diesem Zweck gegründete Auffanggesellschaften in Betracht. Hierdurch können in den Unternehmen selbst steckende Werte (Firmenwert, good will, know how[44]) genutzt und damit verwertet werden, mithin in einer Weise der Befriedigung der Gläubiger und der Realisierung der Haftung des Insolvenzschuldners dienen, die über das bloße Zerschlagen zu Teilwerten hinausgeht.[45] Durch aufgrund dieser Maßnahmen steigende Insolvenzmassen sind die Insolvenzverwalter an einer solchen übertragenden Sanierung nachdrücklich interessiert, zumal die hierdurch realisierten Werte in der Regel oftmals immaterieller Natur und deshalb nicht mit Aus- oder Absonderungsrechten behaftet sind. Sie stellen somit freie Insolvenzmasse dar und erhöhen im Ergebnis neben der Teilungsquote auch die Verwaltervergütung.

2.22

Die InsO untersagt eine solche übertragende Sanierung keineswegs, sondern geht – vgl. etwa §§ 162, 163 InsO – von ihrer Zulässigkeit aus.[46] Befürchteten **Missbräuchen wie dem eines „Ausverkaufs"** des schuldnerischen Unternehmens ist der Gesetzgeber[47] entgegengetreten: Der Unternehmensverkauf bedarf über die besondere Zustimmung durch den Gläubigerausschuss (§ 160 Abs. 2 Nr. 1 InsO) hinaus der Zustimmung durch die Gläubigerversammlung (§ 157 InsO); liegt diese nicht vor, so kann gem. § 161 InsO eine qualifizierte Minderheit von Gläubigern (§ 75 Abs. 1 Nr. 3 InsO), aber auch der Schuldner einen Antrag auf einstweilige Untersagung des Unternehmensverkaufs oder vergleichbarer Verwertungshandlungen durch das Insolvenzgericht stellen – wodurch neben einem Schutz der Gläubiger vor Aushöhlung der Masse das Planinitiativrecht des Schuldners[48] gem. § 218 InsO geschützt werden soll.

2.23

Aus der Sicht des Wirtschaftssubjekts „Unternehmen" ist es gleichgültig, ob es im Zuge seiner Insolvenz seinen Eigentümer wechselt oder nicht.[49] Und auch volkswirtschaftlich ist diese Frage bedeutungslos. Es können also nur Fragen der Praktikabilität und der Effizienz sein, die für eine Sanierung des Unternehmensträgers an Stelle einer übertragenden Sanierung des Unternehmens Anlass geben. „Es gibt **wirtschaftspolitisch keine Gründe**, die Sanierung des Schuldners generell vor der übertragenden Sanierung des Unternehmensträgers zu bevorzugen. Es ist daher kein Reformziel, gegen die Kräfte des Marktes zu einer

2.24

---

40 Vom 15.7.2013 – BGBl. I 2379.
41 *Hingerl*, ZInsO 2013, 21, 21.
42 *Rendels/Zabel*, Insolvenzplan, Rn. 60 f.
43 *Gravenbrucher Kreis*, ZIP 1993, 625 ff., 657 ff.
44 Hierzu *F. März*, Verwertung des „know how" im Insolvenzverfahren.
45 Zur Sanierung mittels Auffanggesellschaft *Lieder*, DZWIR 2004, 455 ff.
46 Amtl. Begr., BT-Drs. 12/2443, 94, Allg. 4f aa.
47 Amtl. Begr., BT-Drs. 12/2443, 95, Allg. 4f cc.
48 *Herzig*, Das Insolvenzplanverfahren, 112 ff.
49 *Flessner*, ZIP 1981, 1283, 1284.

Perpetuierung von Unternehmensträgern beizutragen"[50]. Indiziert die Beibehaltung des allgemeinen Verfahrensziels gem. § 1 InsO, dass sich die Insolvenzpraxis an einer optimalen Gläubigerbefriedigung zu orientieren hat, so bedeutet die Gleichrangigkeit von Unternehmenssanierung durch Übertragung und Sanierung des Unternehmensträgers, dass diese vor allen Dingen in den Fällen in Betracht kommt, in denen jene nicht möglich ist. Denn die Sanierung des Unternehmensträgers setzt in der Regel ein erfolgreiches Verfahren voraus, das gestaltend in die Rechte der Beteiligten eingreift – also Leistungen erbringt, wie sie das Insolvenzplanverfahren erbringen soll.

2.25 Ein Insolvenzplan im Bereich operativ tätiger Unternehmen kommt unter anderem in Betracht in **Fällen**, in denen
- ohne den Erhalt des Unternehmensträgers sich der Wert der Masse nicht realisieren lässt wie im Falle realkonzessionierter Unternehmen (2. Hauptteil Beispiel 2)[51];
- eine übertragende Sanierung nicht in Betracht kommt, da sich ein Erwerber aufgrund der Besonderheiten des Unternehmens nicht findet und der Wert des Unternehmens allein durch Erhalt des Unternehmensträgers den Gläubigern bewahrt werden kann (2. Hauptteil Beispiel 1)[52];
- aufgrund der Begleitung durch entsprechende Prüfungsverbände wie besonders im genossenschaftlichen Bereich;
- aber auch im Fall eines die übertragende Sanierung begleitenden Plans.

2.26 c) **Vorteile von Planverfahren.** Der Sinn von Insolvenzplänen erschließt sich besonders in Großverfahren auch aus **steuerrechtlichen Fragen** der **Behandlung von Sanierungsgewinnen**[53]; Sanierungsgewinne werden nämlich ähnlich der überkommenen Regelung des § 3 Nr. 66 EStG auf Grundlage des BMF-Erlasses vom 27.3.2003[54] faktisch[55] regelmäßig erlassen. Diese Regelung führt im Konzernrecht zu Schwierigkeiten. Nach der Rechtsprechung des BGH führt die Eröffnung des Insolvenzverfahrens automatisch zur Unterbrechung aller konzernrechtlichen Beziehungen (vgl. dazu Rn. 11.7).[56] Der Zusammenbruch steuerlicher Organschaften hat für die Konzernverlustrechnung nachhaltige Konsequenzen. Saldierungen von Sanierungsgewinnen mit Verlustvorträgen, wie im BMF-Erlass vorgesehen, sind nur dann möglich, wenn das Organschaftsverhältnis als fortdauernd behandelt wird. In Sanierungsfällen besteht mithin ein Bedürfnis für den Fortbestand von Unternehmensverträgen, um Bilanzzusammenhänge wahren und Konzernabschlüsse machen zu können.

2.27 Doch auch sonst kann eine Plansanierung deutliche Vorteile gegenüber einer übertragenden Sanierung aufweisen. Ein Insolvenzplan ist beispielsweise zur Rettung der Vermögenswerte des Schuldners gegenüber der Wertvernichtung durch eine Zerschlagung im Wege der Verwertung der einzelnen Vermögensgegenstände vorzuziehen, soweit eine übertragende Sanierung deshalb nicht funktioniert, weil sich **kein Erwerber** bzw. Investor für das insolvente Unternehmen findet. Dies kann besonders in strukturschwachen Gegenden Deutschlands der Fall sein. Schon aus bilanzrechtlichen Gründen ist es in diesen Fällen für die

---
50 Amtl. Begr., BT-Drs. 12/2443, 77 f., Allg. 3a bb.
51 Vgl. Rn. 2.84.
52 Vgl. Rn. 2.84.
53 Eingehend zur Problematik der Besteuerung von Sanierungsgewinnen *Maus*, ZIP 2002, 589 ff.; zur Rechtslage u. praktischen Auswirkungen nach dem BMF-Erlass v. 27.3.2003 *Bareis/Kaiser*, DB 2004, 1841.
54 BMF-Schreiben v. 27.3.2003, IV A 6 – S 2140 – 8/03, BStBl. I 2003, 240 = DB 2003, 796.
55 *Bareis/Kaiser*, DB 2004, 1841, 1843 weisen darauf hin, dass der BMF-Erlass anders als die Regelung vor 1998 Sanierungsgewinne nicht per se von der Steuerpflicht befreit, sondern die faktische Befreiung eine Folge der Ermessensausübung durch die Finanzverwaltung darstellt.
56 BGH, Urt. v. 14.12.1987, II ZR 170/87, NJW 1988, 1326.

Gläubiger außerordentlich interessant, im Wege eines Insolvenzplanverfahrens vorzugehen. Ein weiterer Fall sind wirtschaftlich tätige Sportvereine,[57] insbesondere Bundesligafußballvereine. Treten bei einem in der ersten Bundesliga spielenden Fußballverein Insolvenzprobleme auf, ist regelmäßig mit einer übertragenden Sanierung eine Rettung der Vermögenswerte nicht möglich. Denn die Vermögenswerte liegen darin, dass Werbeeinnahmen aufgrund der Spielstärke der gegenwärtig beschäftigten Spieler erzielt werden können. Im Falle einer übertragenden Sanierung müsste das neu gegründete Unternehmen wieder beginnen, sich von der dritten Kreisklasse in die erste Bundesliga hochzuspielen, was evident mit dem vorhandenen Spielerstand nicht möglich sein wird. Denn bis der neue Verein wieder in der ersten Bundesliga spielt, sind die zum Zeitpunkt der Insolvenz beschäftigten Spieler nicht mehr in der Lage, die erwarteten Ergebnisse zu erzielen. Sie sind schlicht zu alt und körperlich erschöpft. Allein im Wege eines Insolvenzplans lässt sich in diesem Fall der durch den Verein gehaltene Vermögenswert für die Gläubiger retten. Das hat damit zu tun, dass die Bundesligalizenz sich als unübertragbares Recht darstellt.[58] Der singulär erscheinende Fall des Fußballvereins in der ersten Bundesliga erweist sich damit als typischer Fall für solche **Unternehmen, denen unübertragbare Rechte zustehen**. Dies ist insbesondere bei den Konzernen der Fall, die im Medien-, besonders im Filmbereich tätig sind. Die Kirch-Media AG, Kinowelt oder die Senator Entertainment AG hielten im Wesentlichen als Vermögenswert Lizenzen. Im Falle der übertragenen Sanierung müssten die entsprechenden Verträge mit dem neuen Unternehmen neu abgeschlossen werden, was den Vorgang für einen Erwerber schlechthin uninteressant werden lässt. Durch die Übertragung des Unternehmens gehen nämlich seine aus Lizenzverträgen herrührenden Rechte nicht mit über. Immer dann, wenn gerade dieser spezifische Unternehmensträger Halter unübertragbarer Rechte ist, ist daher ein Insolvenzplan von Vorteil.[59] Schließlich ist im Falle der Insolvenz von **Selbstständigen** ein Insolvenzplan deshalb sinnvoll, weil regelmäßig bestimmte öffentlich rechtliche Erlaubnistatbestände an die Person des Schuldners knüpfen – wie im Falle des Arztes, des Gastwirts, Steuerberaters oder Notars und Rechtsanwalts. Ohne die Fortsetzung der selbstständigen Berufsausübung durch diesen Schuldner verlieren die Gläubiger regelmäßig jede ernsthafte Aussicht, auch nur quotal mit ihren Forderungen befriedigt zu werden. Freilich schneidet sich auf diesem Feld das Insolvenzplanrecht mit den jeweiligen berufsständischen Regelungen,[60] worauf im Einzelnen im Folgenden hinzuweisen sein wird (unten Kapitel 28).

Neben der Schuldnerseite gibt es aber gleichsam auch noch eine **Gläubigerseite**, auf der sich **Pluspunkte** für das Insolvenzplanverfahren gegenüber Fällen einer übertragenden Sanierung verbuchen lassen. Die übertragende Sanierung setzt voraus, dass die auf der Gläubigerseite beteiligten Banken für das neue Unternehmen besondere **Kreditentscheidungen** fällen. Dabei ist es eine Folge der internationalen Konzentration („Globalisierung") sowie der Verschärfung der Kreditvergabebedingungen (Basel III),[61] dass die Niederlassung oder gar Filiale der Bank am Ort des Insolvenzgeschehens in den seltensten Fällen die Befugnis hat, diese Kreditentscheidung selbst abschließend zu fällen. Entscheidungen über den Kredit fallen daher häufig in Frankfurt, London, Zürich oder an anderen großen Finanzplätzen. Der Aufwand zur Herbeiführung von Kreditentscheidungen ist daher erheblich und bürokratischen Entscheidungsvorgängen vergleichbar. Auch aus Sicht der Gläubigerbanken kann daher ein Insolvenzplan schon deshalb sinnvoll sein, weil

2.28

---
57 Vgl. auch *Hingerl*, ZInsO 2004, 232.
58 Vgl. auch *Hingerl*, ZInsO 2004, 232.
59 *Steffan*, WPg-Sonderheft 2003, 148, 159.
60 *Smid*, WM 2005, 625.
61 www.bis.org/bcbs/basel3.htm (abgerufen am 15.12.2014)

in diesem Fall eine besondere Kreditentscheidung zu Gunsten eines neuen Unternehmensträgers nicht gefällt werden muss. Es bleibt alles beim Alten. Jedenfalls was die Person des Schuldners angeht. Sehr häufig werden damit die Entscheidungsvorgänge der Banken verkürzt. Ähnliches lässt sich im Übrigen von den Finanzbehörden sagen. Im Falle außergerichtlicher Sanierungen, aber auch bei übertragenden Sanierungen müssen die betroffenen Finanzämter den Oberfinanzdirektionen bzw. dem Bundesfinanzministerium die entsprechenden Akten vorlegen. Erfolgen aber Fragen des Schuldenerlasses, die im Übrigen grundsätzlich allein durch übergeordnete Behörden genehmigt werden dürfen, im Rahmen eines Insolvenzplanverfahrens, sind die Finanzämter befugt, in eigener Verantwortung die entsprechenden Entscheidungen zu fällen. Wo es daher um den **Erlass von Steuerschulden** geht, ist auch aus der Sicht der Finanzämter das Insolvenzplanverfahren gegenüber außergerichtlichen Sanierungen oder der übertragenden Sanierung vorzuziehen. Die Praxis z. B. im Fall der Herlitz PBS AG hat gezeigt, dass in diesen Fällen eine überraschende Flexibilität erzielt werden kann.

2.29 Schließlich gibt es auch **Vorteile** des Insolvenzplanverfahrens aus der Perspektive des **Insolvenzverwalters**. Dabei ist nicht allein der mögliche vergütungserhöhende Zuschlag nach § 3 Abs. 1 lit. e InsVV[62] zu erwähnen, sondern die erhebliche sonstige **Entlastung** mit dem bürokratischen Aufwand, den der Gesetzgeber dem Verwalter mit der Insolvenzrechtsreform des Jahres 1999 auferlegt hat. Denn die Insolvenzplandokumentation ersetzt zu einem Großteil die Buchführungs- und Rechnungswerke, die der Verwalter im allgemeinen (Regel-)Insolvenzverfahren erstellen muss. Im Übrigen fällt, wenn das Insolvenzplanverfahren zu einem erfolgreichen und daher raschen Abschluss gelangt ist, auch der gesamte Bereich des Forderungseinzuges und insbesondere das Führen von Passiv- und Aktivprozessen weg, der zu einer erheblichen Belastung des Insolvenzverwalters in praxi führt.

2.30 Typische Fallgruppen für Insolvenzpläne sind demnach:

Fallgruppen für Insolvenzpläne
– Konzerne
– Großunternehmen
– Filialisten
– Lizenzinhaber
– Sportvereine
– Privatpersonen (statt Restschuldbefreiung)
– Fehlender Investor

3. Verquickung von Insolvenz- und Gesellschaftsrecht

2.31 Mithilfe des Insolvenzplanverfahrens kann eine Sanierung nicht lediglich durch Neugestaltung der Rechtsbeziehungen zwischen Gläubigern und Schuldner erreicht werden. Aufgrund der Regelung des § 225a InsO sind auch Umwandlungen der Rechtsform oder sonstige Änderungen von Mitgliedschafts- und Anteilsrechten möglich. Dies eröffnet Chancen, weil beispielsweise mittels Kapitalmaßnahmen wie einem Debt-Equity-Swap gem. § 225a Abs. 2 InsO Gläubigerforderungen in Eigenkapital umgewandelt werden können. Es birgt aber auch Risiken, weil die Praxis des **Suhrkamp**-Falls[63] gezeigt hat, dass diese Mechanismen scheinbar zur **Umgehung gesellschaftsrechtlicher Beschränkungen** genutzt werden können.

2.32 So wurde praktisch ein Konflikt zwischen einem Mehr- und einem Minderheitsgesellschafter durch Umwandlung des Unternehmens von einer GmbH &

---

[62] MünchKomm-*Riedel*, InsO, § 3 InsVV Rn. 33; *Eickmann*, InsVV, § 3 Rn. 31.
[63] Zum Sachverhalt vergleiche *Brünkmans/Uebele*, ZInsO 2014, 265; *Fölsing*, ZInsO 2013, 1332.

Co. KG in eine Aktiengesellschaft im Sinne des Mehrheitsgesellschafters gelöst, weil dabei im früheren Gesellschaftsvertrag enthaltene Mitbestimmungsrechte des Minderheitsgesellschafters nicht in die neue Satzung überführt wurden. Durch einen taktischen Einsatz des Insolvenzplans wurden damit (jedenfalls auch) gesellschaftsrechtliche Probleme gelöst.

Dieser Umstand wirft Fragen zum **Verhältnis von Insolvenz- zu Gesellschaftsrecht** auf, auf welche im Einzelnen noch in Kapitel 9 eingegangen wird. Kern der derzeit geführten Diskussion ist, inwieweit **gesellschaftsrechtliche Treuepflichten** in der Insolvenz fortbestehen[64] und ggf. treuwidriges Verhalten vom Insolvenzgericht zu prüfen und zu sanktionieren ist. Die diesbezüglichen Anknüpfungspunkte sind zahlreich: So ist bereits denkbar, beim **Eigenantrag** zur Eröffnung des Insolvenzverfahrens anzusetzen. Handelt das Vertretungsorgan bei Antragstellung im Innenverhältnis pflichtwidrig, wird die Frage eines Missbrauchs der Vertretungsmacht diskutiert[65]. Auch sonst könne der Antrag wegen fehlenden Rechtsschutzbedürfnisses unzulässig sein, soweit mit dem Planverfahren § 1 InsO zuwider laufende Ziele verfolgt würden oder der Insolvenzgrund in Auseinandersetzung mit dem Mehrheitsgesellschafter einfacher zu beseitigen sei[66].

2.33

Auf der nächsten Stufe kann man an eine Zurückweisung des Plans gem. § 231 InsO denken, soweit Treuwidrigkeit im Raum steht[67] oder überlegen, inwieweit Treuepflichten konkretes Abstimmungsverhalten gem. § 238a InsO gebieten[68]. Letzteres wurde im Suhrkamp-Verfahren sogar durch einstweilige Verfügung geltend gemacht[69], deren Zulässigkeit jedenfalls mit Blick auf den Grundsatz, dass Parteiverhalten in einem Verfahren nicht durch ein weiteres Verfahren determiniert werden darf, sehr zweifelhaft ist[70]. Darüber hinaus wird erwogen, die Prüfungskompetenz des Insolvenzgerichts gem. §§ 250 ff. InsO auch aus verfassungsrechtlichen Gründen[71] auf die Treuwidrigkeit von Plänen zu erstrecken[72] und die Frage über Rechtsschutzanträge zu lösen[73].

2.34

4. „Einheitliches" Insolvenzverfahren oder Trennung von sanierendem Vergleich/Ausgleich und liquidierendem Konkurs

Mit Inkrafttreten der InsO im Jahre 1999 ist die **Zweiteilung des deutschen Insolvenzverfahrens** in Vergleich und Konkurs zugunsten eines in die Hände der Gläubiger gelegten Sanierungsverfahrens im Rahmen eines einheitlichen Insolvenzverfahrens[74] aufgegeben worden. Seitdem werden vornehmlich im

2.35

---

64 *Gerrit*, ZIP 2013, 1846, 1847; *Haas*, NZG 2012, 961, 965; *Spliedt*, ZInsO 2013, 2155, 2158; *Thole*, ZIP 2013, 1937, 1940.
65 *Meyer*, ZInsO 2013, 2361, 2365; *H.-F. Müller*, DB 2014, 41, 44; *Brünkmans/Uebele*, ZInsO 2014, 265, 268.
66 *Brinkmann*, ZIP 2014, 197, 200; *Brünkmans/Uebele*, ZInsO 2014, 265, 268 f.; *Stöber*, ZInsO 2013, 2457, 2464; *Thole*, ZIP 2013, 1937, 1944.
67 *Meyer*, ZInsO 2013, 2361, 2368; *Brünkmans/Uebele*, ZInsO 2014, 265, 273.
68 Vgl. nur *Hölzle*, EWiR 2013, 589, 590; *Meyer*, ZInsO 2013, 2361, 2367 f.; *Thole*, ZIP 2013, 1937, 1939 f.
69 LG Frankfurt/Main ZInsO 2013, 2015; *Schäfer*, ZIP 2013, 2237, 2243; *Spliedt*, ZInsO 2013, 2155, 2158; vgl. aber OLG Frankfurt/Main ZInsO 2013, 2112.
70 *Brünkmans/Uebele*, ZInsO 2014, 265, 272; *Lang/Muschalle*, NZI 2013, 953, 956 f.; *Meyer*, ZInsO 2013, 2361, 2367 f.; *H.-F. Müller*, DB 2014, 41, 45; *Pape*, ZInsO 2013, 2129, 2138; *Thole*, ZIP 2013, 1937, 1941 f.
71 Vgl. *Brünkmans/Uebele*, ZInsO 2014, 265, 272; *H.-F. Müller*, DB 2014, 41, 42; *Stöber*, ZInsO 2013, 2457, 2464.
72 *Schäfer*, ZIP 2013, 2237, 2242; vgl. auch *Meyer*, ZInsO 2013, 2361, 2368; *Spliedt*, ZInsO 2013, 2155, 2156 f.
73 *Brinkmann*, ZIP 2014, 197, 203 ff.; *Eidenmüller*, NJW 2014, 17, 18; vgl. insgesamt *Möhlenkamp*, BB 2013, 2831.
74 *Häsemeyer*, Insolvenzrecht, 4. Aufl., 2007, Rn. 4.04; *Balz*, ZIP 1988, 273, 283; Amtl. Begr., BT-Drs. 12/2443, 108.

Bereich der Unternehmensinsolvenz[75] nach § 217 InsO durch Insolvenzpläne die Sanierungsvoraussetzungen und Sanierungsmaßnahmen dargestellt und vorgeschrieben, von denen Gläubiger und Gericht meinen, dass sie zur Rettung des schuldnerischen Unternehmens erforderlich bzw. nützlich seien. Zur Sanierung insolventer Unternehmen können im Wege von Insolvenzplänen die Rechte von Gläubigern beschnitten werden; besonders gesicherte Gläubiger werden auf diesem Wege der Entscheidung durch die Gläubigergemeinschaft zur Finanzierung von Sanierungsmaßnahmen herangezogen. Im Folgenden soll es darum gehen, Verfahren und Maßstäbe näher zu bestimmen, die bei der Bestätigung von Insolvenzplänen durch das Gericht künftig zum Tragen kommen werden.

2.36 Der **Insolvenzplan stellt** nach erklärter Ansicht des Gesetzgebers[76] für die Unternehmensinsolvenz **ein Kernstück der Reform** dar[77]. Der Gesetzgeber hat damit zwei Ziele verfolgt.[78] Zum einen soll die *Sanierung* insolventer Unternehmen im Insolvenzverfahren *erleichtert* werden; und zum anderen soll an die Stelle des als zu schwerfällig empfundenen Vergleichs- und Zwangsvergleichsverfahrens mit dem Insolvenzplan ein Instrument geschaffen werden, das wirtschaftlich zu vernünftigen Problemlösungen anregen soll und den Gläubigern hierzu juristische Gestaltungsmittel an die Hand gibt.

2.37 Das frühere deutsche Insolvenzrecht[79] beruhte auf einer verfahrenstechnischen Zweiteilung zwischen einem vorgeschalteten Vergleichsverfahren, mit und in dem ein („letzter") Sanierungsversuch unternommen werden konnte und mit dessen Scheitern in die Liquidation im Anschlusskonkurs übergeleitet wurde. Dieses Modell hatte sich nie als sehr erfolgreich dargestellt. Insbesondere verzichtet das Sanierungsverfahren durch Insolvenzplan im Rahmen eines *einheitlichen* Insolvenzverfahrens auf zweierlei: Einerseits die wegen der knappen Eigenkapitalausstattung deutscher Unternehmen auf als für eine Sanierung sehr hinderlich empfundene Mindestquoten[80], andererseits auf eine Anknüpfung an Begriffe der **Vergleichs- oder Sanierungswürdigkeit**[81], die schon vor Inkrafttreten der Insolvenzordnung als nicht mehr zeitgemäß empfunden wurden[82]. Die sehr niedrigen Zahlen von Vergleichsverfahren und die hohen Zahlen von Anschlusskonkursen sprechen eine eindeutige statistische Sprache.

2.38 Das Insolvenzplanverfahren als „Kern" des aktuellen deutschen Insolvenzrechts ist in wesentlichen Bereichen dem Reorganisationsverfahren des **Chapter 11 des US-amerikanischen Bankruptcy Code** nachgebildet.[83] Es hat freilich seit dem Inkrafttreten der Insolvenzordnung eine eigene Entwicklung genommen.

---

75 Aber auch für „Privatinsolvenzen"; der Gesetzgeber hat das petitum *K. Schmidts* (Wege zum Insolvenzrecht der Unternehmen, 1990, 5) insoweit nicht erhört.
76 Beschlussempfehlung des RechtsA zum RegE einer InsO, BT-Drs. 12/7302, 181.
77 Vgl. statt vieler z. B. *Brandstätter*, Die Prüfung der Sanierungsfähigkeit notleidender Unternehmen, 21; *Buchalik*, NZI 2004, 294, 300; *Depré*, Die anwaltliche Praxis in Insolvenzsachen, Rn. 932; *Herzig*, Das Insolvenzplanverfahren, 14.
78 Vgl. *Balz*, ZIP 1988, 273, 283; *K. Schmidt*, Wege zum Insolvenzrecht der Unternehmen, 166 ff.
79 Vgl. *Smid/Rattunde*, Der Insolvenzplan, 2. Aufl., 2005, Rn. 2.31 ff. und im Übrigen zur Entwicklung des Vergleichsrechts *Eisenhardt*, Sanierung statt Liquidation.
80 Amtl. Begr. BT-Drs. 12/2443, 72, Allg. 1 a; *Böhle-Stamschräder/Kilger*, VerglO, § 7 Nr. 2.
81 *Gottwald-Maus*, Insolvenzrechtshandbuch, 1. Aufl., 1990, § 3 Rn. 3; zur Sanierungswürdigkeit, *Deuschle*, Der Insolvenzplan als Sanierungsinstrument, S. 62.
82 Krit. *Balz*, ZIP 1986, 273, 276, 283.
83 Vgl. bereits *Smid/Rattunde*, Der Insolvenzplan, 2. Aufl., 2005, Rn. 2.35 ff.; *Hohloch*, ZGR 1982, 145, 160 ff.; besonders *K. Schmidt*, KTS 1982, 613, 614 f.; früh zu Recht krit. *Stürner*, ZIP 1982, 761, 764; *Wittig*, ZInsO 1999, 373 ff.

5. Maßstäbe der Auslegung der gesetzlichen Regelungen

Für die Auslegung der gesetzlichen Regelungen der §§ 217 bis 269 InsO gelten die allgemeinen Grundsätze.[84] Dagegen hat *Eidenmüller*[85] eine besondere ökonomisch ausgerichtete teleologische Auslegung der Gesetzesvorschriften über das Insolvenzplanverfahren gefordert. Er stützt sich dabei auf einen von ihm als „klar" angesehenen Willen des historischen Gesetzgebers von 1993/1999, der das Ziel des Insolvenzplanverfahrens einer **ökonomischen Effizienz nach Pareto-Optimierungsgesichtspunkten**[86] unterworfen habe. Daher seien Auslegung und Fortbildung der Normen des Insolvenzplanverfahrens teleologisch an dem ökonomischen Effizienzkriterium auszurichten.[87] *Eidenmüller*[88] fordert, im Zweifel sei die „Auslegungs- bzw. Fortbildungsalternative" zu bevorzugen, mit der ökonomisch effiziente (effizientere?) Lösungen gefördert würden.[89] Vordergründig kann der Argumentation von *Eidenmüller* kaum etwas entgegengehalten werden. Führt eine Auslegung zu einer weniger wirtschaftlichen Handhabung des Insolvenzplanverfahrens begegnet dies jedenfalls ernsten Bedenken – es kann jedenfalls nicht entgegen *Eidenmüllers* Ansatz gefordert werden, ökonomische Effizienzkriterien außer Acht zu lassen.[90]

2.39

Die Frage der Auslegung der Vorschriften über das Insolvenzplanverfahren ist aber komplexer, als es der Rekurs auf ökonomische Effizienzgesichtspunkte als legislatorische Zielvorgabe erkennen ließe. Der alleinige Rückgriff auf eine nicht näher bestimmte ökonomische Effizienz reicht nicht aus, um zu handhabbaren – und d. h. im Zweifel justiziablen – Auslegungsmaßstäben zu gelangen. Die Normen des Insolvenzplanverfahrens sind in den systematischen Zusammenhang des Insolvenzrechts eingebettet – worauf im Folgenden im Einzelnen einzugehen sein wird. Das Insolvenzverfahren selbst kann einer ökonomischen Analyse unterworfen werden, für die § 1 Satz 1 InsO einen Anhaltspunkt liefert. Die bestmögliche Befriedigung der Gläubiger – also die Erreichung des optimalen wirtschaftlichen Ergebnisses für die Gläubiger – ist ein ausdrückliches Ziel des Insolvenzverfahrens, dessen privatautonom[91] gestaltete Abwicklung im Insolvenzplan von den Beteiligten geregelt wird. Wirtschaftliche *Effizienz* kann sich aber auf völlig andere, heteronome Sachverhalte beziehen, als die Befriedigung der Gläubiger – die sich bei Lichte betrachtet zudem im Regelfall (nicht notwendig im Regelinsolvenzverfahren!) eher als Befriedung wegen des durch das Insolvenzverfahren erreichten Marktaustritts des Schuldners im Wege seiner vermögensrechtlichen Liquidation darstellt, denn als substantielle teilweise Befriedigung der Forderungen, die den Ausnahmefall darstellt. Vor diesem Hintergrund stellt sich die Funktion des Insolvenzverfahrens als der „Zweck" dar, der bei der teleologischen Interpretation der Insolvenzplanvorschriften zugrunde zu legen ist. **Daraus ergibt sich, dass nicht eine allgemeine ökonomische Effizienz** – die selbst wieder der auslegenden Betrachtung zu unterwerfen wäre – zugrunde zu legen ist. Ausgangspunkt ist vielmehr § 217 InsO: **Danach ist der Insolvenzplan Instrument der Erreichung der Ziele des § 1 Satz 1 InsO** – bei aller erforderlichen Berücksichtigung ökonomischer Erwägungen gleichsam als Kontrolle gegen Fehlinterpretationen sind Auslegungsmaßstab der §§ 217 ff. InsO die Aufgaben des Insolvenzverfahrens. Die Gleichbehandlung der Gläubiger, die Befriedigungsaufgabe des Insolvenzverfahrens und in deren Rahmen die Er-

2.40

---

84 Eingehend hierzu *Pawlowski*, DZWIR 2001, 45 ff.
85 MünchKomm-*Eidenmüller*, InsO, Vor § 217 Rn. 28.
86 MünchKomm-*Eidenmüller*, InsO, Vor § 217 Rn. 24.
87 MünchKomm-*Eidenmüller*, InsO, Vor § 217 Rn. 28.
88 MünchKomm-*Eidenmüller*, InsO, Vor § 217 Rn. 28.
89 Vgl. auch *Eidenmüller*, Unternehmenssanierung zwischen Markt u. Gesetz, 59 f.
90 Eine ökonomische Analyse des Insolvenzplanverfahrens bei *Bigus/Eger*, ZInsO 2003, 1 ff.
91 *Bigus/Eger*, ZInsO 2003, 1, 2 ff.

reichung einer Restschuldbefreiung sind daher die Zwecke, die in eine teleologische Auslegung einzustellen sind.

II. Begrenzung der allgemeinen Regelungen der InsO

2.41 Nach § 217 InsO soll die Sanierung des Unternehmens oder eine Regelung der Liquidation des schuldnerischen Unternehmensträgers durch eine **von den gesetzlichen Regeln abweichende Festlegung** hinsichtlich des Verfahrens, der Befriedigung der absonderungsberechtigten Gläubiger und der Insolvenzgläubiger und hinsichtlich der Haftung des Schuldners bewirkt werden können. Das Gesetz drückt dies etwas missverständlich aus, indem § 217 InsO bestimmt, durch Insolvenzplan könne von den Vorschriften „dieses Gesetzes" – also der InsO – abgewichen werden. Dies ist nur der Fall, soweit die Regelungen der InsO überhaupt der Gestaltung durch einen zur Vorlage eines Planes Berechtigten und die Gläubiger disponibel sind. **Zu dem insolvenzplan-dispositiven Insolvenzrecht zählen** (z. T. vorbehaltlich der Zustimmung eines weiteren Beteiligten) die Regeln der §§ 103 bis 217 InsO, während die Vorschriften über die allgemeine Verfahrensstruktur, das Eröffnungsverfahren und die Wirkungen des Eröffnungsbeschlusses der Disposition durch einen Insolvenzplan entzogen sind.[92] Als Instrument der Disposition über die Art der Verfahrensabwicklung stellt sich der Insolvenzplan als vermögens- und haftungsrechtlicher Vertrag[93] dar.

III. Insolvenzplan und Insolvenzgericht

1. Mehrbelastungen der Justiz

2.42 Die Auseinandersetzung mit den Problemen, die das Insolvenzplanverfahren in sich birgt, ist dringend geboten, da sie nicht allein die Verwalter, sondern auch die **Justiz** betreffen: Während bislang die durch die Reform ausgelösten Mehrbelastungen nur im Kontext des Restschuldbefreiungsverfahrens nach den §§ 286 ff. InsO[94] gesehen und diskutiert worden sind, ist diese Thematik im Rahmen des Insolvenzplanverfahrens noch nicht hinreichend erörtert worden.

2.43 Der Gesetzgeber sah im Verlauf des Gesetzgebungsverfahrens, dass bei Unternehmensinsolvenzverfahren, in denen eine Fortführung und Sanierung namentlich durch einen Insolvenzplan in Betracht kommt, eine „zügige und sachkundige Begleitung durch das Insolvenzgericht" ebenso unabdingbar wie durch das bisherige Recht nicht gewährleistet ist. Um es zu ermöglichen, dass die beteiligten Gerichtspersonen Erfahrungen mit den Sanierungsinstrumenten der Insolvenzordnung sammeln können, sieht der Gesetzgeber, dass Fortbildungsmaßnahmen zum Recht der Unternehmensinsolvenz und des Insolvenzplans nur bei regelmäßiger Befassung von Richtern und Rechtspflegern sinnvoll sein können: Erwerb von Erfahrungen setzt also eine **Konzentration von Zuständigkeiten** voraus, was durch das ESUG dadurch gefördert werden sollte, dass eine stärkere Konzentration als bisher vorgesehen werden sollte. Dies ist aber im Rechtsausschuss am Widerstand einiger Bundesländer gescheitert.

2.44 Nach der ursprünglichen Konzeption der Insolvenzordnung wurden viele Tätigkeitsfelder den **Rechtspflegern** überantwortet. Dies führte vor dem Hintergrund des Art. 92 GG, welcher die Rechtsprechung „den Richtern" überantwortet, zu Schwierigkeiten an-

---

92 HK-*Haas*, InsO, § 217 Rn. 9.
93 So die zutr. Darstellung durch *Häsemeyer*, FS Gaul, 175 ff.; ebenso *Hess/Obermüller*, Insolvenzplan, Restschuldbefreiung u. Verbraucherinsolvenz, Rn. 5a; ähnlich *Schiessler*, Der Insolvenzplan, 21 ff. (privatautonome Übereinkunft sui generis; Abl. Gottwald-*Braun*, Insolvenzrechtshandbuch, § 66 Rn. 19; *Eidenmüller*, JbfNPolÖk Bd. 15, 164 f. (mehrseitige Verwertungsvereinbarung, die durch Organisationsakt der Gläubigergemeinschaft in Beschlussform zustande kommt).
94 Eingehend *Krug*, Der Verbraucherkonkurs.

gesichts der vielfältigen gerichtlichen Kontrollschritte im Insolvenzplanverfahren. Mit diesen Aspekten beschäftigt sich die Vorauflage dieses Buches ausführlich [95]. Durch das ESUG sind diese Probleme nunmehr überholt: Das Verfahren über Insolvenzpläne bleibt gem. § 18 Abs. 1 Nr. 2 RPflG nunmehr dem **Richter** vorbehalten. Der Gesetzgeber hält es in diesem Zusammenhang auch unter verfassungsrechtlichen Gesichtspunkten vorzugswürdig, dass nunmehr mögliche Eingriffe in die Eigentumsrechte der Anteilsinhaber nur unter Aufsicht des Richters erfolgen.

<table>
<tr><th colspan="3">Insolvenzgericht</th></tr>
<tr><td>Amtsgericht
(am Sitz des Landgerichts), § 2 InsO</td><td colspan="2">Interne Zuständigkeitsverteilung
(§ 18 RPflG)
– Richter: Eröffnungsphase, Eröffnungsbeschluss/Schuldenbereinigungsplan, RSB, Insolvenzplanverfahren
– Rechtspfleger: Verfahrensabwicklung ohne Insolvenzplanverfahren (seit 1.1.2013)</td></tr>
<tr><td colspan="3">Rechtsbehelfe:
– Rechtspflegererinnerung, § 11 RPflG, soweit kein anderer Rechtsbehelf
– Richterliche Entscheidung bei Stimmrecht, §§ 77, 237 InsO i. V. m.. § 18 Abs. 3 RPflG
– (Sofortige) Beschwerde, § 6 InsO, zum Landgericht, auch gegen Rechtsplf.-Entscheidungen</td></tr>
<tr><td>Fälle,
insbesondere:</td><td>– Eröffnungsbeschluss
– Ablehnungsbeschluss
– Verwalterentlassung
– Gläubigerversammlung
– Vorläufige Verwaltung</td><td>– Verfahrenseinstellung
– Insolvenzplanzurückweisung
– Aufhebung der Eigenverwaltung
– Restschuldbefreiung</td></tr>
<tr><td>Keine Fälle,
insbesondere:</td><td>– Verfahrensaufhebung
– Insolvenzplaninhalt</td><td>– RSB-Versagung</td></tr>
</table>

2. Gerichtliche Kenntnisse

Die Zuständigkeit der Entscheidungssubjekte im Insolvenzplanverfahren ist **2.45** nunmehr zwar verfassungsrechtlich unproblematisch: Mit neuen Entscheidungen vermehren sich indes die **Probleme, Maßstäbe für ihre verfahrensrechtliche Umsetzung ebenso wie ihre inhaltliche (materielle) Ausgestaltung** zu finden.

Durch die Beauftragung der Insolvenzjustiz mit betriebswirtschaftlichen Entscheidun- **2.46** gen[96] ist diese erheblichen Herausforderungen, ja vielfach Überforderungen ausgesetzt[97] – auf die im Folgenden an verschiedenen Stellen einzugehen sein wird. Auch Insolvenzrichter haben nicht anders als Rechtspfleger im Allgemeinen keine betriebswirtschaftliche Vorbildung und verfügen nicht über **betriebliche Erfahrungen**. Trotzdem haben sie schon vor der Insolvenz über Anträge auf Betriebsstilllegungen zu entscheiden, die lediglich betriebswirtschaftlich motiviert sein können. Im Insolvenzplanverfahren müssen sie Insolvenzpläne auf ihre Umsetzbarkeit und Plausibilität prüfen. Sie müssen erkennen, ob einzelne Gläubiger oder eine ganze Gruppe durch den Plan schlechter gestellt werden. Sie müssen wissen, ob die zukünftige Ertragslage des Betriebes die Erfüllung des Insolvenzplans wahrscheinlich macht. Dabei gibt es keine Hilfestellung durch Wirtschaftsreferenten und im Prinzip auch keine Unterstützung durch sachkundige Fachleute. Für den Planverfasser hat dies erhebliche Konsequenzen. Er muss sich darauf einstellen, dass schwierige, umfangreiche Pläne bei dem Insolvenzgericht möglicherweise nicht auf Gegenliebe stoßen. Da Entscheidungen im Insolvenzplanverfahren nicht das Spruchrichterprivileg genießen, könnten die Haftungsrisiken, die das Gericht nicht übersehen kann, dort den Wunsch hervorrufen, die Insolvenz lieber anders als durch einen Insolvenzplan zu beenden. Pläne werden in der Regel von Insolvenzverwaltern im Einvernehmen mit dem Insolvenzgericht gemacht, wobei Wünsche des Insolvenzgerichts stets respektiert werden. Das bedeutet, dass der Planverfasser einen aussichtsreichen Plan

95 *Smid/Rattunde/Martini*, Der Insolvenzplan, 3. Aufl., 2012, Rn. 2.40 ff.

96 Zur Bedeutung betriebswirtschaftlicher Fragen im Insolvenzplanverfahren *Köchling*, DZWIR 2001, 362 ff.

97 Zu dieser Problematik auch *Lieder*, DZWIR 2004, 452 ff.

nur dann vorlegen kann, wenn er inhaltlich verständlich und verfahrenstechnisch unkompliziert ist. Das bedeutet ferner, dass der Planverfasser von sich aus die betriebswirtschaftlichen Probleme des Insolvenzplans erläutern muss und dass er dem Insolvenzgericht ggf. Hilfsmittel in die Hand zu geben hat, um dessen Entscheidungen abzusichern. Die betriebswirtschaftlichen Annahmen, die Hypothesen und Prognosen sind also zum Beispiel durch Testdaten unabhängiger Sachverständiger oder Wirtschaftsprüfer zu belegen.

2.47 Der Gesetzgeber hat den Anforderungen, die das Insolvenzrecht im Allgemeinen und das Insolvenzplanverfahren im Besonderen an die Justizangehörigen stellt, mit dem in § 22 Abs. 6 Satz 2, 3 GVG verankerten gerichtsverfassungsrechtlichen Gebot der **insolvenzrechtlichen Fortbildung** von Richtern und Rechtspflegern Rechnung zu tragen versucht. Die Fortbildung ist Teil der richterlichen Dienstpflicht – denn das Gericht hat das Recht zu kennen, um Recht sprechen zu können. Das setzt voraus, dass sich Richter auf Rechtsänderungen einstellen können. Wird die Fortbildung als Eignungs*voraussetzung* und nicht als allgemeine Dienstpflicht zur Wahrung einer im Sinne universaljuristischer Qualifikation gedachten Einsatzfähigkeit konzipiert, zeitigt dies Auswirkungen auf die Justizorganisation bis hin zu Präsidiumsentscheidungen. Das Präsidium wird es nämlich schwer haben, geschäftsplanmäßige Umsetzungen in das Insolvenzdezernat vorzunehmen.[98] Der Personalbestand der „fortgebildeten" Insolvenzrichtern kann sich damit verstetigen: Einmal Insolvenzrichter, immer Insolvenzrichter. Das mag man im Interesse einer Fachkunde begrüßen; es darf aber nicht übersehen werden, dass sich damit auch örtliche Eigenheiten verfestigen können, die ansonsten durch neue Insolvenzrichter und neue Betrachtungsweisen im Dezernat heilsam in Frage gestellt werden könnten. Das Fortbildungsgebot kann daher bedeuten, dass, wer nicht ins Insolvenzdezernat will, nicht zur Fortbildung geht.

IV. Verfahrensgrundsätze

1. Rechtliches Gehör

2.48 Soweit das Insolvenzplanverfahren gerichtliches Verfahren ist – soweit dem Insolvenzgericht Verrichtungen anvertraut sind – hat das Gericht den Beteiligten rechtliches Gehör gem. Art. 103 Abs. 1 GG zu gewähren. Wie dies zu geschehen hat, regelt die InsO nicht vollständig. Die von § 10 InsO vorgesehene Anhörung als Form der Tatsachenermittlung regelt die Gewährung rechtlichen Gehörs nicht abschließend. Vielmehr gehören hierzu noch die **Belehrung über die Ergänzung des Insolvenzplans gem. § 231 Abs. 1 Nr. 1 InsO** und, wo es an spezialgesetzlichen Regelungen fehlt, über die Verweisung gem. § 4 InsO[99] die **richterliche Hinweispflicht gem. § 139 ZPO**. Dabei liegt es nach den einführenden Überlegungen (oben Rn. 1.3 ff.) nahe, dass es im Insolvenzverfahren – besonders in seiner Eröffnungsphase – auf eine „mediative"[100] Handhabung der Angelegenheit durch die Gerichtspersonen ankommt. Weder das Eröffnungsverfahren noch das eröffnete Verfahren gehören der streitigen Zivilgerichtsbarkeit an.[101] Jedenfalls das Insolvenzplanverfahren weist eine deutliche Nähe zur Vertragshilfe auf, was ein autoritatives Herangehen des Gerichts an diese vom Gesetzgeber ausdrücklich der Autonomie der Beteiligten geöffnete Sphäre ausschließt.

2.49 Daher verdient es ausdrückliche Zustimmung, wenn *Eidenmüller*[102] unter Verweis auf § 4 InsO die zivilprozessuale Möglichkeit der Anberaumung einer **Güteverhandlung** als eine verfahrensrechtliche Technik der Verfahrensabwick-

---

98 Zu den Aufgaben des Präsidiums im Rahmen der Geschäftsverteilung, vgl. § 21e GVG.
99 So zutr. MünchKomm-*Eidenmüller*, InsO, Vor §§ 217 Rn. 46.
100 *Schuhmacher/Thiemann*, DZWIR 1999, 441; MünchKomm-*Eidenmüller*, InsO, Vor §§ 217 Rn. 53.
101 Zum Meinungsstand Leonhardt/Smid/Zeuner-*Smid*, § 1 Rn. 37 ff.
102 MünchKomm-*Eidenmüller*, InsO, Vor §§ 217 Rn. 55.

lung aufzeigt. Wegen des damit verbundenen Zeitaufwandes kommt eine Güteverhandlung freilich nur in bestimmten Fällen – etwa Konstellationen im Grenzbereich von Immobiliarzwangsvollstreckung und Insolvenzplan – in Betracht.

2. Amtsermittlungsgrundsatz

Im Insolvenzplanverfahren gilt der allgemeine Grundsatz der Untersuchung ex officio gem. § 5 Abs. 1 Satz 1 InsO.[103] Dies ergibt sich schon daraus, dass die §§ 217 ff. InsO keine hiervon abweichende Regelung treffen. Lediglich bei besonderen Fragen der Entscheidung nach § 245 InsO werden Aspekte diskutiert,[104] welche Verwandtschaft mit dem Beibringungsgrundsatz aufweisen.

2.50

Wichtig für die Vorbereitung und Begleitung von Sanierungsmaßnahmen bereits im Eröffnungsverfahren ist die Einführung eines **vorläufigen Gläubigerausschusses** in § 21 Abs. 2 Nr. 1a InsO. Die Norm gewährleistet, dass die Gläubiger im Eröffnungsverfahren zu treffende zentrale Vorentscheidungen für die weitere Verfahrensabwicklung mitbeeinflussen können. Kann ein Unternehmen fortgeführt werden und muss es nicht abgewickelt werden, ist es erforderlich, schon in den ersten Stunden des Eröffnungsverfahrens die Mitwirkung der Gläubiger verfahrensrechtlich zu institutionalisieren und zu gewährleisten. Denn eine Sanierung ist überhaupt nur möglich, wenn sie von den Gläubigern mitgetragen wird. Denn sie sind in der Regel erheblich wirtschaftlich an einer erfolgreichen Sanierung des Schuldners interessiert.

2.51

3. „Insolvenzplanspezifische" Verfahrensgrundsätze

Wesentliche Verfahrensgrundsätze im Insolvenzplanverfahren sind der **Minderheitenschutz** und das **Obstruktionsverbot**. Entscheidungen der Gläubiger sind im Insolvenzverfahren grundsätzlich **Mehrheitsentscheidungen**. Forderte man Einstimmigkeit, so gäbe es Sanierung nur noch dann, wenn *alle* Gläubiger und sonstige Verfahrensbeteiligte einverstanden wären, ein gerichtliches Verfahren also obsolet wäre. Mehrheitsentscheidungen benötigen schon aus verfassungsrechtlichen Gründen einen Minderheitenschutz, am Verfahren teilzunehmen und ggf. auch auf ihre Rechte zu verzichten. Dies gilt aber nur dann, wenn ihnen die **Verfahrensteilhaberechte institutionell gewährt** sind. In der InsO kommt der Minderheitenschutz im Grundsatz sachgerechter Gruppenabgrenzung (§ 222 Abs. 2 Satz 2 InsO), im Gleichbehandlungsgrundsatz (§ 226 InsO) und im Mehrheitsprinzip von § 244 Abs. 1 Nr. 1, 2 InsO zum Ausdruck. Die Grenze des Minderheitenschutzes liegt in dem Verbot, die Stellung als Gläubiger zu unlauteren Zwecken zu missbrauchen. Dieses sog. *Obstruktionsverbot* erklärt zum einen den Widerspruch solcher Beteiligter für unbeachtlich, die nach Sinn und Zweck des Insolvenzverfahrens nicht oder nur in geringem Maße schutzbedürftig sind. So ist der Widerspruch nachrangiger Gläubiger gem. § 246 InsO unbeachtlich, wenn schon die nicht nachrangigen Gläubiger nicht voll befriedigt werden können. Entsprechend ist der Widerspruch des Schuldners gem. § 247 InsO ohne Wirkung, wenn er durch den Plan nicht schlechter gestellt wird, als er ohne ihn stünde. Der einzelne nicht nachrangige Gläubiger kann in jeder Gläubigergruppe überstimmt werden, wenn die Mehrheit nach Kopf und Summe sich in der Annahme des Plans einig ist, § 244 InsO. Es ist sogar das Veto einer ganzen Gruppe unbeachtlich, sofern diese Gruppe durch den Plan nicht schlechter gestellt wird und die Mehrheit der Gruppen zugestimmt hat, § 245 InsO. Hier ist freilich noch eine angemessene wirtschaftliche Beteiligung der Gläubigergruppe erforderlich, deren Einzelheiten gem. § 245 Abs. 2 InsO kompliziert sind und später ausführlich dargestellt werden.

2.52

---

103 MünchKomm-*Eidenmüller*, InsO, Vor §§ 217 Rn. 49.
104 *Braun/Uhlenbruck*, Unternehmensinsolvenz, 624; KPB-*Otte*, InsO, § 245 Rn. 66.

V. Persönlicher Anwendungsbereich: „Insolvenzplanfähigkeit"

1. Personenmehrheiten

2.53 Ein Insolvenzplan kann grundsätzlich in all den Fällen vorgelegt werden, in denen ein Insolvenzverfahren über das Vermögen eines Schuldners eröffnet werden kann, weil und soweit dieser vom Gesetz (§§ 11, 12 InsO) für insolvenzverfahrensfähig erklärt worden ist. Folglich können Insolvenzpläne erstellt werden in Insolvenzverfahren, die über das Vermögen der AG, der GmbH, der KGaA und der eingetragenen Genossenschaft[105] eröffnet werden. Es kommt nicht darauf an, ob die Gesellschaftsanteile nur einem Gesellschafter gehören.[106] Die Insolvenzfähigkeit der **Aktiengesellschaft** beginnt mit ihrer Eintragung ins Handelsregister gem. § 41 Abs. 1 AktG. Für die Insolvenzverfahrensfähigkeit der AG sind folgende Besonderheiten zu berücksichtigen: Bei der Verschmelzung zweier AGen durch Aufnahme gem. § 2 Nr. 1, §§ 4 ff. UmwG ist nurmehr die aufnehmende AG insolvenzfähig.[107] Das Gleiche gilt bei der Verschmelzung durch Neubildung gem. § 2 Nr. 2, §§ 36 ff. UmwG für die dann nurmehr neugebildete AG.[108] Wird eine AG in eine andere Form von Kapitalgesellschaft umgewandelt, so sind deren Vorschriften für die Insolvenzfähigkeit maßgeblich.[109] Ferner erfasst sie die KGaA. Diese ist indessen bereits deshalb insolvenzverfahrensfähig, weil sie juristische Person ist.

2.54 Die **GmbH** ist ebenso insolvenzverfahrensfähig[110] wie die fehlerhaft gegründete GmbH.[111] Sie ist neben der KG in der Insolvenz der GmbH & Co KG als deren Komplementärin insolvenzverfahrensfähig. Die **eingetragene Genossenschaft** (eG) erwirbt ihre Rechtsfähigkeit mit dem Zeitpunkt ihrer Eintragung in das Genossenschaftsregister; sie wird dann insolvenzverfahrensfähig.[112] Für die Verschmelzung von Genossenschaften gilt entsprechend das zur AG Ausgeführte: Nur noch die übernehmende Genossenschaft ist insolvenzverfahrensfähig.[113] Vorgenossenschaften sind insolvenzverfahrensfähig, wobei es nicht darauf ankommt, ob die Vorgenossenschaft die Eintragung in das Genossenschaftsregister betreibt[114]. Die nichtige und die für nichtig erklärte Genossenschaft sind insolvenzverfahrensfähig[115], arg. § 97 Abs. 1 GenG, § 11 Abs. 3 InsO. Den juristischen Personen wird nach § 11 Abs. 1 Satz 2 InsO der **nichtrechtsfähige Verein** gleich gestellt; er ist also insolvenzverfahrensfähig, was im Hinblick auf die Insolvenzverfahrensfähigkeit der GbR gem. § 11 Abs. 2 Nr. 1 InsO folgerichtig ist.

2.55 **Personenhandelsgesellschaften**[116] (OHG, KG) sind gem. § 11 Abs. 2 Nr. 1 InsO insolvenzverfahrensfähig; für die zum alten Recht vertretene Auffassung, Insolvenzschuldner seien alle persönlich und unbeschränkt haftenden Gesellschafter der Personenhandelsgesellschaft, lässt § 11 InsO keinen Raum

---

105 Zu den Besonderheiten bei der Insolvenz einer eingetragenen Genossenschaft nach dem GenG *Terbrack*, ZInsO 2001, 1027 ff.; *Beuthien/Titze*, ZIP 2002, 1116 ff.
106 RG, Urt. v. 30.11.1937, VII 127/37, RGZ 156, 277 f.
107 Uhlenbruck-*Hirte*, InsO, § 11 Rn. 50; MünchKomm-*Ott/Vuia*, InsO, § 11 Rn. 31; HK-*Kirchhof*, InsO, § 11 Rn. 27.
108 Uhlenbruck-*Hirte*, InsO, § 11 Rn. 50; MünchKomm-*Ott/Vuia*, InsO, § 11 Rn. 31.
109 Uhlenbruck-*Hirte*, InsO, § 11 Rn. 50; MünchKomm-*Ott/Vuia*, InsO, § 11 Rn. 34.
110 Uhlenbruck-*Hirte*, InsO, § 11 Rn. 35; MünchKomm-*Ott/Vuia*, InsO, § 11 Rn. 22; HK-*Kirchhof*, InsO, § 11 Rn. 10.
111 Uhlenbruck-*Hirte*, InsO, § 11 Rn. 49; HK-*Kirchhof*, InsO, § 11 Rn. 9.
112 Uhlenbruck-*Hirte*, InsO, § 11 Rn. 35; HK-*Kirchhof*, InsO, § 11 Rn. 10.
113 Uhlenbruck-*Hirte*, InsO, § 11 Rn. 50; HK-*Kirchhof*, InsO, § 11 Rn. 27.
114 Uhlenbruck-*Hirte*, InsO, § 11 Rn. 37 ff.
115 Uhlenbruck-*Hirte*, InsO, § 11 Rn. 49; HK-*Kirchhof*, InsO, § 11 Rn. 9.
116 Eingehend *Armbruster*, Die Stellung des haftenden Gesellschafters in der Insolvenz der Personenhandelsgesellschaft nach geltendem und künftigem Recht, 23.

mehr[117]. Diese Vorschrift betrifft zunächst die Personenhandelsgesellschaften, also die OHG (§§ 105 ff. HGB) und die KG (§ 161 Abs. 2 HGB)[118], aber auch die GmbH & Co KG[119], da es nicht darauf ankommt, ob es sich bei dem persönlich haftenden Gesellschafter um eine juristische Person handelt. Im Allgemeinen beginnt die Insolvenzverfahrensfähigkeit von OHG und KG mit der Eintragung ins Handelsregister, §§ 123 Abs. 1, 161 Abs. 2 HGB.[120] Ist das Gewerbe hingegen eingestellt oder verpachtet, so liegt ein kaufmännisches Gewerbe nach § 5 HGB nicht mehr vor.[121] § 11 Abs. 2 Nr. 2 InsO ordnet die Insolvenzverfahrensfähigkeit der GbR[122], der Partner-Gesellschaft[123] und der EWIV[124] an[125]. Ebenso wird die Partenreederei des § 489 HGB a. F., die starke Ähnlichkeit mit der OHG aufweist, als insolvenzverfahrensfähig anerkannt. Dieser Rechtsform kommt, obgleich sie seit 2013 ausläuft, noch eine gewisse wirtschaftliche Bedeutung zu. Die Mitreeder einer Partenreederei gelten als „persönlich haftende Gesellschafter" i. S. d. § 138 Abs. 2 Nr. 1 InsO.

Soweit die Umstrukturierung eines Unternehmens dazu geführt hat, dass es als **Vorgesellschaft** betrieben wird, sieht die überkommene Lehre auch diese bereits als insolvenzverfahrensfähig an.[126] Um solche als insolvenzverfahrensfähig anzusehenden Personifikationen handelt es sich beim Gründerverein nach der Errichtung der Satzung der (künftigen) AG (vgl. auch § 213 KO), ebenso wie bei der Vorgesellschaft der GmbH nach Satzungserrichtung und nach der Errichtung des Statuts bei der Vorgesellschaft zur Genossenschaft, da diese bereits ein vollkaufmännisches Gewerbe betreiben und daher von der Insolvenzverfahrensfähigkeit der OHG erfasst werden (§§ 123 Abs. 2, 1 Abs. 2 HGB). Insolvenzverfahrensfähig ist auch gem. § 123 Abs. 2 HGB die auf die Gründung einer OHG gerichtete Vorgesellschaft, soweit sie mit ihrem kaufmännischen Geschäftsbetrieb gem. § 1 Abs. 2 HGB in Erscheinung getreten ist.[127]

2. Natürliche Personen

Schließlich sind auch natürliche Personen insolvenzplanfähig. Dies ist seit der Streichung des § 312 Abs. 2 InsO a. F. durch das Gesetz zur Verkürzung des Restschuldbefreiungsverfahrens und zur Stärkung der Gläubigerrechte[128] in allen Konstellationen der Fall. Die früher notwendige Differenzierung zwischen natürlichen Personen als (früheren) Unternehmern (insolvenzplanfähig) und als Verbrauchern (ehemals nicht insolvenzplanfähig) ist damit für die Anwendbarkeit der §§ 217 ff. InsO überholt. Sie ist nur noch insofern relevant, als unternehmerisch Tätigen bei Insolvenzreife u. U. ein Entzug der **berufsrechtlichen Zulassung** droht. Auf die Voraussetzungen des Entzuges und Vermeidungsmöglichkeiten wird noch unten in Kapitel 28 einzugehen sein.

Soweit nach dem für das Verbraucherinsolvenzverfahren geltenden Recht besondere Voraussetzungen an die Einleitung des Verfahrens geknüpft sind, greifen diese nicht ein, wenn eine natürliche Person einen Insolvenzplan im allge-

---

117 Vgl. *Fehl*, ZGR 1978, 725, 730 m. w. N.
118 Gottwald-*Timm/Körber*, Insolvenzrechtshandbuch, 1. Aufl., 1990, § 84 Rn. 1 ff.
119 Uhlenbruck-*Hirte*, InsO, § 11 Rn. 341 f.; vgl. auch *Uhlenbruck*, Die GmbH & Co KG in Krise, Konkurs und Vergleich.
120 Uhlenbruck-*Hirte*, InsO, § 11 Rn. 234.
121 BGH, Urt. v. 19. 5. 1960, II ZR 72/59, BGHZ 32, 307, 313.
122 *Wellkamp*, KTS 2000, 331; hierzu *Fehl*, FS Pawlowski, 243 ff.; *Prütting*, ZIP 1997, 1725 ff.; *M. Beck*, Die Haftung der Gesellschafter bei der BGB-Erwerbsgesellschaft, bes. 169 ff.
123 Smid-*Smid*, GesO, § 1 Rn. 57; *Haarmeyer/Wutzke/Förster*, Handbuch zur Insolvenzordnung, 1997, I Rn. 53 a. E.
124 BGBl. I, 514 ff.
125 Amtl. Begr., BT-Drs. 12/2443.
126 *Uhlenbruck/Delhaes*, Konkurs- und Vergleichsverfahren, Rn. 185.
127 Uhlenbruck-*Hirte*, InsO, § 11 Rn. 241.
128 Vom 15.7.2013 – BGBl. I, 2379.

meinen Verfahren (Regelinsolvenzverfahren) einreicht, der u. a. vorsieht, dass der Schuldner die Restschuldbefreiung erlangen soll.[129] Die **Beiordnung eines Rechtsanwalts** soll nach einer in der Judikatur[130] vertretenen Meinung nur zur Wahrnehmung der „Pflichtaufgaben" des Schuldners im Rahmen eines Insolvenzverfahrens möglich sein – wonach sich die Erstellung eines Insolvenzplans, zu der der Schuldner *berechtigt* ist, gleichsam als „Kür" darstellt, die eine Beiordnung nicht möglich mache. Dies ist schon deshalb bedenklich, weil dem Schuldner damit u. U. *auch* die Möglichkeit einer optimalen Masseverwertung beschnitten werden kann und schließlich der Erhalt des schuldnerischen Unternehmens gem. § 1 InsO zum gesetzlichen Ziel des Insolvenzverfahrens erhoben wurde.

VI. Insolvenzplan bei Massearmut und Masseunzulänglichkeit?

2.59 Bis zum Inkrafttreten des ESUG waren Masseverbindlichkeiten nicht plandispositiv. Dies ist nun anders, wie § **210a InsO** zeigt. Die Norm sieht in Nr. 1 vor, dass bei Anzeige der Masseunzulänglichkeit an die Stelle der nicht nachrangigen Insolvenzgläubiger die Massegläubiger mit dem Rang des § 209 Abs. 1 Nr. 3 InsO treten. § 258 Abs. 2 InsO verlangt zwar für die Aufhebung des Insolvenzverfahrens eine vollständige Tilgung aller Masseverbindlichkeiten, was bei Eintritt der Masseunzulänglichkeit nicht möglich ist. Diese Regelung wurde daher zu recht als zweckwidrig kritisiert.[131] Wie praktisch mit ihr umzugehen ist und inwieweit Insolvenzpläne gem. § 210a InsO auch dann zulässig sind, wenn der Verwalter bereits Masseunzulänglichkeit angezeigt hat, klärt unten Kapitel 10.

VII. Erfahrungen mit Insolvenzplänen

2.60 In den ersten Jahren nach Inkrafttreten der InsO herrschte die Auffassung, Insolvenzpläne seien kein geeignetes Instrument der Unternehmenssanierung[132], da das Verfahren der §§ 217 ff. InsO mehr Unwägbarkeiten berge, als es zur Sanierung krisenbefallener Unternehmensträger sinnvoll beitragen könne.[133] An die Stelle dieser Skepsis ist der Versuch getreten, mit den Instrumentarien des Insolvenzrechts sinnvoll umzugehen. Anfängliche Probleme[134] sind weithin überwunden worden. Wirken alle Beteiligten zusammen und herrscht wie im „Fall Herlitz"[135] ein **„positives Sanierungsklima"**, nimmt ein Insolvenzplanverfahren einen völlig anderen Lauf: Nicht nur im juristischen Schrifttum ist die Sanierung des Berliner Unternehmens Herlitz als positiver Anwendungsfall der Regeln über den Insolvenzplan dargestellt worden.[136]

---

129 LG München, B. v. 5.9.2003, 14 T 15659/03, ZVI 2003, 473.
130 LG Bochum, B. v. 30.12.2002, 10 T 33/02, ZVI 2003, 23.
131 HK-*Haas*, InsO, § 258 Rn. 7.
132 *von Leoprechting*, DZWIR 2000, 67.
133 Handelsblatt v. 27.5.1999, 27.
134 AG Mühldorf/Inn, B. v. 27.7.1999, 1 IN 26/99; NZI 1999, 422; LG Traunstein, B. v. 27.8.1999 – 4 T 2966/99. Befürw. *Braun*, NZI 1999, 473. Krit. *Smid*, InVo 2000, 1 ff. Vgl. weiter *Braun/Uhlenbruck*, Unternehmensinsolvenz, 423 ff.; *Smid/Rattunde*, Der Insolvenzplan, 1. Aufl., 1998; *Smid*, FS Pawlowski, 387 ff.;*Smid*, InVo 1996, 314 ff.; *Häsemeyer*, Insolvenzrecht, 4. Aufl., 2007, Rn. 27.01 ff., 28.01 ff.; *Schiessler*, Der Insolvenzplan; *Kersting*, Die Rechtsstellung der Gläubiger im Insolvenzplanverfahren; *Fassbach*, Die cram down power des amerikanischen Konkursgerichts nach Chapter 11 des Bankruptcy Codes; *Kemper*, Die US-amerikanischen Erfahrungen mit „Chapter 11"; *Rauls*, Das Reorganisationsverfahren der USA gemäß Chapter 11 BC im Deutschen Internationalen Privatrecht; *Weisemann/Holz*, in: Weisemann/Smid, Handbuch Unternehmensinsolvenz, 567 ff.
135 Vgl. dazu *Smid/Rattunde*, Der Insolvenzplan, 2. Aufl., 2005, Rn. 2.126 ff.
136 Vgl. das Pressearchiv auf der Website www.Herlitz.de.

2. Hauptteil: Allgemeine Regeln und Grundsätze des Inhalts und der Ausarbeitung von Insolvenzplänen

Kapitel 3: Die Planvorlageberechtigten

I. Planvorlage als Verfahrenshandlung

Die Planvorlage stellt sich als Verfahrenshandlung[1] dar. Im Schrifttum[2] wird dazu ausgeführt, hierauf seien die allgemeinen Regeln über bestimmende Schriftsätze anzuwenden. Dies ist aber wenig aussagekräftig. Denn im Gegensatz zu allgemeinen prozessualen Erklärungen können die Regelungen des Insolvenzplanes mit außerprozessualen Bedingungen versehen werden. Zudem ist ein weiter Bereich von Möglichkeiten der Abänderung des vorgelegten Planes eröffnet.

3.1

II. Planvorlage des Insolvenzverwalters

1. Grundlagen

Liest man allein den Wortlaut des Gesetzes, so ergibt sich das Bild eines einheitlichen Sanierungsverfahrens, dessen *dramatis personae* die **Gläubiger, das Gericht und „der Vorlegende"** sind. Das „Einheitsdogma" des Gesetzgebers erstreckt sich so auf das Insolvenzplanverfahren. Das ist freilich gegenüber dem früheren Recht nicht neu. Der Gesetzgeber hat abweichend vom überkommenen Vergleichsrecht neben das Vorschlagsrecht des Schuldners eine Befugnis des Verwalters gestellt, einen Insolvenzplan vorzulegen.

3.2

Es war in den Ergebnissen der Reformkommission[3] ursprünglich ein weites Planinitiativrecht vorgesehen. Ursprünglich hatte auch jeder Gläubiger das Recht, einen Insolvenzplan vorzulegen. Verkürzt gesagt, wäre es dann bei der Abstimmung über den Insolvenzplan zu einem **Wettkampf unterschiedlicher Pläne und dadurch Sanierungsmodelle** gekommen. Nach der geltenden Regelung sind nur der Insolvenzverwalter oder der Schuldner befugt, den Gläubigern Abstimmungsvorschläge zu unterbreiten. Die eigentlich betroffenen Gläubiger können allenfalls gem. § 218 Abs. 2 InsO den Insolvenzverwalter beauftragen, einen Plan auszuarbeiten, ohne inhaltlichen Einfluss nehmen zu können. Der Gläubigerausschuss wirkt lediglich beratend mit, § 218 InsO. Die Gläubiger können somit, wenn eine Einigung mit dem (vorläufigen) Insolvenzverwalter oder dem Schuldner nicht möglich ist, den Plan nur als Ganzes annehmen oder ablehnen. Enthält der Insolvenzplan eine Abfindungsquote für Gläubiger, wie dies meist der Fall sein wird, so können die Gläubiger also nicht etwa eine höhere Quote beschließen, auch wenn dies nach dem Plan und seiner Begründung möglich wäre. Sie können die Sanierung nur insgesamt scheitern lassen oder, wenn sie die Sanierung wollen, sich mit dem Vorschlag zufrieden geben, der ihnen vom Planverfasser angeboten wird. Der Planverfasser erhält hierdurch weitreichende Macht, die rechtlichen Verhältnisse des Schuldners und seine wirtschaftliche Lage ordnen zu können.

3.3

Gleichwohl gibt § 21 Abs. 2 Satz 1 Nr. 1a InsO den Gläubigern im Eröffnungsverfahren mithilfe des **vorläufigen Gläubigerausschusses** eine Möglichkeit, die weitere Verfahrensabwicklung mit zu beeinflussen. Ihre Mitwirkung wird verfahrensrechtlich institutionalisiert. Durch die Legalisierung von Vorschlägen von Schuldner und Gläubigern für die Auswahl des Verwalters wird die frühzeitige Planung eines Sanierungsverfahrens erleichtert.

3.4

---

1 MünchKomm-*Eidenmüller*, InsO, § 218 Rn. 10 f.
2 MünchKomm-*Eidenmüller*, InsO, § 218 Rn. 10 f.
3 Vgl. Uhlenbruck-*Lüer*, InsO, Vor §§ 217–269 Rn. 7 ff.

3.5 Es wird sich im Verlauf dieser Untersuchung erweisen, dass strikt bei der Analyse der Bedeutung der gesetzlichen Vorschriften darauf zu achten sein wird, *wer* die Rolle des „Vorlegenden" einnimmt. Denn es macht einen **gravierenden Unterschied, ob der Verwalter oder ob der Schuldner einen Insolvenzplan vorlegt**, also initiiert. Im ersten Fall der Verwalterinitiative stellt der Insolvenzplan eine Alternative zur übertragenden Sanierung (§ 157 InsO) dar. Insoweit geht es darum, dem Verwalter ein weiteres Instrument zur Einbeziehung der Gläubiger in den Sanierungsvorgang und damit zur Verringerung seiner Haftungsprobleme zu schaffen. Im Falle der Schuldnerinitiative geht es dagegen um eine neue Form des alten Vergleichs- bzw. Zwangsvergleichsvorschlags des Schuldners, der durch das Recht des Insolvenzplanverfahrens Gestaltungsmöglichkeiten eingeräumt erhält, die er zu Lasten der Gläubiger nutzen kann.

2. Planvorlagebefugnis des Insolvenzverwalters aus eigenem oder abgeleitetem Recht der Gläubiger?

3.6 Der in der Literatur geführte Streit darüber, ob dem Verwalter ein genuineigenes Initiativrecht zur Vorlage eines Insolvenzplans zusteht oder ob er hierzu allein auf dem Wege einer Beauftragung durch die Gläubigerversammlung gem. § 157 InsO berechtigt ist, wird um ein Scheinproblem geführt. Dabei bedarf es nicht eines positivistischen Rekurses auf § 218 InsO, der dem Insolvenzverwalter nach seinem Wortlaut ein „eigenes" Planvorlagerecht vindiziert.[4] Soll ein Insolvenzplan überhaupt irgendeine Aussicht auf Realisierung haben, dann liegt es nahe, dass die gesamte Anlage des Verfahrens auf die Vorlage, Erörterung, Abstimmung und Bestätigung des Planes hin ausgerichtet ist. Man kann dies auch anders formulieren und sagen, dass ein Insolvenzplan ein organisiertes Insolvenzverfahren voraussetzt; das ist im Übrigen kein Spezifikum des „Verwalterplans", sondern trifft selbstredend auch auf einen vom Insolvenzschuldner vorgelegten „pre-packaged plan" zu. Arbeitet der Insolvenzverwalter einen Insolvenzplan – was zweckmäßigerweise bereits während des Eröffnungsverfahrens weithin vorzubereiten sein wird – wird er dies nicht ohne eine vorherige Abstimmung mit wenigstens den wesentlichen Gläubigern des Insolvenzschuldners tun. Denn wie immer man auch das Vorlagerecht des Verwalters gem. § 218 InsO bestimmt, ändert dies doch nichts an der Grundbefugnis der Gläubigerversammlung gem. § 157 InsO im Berichtstermin über die Weichenstellung des Verfahrens zu entscheiden – und damit darüber, ob ein Insolvenzplanverfahren durchgeführt wird. Beschließt daher die Gläubigerversammlung eine Liquidation des schuldnerischen Unternehmens ohne bzw. außerhalb eines Insolvenzplanverfahrens, ist der Verwalter hieran gebunden.

3.7 Unabhängig davon, dass er Träger eines begründeten privaten Amtes und nicht Vertreter der Gläubiger ist, bleibt der Verwalter doch an die Beschlüsse der Gläubigerversammlung gebunden. Und dies gilt auch dann, wenn er gegen den ursprünglichen Beschluss im Berichtstermin einen „planfreundlichen" Beschluss über die Intervention des Insolvenzgerichts gem. § 78 Abs. 1 InsO herbeiführt. In allen Fällen muss der Verwalter durch das Nadelöhr des Berichtstermins, um „seinen" Insolvenzplan vorlegen zu können. Die Berichte aus der Praxis[5] betonen daher zu Recht das Zeitmoment, das dem erfolgreichen Insolvenzplanverfahren innewohnt. Der Berichtstermin muss den Weg für den Plan freimachen und daher zügig erfolgen. Dies scheint für den vom Insolvenzschuldner initiierten Plan nicht zu gelten. Aber der erste Anschein trügt. Auch der „Schuldnerplan" wird in aller Regel nicht gegen den im Berichtstermin gebildeten und formulierten Willen der Gläubiger verfahrensrechtlich umgesetzt. Die Einflussnahme des Berichtstermins ist in diesem Fall aber eher eine

---

4 *Happe*, Die Rechtsnatur des Insolvenzplans, 92.
5 *Rattunde*, ZIP 2003, 596.

mittelbare. Sie schlägt sich in der Zulassungs-Entscheidung des Insolvenzgerichts gem. § 231 Abs. 1 Satz 1 Nr. 2 InsO nieder. Lehnt die Gläubigergemeinschaft im Berichtstermin nämlich die Verfahrensabwicklung nach einem Insolvenzplan ab und beschließt sie eine andere Form des Procedere, wird das Insolvenzgericht nur in Ausnahmefällen davon ausgehen, dass der Plan Aussicht auf Realisierung hat. Beiden – Insolvenzschuldner und Insolvenzverwalter – steht daher ein „Initiativrecht" zu. **Der Verwalter *darf* seinen Insolvenzplan indes nicht gegen den Willen der Gläubiger verfolgen; der Schuldner *kann* es nicht.**

Bei den Zurückweisungsgründen nach § 231 Abs. 1 Nr. 1 Var. 1 InsO erörtert *Kröger*[6] im Rahmen der Auslegung des § 218 InsO die Problematik der Plankonkurrenz, die bei einer Planvorlage durch mehrere der nach § 218 Abs. 1 InsO Berechtigten erfolgen kann. Sie gelangt zu dem Schluss, dass neben dem Schuldner der Insolvenzverwalter gleichzeitig sowohl originär als auch derivativ planvorlageberechtigt ist. Die Möglichkeit eines „Negativbeschlusses", durch den die Gläubigerversammlung den Verwalter von der Einreichung eines eigenen Plans abhalten können soll, ist mit Kröger wegen einer fehlenden gesetzlichen Grundlage abzulehnen.

3.8

3. Planvorlagebefugnis des vorläufigen Insolvenzverwalters?

Das Insolvenzgericht kann gem. § 21 Abs. 2 Satz 1 Nr. 1 InsO nach Antragstellung einen vorläufigen Insolvenzverwalter bestellen. Die InsO unterscheidet in § 22 zwischen dem vorläufigen Verwalter, auf den die Verwaltungs- und Verfügungsbefugnis über das schuldnerische Vermögen übergehen (§ 22 Abs. 1 InsO, man spricht ungenau vom „starken vorläufigen Verwalter") und dem vorläufigen Verwalter ohne Verwaltungs- und Verfügungsbefugnis (§ 22 Abs. 2 InsO, sog. schwacher vorläufiger Verwalter).

3.9

Relevanz hat die Frage nach einer „starken" oder „schwachen" vorläufigen Verwaltung vor allem für das **Konzernsteuerrecht**. Ob ein Konzern die Insolvenzantragstellung und die Anordnung einer vorläufigen Verwaltung übersteht, ist zu Beginn einer Sanierung kaum vorhersehbar. Ist ein vorläufiger Verwalter mit Verwaltungs- und Verfügungsbefugnis über das schuldnerische Vermögen für alle Konzernunternehmen tätig, können die konzernrechtlichen Verträge, Eingliederungen und die Leitungsmacht aufgrund personeller Identität in aller Regel fortgesetzt werden. Auf diese Weise besteht durch eine starke vorläufige Verwaltung die Möglichkeit, Verlustvorträge zu retten und Sanierungsgewinne zu erzielen. Aber auch das neue Konzerninsolvenzrecht (unten Kapitel 11) ändert am bisherigen Rechtszustand nichts: Pläne können nur in dem über das Vermögen des Schuldners eröffneten Insolvenzverfahren eingereicht werden.

3.10

In der Praxis ist allerdings **in aller Regel der vorläufige Insolvenzverwalter Planverfasser,** auch wenn der Gesetzgeber hierfür den (endgültigen) Insolvenzverwalter in § 218 Abs. 1 InsO vorgesehen hat.[7] Der für den endgültigen Verwalter gem. § 3 Abs. 1 lit. e InsVV vorgesehene Vergütungszuschlag gilt für den vorläufiger Verwalter gem. § 10 InsVV entsprechend und wird durch Erhöhung des maßgeblichen Prozentsatzes[8] gewährt. Er hängt nicht von der späteren Annahme des Planentwurfes ab, sondern wird als Kompensation für den Aufwand der Ausarbeitung gewährt.[9]

3.11

---

6 *Kröger*, Welches sind die Rechtsgründe, die zur Versagung der Bestätigung des Insolvenzplans führen?, 57 ff.
7 KPB-*Otte*, InsO, § 218 Rn. 11; MünchKomm-*Eidenmüller*, InsO, § 218 Rn. 32 ff., der sich daher gegen ein Planvorlagerecht des vorläufigen Insolvenzverwalters ausspricht.
8 BGH ZInsO 2004, 265, 266; Beispiele bei *Haarmeyer/Wutzke/Förster*, InsVV, § 3 Rn. 77 („Insolvenzplan").
9 *Haarmeyer/Wutzke/Förster*, InsVV, § 3 Rn. 38; MünchKomm-*Riedel*, InsVV, § 3 Rn. 33; NR-*Madert*, InsO, InsVV § 3 Rn. 7; Stephan/Riedel-*Riedel*, InsVV, § 3 Rn. 21.

3.12 Angesichts des eindeutigen Wortlautes des § 218 Abs. 1 InsO kann der vorläufige Insolvenzverwalter allerdings den Plan nicht vorlegen: Dies ist dem Schuldner und dem (endgültigen) Verwalter vorbehalten.[10] Insofern zeigt § 218 Abs. 1 Satz 2 InsO, dass der Gesetzgeber die Planeinreichung vor Verfahrenseröffnung bedacht und allein dem Schuldner zugebilligt hat. Das mag man für rechtspolitisch unklug halten, der eindeutige Wortlaut des Gesetzes schließt aber eine planwidrige Regelungslücke und damit eine Analogie aus.[11]

3.13 Der vorläufige Verwalter ist somit auf die Vorbereitung des Plans beschränkt. Er sollte insofern, wenn ein solcher nicht ohnehin besteht, und zwar entweder, weil er wegen § 22a Nr. 1 InsO zwingend ist oder weil er auf Antrag nach § 22a Abs. 2 InsO bestellt wurde, zügig auf die Konstituierung eines vorläufigen Gläubigerausschusses hinwirken, um mit den repräsentierten Gläubigergruppen sofort mit der Kommunikation über den Insolvenzplan beginnen zu können. Er sollte auch bereits in der Phase der vorläufigen Insolvenzverwaltung versuchen, mit dem Gericht Verfahrensabsprachen in Bezug auf Termine und Fristen zu treffen und dem Gericht vorab den Planentwurf zur Kenntnis zu bringen. Anderenfalls läuft er Gefahr, den Sanierungserfolg durch Zeitverluste zu beeinträchtigen.

III. Planvorlagebefugnis des eigenverwaltenden Schuldners aufgrund Beschlusses der Gläubigerversammlung

3.14 Es ist bereits eingangs darauf aufmerksam gemacht worden, dass eine erfolgreiche Abwicklung eines Insolvenzplans in vielen Fällen die Mitwirkung des Schuldners bzw. der Organe des schuldnerischen Unternehmensträgers voraussetzt. Mit der **Anordnung der Eigenverwaltung**[12] hat der Gesetzgeber ein – von der Justiz zu Unrecht nicht hinreichend genutztes – Instrument geschaffen, dem Schuldner die Gelegenheit zu einer ebenso kostengünstigen wie effizienten, weil motivierten Insolvenzabwicklung zu geben[13]. Der Schuldner fungiert dort als *debtor in possession*, worunter zu verstehen ist, dass er als „Amtswalter in eigenen Angelegenheiten" die beschlagnahmte Masse zugunsten der Gläubiger verwaltet.

3.15 Dem Schuldner wird durch § 270b InsO die Möglichkeit eingeräumt, in einer drei Monate währenden Schutzschirmphase einen Insolvenzplan auszuarbeiten und diesen pre-packaged-Plan dann im unter Anordnung der Eigenverwaltung eröffneten Verfahren vorzulegen. Es ist allerdings zu bemerken, dass diese Regelung für konzernverbundene Unternehmen nicht ausreichend ist; bedarf es nämlich der Abstimmung der für mehrere verbundene Unternehmen (Unternehmen einer Unternehmensgruppe, § 3a InsO) auszuarbeitenden Pläne, so erweist sich der von § 270b InsO vorgesehene Zeitraum nicht selten als zu kurz.

3.16 Im Fall der **Anordnung der Eigenverwaltung gem. § 270 InsO**[14] ergeben sich aus Sicht des **Sachwalters** Besonderheiten. Der Sachwalter, der eine dem vorläufigen Zustimmungsverwalter (§ 21 Abs. 2 Satz 1 Nr. 2, 1. Alt. InsO) vergleichbare Stellung einnimmt, kann im Berichtstermin mit der Ausarbeitung eines Planes beauftragt werden; insoweit stellt die Eigenverwaltung freilich keinen Unterschied zum „Regelinsolvenzverfahren" dar. Anders verhält es sich demgegenüber mit dem eigenverwaltenden Schuldner, der Amtswalter in eigenen An-

---

10 Andres/Leithaus-*Andres*, InsO, § 218 Rn. 5; MünchKomm-*Eidenmüller*, InsO, § 218 Rn. 31 ff.; Uhlenbruck-*Lüer*, InsO, § 218 Rn. 9.
11 MünchKomm-*Eidenmüller*, InsO, § 218 Rn. 32; a. A. NR-*Braun*, InsO, § 218 Rn. 31.
12 *Wehdeking*, in: Flöther/Smid/Wehdeking, Eigenverwaltung, Kap. 2.
13 *Bales*, NZI 2008, 216.
14 Vgl. *Happe*, Die Rechtsnatur des Insolvenzplans, 96.

gelegenheiten ist: Es ist keine Paradoxie, dass der eigenverwaltende Schuldner sub specie seiner Planinitiativbefugnis nach Anordnung der Eigenverwaltung stärkeren Bindungen unterliegt als die, die im „Regelinsolvenzverfahren" auferlegt sind[15]. Bringt eine Abstimmungsmehrheit der Gläubiger im Berichtstermin freilich den vom eigenverwaltenden Schuldner vorgelegten Plan zu Fall, wird damit regelmäßig die Grundlage der Anordnung der Eigenverwaltung prekär, auch wenn sich die von § 272 InsO geforderte Mehrheit bei Beendigung der Eigenverwaltung nicht finden sollte. § 272 Abs. 1 Nr. 3 InsO gibt dem eigenverwaltenden Schuldner aber die im Regelinsolvenzverfahren dem Insolvenzverwalter zustehende Befugnis, gem. § 78 Abs. 1 InsO das Insolvenzgericht zur Korrektur eines derartigen Beschlusses anzurufen – der schließlich durchaus auch auf zufällig erlangten Mehrheiten beruhen kann.

Nach alledem ist der Insolvenzverwalter, aber auch der eigenverwaltende Schuldner, nicht allein an die Beschlüsse der Gläubigermehrheit im Berichtstermin „dem Grunde nach" in dem Sinne gebunden, dass die Insolvenzgläubiger und absonderungsberechtigten Gläubiger über das „überhaupt" eines Insolvenzplans entscheiden. Im Gegenteil: Es ist schlechthin ernsthaft keine Konstellation denkbar, in der die Gläubiger im Berichtstermin den Verwalter oder den eigenverwaltenden Schuldner pauschal mit der Ausarbeitung eines Planes beauftragen würden, auch wenn dies natürlich nach der Art der Anlage des Gesetzes nicht ausgeschlossen ist. Wenigstens der Bericht des Verwalters bzw. des eigenverwaltenden Schuldners – wenn nicht der „fertige" pre-packaged Plan – bildet die Grundlage des Ermächtigungsbeschlusses. Ebenso, wie sich die Entscheidung nach § 157 InsO über das „überhaupt" des Insolvenzplanverfahrens regelmäßig auf einen konkreten Plan bezieht, spricht vordergründig nichts dagegen, dass die Gläubigerversammlung im Berichtstermin den Insolvenzverwalter oder eigenverwaltenden Schuldner mit der Vorlage eines konkreten pre-packaged Plan beauftragt.[16]

3.17

Arten von Insolvenzplänen				
Planverfasser	**Planzeitpunkt**	**Planinhalt**	**Planziele**	**Unzulässige Pläne**
– Verwalterpläne	– Pre-packaged Pläne	– Leistungswirtschaftl. Pläne	– Sanierungsplan	– Beschränkter Teilplan, § 258 InsO?
– Schuldnerpläne	– Nachträgliche Pläne	– Finanzwirtschaftl. Pläne	– Liquidationsplan	– Gläubigerplan
– § 218 InsO			– Übertragungsplan	

Davon ist aber die Frage zu unterscheiden, ob die Gläubigerversammlung den Verwalter oder den eigenverwaltenden Schuldner dazu verpflichten kann, einzelne Regelungen in dem Insolvenzplan vorzusehen, was den Vorlegenden im Einzelfall nicht allein dazu zwingen könnte, einen in sich widersprüchlichen Plan vorzulegen, sondern sich auch sehenden Augen nicht unerheblichen Widersprüchen auszusetzen.

3.18

IV. Eigenverwaltung

Um nicht vollendete Tatsachen im Eröffnungsverfahren durch vorläufige Anordnungen des Insolvenzgerichts gem. §§ 21 ff. InsO zu schaffen, sieht die Re-

3.19

---

15 Dies ergibt sich zwanglos daraus, dass der eigenverwaltende Schuldner die den Gläubigern haftungsrechtlich zugewiesene Masse verwaltet; eingehend hierzu *Wehdeking*, Die Masseverwaltung des insolventen Schuldners,
16 A. A. *Happe*, Die Rechtsnatur des Insolvenzplans, 97, 98; *Hess/Obermüller*, Insolvenzplan, Restschuldbefreiung und Verbraucherinsolvenz, Rn. 46; *Uhlenbruck-Lüer*, InsO, § 218 Rn. 16.

gelung des § 270a InsO vor, dass das Gericht im Eröffnungsverfahren davon abzusehen hat, dem Schuldner ein allgemeines Verfügungsverbot aufzuerlegen oder anzuordnen, dass alle Verfügungen des Schuldners nur mit Zustimmung eines vorläufigen Insolvenzverwalters wirksam sind, wenn der Antrag des Schuldners auf Eigenverwaltung nicht offensichtlich aussichtslos ist. Anstelle des vorläufigen Insolvenzverwalters wird dann ein **vorläufiger Sachwalter** bestellt, auf den die §§ 274 und 275 InsO entsprechend anzuwenden sind. Er ist gem. § 218 Abs. 1 InsO nicht zur Planvorlage berechtigt.

3.20 Der Gesetzgeber der InsO hatte das im Gesetzgebungsverfahren in den achtziger Jahren des 20. Jahrhunderts vorgesehene Junktim zwischen Eigenverwaltung und Insolvenzplan nicht vorgesehen. Im Schrifttum war freilich darauf hingewiesen worden, dass gleichwohl die Eigenverwaltung nur unter der Voraussetzung nicht nachteilig für die Gläubiger ist, wenn der Schuldner substantiiert darlegt, dass er als debtor in possession „nicht weiterwurschteln" wird – dass aber setzt regelmäßig die Vorlage eines Planes voraus.

3.21 Dem hat der Gesetzgeber des ESUG mit § 270b InsO Rechnung getragen, der besagt, dass der Schuldner mit dem Antrag auf Anordnung der Eigenverwaltung die Bescheinigung eines Steuerberaters, Wirtschaftsprüfers, eines in Insolvenzsachen erfahrenen Rechtsanwalts oder einer Person mit vergleichbarer Qualifikation vorzulegen hat, aus der sich ergibt, dass Zahlungsunfähigkeit droht und die angestrebte Sanierung nicht offensichtlich aussichtslos ist. Ergibt sich aus der Bescheinigung das Vorliegen der Anordnungsvoraussetzungen, bestimmt das Gericht eine Frist zur Vorlage des Plans und ernennt einen vorläufigen Sachwalter. Dann bestimmt das Insolvenzgericht auf Antrag des Schuldners eine Frist zur Vorlage eines Insolvenzplans. Mit § 270b InsO wird dem Schuldner im Zeitraum zwischen Eröffnungsantrag und Verfahrenseröffnung ein eigenständiges Sanierungsverfahren zur Verfügung gestellt. Wenn lediglich eine drohende Zahlungsunfähigkeit vorliegt, soll ihm nach Vorstellung des Gesetzgebers das Verfahren des § 270b InsO dadurch Rechtssicherheit gewähren, dass ihm die Möglichkeit eröffnet wird, im Schutz eines besonderen Verfahrens in Eigenverwaltung einen Sanierungsplan zu erstellen, der anschließend durch einen Insolvenzplan umgesetzt werden soll.

3.22 Mit diesen Maßnahmen soll das Vertrauen der Schuldner in das Insolvenzverfahren gestärkt und gleichzeitig ein Anreiz geschaffen werden, frühzeitig einen Eröffnungsantrag zu stellen, um rechtzeitig die Weichen für eine Sanierung des schuldnerischen Unternehmens zu stellen. Voraussetzung hierfür ist, dass der Schuldner den Eröffnungsantrag bei drohender Zahlungsunfähigkeit gestellt und die Eigenverwaltung beantragt hat und die angestrebte Sanierung nicht offensichtlich aussichtslos ist. Die Frist darf höchstens drei Monate betragen. In diesem Beschluss bestellt das Gericht gem. § 270b Abs. 4 InsO einen vorläufigen Sachwalter nach § 270a Abs. 1 InsO. Der Schuldner schlägt den vorläufigen Sachwalter vor, wobei das Gericht von dem Vorschlag des Schuldners nur abweichen kann, wenn die vorgeschlagene Person offensichtlich ungeeignet ist. Das Gericht kann weitere Sicherungsmaßnahmen nach § 21 Abs. 1 und 2 Nr. 3 bis 5 InsO anordnen; es hat Maßnahmen nach § 21 Abs. 2 Nr. 3 InsO anzuordnen, wenn der Schuldner dies beantragt.

3.23 § 276a InsO sieht nunmehr vor, dass der Aufsichtsrat, die Gesellschafterversammlung oder entsprechende Organe keinen Einfluss auf die Geschäftsführung des Schuldners haben, wenn der Schuldner eine juristische Person oder eine Gesellschaft ohne Rechtspersönlichkeit ist. Die Abberufung und Neubestellung von Mitgliedern der Geschäftsleitung ist nur wirksam, wenn der Sachwalter zustimmt. Die neu eingefügte Vorschrift soll nach Vorstellung des Gesetzgebers das Verhältnis der Eigenverwaltung zu den gesellschaftsrechtlichen

Bindungen der Geschäftsleitung klären. Überwachungsorgane im Sinne der Vorschrift sind je nach Rechtsform insbesondere der Aufsichtsrat und die Hauptversammlung sowie die Gesellschafterversammlung. Grundgedanke der Regelung ist, dass die Überwachungsorgane bei Eigenverwaltung im Wesentlichen keine weiter gehenden Einflussmöglichkeiten auf die Geschäftsführung haben sollen als in dem Fall, dass ein Insolvenzverwalter bestellt ist. Die Führung der Geschäfte ist dann an den Interessen der Gläubiger auszurichten; Sachwalter, Gläubigerausschuss und Gläubigerversammlung überwachen die wirtschaftlichen Entscheidungen der Geschäftsleitung. Eine zusätzliche Überwachung durch die Organe des Schuldners erscheint nicht erforderlich. Zusätzliche Einwirkungsmöglichkeiten von Aufsichtsrat oder Gesellschafterversammlung auf die Geschäftsführung können in dieser Situation wenig nützen, wohl aber hemmend und blockierend wirken.

Kapitel 4: Planvorbereitung, Eigenverwaltung und drohende Zahlungsunfähigkeit

I. Planvorlagebefugnis des eigenverwaltenden Schuldners aufgrund Beschlusses der Gläubigerversammlung

1. Planbarkeit der „Sanierung durch Insolvenz"

4.1 a) **Unverzichtbarkeit eines „positiven Insolvenzklimas".** Sanierungsfälle müssen von den Beteiligten „anders" behandelt werden als „normale" Zerschlagungsinsolvenzen. Grundsätzlich ist dies möglich: Denn ob eine Sanierung des gesamten Unternehmens oder eines Betriebsteils in Betracht kommt, wissen die wesentlichen Beteiligten (Großgläubiger, Kunden, Lieferanten, Arbeitnehmer, die Betriebsführung und die Anteilseigner) meistens vorher und können es dem Insolvenzgericht und dem Verwalter sagen. Grundsätzlich ist dies auch sinnvoll: In Sanierungsfällen sollte die Insolvenz in einem gewissen Rahmen planbar sein, will man ein Sanierungskonzept nicht dem Zufall preisgeben. Deshalb bedarf es eines **positiven Insolvenzklimas**[1], einer besonderen Auswahl sanierungsgeeigneter und sanierungsbereiter Verwalter und einer offenherzigen Kommunikation zwischen allen Beteiligten, schon im Vorfeld der Insolvenz und in der Antragsphase. Damit hier kein Missverständnis entsteht: Natürlich können auch bei einer ungeplanten Zufallsinsolvenz vernünftige Sanierungserfolge herauskommen und kommen häufig genug heraus. Aber jeder Intensivmediziner wird bestätigen, dass die Überlebenschancen eines Patienten bei einer ordentlich vorbereiteten Behandlung größer sind als bei einer Notoperation.

4.2 Die Insolvenzsituation kann nur durch **Beseitigung sämtlicher Insolvenzursachen** behoben werden. Hierzu bedarf es eines „positiven Insolvenz- bzw. Sanierungsklimas". Es entsteht, wenn die an einer Unternehmenssanierung Beteiligten ihr Verhalten früh auf den Eintritt der Insolvenz einstellen, z. B. durch einen frühzeitigen Insolvenzantrag, möglichst schon bei drohender Zahlungsunfähigkeit (§ 18 InsO). Hinzukommen muss die Bereitschaft der Beteiligten, einer Sanierung aufgeschlossen gegenüberzustehen und die rechtlichen und wirtschaftlichen Möglichkeiten eines Insolvenzverfahrens vorzubereiten, sowie ein gemeinschaftliches Sanierungskonzept zu erstellen. Kommunikation zwischen den Beteiligten ist für ein positives Insolvenzklima und den Eintritt eines späteren Sanierungserfolges wichtig. Hierzu gehört, dass nicht alle Beteiligten von der Insolvenz überrascht werden (oder so tun, als ob). Häufig genug spielt es sich tatsächlich so ab: Die Geschäftsleitung sieht – frühestens unter dem Eindruck der ablaufenden Drei-Wochen-Frist – Insolvenzantrag und hat, mit Tunnelblick auf die außergerichtliche Sanierung, nichts vorbereitet (es gibt keinen Insolvenzplan, keine insolvenzmäßige Liquiditätsplanung). Kunden, Mitarbeiter und Lieferanten erfahren den Insolvenzeintritt vom vorläufigen Insolvenzverwalter, den das Amtsgericht notgedrungen spontan ausgewählt hat. Der vorläufige Verwalter kennt das Unternehmen als einziger der Beteiligten überhaupt nicht, aber er muss jetzt in wenigen Tagen nachholen, was seit Monaten absichtsvoll unterblieb. Dabei war die tödliche Krankheit des Patienten lange bekannt.

4.3 b) **Frühzeitige Mitwirkung der Gläubiger.** Die Beteiligung von Gläubigern im **Eröffnungsverfahren** ist durch § 21 Abs. 2 Nr. 1a InsO in Form eines **vorläufigen Gläubigerausschusses** vorgesehen. Dieser ist zwingend einzusetzen, wenn kumulativ mindestens zwei der drei von § 22a Abs. 1 InsO genannten Größenmerkmale erfüllt sind (sog. Pflichtausschuss).[2] Im Übrigen soll das Gericht gem. § 22a Abs. 2 InsO auf Antrag des Schuldners, des vorläufigen Verwalters oder eines Gläubigers einen sog. Antragsausschuss[3] einsetzen, wenn Einverständniserklärungen der potentiellen Ausschussmitglieder beigebracht werden. Beteiligte, die ein besonderes Interesse an der Bestellung einer sanierungserfahrenen Person zum Verwalter haben, müssen also praktisch diejenigen Unterla-

---

1 *Rattunde*, ZIP 2003, 2103, 2108.
2 HambKomm-*Schröder*, InsO, § 22 Rn. 39d.
3 HambKomm-*Schröder*, InsO, § 22 Rn. 39e.

gen und Informationen beibringen, die erforderlich sind, damit das Gericht einen vorläufigen Gläubigerausschuss bestellt.[4] Die Einsetzung eines solchen Ausschusses war auch bereits vor Schaffung der Norm vor allem in Großverfahren gängige Praxis.[5] Sie ermöglicht den Gläubigern die frühe Mitwirkung bei den zu treffenden zentralen Vorentscheidungen für die weitere Verfahrensabwicklung im Vorfeld der Eröffnung.

Insbesondere obliegt dem vorläufigen Gläubigerausschuss gem. § 56a InsO eine erhebliche **Mitsprachemöglichkeit** bei der **Auswahl des Insolvenzverwalters**. Dies zeigt sich nicht nur in der gem. § 56a Abs. 1 InsO vorgesehenen Äußerungsbefugnis des Ausschusses: Zwar darf sich dieser – von Eilfällen abgesehen – vor der Bestellung zu der Person des Verwalters und den Anforderungen, die an sein Amt zu stellen sind, äußern. Die große Bedeutung des Ausschusses liegt aber in der Regelung des Abs. 2 begründet: Danach darf das Gericht von einem **einstimmigen Vorschlag** des Ausschusses zur Person des Verwalters nur abweichen, wenn dieser zur Übernahme des Amtes nicht geeignet ist. Dabei ist es gem. Abs. 2 Satz 2 sogar an diejenigen Anforderungen zur Person gebunden, welche der Ausschuss zugrunde gelegt hat. Dieses Vorschlagsrecht wird noch verstärkt durch die Befugnis des Ausschusses nach Abs. 3 der Norm: Hat nämlich das Gericht wegen eines Eilfalles die nach Abs. 1 vorgesehene Anhörung unterlassen, darf der Ausschuss in seiner ersten Sitzung einstimmig eine andere Person als die vom Gericht bestellte zum Verwalter wählen.

4.4

c) **Eigenverwaltung und „Schutzschirmverfahren".** Besonders im Verfahren der Eigenverwaltung gem. §§ 270 ff., dessen Zweck regelmäßig auf eine Sanierung des Rechtsträgers gerichtet ist, spielen Insolvenzpläne eine bedeutende Rolle. Dies zeigt sich besonders im Eröffnungsverfahren, das gem. § 270a InsO als vorläufige Eigenverwaltung oder gem. § 270b InsO als Sonderfall derselben, nämlich als sog. „Schutzschirmverfahren" ausgestaltet sein kann. Letzteres dient ausdrücklich der **Vorbereitung einer Plansanierung**,[6] wie § 270b Abs. 1 Satz 2 InsO zeigt: Danach hat das Gericht auf Antrag eine höchstens drei Monate währende Frist zur Vorlage eines Insolvenzplanes zu bestimmen, wenn die angestrebte Sanierung nicht offensichtlich aussichtslos ist. Obgleich das Schutzschirmverfahren bereits bei drohender Zahlungsunfähigkeit oder Überschuldung in Frage kommt – die mithilfe einer Sanierungsbescheinigung nachzuweisen ist –, ist es kein Vorverfahren zur Insolvenzabwendung. Vielmehr handelt es sich um eine Sonderform des Eröffnungsverfahrens, die dem Schuldner die Möglichkeit zur Erarbeitung eines Sanierungskonzeptes gibt.

4.5

In jeder Spielart der vorläufigen Eigenverwaltung wird vom Gericht gem. §§ 270a Abs. 1 Satz 2, 270b Abs. 2 Satz 1 InsO ein **vorläufiger Sachwalter** bestellt. Diesen darf im Schutzschirmverfahren gem. § 270b Abs. 2 InsO der Schuldner vorschlagen. Er muss vom Aussteller der Sanierungsbescheinigung verschieden sein. Ist dies der Fall, darf das Gericht den Vorschlag nur dann ablehnen, wenn der Vorgeschlagene „offensichtlich [...] nicht geeignet" ist, § 270b Abs. 2 Satz 2 InsO. Der vorläufige Sachwalter entspricht in seiner Rechtsstellung gem. §§ 274 f. InsO weitgehend dem Sachwalter im eröffneten Verfahren. **Planinitiativberechtigt** ist er im Eröffnungsverfahren nicht (oben Rn. 3.19).[7] Im eröffneten Verfahren kann er aber im Auftrag der Gläubigerversammlung ein (abgeleitetes) Initiativrecht nutzen.[8] Ansonsten hat er den

4.6

---

4 Im Einzelnen *Rattunde*, AnwBl 2012, 144 ff.
5 Graf-Schlicker-*Graf-Schlicker*, InsO, § 21 Rn. 10.
6 KPB-*Pape*, InsO, § 284 Rn. 1.
7 KPB-*Pape*, InsO, § 284 Rn. 17; NR-*Riggert*, InsO, § 284 Rn. 5.
8 MünchKomm-*Tetzlaff/Kern*, § 284 Rn. 25; KPB-*Pape*, InsO, § 284 Rn. 18.

Schuldner gem. § 284 Abs. 1 Satz 2 InsO bei der Planerstellung zu beraten und – soweit eine solche vorgesehen ist – die Planüberwachung gem. § 284 Abs. 2 InsO vorzunehmen.

2. Die Wahl des „richtigen" Insolvenzverwalters[9]

4.7 Dem Insolvenzverwalter kommt in Sanierungsfällen eine Schlüsselrolle zu. Dies ergibt sich aus den zahlreichen Aufgaben, die ihm die InsO zuschreibt: Schon der vorläufige Verwalter soll das schuldnerische Unternehmen fortführen, § 22 Abs. 1 **Satz** 2 Nr. 2 InsO, der endgültige möge es sanieren, also ein Sanierungskonzept entwickeln und durchsetzen. Hierzu gehört zuerst, zur Fortführung des Betriebs die Liquidität zu sichern, z. B. in Form von Massekrediten, Insolvenzgeldfinanzierungen oder der Inanspruchnahme von Sicherheiten. Hierfür braucht er das besondere Vertrauen der Kreditgeber oder Berechtigten. Der Insolvenzverwalter hat später die Aufgabe, das gerichtliche Verfahren mit der Wahrnehmung von Terminen, der Tabellenführung, der Berichts- und Rechnungslegungspflicht durchzuführen, er muss be- und verwerten, Verträge erfüllen oder kündigen (§§ 103 ff. InsO) und steuerliche, sozialrechtliche, handels- und arbeitsrechtliche Pflichten erfüllen. Er haftet jederzeit persönlich (§ 60 InsO). Er muss alle Beteiligten mit ihren unterschiedlichen Interessen in das Verfahren einbinden und für eine funktionierende Kommunikation sorgen. Nach alledem setzt ein Sanierungserfolg in erster Linie eines voraus: die Auswahl des richtigen Verwalters.[10] Dieser muss nicht nur die Kompetenz haben, sondern von den Betroffenen auch akzeptiert werden, denn **Sanierung verlangt Konsens und Vertrauen.**

4.8 Die Verwalterauswahl stand seit längerem in der insolvenzrechtlichen Diskussion.[11] Das Gesetz verlangt – vorbehaltlich der gleich noch zu thematisierenden Beteiligung der Gläubiger bei der Verwalterauswahl über den neu eingefügten § 56 InsO – eine „für den jeweiligen Einzelfall geeignete, insbesondere geschäftskundige und unabhängige natürliche Person". Diese Messlatte liegt in Sanierungsverfahren zu niedrig. **Ideen, die Beauftragung von Insolvenzverwaltern schematisch oder nach Verfahrenslisten vorzunehmen,**[12] sollten nicht verwirklicht werden.[13] Immer wieder gibt es Versuche, die Entscheidungsprärogative des Amtsrichters in Insolvenzsachen seitens des Schuldners, der Gläubiger oder eines interessierten Verwalterprätendenten auszuhebeln. Solche Versuche sind – wie die erwähnten Beispiele einiger Großinsolvenzen gezeigt haben – manchmal nur Ausdruck von Hilflosigkeit der Verfahrensbeteiligten angesichts der richterlichen Unabhängigkeit. Diese wiederum ist jedoch kein Selbstzweck, sie soll keine Willkürentscheidungen ermöglichen. Sie dient der optimalen Entscheidung, indem sie sachfremde, verfahrensfremde Erwägungen neutralisiert. So ist z. B. das oft gehörte[14] Argument, vorgeschlagene Insolvenzverwalterprätendenten seien per se nicht zu bestellen, sachfremd: Es orientiert sich nicht am Sanierungserfolg, am optimalen Verfahrensablauf, sondern an der Entscheidungsruhe des Gerichts, die mit dem Sanierungsergebnis nichts zu tun hat. *Uhlenbruck*, von dem diese Meinung früher auch vertreten wurde,[15] hat sie inzwischen ausdrücklich aufgegeben.[16] Nach seiner Meinung haben die Kreditgeber wegen des Massekredits, die Banken wegen ihrer Sicherheiten und der

---

9 *Smid* beim 6. Leipziger Insolvenzrechtstag am 7. Februar 2005.
10 Vgl. *Jaeger*, KO, § 78 Anm. 7: „Schicksalsfrage".
11 Meinungsstand bei *Pannen/Füchsl/Rattunde*, ZInsO 2002, 414, 416; ausf. auch MünchKomm-*Graeber*, InsO, § 56 Rn. 47 ff.
12 So z. B. *Holzer/Kleine-Cosack/Prütting*, Die Bestellung des Insolvenzverwalters, 3 ff., 63 ff.; BVerfG, B. v. 3.8.2004, 1 BvR 135/00, 1 BvR 1086/01, ZIP 2004, 1649.
13 So auch *Graf-Schlicker*, ZIP 2002, 1166, 1177, u. jetzt BMJ-DiskE, ZInsO 2003, 359.
14 Auch von richterlichen Teilnehmern der Fachtagung selbst.
15 *Uhlenbruck*, KTS 1989, 229, 233.
16 Uhlenbruck-*Uhlenbruck*, InsO, § 56 Rn. 11.

Schuldner ein anerkennenswertes Interesse daran, den Verwalter zu bekommen, den sie wollen, weil ohne ihre Akzeptanz, ihr Vertrauen die Sanierung scheitern wird. Eine Verwalterauswahl, die nicht nur formal, sondern auch inhaltlich zufriedenstellend ist, können die Beteiligten mit einem offenen Gespräch unter Einschluss von Gericht und Verwalterprätendenten erreichen. Dies hat nun auch der Gesetzgeber erkannt. Nach dem durch das ESUG in § 56 Abs. 1 InsO eingefügten Satz 3 InsO wird die erforderliche Unabhängigkeit des Vorgeschlagenen weder dadurch ausgeschlossen, dass er von Gläubiger oder Schuldner vorgeschlagen wurde, noch dadurch, dass er den Schuldner vor dem Eröffnungsantrag in allgemeiner Form über den Ablauf eines Insolvenzverfahrens und dessen Folgen beraten hat. Die erstgenannte, nunmehr in § 56a Abs. 1 Satz 3, 1. Alt. InsO enthaltene Regelung, dürfte dem Richter außerhalb derjenigen Fälle, in denen er die Gläubiger nach § 56a InsO zu beteiligen hat, nunmehr die Angst nehmen, denjenigen zu bestellen, der vorgeschlagen wird. Es wird aber diejenigen Richter, die – was vorkommen mag – immer noch nach dem Grundsatz „genannt, verbrannt" verfahren, nicht davon abhalten, auch in Zukunft so zu verfahren. Die zweitgenannte Alternative ist ein halbherziger Kompromiss. Hier war im Laufe des Gesetzgebungsverfahrens ursprünglich vorgesehen, die erforderliche Unabhängigkeit auch nicht dadurch entfallen zu lassen, dass der Schuldner im Vorfeld beraten hat. Dies wäre tatsächlich einem Paradigmenwechsel gleichgekommen. Die nunmehr Gesetz gewordene Fassung, wonach die Unabhängigkeit nicht dadurch ausgeschlossen wird, dass der Anwärter im Vorfeld in allgemeiner Form über den Ablauf des Verfahrens und dessen Folgen beraten hat, ist kaum praktikabel. Der Anwärter darf nicht konkret beraten, sondern nur allgemein erläutern. Dann berät er aber nicht, er stellt die Rechtslage dar. Der Anwärter, der sich seine Chance auf eine Bestellung nicht verbauen will, sollte derartige Gespräche tunlichst überhaupt vermeiden, um noch nicht einmal den Anschein zu erwecken, er sei nicht mehr unabhängig. Denn es ist kaum vorstellbar, dass sich ein künftiger Schuldner nur allgemein über das Verfahren oder seine Folgen beraten lässt. Er wird zu einem solchen Termin mit dem potentiellen Verwalter Geschäftsunterlagen mitbringen und nach seiner Insolvenzreife, seiner Sanierungsfähigkeit usw. fragen. Jede konkrete Antwort hierzu wäre von §56a Abs. 1 Satz 3, 2. Alt InsO nicht mehr gedeckt. Der Anwärter hätte seine Unabhängigkeit verloren. Er müsste im Übrigen, wenn er in der Folge zum Verwalter bestellt wird, in seiner Eigenschaft als Verwalter die an ihn erfolgte Honorarzahlung sogleich anfechten, sofern nicht ausnahmsweise ein Bargeschäft vorliegt[17].

4.9 Unter dem Eindruck der bereits vor Inkrafttreten des ESUG anhaltenden Diskussion um die Auswahl des Insolvenzverwalters durch das Insolvenzgericht, die in die jüngste **Entscheidung der 2. Kammer des 1. Senats des BVerfG**[18] gemündet ist, haben eine Reihe von Insolvenzgerichten Bemühungen aufgenommen, die Beteiligung der Gläubiger im Vorfeld der Verfahrenseröffnung zu verstärken. Das „Detmolder Modell"[19] ist hierfür beispielhaft. Von diesen Bemühungen können hilfreiche Impulse für die Stärkung von Sanierungsverfahren ausgehen, die auf solche institutionelle frühzeitige Einbindung von Beteiligten in den insolvenzgerichtlichen Entscheidungsprozess angewiesen sind.

4.10 **Sanierungsversuche scheitern** häufig daran, dass die **Kommunikation** zwischen den Verfahrensbeteiligten nicht funktioniert. Unstimmigkeiten, persönliche Eitelkeiten und Konflikte sind die Ursache. Es wird verkannt, dass Sanierung auf Konsens beruht. Die Verfasser sind daher der Auffassung, dass – neben einem positiven Insolvenzklima und der Wahl des richtigen Verwalters – Kommunikation den wesentlichen Erfolgsgrund einer

---

17 Zum Vorstehenden umfangreich *Martini*, Berliner Anwaltsblatt 2012, 236 ff. und 283 ff.
18 BVerfG, B. v. 3.8.2004, 1 BvR 135/00, 1 BvR 1086/01, ZIP 2004, 1649.
19 Vgl. *Busch*, DZWIR 2004, 353.

Sanierung darstellt. Sie plädieren für frühzeitige Gespräche zwischen den Beteiligten, nicht nur in Bezug auf die Verwalterauswahl. Bereits vor Antragstellung sollten wesentliche Gläubiger – insbesondere Banken, Gericht und Verwalter bzw. Prätendent – Chancen und Risiken einer Sanierung diskutieren. Auf diese Weise kann ein Sanierungskonzept gemeinschaftlich und unter Berücksichtigung aller Interessen erarbeitet werden. Gleichzeitig wird vermieden, dass sich Beteiligte aus Angst oder persönlichen Animositäten nicht in das Verfahren einbringen. Frühzeitige Gespräche bauen Berührungsängste ab und versprechen einen schnellen Konsens.

4.11 Um Unternehmensinsolvenzpläne erfolgreich zu institutionalisieren, ist eine **systematische Vorbereitungsarbeit** erforderlich. Zu einer umfassenden Vorarbeit gehört, dass alle Daten, Zahlen, Fakten, Vermögensverzeichnisse, Verträge, Liquidationsplanungen, Bewertungen von Sicherheiten im Zerschlagungs- und Fortführungsfall vorliegen. Ferner müssen die wesentlichen Entscheidungsträger auf Arbeitnehmer-, Banken- und Lieferantenseite, Gesellschafter und Vermieter bekannt sein. Zu beklagen ist, dass der Einstieg in die Insolvenzplanung häufig daran scheitert, dass diese für eine Sanierung notwendigen Informationen nicht vorhanden sind. Außergerichtliche Sanierer wie etwa Unternehmensberater stellen sich nämlich zumeist nicht auf den Insolvenzfall ein. Trifft der Insolvenzverwalter im Unternehmen ein, so findet er daher in aller Regel keine Vorarbeit, auf die er aufbauen kann.[20] Begrüßenswert wäre es daher, wenn außergerichtliche Sanierer mit Alternativblick auf die Insolvenzsituation arbeiten würden, um eine zügige Insolvenzvorbereitung zu fördern.

Wie plant man eine Insolvenz?		
Sanierungsfall		
Außergerichtliche Sanierung	Zuständigkeiten	Sanierungsalternative:
Amtsgericht: Geschäftsverteilung Verfahrensabsprachen Kommunikation		– Insolvenzplanvorbereitung – Übertragende Sanierung prüfen – Insolvenzrechtliche Sanierungsmaßnahmen
Fall Maxhütte, zit. bei Uhlenbruck, KTS 1989, 229 AG Duisburg DZWIR 2002, 522 BGH NJW 1998, 86 BVerfG NJW 1987, 2662		Stakeholder: Schuldner, Berater, Banken, Arbeitsamt, Gewerkschaft, Betriebsrat, Politik, Prätendent

3. Sprachliche Vermittelbarkeit des Plans

4.12 Zuwenig werden augenscheinlich in der Praxis Probleme berücksichtigt, die gleichsam auf einer sprachlichen Verständigungsebene angesiedelt sind. Die Vernachlässigung der Vermittlung der Planinhalte hat nicht zuletzt den Grund, dass die komplexe gesetzliche Regelung scheinbar komplexe Sprachmonster erzwingt. Das Gegenteil ist der Fall:

4.13 Der Plan sollte sprachlich so knapp und präzise wie möglich verfasst werden. Ein sprachlich gelungener Insolvenzplan schafft Transparenz für die Gläubiger, die Voraussetzung für Akzeptanz und Konsens ist. Da Sanierung auf Konsens beruht, sei an eine verständliche Sprache appelliert. Es ist ein „Gebrauchsanweisungs-Stil" zu bevorzugen: die wesentlichen Maßnahmen sind in gebotener Kürze zu fassen, es ist auf die Plananlagen zu verweisen und kein „Juristendeutsch" zu gebrauchen. Ähnlich einer gelungenen Gebrauchsanweisung sollen nur wirklich wichtige Informationen wiedergegeben werden. Der Verzicht auf ein Übermaß an Details erleichtert es dem Nichtjuristen, dem womöglich nur eine geringe Forderung zusteht, den Insolvenzplan zu verstehen und – ohne

---

20 Zur Rechtsstellung des Insolvenzverwalters im Planverfahren *Kluth*, ZInsO 2002, 258, 258.

zuvor einen Rechtsanwalt konsultieren zu müssen – diesem seine Stimme bei der Abstimmung zu geben.

Sprache
– So knapp wie möglich – Verweis auf Anlagen – Gebrauchsanweisungsstil – Kein Juristendeutsch – Überzeugung und Ehrlichkeit
Sanierung beruht auf Konsens, Konsens erfordert Akzeptanz, Akzeptanz setzt Transparenz voraus!

II. Stimmbindungsverträge

1. Ausgangslage

Die erheblichen Aufwendungen bei der Vorbereitung eines Insolvenzplans wären unvertretbar, müsste sich der Initiator der Unsicherheit eines in seinem Ergebnis unabsehbar offenen Verfahrens aussetzen. Allerdings ist das Insolvenzplanverfahren kein Ritual, dessen Ergebnis von vornherein feststeht – was sich allein aus den oben (Rn. 2.48 ff.) beschriebenen Verfahrensmaximen ergibt. In der Literatur[21] wird daher die Auffassung vertreten, Abreden, die eine Bindung des verfahrensrechtlichen Verhaltens der Beteiligten zum Gegenstand hätten, unterfielen dem gesetzlichen Verbotstatbestand des § 134 BGB und seien folglich nichtig.

In dieser Allgemeinheit kann jedenfalls nicht von einer Nichtigkeit von Stimmrechtsbindungsverträgen an sich ausgegangen werden. Stimmrechtsbindungsverträge werden allerdings dann als sittenwidrig (§ 138 InsO) angesehen, wenn der Verpflichtete zu dem Schluss kommt, durch die entsprechende Vereinbarung zu einer gegen gesellschaftsrechtliche Treuepflichten verstoßenden Stimmabgabe gezwungen zu werden.[22]

Abseits von Stimmbindungsverträgen stellt sich die Frage, inwieweit Bindungen aus gesellschaftsrechtlicher Treuepflicht auf das Abstimmungsverhalten Einfluss haben können. Denn die Anteilseigner sind abstimmungsberechtigt, soweit in ihre Rechte eingegriffen wird, §§ 222 Abs. 1 Satz 2 Nr. 4, 238a InsO. Zwar bestimmt § 238a Abs. 1 Satz 2 InsO ausdrücklich, dass Stimmrechtsbeschränkungen „außer Betracht" bleiben. Ob es sich bei ggf. aufgrund Treuepflicht gebotenen Stimmverhaltens um eine Beschränkung im Sinne der Norm handelt, ist aber umstritten. Hier ist seit der causa Suhrkamp vieles im Fluss. Vgl. dazu im Einzelnen noch unten Kapitel 9.

2. Schutz des par-conditio-Grundsatzes vor vereitelnden Verträgen

Ein *ausdrückliches* gesetzliches *allgemeines* Verbot von Stimmrechtsbindungsverträgen im Insolvenzplanverfahren liegt im Rahmen des geltenden Insolvenzrechts nicht vor. Stimmrechtsbindungsverträge wären freilich dann allgemein als sittenwidrig und nichtig anzusehen, wenn sie einen Tatbestand verwirklichten, der dem eines gesetzlichen Verbotes angenähert wäre.[23]

Allerdings bestimmt § 226 Abs. 3 InsO die Nichtigkeit jeden Abkommens des Insolvenzverwalters, des Schuldners oder anderer Personen mit einzelnen Beteiligten, durch das diesen für ihr Verhalten bei Abstimmungen oder sonst im Zusammenhang mit dem Insolvenzverfahren ein nicht im Plan *vorgesehener*

---

21 *Eidenmüller*, Unternehmenssanierung zwischen Markt und Gesetz, 443 Fn. 374.
22 *Overrath*, Die Stimmrechtsbindung; MünchKomm-*Armbruster*, BGB, § 138 Rn. 84 m.w. N.
23 Zur methodischen Technik der „Ausfüllung" der Generalklausel des § 138 Abs. 1 BGB vgl. *Pawlowski*, Methodenlehre, Rn. 188 ff.

Vorteil gewährt wird.[24] Die Gewährleistung der Gläubigergleichbehandlung innerhalb der Abstimmungsgruppen darf nicht durch solche Vereinbarungen unterlaufen werden, aufgrund derer einzelnen Gläubigern Vorteile gegenüber den anderen Gläubigern gewährt werden. Dies kann jede Art von Vereinbarung sein, so sie sich nur als kollusives Handeln gegen die Gleichbehandlung darstellt.[25] Ausgeschlossen sind daher insbesondere auf das Abstimmungsverhalten im Insolvenzplanverfahren, aber auch vor dem Insolvenzplanverfahren in der Gläubigerversammlung bezogene, mit *einer Bevorzugung verknüpfte* Stimmrechtsvereinbarungen. Ein sonstiger Zusammenhang mit dem Insolvenz- oder Insolvenzplanverfahren kann darin bestehen, dass der Gläubiger sich seinen Widerspruch gegen einen Planentwurf „abkaufen" lässt. Dabei ist freilich zu beachten, dass im Plan offen gelegte Klauseln bzw. Vermögenszuwendungen zulässig sein können.[26] Der versprochene Vorteil muss sich auf die Beteiligung an dem aus dem Verfahren für den Gläubiger bezogenen Erlös beziehen, den er unter Zurücksetzung anderer Gläubiger erhält. **Parteien** der vom Verbot des § 226 Abs. 3 **InsO erfassten Vereinbarungen** sind der verbots- und gleichheitswidrig besser gestellte Gläubiger einerseits und der Verwalter, Schuldner oder Dritte andererseits. § 226 Abs. 3 InsO ordnet als Rechtsfolge des Verstoßes gegen das Verbot die Nichtigkeit der verbotswidrig geschlossenen Vereinbarung an. Der IX. Zivilsenat des BGH[27] hat in Anlehnung an eine über 50 Jahre zurückreichende Judikatur des BGH zu § 8 Abs. 3 VerglO[28] die Reichweite des § 226 Abs. 3 InsO im Lichte der Vorschrift des § 250 Nr. 2 InsO – des Verbotes einer unlauteren Herbeiführung des Insolvenzplans – weit gefasst. In dem vom IX. Zivilsenat entschiedenen Fall ging es um folgenden Sachverhalt: Die Schuldnerin war bis zur Eröffnung am 15.9.2005 des Insolvenzverfahrens über ihr Vermögen Marktführerin im sog. Golfplatzmarketing. Um die in Verträgen mit Golfplatzbetreibern liegenden Vermögenswerte zu erhalten, legte die Schuldnerin einen Insolvenzplan vor, der u. a. einen Fortbetrieb in Kooperation mit der von Schuldnerin mit Beteiligten zu 2) gegründeten „b" vorsah. Um den Plan gegen den opponierenden Beteiligten zu 2) durchzusetzen, erwarb die „b" von zahlreichen, aber nicht allen Insolvenzgläubigern deren Forderungen zu Quoten von ca. 50 %; die durch den Plan vorgesehene Quote sollte bei ca. 16 % im Vergleich zu der Quote bei Abwicklung ohne Plan in Höhe von ca. 7 % liegen. In den Verträgen zwischen „b" und den von ihr angesprochenen Insolvenzgläubigern wurden u. a. Forderungskauf und Forderungsabtretung unter der aufschiebenden Bedingung der rechtskräftigen Bestätigung des Insolvenzplans, weiter die Erteilung einer Stimmrechtsvollmacht der Insolvenzgläubiger an die „b" und Verschwiegenheit hierüber vereinbart. Nachdem der Plan mit Mehrheit von Dreivierteln der Stimmen angenommen wurde, begehrte der Insolvenzverwalter wegen des ihm bekannt gewordenen „Stimmenkaufs", dem Plan die Bestätigung zu versagen. Gegen Stimmen im Schrifttum, denen zufolge ein „Stimmenkauf" nicht „unlauter" i. S. v. § 250 Nr. 2 InsO sei,[29] da Forderungen grundsätzlich frei verkäuflich seien und die Motive des Erwerbers außer Betracht zu bleiben hätten und einer weiteren Meinung, die davon ausgeht, der Forderungserwerb im gerichtlichen Reorganisationsverfahren durch einen Dritten zum Verfolgen seiner eigenen Ziele sei nicht unlauter,[30] unterwirft der IX. Zivilsenat des BGH Fälle wie den ihm vorliegenden Sachverhalt dem § 250 Nr. 2 InsO (unten Rn. 17.20), weil er diese Vorschrift in ihrem systematischen Zusammen-

---

24 *Smid*, DZWIR 2005, 234.
25 *Kilger/K. Schmidt*, VerglO, § 8 Anm. 4; *Kilger/K. Schmidt*, KO, § 181 Anm. 3.
26 Amtl. Begr. zu § 269 RegEInsO, BT-Drs. 12/2443, 201.
27 BGH, Beschl. v. 3.3.2005, IX ZB 153/04, ZIP 2005, 719.
28 BGH, Urt. v. 16.6.1952, IV ZR 131/51, BGHZ 6, 232, 239 f.
29 NR-*Braun*, InsO, § 250 Rn. 13; FK-*Jaffé*, InsO, § 250 Rn. 14; zum alten Recht des Zwangsvergleichs *Skrotzki*, KTS 1958, 105, 106.
30 *Krebs*, NJW 1951, 788, 789.

spiel mit § 226 Abs. 3 InsO versteht. Denn sofern dadurch den betreffenden Insolvenzgläubigern als Verkäufer eine Befriedigung gewährt wird, deren Quote höher liegt als die durch den Plan vorgesehene, versteht der IX. Zivilsenat den Vertrag, mit dem der Forderungskauf vereinbart wird, als Abkommen i. S. d. § 226 Abs. 3 InsO, mit dem die durch § 226 Abs. 1 InsO geforderte und gewährleistete Gleichbehandlung der Rechte der Insolvenzgläubiger nach dem Insolvenzplan verletzt wird. Voraussetzung hierfür ist, dass nicht außerhalb des Insolvenz- bzw. Insolvenzplanverfahrens *alle* Forderungen *aller* Insolvenzgläubiger erworben werden. Denn dann würde die insolvenzrechtlich geforderte Gläubigergleichbehandlung in einer Weise durch den personell und sächlich „umfassenden" Forderungskauf außerhalb des Insolvenzverfahrens in einer Weise verwirklicht, die Bedenken ausschließen würde – was in praxi dann nicht umsetzbar ist, wenn, wie in dem vom BGH entschiedenen Fall, sich ein Gläubiger ohnedies gegen den Plan wendet und die Forderungskaufoperation ohne ihn und ihm gegenüber verdeckt durchgeführt werden muss. Diesen Vertrag verstößt m. a. W. gegen den Grundsatz par conditio creditorum, dessen Geltung sich auch auf die inhaltliche Ausgestaltung des Insolvenzplans erstreckt. Dieser Verstoß hat aber aufgrund der gesetzlichen Anordnung des § 226 Abs. 3 InsO hat die Nichtigkeit dieses Vertrages zur Rechtsfolge – wobei es nach zutreffender Ansicht des BGH nicht darauf ankommt, ob die von den Beteiligten des Forderungskaufs angestrebten Ziele offen oder heimlich verfolgt werden.

Aus dem Gedanken des Schutzes der Gläubigergleichbehandlung gilt daher: Wird dem vertragsschließenden Gläubiger ein nicht im Plan vorgesehener Vorteil gewährt, greift § 134 BGB.[31] Im Übrigen sind aber diejenigen Stimmrechtsbindungsverträge, die allein der Absicherung des Abstimmungsergebnisses und damit der Verwirklichung der im Plan vorgesehenen Leistungen an den Gläubiger dienen, nicht deshalb als sittenwidrig zu qualifizieren, weil sie den Gläubiger überhaupt binden. Denn das prozessuale Verhalten eines Beteiligten in einem Gerichtsverfahren kann überhaupt zum Gegenstand von vertraglichen Bindungen gemacht werden.[32]

3. Ankauf „fauler Kredite"

Von den Abreden zur Vorbereitung eines Insolvenzplans sind Fälle des Ankaufs „fauler Kredite" zu unterscheiden: Neuerdings entsteht, hauptsächlich zwischen Kreditinstituten und institutionellen Investoren oder private equity groups, ein Markt für sog. non performing loans (npl); die Terminologie ist schillernd: distressed debts, distressed asset products usw. Dieser Geschäftszweig wurde unter erheblichem Medienaufwand[33] in Deutschland in wenigen Monaten populär. Die Rechtsprechung hat sich mit ihm bereits unter dem Gesichtspunkt des Bankgeheimnisses befasst, das durch den Erwerb fauler Bankkredite durch Investoren möglicherweise tangiert[34] oder nicht tangiert[35] sei. Der Gesetzgeber will dem Kredithandel durch eine einfachere Form der Sicherheitenübertragung auf Registerwege, abweichend vom sachenrechtlichen Spezialitäts- und Publizitätsgrundsatz, Erleichterung verschaffen.[36] Kennzeichnend für diese Geschäfte ist der Erwerb ganzer Forderungsbestände, und zwar im Wesentlichen auf zwei Arten: von einem Gläubiger gegen viele Schuldner oder von vielen Schuldnern gegen einen Gläubiger. Fast sämtliche Wirtschafts- und Fachpublikationen zu dem Thema haben die insolvenzrechtliche Seite des Geschäftszweigs bisher nicht thematisiert.[37] Falls nicht besondere Umstände hin-

---

31 BGH, B. v. 3.3.2005, IX ZB 153/04, ZIP 2005, 719.
32 Vgl. MünchKomm-*Becker-Eberhardt,* ZPO, Vor § 253 Rn. 14.
33 Der Spiegel v. 5. 2.2005 und v. 20.12.2004; Manager-Magazin v. 18.10.2004.
34 OLG Frankfurt/Main, Az.: 8 U 84/04.
35 LG Koblenz v. 25.11.2004, 3 O 496/03.
36 § 22a ff. KWG-Entwurf September 2004.
37 Vgl. *Rinze/Heda,* WM 2004, 1557; *Hofmann/Walter,* WM 2004, 1566; *Toth-Feher/Schick,* ZIP 2004, 491.

zutreten, ist der Erwerb von npl grundsätzlich nicht als unlauter i. S. v. § 226 Abs. 3 InsO anzusehen. Der erwerbende Gläubiger hat nämlich im Regelfall keineswegs die bevorzugende Schuld im Sinn, sondern meint, dass er durch Abwendung des Insolvenzverfahrens oder, falls der Erwerb im Insolvenzverfahren oder in sicherer Erwartung eines solchen erfolgt, dass er eine höhere Quote erzielen könne, als der veräußernde Gläubiger es für sich befürchtet. Der entscheidende Unterschied zu dem soeben vom BGH[38] entschiedenen Fall ist der, dass ein Insolvenzplan, der eine bestimmte Quote ausweist, die durch den Forderungserwerber überboten werden könnte, zu diesem Zeitpunkt nicht einmal vorbereitet, geschweige denn erörtert, beschlossen oder gar bestätigt sein wird. Die Unlauterbarkeit, die der Entscheidung des BGH vom 3.3.2005 zugrunde lag, bestand aber gerade darin, dass den Gläubigern durch den Plan nur eine bestimmte Quote, durch den unlauteren Forderungserwerber aber eine höhere Quote versprochen wurde; dies aber nur unter der Bedingung einer Annahme des Plans. Im Unterschied hierzu erwirbt der distressed-debt-dealer Forderungen ohne den Vorbehalt eines Insolvenzplans unbedingt und zu einer bestimmten Quote, zu der im Augenblick des Erwerbs keine festgelegte Insolvenzplanquote als Vergleichsmaßstab existiert. In der Rechtspraxis ist bisher, soweit bekannt, nur ein einziger Fall des Erwerbs von npl zu Beginn eines Insolvenzplanverfahrens bekannt geworden. Hierbei handelt es sich um die Berliner Insolvenz der Senator Entertainment AG.[39] Unmittelbar nach Insolvenzantragstellung kam es zu einer Veräußerung sämtlicher Bankverbindlichkeiten (rd. 90 % aller Verbindlichkeiten) an ein internationales Investorenkonsortium unter Führung einer Londoner Investmentbank. Der Verf. als Insolvenzverwalter sah sich vor die neuartige Aufgabe gestellt, den mit diesem Gläubigerwechsel verbundenen „Kulturschock" angloamerikanischen Rechtsdenkens im deutschen Insolvenzverfahren zu überwinden. Der letztlich erfolgreiche Versuch, ein deutsches Insolvenzplanverfahren den Bedürfnissen internationaler Investoren anzupassen, ist von der Fachwelt mit erheblicher Aufmerksamkeit beobachtet worden.[40] Hierbei wurde es zugleich ermöglicht, erstmals eine börsennotierte Aktiengesellschaft über mehrere Hauptversammlungen, zwei Kapitalerhöhungen, einer Aktienemission an der Börse während des laufenden Geschäftsbetriebs nahezu vollständig zu entschulden und damit zu sanieren.[41] Der Fall zeigt die Notwendigkeit auf, bei der Insolvenz juristischer Personen eine Unterscheidung zum „gewöhnlichen" Liquidations-Insolvenzverfahren dann vorzunehmen, wenn es sich um ein ausgesprochenes und beschlossenes Insolvenzplanverfahren handelt. Unterschiede in der Abwicklung zeigen sich insbesondere im Pflichtenkanon der Insolvenzverwalteraufgaben. So ist es z. B. normalerweise nicht Aufgabe eines Insolvenzverwalters, Hauptversammlungen vor weltweit gestreuten Aktionären bei börsennotierten Aktiengesellschaften zu organisieren. Im Insolvenzplanverfahren kann allerdings hierfür ein begründeter Anlass bestehen, was den Insolvenzverwalter sowohl berechtigen (Hauptversammlungskosten als Massekosten) als auch verpflichten dürfte, dergleichen zu unternehmen. Dasselbe gilt für die diesbezüglichen Pflichten nach dem Wertpapierhandelsgesetz: ad-hoc-Mitteilungen, Informationspflichten der BaFin, Emittentenverpflichtungen nach dem WpHG.[42]

4. Zulässigkeit von Stimmrechtsbindungsverträgen

4.21 Wird dem Gläubiger als „Entgelt" seines Abstimmungsverhaltens daher kein weiterer Vorteil „außerhalb" des Planes versprochen, ist der Stimmrechtsbindungsvertrag wirksam.

---

38 BGH, B. v. 3.3.2005, IX ZB 153/04, ZIP 2005, 719.
39 AG Charlottenburg, Az.: 105 IN 17704/04.
40 Vgl. *Wittig*, NZI 2004, Heft 11, Editorial.
41 AG Charlottenburg, Az.: 105 IN 17704/04.
42 Vgl. *Rattunde/Berner*, WM 2003, 1313.

5. Auskunftsansprüche von Aktionären gegen insolvente Aktiengesellschaft

Gem. §§ 131, 132 Abs. 2 Satz 1 AktG ist der Aktionär zwar berechtigter Antragssteller im Auskunftserzwingungsverfahren, daraus folgt jedoch – solange er nicht Beteiligter ist, § 225a InsO – kein Anspruch auf Einsichtnahme in den Insolvenzplan.[43]

4.22

III. Beschaffung der Informationen für die Aufstellung des Insolvenzplans

1. Relevante Informationsquellen

Insolvenzpläne werden im Wesentlichen auf der Grundlage der Unterlagen der internen und externen Rechnungslegung des insolvenzschuldnerischen Unternehmensträgers erstellt, die jedenfalls dann bereits vor Eröffnung des Insolvenzverfahrens (noch) vorliegen, wenn das Unternehmen noch soweit intakt ist, dass es über eine funktionierende Buchhaltung verfügt. Zu diesen Unterlagen gehören nach der **informativen Liste des IDW**, auf dessen Empfehlungen im Folgenden eingehend hingewiesen wird:
- Verträge und sonstige Unterlagen zu den wirtschaftlichen und finanziellen Grundlagen des Unternehmens sowie deren Analyse,
- Jahresabschlüsse und Lageberichte im Mehrjahresvergleich,
- Unternehmenskonzept (Umgestaltungskonzept bei Fortführungs- bzw. Liquidationsstrategie) gemäß der *Stellungnahme FAR 1/1991*,
- Überschuldungsstatus/Überschuldungsrechnung gemäß der Stellungnahme FAR 1/1996: Empfehlungen zur Überschuldungsprüfung bei Unternehmen und
- aktuelle Finanz- und Liquiditätsplanung.[44]

4.23

Wird der Insolvenzplan durch den Insolvenzverwalter oder nach Verfahrenseröffnung durch den Insolvenzschuldner vorgelegt, stehen zusätzlich zu diesen Unterlagen weitere Datensätze zur Verfügung, auf die zugegriffen wird:
- Masseverzeichnis gem. § 151 InsO als Inventar der aktivischen Massegegenstände mit i. d. R. doppelter Wertangabe: Fortführungswerte und Regelabwicklungswerte (sog. „Stilllegungswerte")
- Gläubigerverzeichnis gem. § 152 InsO als Inventar der passivischen Posten und
- Vermögensübersicht gem. § 153 InsO als aus Masseverzeichnis und Gläubigerverzeichnis verdichtete Ist-Vermögensübersicht zum Zeitpunkt der Verfahrenseröffnung.[45]

4.24

2. Rekursive Plangestaltung durch ständige Informationsverarbeitung

Die einzelnen im Vorangegangenen aufgelisteten Informationsinstrumente sind aufgrund der von ihnen dokumentierten Lagen in vielfältiger Weise verzahnt; deren Interdependenzen bieten für den Plan erhebliche Hilfen.[46] Diese „Verzahnungen" und Interdependenzen machen ein **„flexibles, konsistentes und integriertes Planungsinstrumentarium"** (IDW) möglich – und erzwingen es zugleich. Das Planungsinstrumentarium muss die fortlaufende Aktualisierung der Datenbasis, die Durchführung von Sensitivitätsanalysen und Szenariobetrachtungen bei erfolgskritischen Faktoren sowie eine Optimierung der im Insolvenzplan abgebildeten Insolvenzstrategie ermöglichen;[47] hierauf wird im Folgenden näher zurückzukommen sein. Denn die Verbindung von Plan und

4.25

---
43 LG Berlin, Beschl. v. 25.5.2005, 99 O 110/04, DZWIR 2005, 479–480.
44 IDW S. 2 Nr. 3 (11).
45 IDW S. 2 Nr. 3 (12).
46 IDW S. 2 Nr. 3 (14).
47 IDW S. 2 Nr. 3 (15).

Datengrundlage macht es erforderlich, die verschiedenen Teile des Plans so auszugestalten, dass der Plan auch dann erörterungs- und abstimmungsfähig auch dann bleibt, wenn seine Datengrundlage den allfälligen Veränderungen Rechnung trägt.
- Das **Masseverzeichnis gem.** § 151 InsO führt die einzelnen aktivischen Gegenstände der Insolvenzmasse auf. Dabei liefern Handelsbilanz und Überschuldungsstatus die erforderlichen Ausgangsinformationen für die anzugebenden Wertalternativen; dies gilt insbesondere, wenn bereits bei der Überschuldungsprüfung alternative Verwertungskonzepte geprüft wurden und entsprechende Bewertungen erfolgt sind.
- Das **Gläubigerverzeichnis gem.** § 152 InsO enthält alle aus dem Rechnungswesen, den Handelsbriefen und sonstigen Angaben des Schuldners sowie den Anmeldungen der Gläubiger zusammengestellten Informationen zu den passivischen Posten; Aus- und Absonderungsrechte sind aus den zugrunde liegenden Verträgen abzuleiten und ggf. zu überprüfen.
- Die **Vermögensübersicht gem.** § 153 InsO greift auf das Masseverzeichnis und das Gläubigerverzeichnis zurück und stellt Vermögens- und Schuldposten einander verdichtet gegenüber; dabei enthält die Vermögensübersicht gem. § 153 InsO als Ist-Vermögensübersicht auf den Zeitpunkt der Verfahrenseröffnung Angaben zu den Handelsbilanzwerten, den Fortführungswerten und den Regelabwicklungswerten. Durch diese Verzahnung der Rechnungslegungsinstrumente liefert die Vermögensübersicht gem. § 153 InsO wesentliche Hinweise auf mögliche Gestaltungsoptionen im Insolvenzplan.
- Die **Vermögensübersicht gem.** § 229 InsO ist eine Plan-Vermögensübersicht auf den Zeitpunkt des In-Kraft-Tretens des Insolvenzplans; in ihr sind die aus den Planprämissen (i. d. R. Fortführung; alternativ Verwertung) abgeleiteten Werte der Vermögens- und Schuldposten bei Wirksamwerden des Insolvenzplans aufzuführen; ergänzend empfiehlt sich im Hinblick auf § 245 Abs. 1 Nr. 1 InsO, § 251 Abs. 1 Nr. 2 i. V. m. § 248 InsO die zusätzliche Nennung der Regelabwicklungswerte.
- Die auf den Zeitpunkt des In-Kraft-Tretens des Insolvenzplans fortgeschriebene Handelsbilanz liefert die Ausgangswerte des Ergebnisplans und des Finanzplans gem. § 229 InsO.

IV. Europarechtliche Fragen: Beihilferechtliche Problemstellungen

4.26 Gemäß Art. 107 Abs. 1 des Vertrages über die Arbeitsweise der Europäischen Union (AEUV) sind staatliche Beihilfen jeglicher Art grundsätzlich verboten. Dieses Verbot ist auch im Insolvenz(plan)verfahren relevant. Denn staatliche Stellen sind bspw. hinsichtlich Steuer-, Krankenversicherungs- und Sozialversicherungsforderungen regelmäßig Gläubiger eines insolventen Unternehmens. Soweit sie zur Ermöglichung einer Sanierung auf Teile ihrer Forderungen verzichten, kann dies als unzulässige Beihilfe zu klassifizieren sein.

1. Begriff der Beihilfe

4.27 Beihilfen im Sinne der Norm sind staatlich gewährte, gegenleistungsfreie Vorteile an einen Begünstigten, die den Wettbewerb verfälschen können und geeignet sind, den Handel zwischen Mitgliedsstaaten zu beeinträchtigen[48]. Unter diese Definition kann der Verzicht auf Forderungen im Insolvenzplanverfahren grundsätzlich subsumiert werden. Gleichwohl versteht der EuGH den Begriff einschränkend, wenn der Staat als Gläubiger betroffen ist: Er vergleicht das Verhalten des staatlichen Gläubigers mit dem eines privaten

---

48 Von *Wallenberg/Schütte*, in: Grabitz/Hilf/Nettesheim, Das Recht der Europäischen Union, AEUV Art. 107 Rn. 24 m. w. N.

Gläubigers (*private creditor test*[49]): Derjenige Betrag, auf den der Staat mehr verzichtet, als es ein privater Gläubiger mit gleichen Sicherheiten in derselben Situation täte, sei demnach Beihilfe[50]. Diese Vergleichssumme wird durch Gegenüberstellung der jeweiligen Interessenlagen staatlicher und privater Gläubiger gebildet[51]. Der Vergleich soll jedoch nach Auffassung der Kommission staatliche Fernziele unberücksichtigt lassen: Nicht relevant sei demnach zum Beispiel, dass der Staat durch Forderungsverzicht im Insolvenzplanverfahren Arbeitslosigkeit vermeide und dadurch seine Pflicht zur Leistung von Arbeitslosengeld verringere[52]. Dem wird zu recht entgegen gehalten, dass jede Sanierung durch Aussichten auf künftige Forderungen motiviert werde und mithin die Erwartung künftiger Ersparnisse aus Gleichbehandlungsaspekten auch beim Staat Berücksichtigung finden müsse[53]. Gewährt wird eine Beihilfe in jedem dieser Fälle durch den Akt der Zustimmung des staatlichen Gläubigers zum Plan[54].

Für manche insolvenzrechtlichen Institute ist die Frage der Beihilfe bereits geklärt: Die nationale Regelung über das **Insolvenzgeld** hatte der EuGH in einem älteren Urteil zwar als europarechtswidrig eingestuft[55], doch ist dieses Institut nunmehr durch die zwischenzeitlich erlassene Richtlinie 2008/94/EG und ihren Vorgänger europarechtlich sogar geboten und damit keine verbotene Beihilfe i. S. d. Art. 107 Abs. 1 AEUV[56]. Die frühere Kritik[57] ist damit überholt. Weniger eindeutig ist die Lage hinsichtlich der **Steuerbefreiung von Sanierungsgewinnen** durch den Erlass des BMF v. 27.3.2003. Die Beihilfekonformität dieses Verzichtes auf Steuerforderungen wurde vom BFH in einer neueren Entscheidung ausdrücklich offen gelassen[58]. Sie wird in Behörden[59] und in der Literatur[60] kontrovers diskutiert. Soweit nicht ohnehin eine Ausnahme vorliegt (Rn. 4.29), kann die Steuerforderung daher als „streitig" i. S. d. § 258 Abs. 2 InsO zu betrachten sein[61]; denn soweit sie als europarechtswidrige Beihilfe zu klassifizieren wäre, wäre sie im Falle einer Negativentscheidung der Kommission (Rn. 4.29) durch Geltendmachung der Steuererforderung zurückzufordern.

4.28

2. Verfahren bei Vorliegen einer Beihilfe

Wird eine Beihilfe gewährt, ist sie grundsätzlich bei der Kommission anzumelden. Ausnahmen stellen hauptsächlich[62] Beihilfen von bis zu 200.000 Euro dar, soweit sie der Verordnung (EU) Nr. 1407/2013 (*De-Minimis-Beihilfe*) unterfallen. Die fehlende Anmeldung einer anmeldungspflichtigen Beihilfe ist schon für sich genommen ein Verstoß gegen die Norm des Art. 108 Abs. 3 Satz 3 AEUV, welche der BGH in st. Rspr. als Verbotsgesetz im Sinne des § 134 BGB ver-

4.29

---

49 *Fritze/Heithecker*, EuZW 2010, 817, 818 m. w. N.
50 EuGH Slg 1999, I-2459.
51 *Bungenberg/Motzkus*, WiVerw 2013, 76, 121.
52 Kommissionsentscheidung 2005/878/EG, ABl. L 324 vom 10.12.2005, 64.
53 *Fritze/Heithecker*, EuZW 2010, 817, 819.
54 *Cranshaw*, Einflüsse des Europäischen Rechts auf das Insolvenzverfahren.
55 EuGH, Urt. v. 15.5.2003 – C-160/01 (Mau).
56 Kommission, Stellungnahme in der Sache NN 55/2009 v. 19.11.2009 – K(2009)8707 – zur konkreten Ausgestaltung des SGB III und seiner Europarechtskonformität; vgl. schon BSGE 100, 286 zur Vorgänger-RiL.
57 Vgl. nur *Cranshaw*, Einflüsse des Europäischen Rechts auf das Insolvenzverfahren.
58 BFHE 237, 403.
59 Als „allgemeine Maßnahme" keine Beihilfe nach OFD Magdeburg v. 21.3.2013 – G 1498-3-St 213, BeckVerw 270532.
60 *Khan/Adam*, ZInsO 2008, 899, 906; *Strüber/von Donat*, BB 2003, 2036; *Herrmann*, ZInsO 2003, 1069; *Cranshaw*, Einflüsse des Europäischen Rechts auf das Insolvenzverfahren.
61 *Maus*, in: Uhlenbruck, InsO, § 80 Rn. 42 m. w. N.
62 Zu weiteren Ausnahmen vgl. *Fritze/Heithecker*, EuZW 2010, 817, 819; *Bungenberg/Motzkus*, WiVerw 2013, 76, 121.

steht[63]. Geht man von einer Vertragsnatur des Insolvenzplans aus (vgl. dazu Kapitel 7), wäre dieser also insofern der Gefahr seiner (Teil-)Nichtigkeit ausgesetzt[64]. Stellt man die hoheitlichen Aspekte des Insolvenzplans in den Vordergrund, müsste dieser innerhalb der zehnjährigen beihilferechtlichen Verjährungsfrist vom Insolvenzgericht aufgehoben werden[65].

4.30 Diese Rechtsfolgen träten auch ein, soweit die Kommission auf eine Anmeldung hin keine Positiv-, sondern eine Negativentscheidung träfe. Sie prüft Beihilfen im Notifikationsverfahren auf ihre Vereinbarkeit mit von der Gemeinschaft aufgestellten Leitlinien für „Unternehmen in Schwierigkeiten"[66]. Insbesondere sind danach Beihilfen nur genehmigungsfähig, soweit sie das zur Durchführung der Umstrukturierung erforderliche Minimum nicht überschreiten und im Rahmen eines realistischen, kohärenten und weitreichenden Plans zur Wiederherstellung der langfristigen Rentabilität eines Unternehmens geleistet werden[67]. Diese Voraussetzungen kann insbesondere ein Insolvenzplan schaffen. In jedem Falle wäre die Beihilfefähigkeit staatlicher Forderungsverzichte in diesem vorab zu prüfen und darzulegen; besonderes Augenmerk ist dabei auf die Konformität mit den Leitlinien zu legen[68]. Sollte der Verzicht nämlich unwirksam sein, stünde damit das Gelingen der Sanierung insgesamt in Frage. Denn dadurch könnte „das Gleichgewicht der Forderungsverzichte aller Gläubiger ins Schwanken"[69] geraten: Ob sich die privaten Gläubiger bereit zeigen würden, den ausfallenden Teil durch Quotenverringerung selbst zu tragen, kann nur im Einzelfall geklärt werden. Praktisch wird eine solche Frage indes selten relevant: Soweit staatliche Gläubiger im Rahmen gleicher Quoten auf Forderungen verzichten, wie dies private Gläubiger ebenfalls täten bzw. tun, so handelt es sich schließlich begrifflich schon nicht um Beihilfe i. S. d. Art. 107 Abs. 1 AEUV (Rn. 4.27).

---

63 BGH EuZW 2004, 252 m. w. N.; kritisch dazu *Cremer*, in: Calliess/Ruffert, EUV/AEUV, AEUV Art. 108 Rn. 15.
64 *Bungenberg/Motzkus*, WiVerw 2013, 76, 121; *Fritze/Heithecker*, EuZW 2010, 817, 820.
65 *Fritze/Heithecker*, EuZW 2010, 817, 820.
66 ABl. C 244 vom 1.10.2004, 2 Rn. 10.
67 Vgl. dazu im Einzelnen *Fritze/Heithecker*, EuZW 2010, 817, 819; kritisch ggü. den Voraussetzungen der Richtlinien *Tetzlaff*, ZInsO 2009, 1479, 1480.
68 *Cranshaw*, Einflüsse des Europäischen Rechts auf das Insolvenzverfahren.
69 *Bungenberg/Motzkus*, WiVerw 2013, 76, 121.

Kapitel 5: Steuerliche Aspekte des Insolvenzplanverfahrens

I. Stellung der Finanzbehörde im Insolvenzplanverfahren

Der Fiskalgläubiger nimmt – wie alle anderen Gläubiger auch – mit den ihm durch die InsO zugewiesenen Rechten am Insolvenzplanverfahren teil. Dies gilt für die Teilnahme am Erörterungs- und Abstimmungstermin ebenso wie für die Ausübung des Stimmrechts bei der Entscheidung über die Annahme des Plans.

5.1

Bei der Ausübung des Stimmrechts handelt es sich um eine Ermessensentscheidung[1]. Nach bisheriger Auffassung der Finanzverwaltung[2] hat die Finanzbehörde ihre Ermessensentscheidungen im Rahmen der Teilnahme am Insolvenzplanverfahren auf der Grundlage der §§ 163 (abweichende Festsetzung aus Billigkeitsgründen), 222 (Stundung) und 227 (Erlass) AO zu treffen, wobei jedoch die Zielsetzung der InsO zu berücksichtigen sein soll. Allerdings stellt die Allgemeine Verwaltungsvorschrift für die Durchführung des Vollstreckungsverfahrens[3] inzwischen darauf ab, dass für eine Zustimmung der Finanzverwaltung zu einem Insolvenzplan weitgehend wirtschaftliche Gründe maßgeblich sein sollen. In der Lit. ist streitig, ob hier die Vorschriften der AO zu den Ermessensentscheidungen über Stundung (§ 222 AO), Erlass (§ 227 AO) oder abweichender Festsetzung aus Billigkeitsgründen (§ 163 AO) tatsächlich für die Finanzbehörde bindend oder ob nicht alleine die §§ 233 ff. InsO maßgeblich sind[4]. Der zweiten Auffassung ist zuzustimmen. Gem. § 251 Abs. 2 AO bleiben die Vorschriften der InsO durch die der AO unberührt. Das bedeutet, dass **für die Geltendmachung** der Steuerforderungen die insolvenzrechtlichen Vorschriften vorgreiflich sind. Da das Insolvenzplanverfahren gem. § 217 InsO ein Sonderverfahren zur Verwertung der Insolvenzmasse und die Verteilung an die Beteiligten darstellt, sind die Regelungen des Insolvenzverfahrens gem. § 251 Abs. 2 AO vorgreiflich. Für eine Zustimmung des Fiskalgläubigers zum Insolvenzplan ist es deswegen z. B. nicht erforderlich, dass die Voraussetzungen eines Erlasses gem. § 227 AO, insbesondere die Voraussetzung, dass eine Einziehung der Steuerforderungen nach der Lage des einzelnen Falls unbillig wäre, gegeben sind.

5.2

Allerdings wird von Frotscher[5] zutreffend darauf hingewiesen, dass die Finanzverwaltung ihr internes Verfahren über die Teilnahme am Insolvenzplan regeln und entspr. interne Zustimmungserfordernisse schaffen kann oder Hinweise für die Ausübung des Ermessens bei der Entscheidung über die Annahme des Insolvenzplanes im Rahmen der insolvenzrechtlichen Vorschriften[6] geben kann.

5.3

Die Ausübung des Stimmrechts durch die Finanzbehörde ist kein Verwaltungsakt, sondern Verfahrenshandlung. Verweigert die Finanzbehörde die Zustimmung, kann diese vom Insolvenzverwalter im Wege der Leistungsklage nach § 40 Abs. 1 FGO gerichtlich erzwungen werden. Dabei soll es auch möglich sein, einstweiligen Rechtsschutz über einen Antrag auf einstweilige Anordnung nach § 114 FGO zu erlangen[7].

5.4

---

1 Vgl. Tipke/Kruse-*Loose*, AO/FGO, § 251 AO Rn. 110.
2 Vgl. BMF-Schreiben (koordinierter Ländererlass) v. 17.12.1998, BStBl. I 1998, 1500, Tz. 9.2.
3 BStBl. I 2011, 238, Abschn. 61.
4 Vgl. Tipke/Kruse-*Loose*, AO/FGO, § 251 AO Rn. 110; *Frotscher*, Besteuerung bei Insolvenz, S. 322 f.
5 Vgl. *Frotscher*, Besteuerung bei Insolvenz, S. 323.
6 Vgl. Allgem. Verwaltungsvorschrift zur Änderung der Vollstreckungsanweisung v. 18.9.2001, BStBl. I 2011, 238, Abschn. 61.
7 Vgl. *Waza/Uhländer/Schmittmann*, Insolvenzen und Steuern, 10. Aufl., Rn. 1095 f.

5.5 Umstritten ist ebenfalls, welchen rechtlichen Charakter Steuerforderungen, die mit der Rechtskraft der Bestätigung des Insolvenzplanes erlassen wurden, nach dem Inkrafttreten noch haben. Nach Auffassung der Finanzverwaltung[8] sollen die Abgabenforderungen zu „unvollkommenen" Forderungen werden, die rechtlich noch Bestand haben und damit erfüllbar bleiben, gegenüber dem Schuldner jedoch nicht mehr geltend gemacht werden dürfen (Vollstreckungsverbot/Aufrechnungsverbot)[9]. Dies wird damit gerechtfertigt, dass die Zustimmung zu einem Insolvenzplan nicht die Stundung oder den Erlass i. S. d. §§ 222, 227 AO ersetze. Folglich würden die Ansprüche aus dem Steuerschuldverhältnis auch nicht i. S. v. § 47 AO erlöschen. Diese Auffassung ist u. E. zu weitgehend. Zwar heißt es in § 47 AO, dass Ansprüche aus dem Steuerschuldverhältnis, **insbesondere** durch Erlass gem. §§ 163, 227 AO erlöschen. Die in § 47 aufgezählten besonderen Erlöschensgründe der AO sind jedoch durch Verwendung des Begriffs „insbesondere" nicht abschließend. Es sind neben den dort einzeln genannten Erlöschensgründen weitere Gründe vorhanden[10]. Dies können auch Erlöschensgründe außerhalb der abgabenrechtlichen Vorschriften sein. Weshalb somit das Erlöschen nach §§ 254, 255 InsO als Rechtswirkung der Bestätigung des Insolvenzplanes davon ausgenommen sein soll, ist nicht ersichtlich. Allerdings hat der BGH mit Urteil vom 19.5.2011[11] entschieden, dass eine Steuerforderung, die Kraft eines rechtskräftigen Insolvenzplans als erlassen gilt, weiter als unvollkommene aber erfüllbare Verbindlichkeit des Schuldners fortbesteht. Deshalb sei auch eine Aufrechnung mit Gegenforderungen des Schuldners mit derartigen unvollkommenen Verbindlichkeiten des Schuldners weiterhin möglich, soweit die Aufrechnungslage im Zeitpunkt der Verfahrenseröffnung schon bestand. Die Schutzwirkung des § 94 InsO reicht somit über die Beendigung des Planverfahrens hinaus, sodass der Fiskus auch mit seinen durch den Insolvenzplan erlassenen Forderungen mit etwaigen Erstattungsansprüchen, die auf die Zeit vor Verfahrenseröffnung entfallen, aufrechnen kann.

5.6 Kommt es gem. § 255 InsO zum Wiederaufleben erlassener Forderungen oder zur erneuten Fälligkeit von gestundeten Forderungen, weil der Schuldner mit der Erfüllung des Plans erheblich in Rückstand geraten ist, werden hiervon auch die Fiskalforderungen umfasst. Handelt es sich bei der rückständigen Leistung des Schuldners um eine Leistung, die er gegenüber der Finanzbehörde zu erbringen hat, so ist er schriftlich mit einer Nachfrist von mindestens 2 Wochen von der Finanzbehörde zu mahnen[12].

II. Materiell-steuerrechtliche Fragen im Insolvenzplanverfahren

1. Gewinnrealisation und Mindestbesteuerung

5.7 Wie in normalen Insolvenzverfahren auch, kann es bei Insolvenzplanverfahren im Rahmen der Verfahrensdurchführung zu der Realisation von ertragsteuerlichen Gewinnen kommen. Dies kann einerseits durch Verwertungshandlungen verursacht werden, die auch im Insolvenzplanverfahren stattfinden können, z. B. durch die Veräußerung von nicht betriebsnotwendigem Vermögen, das stille Reserven beinhaltete. Darüber hinaus entstehen im Insolvenzplanverfahren typischer Weise dadurch Gewinne, dass es zum Erlass von Verbindlichkeiten des Insolvenzschuldners kommt. Durch den Wegfall der Verbindlichkeiten kommt es regelmäßig (aber nicht immer zwingend) zur steuerlichen Gewinnrealisation.

---

8 Vgl. BMF-Schreiben (koordinierter Ländererlass) v. 17.12.1998, BStBl. I 1998, 1500, Tz. 9.3.
9 Zustimmend Tipke/Kruse-*Loose*, AO/FGO, § 251 AO Rn. 116.
10 Vgl. Tipke/Kruse-*Kruse*, AO/FGO, § 47 Rn. 2, 9 f.
11 Vgl. BGH, Urt. v. 19.5.2011, BB 2011, 1602
12 Vgl. Tipke/Kruse-*Loose*, AO/FGO, § 251 Abs. 119.

Beispiel 1: 5.8
Insolvenzschuldner ist eine GmbH, der im Rahmen des Insolvenzplanverfahrens Verbindlichkeiten aus Lieferungen und Leistungen erlassen werden. Der Wegfall der Verbindlichkeiten führt zu ertragsteuerlichen Gewinnerhöhungen.

Beispiel 2: 5.9
Der Insolvenzschuldner ist eine natürliche Person, der als Architekt ein selbständiges Büro unterhält. Der Verwalter führt den Betrieb fort. Der Schuldner ermittelt seinen Gewinn durch Einnahme-Überschussrechnung gem. § 4 Abs. 3 EStG. Vor Insolvenzverfahrenseröffnung hat er Leistungen von einem Modellbauunternehmer bezogen, diese jedoch nicht mehr bezahlt. Der Wegfall der entspr. Verbindlichkeit gegenüber dem Modellbauunternehmer im Rahmen der Durchführung eines Insolvenzplanverfahrens führt nicht zur Entstehung von steuerpflichtigen Gewinnen, da sich im Rahmen der Überschussrechnung gem. § 4 Abs. 3 EStG der entspr. Aufwand erst mit Leistung der Zahlung auswirkt. Da die Zahlung jedoch nicht geleistet wurde, kam es nicht zur Buchung von Aufwand; folgerichtig führt auch der Wegfall der entspr. Verbindlichkeit nicht zur Realisation eines Ertrages.

Beispiel 3: 5.10
Insolvenzschuldner ist eine GmbH und Co. KG, die eine Darlehensverbindlichkeit in Höhe von Mio. EUR 1,0 gegenüber ihrem Kommanditisten hat. Der insolvenzplanbedingte Wegfall der Darlehensverbindlichkeit gegenüber dem Kommanditisten ist erfolgsneutral, wenn er durch das Gesellschaftsverhältnis zur Personengesellschaft veranlasst ist[13].

Kommt es im Rahmen des Insolvenzplanverfahrens zur Entstehung von Gewinnen, die tatsächlich Ertragsteuerzahlungen verursachen, führt dies regelmäßig zu Schwierigkeiten. Entspr. Liquiditätsabflüsse werden von der Gesamtheit der Gläubiger als Bevorzugung des Fiskalgläubigers empfunden, denn die Vermögensminderung der verzichtenden Gläubiger würde unmittelbar zur Vermögensmehrung beim Fiskalgläubiger führen. Ein Plan mit derartigen Folgewirkungen wird kaum konsensfähig sein. Abgesehen davon wird mit dem so bewirkten Liquiditätsabfluss kein wirtschaftlicher Nutzen im Rahmen der Sanierung des schuldnerischen Unternehmens erzeugt. Deswegen ist die Vermeidung der Entstehung von insolvenzplanbedingten Ertragsteuern regelmäßig notwendige Bedingung zur Erreichung des Verfahrenserfolgs. 5.11

Aufgrund der Verlustphase, die einer Insolvenz typischer Weise vorausgeht, verfügen die Insolvenzschuldner i. d. R. über steuerliche Verlustvorträge, teilweise in beträchtlicher Höhe. Dies ist jedoch nicht zwingend der Fall. Handelt es sich z. B. beim schuldnerischen Unternehmen um eine frühere Organgesellschaft als Teil einer ertragsteuerlichen Organschaft, wurden Verluste vom Organträgerunternehmen übernommen, so dass die später in Insolvenz gefallene Organgesellschaft keine eigenen Verlustvorträge hat. Da die ertragsteuerliche Organschaft regelmäßig mit der Eröffnung des Insolvenzverfahrens endet, stehen keine Verlustvorträge zur Kompensation eventueller Abwicklungsgewinne zur Verfügung. Verlustvorträge können z. B. auch durch frühere Anteilseignerwechsel (vgl. § 8c KStG, § 10a Satz 10 GewStG) untergegangen sein. Oft werden wesentliche Verluste auch durch Buchhaltungs- und Steuererklärungsdefizite in der vorinsolvenzlichen Phase des Unternehmensniederganges nicht mehr oder nicht richtig deklariert, wodurch ebenfalls eine zu niedrige Festsetzung von Verlustvorträgen möglich ist. Handelt es sich beim Insolvenzschuldner um eine natürliche Person, können Verlustvorträge z. B. im Rahmen der Zusam- 5.12

---

13 Vgl. Schmidt/Weber-Grellet-*Schmidt/Wacker*, EStG, § 15 Rn. 550

menveranlagung von einem Ehegatten mit positiven Einkünften konsumiert worden sein.

5.13 Kommt es im Rahmen der Durchführung des Insolvenzplanverfahrens zur Realisation von ertragsteuerlichen Gewinnen, z. B. durch Verwertung von Vermögensgegenständen, die stille Reserven beinhalteten oder durch den Erlass von Verbindlichkeiten, führt dies zu umso größeren Nachteilen, je weniger Verlustvorträge für eine Kompensation dieser Gewinne zur Verfügung stehen.

5.14 Aber nicht nur dann, wenn die im Rahmen des Insolvenzplanverfahrens entstehenden Gewinne die vorhandenen Verlustvorträge übersteigen, drohen Ertragsteuern. Denn durch die mit dem Veranlagungszeitraum 2004 eingeführte Regelung der sog. „Mindestbesteuerung" (vgl. § 10d Abs. 2 EStG) kann es, trotz den Gewinn übersteigender Verlustvorträge, gleichwohl zur Entstehung von Ertragsteuern kommen. Grds. dürfen Verluste – soweit sie nicht auf den letzten vergangenen Veranlagungszeitraum zurückgetragen wurden (max. bis zu EUR 1.000.000, bis Veranlagungszeitraum 2012 EUR 511.500) – zeitlich unbegrenzt vorgetragen werden. Allerdings dürfen im Abzugsjahr nicht ausgeglichene Verluste der Vorjahre uneingeschränkt nur bis zu einem Gesamtbetrag von Mio. EUR 1,0 abgezogen werden. Die diesen Sockelbetrag übersteigenden positiven Einkünfte dürfen nur zu 60% mit vorhandenen Verlustvorträgen verrechnet werden. Gegen das Konzept der Mindestbesteuerung wurden verfassungsrechtliche Bedenken wegen eines Verstoßes gegen das objektive Nettoprinzip erhoben[14]. Der BFH hat hingegen mit Entscheidungen vom 22.8.2012[15] und 20.9.2012[16] festgestellt, dass die Vorschrift in ihrer Grundkonzeption nicht per se verfassungswidrig ist. Eine Verfassungswidrigkeit der Mindestbesteuerung wird jedoch weiter für möglich gehalten wenn sie zu einer Definitiven Besteuerung trotz vorhandener Verlustvorträge führt, z. B. weil eine Verlustverrechnung wegen Beendigung der Tätigkeit des betroffenen Rechtsträgers oder bei einem Erbfall zukünftig ausgeschlossen ist.[17] Trotz der verfassungsrechtlichen Bedenken, die gerade in Insolvenzfällen relevant sein können, ist bis zu einer Klärung durch die Rechtsprechung die Wirkung der Mindestbesteuerung bei der Konzeption der Sanierungsmaßnahmen zu beachten.

5.15 Beispiel: Vorhandene Verlustvorträge i. S. d. § 10d EStG einer GmbH Mio. EUR 5,0. Im Rahmen der Durchführung des Insolvenzplanverfahrens werden Gewinne durch den Wegfall von Verbindlichkeiten in Höhe von Mio. EUR 4,0 realisiert. Von den vorhandenen Verlustvorträgen darf nur Mio. EUR 1,0 direkt mit dem Gewinn verrechnet werden. Es verbleibt ein Gewinn von Mio. EUR 3,0, der nur zu 60% durch weitere Verlustvorträge reduziert werden darf, d. h., es ist eine weitere Verlustverrechnung von Mio. EUR 1,8 vorzunehmen, Mio. EUR 1,2 müssen der Körperschaftsteuer und (angenommen es besteht ein Gleichklang von gewerbesteuerlichen Verlustvorträgen und gewerbesteuerlichem Einkommen mit der Körperschaftsteuer) der Gewerbesteuer unterworfen werden. Bei einer Gesamt-Ertragsteuerbelastung von 30% ergibt sich eine Belastung von TEUR 360.

2. Billigkeitsmaßnahmen für Sanierungsgewinne

5.16 Bis einschließlich Veranlagungszeitraum 1997 konnten sog. Sanierungsgewinne unter den Voraussetzungen des § 3 Nr. 66 EStG als steuerfrei behandelt werden. Die Steuerbefreiung wurde jedoch mit Wirkung ab Veranlagungszeitraum

---

14 Vgl. *Orth*, FR 2005, 515; *Eckhoff* in: von Groll, DStJG, 11; *Hallerbach*, in: Herrmann/Heuer/Raupach, EStG, § 10d Anm. 12 f. m. w. N.
15 Vgl. BFH, Urt. v. 22.8.2012, I R 9/11, DStR 2012, 2435.
16 Vgl. BFH Urt. v. 20.9.2012, IV R 36/10, DStR 2012, 2488.
17 Vgl. *Braun/Geist*, BB 2013, 351

1998 gestrichen. Dies wurde zum einen damit begründet, dass im Zeitpunkt der Einführung der Steuerbefreiung Verlustvorträge nur 5 Jahre vorgetragen werden konnten, so dass es bei Sanierungsgewinnen zu Steuerabflüssen kommen konnte, obwohl Verlustvorträge vorhanden waren, die jedoch aufgrund der zeitlich eingeschränkten Vortragsfähigkeit nicht mehr verwendet werden konnten. Da zwischenzeitlich jedoch Verlustvorträge uneingeschränkt vorgetragen werden konnten, wurde für die Regelung keine zwingende Notwendigkeit mehr gesehen. Darüber hinaus sollte die Abschaffung der Regelung der Verwaltungsvereinfachung dienen.[18]

Nach der bis zum Jahr 1997 gültigen Regelung waren Betriebsvermögenserhöhungen, die dadurch entstanden, dass Schulden zum Zweck der Sanierung ganz oder teilweise erlassen werden, steuerfrei. Dabei hatten Rspr. und Verwaltung einschränkende Kriterien zur Abgrenzung derartiger Sanierungsgewinne entwickelt. So musste es sich um einen Schulderlass handeln, der von einer Sanierungsabsicht der Gläubiger getragen wurde. Außerdem musste das begünstigte Unternehmen sanierungsbedürftig und sanierungsfähig und der Schulderlass sanierungsgeeignet sein.[19]

5.17

Die Abschaffung dieser Regelung wurde insbesondere im Zusammenhang mit der Einführung der neuen InsO und der damit verbundenen Sanierungsorientierung des Insolvenzverfahrens allgemein beklagt. Mit BMF-Schreiben v. 27.3.2003[20] erkannte auch die Finanzverwaltung an, dass die Erhebung von Ertragsteuern auf einen Sanierungsgewinn für den Steuerpflichtigen eine erhebliche Härte darstellen kann, die den Erlass der Steuern aus sachlichen Billigkeitsgründen rechtfertigt. Die Voraussetzungen werden im Einzelnen im BMF-Schreiben v. 27.3.2003 dargestellt.

5.18

Im genannten BMF-Schreiben wird zunächst die Sanierung als eine Maßnahme, die darauf gerichtet ist, ein Unternehmen oder einen Unternehmensträger vor dem finanziellen Zusammenbruch zu bewahren und wieder ertragsfähig zu machen, definiert. Dabei wird klargestellt, dass dies insbesondere auch für Sanierungen im Rahmen eines Insolvenzverfahrens gilt. Hiervon werden nichtunternehmensbezogene Sanierungen abgegrenzt. Danach soll die Begünstigung nicht gewährt werden, wenn Schulden erlassen werden, um dem Steuerpflichtigen oder einem Beteiligten den schuldenfreien Übergang in sein Privatleben oder in den Aufbau einer anderen Existenzgrundlage zu ermöglichen. Allerdings ist darauf hinzuweisen, dass die Finanzverwaltung die Beschränkung auf unternehm*ens*bezogene Sanierungen mit BMF-Schreiben v. 22.12.2009[21] in den Fällen einer Restschuldbefreiung gem. § 286 ff. InsO und der Verbraucherinsolvenz i. S. d. § 304 ff. InsO wieder aufgehoben hat. Somit ist in diesen zwei Fällen eine Begünstigung eines Sanierungsgewinnes auch dann anzunehmen, wenn es sich um eine unternehm*er*bezogene Sanierung handelt. Zwar hat der BFH mit Urt. v. 14.7.2010[22] die Versagung der Begünstigung eines Sanierungsgewinnes im Rahmen einer unternehm*er*bezogenen Sanierung *außerhalb eines Insolvenzverfahrens* für rechtens erkannt. In dem entschiedenen Fall hatte das Finanzamt jedoch alleine die Regelungen des BMF-Schreibens vom 27.3.2003 zu beachten, weil das weitere BMF-Schreiben vom 22.12.2010 zum Zeitpunkt der Entscheidung noch nicht ergangen war und sich die Entscheidung der Finanzbehörde als ermessensfehlerfrei darstellte. Ob die vom BMF im Schreiben v. 22.12.2009 benannten Fälle der Begünstigung einer unternehm*er*bezogenen Sanierung im Rest-

5.19

---

18 Vgl. *Kanzler*, FR 2003, 480.
19 Vgl. BFH, Urt. v. 14.3.1990, BStBl. II 1990, 810.
20 Vgl. BMF-Schreiben IVA6-S-2140-08/03, BStBl. I 2003, 240.
21 Vgl. BMF-Schreiben IVC6-S-2140/07/10001-01 v. 22.12.2009, BStBl. I 2010, 18.
22 Vgl. BFH, Urt. v. 14.7.2010, X R 34/08, BStBl. II 2010, 916.

schuldbefreiungs- oder Verbraucherinsolvenzverfahren anders zu beurteilen sind, war somit nicht Gegenstand der Entscheidung.

5.20 Das BMF-Schreiben v. 27.3.2003 definiert einen Sanierungsgewinn als Erhöhung des Betriebsvermögens, die dadurch entsteht, dass Schulden zum Zweck der Sanierung ganz oder teilweise erlassen werden. Dabei greift das BMF-Schreiben zur näheren Charakterisierung eines Sanierungsgewinns auf die Kriterien zurück, die Rspr. und Verwaltung schon zur überkommenen Regelung des § 3 Nr. 66 EStG entwickelt hatten. D.h., ein begünstigter Sanierungsgewinn setzt die Sanierungsbedürftigkeit und Sanierungsfähigkeit des Unternehmens sowie die Sanierungseignung des Schulderlasses und die Sanierungsabsicht der Gläubiger voraus. Diese Merkmale werden vom BMF-Schreiben als erfüllt angesehen, wenn ein **Sanierungsplan** vorliegt. Dabei wird offen gelassen, was unter einem Sanierungsplan im Sinne des BMF-Schreibens zu verstehen ist. Da jedoch inzwischen mit dem bereits zitierten BMF-Schreiben v. 22.12.2009[23] unter Tz. 3 klargestellt wird, dass Fälle der Planinsolvenz i. S. d. §§ 217 ff. InsO originär unter den Anwendungsbereich des BMF-Schreibens v. 27.3.2003 fallen, kann dies für Insolvenzpläne stets als erfüllt gelten.

5.21 In Fällen der einheitlichen und gesonderten Gewinnfeststellung, also insbesondere für Personengesellschaften, erfolgt die Ermittlung des Sanierungsgewinns durch das Betriebsfinanzamt. Das sich daran anschließende Stundungs- und Erlassverfahren nach den weiteren Regelungen des BMF-Schreibens erfolgt durch das Wohnsitzfinanzamt des Gesellschafters.

5.22 Ist festgestellt, dass es sich bei der Betriebsvermögensmehrung um einen Sanierungsgewinn im Sinne der vorstehenden Ausführungen handelt, ist nach dem genannten BMF-Schreiben v. 27.3.2003 eine Kombination von abweichender Festsetzung aus Billigkeitsgründen (gem. § 163 AO) mit Stundung (§ 222 AO) sowie einem späteren Erlass (§ 227 AO) vorzunehmen. Dabei sollen zunächst die Einkünfte unter Verrechnung mit sämtlichen vorhandenen Verlustvorträgen bzw. negativen Einkünften unbeschadet von gesetzlichen Ausgleichs- und Verrechnungsbeschränkungen (z. B. gem. §§ 2 Abs. 3, 2a, 2b, 10d, 15 Abs. 4, 15a, 23 Abs. 3 EStG) vorgenommen werden. D.h., zunächst wird der Sanierungsgewinn vollständig mit sämtlichen greifbaren Verlusten und Verlustvorträgen verrechnet. Verbleibt nach den vorgenannten Verrechnungen ein Sanierungsgewinn, so ist die daraus resultierende Körperschaft- oder Einkommensteuer zunächst zu stunden. Die Stundung hat den Zweck, zunächst abzuwarten, ob evtl. in späteren Veranlagungszeiträumen erneut Verluste entstehen, die im Wege des Verlustrücktrages ebenfalls mit dem Sanierungsgewinn verrechnet werden könnten. Die Finanzverwaltung macht die Gewährung der Billigkeitsmaßnahmen davon abhängig, dass weder ein Verzicht auf die Vornahme eines späteren Verlustrücktrages noch ein Antrag des Steuerpflichtigen auf eine Verrechnung mit anderen Einkünften oder die Feststellung eines Verlustvortrages gestellt wird. In diesen Maßnahmen sieht die Finanzverwaltung vielmehr einen Antrag auf Rücknahme des Erlassantrages, so dass die Billigkeitsmaßnahme keine Anwendung findet. Ebenso soll die Stundung dazu dienen, bei einem Forderungsverzicht mit Besserungsschein die auf den Sanierungsgewinn entfallende Steuer anzupassen, wenn Zahlungen auf den Besserungsschein geleistet werden. Denn wird ein Erlass mit Besserungsschein im Rahmen des Insolvenzplanverfahrens vorgesehen, soll gleichwohl zunächst in Höhe des gesamten Erlassbetrages ein Sanierungsgewinn festgestellt werden,[24] so dass sich bei späteren Besserungszahlungen sich der entspr. Sanierungsgewinn wiederum vermindert.

---

23 Vgl. a. a. O.
24 Vgl. BMF-Schreiben v. 27.3.2003, a. a. O., Tz. 5.

5.23 Hierzu ist kritisch anzumerken, dass durch diese Regelung die Steuerfestsetzungen so lange offengehalten werden müssen, wie Zahlungen aus dem Besserungsschein möglich sind. Werden die Zahlungen aus dem Besserungsschein – wie durchaus üblich – nicht zeitlich befristet, führt dies zu erheblicher Rechtsunsicherheit noch Jahre nach der Sanierungsmaßnahme. Komplikationen sind auch in Verfahren über das Vermögen von Personengesellschaften zu erwarten, da hier durch das Ineinandergreifen von gesellschafts- und gesellschafterbezogenen Verlustverrechnungsmöglichkeiten eine Berücksichtigung im Rahmen der gesonderten Feststellung der Personengesellschaft kaum möglich erscheint.

5.24 Schließlich wird im BMF-Schreiben weiter klargestellt, dass für die Stundung und den Erlass der Gewerbesteuer die jeweilige Gemeinde zuständig ist. Dementsprechend hat der BFH mit Urt. v. 25.4.2012[25] festgestellt, dass eine abweichende Festsetzung des Gewerbesteuermessbetrages durch das Finanzamt nach den Grundsätzen des BMF-Schreibens vom 27.3.2003 – trotz unstreitig vorliegendem Sanierungsgewinn – mangels Zuständigkeit des Finanzamtes nicht in Frage kommt. Dies ist abgabenrechtlich kaum zu beanstanden, führt jedoch bei Unternehmen mit Betriebsstätten in unterschiedlichen Gemeinden dazu, dass die entspr. Billigkeitsmaßnahmen bei jeder einzelnen Gemeinde zu beantragen sind und jede Gemeinde gesondert – ggf. zunächst unterschiedlich – entscheiden kann.

5.25 In der Praxis der Gestaltung von Insolvenzplänen ist es vor dem Hintergrund der vielfältigen dargestellten Probleme sinnvoll, eine verbindliche Auskunft i. S. d. § 89 Abs. 2 AO einzuholen. Nach § 89 Abs. 2 AO können die Finanzämter und das Bundeszentralamt für Steuern auf Antrag verbindliche Auskünfte über die steuerliche Beurteilung von genau bestimmten noch nicht verwirklichten Sachverhalten erteilen, wenn daran im Hinblick auf die erheblichen steuerlichen Auswirkungen ein besonderes Interesse besteht. Allerdings ist darauf hinzuweisen, dass § 89 Abs. 2 Satz 1 AO die Erteilung der beantragten verbindlichen Auskunft in das pflichtgemäße Ermessen der Finanzbehörde legt. Im Anwendungserlass zur AO zu § 89 Nr. 3.5.4 werden verschiedene Beispiele für Ablehnungsgründe genannt. Hierzu gehört u. a., dass zu dem Rechtsproblem in absehbarer Zeit eine gesetzliche Regelung, eine höchstrichterliche Entscheidung oder eine Verwaltungsanweisung zu erwarten ist.[26] Da für die Erteilung der verbindlichen Auskunft ein Ermessensspielraum der Finanzverwaltung besteht, ist somit nicht sichergestellt, dass diese erteilt wird. Dementsprechend ist auch nicht sicher, ob sich der Gestalter des Insolvenzplanes mit Hilfe einer verbindlichen Auskunft der Gewährung der Billigkeitsmaßnahmen für den Sanierungsgewinn sicher sein kann. Gegenstand des entsprechenden Antragsbegehrens kann auch allenfalls die Feststellung sein, dass nach dem dargestellten Inhalt des Insolvenzplanes grds. die Voraussetzungen für die Anwendung des BMF-Schreibens gesehen werden.

5.26 In der finanzgerichtlichen Rechtsprechung ist durch das FG München problematisiert worden, ob das BMF-Schreiben v. 27.3.2003 überhaupt anwendbar ist, da diese Verwaltungsanweisung gegen den Grundsatz der Gesetzmäßigkeit der Verwaltung verstoße.[27] Gegen dieses Urteil war zunächst die Revision beim BFH anhängig, die jedoch in der Hauptsache durch Erledigungserklärungen der Parteien ohne Entscheidung blieb.[28] In einer anderen Entscheidung hat das Finanzgericht Köln[29] entschieden, dass ein Steuererlass bei Sanierungsgewin-

---

25 Vgl. BFH, Urt. v. 25.4.2012, I R 24/11, DB 2012, 1723.
26 Vgl. Tipke/Kruse-*Seer*, AO/FGO, § 89 Rn. 41.
27 Vgl. FG München, Urt. v. 12.12.2007, I K 4487/06, EFG 2008, 615.
28 Az. des BFH VIII R 2/08.
29 Vgl. FG Köln, Urt. v. 24.4.2008, VI K 2488/06, EFG 2008, 1555.

nen sogar über die BMF-Schreiben v. 27.3.2003 genannten Voraussetzungen hinaus zu gewähren ist. Das hiergegen anhängige Revisionsverfahren ist zwischenzeitlich entschieden.[30] In diesem Urteil hat der BFH festgestellt, dass zwar in dem streitgegenständlichen Fall die Ermessensentscheidung des Finanzamtes, keinen Sanierungsgewinn anzunehmen, ermessensfehlerfrei war. Gleichzeitig hat der BFH jedoch klargestellt, dass grds. im BMF-Schreiben v. 27.3.2003 kein Verstoß gegen den Grundsatz der Gesetzmäßigkeit der Verwaltung zu sehen ist. Erneute Zweifel an der Rechtmäßigkeit des BMF-Schreibens vom 27.3.2003 hat das FG Leipzig[31] angemeldet. Das Urteil ist nicht rechtskräftig.[32] Es besteht Hoffnung, dass der X. Senat des BFH seine bisher nur obiter dictum geäußerte Ansicht, das BMF-Schreiben vom 27.3.2003 verstoße nicht gegen den durch die Aufhebung des § 3 Nr.66 EStG gezeigten Willen des Gesetzgebers, nochmals bekräftigt. Auch vor dem Hintergrund der insoweit noch unklaren Rechtslage ist bei der Gestaltung von Insolvenzplänen eine Abstimmung mit der Finanzverwaltung, idealerweise die Einholung einer verbindlichen Auskunft, mehr als angezeigt.

3. Erhalt von Verlustvorträgen vor und im Insolvenzplanverfahren

5.27 Auch wenn ein im Rahmen eines Insolvenzplanverfahrens entstehender Sanierungsgewinn nach Maßgabe des BMF-Schreibens v. 27.3.2003 i. d. R. die Voraussetzungen für die Gewährung verschiedener Billigkeitsmaßnahmen bis hin zum Erlass der durch den Forderungsverzicht ausgelösten Steuern erfüllt, sind damit die ertragsteuerlichen Probleme nicht unbedingt vollständig erledigt. Denn potentielle Gewinne entstehen, wie im vorstehenden Abschnitt dargestellt, nicht nur durch den insolvenzplanbedingten Forderungserlass sondern auch durch Verwertungshandlungen (Verkauf von Gegenständen mit stillen Reserven) oder durch Gewinne, die im Rahmen der Fortführung des schuldnerischen Geschäftsbetriebes erwirtschaftet werden. Da die Begünstigung des BMF-Schreibens v. 27.3.2003 nur für den Sanierungsgewinn zu gewähren ist[33], kann eine Steuerbelastung verbleiben, die **nicht** durch den Sanierungsgewinn verursacht wurde und damit erlassfähig ist. Sofern keine ausreichenden Verlustvorträge vorhanden sind oder die Regelungen zur sog. Mindestbesteuerung gem. § 10d Abs. 2 EStG greifen, kann es zur Entstehung von Ertragsteuern kommen, die, sofern sie nicht vor Verfahrenseröffnung begründet sind und nicht dem insolvenzfreien Bereich zuzuordnen sind, als Masseverbindlichkeiten eingeplant werden müssen.

5.28 Ob eine entspr. Ertragssteuerbelastung vor oder nach Verfahrenseröffnung begründet ist, richtet sich nach insolvenzrechtlichen Grundsätzen. Auf die steuerliche Entstehung der Forderungen und deren Fälligkeit kommt es nicht an[34].

5.29 Die Rspr. des BFH zu dieser Frage war bislang nicht einheitlich. So vertrat der V. Senat des BFH[35] die Auffassung, dass sich die Frage, ob ein Umsatzsteueranspruch eine Insolvenzforderung oder eine Masseverbindlichkeit darstellt,

---

30 Vgl. BFH, Urt. v. 14.7.2010, X R 34/08.
31 FG Leipzig, Urt. v. 24.3.2013, ZIP 2013, 2274.
32 Az. des BFH X R 23/13.
33 Der Anteil der Steuer, die auf den Sanierungsgewinn entfällt, ist nach Auffassung der Finanzverwaltung durch eine sog. Schattenveranlagung in der Gestalt zu ermitteln, dass zunächst der unter Einbeziehung des Sanierungsgewinns festzusetzende Steuerbetrag ermittelt wird, von dem sodann der Steuerbetrag, der sich ergeben würde, wenn die Veranlagung ohne Einbeziehung des Sanierungsgewinns durchgeführt würde, abgezogen wird, vgl. OFD Niedersachsen, Verfügung v. 25.2.2010, DB 2010, 982.
34 Vgl. *Waza/Uhländer/Schmittmann*, Insolvenzen und Steuern, Rn. 703; *Frotscher*, Besteuerung bei Insolvenz, S. 64; BFH, B. v. 7.6.2006, VII B 329/05, BFH NV 2006, 1728; BFH, Urt. v. 18.5.2010, X R 60/08, BFH NV 2010, 1685.
35 Vgl. zuletzt Urt. v. 29.1.2009, V R 64/07, BStBl. II 2009, 682.

danach richte, ob der Zeitpunkt, zu dem der den Umsatzsteueranspruch begründende Tatbestand vollständig verwirklicht worden sei, vor Verfahrenseröffnung läge. Welche Anforderungen im Einzelnen an die erforderliche vollständige Tatbestandsverwirklichung vor Verfahrenseröffnung zu stellen seien, richte sich nach den jeweiligen Vorschriften des Steuerrechts und nicht nach denen des Insolvenzrechts. Der für Aufrechnungsfragen zuständige VII. Senat des BFH sah dies jedoch wiederum anders: Nach seiner Auffassung kam es für die Frage, ob ein steuerrechtlicher Anspruch zur Insolvenzmasse gehört oder ob die Forderung des Gläubigers eine Insolvenzforderung ist, darauf an, ob in diesem Zeitpunkt nach insolvenzrechtlichen Grundsätzen der Rechtsgrund für den Anspruch bereits gelegt worden sei.[36] Mit Urteil vom 25.7.2012[37] hat sich jedoch nunmehr der VII. Senat der Rechtsauffassung des V. Senats angeschlossen.

Beispiel: 5.30
Der Insolvenzschuldner ist ein selbständiger Architekt. Er hat vor Verfahrenseröffnung Planungsleistungen erbracht und diese in Rechnung gestellt. Die Rechnung berechnet die Umsatzsteuer gem. § 20 Abs. 1 Nr. 3 UStG nach vereinnahmten Entgelten. Der Kunde bezahlt die Planungsrechnungen zwei Tage nach Verfahrenseröffnung.

Unter Anwendung der früheren Auffassung des VII. Senats war die Umsatzsteuer aus den Planungsleistungen des Architekten Insolvenzforderung, da der Steueranspruch durch die Erbringung der Leistung vor Verfahrenseröffnung verursacht wurde, d.h., dass der Rechtsgrund für die spätere Entstehung der Steuer damit bereits gelegt war. Nach der Rspr. des V. Senats des BFH ist die Umsatzsteuer im Beispielsfall Masseverbindlichkeit, da nach der Auffassung des V. Senats der Steueranspruch in dem Zeitpunkt insolvenzrechtlich begründet wird, in dem der Besteuerungstatbestand des Gesetzes **vollständig** verwirklicht ist. Bei der Besteuerung nach vereinnahmten Entgelten gehört zur Verwirklichung des Besteuerungstatbestandes die Vereinnahmung des Entgeltes, die erst nach Verfahrenseröffnung stattfand. 5.31

Ertragsteuerlich sollte die einheitlich (mit Ablauf des Veranlagungszeitraumes entstehende Steuerschuld danach in Insolvenzforderung und Masseverbindlichkeit aufzuteilen sein, durch welche Vorgänge, und in welchem Umfang die Steuerschuld im Laufe des Veranlagungszeitraumes begründet wurde.[38] Denn während die Umsatzsteuer eines Besteuerungszeitraumes (Monat, Quartal oder Jahr) sich aus Einzelumsätzen synthetisieren lässt, fällt eine so genaue Zuordnung bei der Einkommen- und Körperschaftsteuer deutlich schwerer: Es handelt sich hierbei um Jahressteuern, deren Höhe sich nach dem zu versteuernden Einkommen richtet. Das zu versteuernde Einkommen ist – um beim Beispiel der Einkommensteuer zu bleiben – von einer Vielzahl von Einzelfaktoren abhängig, die in eine Gesamtberechnung eingehen. Dabei sind die ertragsmäßigen Auswirkungen einzelner Geschäftsvorfälle ebenso von Bedeutung, wie persönliche Lebensumstände des Steuerpflichtigen (z.B. Vorhandensein von Kindern, Zusammenveranlagung mit einem Ehegatten). Deswegen wird die Ertragsteuer für das Jahr der Verfahrenseröffnung zunächst einheitlich ermittelt und dann nach dem Verhältnis der Teileinkünfte aufgeteilt, die auf die Zeit vor Verfahrenseröffnung und nach Verfahrenseröffnung entfallen. Diese Teileinkünfte werden so ermittelt, als ob ein abgekürzter Besteuerungszeitraum jeweils von Beginn des Jahres bis zur Verfahrenseröffnung und von Verfahrenseröffnung 5.32

---
36 Vgl. BFH, Urt. v. 5.10.2004, VII R 69/03, BFH-NV 2005, 397.
37 Vgl. BFH, Urt. v. 25.7.2012, BStBl. II 2013, 36.
38 Vgl. BFH, Urt. v. 11.11.1993, XI R 73/92, BFH NV 1994, 477; BFH, Urt. v. 29.3.1984, IV R 271/83, BStBl. I 1984, 602; BFH, Urt. v. 18.5.2010, X R 60/08, BFH-NV 2010, 1685.

bis zum Ende des Veranlagungsjahres bestehen würde.³⁹ Die Ertragsteuern, die aus der Auflösung von stillen Reserven durch insolvenzbedingte Verfahrenshandlungen entstehen, können nach Auffassung des BFH nicht mit der Legung der stillen Reserven vor Verfahrenseröffnung begründet werden, sondern sind durch die Verwertungshandlung nach Verfahrenseröffnung verursacht, mit der Folge, dass entspr. Vermögensmehrungen und dadurch bedingte Steuerlasten zu Masseverbindlichkeiten werden können.⁴⁰

5.33 Nach einem Urteil des BFH aus dem Jahr 1984⁴¹ sollte hierdurch ausgelöste Einkommensteuer allerdings nur insoweit zur Masseschuld werden, wie der Verwertungserlös auch tatsächlich zur Masse geflossen ist. Jedoch hat der 10. Senat des BFH mit Urteil v. 18.5.2010⁴² es für den Fall der Zurechnung von Einkünften aus einer Personengesellschaft, an der der Insolvenzschuldner beteiligt war und die auf den Zeitraum nach Verfahrenseröffnung entfielen, nicht für erforderlich gehalten, dass ein Zufluss zur Insolvenzmasse erfolgt, um den durch die Beteiligungseinkünfte verursachten Einkommensteuern den Charakter einer Masseverbindlichkeit zu verleihen. Mit Urteil vom 16.5.2013 hat nunmehr der IV. Senat des BFH⁴³ seine frühere Rechtsprechung aus dem Jahr 1984 ausdrücklich aufgegeben und festgestellt, dass die Einkommensteuer aus einem Verwertungsgewinn unabhängig davon, ob der Insolvenzmasse ausreichende Mittel zur Begleichung der Steuer zufließen, trotzdem als Masseverbindlichkeit anzusehen ist.

5.34 In derartigen Fällen (Einkünfte aus laufenden Gewinnen der Fortführung des Geschäftsbetriebes, aus Verwertungshandlungen durch die Auflösung von stillen Reserven, aus Beteiligung an Gesellschaften, aus denen ertragsteuerliche Ergebniszuweisungen resultieren) hilft auch ein Steuererlass nach dem BMF-Schreiben v. 27.3.2003 nicht, um evtl. Belastungen der Insolvenzmasse mit Ertragsteuern abzuwehren. Es handelt sich bei den vorstehenden Beispielen nicht um Sanierungsgewinne. Dies verdeutlicht, wie wichtig in der praktischen Bearbeitung von Insolvenzplänen eine sorgfältige Analyse der ertragsteuerlichen Rahmenbedingungen des Insolvenzschuldners ist. Gerade in größeren Fällen kommt es in der Praxis oft zur vermeidbaren Legung von stillen Reserven vor Verfahrenseröffnung durch eine zu vorsichtige Bewertung im Rahmen der Jahresabschlusserstellung des Schuldnerunternehmens im Zusammenhang mit der Aufgabe der Going-Concern-Prämisse⁴⁴. Wird im Rahmen der Erstellung der letzten Jahresabschlüsse vor Verfahrenseröffnung die Going-Concern-Prämisse aufgegeben, werden die Vermögensgegenstände mit den im Rahmen der Verwertung voraussichtlich erzielbaren Beträgen angesetzt. In der Praxis werden hierbei oft unter Überbetonung des Vorsichtsprinzips sehr pessimistische Werte herangezogen. Erzielt der Verwalter im Rahmen der Verwertung nun tatsächlich höhere Beträge, können entspr. Ertragsteuern als Masseschulden ausgelöst werden. In derartigen Fällen empfiehlt es sich zu prüfen, ob die vorhergehenden Jahresabschlüsse noch einer Berichtigung zugänglich sind⁴⁵.

5.35 Darüber hinaus ist eine sorgfältige Prüfung des Vorhandenseins evtl. Verlustvorträge erforderlich. Sind vor Verfahrenseröffnung Verlustvorträge vorhanden, so ist weiter zu untersuchen, ob durch die im Insolvenzplan vorgesehenen

---
39 Vgl. BFH, Urt. v. 11.11.1993, XI R 73/92, BFH-NV 1994, 477; *Waza/Uhländer/Schmittmann*, Insolvenzen und Steuern, Rn. 1459 ff.
40 Vgl. BFH, Urt. v. 11.11.1993, XI R 73/92, BFH-NV 1994, 477; BFH, Urt. v. 18.5.2010, X R 60/08, BFH-NV 2010, 1685.
41 Vgl. BFH, Urt. v. 29.3.1984, IV R 271/83, BStBl. II 1984, 602.
42 Vgl. a.a.O.
43 Vgl. BFH Urt. v. 16.5.2013, IV R 23/11, BStBl. II 2013, 759.
44 Vgl. § 252 Abs. 1 Nr. 2 HGB.
45 Vgl. hierzu IDW RS HFA 6; § 4 Abs. 2 EStG.

Maßnahmen der Erhalt der entspr. Verlustvorträge möglicherweise gefährdet ist. So können Verlustvorträge noch in der Zeit vor Verfahrenseröffnung durch praktische Steuererklärungsdefizite nicht oder in unvollständiger Höhe festgestellt worden sein. Denn oft erfüllen die Insolvenzschuldner vor Verfahrenseröffnung ihre steuerlichen Erklärungs- und Abgabepflichten nicht, unvollständig oder fehlerhaft. Soweit der Verwalter diese Fehler nicht berichtigt (z. B. weil sie mit ökonomisch vertretbarem Aufwand nicht behoben werden können), droht hier die zu niedrige Feststellung von Verlusten und damit auch evtl. Verlustvorträge. Darüber hinaus können vor wie nach Verfahrenseröffnung Ereignisse eintreten, die zum anteiligen oder vollständigen Untergang der Verlustvorträge führen.

5.36 Gem. § 8c KStG können Verluste nach einem sog. „schädlichen Beteiligungserwerb" ganz oder teilweise nicht mehr abgezogen werden. Ein schädlicher Beteiligungserwerb liegt vor, wenn innerhalb von 5 Jahren mittelbar oder unmittelbar mehr als 25% des gezeichneten Kapitals, der Mitgliedschaftsrechte, Beteiligungsrechte oder Stimmrechte an einer Körperschaft, an einen Erwerber oder diesem nahestehende Personen übertragen werden oder ein hierzu vergleichbarer Sachverhalt vorliegt. Wird dabei die genannte Grenze von 25% überschritten, so gehen die Verlustvorträge anteilig unter. Werden innerhalb von 5 Jahren mittelbar oder unmittelbar mehr als 50% der vorgenannten Rechte übertragen, so gehen bis zum schädlichen Beteiligungserwerb nicht genutzte Verluste vollständig unter, § 8c Abs. 1 Satz 2 KStG.

5.37 Die Regelung des § 8c KStG ist umstritten, insbesondere werden erhebliche verfassungsrechtliche Bedenken erhoben[46]. Das FG Hamburg hat mit Beschluss vom 4.4.2011 die Frage der Verfassungsmäßigkeit des § 8c KStG dem Bundesverfassungsgericht zur Prüfung vorgelegt[47]. § 8c wurde mit Wirkung zum Veranlagungszeitraum 2008 eingeführt. Bis dahin galt die Vorgängervorschrift des § 8 Abs. 4 KStG, so dass es auch vor Einführung des § 8c KStG zum Untergang der Verlustvorträge kommen konnte, allerdings unter anderen als den vorstehend geschilderten Voraussetzungen[48].

5.38 Greift § 8c des KStG ein, so werden auch entspr. gewerbesteuerliche Verlustvorträge gem. § 10a Satz 11 GewStG abgeschnitten.

5.39 Die einzelnen Tatbestandsmerkmale sowie die Reichweite und Rechtsfolgen des § 8c KStG sind derzeit noch stark umstritten. Die Verwaltung hat ihre Auffassung zu diversen offenen Fragen im Zusammenhang mit der Anwendung der Norm in einem umfangreichen BMF-Schreiben[49] dargelegt[50]. An der ursprünglichen Fassung des § 8c KStG wurde u. a. kritisiert, dass die Vorschrift sanierungsfeindlich ist[51]. Dieser Kritik hat sich der Gesetzgeber angenommen, in dem er mit der Aufnahme einer Sanierungsklausel in § 8c Abs. 1a KStG versucht hat, die schädliche Wirkung in Sanierungsfällen zu begrenzen. Allerdings wurde die Anwendung der Sanierungsklausel wg. der Einleitung eines förmlichen Prüfverfahrens durch die EU-Kommission ausgesetzt[52] und zwischenzeitlich als unionsrechtswidrige Beihilfe für unwirksam erklärt. Inzwi-

---

46 Vgl. Gosch-*Roser*, KStG, § 8c KStG, Rn. 26.
47 Vgl. FG Hamburg, Beschl. v. 4.4.2011, 2 K 33/10, DStR 2011,1172; Az. beim BVerfG 2 BvL 6/11.
48 Vgl. hierzu Dötsch/Jost/Pung/Witt-*Dötsch*, Die Körperschaftssteuer, § 8 Abs. 4.
49 Vgl. BMF-Schreiben v. 4.7.2008, IV C 7-S-2745A/08/10001, BStBl. I 2008, 736.
50 Weiterführend zur Auslegung von § 8c KStG: Dötsch/Jost/Pung/Witt-*Dötsch*, Die Körperschaftsteuer, § 8c Rn. 25 ff; Gosch-*Roser*, KStG, § 8c Rn. 30 ff.; Streck-*Olbing*, KStG, § 8c Rn. 6 ff.; *Suchanek*, FR 2008, 904; *Kußmaul/Richter/Tcherveniachki*, GmbHR 2008, 1009.
51 Vgl. *Waza/Uhländer/Schmittmann*, Insolvenzen und Steuern, Rn. 1808.
52 Vgl. BMF-Schreiben v. 30.4.2010, IV C 2, S. 2745 – a/08/10005/002, DStZ 2010, 928.

schen hat das Gericht der Europäischen Union die von der Bundesregierung dagegen erhobene Klage zurückgewiesen, weil diese nach Ablauf der Klagefrist eingereicht wurde. Die Finanzverwaltung geht davon aus, dass im Hinblick auf das von der EU eingeleitete Prüfverfahren die Sanierungsklausel selbst dann nicht anwendbar sein soll, wenn eine verbindliche Auskunft entgegenstehenden Inhalts erteilt worden ist. Es bleibt damit bei der Hoffnung, dass die Regelung des § 8c KStG vom Bundesverfassungsgericht insgesamt als verfassungswidrig eingestuft wird.

5.40 Die Einschränkung oder der gänzliche Untergang der Verlustvorträge unter Anwendung von § 8c KStG kann einerseits durch Anteilsübertragungen vor Verfahrenseröffnung aber auch durch Maßnahmen im Rahmen der Durchführung des Insolvenzplanverfahrens ausgelöst werden.

5.41 Beispiel 1:
Im Rahmen des Insolvenzplanes wird vorgesehen, dass Gläubiger auf ihre Forderungen verzichten und hierfür im Gegenzug im Rahmen einer Kapitalerhöhung neu geschaffene Anteile an der Insolvenzschuldnerin, einer GmbH, erhalten. Die neu geschaffenen Anteile verkörpern mehr als 50% des bisher vorhandenen gezeichneten Kapitals. Hierdurch wird ein schädlicher Beteiligungserwerb i. S. d. § 8c Abs. 1 KStG ausgelöst. Da die Sanierungsklausel des § 8c Abs. 1a KStG wg. EU-Rechtswidrigkeit nicht anwendbar ist, stellt sich die Frage, ob Verlustvorträge nach Verrechnung mit einem evtl. Sanierungsgewinn weiter nach Beendigung des Insolvenzverfahrens genutzt werden dürfen oder nicht. Nach der Regelung des § 8c Abs. 1 KStG ist hiervon nicht auszugehen. Weiter muss die Frage gestellt werden, ob eine Verrechnung mit dem Sanierungsgewinn möglich ist, wenn davon ausgegangen wird, dass die Wirkung der Kapitalerhöhung und die Entstehung des Sanierungsgewinnes mit dem Zeitpunkt des Eintritts der Rechtskraft der Bestätigung des Insolvenzplanes (vgl. § 254 Abs. 1 Satz 1 InsO) zeitlich zusammenfallen. Nach Auffassung der Finanzverwaltung[53] entstehen die neuen Mitgliedschaftsrechte im Anschluss an Kapitalerhöhungen im Zeitpunkt der Eintragung ins Handelsregister. Folglich würde der Sanierungsgewinn, der nach Auffassung der Finanzverwaltung im Zeitpunkt des Eintritts der Rechtskraft des Insolvenzplanes[54] entsteht, damit vor dem Zeitpunkt des schädlichen Beteiligungserwerbs liegen. Nach den Grundsätzen des BMF-Schreibens v. 4.7.2008 a. a. O., Rn. 31f kann deswegen der Sanierungsgewinn noch mit den vorhandenen Verlustvorträgen verrechnet werden.

5.42 Beispiel 2:
Sechs Monate vor Eröffnung des Insolvenzverfahrens über das Vermögen einer GmbH wurde im Rahmen eines außergerichtlichen Sanierungsversuches ein Investor gewonnen, der nach einem vorausgegangenen Kapitalschnitt 75% des noch vorhandenen Stammkapitals übernommen hat. Die GmbH verfügte ursprünglich über Verlustvorträge in Höhe von Mio. EUR 8,0. Das Sanierungskonzept scheiterte, weil die erhoffte Wende in der Ertragslage ausblieb. Bis zur Insolvenzverfahrenseröffnung werden weitere Verluste in Höhe von Mio. EUR 2,0 erwirtschaftet. Nach Verfahrenseröffnung erstellt der Insolvenzverwalter einen Insolvenzplan. Darin ist u. a. vorgesehen, dass das Betriebsgrundstück, das aufgrund einer in früheren Jahren übertragenen § 6b EStG-Rücklage in der Steuerbilanz mit Null EUR zu Buche steht, im Rahmen eines Sale-and-Lease-Back-Geschäfts für Mio. EUR 5,0 veräußert und zurückgemietet wird.

---

53 Vgl. BMF-Schreiben v. 4.7.2008, BStBl. I 2008, 736 Rn. 14.
54 Vgl. OFD Niedersachsen, Verfügung v. 25.2.2010, S-2140-8-ST241, DB 2010, 982.

5.43 Der entstehende Buchgewinn von Mio. EUR 5,0 kann nur mit den Verlustvorträgen, die nach der im Rahmen des gescheiterten Sanierungsversuchs erfolgten Anteilsübertragung entstanden sind, verrechnet werden, mithin in Höhe von insgesamt Mio. EUR 2,0. Die davor vorhandenen Verlustvorträge in Höhe von Mio. EUR 8,0 sind gem. § 8c Abs. 1 KStG nicht mehr nutzbar. Zusätzlich ist noch die Regelung der Mindestbesteuerung gem. § 10d Abs. 2 EStG zu beachten, so dass auch nicht in voller Höhe von Mio. EUR 2,0 verrechnet werden kann, sondern nur in Höhe von Mio. EUR 1,6, so dass Mio. EUR 3,4 mit Körperschaftsteuer und – bei Gleichklang von körperschaftsteuerlichen und gewerbesteuerlichen Verlusten – mit Gewerbesteuer belastet werden. Ertragsteuerbelastung der Masse dann rd. Mio. EUR 1,0.

5.44 Die vorstehenden Beispiele zeigen, dass die Regelung des § 8c KStG erhebliche Probleme bei der Durchführung eines Insolvenzplanverfahrens bereiten kann. Die Sanierungsklausel kann aus den oben dargestellten Gründen nicht angewendet werden, so dass wesentliche Anteilsübertragungen regelmäßig zur Kürzung oder zum Untergang der Verlustvorträge führen. Diese wertvolle Handlungsoption geht dann für die Planerstellung verloren.

2. Hauptteil   6.1, 6.2   Allgemeine Regeln und Grundsätze

Kapitel 6: Inhalt des darstellenden und des gestaltenden Teils des Insolvenzplans sowie die Plananlagen

I. „Vollstreckungsform" des Regelungsgehalts von Insolvenzplänen

1. Rechtsgestaltungen durch den bestätigten Insolvenzplan

6.1 a) Übersicht über die Regelungen der §§ 254 ff. InsO. Um rechtliche Wirkungen entfalten zu können, bedarf der Insolvenzplan der gerichtlichen Bestätigung (§ 248 InsO). Wird diese *formell* rechtskräftig, ist sie also nicht mehr anfechtbar oder ist die gegen sie eingelegte, durch § 253 InsO eröffnete, sofortige Beschwerde abgewiesen,[1] treten eine Reihe von Rechtsfolgen ein. Dabei handelt es sich um **sehr unterschiedliche Wirkungen, die an den unanfechtbar bestätigten Plan geknüpft sind.** Ihnen ist es gemeinsam, dass sie sich auf die im gestaltenden Teil des Planes getroffenen Festlegungen beziehen. Ihr persönlicher Geltungsbereich erstreckt sich, wie im Kapitel 22 im Einzelnen dargelegt, sowohl auf die (auch dissentierenden) Verfahrensbeteiligten als auch auf diejenigen Insolvenzgläubiger, die ihre Forderungen nicht angemeldet haben.

6.2 Der sog. darstellende Teil des Insolvenzplans (§ 220 InsO) hat die Aufgabe, die Voraussetzungen zu erläutern, unter denen die Krise und die beabsichtigte Sanierung des Insolvenzschuldners stehen. In der Amtlichen Begründung[2] heißt es, im darstellenden Teil des Planes werde das Konzept dargelegt und im Einzelnen erläutert, das den Rechtsänderungen zugrunde liegt, die der gestaltende Teil des Plans vorsehe und die durch die Bestätigung des Plans konstitutiv verwirklicht werden sollen. Zunächst beruht der darstellende Teil daher auf einem *Sachbericht* über die Lage des Schuldners und die Ursachen, die in diese Lage geführt haben. Sofern der Verwalter den Plan vorlegen sollte, hat er ohnedies insoweit der Gläubigerversammlung zu berichten (§ 156 Abs. 1 Satz 1 InsO), wobei das Gesetz den Bericht über die wirtschaftliche Lage des Schuldners und ihre Ursachen ausdrücklich mit dem über die Sanierungsaussichten mit oder ohne Insolvenzplan verbindet (§ 156 Abs. 1 Satz 2 InsO). Im Falle der Planinitiative des Schuldners, von der, wie gezeigt, erwartet werden kann, dass sie den Regelfall darstellen wird, muss auch der Schuldner seinem Plantentwurf einen derartigen Sachbericht voranstellen. Dessen Ordnungsmäßigkeit wird durch den gleichwohl zu erstattenden Bericht des Verwalters zu überprüfen sein. Das wird ggf. zu einer Zurückweisung der Planinitiative gem. § 231 Abs. 1 Nr. 1 InsO führen.[3] Im verwalterlosen Verfahren der Eigenverwaltung unter Aufsicht eines Sachwalters trifft den Schuldner ohnedies gem. § 270 InsO die Pflicht, die Gläubigerversammlung über seine Lage und die Ursachen, die zu ihr geführt haben, zu unterrichten. Über die „historische" Darstellung der Ursachen der Krise und die des „Ist"-Zustandes hinaus hat der darstellende Teil noch die Aufgabe, die der Gesetzgeber als Konzeption der beabsichtigten Maßnahmen beschreibt. Dabei handelt es sich der Sache nach um die Begründung der im gestaltenden Teil vorzunehmenden Rechtsgestaltungen.

Planverfasser und Plandokumente
1. **Planverfasser**   – Schuldner oder Verwalter   2. **Gesetzlich vorgesehener Aufbau**   – Darstellender Teil inkl. bewertender Teil, § 220 InsO   – Gestaltender Teil, § 221 InsO   – Einteilung der Gläubiger in Gruppen, § 222 InsO

---

1 Vgl. zur Problemstellung *Carl*, Teilnahmerechte im Konkurs, 170 ff.
2 Amtl. Begr. RegEInsO, BT-Drs. 12/2443, 196 (zu § 258).
3 Siehe unten Kapitel 12.

| 3. Zusammenfassung des wesentlichen Inhalts, § 235 InsO |
| 4. Plananlagen, § 229: Vermögensübersicht, Ergebnis- und Finanzplanung |

b) **Regelungsgegenstände nach § 258 RegEInsO.** Die im Gesetzgebungsverfahren „übriggebliebene" Vorschrift des § 220 InsO ist relativ wenig ausführlich. Die ursprünglich vorgesehenen, aber im Gesetzgebungsverfahren weggelassenen Formulierungen der „Vorläufervorschrift" – § 258 RegEInsO – zeigen indessen, was sich der Gesetzgeber im Hinblick auf die Leistungen und Festlegungen eines Insolvenzplans für Vorstellungen gemacht hat: § 258 Abs. 2 RegEInsO war wesentlich ausführlicher als die heutige Fassung des § 220 InsO. Die Vorschrift führte beispielhaft eine Reihe von Maßnahmen auf, die bei der Sanierung eines Unternehmens häufig zu treffen sind und die der Gesetzgeber damit beschrieb, die **Wiederherstellung der Ertragskraft eines insolventen Unternehmens** werde „regelmäßig" organisatorische und personelle Maßnahmen erfordern wie die Stilllegung einzelner Betriebe oder Betriebsteile und die Entlassung von Teilen der Belegschaft (§ 258 Abs. 2 Nr. 1 RegEInsO).[4] Die Nr. 2 sollte nach Vorstellung des Gesetzgebers über den Umfang der entstehenden Sozialplanforderungen Klarheit schaffen. Um den Gläubigern über die Reichweite der arbeitsrechtlichen Maßnahmen Kenntnis zu geben, sollte ein Sozialplan, der alle mit der Sanierung verbundenen Betriebsänderungen berücksichtigt, möglichst vor der Abstimmung der Gläubiger über den Plan vorliegen, wenigstens sollte der voraussichtliche Gesamtbetrag der Sozialplanforderungen nach dem Stand der Verhandlungen zwischen Betriebsrat und Insolvenzverwalter angegeben werden, um die Bereitschaft der Gläubiger zur Annahme des Plans zu fördern. Darzustellen sollte nach Vorstellung des Gesetzgebers auch ggf. eine bereits getroffene Rahmenvereinbarung für künftige Sozialpläne sein. Unrealistisch war die Nr. 3 des § 258 Abs. 2 RegEInsO: Danach sollten Darlehen, die der Verwalter während des Verfahrens aufgenommen hat, darzustellen sein, da sie in voller Höhe aus der Insolvenzmasse zurückgezahlt werden müssen und ein Risiko für die Befriedigung der Insolvenzgläubiger bedeuten, über das diese Gläubiger vor der Entscheidung über einen Plan unterrichtet werden müssen. Unrealistisch war dies, da eine Sanierung nach längerem Lauf des Verfahrens nicht in Betracht kommen wird; es kann sich insoweit wohl regelmäßig allenfalls um vom vorläufigen Verwalter begründete Masseverbindlichkeiten handeln. Darüber hinaus sollten nach der Vorstellung des Gesetzgebers bei einer beabsichtigten Unternehmenssanierung alle geplanten Eingriffe in die Vermögens-, Finanz- und Ertragssituation und die zu erwartenden Auswirkungen dieser Eingriffe ausführlich dargestellt werden.

6.3

c) **Verhältnis von darstellendem und gestaltendem Teil des Insolvenzplans.** Beide Elemente, Schilderung der Lage des Schuldners und Darstellung der vorgesehenen Maßnahmen, lassen sich am ehesten mit dem Tatbestand und den Gründen eines Urteils vergleichen. Weder an den Tatbestand noch an die Gründe eines Urteils sind unmittelbar Rechtsfolgen geknüpft. Sie „begründen" vielmehr gemeinsam „das Urteil" – den Urteils*ausspruch*. Soweit man die Elemente des Insolvenzplans überhaupt einzuordnen versuchen will, fällt bei diesem (gewiss „hinkenden") Vergleich auf, dass es der gestaltende Teil des Insolvenzplans ist, der dem **Tenor des Urteils** entspricht. Aus ihm allein ergibt sich, in welcher Weise der Insolvenzplan Eingriffe in die Rechte der Beteiligten vorsieht.

6.4

2. Wirkung des bestätigten Plans gegenüber dem Insolvenzschuldner

Der Plan stellt sich zum einen gegenüber dem *Schuldner* als **Novation der Titel** dar, soweit diese von Gläubigern vorinsolvenzlich erstritten worden sind. So-

6.5

---

[4] Amtl. Begr. RegEInsO, BT-Drs. 12/2443, 196 (zu § 258).

weit Dritte – Bürgschaftsgeber, aber auch Gesellschafter[5] usf. – sich ohne Vorbehalt der Vorausklage im Rahmen des Planes verpflichtet haben, ist der Plan nach § 257 Abs. 2 InsO Vollstreckungstitel, wobei diese Dritten mit der Drittwiderspruchsklage gem. § 771 ZPO geltend machen können, sie seien nicht am Verfahren beteiligt gewesen.

6.6 Darüber hinaus treten die **Gestaltungswirkungen** des Planes (vgl. § 221 InsO) mit dessen Bestätigung gem. § 254 Abs. 1 Satz 1 InsO ein. Im Einzelnen sind darunter materiell-rechtliche Regelungen wie Erlass, Verzicht, Stundung, Fristverlängerungen usf. hinsichtlich konkreter Forderungen zu verstehen,[6] aber auch die dingliche Übertragung von Rechten oder Änderung von Anteils- und Mitgliedschaftsrechten durch den Plan ist möglich, wie § 228 InsO zeigt.[7]

II. Insolvenzplan als Normkomplex zur Gestaltung der Rechte der Verfahrensbeteiligten[8]

1. Plan und Vollstreckungsform

6.7 Wie § 257 Abs. 1 Satz 1 InsO bestimmt, hat der rechtskräftig bestätigte Plan die **Funktion eines Titels**. Diese erfüllt er der Norm zufolge jedoch erst „in Verbindung mit der Eintragung in die Tabelle" (§§ 175, 178 Abs. 2 Satz 1 InsO) vollständig. Beide Elemente zusammen, **Plan und Eintragung**, ergeben also – in urkundlicher Verbindung mit dem mit dem Rechtskraftvermerk versehenen Bestätigungsbeschluss gem. § 248 InsO – den vollstreckungsfähigen Titel.[9] Dies stellt historisch gesehen eine Abkehr von der Auffassung dar, nicht der frühere Zwangsvergleich sei der Titel, sondern der *Tabelleneintrag* der angemeldeten und unbestritten eingetragenen Forderung.[10]

6.8 Zwar verweisen die §§ 254 ff. InsO nicht ausdrücklich auf die §§ 724 bis 793 ZPO;[11] § 257 Abs. 3 InsO spricht aber davon, unter welchen Voraussetzungen der wegen erheblicher Rückstände vollstreckende Gläubiger die Vollstreckungsklausel erlangt, woraus sich auch für die übrigen Fälle ergibt, dass mit dem durch den Plan erlangten Titel nach den §§ 724 ff. ZPO zu verfahren ist[12]. Dabei legt die Formulierung des Gesetzes („Zwangsvollstreckung aus dem Plan in Verbindung mit der Eintragung in die Tabelle") nahe, dass damit eine Reihe von Fragen erledigt sind, die sich nach früherem Recht daraus ergaben, dass Titel der Tabelleneintrag war. Denn daraus wurde der Schluss gezogen,[13] in der Vollstreckungsklausel sei zu vermerken, wie der Zwangsvergleich die **Zwangsvollstreckung aus der durch Tabelleneintrag titulierten Forderung** modifiziere.[14] Schon nach altem Recht war der Zwangsvergleich dem Tabellenaus-

---

5 Zu deren Stellung im Verfahren unten Kapitel 12.
6 *Bork*, in: Leipold, Insolvenzrecht im Umbruch, 51, 52.
7 Vgl. zu den materiell-rechtlichen und prozessualen Wirkungen des Planes im Einzelnen Kapitel 22.
8 *Depré*, Die anwaltliche Praxis in Insolvenzsachen, Rn. 936.
9 Andres/Leithaus-*Andres*, InsO, § 257 Rn. 4; MünchKomm-*Huber*, InsO, § 257 Rn. 22.
10 So aber auch heute noch NR-*Braun*, InsO, § 257 Rn. 2; das RG, 27.11.1903, VII 312/03, RGZ Bd. 56, 70, 73, sprach vom Tabellenauszug als dem „eigentlichen Vollstreckungstitel" – in dieser zur Begründung der heute vertretenen Qualifikation zitierten Entscheidung wird freilich *auch* in den *tragenden* Gründen ausgeführt, vollstreckt werde „aus dem Zwangsvergleich" (es ging um die Unterwerfung eines Vergleichsbürgen unter die sofortige Zwangsvollstreckung; der Zwangsvergleich war unter der Bedingung der Bürgschaftsübernahme geschlossen worden).
11 Dies war noch in § 194 KO anders.
12 Andres/Leithaus-*Andres*, InsO, § 257 Rn. 5 ff.; MünchKomm-*Huber*, InsO, § 257 Rn. 27 ff.
13 *Kuhn/Uhlenbruck*, KO, § 194 Rn. 2.
14 Vgl. *Uhlenbruck/Delhaes*, Handbuch der Rechtspraxis, Konkurs- und Vergleichsverfahren, Rn. 1051 ff.

zug vorzuheften.[15] Die gesetzliche Unterscheidung zwischen darstellendem und gestaltendem Teil des Insolvenzplans entlastet das Klauselerteilungsverfahren.

Auf der anderen Seite bedarf es wegen der Zwangsvollstreckung gegen Dritte gem. § 257 Abs. 2 InsO allein der zum Plan genommenen Erklärung dieser Dritten, etwa wegen bestimmter, durch den Plan festgeschriebener Ansprüche zu haften, ohne dass § 257 Abs. 2 InsO etwa die formgerechte (§ 794 Abs. 1 Nr. 5 ZPO) Unterwerfung unter die sofortige Zwangsvollstreckung vorsähe[16]: Der bestätigte Insolvenzplan stellt sich ebenso wie der frühere Zwangsvergleich gem. § 194 KO als „gerichtlicher Vergleich" dar. Daher tituliert der Insolvenzplan („in Verbindung mit dem Tabelleneintrag") die Forderungen der Gläubiger, die sie unter dem durch die Regelungen des Planes etablierten „Akkordregime" geltend machen können, § 257 Abs. 1 InsO.

6.9

Soweit Rechte an Gegenständen oder Anteils- und Mitgliedschaftsrechten begründet, geändert, übertragen oder aufgehoben werden sollen, gelten die in den Plan aufgenommenen **Willenserklärungen der Beteiligten** als in der vorgeschriebenen Form abgegeben, § 254 Abs. 1 Satz 2 InsO; Entsprechendes gilt für die in den Plan aufgenommenen Verpflichtungserklärungen, die diesen dinglichen Rechtsänderungen zugrunde liegen. (Vgl. unten Kapitel 22.)

6.10

2. Abänderung des bestätigten Insolvenzplans?

Bislang sind die Fragen nach dem zulässigen Inhalt des Insolvenzplans und die nach seinen Wirkungen getrennt voneinander behandelt worden. Letztere gehört dem – verfahrensrechtlichen – Bereich der Probleme an, die sich auf die **Spannung zwischen formeller Rechtskraft (Unanfechtbarkeit) gerichtlicher Verfügungen im Rahmen nichtstreitiger Verfahren auf der einen und der Abänderung solcher Entscheidungen** aufgrund „besserer" Einsicht oder des Eintritts von *facta supervenientia*[17] beziehen.[18]

6.11

Eine *Abänderung* des den Insolvenzplan bestätigenden Beschlusses kommt freilich nicht in Betracht. Die Bestätigung des Insolvenzplans durch das Insolvenzgericht beendet das Insolvenzverfahren, soweit der Insolvenzplan nichts anderes vorsieht (§ 258 Abs. 1 InsO).[19] Aufgrund eigener Erkenntnisse ist das Insolvenzgericht nicht zur Abänderung berechtigt. Soweit sich eine **veränderte Sachlage** aufgrund der Planüberwachung ergibt, liegt es bei den Gläubigern, ob sie durch Stellung eines Antrags ein neues Insolvenzverfahren einleiten.

6.12

III. Inhalt des „darstellenden" Teils des Insolvenzplans

1. Darstellung der Lage des Unternehmens

Nachvollziehbarkeit und Akzeptanz des Insolvenzplans setzen voraus, dass die entscheidungserheblichen Informationen eingehend im darstellenden Teil des Planes dargelegt werden. Dazu gehören insbesondere die Darstellung der bisherigen Unternehmensentwicklung, die rechtlichen, finanzwirtschaftlichen und leistungswirtschaftlichen Verhältnisse, organisatorische Grundlagen, umwelt-

6.13

---

15 § 15 Nr. 8 Aktenordnung v. 28.11.1934, vgl. *Kuhn/Uhlenbruck*, KO, § 194 Rn. 2; vgl. das Beispiel bei *Uhlenbruck/Delhaes*, Handbuch der Rechtspraxis, Konkurs- und Vergleichsverfahren, Rn. 1052.
16 Diese kann jedoch im Erörterungs-, bzw. Abstimmungstermin formgerecht zu Protokoll des Insolvenzgerichts erklärt werden, vgl. MünchKomm-*Huber*, InsO, § 257 Rn. 43.
17 Zu diesen Fragen *Smid*, JuS 1996, 49, 51 ff.
18 Ein besonderes Thema ist der aus der Verbindlichkeit des Planes folgende Einwendungsausschluss gegenüber denjenigen Gläubigern, die nicht am Verfahren teilgenommen haben, vgl. *Smid*, FS E. Schneider, 379 ff., insbes. 387 f.
19 Zu der Frage, ob auch bei Beendigung des Verfahrens nach § 258 InsO vom Verwalter Schlussrechnung zu legen ist (§ 66 Abs. 1 InsO) *Grub*, DZWIR 2004, 317.

relevante Sachverhalte sowie Ereignisse nach Stellung des Insolvenzantrags im Rahmen der Beschreibung des Unternehmens.[20]

6.14 Der IDW-Standard (IDW S2)[21] führt dabei zu Recht aus, zwingender und wesentlicher Bestandteil des Umgestaltungskonzeptes sei eine übersichtsartige Darstellung des durch den Insolvenzplan umzugestaltenden Unternehmens. In diesem Zusammenhang kommt es im Wesentlichen darauf an, dass der Plan die Vorgehensweisen und Potenziale jedenfalls übersichtsartig schildert, die dem Unternehmen im Verfolg der angestrebten Sanierungsbemühungen Wettbewerbsfähigkeit verleihen können und ihm voraussichtlich die Möglichkeit eröffnen werden, in Zukunft nachhaltige Einnahmeüberschüsse zu erwirtschaften und das finanzielle Gleichgewicht zu sichern.

6.15 Geht man mit der herrschenden Meinung davon aus, dass der darstellende Teil des Insolvenzplans ein Schema enthalten soll, welches das IDW entwickelt hat, so ist damit nicht viel mehr gesagt, als dass die Einhaltung einer bestimmten Gliederung *sinnvoll* ist. Bei der sprachlichen Fassung des darstellenden Teils handelt es sich um eine juristisch-literarische Aufgabe, die ebenso abstrakt dargestellt und gelehrt werden kann wie z. B. die Verfassung einer Klageschrift, eines Vertrags, eines Verwaltungsakts oder eines Urteils. Ebenso wie diese Typen juristischer Schriftsätze herkömmliche Gliederungsschemata haben, die in Lehrbüchern, an Universitäten oder in Behörden gelehrt werden, hat sich für den darstellenden Teil des Insolvenzplans bereits heute das Gliederungsschema des IDW in der veröffentlichten Praxis der Insolvenzpläne durchgesetzt. Auch die von den Verfassern selbst gefertigten Pläne, die teilweise in diesem Buch zitiert werden, orientieren sich daran. Nach der festen Überzeugung der Verfasser ist allerdings bei der Fertigung juristischer Schriftsätze, also auch von Insolvenzplänen, qualitativ und quantitativ hochwertige Arbeit zu leisten. Man verlangt von juristischen Texten Stringenz, Überzeugungskraft, Lesbarkeit, Prägnanz und Präzision. Ein juristischer Text muss sprachlich geschliffen, logisch aufgebaut und mit präzisen Begriffen versehen sein. Es darf keinen Raum für Allgemeinplätze geben. Kein überflüssiges Wort, keine Missverständlichkeit sollte geduldet werden.

6.16 Von diesen Anforderungen an die Qualität juristischer Texte handelt die Vorgabe des IDW freilich nicht. Was die Verfasser damit meinen, wird zum einen klar, wenn man die im Anhang zitierten Musterinsolvenzpläne nimmt. Zudem ist es erforderlich, sich den Sinn und Zweck des darstellenden Teils des Insolvenzplans vor Augen zu halten, wenn man ihn „richtig" formulieren will. **Der darstellende Teil wendet sich an das Gericht, an die Gläubiger, an den Schuldner und ggf. seine „stakeholder",** also die Arbeitnehmer, Aktionäre oder sonstigen Beteiligten. Das Gericht, welches im Normalfall das schuldnerische Unternehmen nicht kennt und seine Situation nicht beurteilen kann, muss zunächst grundlegend hierüber informiert werden. Es sei an dieser Stelle erneut darauf hingewiesen, dass trotz des Bemühens des Gesetzgebers um Stärkung der Kenntnisse durch § 22 Abs. 6 Satz 2 GVG nicht alle Rechtspfleger oder Insolvenzrichter eine betriebswirtschaftliche Vorbildung haben. Der Text muss also so verfasst sein, dass auch ein Nichtökonom ihn versteht. Ihn mit Anglizismen, betriebswirtschaftlichen Fachbegriffen oder Ausdrücken aus dem „Managerdeutsch" zu spicken, verbietet sich daher.

Zugleich darf nicht vergessen werden, dass sich fast alle Adressaten des Insolvenzplans mit dem Fall nicht so lange und so intensiv befassen werden wie der Planautor selbst. Es ist daher notwendig, dass schon die erste Lektüre des Insolvenzplans die Beteiligten

---

20 IDW S. 2 Pkt. 4.3.1. (Nr. 25).
21 IDW S. 2 Pkt. 4.3.3. (Nr. 28).

zu überzeugen vermag. Zweifel, die aus Unverständlichkeiten resultieren, bergen das Risiko einer Ablehnung des Plans.

Klare und verständliche Formulierungen im Insolvenzplan sind insbesondere für „Kleingläubiger" (zur Kritik dieses Begriffes vgl. freilich Rn. 12.22 ff.) notwendig, die am Insolvenzverfahren aufgrund ihrer zumeist geringen Forderung ohnehin wenig Interesse haben. Aber auch größere Gläubiger, vertreten durch ihre Rechtsabteilungen, Sachbearbeiter und Rechtsanwälte, verlangen schon deshalb einen Insolvenzplan, der den Qualitätsanforderungen eines juristischen Textes genügt, weil für sie das Insolvenzverfahren regelmäßig persönlich keineswegs existenziell ist. Schafft der Plan es nicht, das Verständnis und die Sympathie auch eines oberflächlichen Lesers zu wecken, sinken seine Chancen. Man bemühe sich also um Kürze, eine verständliche Sprache, Prägnanz, um die Vermeidung von Juristen- und Ökonomendeutsch, um einen logischen Aufbau und – noch einmal – um Kürze. **6.17**

a) **Vermögensstatus, Gläubiger- und Schuldnerverzeichnis.** Der darstellende Teil beschreibt zunächst die Situation des Unternehmens. Er enthält mindestens die **Angaben, die allgemein im Insolvenzverfahren erforderlich sind**. Das sind die Angaben nach § 20 InsO, § 100 KO, § 2 GesO. Vermögensstatus, Gläubiger- und Schuldnerverzeichnis, Verzeichnis des wesentlichen Anlage- und Umlaufvermögens, Darstellung der rechtlichen, tatsächlichen und wirtschaftlichen Verhältnisse der Gesellschaft. Das Gläubigerverzeichnis bildet die Grundlage der durch den Plan vorzunehmenden Einteilung der Gläubiger in Abstimmungsgruppen gem. § 222 InsO. Daher sind im Plan sowohl die durch ihn betroffenen, für die Abstimmungsgruppen gem. §§ 222, 237, 238 InsO relevanten, als auch die von ihm nicht beeinträchtigten („unimpaired") Gläubigerforderungen[22] zu berücksichtigen. **6.18**

b) **Ursachen der Insolvenz.** Daneben enthält der Insolvenzplan in seinem darstellenden Teil Angaben über die **Ursachen der Insolvenz**. Anzugeben sind die Gründe für die Verluste, den Aufbau der Verbindlichkeiten und der historische Werdegang, der zur Zahlungsunfähigkeit oder zur Überschuldung geführt hat oder voraussichtlich führen wird. Die Ursachen sind möglichst genau zu beschreiben und zu analysieren, z.B. durch eine Gewinn- und Verlustrechnung zur Darstellung einer Überschuldungslage; so ist im Einzelnen zu analysieren, welche Einnahmen zu gering, welche Ausgaben zu hoch waren, um etwa einen Gewinn zu ermöglichen. Haben außerordentliche Verluste den Insolvenzgrund herbeigeführt, müssen die Gründe hierfür im Einzelnen aufgeführt werden. **6.19**

c) **Darstellung anfechtbarer Rechtsgeschäfte.** Der darstellende Teil des Insolvenzplans muss sich auch mit **anfechtungsrelevanten Vorgängen** beschäftigen. Auch sollte der Schuldner im Insolvenzplan angeben, ob er im Sinne früherer Vergleichswürdigkeit den Untergang seines Unternehmens selbst verschuldet hat und er muss angeben, ob Vermögensverschiebungen vorgenommen wurden. **6.20**

2. Darstellung der erforderlichen Maßnahmen zur weiteren Verfahrensabwicklung

Mit dem Insolvenzplan kann – und wird regelmäßig – von den allgemeinen gesetzlichen Regelungen der Soll-Masse abgewichen werden. Mit der Wirksamkeit des Eröffnungsbeschlusses ist gem. § 35 InsO rückwirkend zu dem im Eröffnungsbeschluss angegebenen Zeitpunkt das gesamte pfändbare Vermögen (vgl. § 36 InsO) einschließlich aller im Besitz des Schuldners befindlicher Sa- **6.21**

---

22 Vgl. auch *Weintraub/Resnick*, Bankruptcy Law Manual, 8–87 zu 11 USC § 1123 (a)(2).

chen und der von ihm genutzten Grundstücke oder Gebäude beschlagnahmt.[23] Für den Regelfall ordnet § 159 InsO an, dass der Insolvenzverwalter nach dem Berichtstermin unverzüglich das zur Insolvenzmasse gehörende Vermögen zu verwerten hat, soweit Beschlüsse der Gläubigerversammlung nicht entgegenstehen. Zur Verwertung des Schuldnervermögens hat der Verwalter Verfügungen vorzunehmen, zu denen er grundsätzlich nach § 80 InsO aufgrund seiner Bestellung befugt ist.[24] Im „Innenverhältnis" zu den Gläubigern, denen das Schuldnervermögen als Haftungsverband zugewiesen ist, bedarf er jedoch in einer Reihe von Fällen der Zustimmung des Gläubigerausschusses, sofern dieser bestellt worden ist. **Es liegt im Ermessen des Verwalters, die geeignete Verwertungsart festzulegen.**[25] Dabei hat er kaufmännische Gesichtspunkte zu berücksichtigen. Der Verwalter hat danach für die optimale Masseverwertung, d. h. die Erzielung des höchstmöglichen Ertrages mit möglichst geringem Aufwand zu sorgen.[26] Daraus folgt,[27] dass der Verwalter nicht verpflichtet ist, unter Eingehung kaufmännischer Risiken z. B. ein sicheres Kaufangebot für das schuldnerische Unternehmen auszuschlagen, um eine unsichere, eventuell ertragreichere Exspektanz weiterzuverfolgen.[28] Wählt er den „sichereren" Weg, können daraus keine Haftungsfolgen nach § 60 InsO abgeleitet werden. Vom Verwalter wird die Orientierung am Markt verlangt, also eine Objektanalyse des zu veräußernden Wirtschaftsguts und eine Nachfrageanalyse zur Feststellung des Preisspielraums.[29] Nach § 160 Abs. 1 Satz 1 InsO hat der Insolvenzverwalter die Zustimmung des Gläubigerausschusses einzuholen, wenn er Rechtshandlungen vornehmen will, die für das Insolvenzverfahren von besonderer Bedeutung sind. Ist ein Gläubigerausschuss nicht bestellt, ordnet § 160 Abs. 1 Satz 2 InsO an, dass die Zustimmung der Gläubigerversammlung einzuholen ist; § 160 Abs. 2 InsO normiert einen Katalog von Geschäften, die das Gesetz stets dem Zustimmungsvorbehalt unterwirft. § 162 Abs. 1 InsO bestimmt überdies, dass die Veräußerung des Unternehmens oder eines Betriebs nur mit Zustimmung der Gläubigerversammlung zulässig ist, wenn der Erwerber oder eine Person, die an seinem Kapital zu mindestens einem Fünftel beteiligt ist, entweder (1) zu den Personen gehört, die dem Schuldner nahe stehen (§ 138 InsO), oder (2) ein absonderungsberechtigter Gläubiger oder ein nicht nachrangiger Insolvenzgläubiger ist, dessen Absonderungsrechte und Forderungen nach der Schätzung des Insolvenzgerichts zusammen ein Fünftel der Summe erreichen, die sich aus dem Wert aller Absonderungsrechte und den Forderungsbeträgen aller nicht nachrangigen Insolvenzgläubiger ergibt.

6.22 Diese gesetzlichen Regelungen können durch einen Insolvenzplan abgeändert oder abbedungen werden.[30] Das ist nicht nur sachgerecht, sondern wird auch dem Schutz der betroffenen Gläubiger gerecht. Denn die durch den Plan vorgesehene Abweichung von den gesetzlichen Regelungen über die Masseverwertung greift nur unter der Voraussetzung, dass der Plan von den betroffenen Gläubigern angenommen wird. Soweit einem Gläubiger volle Befriedigung zugesagt wird, bedarf es der Vorschrift § 159 InsO ebenso wenig wie im Fall des Eingriffs in die Rechte der Gläubiger nach Maßgabe der §§ 223, 224 InsO. Die Vorschriften, aufgrund derer die Masseverwertung unter Zustimmungsvorbehalte gestellt bzw. eine insolvenzgerichtliche Kontrolle statuiert

---

23 *Kilger/K. Schmidt*, GesO, § 7, Anm. 2 a; *Mothes*, Die Beschlagnahme nach Wesen, Arten und Wirkungen, 46 ff.
24 *Leonhardt/Smid/Zeuner-Smid*, InsO, § 159 Rn. 3.
25 *Smid/Nellesen*, InVo 1998, 113, 115.
26 *Heni*, Konkursabwicklungsprüfung, 187 ff.
27 *Heni*, Konkursabwicklungsprüfung, 191.
28 Vgl. aber BGH, Urt. v. 22.1.1985, VI ZR 131/83, ZIP 1985, 423.
29 *Heni*, Konkursabwicklungsprüfung, 199.
30 MünchKomm-*Eidenmüller*, InsO, § 217 Rn. 100 f.

wird, können abbedungen werden, da nach der Annahme und insolvenzgerichtlichen Bestätigung des Insolvenzplanes einem Schutzbedürfnis der Gläubiger durch die im Plan vorzusehende Anordnung der Planüberwachung Rechnung getragen werden kann. Dies alles setzt freilich voraus, dass an die Stelle der für den Regelfall vom Gesetz geforderten „unverzüglichen" Verwertung von Massegegenständen (§ 159 InsO) eine sehr zügige Durchführung des Insolvenzplanverfahrens tritt.

a) Grundsatz. Der IDW-Standard[31] zeigt plastisch, dass die Beschreibung des Unternehmens, Analyse des Unternehmens und Leitbild als Darstellung des Ist-Zustandes des Unternehmens über die „sachlogische Brücke" der zusammenfassenden Darstellung der für die Realisierung des Insolvenzplans nötigen Maßnahmen auf den Soll-Zustand des Unternehmens verweist. In diesem Zusammenhang empfiehlt das IDW eine Differenzierung nach folgenden Punkten:

6.23

Vor und nach Insolvenzantragstellung bereits ergriffene Maßnahmen, mit dem Insolvenzplan beabsichtigte Maßnahmen, sonstige Maßnahmen/Überwachung der Planerfüllung (§§ 260 ff. InsO, Verweis auf gestaltenden Teil) sowie Hinweise zum Obstruktionsverbot (§ 245 InsO) und zum Minderheitenschutz (§ 251 InsO). Der darstellende Teil enthält daher eine **Beschreibung der Maßnahmen, die erforderlich sind, um das Unternehmen zu sanieren**, und die Grundlagen für den gestaltenden Teil darstellen. Im Einzelnen sind folgende Fragenkreise zu nennen. Mit den „vor und nach Insolvenzantragstellung bereits ergriffenen Maßnahmen" ist regelmäßig auf die Tätigkeit des vorläufigen Insolvenzverwalters einzugehen.[32] Soweit dem vorläufigen Insolvenzverwalter die (allgemeine) Verwaltungs- und Verfügungsbefugnis über das Vermögen des Schuldners zusteht, wird dabei die Erfüllung der Pflichten aus § 22 Abs. 1 Satz 2 Nr. 1–3 InsO (Sicherung und Erhalt des Vermögens des Schuldners; Fortführung des Unternehmens des Schuldners, soweit nicht das Insolvenzgericht einer Stilllegung zustimmt; Prüfung, ob das Vermögen des Schuldners die Kosten des Verfahrens decken wird) zu erörtern sein.

6.24

b) Autonome Sanierungsmaßnahmen. – aa) Übersicht. Dies sind solche, die das Unternehmen aus sich heraus vornehmen kann, ohne dass besondere Hilfsmittel des Insolvenzrechts greifen. Solche Sanierungsmaßnahmen werden nur in sehr geringem Umfang zur Verfügung stehen, wenn etwa der Antrag bei leichter Überschuldung selbst gestellt wurde, um der Antragspflicht zu genügen und wenn das Unternehmen **aus eigener Kraft sanierungsfähig** ist. Hier sind dann organisatorische Maßnahmen, solche der Kapitalbeschaffung auf dem Markt, Verbesserung der Absatzstrukturen, des Marketings, Erhöhung der Umsätze, Ermäßigung der Kosten oder sonstige Maßnahmen zu bedenken, durch die die Gesellschaft und/oder ihre Gesellschafter an sich auch ohne das Insolvenzrecht zu einer Unternehmenssanierung gekommen wären. Da in der Regel solche Dinge versucht wurden, werden diese Mittel in der Regel allein kaum ausreichen. Sie sind aber regelmäßig auch dann erforderlich, wenn heteronome Insolvenzmittel zusätzlich in Gebrauch kommen. In diesen Fällen kann es unter Umständen nützlich oder erforderlich sein, ein Gutachten eines Wirtschaftsprüfers oder einer Unternehmensberatung vorzulegen, aus der sich ein autonomes Sanierungskonzept ergibt. Sofern dies nicht vorgelegt werden kann, sind die Finanz- und Ertragslage, die Organisation, der Absatz, die Warenfluss- und Kapitalflussströme etc. im Einzelnen von dem Entwurfsverfasser darzustellen. Denn wenn auch die Insolvenz in der Regel nicht ohne heteronome Maßnahmen auskommt, so sollten doch wenigstens die autonomen mit genutzt werden.

6.25

---

31 IDW S. 2 Pkt. 4.3.4. (Nr. 29).
32 IDW S. 2 Pkt. 4.3.4. (Nr. 30).

6.26 Es existieren **Sanierungshandbücher**, aus denen man Maßnahmenkataloge übernehmen kann.[33] Das geht von der Aufdeckung stiller Reserven bis zum kontinuierlichen Personalabbau. An die Auswechslung der Geschäftsführer, die Suche nach einem finanzkräftigen Investor, alle betriebswirtschaftlichen gebotenen oder erforderlichen oder nützlichen Maßnahmen ist hier zu denken.

6.27 Im Einzelnen sind zu nennen: Nach § 220 Abs. 2 InsO soll der darstellende Teil alle Angaben zu den Grundlagen und den **Auswirkungen des Plans** erhalten, die erheblich sein können. Ferner soll gem. § 220 Abs. 1 InsO beschrieben werden, welche Maßnahmen bereits nach der Eröffnung des Insolvenzverfahrens getroffen worden sind oder noch getroffen werden sollen. Dieser denkbar weite Beschrieb des darstellenden Teils ist zunächst konkretisierungsbedürftig. Sicherlich ist Planbestandteil das, was der Schuldner schon gem. § 20 Abs. 1 i.V.m. § 97 f., 101 Abs. 1 Satz 1, 2, Abs. 2 InsO an Auskünften zu erteilen verpflichtet ist. Dies sind alle „das Verfahren betreffende Verhältnisse", § 97 Abs. 1 Satz 1 InsO. Auf eine Konkretisierung, wie etwa § 3 GesO dies für das ostdeutsche Gesamtvollstreckungsverfahren vorgesehen hat (Gläubiger- und Schuldnerliste, Vermögensverzeichnis etc.), und die schon in § 4 Nr. 2 VerglO fand, hat das Gesetz verzichtet. Mit einigem Recht, da aufgrund der Vielgestaltigkeit möglicher Insolvenzen dem Schuldner vom Gesetz nicht allgemein vorgeschrieben werden kann, was im Einzelfall verfahrensrelevant sein könnte. Schon § 100 KO sah, mit derselben Formulierung, nur eine allgemeine Auskunftspflicht vor. Insolvenzplanvoraussetzung ist ferner, was der Insolvenzverwalter weiter nach Maßgabe der §§ 151 ff. InsO an Rechenwerken zu erstellen hat:
– Verzeichnis der Massegegenstände mit Fortführungs- und Liquidationswert, § 151 InsO
– Liste der Gläubiger mit Absonderungsrechten, Gläubigerrang und Gläubigerdaten, § 152 InsO
– Vermögensverzeichnis auf den Zeitpunkt der Verfahrenseröffnung, § 153 InsO
– Insolvenztabelle mit Forderungsinhaber, -grund und -betrag; § 175 InsO.

6.28 Hieraus ist zu schlussfolgern, dass der Insolvenzverwalter aufgrund der ihm zu erteilenden Auskunft jedenfalls in der Lage sein muss und wird, **Inventar und Bilanz** (§§ 151, 153 InsO) zu erstellen. Da dies allgemein essentielle Voraussetzung des Insolvenzverfahrens ist, muss es auch Voraussetzung des Insolvenzplanverfahrens sein. Legt der Schuldner, mit dem Insolvenzantrag zugleich einen Insolvenzplan vor, so wird er die entsprechenden Vermögensverzeichnisse ohne weiteres beizufügen haben. Wird der Insolvenzplan nachgereicht oder vom Verwalter verfasst, so muss der Schuldner den Verwalter in den Besitz der entspr. Informationen setzen, damit dieser seinen insolvenzrechtlichen Rechnungslegungspflichten nachkommen kann.[34] Hiermit werden aber nur die Eckdaten einer Sanierung erfasst.

6.29 Für die Erarbeitung eines betriebswirtschaftlichen **Sanierungskonzepts** sind weitere Analysen und Angaben vonnöten. Der Planverfasser sieht sich Aufgaben gegenüber, die der Unternehmensakquisiteur im Rahmen seiner „due dilligence" zu erfüllen hätte oder die ein Wirtschaftsprüfer im Rahmen der Prüfung eines handelsrechtlichen Jahresabschlusses gem. § 316 ff. HGB vorzunehmen hätte. Nach § 320 HGB hat sich der Abschlussprüfer einer Kapitalgesellschaft den Jahresabschluss, den Lagebericht, die Bücher und Schriften der Gesellschaft, die Vermögensgegenstände und Schulden, die Kasse, die Wertpapier- und Warenbestände anzusehen und sie zu prüfen. Mindestens dies wird man von dem Planverfasser verlangen müssen, der sich nicht nur wie ein Prüfer einen Überblick über das Unternehmen verschaffen, sondern hieraus Schlussfolgerungen für die Zukunft und zu treffende Maßnahmen

---

33 Vgl. etwa *Arens/Düwell/Wichert*, Handbuch Umstrukturierung und Arbeitsrecht; *Buth/Hermanns*, Restrukturierung, Sanierung, Insolvenz; *Exler*, Restrukturierungs- und Turnaround-Management; *Haarmeyer/Buchalik*, Handbuch der Sanierung unter Insolvenzschutz.
34 Eingehend *Kunz/Mundt*, DStR 1997, 620 ff., 664 ff.

ziehen will. Das legt es, nebenbei bemerkt, für jeden verantwortungsbewussten Planverfasser nahe, sich von einem etwa vorhandenen Abschlussprüfer bei der Ausarbeitung eines Sanierungsplans wenigstens gründlich beraten, noch besser vertreten zu lassen. Jedenfalls wird das Insolvenzgericht gut daran tun, den vorgelegten Insolvenzplan einem Abschlussprüfer gem. § 232 Abs. 2 InsO zur Stellungnahme zu übersenden. Über diese Prüferdaten hinaus ist eine analytische Betrachtung des Unternehmens für die Ausarbeitung eines Insolvenzplans unerlässlich, wie sie z. B. von Unternehmensberatern oder Wirtschaftsprüfern erstellt wird. Einen kurzen praktischen Überblick über die dabei aufgeworfenen Fragen bietet etwa das Formular von *Koch*.[35] Natürlich ist einem Formular entgegenzuhalten, dass der von *Koch* angewandte Schematismus sich bei einer Unternehmensanalyse von selbst verbietet. Aber immerhin kann so, wenigstens in einfachen Fällen, für den Planverfasser eine abzuarbeitende Liste möglicher Fragestellungen erreicht werden. Der Analyst hat sich hiernach aufgrund der erarbeiteten Daten insbesondere zu befassen mit
– Unternehmensstruktur,
– Unternehmensorganisation,
– Personalstruktur,
– Führungsstil,
– Marketing,
– Umsatz,
– Bonität,
– Liquidität und
– Marktfaktoren.[36]

Hieran kann sich etwa eine **Analyse der Finanzlage** (Vermögensstruktur, Kapitalstruktur, Liquidität),[37] der Ertragssituation[38] sowie des Managements[39] anschließen. Überlegungen zur Lage des Unternehmens im Hinblick auf seine Produktion, seine Kosten und seine Umgebung schließen die Analyse ab.[40]

bb) **Autonome Sanierungsmaßnahmen im Einzelnen.** Aus dieser Krisenursachenanalyse[41] folgen zugleich die möglichen Sanierungsmaßnahmen, die der Planverfasser zu berücksichtigen und vorzuschlagen hat. Solche lassen sich nach **autonomen oder heteronomen Sanierungsmaßnahmen** unterscheiden. Eine Übersicht über mögliche autonome Maßnahmen des Produktionsbetriebs bietet **beispielhaft** etwa *Böckenförde*.[42] Folgendes kommt demnach in einem Produktionsbetrieb in Betracht:
(1) *Produktion*
– Übergang zu Einschichtbetrieb
– Überprüfung des Qualitätsniveaus
– Verringerung der Durchlaufzeiten
– Durchführung von Reparaturen mit eigenen Kräften
– Verbesserung der Termintreue
– Abbau von Zwischenlagern
– Durchführung von Sparprogrammen im Hinblick auf Materialverbrauch und Energieverbrauch
– Verstärkte Nutzung von Wertanalyse, Typung, Normung

---

35 *Koch*, Prüfung der Sanierungsfähigkeit von Unternehmen.
36 Vgl. *Koch*, Prüfung der Sanierungsfähigkeit von Unternehmen, 16 ff.
37 Vgl. *Koch*, Prüfung der Sanierungsfähigkeit von Unternehmen, 19 ff.
38 Vgl. *Koch*, Prüfung der Sanierungsfähigkeit von Unternehmen, 26.
39 Vgl. *Koch*, Prüfung der Sanierungsfähigkeit von Unternehmen, 36.
40 Vgl. *Koch*, Prüfung der Sanierungsfähigkeit von Unternehmen, 28 ff., 41 ff.; vgl. auch *Kunz/Mundt*, DStR 1997, 620, 622.
41 Begriff von *Kunz/Mundt*, DStR 1997, 620, 621.
42 *Böckenförde*, Unternehmenssanierung, 91.

2. Hauptteil 6.32   Allgemeine Regeln und Grundsätze

(2) *Absatz*
- Preis-/Rabattveränderungen, Erhöhung/Abbau von Serviceleistungen
- Prämienaussetzung für Verkäufer
- Durchführung von Werbeaktionen
- Verringerung der Versandzeiten
- Ausweitung/Straffung von Lager- u. Auslieferungsfunktionen
- Intensivierung der Öffentlichkeitsarbeit
- Absicherung der Produzentenhaftung
- Prüfung der Bonität von Kunden

(3) *Beschaffung*
- Abbau von Lagerbeständen
- Ermittlung neuer Beschaffungsquellen
- Veränderung der Bestellmengen
- Einholung von Vergleichsangeboten
- Verringerung der Bezugszeiten
- Senkung der Transport-/Lagerkosten
- Abwälzung der Lagerung bestellter Waren auf Lieferanten
- Verstärkter Einsatz von Wertanalyse/ABC-Analyse

(4) *Personal*
- Einstellungsstopp
- Kurzarbeit
- Abbau der Überstunden
- Entlassungen
- Abbau freiwilliger sozialer Leistungen
- Nichtbesetzung freiwerdender Arbeitsplätze
- Abfindung für Kündigungen
- Werksurlaub
- Durchführung vorzeitiger Pensionierungen
- Lohn- und Gehaltsstop

(5) *Finanzen*
- Beschleunigung des Forderungseinzugs
- Nutzung des Factoring
- Verzögerungen von Auszahlungen
- Erhöhung der Kreditlinie
- Einholung von Patronatserklärungen
- Bessere Nutzung von Skonti
- Ausnutzung von Lieferantenkrediten
- Stundung
- Absicherung von Währungsrisiken

Darüber hinaus können autonome Finanzierungsmaßnahmen ergriffen werden.[43]

6.32 (1) *Liquiditätsfördernde Maßnahmen*
- Verflüssigung von Aktiva (auch durch Forfaitierung, Sale-and-leaseback)
- Zuführung von Eigenkapital durch die Gesellschafter
- Zuführung von Fremdkapital durch die Gesellschafter

(2) *Bilanzbereinigende Maßnahmen*
- Auflösung von Rücklagen (einschließlich stiller Reserven)
- Kapitalherabsetzung

Die betriebswirtschaftliche Management-Literatur zur Unternehmenssanierung ist schlechthin unübersehbar. Dies ist in Krisenzeiten, wie den heutigen, auch nicht anders zu erwarten.[44]

---

43 Nach *Böckenförde*, Unternehmenssanierung, 139.
44 Eine gute Übersicht über die betriebswirtschaftliche Sanierungsliteratur bietet *Böckenförde*, Unternehmenssanierung, 195 ff.

c) **Maßnahmen, die das Insolvenzrecht selbst zur Verfügung stellt (heteronome Maßnahmen). – aa) Übersicht.** Von solchen heteronomen Sanierungsmaßnahmen spricht man, wenn das Unternehmen sie nicht allein, sondern nur unter Einschaltung Dritter durchführen kann. Grundsätzlich sind heteronome Sanierungsmaßnahmen auch denkbar, wenn sie sich außerhalb eines gerichtlichen Konkurs-, Vergleichs-, Gesamtvollstreckungs- oder Insolvenzverfahrens abspielen. Die **Grenzen zwischen autonomen und heteronomen Maßnahmen** sind natürlich insofern **fließend**, als z. B. eine Veränderung der Personalstruktur des Unternehmens, Veränderungen der Ein- oder Verkaufsbedingungen etc. denklogisch ebenfalls Reaktionen außenstehender Dritter erfordern oder ermöglichen. Doch hat bei diesen Maßnahmen, die erforderlichen finanziellen Ressourcen vorausgesetzt, es das Unternehmen i. d. R. selbst in der Hand, solche Maßnahmen durchzusetzen. Heteronome Sanierungsmaßnahmen außerhalb eines Insolvenzverfahrens richten sich in erster Linie gegen Gläubiger. Kreditlinien können erhöht, Kredite in Eigenkapital oder nachrangig haftendes Fremdkapital umgewandelt werden. Aus Lieferanten oder Kunden können Gesellschafter werden, die Kapitalbeiträge zu leisten haben. Gläubiger können zu Forderungsverzichten veranlasst werden, bis hin zu einem außergerichtlichen Vergleich. Schließlich kann sogar der Staat, durch die Gewährung von Subventionen oder den Erlass von Abgabeverbindlichkeiten, oder die staatlichen Behörden (vgl. etwa die Eingliederungsbeihilfen der Bundesanstalt für Arbeit oder die Sanierungsbeiträge der Treuhandanstalt) Träger heteronomer Sanierungsmaßnahmen werden. Auch bisher gänzlich unbeteiligte Dritte, etwa als Investoren gewonnen, können zur Unternehmenssanierung beitragen.[45] Für unsere Betrachtung sind von größerer Bedeutung die heteronomen Sanierungsmaßnahmen, die das Insolvenzrecht selbst zur Verfügung stellt.

6.33

Spezifisch insolvenzrechtliche Maßnahmen zur Sanierung stellen das **Kernstück** des betreffenden darstellenden Teils des Insolvenzplans dar. Ihr Eingreifen setzt die Eröffnung eines Insolvenzverfahrens voraus.

6.34

In der Regel hat der Insolvenzplan **Zwangsvergleichsbestandteile**. Durch den Schulderlass wird die Bilanz in Ordnung gebracht, und die Überschuldung beseitigt. In leichten Sanierungsfällen kann dies, verbunden mit den Maßnahmen die unter a) genannt worden sind, schon ausreichen. Solche Fälle haben sich auch nach altem Recht ereignet und sind im gerichtlichen Vergleichsverfahren oder im Zwangsvergleichsverfahren erledigt worden.

6.35

bb) **Maßnahmen zur Verbesserung der Personalstruktur.** Durch die insolvenzarbeitsrechtlichen Maßnahmen individualvertraglicher oder betriebsverfassungsrechtlicher Natur kann ein **Personalabbau** und eine hiermit einhergehende Kostenverbesserung, zugleich eine Produktivitätsverbesserung erreicht werden.

6.36

cc) **Behandlung nicht erfüllter Verträge.** Die Eröffnung des Insolvenzverfahrens wirkt sich in Fällen **beiderseitig noch nicht erfüllter Verträge** auf das Synallagma aus.[46] Die Verpflichtung des Insolvenzschuldners, beiderseitig noch nicht erfüllte gegenseitige Verträge zu erfüllen, entfällt; der Insolvenzverwalter erhält ein Wahlrecht, durch dessen Ausübung er in die Lage versetzt wird, die Erfüllung dieser Verträge verlangen zu können.[47] Dies bietet Gestaltungsspielraum für den Insolvenzverwalter, Verlustquellen zu verstopfen und gleichzeitig Vertragsquellen oder notwendige Betriebsessentialien zu erhalten.

6.37

---

45 Eine Übersicht über heteronome Sanierungsmaßnahmen gibt *Böckenförde*, Unternehmenssanierung, 158 ff.
46 Zum Strukturproblem: *Häsemeyer*, KTS 1982, 1, 2 ff; *Rühle*, Gegenseitige Verträge nach Aufhebung des Insolvenzverfahrens, Kap. A.III., B.II..
47 Vgl. *Kreft*, FS Fuchs, 115 ff.

6.38 Das Erfüllungswahlrecht des Insolvenzverwalters bei gegenseitigen Verträgen gem. § 103 ff. InsO ist grundsätzlich eine sanierungsfreundliche Regelung, denn es erlaubt dem Verwalter, sich innerhalb kürzester Zeit von allen für das Unternehmen ungünstigen Verträgen zu lösen. Übt der Verwalter sein **Wahlrecht** derart aus, dass er sich gegen die Erfüllung des Vertrags entscheidet, entstehen in Sanierungsfällen neuerdings möglicherweise Probleme. Nach früherer ständiger Rechtsprechung des BGH bewirkte die Verfahrenseröffnung das Erlöschen der gegenseitigen, noch offenen Erfüllungsansprüche (sog. Erlöschenstheorie).[48] Die Ausübung des Wahlrechts des Verwalters begründete die Schuldverhältnisse neu. In seiner Entscheidung vom 25.4.2002 hat der BGH seine Rechtsprechung zur Erlöschenstheorie ausdrücklich aufgegeben.[49] Nach aktueller Rechtsprechung bewirkt die Verfahrenseröffnung nicht das Erlöschen gegenseitiger Verträge, sondern verhindert lediglich ihre Durchsetzbarkeit. Für Insolvenzplanverfahren hat dies nachhaltige Folgen. Lehnt der Verwalter die Erfüllung eines gegenseitigen, noch beiderseits nicht (vollständig) erfüllten Vertrages ab, so ist die zwischen Schuldner und seinem Vertragspartner bestehende Rechtslage nach Aufhebung des Insolvenzverfahrens nach § 258 Abs. 1 InsO problematisch.[50]

6.39 Als Konsequenz der Erlöschenstheorie könnte der Vertragspartner nach Verfahrensaufhebung nur noch die Befriedigung der „**Forderung wegen der Nichterfüllung**" entsprechend den Festsetzungen des gestaltenden Teils des Insolvenzplans verlangen, denn die ursprünglichen Erfüllungsansprüche wären ja schon infolge der Verfahrenseröffnung erloschen und könnten nicht ohne eine entsprechende Rechtsgrundlage wiederaufleben[51] (arg. e contr. zu § 255 InsO). Inkonsequent war indes der Versuch, die Wirkung des Erlöschens auf das Insolvenzverfahren zu beschränken,[52] da das Erlöschen als technischer Rechtsbegriff gerade den dauerhaften, materiell-rechtlichen Untergang eines Anspruchs beschreibt. Praktischer Hintergrund der dogmatisch verfehlten Konstruktion der Erlöschenstheorie war das Bestreben, im Falle der Erfüllungswahl ein nur ex nunc wirkendes „Wiederaufleben" der Erfüllungsansprüche annehmen zu können, welches dazu führt, dass gegen den Erfüllungsanspruch der Masse nicht mit einer Insolvenzforderung aufgerechnet werden kann (§ 96 Abs. 1 Nr. 1 InsO) und dass vor Verfahrenseröffnung vorgenommene Verfügungen – insb. Sicherungsabtretungen – des Schuldners „gegenstandslos" werden. Der Ausschluss der Aufrechnung gegen den Erfüllungsanspruch der Masse bzw. die Wirkungslosigkeit einer Vorausverfügung des Schuldners lässt sich allerdings nur insoweit mit dem Sinn und Zweck des § 103 InsO rechtfertigen, als dass sich dieser Anspruch nicht als vertragliches Äquivalent für eine vom Schuldner vor Verfahrenseröffnung erbrachte Teilleistung darstellt.[53]

6.40 Geht man hingegen mit der neueren Judikatur vom Fortbestand der ursprünglichen Erfüllungsansprüche trotz der Verfahrenseröffnung und der Erfüllungsablehnung aus, so sind die gegenseitigen, noch unerfüllten **Primäransprüche** nach der „normalen" **Verfahrensaufhebung** gem. § 200 Abs. 1 InsO **wieder durchsetzbar,** wenn nicht der Vertragspartner durch Anmeldung seiner „Forderung wegen der Nichterfüllung" das Vertragsverhältnis in diese umgestaltet hat[54]

---

48 Vgl. statt vieler BGH, Urt. v. 11.2.1988, IX ZR 36/87, ZIP 1988, 322.
49 BGH, Urt. v. 25.4.2002, IX ZR 313/99, ZIP 2002, 1093.
50 Ausführlich hierzu *Rühle,* Gegenseitige Verträge nach Aufhebung des Insolvenzverfahrens, Kap. E.II.2.
51 Der BGH ging allerdings von einem Wiederaufleben der Erfüllungsansprüche infolge der Erfüllungswahl durch den Insolvenzverwalter aus.
52 Vgl. MünchKomm-*Kreft/Huber,* InsO, § 103 Rn. 18.
53 Vgl. BGH, Urt. v. 4.5.1995, IX ZR 256/93, BGHZ 129, 336; *Rühle,* Gegenseitige Verträge nach Aufhebung des Insolvenzverfahrens, Kap.C.VI.4. m.w. N.
54 *Rühle,* Gegenseitige Verträge nach Aufhebung des Insolvenzverfahrens, Kap. D.II.3. m.w. N.

bzw. vom Vertrag zurückgetreten ist. Dies ist insofern interessengerecht, als die InsO als Haftungsrecht das zwischen Schuldner und seinem Vertragspartner bestehende Schuldverhältnis nur solange „überlagern" darf, wie sich dies durch den Insolvenzzweck par conditio creditorum rechtfertigen lässt.[55] Ist es während des Insolvenzverfahrens nicht zu einer materiell-rechtlichen Umgestaltung des Schuldverhältnisses gekommen und wird das Verfahren durch Beschluss gem. § 258 Abs. 1 InsO aufgehoben, so ist der Vertragspartner nichtsdestotrotz von den Festsetzungen des gestaltenden Teils des Insolvenzplans betroffen (vgl. § 254 Abs. 1 Satz 3, 1 InsO), es sei denn, der Insolvenzverwalter hatte die Erfüllung des gegenseitigen Vertrages verlangt.[56] Der Versuch, die Planbetroffenheit des Vertragspartners abzulehnen, der sich bei einer Erfüllungsablehnung des Insolvenzverwalters nicht durch Anmeldung einer „Forderung wegen der Nichterfüllung" am Verfahren beteiligt hat, würde nicht nur der ausdrücklichen Regelung des § 254 Abs. 1 Satz 3 InsO widersprechen, sondern auch dem Gleichbehandlungsgebot.[57] Fraglich ist allerdings, in welcher Weise der Vertragspartner vom Insolvenzplan betroffen wird. Entweder man sieht die „Forderung wegen der Nichterfüllung" oder den ursprünglichen Erfüllungsanspruch des Vertragspartners als planbetroffen an. Gegen erstere Alternative spricht allerdings schon der Umstand, dass nicht zu Gunsten eines jeden Vertragspartners ein positiver Saldo in Form der „Forderung wegen der Nichterfüllung" besteht. Bei der letzteren Alternative – Planbetroffenheit des ursprünglichen Erfüllungsanspruchs – fragt es sich, wie der Vertragspartner vor der Unbilligkeit geschützt werden kann, einerseits selbst voll leisten zu müssen und im Gegenzug nur die im Plan vorgesehene Quote auf den eigenen Erfüllungsanspruch verlangen zu können. Um dies zu verhindern, wird vertreten, der Schuldner müsse nach der Verfahrensaufhebung gem. § 258 Abs. 1 InsO an die vorherige Erfüllungsablehnung des Insolvenzverwalters gebunden sein.[58] Eine solche Sichtweise verkennt allerdings die bloß verfahrensrechtliche Bedeutung der Erfüllungsablehnung, die nicht in der Lage ist, das zwischen Schuldner und seinem Vertragspartner bestehende Schuldverhältnis umzugestalten. Die Bindung des Schuldners an die Erfüllungsablehnung des Insolvenzverwalters würde nämlich de facto einer materiell-rechtlichen Umgestaltung des Schuldverhältnisses gleichkommen, denn keine der Parteien hätte dann die Möglichkeit nach Verfahrensaufhebung auf die ursprünglichen Erfüllungsansprüche zurückzugreifen. Außerdem könnte eine derartige Bindungswirkung den zumeist mit dem Insolvenzplan verfolgten Sanierungszweck dann beeinträchtigen, wenn sich die Erfüllung des Vertrages nach Verfahrensaufhebung gem. § 258 Abs. 1 InsO als für den Schuldner günstig erweist.[59]

6.41 Angenommen, der Insolvenzverwalter lehnt die Erfüllung eines nicht erfüllten Kaufvertrages über Betriebsmittel gegenüber einem Lieferanten ab, da er die Liquidation des Unternehmens befürchtet und der Vertrag bei der Zugrundelegung von Zerschlagungswerten für die Gläubiger nachteilig ist. Einigen sich die Gläubiger später über die Sanierung des Schuldners durch einen Insolvenzplan und wird das Verfahren schließlich nach Inkrafttreten eines solchen Plans aufgehoben, so kann es sein, dass sich die **Erfüllung des Vertrages** auf einmal als **für den Schuldner günstig** darstellt. Was gilt nun, wenn sich der Vertragspartner nicht durch Anmeldung einer „Forderung wegen der Nichterfüllung" oder anders (etwa durch Rücktritt) von seiner vertraglichen Primärpflicht gelöst hat? Freilich kann der Schuldner nun mit diesem oder mit anderen Liefe-

---

55 *Rühle*, Gegenseitige Verträge nach Aufhebung des Insolvenzverfahrens, Kap. A.III.
56 Dann ist der Vertragspartner nämlich gem. § 55 Abs. 1 Nr. 2 1. Var. InsO Massegläubiger und als solcher mit Ausnahme der Fälle des § 210a InsO im Allgemeinen nicht planbetroffen.
57 *Rühle*, Gegenseitige Verträge nach Aufhebung des Insolvenzverfahrens, Kap. E.II.2.a).
58 *Marotzke*, Gegenseitige Verträge im neuen Insolvenzrecht, Rn. 12.18.
59 *Rühle*, Gegenseitige Verträge nach Aufhebung des Insolvenzverfahrens, Kap. E.II.2b)bb).

ranten neue Kaufverträge abschließen. Was aber, wenn der Schuldner einseitig auf die günstigen Konditionen des alten Vertrages zurückgreifen möchte? Kann er dies auch ohne Mitwirkung des anderen Teils? Wie wird der andere Teil davor geschützt, voll leisten zu müssen und im Gegenzug nur die Quote auf seinen Anspruch verlangen zu können?

6.42 Auf die Einrede des nicht erfüllten Vertrages gem. § 320 BGB kann sich der Vertragspartner allerdings – soweit es um die vollständige Erfüllung seines Anspruchs auf die Gegenleistung geht – nicht berufen, denn sein Erfüllungsanspruch besteht über die Quote hinaus nur noch in Form einer Naturalobligation, ist also insoweit nicht mehr als Einrede nutzbar. Die Konstruktion der „Insolvenzplanfestigkeit" des § 320 BGB ist dogmatisch mehr als bedenklich.[60] Vorzugswürdiger erscheint eine **Analogie zu § 103 InsO** dergestalt, dass nun der Schuldner darüber entscheiden kann, ob der gegenseitige Vertrag beiderseits voll erfüllt wird, der Vertragspartner wie ein Massegläubiger behandelt wird oder ob letzterer nur einen etwaigen, in der „Forderung wegen der Nichterfüllung" verkörperten positiven Saldo entsprechend den Festsetzungen des Insolvenzplans durchsetzen kann.[61] Wer hiergegen einwendet, das Wahlrecht sei durch die Erfüllungsablehnung des Insolvenzverwalters „verbraucht", verkennt die Beschränkung desselben auf das Insolvenzverfahren, also auf die Frage, ob der Vertragspartner (ausnahmsweise) aus der Masse befriedigt werden soll, damit die ihm obliegende Gegenleistung der Masse zugutekommt.[62] Das Verwalterwahlrecht beschränkt sich also auf die Frage der Haftung der Masse und beeinflusst nicht die Schuld der Vertragsparteien. Gegen ein Wahlrecht des Schuldners trotz vorangegangener Erfüllungsablehnung durch den Insolvenzverwalter spricht auch nicht das Interesse des Vertragspartners an einer Beseitigung der „Schwebelage", kurzum an Rechtssicherheit. Dieser hat nämlich, wenn zu seinen Gunsten ein positiver Saldo bestand, das Geschäft also für ihn günstig war, die Möglichkeit eine „Forderung wegen der Nichterfüllung" anzumelden und hierdurch den Schwebezustand zu beenden. Aber auch wenn dies nicht der Fall ist, kann sich der Vertragspartner jedenfalls nach der Erfüllungsablehnung wieder entsprechend den Vorschriften des BGB – insb. durch Rücktritt – vom Vertrag lösen.[63] Angesichts der Regelung des § 323 Abs. 4 BGB, der selbst bei fehlender Fälligkeit des Anspruchs des Gläubigers den Rücktritt zulässt, wenn offensichtlich ist, dass die Voraussetzungen für diesen eintreten werden, wird der Vertragspartner häufig vom Vertrag zurücktreten können. Sollte auch dies nicht möglich sein, so beruht der Schwebezustand des Vertrages nicht bloß auf dem Insolvenzverfahren, sondern auf der vertraglichen Vereinbarung selbst.[64] In solchen Fällen ist es dann auch für den Vertragspartner zumutbar, von dem Schuldner nach Verfahrensaufhebung gegen Erbringung der vollen Gegenleistung in Anspruch genommen zu werden. Der Vertragspartner hat zudem analog § 103 Abs. 2 Satz 2, 3 InsO die Möglichkeit, den Schwebezustand zu beenden.[65] Die Überantwortung des Wahlrechts darüber, ob der gegenseitige, beiderseits noch nicht vollständig erfüllte Vertrag entsprechend der ursprünglichen Vereinbarung abgewickelt werden soll oder nicht, entspricht dem mit Insolvenzplänen meist verfolgten Sanierungszweck. Ein Blick auf die Regelung des § 279 InsO, die dem eigenverwaltenden Schuldner das Wahlrecht aus § 103 InsO überträgt, bekräftigt dies.

---

60 *Rühle*, Gegenseitige Verträge nach Aufhebung des Insolvenzverfahrens, Kap. E.II.2.b).
61 *Marotzke*, Gegenseitige Verträge im neuen Insolvenzrecht, Rn. 12.22 ff., allerdings nur für den Fall der unterlassenen Wahlrechtsausübung des Verwalters.
62 *Rühle*, Gegenseitige Verträge nach Aufhebung des Insolvenzverfahrens, Kap. E.II.2.b)bb).
63 *Marotzke*, KTS 2002, 1, 29.
64 *Rühle*, Gegenseitige Verträge nach Aufhebung des Insolvenzverfahrens, Kap. E.II.2.b)bb).
65 *Marotzke*, Gegenseitige Verträge im neuen Insolvenzrecht, Rn. 12.24, allerdings wieder nur für den Fall der unterlassenen Wahlrechtsausübung des Verwalters.

Ebenso wie bei der Eigenverwaltung soll auch der Schuldner nach Aufhebung des Insolvenzverfahrens (vorbehaltlich einer etwaigen Planüberwachung) selbst entscheiden, welche gegenseitigen Verträge durchzuführen sind, damit er künftig wieder „schwarze Zahlen" schreibt.[66] Eine Bindung des Schuldners an die Erfüllungsablehnung durch den Insolvenzverwalter würde diese gesetzliche Intention vereiteln.

6.43 Zugleich haben der Verwalter oder im Falle der Eigenverwaltung der Schuldner die **Möglichkeit der Erfüllungswahl**. Dadurch wird gesichert, dass bestimmte Ertragsquellen des Unternehmens und bestimmte Umsatzerwartungen erhalten bleiben bzw. realisiert werden. Von Bedeutung ist (oder könnte sein), dass entgegenstehende vertragliche Vereinbarungen unwirksam sind, die das Erfüllungswahlrecht des Verwalters ausschließen. Der Gesetzgeber hat zwar die entsprechenden Sondervorschriften nach § 22 Abs. 2 RegEInsO gestrichen, hat aber die Kernvorschrift des § 108 Abs. 1 InsO beibehalten. § 22 Abs. 2 RegEInsO war lediglich eine Ausprägung des (heutigen) § 108 Abs. 1 InsO, so dass der Regelungsgehalt der Streichung, weniger aber der Inhalt des schließlich verabschiedeten § 108 Abs. 1 InsO fraglich ist. Nimmt man die Vorschrift wörtlich, so ist das Erfüllungswahlrecht des Verwalters auch in den Fällen gegeben, in denen ein vertragliches Kündigungsrecht besteht. Dies ist z. B. bei Bauverträgen regelmäßig nach VOB/B (§ 8 Pkt. 2 Abs. 1[67]) der Fall, aber auch nach § 648 BGB möglich. Der Unterschied besteht in der Vergütungshöhe: Die Kündigung nach BGB wird dem Vertragspartner nichts nützen.

6.44 Gegen **§ 8 Pkt. 2 Abs. 1 VOB/B** ist freilich schon bisher von der insolvenzrechtlichen Lehre[68] argumentiert worden: Der Einwand gegen die Argumentation aus § 103 InsO, es sei ohnedies an eine Gleichbehandlung der Gläubiger im Insolvenzverfahren nicht zu denken,[69] überzeugt schon im Ansatz nicht. Die insolvenzrechtliche Kritik hat sich daher zu Recht in der Reform durchgesetzt.

6.45 Für Mietverhältnisse gilt dies für die Erfüllungswahl des Insolvenzverwalters, denn die **Mietverhältnisse** bestehen fort. Entgegenstehende vorinsolvenzlich getroffene vertragliche Vereinbarungen wären unwirksam. Nach der gesetzlichen Begründung kann der andere Vertragsteil lediglich unter den Verzugsfolgen kündigen, also nicht, wenn das Insolvenzverfahren bei laufenden Mietzahlungen keinen zusätzlichen Kündigungsgrund liefert, vgl. §§ 112, 119 InsO. Im Falle des Kaufs unter **Eigentumsvorbehalt** kann der Verwalter durch Ausübung seines Erfüllungswahlrechts als Käuferverwalter das Anwartschaftsrecht zum Vollrecht erstarken lassen.

6.46 dd) **Sicherheiten: Aussonderungsrecht, §§ 47, 48 InsO.** Die schuldrechtliche Seite der vorgenannten Verträge wird durch die entsprechende dingliche Kürzung der sich als besitzlose Mobiliarsicherheiten erweisenden **Eigentumsansprüche** des anderen Vertragsteils begleitet. Der Eigentumsvorbehaltsverkäufer kann zwar nach h. M.[70] aussondern. Jedoch kann der **Insolvenzverwalter Erfüllung wählen** (vgl. §§ 103, 107 Abs. 2 InsO) und dann den Eigentumsvorbehalt ablösen.

---

66 *Rühle*, Gegenseitige Verträge nach Aufhebung des Insolvenzverfahrens, Kap. E.II.2.b)bb).
67 Vgl. *Ingenstau/Korbion*, VOB Kommentar, § 8 Rn. 46 ff.
68 *Jaeger/Henckel*, KO, § 17 Rn. 214.
69 So *Ingenstau/Korbion*, VOB Kommentar, § 8 Rn. 51.
70 RG, B. v. 16.1.1908, VI 436/07, RGZ 367, 347; RG, Urt. v. 4.4.1933, VII 21/33, RGZ 140, 226; BGH, Urt. v. 21.5.1953, IV ZR 192/52, BGHZ 10, 69; BGH, Urt. v. 1.7.1970, VIII ZR 24/69, 72; 54, 218; *Kuhn/Uhlenbruck*, KO, 11. Aufl. 1994, § 43 Rn. 28; Gottwald-*Adolphsen*, Insolvenzrechtshandbuch, 4. Aufl. 2010, § 43 Rn. 11; Staudinger-*Honsell*, BGB, § 455 Rn. 49, 2. Absatz; *Stracke*, Das Aus- und Absonderungsrecht des Vorbehaltseigentümers im Konkurs des Vorbehaltskäufers; Smid-*Zeuner*, GesO, § 12 Rn. 20. Krit. dagegen *Häsemeyer*, Insolvenzrecht, 4. Aufl., 2007, 221 f.

6.47 Der Vermieter einer Sache kann nur aussondern, wenn kein Recht des Insolvenzschuldners zum Besitz infolge **Mietvertragskündigung** (§ 986 Abs. 1 BGB) besteht. Die Kündigung wegen vorinsolvenzlich getroffener vertraglicher Abreden eines besonderen Kündigungsrechts wegen Insolvenz des Mieters ist im Insolvenzfall nach § 119 InsO nicht mehr möglich. Ein Aussonderungsanspruch besteht aber, wenn der Mietvertrag bereits vor Verfahrenseröffnung wirksam gekündigt werden konnte und gekündigt worden ist.

6.48 Für den Leasinggeber gelten diese Ausführungen entsprechend. Der Verwalter kann am **Leasingvertrag** festhalten, wenn er die restlichen Leasingraten zahlt. Ein Aussonderungsanspruch besteht nur, wenn der Leasingvertrag gekündigt war. Handelt es sich aber um einen Leasingvertrag mit Kaufoption oder liegt sonst ein Fall des Übergangs des wirtschaftlichen Eigentums auf den Leasingnehmer vor, so wird man auch hier dem Verwalter ein Auslösungsrecht zugestehen müssen.

6.49 ee) **Sicherheiten: Absonderungsrecht, §§ 49–51 InsO.** Sind Gegenstände zur **Sicherung übereignet**, besteht kein Aussonderungsrecht, § 51 Nr. 1 InsO. Der Gläubiger kann in diesem Fall nur abgesonderte Befriedigung nach Maßgabe des § 166 Abs. 1 InsO verlangen.

6.50 Entsprechendes gilt für die **Sicherungszession**, entweder für die Globalzession gegen einen Bankkredit, für die normale Sicherungszession sowie für die Vorauszession bei verlängertem Eigentumsvorbehalt. Der Gläubiger kann in diesem Fall nur die abgesonderte Befriedigung nach Maßgabe des § 166 Abs. 2 InsO verlangen.

6.51 Besteht nach Vorstehendem nur ein Absonderungsrecht, so kann der Verwalter oder der den Plan initiierende Schuldner mit entsprechenden Regelungen im Insolvenzplan die Sicherungsrechte „kürzen" und zwar auf den **tatsächlichen Zeitwert der Ware**; entweder indem er eine entsprechende Veräußerung vornimmt oder indem er durch die Meistbegünstigungsklausel auf die Absonderungsberechtigten entspr. Werte verteilt. Im darstellenden Teil des Plans sind diese Rechte und die zur Sanierung erforderlichen Eingriffe zu beschreiben.

6.52 d) **Insolvenzanfechtung.** Das Insolvenzanfechtungsrecht rundet die Maßnahmen zur Sicherung des Schuldnervermögens ab, indem Restitutionsansprüche oder Einreden gewährt, **unseriöse Verschiebungen** rückgängig gemacht oder verändert oder Vermögensbeeinträchtigungen ausgeglichen werden. Hier sehen die §§ 130, 131 InsO grundsätzlich die kongruente (§ 130 InsO) und die inkongruente (§ 131 InsO) Sicherungs- bzw. Deckungsanfechtung vor. Im Einzelnen kann im darstellenden Teil des Plans erläutert werden, dass die Situation für den zu sanierenden Insolvenzschuldner sich durch Insolvenzanfechtungen positiv gestalten lässt; durch die günstigere Regelung der Beweislast etc. haben sich im künftigen Recht die Chancen für die Masse stark verbessert, auch sind die Fristen „verwalterfreundlich" gestaltet.

6.53 Die **Anfechtbarkeit der Aushöhlung der Kapitalbasis** durch die Rückgewähr kapitalersetzender Darlehen (§ 135 InsO), die Absichtsanfechtung (§ 133 InsO) und die Schenkungsanfechtung (§ 134 InsO) verhindern Abflüsse, denen eine echte Gegenleistung gar nicht gegenübersteht oder nie gegenüber gestanden hat.

6.54 Sowohl im Hinblick auf die Verbesserung der Stellung des anfechtenden Insolvenzverwalters oder Sachwalters als auch im Lichte der Beschränkung der Anfechtung wegen kongruenter Deckung im Zuge der Umsetzung der EU-

Finanzrichtlinie[71] stellt sich die Benachteiligungsanfechtung gem. § 132 Abs. 2 InsO dar, die einen **Auffangtatbestand für Rechtshandlungen oder Unterlassungen des Schuldners** bietet, die das Vermögen beschädigt haben, ohne dass auf der anderen Seite eine Vermögensmehrung oder eine Inkongruenz gegeben sein muss. Hierzu kann z. B. das Verlieren eines Prozesses (Kopf in den Sand – § 132 Abs. 2 InsO[72]), aber auch möglicherweise die Nichtzahlung von Mieten, die zur Vertragskündigung und damit zu Aussonderungsansprüchen führt, gerechnet werden. Es handelt sich dabei offenbar um eine Art Wiedereinsetzungsrecht des Verwalters in eine frühere Rechtsposition des Schuldners.

e) **Anteils- und Mitgliedschaftsrechte.** Die Regelung des § 225a Abs. 1 InsO sieht vergleichbar derjenigen des § 223 Abs. 1 InsO (also hinsichtlich der Absonderungsberechtigten) vor, dass die Anteils- oder Mitgliedschaftsrechte der am Schuldner beteiligten Personen vom Insolvenzplan grundsätzlich unberührt bleiben. Um eine Akkordstörung durch Anteilseigner auszuschließen, kann nach § 225a Abs. 3 InsO im Plan jede Regelung getroffen werden, die **gesellschaftsrechtlich zulässig** ist (vgl. Kapitel 9), insbesondere die Fortsetzung einer aufgelösten Gesellschaft oder die Übertragung von Anteils- oder Mitgliedschaftsrechten. Diese Regelung ermöglicht es, die gesellschaftsrechtlichen Strukturen des Schuldners auch außerhalb eines Debt-Equity-Swap grundlegend umzugestalten und sie den Bedürfnissen des Insolvenzplanverfahrens anzupassen.

Dabei erlaubt es § 225a Abs. 2 Satz 1 InsO, im gestaltenden Teil des Plans vorzusehen, dass Forderungen von Gläubigern in Anteils- oder Mitgliedschaftsrechte am Schuldner umgewandelt werden. Nach § 225a Abs. 2 Satz 2 InsO kann der Plan insbesondere eine Kapitalherabsetzung oder -erhöhung, die Leistung von Sacheinlagen, den Ausschluss von Bezugsrechten oder die Zahlung von Abfindungen an ausscheidende Anteilsinhaber vorsehen. Um verfassungsrechtlichen Bedenken aus der Eigentumsgarantie des Art. 14 Abs. 1 GG zuvorzukommen, sieht § 225a Abs. 5 InsO vor, dass für eine Maßnahme i. S. v. § 225a Abs. 2 oder 3 InsO, mittels derer in die Anteils- oder Mitgliedschaftsrechte der am Schuldner beteiligten Personen eingegriffen wird, im Plan eine angemessene Entschädigung vorzusehen ist.

f) **Auffang- und Übernahmegesellschaften.**[73] sind gegenüber dem schuldnerischen Unternehmensträger rechtlich eigenständige juristische Personen oder Personifikationen. § 260 Abs. 3 InsO gibt eine Legaldefinition: Danach handelt es sich um eine Übernahmegesellschaft, wenn eine juristische Person oder Gesellschaft ohne Rechtspersönlichkeit nach der Eröffnung des Insolvenzverfahrens gegründet worden ist, um das Unternehmen oder einen Betrieb des Schuldners zu übernehmen und weiterzuführen (Übernahmegesellschaft). Eine solche Auffang- oder Übernahmegesellschaft ist nicht von Gesetzes wegen Beteiligter des Insolvenzplanverfahrens.[74] Daher kann sie **zwangsweisen Regelungen durch den Insolvenzplan** nicht unterworfen werden.[75] Zwar bestimmt § 229 Satz 1 InsO, dass dem Insolvenzplan eine Vermögensübersicht beizufügen ist, in der die Vermögensgegenstände und die Verbindlichkeiten, die sich bei einem Wirksamwerden des Plans gegenüberstünden, mit ihren Werten aufgeführt werden, wenn die Gläubiger aus den Erträgen des von einem Dritten fortge-

---

71 Richtlinie 2002/47/EG.
72 *Zeuner*, Die Anfechtung in der Insolvenz, Rn. 160; *Hess/Weis*, Das neue Anfechtungsrecht, Rn. 339 (ohne Auseinandersetzung mit der dieser Vorschrift innewohnenden Problematik).
73 *Lieder*, DZWIR 2004, 452.
74 MünchKomm-*Eidenmüller*, InsO, § 217 Rn. 88; a. A. *Noack*, Gesellschaftsrecht, Rn. 137; *Häsemeyer*, Insolvenzrecht, 4. Aufl., 2007, Rn. 28.58f.
75 So zutr. MünchKomm-*Eidenmüller*, InsO, § 217 Rn. 88.

führten Unternehmens befriedigt werden sollen – womit Auffang- oder Übernahmegesellschaften gemeint sind. Deren im Plan beurkundete Verpflichtungen beruhen aber nicht auf dem Oktroi des mit den erforderlichen Mehrheiten angenommenen Planes, sondern bedürfen freiwilliger Übernahme der Verpflichtungen durch die Gesellschaft. Aus § 229 Satz 1 InsO lässt sich dagegen nicht ableiten, dass durch einen Plan der Auffang- und Übernahmegesellschaft zwangsweise Verpflichtungen auferlegt werden können; etwas anderes ergibt sich auch nicht aus der Erstreckung der Planüberwachung auf die Ansprüche der Gläubiger gegen Übernahmegesellschaften gem. § 260 Abs. 3 InsO. Der Plan wirkt insofern nicht als Vertrag zu Lasten der Übernahmegesellschaft als Dritter.

6.58 g) **Drittverpflichtungen.** Freiwillige Übernahme von Verpflichtungen durch **Mitschuldner** und **Bürgen** sind im Plan zwar möglich. Deren Vermögen ist jedoch massefremd.[76] Regelungen des Plans wirken daher allenfalls mittelbar auf die Verpflichtungen dieser in Mithaftung stehenden Personen.

3. Der „bewertende" Teil des Insolvenzplans

6.59 a) **Bewertung der Sanierungsfähigkeit des Schuldners.** Integraler Bestandteil des darstellenden Teils ist eine Bewertung der Aussagen und Beschreibungen durch den darstellenden Teil in mehrfacher Hinsicht. Zunächst muss eine Bewertung dahingehend erfolgen, dass das Unternehmen **sanierungsbedürftig, aber auch sanierungsfähig** ist. Eine zweite Bewertung hat zu erfolgen, ob und inwieweit die vorgeschlagenen Maßnahmen die Sanierung des Unternehmens ermöglichen, ihr nützen oder ihr jedenfalls nicht widersprechen. Eine Bewertung der **Erforderlichkeit der Maßnahmen** ist im Hinblick auf andere mögliche Sanierungsmaßnahmen unbedingt notwendig. So ist mit Blick auf etwaige Eingriffe in Rechte beteiligter Gläubiger explizit zu prüfen, ob nicht durch eine übertragende Sanierung ein günstigeres Ergebnis für die Gläubiger erreicht werden kann als etwa bei einem Insolvenzplan. Denn hier ist auch ohne die noch näher zu schildernden im Insolvenzplanverfahren auftretenden Schwierigkeiten eine Auswechslung der Gesellschafter möglich, die die Misere möglicherweise verschuldet haben. Außerdem würden Werte realisiert, die sonst nur geschätzt werden können, stille Reserven würden aufgedeckt werden etc.

6.60 b) **Bewertung der Tauglichkeit einzelner Maßnahmen.** Sieht danach der Insolvenzplan eine Sanierung des Unternehmensträgers zu Recht vor, muss eingeschätzt werden, warum diese, nicht aber andere, Maßnahmen erfolgversprechend sind. Wenn z. B. geplant ist, einen bestimmten Betriebszweig stillzulegen und eine andere Sparte zu stärken (etwa: Stilllegung der Stahlproduktion, aber Ausbau des Engagements auf dem Sektor der Mobilfunkkommunikation), dann ist zu bewerten, welche wirtschaftlichen Gründe für die vorgesehenen Maßnahmen maßgeblich sind.

6.61 c) **Bewertungen zur Vorbereitung der insolvenzgerichtlichen Bestätigung des Planes.** – aa) §§ 245, 246 InsO. Schließlich ist eine Bewertung vonnöten, die dem Gericht den Erlass einer Obstruktionsentscheidung gem. §§ 245, 246 InsO ermöglicht. Hier muss anhand der Kriterien von § 245 InsO gleichsam die Gerichtsentscheidung antizipiert werden. Das Gericht hat nur **beschränkte Erkenntnisquellen**, nur beschränkte Mittel und nur beschränkte Zeit. Wird nicht durch entsprechende Bewertung untermauert, dass die vorhersehbare Verweigerung der Zustimmung einer bestimmten Gläubigergruppe obstruktiv ist, wird das Gericht es schwer haben, eine beschwerdefeste Obstruktionsentscheidung (unten Kapitel 18) zu treffen. Daher könnte für jede vorgeschlagene Gläubigergruppe von vornherein eine „**Alternativplanung**" für den Fall der

---

[76] MünchKomm-*Eidenmüller*, InsO, § 217 Rn. 89.

Nichtannahme des Plans gemacht werden, um die Obstruktion einer möglichen Negativentscheidung darzulegen, wenn im alternativen Fall deren „Karten" noch schlechter wären.

bb) § 251 InsO. Mit Blick auf mögliche Einwendungen einzelner Gläubiger muss eine entsprechende Bewertung dem Gericht eine **nachvollziehbare Bestätigungsentscheidung** gem. §§ 248, 251 InsO erleichtern. Dies ist insbesondere dann der Fall, wenn Gläubiger Widerspruch zu Protokoll erklärt oder angekündigt haben. Auch hier muss eine Alternativrechnung für denkbare Einzelgläubiger gemacht werden. Allgemein schließlich ist eine Bewertung erforderlich, die die **Angemessenheit des Plans** und seine Erfolgsaussichten, die Einteilung der Gläubiger in bestimmte Gruppen sowie deren Sachgemäßheit beurteilt. 6.62

Diese Bewertung muss grds. nicht so weit gehen, **mögliche** Versagungsgründe für eine Restschuldbefreiung in den darstellenden Teil des Planes aufzunehmen. Insofern ist es nämlich im Verfahren nach §§ 251 Abs. 2, 290 Abs. 2 InsO Sache des Gläubigers, Versagungsgründe glaubhaft zu machen. Würde der Insolvenzverwalter derartige Umstände im Plan offen legen müssen, würde dies die gesetzlich vorgesehene Darlegungs- und Beweislast ins Gegenteil verkehren.[77] Anders ist dies freilich, wenn der Schuldner **Insolvenzstraftaten** begeht und eine **Fortführung des Unternehmens** beabsichtigt ist. Denn dann steht auch nach der Rspr. des BGH die „Eignung des Schuldners für eine derartige Aufgabe im Vordergrund", wozu seine Zuverlässigkeit zählt.[78] Darüber hinaus würde aber die Überlegung, ein sich nicht zu möglichen Versagungsgründen verhaltender Plan wäre fehlerhaft, dazu führen, dass stets die Ermittlung einer „Planwürdigkeit" des Schuldners nötig wäre. Dies ist dem Insolvenzplanrecht jedoch – anders als dem früheren Recht bei der Frage der Vergleichswürdigkeit – außerhalb von § 231 Abs. 1 Satz 1 Nr. 2, 3 InsO fremd. 6.63

4. Anlagen zum darstellenden Teil des Insolvenzplans

Um in das Insolvenzplanverfahren die betroffenen Gläubiger einzubinden, bedarf der vorgelegte Insolvenzplan einer zustimmenden Vorprüfung durch das Insolvenzgericht. Da es sich mithin um ein gerichtliches Verfahren handelt, muss der in dem Plan enthaltene Vortrag des Planinitiators plausibel gemacht werden. Daher sieht das Gesetz vor, dass die entsprechenden Gutachten, also diejenigen 6.64
– der Bewerter von Anlage- und Umlaufvermögen,
– der Bewerter von Grundstücken,
– der Berechner von Ertragskraft, Gewinn und Verlust
– (also: Unternehmensberater)
von vornherein dem Insolvenzplan beizufügen sind.

IV. Der „gestaltende" Teil: Übersicht

1. Grundsatz

Während der darstellende Teil die tatsächlichen Maßnahmen, die nach dem Plan zur Verfahrensabwicklung ausgeführt werden sollen, enthält (oben Rn. 6.21 ff.), sieht der gestaltende Teil des Insolvenzplans die **rechtlichen Maßnahmen** vor, soweit sie durch den darstellenden Teil vorgeschlagen, durch den bewertenden Teil für gut befunden worden sind und im gestaltenden Teil rechtskonstitutiv enthalten sein können. Die gesetzlichen Einzelvorgaben zum gestaltenden Teil sind die Folgenden: 6.65

---

77 BGH ZInsO 2009, 1252, 1254; *Lau*, EWiR 2010, 29, 30.
78 BGH ZInsO 2012, 173, 174; MünchKomm-*Eilenberger*, InsO, § 220 Rn. 9; FK-*Jaffé*, § 222 Rn. 43; offen gelassen noch von BGH ZInsO 2009, 1252, 1254.

2. Hauptteil

Gesetzliche Einzelvorgaben zum gestaltenden Teil im Überblick			
§§ InsO		§§ InsO	
221	Festlegung der Änderung der Rechtsstellung der Beteiligten („Definition" des gestaltenden Teils)	227 I	Soweit nichts anderes bestimmt, Restschuldbefreiung abweichend von den §§ 286 ff.
222 I	Bildung der Gläubigergruppen	228 Satz 1	Willenserklärungen der Beteiligten zur Änderung sachenrechtlicher Verhältnisse
222 II	Kriterien der Gruppenbildung	228 Satz 2, 3	Sonderangaben bei Grundstücken, Schiffen, Luftfahrzeugen
223 II	Sonderausgaben, soweit in das Recht zur Befriedigung Absonderungsberechtigter aus den entspr. Gegenständen eingegriffen wird: – Bruchteil der Kürzung der Rechte – Zeitraum der Stundung – Sonstige Regelungen	249	Bedingung vor Planbestätigung
224	Regelangaben für „normale" Ins.-Gläubiger – Bruchteil der Kürzung der Forderungen – Zeitraum der Stundung – Sonstige Regelungen	260 I	Anordnung der Überwachung der Planerfüllung
225 I	Festlegung einer vom normalerweise erfolgenden Erlass abweichenden Regelung für nachrangige Gläubiger	260 III	Reichweite der Überwachung bei übertragender Sanierung
225 II	Soweit Regelungen gem. § 225 I getroffen werden: Angaben gem. § 224 auch für nachrangige Gläubiger	263	Definition zustimmungsbedürftiger Rechtsgeschäfte
225a	Eingriffe in Rechte der Anteilsinhaber	264 I	Festlegung eines bevorrechtigten Kreditrahmens

2. Einzelne Bestandteile des gestaltenden Teils des Insolvenzplans

6.66 a) **Beschlüsse der Selbstverwaltungsorgane der Gläubiger.** In den gestaltenden Teil können jedenfalls die Beschlüsse aufgenommen werden, die **dem Insolvenzverwalter bestimmte Handlungen erlauben.** Dies sind etwa Maßnahmen der Betriebsfortführung, der übertragenden Sanierung, der Entlassung von Arbeitnehmern, der Kreditaufnahme, der Veräußerung oder Belastung von Grundstücken etc. Im Einzelnen sind Entscheidungen nach den §§ 157, 158 Abs. 1, 160, 162, 163 InsO zu nennen.

6.67 b) **Sanierungsprogramm.** In den gestaltenden Teil können – gleichsam als „Firmengegenstand" des Insolvenzverfahrens – die Maßnahmen organisatorischer und struktureller Art etc. (**Sanierungsprogramm**) aufgenommen werden, damit Insolvenzverwalter, eigenverwaltender Schuldner und Sachwalter eine Richtlinie haben, an der sie ihr Handeln ausrichten können. Hier sind insbesondere die autonomen Sanierungsmaßnahmen zu nennen.

6.68 aa) **Schulderlass oder Stundungen.** In den gestaltenden Teil werden ferner die **Willenserklärungen der Beteiligten** über einen Schulderlass oder eine Schuldstundung aufgenommen. Ähnlich einem Urteilstenor muss der Planverfasser die Rechtsänderungen juristisch sauber und präzise formulieren. Entfallen z. B. auf jede Gläubigergruppe 10 % ihrer Forderungen, so muss im gestaltenden Teil des Insolvenzplans der Verzicht jeder Gläubigergruppe auf 90 % ihrer Forderungen, Zinsen und Verfahrenskosten erklärt werden. Die Formulierung kann in diesem Fall z. B. lauten:

"Die Gläubiger der Gruppen eins bis fünf verzichten auf 90 % ihrer Forderungen zuzüglich sämtlicher Zinsen sowie der Kosten der Teilnahme am Verfahren."

bb) Weitere Willenserklärungen. Darüber hinaus können Willenserklärungen von Sicherungsnehmern aufgenommen werden, die eine **Begründung, Änderung oder Aufhebung ihrer Rechte** beinhalten. Hier ist zu denken an die Übertragung von Sicherungseigentum, die Begründung oder die Freigabe von Grundschulden, die Bildung eines Sicherheitenpools (Poolvertrag), der Verzicht auf Aussonderungs- oder Absonderungsrechte in Begründung eines neuen Vertragsverhältnisses mit einem Verfahrensbeteiligten.

6.69

Häufig enthält der gestaltende Teil des Insolvenzplans deutlich kompliziertere Regelungen. Verzichtet etwa eine Bank auf die Durchsetzung der ihr nach dem Insolvenzplan zustehenden Forderung, muss im gestaltenden Teil des Plans eine **vertragliche Grundlage** für das Stehenlassen der Forderung geschaffen werden. Eine solche kann der bisherige Kreditvertrag sein. Die Formulierung kann in diesem Fall z. B. lauten:

6.70

"Die Gläubiger der Gruppe 1 erklären: Der Konsortialkredit bleibt für die bestehen bleibenden Teilforderungen sowie für die als Sacheinlage vorgesehene Teilforderung vertragliche Grundlage. Die zwischenzeitlich erklärten Kündigungen nehmen wir zurück. Ferner verzichten wir auf das Recht, den Konsortialkreditvertrag vor dem 31.12.2005 ordentlich zu kündigen".

6.71

Ist der bisherige Kreditvertrag als vertragliche Grundlage für die bestehen bleibenden Forderungen nicht geeignet, kann im gestaltenden Teil des Insolvenzplans ein neuer Kreditvertrag mit folgender Formulierung begründet werden:

6.72

"Die Konsortialbanken geben folgende Erklärung ab: Für die bestehen bleibenden Teilforderungen verlängern und erweitern wir unseren Konsortialkreditvertrag vom ..., soweit nicht einvernehmlich anderweitige Kreditverträge abgeschlossen werden. Die Einzelheiten werden in dem zwischen der Insolvenzschuldnerin und dem Bankenkonsortium abzuschließenden Kredit- und Sicherheitenvertrag geregelt, der mit Zustimmung der Gläubiger im Insolvenzplanverfahren wirksam wird (vgl. Plananlage)".

6.73

c) Willenserklärungen des Insolvenzverwalters. In den gestaltenden Teil können Willenserklärungen des Insolvenzverwalters **oder des eigenverwaltenden Schuldners und ggf. des Sachwalters** aufgenommen werden, die sich auf die Begründung, Änderung oder Aufhebung eines Rechts, eine Anfechtung, einen Verzicht etc. beziehen.[79]

6.74

d) Willenserklärungen Dritter.[80] Schließlich können in den gestaltenden Teil Willenserklärungen oder sonstige Rechtshandlungen eines Dritten (**Nicht-Beteiligten**) aufgenommen oder diesem Teil beigefügt werden, die mit der Willenserklärung des Verwalters oder eines Verfahrensbeteiligten korrespondieren (Begründung eines neuen Mietvertrages, Erwerb oder Freigabe von Sicherungsgut etc.).

6.75

e) Anteils- und Mitgliedschaftsrechte. Diese können im gestaltenden Teil des Insolvenzplans geändert werden, wie § 225a InsO ausdrücklich vorsieht. Dabei sind sowohl Kapitalmaßnahmen wie der Debt-Equity-Swap möglich als auch alle sonstigen Regelungen, die gem. § 225a Abs. 3 InsO „gesellschaftsrechtlich zulässig" sind. Zu der Frage, was unter dieser Einschrän-

6.76

---

[79] KPB-*Spahlinger*, InsO, § 228 Rn. 3; MünchKomm-*Breuer*, InsO, § 228 Rn. 5 ff.
[80] MünchKomm-*Huber*, InsO, § 254 Rn. 14.

kung im Einzelnen zu verstehen ist und welche Maßnahmen zulässig sind, vgl. oben Kapitel 9.

6.77 **f) Fortführung anhängiger Rechtsstreitigkeiten.** Gemäß § 259 Abs. 3 InsO kann im gestaltenden Teil des Plans vorgesehen werden, dass der Verwalter auch nach der Aufhebung des Verfahrens einen rechtshängigen[81] Rechtsstreit, der die Insolvenzanfechtung zum Gegenstand hat, fortführen kann. Der Rechtsstreit wird nach Satz 2 der Vorschrift in diesem Fall für Rechnung des Schuldners geführt, wenn im Plan keine abweichende Regelung getroffen wird.

6.78 **g) Verfahrensregelungen.** Diese sind nach § 217 Satz 1 InsO möglich, soweit das Verfahren betreffende Vorschriften der InsO dispositiv sind. Insofern besteht im gestaltenden Teil des Planes die Möglichkeit, sog. verfahrensleitende bzw. verfahrensbegleitende Regelungen[82] zu treffen. Beispiele sind etwa die zeitweilige Fortführung eines Unternehmens, um ein Sanierungskonzept zu erarbeiten[83] oder Abweichungen, die das Gesetz selbst in den §§ 66 Abs. 1 Satz 2, 258 Abs. 1 Satz 1 InsO vorsieht. Vor allem Letztere eröffnet dadurch, dass die **Verfahrensbeendigung** nach rechtskräftiger Planbestätigung abbedungen werden kann, weitergehende Regelungsmöglichkeiten. Doch auch sonst können einzelne Verfahrensabschnitte umgestaltet werden, soweit nicht das Verfahren gänzlich ersetzt wird.[84] Dabei ist die **Grenze** zwischen möglichen Regelungen und „planfesten" Vorgaben schwierig zu bestimmen. So wird etwa davon ausgegangen, dass das Forderungsprüfungs- und -feststellungsverfahren keiner Änderung zugänglich sei.[85]

6.79 Das erscheint auch richtig, denn die **Planfestigkeit** wird sich nur mit Blick auf die in den jeweiligen Normen geschützten Interessen beantworten lassen. Soll nämlich das Insolvenzplanverfahren einerseits größtmögliche (Gläubiger-)Autonomie zulassen, wird es andererseits durch individualbezogenen Minderheitenschutz begrenzt, wie § 251 InsO zeigt. Das legt nahe, dass jedenfalls diejenigen Vorschriften „planfest" sind, die dem **überwiegenden Interesse eines bestimmten Individuums dienen,** analog etwa zur Schutznormtheorie im Öffentlichen Recht[86]. Eine solche Betrachtung passt auch zu § 66 Abs. 1 Satz 2 InsO, der lediglich dem Kollektiv „Gläubigerversammlung" ein Recht gewährt, auf welches folglich das Kollektiv mehrheitlich verzichten kann. Auch § 258 Abs. 1 Satz 1 InsO passt in dieses Muster, weil diese Norm dem abstrakten Gut der Rechtssicherheit[87] dient; subjektive Interessen werden erst in Folge geschützt, etwa durch den (seinerseits also nicht abdingbaren) § 259 Abs. 1 Satz 2 InsO. Geht man von diesem Abgrenzungskriterium aus, erklärt sich auch, warum ein Abweichen von den §§ 174 ff. InsO unzulässig ist: Denn hinter diesen Normen stehen Garantien der individuellen Gläubiger auf Berücksichtigung ihrer Forderungen, die auch durch persönliche Rechtsschutzmöglichkeiten (Art. 103 Abs. 1 GG) abgesichert sind. Ebenso könnte beispielsweise § 251 InsO nicht abbedungen werden.

6.80 **h) Kreditaufnahmen.**[88] Für eine gelungene Sanierung ist regelmäßig die Gewährung von Sanierungskrediten entscheidend. Ihre Besicherung durch Grund-

---

81 Nicht bloß anhängigen, wie der Wortlaut vermuten lassen würde: BGH DZWIR 2013, 437.
82 Vgl. grundlegend *Frank*, FS Braun, 219 ff.; LG Frankfurt am Main NZI 2008, 110; *Frank/Heinrich*, ZInsO 2011, 858, 859.
83 Braun-*Braun/Frank*, InsO, Vor §§ 217 ff. Rn. 20.
84 BT-Drs. 17/7511, 35; Andres/Leithaus-*Andres*, InsO, § 217 Rn. 7; FK-*Jaffé*, InsO, § 217 Rn. 81a.
85 BT-Drs. 17/7511, 35; BGH ZIP 2009, 480 (Phoenix); Graf-Schlicker-*Kebekus/Wehler*, InsO, § 217 Rn. 6.
86 Vgl. dazu nur Schoch/Schneider/Bier-*Wahl*, VwGO, Vor § 42 Abs. 2 Rn. 94 ff.
87 MünchKomm-*Huber*, InsO, § 258 Rn. 1.
88 *Franke*, KTS 1983, 37, 50 ff.; *Bieder*, ZInsO 2000, 531.

pfandrechte und besitzlose Sicherheiten[89] ist jedoch nicht immer ausreichend, um dem diesbezüglichen **Sicherungsbedürfnis von Sanierungskreditoren** hinreichend Rechnung zu tragen. Insofern[90] sieht aber **§ 264 Abs. 1 InsO** vor, dass im darstellenden Teil des Planes ein Vorrang dieser Kreditgeber vor sonstigen Insolvenzgläubigern geregelt werden kann. Voraussetzung dieser Rangregelung ist, dass der Kredit während der Zeit der Überwachung des Plans aufgenommen wurde,[91] oder während des Insolvenzverfahrens vom Verwalter aufgenommen wurde und der Gläubiger bereit ist, die Rückzahlung über den Zeitpunkt der Aufhebung des Verfahrens hinauszuschieben, den Kredit also in die Zeit der Überwachung hinein „stehen zu lassen". Von einer Vorrangregelung ausgeschlossen sind gem. § 264 Abs. 3 InsO Forderungen aus **kapitalersetzenden Gesellschafterdarlehen** und gleichgestellte Forderungen, weil dies dem Ziel einer ordnungsgemäßen Kapitalausstattung der sanierten Gesellschaft widersprechen würde.[92]

Soweit ein Vorrang eingeräumt ist, besteht er gem. **§ 265 InsO** auch im Verhältnis zu Gläubigern von vertraglichen Forderungen, die während der Zeit der Überwachung neu begründet werden.[93] Daher können nicht durch die Aufnahme neuer, nicht in den Kreditrahmen fallender Kredite gleichrangige Forderungen begründet werden. Für potentielle Neugläubiger ist dieser Umstand wegen der den Kreditrahmen offen legenden öffentlichen Bekanntmachung und Eintragung in das Handelsregister gem. § 267 Abs. 2 Nr. 3 InsO ersichtlich. Der Vorrang gilt gem. § 265 Satz 2 InsO auch gegenüber Ansprüchen aus einem vor der Überwachung *vertraglich* begründeten Dauerschuldverhältnis, *soweit* der Gläubiger nach Beginn der Überwachung durch Kündigung die Entstehung der Ansprüche hätte verhindern können.[94] Ansprüche aus *gesetzlichen* Schuldverhältnissen wie etwa deliktische Forderungen sind indes nicht nachrangig.[95]

6.81

Um den gem. § 268 Abs. 1 Nr. 2 InsO auf höchstens **drei Jahre** befristeten Schutz[96] auszulösen, bedarf es über eine den Höchstbetrag verzeichnende **Regelung im Plan** hinaus auch einer **Vereinbarung** mit dem Kreditgeber, dass und in welcher Höhe die Rückzahlungsforderung nach Kapital, Zinsen und Kosten innerhalb des vorgesehenen Kreditrahmens liegen soll. Dies muss **schriftlich vom Insolvenzverwalter bestätigt** werden, § 264 Abs. 2 InsO. Fehler bei der Umsetzung dieser drei Voraussetzungen bedingen ein Nichtentstehen der beabsichtigten Rangprivilegierung.[97]

6.82

3. Insolvenzplan als Titel

Soll der Insolvenzplan seine Sanierungswirkungen entfalten können, ist dies ohne die rechtliche Umsetzung der im darstellenden Teil aufgeführten Maßnahmen undenkbar. Deswegen erfüllt der Plan insofern eine **Titelfunktion** (oben Rn. 6.7). Sowohl für seine unmittelbare Umgestaltung der materiellen Rechtslage als auch für die durch ihn mögliche Individualvollstreckung (Kapitel 26) muss er daher **hinreichend bestimmt** sein. Denn sonst könnte er gem. § 257 InsO weder Grundlage für die Vollstreckung gegen den Schuldner, noch gegen Dritte sein und wäre insofern sowohl mit einer Klauselerinnerung gem. § 732

6.83

---

89 *Wellensiek/Schluck-Amend*, in: Römermann, Münchener Anwaltshandbuch GmbH-Recht, § 23 Rn. 57 ff.; MünchKomm-*Kirchhof*, InsO, § 142 Rn. 9 ff., bes. 13 f.
90 MünchKomm-*Drukarczyk*, InsO, § 264 Rn. 1 f.
91 *Bieder*, ZInsO 2000, 531, 532.
92 BT-Drs. 12/2443, 216; *Bieder*, ZInsO 2000, 531.
93 Amtl. Begr. RegEInsO BT-Drs. 12/2443, 216 (zu § 312).
94 MünchKomm-*Wittig*, InsO, § 265 Rn. 9; KPB-*Pleister*, InsO, § 265 Rn. 5.
95 BT-Drs. 12/2443, 216 f.
96 AG Duisburg NZI 2003, 447, 448; HambKomm-*Thies*, InsO, § 264 Rn. 3.
97 HambKomm-*Thies*, InsO, § 264 Rn. 10 ff. m. w. N.

ZPO als auch mit einer prozessualen Gestaltungsklage analog § 767 ZPO angreifbar.[98]

6.84 Damit muss also zweierlei gewährleistet sein: Zum einen muss sich aus dem Plan selbst zweifelsfrei erkennen lassen, wer Adressat seiner Regelungen ist, wer also dem aus dem Titel berechtigten *Gläubiger* die bestimmte Leistung *schuldet*. Zum anderen müssen die Festlegungen im gestaltenden Teil des Planes dem *numerus clausus* der *Formen*[99] entsprechen, die das Recht der Individualzwangsvollstreckung vorschreibt. Ebenso wie jeder andere vollstreckbare gerichtliche oder notariell beurkundete Vergleich müssen also die Rechtsgestaltungen, die der Insolvenzplan vornimmt, überhaupt **vollstreckungsfähig** sein. Welche Eingriffe der Insolvenzplan in Rechte zulässt, wird vom Gesetz nicht im Rahmen der Vorschriften über die (äußere) Gliederung des Plans geregelt; nicht anders als im allgemeinen Verfahrensrecht, dessen Vollstreckungsform den Entscheidungsinhalt wesentlich mitbestimmt, liegt es aber im Insolvenzplanverfahren: Was daher *materiell* mit dem Insolvenzplan gestaltet werden kann, hängt wesentlich von der Vollstreckungsform ab, die der Plan darstellt.

V. Dokumentierender Teil: Anlagen zum Insolvenzplan gem. §§ 229, 230 InsO

1. Grundsatz

6.85 Der Unterschied zwischen dem prototypischen Schuldnerplan und einem vom Insolvenzverwalter initiierten Insolvenzplan kommt insbesondere auch im Zusammenhang der Anforderungen an die Dokumentation des Planentwurfs – seine Anlagen – zum Ausdruck. Denn eine Reihe von besonderen Anforderungen ergibt sich bei dem vom Schuldner initiierten Plan einfach schon daraus, dass im Falle der Anordnung der Eigenverwaltung die – im untechnischen Sinne „prüffähige" – Dokumentation der Lage des Unternehmens nicht vorliegen muss.

6.86 Der vom Schuldner initiierte und vorgelegte Plan muss daher notwendig die folgenden Anlagen aufweisen – da er andernfalls nach Maßgabe des § 231 Abs. 1 Nr. 1 InsO zurückzuweisen wäre (vgl. § 17 Nr. 1 VerglO); der Insolvenzplan erhält also in jedem Fall **wenigstens folgende Anlagen:**
- **Vermögensstatusunterlagen** (Bilanz, GUV, Listen von Gläubigern und Schuldnern und Anlagevermögen und Umlaufvermögen etc. – vgl. im überkommenen Recht § 4 Abs. 1 Nr. 1 VerglO);
- **sanierungsbezogene Unterlagen** (Sanierungskonzept, Ertragsberechnungen, Unternehmensbewertungen und Prognosen, Marktanalysen etc.);
- **Gutachten zum bewertenden Teil** (Bewertungen von Grundstücken und Vermögen, Bewertungen von Unternehmensberatern und Wirtschaftsprüfern, Alternativrechenmodelle etc.);
- **sonstige Anlagen** (Verträge, Unterlagen, Erklärungen, Beweismittel); Willenserklärungen von Nichtverfahrensbeteiligten – vgl. bisher § 4 Abs. 1 Nr. 4 VerglO).

6.87 Fraglich ist, ob entsprechend **§ 4 Abs. 1 Nr. 5 VerglO** vom Schuldner eine Erklärung über die Bereitschaft zur Abgabe der eidesstattlichen Versicherung verlangt werden kann und muss. Grundsätzlich muss wie im früheren Recht der

---

98 Vgl. allgemein zum Vorgehen gegen unbestimmte Titel Musielak-*Lackmann*, ZPO, § 767 Rn. 9 a f.; MünchKomm-*K. Schmidt/Brinkmann*, ZPO, § 767 Rn. 6.
99 Vgl. *Rosenberg/Gaul/Schilken*, Zwangsvollstreckungsrecht, § 5 IV 1, § 10 II 1a, § 16 I 4.

Insolvenzschuldner gem. § 153 Abs. 2 Satz 1 InsO auch beim Eigenantrag auf Antrag des Insolvenzverwalters oder von Gläubigern eine eidesstattliche Versicherung ablegen. Dem Sachwalter steht im Falle der Eigenverwaltung diese Antragsbefugnis indessen nicht zu, arg. § 274 Abs. 1 InsO. Die Gläubiger haben aber auch dort die allgemeinen Befugnisse nach § 153 Abs. 2 Satz 1 InsO: Zur Abwehr von Gefahren für die Gläubiger sollte der Schuldner dem von ihm vorgelegten Plan eine Erklärung über die Bereitschaft zur Abgabe der eidesstattlichen Versicherung entsprechend § 4 Abs. 1 Nr. 5 i. V. m. § 69 Abs. 2 VerglO beifügen.

2. Anlagen gem. § 229 InsO im Einzelnen

6.88 Wie eingangs diesen Kapitels ausgeführt sind nach den §§ 153, 229 InsO betriebswirtschaftliche Planungsrechnungen im Rahmen der Insolvenzrechnungslegung ausdrücklich gesetzlich vorgeschrieben.[100] In chronologischer Sicht ist zwischen Plananlagen auf den Zeitpunkt der Verfahrenseröffnung und Plananlagen auf den Zeitpunkt des In-Kraft-Tretens des Insolvenzplans zu differenzieren.[101]

Plananlagen
(1) Anlagen nach § 229 InsO:
– Vermögensübersicht – Ergebnisplan – Finanzplan
(2) Weitere Anlagen:
– Vermögensstatus: Bilanz, GuV, Kreditoren- u. Debitorenlisten, Anlage- u. Umlaufvermögen – Sanierungsbezogene Unterlagen – Bewertungen von Grundstücken, Anlagevermögen etc. – Sonstige Anlagen (Verträge, Unterlagen, Erklärungen etc.) – Beim Verwalterplan (§ 230 InsO): – Fortführungserklärung des Schuldners bzw. Fortsetzungsbeschluss der Gesellschafter

6.89 a) **Plananlagen bezogen auf den Zeitpunkt der Verfahrenseröffnung.** Hier sind mit den Standardempfehlungen des IDW[102] zu nennen:
– Vermögensübersicht gem. § 153 InsO als Ist-Vermögensübersicht auf den Zeitpunkt der Verfahrenseröffnung zu Regelabwicklungswerten und ggf. zu Fortführungswerten (§ 151 Abs. 2 Satz 2 InsO)
– Handelsbilanz auf den Zeitpunkt der Verfahrenseröffnung als Schlussbilanz/Eröffnungsbilanz gem. § 155 Abs. 2 Satz 1 InsO.
Auf den Zeitpunkt der Verfahrenseröffnung ist gem. § 155 Abs. 2 Satz 1 InsO eine Handelsbilanz als Schlussbilanz/Eröffnungsbilanz zu erstellen. Dabei ist insbesondere der Grundsatz des Bilanzzusammenhangs (§ 252 Abs. 1 Nr. 1 i. V. m. Abs. 2 HGB) zu beachten. Sämtliche handelsrechtlichen Prinzipien, wie z. B. Anschaffungskosten-, Imparitäts-, Realisations- und Vorsichtsprinzip sind zu beachten.
– Überleitungsrechnungen für Zeitraum zwischen Verfahrenseröffnung und In-Kraft-Treten des Insolvenzplans: Durch nachvollziehbare Überleitungsrechnungen sollte dafür Sorge getragen werden, dass die Unterschiede zwischen der Ist-Vermögensübersicht gem. § 153 InsO und der Plan-Vermögensübersicht gem. § 229 InsO sowie die Unterschiede zwischen der Handelsbilanz auf den Zeitpunkt der Verfahrenseröffnung und der Handelsbilanz auf den Zeitpunkt des In-Kraft-Tretens des Insolvenzplans transparent und nachvollziehbar werden.

---

100 IDW Pkt. 6.2. (Nr. 50).
101 IDW Pkt. 6.2. (Nr. 51).
102 IDW Pkt. 6.2. (Nr. 51).

6.90 b) Plananlagen bezogen auf den Zeitpunkt des In-Kraft-Tretens des Insolvenzplans. Hierunter fallen:
- Vermögensübersicht gem. § 229 InsO als Plan-Vermögensübersicht auf den Zeitpunkt des In-Kraft- Tretens des Insolvenzplans zu Planprämissenwerten (i. d. R. Fortführungswerte) und ergänzend zu Regelabwicklungswerten
- Planbilanzen auf Basis des Handelsrechts auf den Zeitpunkt des In-Kraft-Tretens des Insolvenzplans und für Zeitpunkte nach In-Kraft-Treten des Insolvenzplans.
- Ergebnisplan (Plan-Gewinn- und Verlustrechnungen) auf Basis des Handelsrechts für Zeiträume nach In-Kraft-Treten des Insolvenzplans Finanzplan (Plan-Liquiditätsrechnungen) für Zeiträume nach In-Kraft-Treten des Insolvenzplans.

6.91 c) IDW-Empfehlungen. Zur Steigerung von Transparenz und Nachvollziehbarkeit der vorgelegten Plananlagen wird vom IDW empfohlen,[103] Arbeitspapiere des Planerstellers z. B. zur Ermittlung der Regelabwicklungswerte, Fortführungswerte, Planprämissenwerte und der Quotenberechnung jeweils auf den Zeitpunkt der Verfahrenseröffnung und auf den Zeitpunkt des In-Kraft-Tretens des Insolvenzplans ergänzend zur Verfügung zu stellen.

3. Anlagen gem. § 230 InsO im Einzelnen

6.92 a) Zustimmung zur Ungleichbehandlung. Werden abweichend vom Gleichbehandlungsgrundsatz (§ 226 Abs. 1 InsO) den Beteiligten innerhalb einer Gruppe unterschiedliche Rechte angeboten, so sind dem Insolvenzplan gem. § 226 Abs. 2 InsO die zustimmende Erklärung eines jeden betroffenen Beteiligten beizufügen.[104]

6.93 b) Weitere Anlagen. Gem. § 230 InsO sind dem Insolvenzplan im Übrigen ggf. weitere Anlagen beizufügen:
- Zustimmung des Schuldners zur Fortführung des Unternehmens (§ 230 Abs. 1 InsO). Ist im Insolvenzplan vorgesehen, dass der Schuldner sein Unternehmen fortführt und ist der Schuldner eine natürliche Person, so ist dem Insolvenzplan die Erklärung des Schuldners beizufügen, dass er zur Fortführung des Unternehmens auf der Grundlage des Insolvenzplans bereit ist, sofern nicht der Schuldner selbst den Insolvenzplan vorgelegt hat; entsprechendes gilt bei Personengesellschaften und bei Kommanditgesellschaften auf Aktien für die Erklärung der persönlich haftenden Gesellschafter.
- Erklärung der betroffenen Gläubiger, falls Gläubiger Anteils- oder Mitgliedschaftsrechte oder Beteiligungen übernehmen sollen (§ 230 Abs. 2 InsO)
- Erklärung des Dritten, falls der Dritte für den Fall der Bestätigung des Insolvenzplans Verpflichtungen gegenüber den Gläubigern übernommen hat (§ 230 Abs. 3 InsO).

---

103 IDW Pkt. 6.2. (Nr. 53).
104 IDW Pkt. 6.3. (Nr. 54).

Kapitel 7: Rechtsnatur des Insolvenzplans

I. Vorbemerkung: Rechtfertigung von Eingriffen in Rechte aus der Struktur („Rechtsnatur") des Insolvenzplans

1. Die „Vertragstheorie" und ihre Kritik

Bekanntlich ist die Rechtsnatur des Instituts des Zwangsvergleichs umstritten geblieben.[1] Immerhin hatte sich folgende Art der Qualifikation „weithin" „durchgesetzt", ohne aber unwidersprochen geblieben zu sein: Der Zwangsvergleich gem. §§ 173 ff. KO, § 16 GesO wird seinem Inhalt nach als Vertrag des bürgerlichen Rechts behandelt.[2] Der Grundansatz dieser „**Vertragstheorie**" ist deshalb überzeugend, weil die Gegenmeinung, die sog. „**Urteilstheorie**"[3] zwar an dem Akt der gerichtlichen *Bestätigung* des Zwangsvergleichs anknüpfen, aber die Legitimationsbedingungen des damit verbundenen Eingriffs in die geschmälerten Gläubigerrechte nicht erklären konnte. 7.1

Happe[4] stellt vertragstheoretische Konstruktionen des Insolvenzplans vor dem Hintergrund des Verlustes der Verwaltungs- und Verfügungsbefugnis des Schuldners im eröffneten Insolvenzverfahren gem. §§ 80 ff. InsO in Frage. Denn § 81 Abs. 1 Satz 1 InsO bestimmt, dass Verfügungen des Schuldners über Gegenstände der Masse absolut unwirksam sind. Diese Bedenken sind indessen schon deshalb nicht überzeugend, weil § 218 InsO von Gesetzes wegen dem Schuldner die Befugnis zur Vorlage eines Insolvenzplans einräumt. 7.2

Wie alle vermeintlich „abstrakten" Themen hat die Frage nach der rechtlichen Qualifikation des Insolvenzplans bislang wenig Aufmerksamkeit in der kärglichen Literatur zum neuen Insolvenzrecht gefunden, zumal das neue Rechtsinstitut „interessantere" Fragen aufzuwerfen scheint. Im Recht des Zwangsvergleichs ergab sich dessen Vertragsqualität daraus, dass er zum **Zwecke der Verfahrensbeendigung** *vom Gemeinschuldner* (nicht den Gläubigern) vorgeschlagen und seine Bestätigung beantragt werden konnte. Der Zwangsvergleich konnte daher durchaus materiell-rechtlich als ein Vertrag zwischen dem Gemeinschuldner und seinen Gläubigern dargestellt werden, woraus sich bekanntlich im Hinblick auf die Anfechtbarkeit der ihm zugrunde liegenden Willenserklärungen eine Reihe von Folgen ergeben, die indes hier nicht von Interesse sind. Allein der Tatbestand der gerichtlichen *Bestätigung* des Zwangsvergleichs ist es nicht, der an seiner Vertragsnatur Zweifel nährt; vielmehr ist es die Mehrheitsbildung in ihrer verfahrensrechtlichen Einbettung. Sie hat bekanntlich zu „vermittelnden" Theorien[5] geführt. 7.3

2. Probleme einer Einordnung des Insolvenzplans

Die Qualifikation des Insolvenzplans als Vertragsakt zwischen Schuldner und Gläubigern ist aufgrund des Initiativrechts des Verwalters[6] für den Insolvenzplan jedenfalls nicht mehr so einfach darstellbar, wie es im überkommenen Recht der Fall war. Sah sich schon nach dem bisherigen Recht die „Vertragstheorie" Angriffen ausgesetzt, stellt sich die Lage nach neuem Recht verändert dar. 7.4

---

1 Siehe schon *Oetker*, FS Windscheid, 38 ff.
2 *Kuhn/Uhlenbruck*, KO, § 173 Rn. 1.
3 *Schultze*, Das Deutsche Konkursrecht in seinen juristischen Grundlagen, 114 ff.
4 *Happe*, Die Rechtsnatur des Insolvenzplans, 85 ff.
5 *Kisch*, Grundriß des Deutschen Konkursrechts, § 54 III („zusammengesetzter Akt"); *Bötticher*, ZZP Bd. 86, 373, 386 ff. und *Baur/Stürner*, Zwangsvollstreckungs-, Konkurs- und Vergleichsrecht, Rn. 24.2. (richterliche Vertragshilfe); krit. *Jauernig*, Zwangsvollstreckungs- und Insolvenzrecht, § 59 III; *Kuhn/Uhlenbruck*, KO, § 173 Rn. 1e: Rechtsgebilde „eigener Art".
6 *Smid*, Grundzüge des Insolvenzrechts, § 21 Rn. 4.

7.5 Ein Vergleich der Regelungen des Zwangsvergleichs mit denjenigen des Insolvenzplans macht indessen deutlich, dass sich beide Institute im Wesentlichen in 2 Punkten unterscheiden, nämlich im spezifischen Abstimmungsmodus, den die §§ 222, 235 ff. InsO mit der dort angeordneten Gruppenbildung vorsehen, und dem Obstruktionsverbot, das dazu dienen soll, **Akkordstörungen auszuschließen**. Die Sachprobleme, vor deren Hintergrund die vertragsrechtliche Beurteilung des Zwangsvergleichs nahe gelegen hat, kommen auch beim Insolvenzplan zum Tragen: Denn es handelt sich auch dabei um einen Zwangsakkord, der z. B. unter bestimmten Voraussetzungen von einem der betroffenen Gläubiger angefochten werden kann.[7] Dies gilt auch für *Dritte*, die sich in den Insolvenzplan eingebunden haben. Freilich lässt sich dieser Akkord nicht mehr einfach als Annahme eines Angebots des Schuldners begreifen, wie es im überkommenen Recht der Fall war, da das Gesetz mit § 247 Abs. 1 InsO dem Schuldner gegen den durch die Gläubiger mehrheitlich angenommenen Plan ein eigenes Widerspruchsrecht einräumt.[8] Aber auch das tut der vertragsrechtlichen Konzeption nicht notwendig Abbruch; es handelt sich beim Insolvenzplan gleichsam um einen Vertrag mit partiellem Abschlusszwang.

7.6 Allerdings erscheint eine solche Qualifikation schließlich „gekünstelt": Denn im Insolvenzplanverfahren obliegt dem Insolvenzgericht, wie noch eingehend zu zeigen sein wird (Kapitel 14 ff.), mit der **Beurteilung der Versagung der Zustimmung zum Plan** unter dem rechtlichen Aspekt der „Obstruktion" und den Regelungen über den sog. Minderheitenschutz eine Sachprüfungskompetenz hinsichtlich der Ausgestaltung des Planes, die wenigstens nach den Intentionen des Gesetzgebers weit über die formelle Rechtmäßigkeitskontrolle nach überkommenem Recht hinausgeht (vgl. §§ 186 ff. KO). Aber selbst wenn man auch die damit verbundenen Prüfungen von der Bürde eigenen ökonomischen Kalküls des Insolvenzgerichts entlastet – was einer der Fragestellungen dieser Untersuchung entspricht – werden Zweifel an einer vertragsrechtlichen Konstruktion des Insolvenzplans aus einem anderen Grunde genährt: Wenn nämlich das Insolvenzgericht aus § 231 InsO eine weitreichende Vorprüfungskompetenz hinsichtlich des Planes hat *und* der Schuldner die Befugnis hat, Mängel des Planes zu beheben (§ 231 Abs. 1 Nr. 1 InsO, im Übrigen unter der „engen" Voraussetzung des § 231 Abs. 2 InsO[9]), so nimmt das Insolvenzgericht über die bloße Rechtmäßigkeitskontrolle hinaus „materiell" eigenen Einfluss auf den Inhalt des Plans.

3. Schlussfolgerung

7.7 Aus diesem eher „theoretischen" Exkurs lassen sich Schlussfolgerungen ableiten, die für die Insolvenzpraxis relevant sind. Denn die vorstehenden Erwägungen haben deutlich werden lassen, dass sich die Rechts*wirkungen*, die vom gestaltenden Teil eines Insolvenzplans ausgehen, jedenfalls **nicht aus Gesichtspunkten eines wechselseitigen Konsenses freiwillig kontrahierender Parteien** begründen bzw. legitimieren lassen. Die dargestellten weitreichenden *eigenen* Gestaltungsbefugnisse des Insolvenzgerichts lassen vielmehr den *Eingriffscharakter* der durch den Plan projektierten Rechtsgestaltungen gegenüber den betroffenen Gläubigern („impaired claims" im US-amerikanischen Recht) deutlich hervortreten.

7.8 Die Rechtfertigung von Eingriffen in Rechte betroffener Gläubiger ist daher im Verfahrensrecht – in ihrer **Teilnahme am Insolvenzverfahren** selbst – zu suchen, was eine Reihe von gestaltenden Eingriffen von vornherein als fragwürdig er-

---

7 Hierzu *Smid*, DZWIR 1997, 309.
8 Vgl. Kapitel 12.
9 *Haarmeyer/Wutzke/Förster*, Handbuch des Insolvenzrechts, V, Rn. 381.

scheinen lässt oder gar ausschließt: Denn die richterlichen Eingriffe im Insolvenzplanverfahren sind überhaupt nur insoweit hinnehmbar, wie die Betroffenen am Verfahren beteiligt sind (Art. 103 Abs. 1 GG).

II. Auslegungsfähigkeit und Auslegungsbedürftigkeit der Regelungen des gestaltenden Teils von Insolvenzplänen

1. Bedenken aufgrund der Titeleigenschaft des Insolvenzplans?

Regelungen in Insolvenzplänen bedürfen der Auslegung und sind der Auslegung fähig.[10] Im Schrifttum wird der Insolvenzplan entweder als Vergleich im Sinne des § 779 BGB[11] oder als privatrechtlicher Vertrag eigener Art angesehen,[12] oder es wird ihm eine Doppelnatur als gemischt materiell-rechtlicher und verfahrensrechtlicher Vertrag beigemessen.[13] In jedem Falle seien die §§ 133, 157 BGB anwendbar.[14] Allerdings bestimmt § 257 InsO, dass die Insolvenzgläubiger (vgl. § 38 InsO[15]), deren Forderungen festgestellt und nicht vom Schuldner im Prüfungstermin bestritten worden sind, aus dem rechtskräftig bestätigten Insolvenzplan in Verbindung mit der Eintragung in die Tabelle wie aus einer vollstreckbaren Urkunde gem. § 794 Abs. 1 Nr. 1 ZPO die Zwangsvollstreckung gegen den Schuldner betreiben können. Der Insolvenzplan tituliert („in Verbindung mit dem Tabelleneintrag") die Forderungen der Gläubiger, die sie unter dem durch die Regelungen des Planes etablierten „Akkordregime" geltend machen können, § 257 Abs. 1 InsO.

7.9

Aufgrund seiner Funktion, Titel einer Individualvollstreckung zu sein, müssen die inhaltlichen – gestaltenden – Regelungen des Planes gem. § 221 InsO Elemente des Individualvollstreckungsrechts insofern in sich aufnehmen, als aufgrund der Art der Festlegungen durch den Insolvenzplan zweierlei gewährleistet sein muss:[16] Zum einen muss sich aus dem Plan selbst zweifelsfrei erkennen lassen, wer Adressat seiner Regelungen ist, wer also m.a.W. dem aus dem Titel berechtigten Gläubiger die bestimmte Leistung schuldet. Zum anderen müssen die Festlegungen im gestaltenden Teil des Planes dem *numerus clausus* der Formen[17] entsprechen, die das Recht der Individualzwangsvollstreckung vorschreibt. Ebenso wie jeder andere vollstreckbare gerichtliche oder notariell beurkundete Vergleich müssen also die Rechtsgestaltungen, die der Insolvenzplan vornimmt, überhaupt *vollstreckungsfähig* sein. Welche Eingriffe der Insolvenzplan zulässt, wird vom Gesetz nicht im Rahmen der Vorschriften über die (äußere) Gliederung des Plans geregelt; nicht anders als im allgemeinen Verfahrensrecht, dessen Vollstreckungsform den Entscheidungsinhalt wesentlich mitbestimmt, liegt es im Insolvenzplanverfahren. Diese Voraussetzungen rufen eine Reihe von Fragen auf den Plan, deren Beantwortung alles andere als unproblematisch ist. Das spricht aber nicht gegen eine Auslegungsfähigkeit von Insolvenzplänen. Denn die Regelungen eines Insolvenzplans sind wie jeder Titel der Auslegung fähig.[18]

7.10

---

10 BGH, Urt. v. 6.10.2005, IX ZR 36/02, ZIP 2006, 39 ff.
11 Blersch/Goetsch/Haas-*Flöther*/*Wehner*, InsO, § 254 Rn. 13.
12 KPB-*Otte*, InsO, § 217 Rn. 65; wohl auch Uhlenbruck-*Lüer*, InsO, § 254 Rn. 1: „rechtsgeschäftlicher Gesamtakt", und Braun-*Braun*/*Frank*, InsO, Vor § 217 Rn. 1: „mehrseitige Verwertungsvereinbarung der Gläubiger".
13 MünchKomm-*Eidenmüller*, InsO, § 217 Rn. 33 f.
14 MünchKomm-*Eidenmüller*, InsO, § 217 Rn. 49; Uhlenbruck-*Lüer*, § 254 Rn. 11; Blersch/Goetsch/Haas-*Flöther*/*Wehner*, InsO, § 254 Rn. 13.
15 Die Vorschrift entspricht inhaltlich § 3 Abs. 1 KO: Amtl. Begr. zu § 45 RegEInsO, BT-Drs. 12/2443, 123.
16 Leonhardt/Smid/Zeuner-*Smid*, InsO, § 257 Rn. 4.
17 Vgl. dazu *Rosenberg*/*Gaul*/*Schilken*, Zwangsvollstreckungsrecht, § 5 IV 1, § 10 II 1a, § 16 I 4.
18 MünchKomm-*Eidenmüller*, InsO, § 217 Rn. 49.

2. Bürgerlich-rechtliche Rahmenbedingungen der Auslegung von Planregelungen

7.11 Dabei kommt es nicht darauf an, ob man den Insolvenzplan als Vertrag oder als Normsetzungsakt der Gläubiger fasst. Denn auch in letzterem Fall würde – wie der BGH[19] ausdrücklich entschieden hat – auf den Insolvenzplan ihrer Funktion nach die Vorschriften der §§ 133, 157 BGB Anwendung finden: Nach Auffassung des IX. Zivilsenats des BGH[20] ist der Insolvenzplan ein spezifisch insolvenzrechtliches Instrument, mit dem die Gläubigergesamtheit ihre Befriedigung aus dem Schuldnervermögen organisiert. Die Gläubigergemeinschaft hat nicht aus freiem Willen zusammengefunden; sie ist vielmehr eine durch die Eröffnung des Insolvenzverfahrens über das Vermögen des Schuldners zusammengefügte Schicksalsgemeinschaft. Der Wille einzelner Gläubiger kann durch Mehrheitsentscheidungen überwunden werden (§§ 244 ff. InsO). Dies zeigt, dass der Insolvenzplan, auch wenn seine Annahme weitgehend auf der Willensübereinkunft der Beteiligten beruht, kein Vertrag im herkömmlichen Sinne ist.

7.12 Diese Überlegung wird auch durch die Regelung des § 225a InsO gestützt, nach der in Rechte auch der Anteilseigner eingegriffen werden kann. Wäre der Plan ein Vertrag zwischen dem Schuldner als Rechtsträger (Inhaber des haftenden Vermögens) und seinen Gläubigern, wäre eine vertragsrechtliche Rekonstruktion des Insolvenzplans nicht in der Lage, die Beschränkung von Anteilsrechten zu erklären; aber auch in Fällen von Kapitalgesellschaften überzeugt sie nicht. Bedenkt man, dass dort die Anteilsinhaber auch Gläubiger der schuldnerischen Gesellschaft als deren Kapitalgeber sind – was insolvenzrechtlich durch § 39 Abs. 1 Nr. 5 anerkannt wird – geht es bei der Entscheidung nach § 225a InsO nicht um die Gläubigerstellung: § 225a Abs. 1 InsO besagt ausdrücklich, dass es um Anteils- *und* Mitgliedschaftsrechte, also um etwas anderes („mehr") als um „Kapital" (Forderungen) geht – daher spricht die InsO in den Regelungen, in denen es um die Ausübung von Rechten in Ansehung des Insolvenzplans geht, nicht mehr allein von den Gläubigern, sondern von Beteiligten (unten Rn. 8.3). Schließlich zeigt sich dies besonders deutlich im Falle von Personengesellschaften. Denn gerade die Zustimmung der Anteilseigner zum Plan kann durch qualifizierte Mehrheiten ersetzt werden.

7.13 Dennoch ist nach Ansicht des IX. Zivilsenats des BGH[21] für die Auslegung des Insolvenzplans, soweit nicht sein vollstreckbarer Teil betroffen ist, das individuelle Verständnis derjenigen maßgebend, die ihn beschlossen haben. Eine Auslegung nach dem objektiven Erklärungsbefund, wie sie etwa bei Allgemeinen Geschäftsbedingungen,[22] Emissionsprospekten[23] oder Satzungen von Körperschaften[24] stattfindet, ist nicht zulässig. In den zitierten Fällen ist nach Ansicht des IX. Zivilsenats die objektive Auslegung angemessen. Der Senat begründet dies damit, die Regelungen wenden sich in diesen Fällen an einen weiten, im Zeitpunkt der Abgabe der Willenserklärung noch gar nicht absehbaren Personenkreis, dem der Wille derjenigen, welche die fraglichen Erklärungen abgegeben haben, nicht bekannt sein kann. Allgemeine Geschäftsbedingungen beanspruchen normähnlich Gültigkeit, weil sie für eine unbestimmte Vielzahl von

---

19 BGH, Urt. v. 6.10.2005, IX ZR 36/02, ZIP 2006, 39 ff.
20 BGH, Urt. v. 6.10.2005, IX ZR 36/02, ZIP 2006, 39 ff.
21 BGH, Urt. v. 6.10.2005, IX ZR 36/02, ZIP 2006, 39 ff.
22 Vgl. BGHZ 7, 365, 368; BGH, Urt. v. 25.6.1992, IX ZR 24/92, NJW 1992, 2629, Gesellschaftsverträgen von Publikumsgesellschaften, vgl. BGHZ 116, 359, 364; BGH, Urt. v. 30.4.1979, II ZR 57/78, NJW 1979, 2102; v. 5.2.1990, II ZR 94/89, NJW 1990, 2684, 2685, BGH, Urt. v. 19.10.2009, II ZR 240/98, ZIP 2009, 2289.
23 Vgl. BGH, Urt. v. 27.11.2000, II ZR 218/00, NJW 2001, 1270, 1271.
24 Vgl. BGH v. 21.1.1991, II ZR 144/90, BGHZ 113, 237, 240; BGH v. 11.10.1993, II ZR 155/92, BGHZ 123, 347, 350.

Geschäftsvorfällen gelten sollen. Demgegenüber ändert sich die Zusammensetzung der von dem Insolvenzplan betroffenen Gläubigergemeinschaft jedenfalls nach dessen Annahme nicht mehr. Eine normative Wirkung für eine über den Kreis derjenigen, die den Plan beschlossen haben, hinaus gehende Personenzahl kommt dem Plan nicht zu.[25] Mit der Auslegung wird auf der Grundlage des „Verbotes der Buchstabeninterpretation" gem. § 133 BGB der Sinn des Wortlauts[26] der Regelung aus dem Kontext weiterer Regelungen des Regelungswerkes – hier des Insolvenzplans – erfasst.[27]

In der Literatur[28] ist de lege ferenda der Vorschlag gemacht worden, vertragsrechtlich konstruierte insolvenzabwendende Pläne zuzulassen. Ob damit die beschriebenen strukturellen Probleme vertragsrechtlicher Konstruktionen überkommen werden können, muss einstweilen dahingestellt bleiben.[29]

3. Geltungserhaltende Auslegung von Regelungen in Insolvenzplänen

Klauseln des Insolvenzplans sind daher in einer Weise geltungserhaltend auszulegen, die es erlaubt, im Übrigen mehrheitlich oder gar ohne Gegenstimmen angenommene Insolvenzpläne zu bestätigen und als **Normsetzungsakt der Gläubiger** in Vollzug zu setzen.

---

25 BGH, Urt. v. 6.10.2005, IX ZR 36/02, ZIP 2006, 39 ff.
26 MünchKomm-*Busche*, BGB, § 133 Rn. 58.
27 *Smid/Rattunde/Martini*, Der Insolvenzplan, 3. Aufl. 2012, Rn. 6.7 ff.
28 *Madaus*, Der Insolvenzplan, krit. *Smid*, DZWIR 2011, 446.
29 Hierzu eingehend *Smid*, DZWIR 2011, 446.

Kapitel 8: Beteiligte, in deren Rechte durch Insolvenzplan eingegriffen werden kann

I. Reorganisation des Insolvenzschuldners durch „Austausch" von Gesellschaftern

1. Änderung der Rechtsstellung „der Beteiligten" durch den Insolvenzplan, § 221 InsO

8.1 Im früheren Recht war es nicht problematisch, die **am Vergleichs- oder Zwangsvergleichsverfahren Beteiligten** zu bestimmen. Der durch sie konstituierte Kreis war identisch mit dem der Konkursgläubiger gem. § 3 KO, also derjenigen, die einen bei Verfahrenseröffnung begründeten Vermögensanspruch gegen den Schuldner hatten, § 25 Abs. 1 VerglO.[1] Dazu zählten nicht die aussonderungsberechtigten Gläubiger,[2] aber anders als im Insolvenzplanverfahren (arg. § 217 InsO) gem. § 27 VerglO *auch* nicht die absonderungsberechtigten Gläubiger hinsichtlich der ihnen zustehenden Sicherheiten.[3]

8.2 § 221 InsO bestimmt, dass im gestaltenden Teil des Insolvenzplans festgelegt werden soll, wie die *Rechtsstellung der Beteiligten* durch den Plan *zu ändern* ist. Dem Gesetzgeber schwebten dabei weitreichende Eingriffe nicht allein in die Rechte besonders der absonderungsberechtigten Gläubiger, sondern auch in die der an der Insolvenzschuldnerin beteiligten Gesellschafter vor. Zu den Motiven wurde ausgeführt, die „Beteiligten", deren Rechtsstellung geändert werden könne, seien die **absonderungsberechtigten Gläubiger**, die **Insolvenzgläubiger**, der **Schuldner** und darüber hinaus, wenn es sich beim Schuldner nicht um eine natürliche Person handle, die **am Schuldner beteiligten Personen**.[4]

8.3 Zu diesem Katalog, der erst seit Geltung des § 225a InsO vollständig umgesetzt ist, treten darüber hinaus in Fällen des § 210a InsO auch die **Massegläubiger** hinzu. Wenn daher nunmehr von den Beteiligten des Insolvenzplanverfahrens die Rede ist, in deren Rechte durch den Insolvenzplan gestaltend eingegriffen werden kann, sind darunter nicht mehr allein die Gläubiger zu verstehen.

2. Formell am Insolvenzverfahren und nach Maßgabe der Eingriffe in ihre Rechtsstellung am Insolvenzverfahren beteiligte Gläubiger

8.4 Nach § 217 InsO können am Insolvenzplanverfahren dinglich gesicherte, also absonderungsberechtigte Gläubiger nach den §§ 49 bis 51 InsO, Insolvenzgläubiger mit vorkonkurslich begründeten persönlichen Forderungen gegen den Insolvenzschuldner gem. § 38 InsO und nachrangige Insolvenzgläubiger gem. § 39 Abs. 1 Nr. 1 InsO beteiligt und nach Maßgabe der §§ 223 bis 225 InsO Eingriffen in ihre Rechtsstellung unterworfen werden. Dies ist weitgehend unproblematisch. Die Verfahrensbeteiligung ergibt sich unproblematisch bereits aus § 1 Satz 1 Halbs 1. InsO, im Übrigen aus den §§ 74, 165 ff., 174 ff. InsO.

3. Formelle Beteiligung des Insolvenzschuldners

8.5 Dass der *Insolvenzschuldner* am Insolvenzverfahren, jedenfalls aber **am Insolvenzplanverfahren formell beteiligt** ist, zeigen bereits die Normierung der Schuldenbereinigungsfunktion des Insolvenzverfahrens (§ 1 Satz 2 InsO) ebenso wie das Initiativrecht des Insolvenzschuldners gem. § 218 InsO[5] und das dem Insolvenzschuldner gegen die Bestätigung des Planes zustehende Rechtsmittelrecht (§ 253 InsO).

---

1 *Häsemeyer*, Insolvenzrecht, 4. Aufl., 2007, 661.
2 *Häsemeyer*, Insolvenzrecht, 4. Aufl., 2007, 662.
3 *Häsemeyer*, Insolvenzrecht, 4. Aufl., 2007, 663 f.
4 Amtl. Begr., BT-Drs. 12/2443, 199 (zu § 264).
5 Dazu *Smid*, WM 1996, 1249 ff.

4. Keine Beteiligtenstellung des Insolvenzverwalters

Der IX. Zivilsenat[6] meint, dass der Insolvenzverwalter an die in den Plan aufgenommenen Vergütungswerte im Falle des Schuldnerplans nicht gebunden sei, da er nicht Beteiligter des Planverfahrens sei und § 254 Abs. 1 InsO nicht zum Einsatz gelange, der eine Bindungswirkung nur für die nach § 217 InsO Verfahrensbeteiligten entfalte. Dass der Insolvenzverwalter nicht am Insolvenzplanverfahren im Sinne eigener Verfahrensteilnahmerechte „beteiligt" sei, hat der BGH dann mit der Folge in seiner „Phoenix-"Entscheidung[7] aufgegriffen, dass er sogar dem planinitiierenden Insolvenzverwalter die Rechtsmittelbefugnis gegen die die Planbestätigung betreffenden insolvenzgerichtlichen Entscheidungen abgesprochen hat.

5. Eingriffe in Rechte der Gesellschafter

Die Gesellschafter der Insolvenzschuldnerin konnten bis zum Inkrafttreten des ESUG nicht Beteiligte i. S. v. § 221 InsO[8] sein. Ihre Rechte blieben vielmehr von einem Insolvenzplan unangetastet. Dieses als unbefriedigend empfundene Ergebnis war seinerzeit Gegenstand einer umfassenden Diskussion in der Literatur und führte letztlich zur Einführung des § 225a InsO.[9]

Nach dieser Norm können nunmehr die Anteils- und Mitgliedschaftsrechte der am Schuldner beteiligten Personen jeder Regelung unterworfen werden, die „gesellschaftsrechtlich zulässig" ist, § 225a Abs. 3 InsO. Die Übertragung der Anteile sieht die Norm beispielhaft vor, auch die Umwandlung von Forderungen in Eigenkapital (Debt-Equity-Swap) erwähnt sie ausdrücklich in Abs. 2. Welche Maßnahmen dadurch im Einzelnen möglich sind und welchen (auch verfassungsrechtlichen) Schranken sie unterliegen, ist Gegenstand des Kapitels 9, auf welches an dieser Stelle verwiesen sei.

II. Eingriffe in Rechte aussonderungsberechtigter Gläubiger[10]

1. Grundsatz

Rechte der aussonderungsberechtigten Gläubiger können durch einen Insolvenzplan naturgemäß nicht beeinträchtigt werden; die „Vertragsparteien" des Insolvenzplans haben nicht die Befugnis, fremdes Eigentum umzugestalten – das Insolvenzgericht ist schon aus Art. 14 Abs. 1 GG gehindert, derartigen Umgestaltungen durch Bestätigung eines entsprechenden Insolvenzplans rechtliche Wirksamkeit zu verleihen. Einem aussonderungsberechtigten Gläubiger steht insoweit ein Gläubiger gleich, dessen Anspruch auf Übereignung eines unbeweglichen Gegenstands der Insolvenzmasse gerichtet und durch eine Vormerkung gesichert ist; denn solche Gläubiger können wie Aussonderungsberechtigte die volle Erfüllung ihrer Ansprüche aus der Insolvenzmasse verlangen.[11]

2. Sonderfall Eigentumsvorbehalt

Eine entsprechende Situation scheint vorzuliegen, wenn der Schuldner eine Sache nutzt, die ihm unter Eigentumsvorbehalt geliefert worden ist.[12] Bekanntlich

---

6 BGH, B. v. 22.2.2007, IX ZB 106/06.
7 BGH, B. v. 5.2.2009, IX ZB 230/07, ZIP 2009, 480 (Phoenix).
8 LG Mühlhausen, B. v. 17.9.2007, 2 T 190/06, NZI 2007, 724.
9 Vgl. zur Diskussion ausführlich *Smid/Rattunde/Martini*, Der Insolvenzplan, 3. Aufl. 2012, Rn. 8.6 ff. m. w. N.
10 Vgl. zur ökonomischen Analyse *Drukarczyk*, KTS 1983, 183 ff. m. w. N.
11 Amtl. Begr. RegEInsO BT-Drs. 12/2443, 195 (zu § 253); vgl. auch § 106 InsO (= § 120 RegEInsO).
12 Vgl. zur Rechtslage im US-amerikanischen Recht *Weintraub/Resnick*, Bankruptcy Law Manual, 8–49.

lag in einem derartigen Fall bereits nach der h. L.[13] zum überkommenen Recht ein Aussonderungsrecht des Verkäufers vor. Dies ist auch unter der Geltung der InsO so.[14] Auch durch den Plan würde – unterstellt man die Richtigkeit dieser Prämisse – nicht in dieses Aussonderungsrecht eingegriffen werden können. So ist wegen § 107 InsO zwar eine Bestimmung des Planes zulässig, aufgrund derer die Erfüllung eines gegenseitig noch nicht vollständig erfüllten Vertrages über einen Kauf unter Eigentumsvorbehalt vorgesehen wird. Schließlich würde auch dem Verwalter die Befugnis zur Wahl der Erfüllung des Vertrages zustehen. Indes ermöglicht eine derartige Bestimmung keinen Eingriff in das Aussonderungsrecht des Verkäufers.

8.11 Hätte der Verkäufer vorgeleistet und damit das Insolvenzrisiko unverkürzt auf sich genommen, könnte seine Insolvenzforderung durch den Plan verkürzt werden. Im Falle des Verkaufs unter Eigentumsvorbehalt sieht das deshalb anders aus, weil die Erfüllungswahl durch den Verwalter keine persönliche Forderung des Vorbehaltsverkäufers, sondern eine **Masseforderung** begründet. Daran kann der Insolvenzplan nicht rühren, da andernfalls in das Eigentum des Vorbehaltsverkäufers eingegriffen würde.

8.12 Der Teufel liegt aber wie immer im Detail. Man stelle sich den folgenden Fall vor:

Der Insolvenzschuldner betreibt eine Druckerei, in der er u. a. Spezialaufträge auf zwei Druckmaschinen erledigt, die ihm unter Eigentumsvorbehalt geliefert worden sind. Wegen inniger Geschäftsbeziehungen zur Konkurrenz des Schuldners hat der Druckmaschinenhersteller ein (wirtschaftliches) Interesse daran, dass der Schuldner im Insolvenzverfahren liquidiert wird. Der Druckmaschinenhersteller geht daher aus seinem Eigentumsvorbehalt (ohne dass dies zunächst nach bürgerlich-rechtlichen Maßstäben zu beanstanden wäre) gegen den Insolvenzschuldner bzw. gegen dessen Insolvenzverwalter vor und verlangt Herausgabe der Maschinen. Gesetzt, der Insolvenzverwalter ist (noch) nicht in der Lage, nach § 107 Abs. 2 InsO vorzugehen und Erfüllung des Kaufvertrages zu wählen – weil hierfür nicht hinreichend Masse vorhanden ist, bedarf aber der Druckmaschine, um durch die Bearbeitung vorliegender Aufträge erforderliche Masse zu erwirtschaften, so befindet er sich ersichtlich in einem Dilemma, das u. U. dann in die Aufhebung des Insolvenzverfahrens mangels Masse führt, wenn der Druckmaschinenhersteller auf der Herausgabe der Maschinen besteht.

8.13 Diese Probleme, mit denen sich der Verwalter konfrontiert sieht, legen es nahe, danach zu fragen, ob **Eingriffe in den Eigentumsvorbehalt** des Druckmaschinenherstellers **durch Insolvenzplan** zulässig sind. Geht man freilich von der h. L.[15] aus, liegt eine negative und damit wenig befriedigende Antwort scheinbar unausweichlich auf der Hand. Denn danach begründet der (einfache) Eigentumsvorbehalt, um den es in dem dargestellten Beispielsfall geht, ein Aussonderungsrecht des Gläubigers. Die h. L. begründet dieses Aussonderungsrecht damit, es müsse im Falle der Eröffnung des Insolvenzverfahrens über das Vermögen des Nicht-Eigentümers (Mieters, Leasingnehmers, Pächters usw.) das Eigentum an schuldnerfremden in der Ist-Masse vorgefundenen Sachen vor dem Zugriff der Insolvenzgläubiger geschützt werden. Träfen die Prämissen und die dogmatischen Schlussfolgerungen der h. L. zu, wäre auch einem Eingriff in die dem Eigentumsvorbehaltsverkäufer zustehende Rechtsstellung durch den Plan aus den oben genannten Gründen ausgeschlossen. Ebenso wie gegenüber dem Vermieter, Verpächter, Verleiher usf. wären Ein-

---

13 *Hess*, KO, § 43 Rn. 23.
14 *Marotzke*, ZZP Bd. 109, 429, 457.
15 BGH, Urt. v. 21.5.1953, IV ZR 192/52, BGHZ 10, 69, 72; RG, Urt. v. 2.6.1931, VII 461/30, RGZ 133, 42; RG, Urt. v. 4.4.1933, VII 21/33, RGZ 140, 226; *Kuhn/Uhlenbruck*, KO, § 43 Rn. 28; *Stracke*, Das Aus- und Absonderungsrecht des Vorbehaltseigentümers im Konkurs des Vorbehaltskäufers.

griffe in das vorbehaltene Eigentum des Vorbehaltsverkäufers durch einen Insolvenzplan unzulässig.

Demgegenüber ist aber mit guten Gründen darauf aufmerksam gemacht worden,[16] dass die von der h. L. getroffene Unterscheidung etwa zwischen einfachem Eigentumsvorbehalt und dem das Recht auf abgesonderte Befriedigung begründenden Sicherungseigentum wenig stichhaltig ist – denn in beiden Fällen handelt es sich zivilrechtlich gesprochen zweifelsohne um *Eigentum*. Die Differenzierung zwischen Aussonderungsrecht und dem Recht auf abgesonderte Befriedigung führt *Häsemeyer* daher auf spezifisch insolvenzrechtliche Fragen der durch den Konkurs geschaffenen besonderen Haftungslage zurück. Danach ist ausschlaggebend, ob ein Dritter der Masse nur Nutzungspotenzial an der in seinem Eigentum stehenden Sache zur Verfügung gestellt hat. Dies ist in den dargestellten Gebrauchsüberlassungsverträgen der Fall, in denen dem Gläubiger ein Aussonderungsrecht zusteht. Hat der Gläubiger aber dadurch die Kreditlage des schuldnerischen Unternehmens vorkonkurslich beeinflusst, dass er dem späteren Insolvenzschuldner die *Substanz* seines Eigentums zur Verfügung gestellt hat, stellt sich die Rechtslage anders dar. Denn in diesem Fall stellt sich das Eigentum des Gläubigers als Sicherungsmittel für dem Schuldner gegebene Kredite dar; es geht dann nicht um die Herausgabe der Sache, sondern gerade im Verhältnis zu anderen Gläubigern um die Minimierung von Insolvenzrisiken. Daraus folgert *Häsemeyer*[17] konsequent und überzeugend, dass auch der **einfache Eigentumsvorbehalt kein Aussonderungsrecht** begründe, sondern allein das Recht zur abgesonderten Befriedigung. So ketzerisch diese Art der Darstellung anmuten mag, so überzeugend ist sie vor dem Hintergrund der modernen Kreditsicherungsmechanismen. Denn sowohl dem Sicherungseigentum als auch dem Eigentumsvorbehalt auch in seiner „einfachen" Form ist die Heimlichkeit **der Aushöhlung der Masse** eigen.[18] Demgegenüber ist es wenig überzeugend, dem Sicherungseigentum eine „indirekte", dem Vorbehaltseigentum demgegenüber eine „direkte" **Sicherungsfunktion** zu vindizieren.[19] Damit wird auf außerkonkursliche Verwertungsmechanismen verwiesen, die durch die konkursliche Haftungsordnung außer Vollzug gesetzt werden.

8.14

Die folgenden Erwägungen müssen diese – wenngleich aus systematisch-rechtsdogmatischen Gesichtspunkten – zustimmungsbedürftige Ansicht *Häsemeyers* hintanstellen; bekanntlich haben der IX. Zivilsenat des BGH[20] und der Reformgesetzgeber an der überkommenen Qualifikation des Eigentumsvorbehalts als zur Aussonderung berechtigendes Recht festgehalten. Für die erfolgreiche Gestaltung von Insolvenzplänen hat der Planinitiator hierauf Rücksicht zu nehmen.

8.15

Aus alledem ergeben sich „nur" wirtschaftliche Probleme der Verfahrensabwicklung, soweit sich genau bestimmen lässt, welche Gegenstände der Ist-Masse Aus- und welche Absonderungsgut sind. Dies kann im Einzelfall erheblichen Aufwand bedeuten. In diesen Fällen kann eine Strategie darin liegen, eine entsprechend zu kompensierende Zustimmungserklärung der Absonderungsberechtigten zum Rechtseingriff gem. § 230 Abs. 3 InsO zu erlangen und diese zum Plan zu nehmen. Denn in diesem – und nur in diesem – Fall können ihre Rechte als solche Dritter vom Plan erfasst und geregelt werden.

8.16

Auch können, wie der IX. Zivilsenat des BGH[21] entschieden hat, Vereinbarungen zwischen Aussonderungsberechtigtem und Insolvenzverwalter zur Geltendmachung und Durchsetzung von Aussonderungsrechten durch den Insolvenzverwalter geschlossen werden. Dies ergibt schon deswegen Sinn, weil die Reichweite der gesetzlichen Verwertungsbefugnis des Insolvenzverwalters zwei-

8.17

---

16 *Häsemeyer*, Insolvenzrecht, Rn. 11.10, 18.27a.
17 *Häsemeyer*, Insolvenzrecht, Rn. 11.10, 18.35 ff. Vgl. einschränkend *Paulus*, ZIP 1985, 1449, 1458 f.
18 So überzeugend *Kohler*, KTS 1988, 241, 249.
19 So aber *Huber*, ZIP 1987, 750, 752.
20 BGH, Urt. v. 9.5.1996, IX ZR 244/95, NJW 1996, 2233, 2235.
21 BGH, Urt. v. 15.5.2003, IX ZR 218/03, ZIP 2003, 1256, 1257.

felhaft und daher eine rechtsgeschäftliche Klärung zwischen Sicherheitengläubiger und Verwalter vorteilhaft sein kann.[22]

III. Gestaltung der schuldrechtlichen Beziehungen aus gegenseitigen Verträgen durch Insolvenzpläne?

8.18 Vertragspartnern des Schuldners gegenüber, deren Zustimmung hierzu nicht erlangt werden kann, sind Regelungen des Insolvenzplans unwirksam, die die Erfüllung der Rechtsgeschäfte betreffen.[23]

1. Sicherung von Nutzungspotenzialen für die Masse

8.19 Fraglich ist, ob der Insolvenzplan das geeignete **Instrument** darstellt, **um der Masse für eine Betriebsfortführung erforderliche Nutzungspotenziale sicherzustellen**. Denn es gilt für das deutsche Recht, was *Benjamin Weintraub* und *Alan Resnick*[24] im Kontext des US-amerikanischen Insolvenzrechts zu der Behandlung des Themenkreises „Problems with Landlords" festgestellt haben: „Termination of the debtor's lease an eviction will destroy any idea of salvaging a failing business in most cases." Im US-amerikanischen Recht schützt das Rechtsinstitut des *automatic stay*[25] regelmäßig vor der Erzwingung der Räumung der Mietsache im Wege staatlicher Zwangsvollstreckungsmaßnahmen, wenn nicht die Kündigung des Mietverhältnisses bereits vorkonkurslich ausgesprochen worden ist[26] – ohne dass es in diesem Zusammenhang auf Billigkeitserwägungen ankäme, die dem Richter Gestaltungsspielräume eröffneten.[27]

8.20 Ein Beispiel mag zeigen, worum es im deutschen Recht geht: Man stelle sich vor, dass die Insolvenzschuldnerin mit achthundert Arbeitnehmern seit langer Zeit in einem zentralen großstädtischen Bereich ein Büro- und Gewerbegebäude angemietet hat. Der Absatz der Produkte ist zufriedenstellend, und „eigentlich" scheint das Unternehmen gut da zustehen. Auf eine Finanzierungslücke reagiert die gleichwohl besorgte Geschäftsleitung mit einem Vergleichsantrag, das Vergleichsverfahren wird eröffnet; der vorgeschlagene Vergleich ist so beschaffen, dass er Aussicht auf Annahme hat. Nun kündigt der Vermieter unter Berufung auf eine Klausel im Mietvertrag, nach der er im Falle der Eröffnung eines Vergleichsverfahrens oder des Konkurses über den Mieter zur fristlosen Kündigung berechtigt sei. Der Betrieb kann nicht fortgeführt werden, da eine Verlagerung von Produktion und Verwaltung kurzfristig nicht möglich ist. Nach früherem Recht löste dieser Fall erhebliche Schwierigkeiten für die Abwicklung des Verfahrens aus. Denn in der Tat ist der Vermieter bislang berechtigt, sich wegen des eröffneten Insolvenzverfahrens vom Vertrage zu lösen.

8.21 Während der BGH[28] mietvertragliche Klauseln der **Kontrolle nach § 307 BGB** unterwirft, die eine fristlose Kündigung – auch im Insolvenzverfahren – ohne die strengen Voraussetzungen des § 543 Abs. 2 Nr. 3 BGB zulassen, waren bisher Klauseln möglich und wurden von der Rechtsprechung für zulässig gehalten, die dem Vermieter ein Kündigungsrecht wegen Verschlechterung der Vermögensverhältnisse des Mieters[29] gaben. Die Wirksamkeit[30] derartiger Klauseln wurde aus § 321 BGB hergeleitet. Die **Wirksamkeit von Auflösungsklauseln** wird nunmehr ausdrücklich durch § 112 Nr. 2 InsO ausgeschlossen.[31] Umstritten ist, ob vorkonkursliche Auflösungsklauseln durch § 119 InsO

---

22 BGH, Urt. v. 15.5.2003, IX ZR 218/03, ZIP 2003, 1256, 1258.
23 MünchKomm-*Eidenmüller*, InsO, § 217 Rn. 116.
24 *Weintraub/Resnick*, Bankruptcy Law Manual, 8–29.
25 *Kennedy*, The Automatic Stay in Bankruptcy, 11 U. Mich. J. Law. Rev. 170, 247.
26 Vgl. etwa In Re Racing Wheels, Inc., 5 BR 309 (MD Fla. 1980).
27 *Kennedy*, The Automatic Stay in Bankruptcy, 11 U. Mich. J. Law. Rev. 170, 247.
28 BGH, Urt. v. 25.3.1987, VIII ZR 71/86, ZIP 1987, 916 m. Anm. *Eckert*, EWiR 1987, 665.
29 BGH, Urt. v. 8.10.1990, VIII ZR 176/89, BGHZ 112, 288 = ZIP 1990, 1406 m. Anm. *Martinek*, EWiR 1990, 1145.
30 *Eckert*, ZIP 1996, 897 ff.
31 *Eckert*, ZIP 1996, 897, 899, 902; *Depré*, Die anwaltliche Praxis in Insolvenzsachen, Rn. 922.

ausgeschlossen werden. Der heutige § 119 InsO entspricht dem früheren § 137 Abs. 1 RegEInsO; § 137 Abs. 2 RegEInsO ordnete *ausdrücklich* die Unwirksamkeit von Umgehungsklauseln an – diese Vorschrift ist aber im Verlauf des Gesetzgebungsverfahrens auf Initiative des Rechtsausschusses des Deutschen Bundestags[32] nicht beschlossen worden. Sie sei sanierungsfeindlich (!), weil sie die Bereitschaft zur vertraglichen Bindung an konkursgefährdete Unternehmen herabsetzen würde. Daher meinen einige Autoren,[33] die §§ 112, 119 InsO stünden der Wirksamkeit von Auflösungsklauseln nicht entgegen. Diese Auslegung ist aber nicht zwingend. Die – überzeugende – Gegenmeinung[34] hat gezeigt, dass § 119 InsO für *alle* gegenseitigen Verträge gilt, während § 112 InsO lex specialis für die Miet- und Pachtverträge ist.

8.22 Es ist zweifelhaft, ob ein Insolvenzplan mit den in der Tat erheblich komplexeren Regelungsmechanismen geeignet sein kann, **in die Vertragsbeziehungen zwischen der Insolvenzschuldnerin als Mieterin und dem Vermieter** einzugreifen. So könnte man sich auf den Standpunkt stellen, es sei nicht zulässig, durch den Plan dem Vermieter – der jedenfalls materiell Beteiligter i. S. v. § 221 InsO ist – das vertraglich vereinbarte Kündigungsrecht zu nehmen. Zwar würde darin ebenso ein „Eingriff" liegen wie in „Eingriffen" in Absonderungsrechte; der Unterschied beider Fälle liegt auch nicht darin, dass der Vermieter *für die Zukunft* dazu gezwungen würde, ggf. auch gegen seinen Willen dem Mieter ein Darlehen einzuräumen; das gilt ja auch für den Absonderungsberechtigten, der aufgrund des Plans seines Rechtes ggf. gänzlich verlustig geht. Eine solche Kritik überzeugt nicht. Durch die *vertragliche Vereinbarung der Verfahrensbeteiligten* im angenommenen Insolvenzplan kann der Vermieter daher entweder – folgt man der Ansicht von *Hess* und *Pape*[35] – zur Aufrechterhaltung und Fortsetzung von Verträgen gezwungen werden. Eine solche Anordnung im Insolvenzplan hätte entweder die Funktion, die zur Sanierung erforderlichen Voraussetzungen in Form der Bereitstellung unverzichtbaren Nutzungspotenzials im Wege der *Gestaltung* der Miet- und Pachtverträge zu gewährleisten *oder* – folgt man *Eckert*[36] – die entspr. Regelung im Insolvenzplan hat zwar keine gestaltende Funktion, dient aber der Gewährleistung eines reibungslosen Ablaufs der Sanierung durch Streitvermeidung durch *Feststellung* des Eintritts der Wirkung der §§ 112, 119 InsO.

8.23 Die **Schranke des durch Plan möglichen gestaltenden Eingriffs in miet- und pachtrechtliche Beziehungen** liegt dort, wo dem Vermieter bzw. Verpächter nicht allein die Fortsetzung des Dauerschuldverhältnisses zugemutet wird, sondern darüber hinaus die dem Vermieter/Verpächter von Gesetzes wegen zustehende Masseansprüche wegen des zu leistenden Miet- oder Pachtzinses verkürzt werden.

8.24 Der Unterschied zum Eingriff in Absonderungsrechte liegt darin, dass Sicherheiten in Bezug auf die vorkonkurslich getätigten Rechtsgeschäfte mit dem späteren Insolvenzschuldner getätigt werden: Der Eingriff in Sicherheiten wird durch die vorkonkurslich getätigte Einflussnahme auf den Schuldner gerechtfertigt.[37] Der Vermieter oder Verpächter hat aber einen solchen vorkonkurslichen Einfluss nicht in einer der dem Sicherungsnehmer publizitätsloser Sicherheiten vergleichbaren Weise auf das Geschick des insolvenzschuldnerischen Unternehmens genommen. Es mag daher vor dem Hintergrund des Art. 14 GG gerechtfertigt sein, ihm ein Festhalten an dem Vertrag mit dem Schuldner zuzumuten. Er braucht sich aber für die Zukunft z. B. nicht auf einen niedrigeren Mietzins festlegen lassen. Soweit der Vermieter oder Verpächter aufgrund des Planes oder von Gesetzes wegen zur Fortsetzung des Vertragsverhältnisses gezwungen wird, darf doch nicht in seinen Gegenleistungsanspruch eingegriffen werden.

---

32 BT-Drs. 12/7302.
33 *Hess/Pape*, InsO und EGInsO, Rn. 340.
34 *Eckert*, ZIP 1996, 897, 902.
35 *Hess/Pape*, InsO und EGInsO, Rn. 340.
36 *Eckert*, ZIP 1996, 897.
37 *Häsemeyer*, Insolvenzrecht, 2.24 ff.

8.25 Vielfach geht es aber nicht darum, die Rechtsausübung der Aussonderungsberechtigten durch Regelungen in einem Insolvenzplan einer Entscheidung der Mehrheit von Abstimmungsgruppen zu unterwerfen. Vielmehr ist Ziel, die **Aussonderungsberechtigten** in einen Insolvenzplan **einzubeziehen**, um eine wirtschaftlich sinnvolle Abwicklung eines Insolvenzverfahrens überhaupt erst zu ermöglichen. Dies mag das nachfolgende Fallbeispiel zeigen:

8.26 *Kranfall:* Die Insolvenzschuldnerin vermietet gewerblich Spezialkrane, die jeweils nach dem Anforderungsprofil der Mieter aus durch Nummerncodes identifizierbaren Kranelementen zusammengefügt und nach Beendigung der Mietverhältnisse auseinandergeschraubt werden. Von 8000 Elementen sind 2000 an drei Kreditinstitute sicherungsübereignet, 4000 an acht Leasingunternehmen veräußert und von ihnen angemietet („sale and lease back"). Hiervon sind derzeit in Mietverträgen mit einer Laufzeit von 6 bis 48 Monaten 4000 Elemente „verbaut"; die übrigen Elemente lagern jeweils auf einem der drei Betriebsgrundstücke der Schuldnerin. – Hier empfiehlt es sich, die Aussonderungsberechtigten in eine Insolvenzplanlösung einzubeziehen, um die Generierung von Masse durch die Vermietung von Kranen zu ermöglichen: Weil sich Kranelemente in aller Regel nicht isoliert vermieten lassen. Diese Einbeziehung ermöglicht § 228 InsO. Denn die Aussonderungsberechtigten sind zwar keine Beteiligten des Insolvenzplanverfahrens, können aber durch erfolgreiches Akkordieren dazu veranlasst werden, entsprechende Erklärungen abzugeben, die dem Plan beizuschließen sind.

8.27 *Inhaltlich* kann ein solcher Plan einen Interessenausgleich z. B. dadurch herbeiführen, dass auf Verfahrenskostenbeiträge der Absonderungsberechtigten verzichtet wird, um das „Opfer", das die Aussonderungsberechtigten mit der Hintanstellung ihrer Herausgabeansprüche bringen, zu kompensieren. Denn die ungesicherten nicht-nachrangigen Insolvenzgläubiger „profitieren" von einer derartigen, die Betriebsfortführung ermöglichenden Lösung in aller Regel bereits durch die mittels Betriebsfortführung erzielte Generierung freier Masse.

2. Arbeitsrechtliche Rechtsgestaltung durch den Plan[38]?

8.28 a) **Fragestellung.** Zu den zentralen Sanierungsmaßnahmen gehört oft auch ein **Abbau der Belegschaft.** Im Großen und Ganzen bedarf es hierzu aber keines Insolvenzplans. Denn § 113 Abs. 1 InsO gibt dem Insolvenzverwalter bereits, ohne dass es eines Insolvenzplanes bedürfte, das Recht, Dienstverhältnisse mit der gesetzlichen Frist zu kündigen. Umgekehrt bedarf es zur Fortführung des Betriebes besonders dann der Bindung der besten und qualifiziertesten Mitarbeiter an den Betrieb, wenn man das Unternehmen sanieren will.[39] Der Ansatzpunkt für Fragen nach der Leistungsfähigkeit von Insolvenzplänen im Hinblick auf arbeitsrechtliche Fragestellungen liegt aber gleichwohl an dieser Stelle. Ist nämlich eine etwaig vertraglich vereinbarte Kündigungsfrist kürzer als die gesetzliche Frist, so steht das besondere insolvenzbedingte Kündigungsrecht gem. § 113 Abs. 1 InsO einer Kündigung mit der kürzeren vertraglichen Frist nicht entgegen.[40] Insofern fragt es sich, wieweit die **gesetzlichen Kündigungsfristen durch einen Insolvenzplan verkürzt und Lohn- und Gehaltsforderungen für die Vergangenheit und die Zukunft reduziert** werden können: Die Beantwortung dieser Frage ruft eine Reihe nicht unkomplizierter individual- und kollektivarbeitsrechtlicher Probleme hervor, die sich nur dann angemessen beantworten lassen, wenn man im Blick behält, wem gegenüber Eingriffe in Rechtspositionen aufgrund der *Beteiligtenstellung* im Insolvenzplanverfahren durch Rechtsgestaltungen im Insolvenzplan vorgenommen werden dürfen.

8.29 b) **Eingriffe in die Insolvenzforderungen der Arbeitnehmer.** Die (betroffenen) Arbeitnehmer sind als Insolvenzgläubiger Verfahrensbeteiligte (vgl. §§ 38, 222 Abs. 3 Satz 1 InsO). In ihre persönlichen (Insolvenz-) Forderungen kann nach den §§ 217, 254 Abs. 1 InsO durch den Plan eingegriffen werden.

---

38 *Lohkemper,* KTS 1996, 1, 16 f.
39 *Weintraub/Resnick,* Bankruptcy Law Manual, 8–55.
40 Amtl. Begr. RegEInsO, BT-Drs. 12/2443, 148 (zu § 127).

c) **Gestaltende Eingriffe in die Arbeitsverträge für die Zukunft?** Grundsätzlich ist es nicht möglich, dem Arbeitnehmer aufgrund Mehrheitsentscheidung für die Zukunft arbeitsrechtliche Verpflichtungen aufzuerlegen, deren Konditionen er widerspricht. **Lohnsenkungen** durch mehrheitlich beschlossenen Insolvenzplan sind daher nicht *per se* aufgrund der *insolvenzrechtlichen* Bestimmungen der §§ 217, 254 Abs. 1 InsO zulässig. Denn strukturell stellt die Bereitschaft der Arbeitnehmer, unter (regelmäßig: finanziell) „schlechteren" Bedingungen ihre Tätigkeit fortzusetzen, nicht nur ein Nachgeben aufgrund des (teilweisen) Verzichts auf die Vergütung erbrachter Vorleistungen, sondern einen „Kredit" zugunsten des Sanierungsprojekts dar. Lohnsenkungen im und durch den Plan sind daher nur unter der Voraussetzung zulässig und wirksam, dass sie **individualarbeitsvertraglich** mit den betroffenen Arbeitnehmern ausgehandelt und dem Plan entsprechende Erklärungen der Betroffenen beigefügt werden – was vielfach ersichtlich wenig praktikabel sein wird. Eine Grenze findet aber auch dieses Verfahren noch im geltenden **Tarifvertragsrecht**: Im Falle der *Tarifgebundenheit* des Schuldners (vgl. § 3 Abs. 1 TVG) oder der Erklärung eines Tarifvertrages für *allgemeinverbindlich* (vgl. § 5 TVG) sind Probleme eigener Art zu berücksichtigen: Solange für den Schuldner die allgemeinen Bindungsvoraussetzungen gem. § 3 Abs. 1 TVG gelten, kann der Insolvenzplan die normative Kraft des Tarifvertrages nicht unterlaufen. Auch durch Austritt (vgl. zu dessen insolvenzrechtlichen Voraussetzungen § 103 InsO) aus dem Arbeitgeberverband vermag sich der Schuldner nach allgemeinen tarifvertragsrechtlichen Grundsätzen der Bindungswirkung des Tarifvertrages nicht zu entziehen; die durch § 3 Abs. 3 TVG ausgesprochene tarifvertragsrechtliche Unbeachtlichkeit der „Flucht" aus dem Arbeitgeberverband gilt auch unter Bedingungen der Insolvenz des „Flüchtlings" mit der Rechtsfolge der Weitergeltung des Tarifvertrages bis zu seinem Ablauf oder seiner Kündigung. Dass allgemeinverbindlich erklärte Tarifverträge durch Insolvenzpläne nicht unterlaufen werden können, liegt im Übrigen auf der Hand.

d) **Einschränkung des § 613a BGB durch Insolvenzplan?** Zu denken ist daher auch nicht daran, dass durch den Plan diejenigen Probleme minimiert werden könnten, die sich daraus für eine „übertragende" Sanierung des Unternehmens ergeben, dass der Gesetzgeber es nicht vermocht hat, den sanierungsfeindlichen § 613a BGB (oben Kapitel 2) zu reformieren;[41] § **613a Abs. 4 Satz 1 BGB** stellt sich zwar nicht bereits aus europarechtlichen Gründen[42] als zwingendes Recht dar. § 613a Abs. 4 Satz 1 BGB verbietet aber zweifellos die insolvenzbedingte Kündigung; dieses *gesetzliche* Verbot kann durch den Insolvenzplan nicht modifiziert werden.

3. Sonderregelungen für den Pensionssicherungsverein

Nach dem Gesetz zur Verbesserung der betrieblichen Altersversorgung vom 19.12.1997 (BetrAVG) haben frühere Mitarbeiter eines Unternehmens Ansprüche gegen ihren Arbeitgeber aus **Pensionszusagen**.[43] Diese genießen unter bestimmten Voraussetzungen **Insolvenzschutz**.[44] Forderungen der Mitarbeiter gegen das Unternehmen können aber nicht mehr nach Beendigung des Insolvenzverfahrens angemeldet werden.[45] Wird über das Vermögen eines Arbeitgebers das Insolvenzverfahren eröffnet, mangels Masse nicht eröffnet oder das Unternehmen in einem außergerichtlichen Vergleich liquidiert oder saniert, so tritt für bestimmte Betriebsrenten-Anwartschaften in bestimmter Höhe der

---

41 *Lohkemper*, KTS 1996, 1, 27 ff.
42 Vgl. 77/187/EWG.
43 LG Zweibrücken, Urt. v. 18.5.2007, 6 HK O 86/02, BB 2007, 2350.
44 *Gantenberg/Hinrichs/Janko*, ZInsO 2009, 1000–1009; LG Zweibrücken, Urt. v. 18.5.2007, 6 HK O 86/02, BB 2007, 2350.
45 LAG Rheinland-Pfalz, Urt. v. 27.3.2008, 10 Sa 692/07.

Pensionssicherungsverein auf Gegenseitigkeit, Köln, (PSVaG) ein. Dieser finanziert seine Leistungen aus einer Umlage, die von allen – derzeit fast 40.000 – Unternehmen erhoben wird, die Versorgungszusagen gegeben haben und bei denen eine Insolvenz von Rechts wegen nicht ausgeschlossen werden kann (anders als etwa bei Kirchen, Rundfunkanstalten, etc., vgl. § 12 InsO.). Das derzeitige Beitragsvolumen beträgt über ½ Milliarde € jährlich.

8.33 Gerät der versorgungspflichtige Arbeitgeber in die Insolvenz, tritt also der Versicherungsfall ein, so wird der Insolvenzschutz für die gegenwärtigen und zukünftigen Pensionäre dadurch gewährleistet, dass unverfallbare Versorgungsanwartschaften und Betriebsrenten durch den **PSVaG** weitergezahlt werden (vgl. im Einzelnen § 7 BetrAVG).[46] Im Gegenzug geht durch eine **cessio legis** die Anwartschaft der Berechtigten auf den PSVaG über, der sie als unbedingte **Insolvenzforderung** gem. § 45 InsO beim Insolvenzverwalter zur Tabelle anmeldet, § 9 Abs. 2 BetrAVG. Der PSVaG nimmt also für den Fall der Liquidation eines Unternehmens in einem Insolvenzverfahren wie jeder andere nicht nachrangige Insolvenzgläubiger quotal an der Verwertung des Vermögens durch den Insolvenzverwalter teil. Abgesehen davon, dass das BetrAVG erhebliche Regelungen zu den Details der betrieblichen Altersversorgung enthält, weil u. a. das Verhältnis zu Pensionsfonds, Lebensversicherungen und Unterstützungskassen, die Vermeidung von Missbräuchen, überhöhten Renten und nur kurzfristigen Versicherungsverträgen geregelt werden muss, ist die Beteiligung des PSVaG im Insolvenz-Liquidationsverfahren keine besondere. Er ist insofern ein Gläubiger wie jeder andere auch. Dem entspricht es, dass die InsO keine besonderen Regelungen für die betriebliche Altersversorgung oder für den PSVaG enthält.

8.34 Im BetrAVG wird das Verhältnis der Insolvenzsicherung zum Insolvenzverfahren geregelt. Dies birgt mehrere Besonderheiten: So erhält der PSVaG gem. § 9 BetrAVG das Recht, **gegen die Eröffnung des Insolvenzverfahrens** die **sofortige Beschwerde** einzulegen. Ebenso kann **für den PSVaG** gem. § 10 Abs. 1 BetrAVG **eine eigene Abstimmungsgruppe** im Insolvenzplanverfahren **gebildet werden**. Auch sehen die Normen **vor, dass die** Leistungspflicht **der Insolvenzsicherung** möglichst gering gehalten wird. Zu **diesem** Zwecke **soll** der Insolvenzplan vorsehen, **dass bei einer nachhaltigen** Verbesserung **der wirtschaftlichen Lage des** Schuldners dieser die Pensionsleistungen wieder **ganz oder zum Teil** erbringt, § 7 Abs. 4 Satz 4 BetrAVG. Misslingt schließlich die Sanierung, ist der PSVaG berechtigt, seine Leistungen an die Pensionsnehmer als Insolvenzforderungen gegen den Schuldner geltend zu machen, **wenn** gegen diesen **innerhalb von drei Jahren** ein neues **Verfahren** eröffnet wird. Diese Regelung des § 7 Abs. 4 Satz 3 BetrAVG ist plandispositiv.

8.35 Das **Beschwerderecht** des PSVaG ist, soweit ersichtlich, bisher praktisch nicht relevant geworden, und wäre im Übrigen rechtlich unproblematisch. Der PSVaG müsste in einer sofortigen Beschwerde gegen die Verfahrenseröffnung darlegen, dass die Insolvenz mutwillig, ja rechtsmissbräuchlich herbeigeführt worden sei und das Unternehmen, seiner eigenen Darlegung entgegen, nicht zahlungsunfähig und überschuldet wäre. In den USA, wo das Betriebsrentenproblem praktisch durchweg unter Inanspruchnahme von chapter 11 des US bankruptcy code gelöst wird, soll es derartige rechtsmissbräuchliche Insolvenzanträge zu Hauf geben. Die US-amerikanischen Pensionskassen haben nach neuen Schätzungen ein Defizit von insgesamt 192 Milliarden Dollar. Missbräuchliche Insolvenzanträge führten dazu, dass die „Pension Benefit Guaranty Corp", eine dem deutschen PSVaG ähnliche staatliche Behörde, mit der Über-

---

46 Ausf. zu den Voraussetzungen des gesetzlichen Insolvenzschutzes *Langohr-Plato*, ZInsO 1998, 368 ff.

nahme von 192 bankrotten Pensionskassen im Jahr 2004 eine Unterdeckung von 23,2 Milliarden Dollar aufweist.[47] Hier sind solche missbräuchlichen Insolvenzanträge noch nicht bekannt geworden.

Im Übrigen handelt es sich bei den insolvenzrechtlichen Vorschriften des BetrAVG einerseits um Kann-Vorschriften (Gruppenbildung, Zweitinsolvenz), bei der Besserungsklausel handelt es sich um eine Soll-Vorschrift. Zwingendes Recht sind die Vorschriften nicht.
Gleichwohl soll dem PSVaG in der Insolvenz des Versorgungspflichtigen eine Sonderrolle zukommen. Er kann sich schon gegen die leichtfertige Verfahrenseröffnung wehren. Im Insolvenzplan kann er eine Besserungsklausel verlangen, anderenfalls als eigene Gruppe dem Plan widersprechen. **8.36**

Der InsO ist solches Denken fremd. Sie basiert auf der grundsätzlichen Gleichbehandlung aller gleichrangigen Gläubiger und verbietet sogar ausdrücklich, einen Gläubiger ohne seine Zustimmung schlechter zu behandeln als einen gleichrangigen oder gar nachrangigen Gläubiger. Jede überstimmte Gläubigergruppe kann dem Plan widersprechen, so dass er nach § 244 InsO abgelehnt ist, wenn nicht diese Gruppe genauso behandelt wird wie alle gleichrangigen und die nachrangigen Gläubiger nichts bekommen (§ 245 Abs. 2 Nr. 2, 3 InsO). Jeder überstimmte Gläubiger hat ein Widerspruchsrecht gegen den Plan nach § 251 InsO und kann gegen die Bestätigung des Plans Beschwerde einlegen, § 253 InsO. **8.37**

Nach den praktischen Erfahrungen bei der Erstellung von Insolvenzplänen kann es keinem Zweifel unterliegen, dass bei der Erstellung des Planes und seiner Diskussion mit allen beteiligten Gläubigern größte Sorgfalt und das ständige Bemühen um Ausgewogenheit, Gerechtigkeit und Gleichbehandlung erforderlich sind. Nach der Erfahrung des Verfassers ist das Gleichgewicht bei der Planerstellung und bei der Abstimmung darüber stets ein labiles, es kann schon durch Kleinigkeiten aus der Balance geraten. Jeder Verdacht irgendeiner Bevorzugung ist in langwierigen Gesprächen in der Gläubigerversammlung (Erörterungstermin), im Gläubigerausschuss und in Einzelgesprächen mit den Gläubigern zu beseitigen. Sowohl nach den Materialien des Gesetzes als auch nach der einhelligen Meinung aller Kommentare und sonstiger Äußerungen zum Insolvenzplanverfahren liegt in der Beachtung der verfahrensmäßigen Vorschriften einerseits, in der Ausgewogenheit und Gläubigergleichbehandlung andererseits der Schwerpunkt des Insolvenzplanverfahrensrechts. Der Grundsatz der *par conditio creditorum* ist der tragende Pfeiler aller deutschen Insolvenzordnungen. **8.38**

Insofern gibt das BetrAVG dem PSVaG Steine statt Brot, wenn es ihn einerseits gegenüber anderen Gläubigern bevorzugen will, dies aber nicht durch zwingendes Recht, sondern durch unverbindliche Kann- oder Soll-Vorschriften geschieht. Folgt der Planverfasser den allgemeinen insolvenzrechtlichen Prinzipien, so hat er den PSVaG wie jeden anderen Gläubiger zu behandeln. Er darf ihn nicht schlechter, aber auch nicht besser behandeln als diese und die übrigen Gläubiger werden, wenn dies nicht geschieht, dem Plan ihre Zustimmung versagen (§ 244 InsO), dem Plan widersprechen (§ 251 InsO) und sofortige Beschwerde einlegen (§ 253 InsO). Stellt er aber das Einvernehmen mit den übrigen Gläubigern her, so vernachlässigt er seine Möglichkeiten aus den Kann-Bestimmungen und verstößt gegen die Soll-Vorschrift. Und die Gläubiger, den Souverän des Insolvenzplanverfahrens, binden die Vorschriften ohnehin nicht. **8.39**

Nach der gesetzlichen Regelung des BetrAVG kann der PSVaG verlangen, dass ihm eine eigene Gruppe eingeräumt wird und dass der Insolvenzplan eine Bes- **8.40**

---

47 Vgl. „US-Firmen fliehen in Insolvenz", Welt am Sonntag v. 21.11.2004.

serungsklausel bekommt. Geschieht dies nicht, so wäre ein Widerspruch des PSVaG nach dem gesetzlichen Modell des BetrAVG nicht obstruktiv. Wirkungen hätte er freilich nur, wenn dem PSVaG nicht nur der Besserungsschein, sondern auch die Gruppe versagt wird. Nur für den Widerspruch einer Gruppe kommt es auf die Obstruktion dieser Gruppe an (§ 245 InsO). Der Widerspruch eines einzelnen Gläubigers ist nur dann beachtlich, wenn er durch den Plan schlechter gestellt wird, als er ohne diesen Plan stünde (§ 251 InsO). Dies dürfte regelmäßig nicht ohne weiteres der Fall sein. Für den PSVaG ist es daher die **entscheidende Frage**, ob er den Anspruch auf Einordnung in eine **eigene Gruppe** durchsetzen kann. Da nicht Gläubiger, sondern nur Schuldner oder Verwalter Insolvenzpläne vorlegen dürfen (§ 218 Abs. 1 Satz 1 InsO), und sich einzelne Gläubiger gegen einen Insolvenzplan nie wehren können, ist dies nur der Fall, wenn anderenfalls die Vorschriften über „den Inhalt des Plans nicht beachtet" wären (§ 231 Abs. 1 Nr. 1 InsO) oder Verfahrensvorschriften verletzt sind (§ 250 Nr. 1 InsO). In diesen Fällen hätte das Gericht von Amts wegen oder auf die sofortige Beschwerde eines Gläubigers den Plan zurückzuweisen oder seine Bestätigung zu versagen. Ein Recht, dem Plan eine bestimmte Gestaltung zu geben, gibt es dagegen nicht.

8.41 Es müsste sich bei der **Vorschrift über die Eigengruppe** daher um eine solche „über den Inhalt des Plans" handeln oder die Bildung einer eigenen Gruppe für den PSVaG müsste ordnungsgemäßem Verfahren entsprechen. Dagegen aber bestehen durchgreifende Bedenken, weil die Eigengruppe nicht nur nicht als Muss-Vorschrift, nicht einmal als Soll-Vorschrift, sondern als bloße Kann-Vorschrift ausgestaltet ist. Die Bildung einer eigenen Gruppe für den PSVaG ist daher erlaubt, sie wäre, mit Blick auf § 222 Abs. 2 InsO, jederzeit sachgerecht und würde ihrerseits nicht die Möglichkeit einer Beschwerde eines anderen Gläubigers eröffnen. Die Verletzung einer Kann-Vorschrift kann aber niemals von Amts wegen zur Planversagung führen.
Der PSVaG wird daher, wenn er sachgerecht mit anderen gleichrangigen Gläubigern in einer Gruppe zusammengefasst wird, hiergegen nichts unternehmen können. Und innerhalb dieser Gruppe muss er gleichbehandelt werden, § 226 InsO.

8.42 Die **Besserungsklausel** ist hingegen als Soll-Vorschrift ausgestaltet. Dies hat zunächst einmal zur Folge, dass ihr Fehlen einen Widerspruch des PSVaG nicht als obstruktiv erscheinen lässt. Dies würde dem PSVaG freilich nur helfen, wenn er eine eigene Gruppe oder in seiner Gruppe die Mehrheit hätte. Gewiss gehört § 7 Abs. 4 Satz 5 BetrAVG zu den Vorschriften über den Inhalt des Insolvenzplans, so dass seine Verletzung grundsätzlich von Amts wegen oder auf Beschwerde zu prüfen ist. Hier geht der Gesetzgeber davon aus, dass eine Verletzung „durch besondere Umstände gerechtfertigt" sein könnte, ohne diese Umstände auch nur im Geringsten zu spezifizieren. Im Prinzip wird dem Planverfasser daher nicht mehr abverlangt als eine mehr oder weniger floskelhafte Begründung, etwa, dass der Betrieb wegen seiner geringeren Größe zukünftig keine Betriebsrenten mehr werde zahlen können, oder – was durchweg zutreffen wird – dass die übrigen Gläubiger einem Insolvenzplan mit Besserungsklausel nicht zustimmen würden. Dies versteht sich jedenfalls in den Fällen im Grunde von selbst, wo die Gläubiger ganz oder teilweise dem Unternehmen mittelfristig verbunden bleiben, wie etwa Arbeitnehmer, Lieferanten, Banken (deren Sicherheiten im Unternehmen bleiben), etc. In diesen Fällen ist das Interesse dieser Gläubiger auf eine nachhaltige Sanierung des Unternehmens, auch über den 3-Jahreszeitraum hinaus, gerichtet. Sie, denen der Insolvenzplan selbst häufig erhebliche Verzichte auferlegt, wollen diesen Verzicht nur im eigenen Interesse leisten, damit sie gegenwärtig oder zukünftig möglichst hohe Erträge aus dem schuldnerischen Unternehmen ziehen. Denn es ist nicht die Aufgabe von Insolvenzplänen, Wohltaten zu verteilen. Vielmehr dienen Insolvenzpläne der bestmöglichen Gläubigerbefriedigung. Der verzichtende Gläubiger stimmt im eigenen Interesse zu, nicht um den anderen, dem Schuldner oder dem PSVaG zu helfen. Nach der InsO ist dies legitim. Und da der Widerspruch der Gläubigermehrheit niemals einer Begründung bedarf, ist es allen übrigen Gläubigern und Gläubigergruppen nicht verwehrt, ihre Zustimmung an die Bedingung zu knüpfen, dass der PSVaG nicht weniger, aber auch nicht mehr erhalte als sie selbst. Anderenfalls wollen diese Gläubiger lieber die Zerschlagung als die übertragende Sanierung. Doch gibt es für den PSVaG nie einen Besserungsschein. Somit erweist sich bei Lichte betrachtet das Vorrecht des PSVaG nach den §§ 7, 9 BetrAVG als bloße Schimäre. Der Gesetzgeber der EGInsO hat das Problem nicht gelöst, sondern lediglich die Verantwortung für seine Lösung auf andere Schultern übertragen: die des Planverfassers und der Gläubiger. Für den PSVaG ist es sicherlich bitter, wenn das Gesetz, wie seine Verfasser meinen, Beteiligte zu einem dem PSVaG gegenüber wohlwollenden Verhalten bloß „anhalten" wolle, ohne dass hieran Rechtsfolgen geknüpft sind. Für die Praxis können aber nur folgende Konsequenzen gezogen werden:

- Dem PSVaG kann, muss aber nicht eine eigene Gruppe eingeräumt werden. **8.43** Bedeutung hat dies in den Fällen, in denen der PSVaG, ohne eigene Gruppe, von anderen gleichrangigen Gläubigern überstimmt werden würde, wenn er eine Sonderbehandlung durchsetzen möchte.
- Bildet der PSVaG eine eigene Gruppe, wird man seiner Forderung nach einem Besserungsschein nicht mit dem Obstruktionsverbot begegnen können.
- Hat der PSVaG keine eigene Gruppe, so kann er auch nicht besser gestellt werden als andere Gläubiger, weil dies nach § 226 InsO verboten ist. Ein Besserungsschein könnte also auf Beschwerde eines überstimmten Gläubigers derselben Gruppe zur Aufhebung des Plans führen.
- Hat der PSVaG keine eigene Gruppe, so kann er dem Plan nicht wegen des Fehlens einer Besserungsklausel widersprechen. Ob man ihn auf § 226 InsO verweist oder eine „Begründung" für das Fehlen des Besserungsscheins fordert, ist zweifelhaft.

Dem Planverfasser ist anzuraten, sich mit dem PSVaG über dessen Rechtsstellung zu einigen. Dem PSVaG ist für den Fall, dass seinen Wünschen aus dem BetrAVG nicht Rechnung getragen wird, zu raten, die Frage einer höchstrichterlichen Klärung zuzuführen. **8.44**

4. Eingriffe in Rechte der Massegläubiger im masseunzulänglichen Insolvenzplanverfahren

Schließlich können im Insolvenzplanverfahren bei Masseunzulänglichkeit gem. **8.45** § 210a Nr. 1 InsO auch Massegläubiger Beteiligte sein, in deren Rechte eingegriffen wird. Denn bei Anzeige der Masseunzulänglichkeit treten in der Rangfolge der Gläubiger an die Stelle der nicht nachrangigen Insolvenzgläubiger die Massegläubiger mit dem Rang des § 209 Abs. 1 Nr. 3 InsO – also diejenigen, deren Masseforderungen vor Anzeige der Masseunzulänglichkeit begründet worden sind.

Kapitel 9: Gesellschaftsrechtliche Maßnahmen in der Insolvenz
I. Vorbemerkungen

9.1 Das Gesetz zur weiteren Erleichterung der Sanierung von Unternehmen hat eine **Verzahnung**, gleichwohl – worauf noch einzugehen sein wird – noch **keine vollständige Symbiose von Insolvenz- und Gesellschaftsrecht** herbeigeführt, indem es erstmalig erlaubt, durch den Plan auch in Gesellschafterrechte einzugreifen, § 225a InsO[1]. Es überwindet damit einen aus insolvenzrechtlicher Sicht bestehenden Systemfehler des bisherigen Rechts, der es zwar erlaubte, in Rechte der Gläubiger einzugreifen, nicht jedoch in die jedenfalls bei oberflächlicher Betrachtung zumindest im Liquidationsfall wertlose Beteiligung des Anteilsinhabers. Auch nach der Systematik seit Inkrafttreten des ESUG bleibt der Eingriff in Gesellschafterrechte jedoch der Ausnahmefall. Enthält der Plan keine anderweitige Regelung, bleiben die Anteilseigner vom Plan unberührt, § 225a Abs. 1 InsO.

Die durch die Reform nunmehr in Kraft getretenen, bisweilen lang „herbeigesehnten" Möglichkeiten des Eingriffs auf Gesellschafterebene und die prominenten Beispiele, in denen diese Möglichkeiten bislang umgesetzt wurden (Centrotherm, Suhrkamp), dürfen nicht darüber hinwegtäuschen, dass auch künftig der weit größere Anteil der Insolvenzpläne ohne Maßnahmen auf Gesellschafterebene auskommt. Dies wird rein zahlenmäßig schon deshalb umso mehr gelten, weil seit dem 1.7.2014 nunmehr auch Insolvenzpläne in Verbraucherinsolvenzverfahren (unten Kapitel 27) möglich sind.

9.2 Die Mitgliedschaft selbst stellt zwar keinen Massebestandteil dar[2], aber bereits vor dem ESUG ließ das Insolvenzverfahren die Rechte des Gesellschafters nicht unberührt, wie sich bereits sinnfällig an § 199 Satz 2 InsO zeigt. Danach sind die Gesellschafter nur zu bedienen, soweit die Gläubiger zuvor vollständig befriedigt wurden. Andere Gesellschafterrechte wie bspw. Informationsrechte bestehen zwar auch nach Insolvenzeröffnung fort[3], werden aber durch das Insolvenzverfahren überlagert und in ihrem Zweck eingeschränkt. Seit Inkrafttreten des ESUG geht die Insolvenzordnung erkennbar von einer **Reduktion der Gesellschaftsbeteiligung auf ihren vermögensmäßigen Wert** aus. Anders sind Regelungen wie § 225a Abs. 5 Satz 1 InsO, wonach sich der Abfindungsanspruch an der Vermögenslage des Schuldners im Abwicklungsfall orientiert oder die Minderheitsschutzregelung in § 251 Abs. 1 und 3 InsO nicht zu erklären. Der Gesetzgeber geht also von einer **rein vermögensmäßigen Betrachtung** aus und erkennt den Status des Mitgliedschaftsrechts als solchen im Insolvenzverfahren nicht an. Die Wertlosigkeit des Gesellschaftsanteils ergibt sich bereits aus der Gesetzesbegründung[4].

9.3 Die Reduktion der Mitgliedschaft allein auf ihren wirtschaftlichen Wert erscheint vor dem Hintergrund des **Art. 14 Abs. 1 GG** a priori nicht unbedenklich[5], zumal der Insolvenzplan ja in der Regel, wenngleich auch nicht zwangsläufig, der Sanierung des Unternehmens dient. Gerade in diesem Fall verfängt die Prämisse der wertmäßigen Vermögenslosigkeit des Gesellschaftsanteils scheinbar nicht. Auf der anderen Seite sieht das Gesetz nicht nur Sanierungspläne vor, vor allem aber könnte das Insolvenzverfahren auch generell, also

---

1 *Thole*, Gesellschaftsrechtliche Maßnahmen in der Insolvenz, Rn. 209 spricht anschaulich davon, durch das ESUG sei die „*gesellschaftsrechtliche Neutralität des Insolvenzplanverfahrens aufgegeben* " worden.
2 *Haas*, NZG 2012, 961, 963; *Thole*, Gesellschaftsrechtliche Maßnahmen in der Insolvenz, Rn. 212; anders wohl *Bitter*, ZGR 2010, 147, 186.
3 OLG Hamm NZG 2002, 178, 179; Gottwald-*Haas/Hossfeld*, Insolvenzrechtshandbuch, § 92 Rn. 310.
4 Begr. RegE, BT-Drucks. 17/5712, 32.
5 *Brinkmann*, WM 2011, 97, 100; *Müller*, KTS 2011, 1, 20; *Stöber*, ZInsO 2012, 1811, 1819; *K. Schmidt*, ZIP 2012, 2085, 2087.

ohne Insolvenzplan, eine Liquidation vorsehen. Auch in einem solchen Fall wäre der vermögensrechtliche Anteil des Mitgliedschaftsrechts zunichtegemacht. Hinzukommt der schon immer gegen die frühere fehlende Beschneidbarkeit der Gesellschafterrechte vorgebrachte Einwand, es sei nicht einzusehen, dass in Gläubigerrechte eingegriffen werden könne, in Gesellschafterrechte aber nicht.

Nicht überzeugen kann im Rahmen der Diskussion über die Fortgeltung der Mitgliedschaftsrechte in der Insolvenz die Ansicht, dass infolge der nur *angestrebten* Sanierung der Gesellschaft die mitgliedschaftliche Komponente solange suspendiert ist, wie sich die Gesellschaft in einem auf die anteilige Gläubigerbefriedigung gerichteten Gesamtvollstreckungsverfahren befindet, indem der Insolvenzzweck das Mitgliedschaftsrecht überlagert[6]. Letztendlich dürfte entscheidend sein, dass es hinsichtlich der Mitgliedschaftsrechte auf die Frage, ob im Insolvenzverfahren eine Sanierung erreicht wird oder die Liquidation des Unternehmens betrieben wird, nicht ankommt. Beide Varianten sind, wie sich aus § 1 InsO ergibt, gleichwertige Mittel der anteiligen Gläubigerbefriedigung. Mit Eröffnung des Insolvenzverfahrens steht fest, dass nun das **Primat der Haftungsverwirklichung** im Vordergrund steht und eben nicht die Interessen des Gesellschafters an „seiner" Gesellschaft und die hiermit verbundenen Rechte, insbesondere das Recht auf Teilnahme an Gewinnen, dem gegenüber die weiteren Rechte der Gesellschafter außerhalb der Insolvenz zurücktreten. Die Frage gesellschaftsrechtlicher Einflussnahmemöglichkeiten endet in dem Zeitpunkt, in dem das Primat der gleichmäßigen Gläubigerbefriedigung Wirkung beansprucht, also mit Verfahrenseröffnung[7]. Gesellschafterrechte verlagern sich auf den Voreröffnungszeitraum, so dass Fragen nach der Rechtsmissbräuchlichkeit eines Insolvenzantrages aus Gesellschaftersicht durch das Insolvenzgericht im Rahmen der Zulässigkeit des Insolvenzantrages zu prüfen sind.

9.4

Die Diskussion über die Grenzen gesellschaftsrechtlicher Einflussnahmemöglichkeiten in das Insolvenzverfahren dürfte aber, wie sich sinnbildlich am **Fall Suhrkamp** zeigt, gerade erst begonnen haben.

Virulent wird diese Diskussion insbesondere in Fällen des **Bezugsrechtsausschlusses** des Altgesellschafters im Falle der Kapitalerhöhung. Außerhalb der Insolvenz bedarf der Bezugsrechtsausschluss der sachlichen Rechtfertigung und muss im Gesellschaftsinteresse liegen, geeignet, erforderlich und verhältnismäßig sein[8]. Dient die Sachkapitalerhöhung Sanierungszwecken, werden diese Voraussetzungen regelmäßig bejaht[9]. Im Falle der Barkapitalerhöhung kann der vollständige Bezugsrechtsausschluss unter Umständen gerechtfertigt sein, wenn der neue Investor anderenfalls nicht investieren würde, er die neuen Anteile in toto übernimmt und eine andere Sanierungsmöglichkeit nicht ersichtlich ist[10]. Für die Insolvenz lässt das Gesetz nunmehr den Eingriff in Gesellschafterrechte ausdrücklich zu. Ob die von der Rechtsprechung aufgezeigten Anforderungen auch innerhalb des Insolvenzplans gelten, ist offen. Zwar sieht § 225a Abs. 3 Satz 3 InsO ausdrücklich vor, dass der Plan einen Bezugsrechtsausschluss enthalten darf. Ob ein solcher allerdings vollständig sein darf, wenn dadurch ein Gesellschafter, der sich beteiligten will, sich nicht beteiligen darf, ist bisher ungeklärt[11]. Die Gesetzesmaterialien sind unergiebig. Zur Barkapitalerhöhung verhalten sie sich nicht; zur Sachkapitalerhöhung beschränken sich die Materialien auf die

9.5

---

6 So aber *Thole*, Gesellschaftsrechtliche Maßnahmen in der Insolvenz, Rn. 226.
7 Vgl. hierzu auch § 276a InsO.
8 BGHZ 71, 40, 44; BGHZ 83, 319, 323.
9 BGHZ ZIP 1982, 689, 690; *Hüffer-Koch*, AktG § 186 Rn. 35.
10 *Decher/Voland*, ZIP 2013, 103, 105.
11 Hierzu *K. Schmidt*, ZGR 2012, 566, 580; *Simon/Merkelbach*, NZG 2012, 121, 125 f.; *Brinkmann*, WM 2011, 97, 100.

Feststellung, dass für den Fall der Kapitalerhöhung, die vom Inferenten übernommen wird, ein Bezugsrechtsausschluss übernommen wird, ein Bezugsrechtsausschluss zulasten der Anteilsinhaber geregelt werden muss[12].

9.6 Demgemäß haben sich verschiedene Meinungen herausgebildet: Während einige davon ausgehen, dass eine materielle Rechtfertigung des Bezugsrechtsausschlusses im Planverfahren nicht erforderlich sei, weil die Schutzrechte der Gesellschafter in diesem Verfahren suspendiert seien[13], verlangen andere eine materielle Rechtfertigung nach allgemeinen gesellschaftsrechtlichen Vorgaben, gehen aber davon aus, dass diese Voraussetzungen regelmäßig vorliegen[14]. Eine dritte Ansicht schließlich meint, dass es einer sachlichen Rechtfertigung für einen Bezugsrechtsausschluss bedarf, da dieser ansonsten auf einen „**insolvenzrechtlichen squeeze out**" hinauslaufe. Diese sachliche Rechtfertigung könne fehlen, wenn den Altgesellschaftern nicht die Gelegenheit geboten würde, sich mit einem Sanierungsbeitrag zu beteiligen und damit am Erfolg der Sanierung zu partizipieren[15]. Entscheidend dürfte sein, dass das Bezugsrecht des Gesellschafters Ausdruck des Individual- und Minderheitenschutzes des Altgesellschafters ist, der nach der gesetzgeberischen Vorstellung nur noch mit seinem bestehenden Anspruch am Verfahren teilnehmen sollte. Dessen Obstruktionspotential sollte durch die gesetzgeberische Konstruktion gerade gebrochen werden. Ein Verstoß gegen Art. 14 GG kann darin schon deshalb solange nicht liegen, wie der volle wirtschaftliche Wert des Anteils entschädigt wird, was über Obstruktionsverbot und Minderheitenschutz gerade sichergestellt ist.

II. Möglicher Planinhalt

9.7 Sieht der Plan Maßnahmen auf gesellschaftsrechtlicher Ebene vor, können dies insbesondere die Fortsetzung der Gesellschaft sein (§ 225a Abs. 3 InsO) und die (auch zwangsweise) Übertragung von Anteilen, auch im Rahmen eines Debt-Equity-Swaps (§ 225 Abs. 3 und 2 InsO).

1. Fortsetzung der Gesellschaft

9.8 Schon der Wortlaut des § 225a Abs. 3 InsO erlaubt die Fortsetzung der Gesellschaft im Insolvenzplanverfahren, die zumeist mit Eröffnung des Insolvenzverfahrens aufgelöst ist (siehe z. B. § 131 Abs. 1 Nr. 3 HGB). Daraus folgt, dass Inhalt des Insolvenzplans auch solche Geschäfte sein können, die außerhalb des Insolvenzplans als **Grundlagengeschäfte** des Schuldners anzusehen wären, wie die Kapitalherabsetzung oder -erhöhung (§ 225a Abs. 2 Satz 2 InsO), die Leistung von Sacheinlagen (§ 225a Abs. 2 Satz 2 InsO) oder der Ausschluss von Bezugsrechten (§ 225a Abs. 2 Satz 2 InsO). Dabei ist anerkannt, dass der Gestaltungsspielraum des Plans weit ist[16] und daher auch Satzungsänderungen wie die Streichung von Sonderrechten der Minderheitsgesellschaftern[17] vorgesehen sein können oder sonstige Kapitalmaßnahmen und Umwandlungsbeschlüsse nach UmwG.

2. „Gesellschaftsrechtlich zulässige Maßnahme"

9.9 Was der Gesetzgeber unter „gesellschaftsrechtlich zulässige Maßnahme" versteht, bleibt dunkel. Man mag dies als **Generalverweisung auf das Gesell-**

---

[12] Begr. RegE BT-Drs. 17/5712, 32.
[13] *Deher/Voland*, ZIP 2013, 103, 106; *Fischer*, NZI 2013, 823; *Eidenmüller*, NJW 2014, 17, 18; *Thole*, Gesellschaftsrechtliche Maßnahmen in der Insolvenz, Rn. 322.
[14] *Madaus*, ZIP 2012, 2133, 2137; *Hölzle*, KTS 2011, 291, 321; *Horstkotte/Martini*, ZInsO 2012, 557, 563.
[15] *K. Schmidt*, ZGR 2012, 566, 580; *Simon/Merkelbach*, NZG 2012, 121, 125 f.; *Brinkmann*, WM 2011, 97, 101.
[16] *Simon/Merkelbach*, NZG 2012, 121, 123; *Spliedt*, in: K. Schmidt, InsO, § 225a Rn. 34 f.
[17] *Rendels/Zabel*, Insolvenzplan, Rn. 242.

schaftsrecht verstehen[18] oder als legislatorischen Hinweis auf das **Verbot des Unterlaufens des gesellschaftsrechtlichen numerus clausus**[19]. Der letztgenannten Meinung dürfte der Vorzug zu geben sein, implementierte man doch ansonsten quasi über die Hintertür sämtliche gesellschaftsrechtlichen Fragen – und damit auch Fragen auf Gesellschafterebene – in das Insolvenzplanverfahren. Es müssen also nicht alle außerhalb der Insolvenz geltenden Vorgaben des Gesellschaftsrechts erfüllt sein. Vielmehr ist entscheidend, ob der beabsichtigte Rechtseingriff außerhalb der Insolvenz nach dem numerus clausus von Handlungsmöglichkeiten grundsätzlich möglich wäre – außer Betracht bleiben dabei treuerechtliche Bindungen. Innerhalb der Planinsolvenz tritt damit die Gläubigerversammlung umfassend an die Stelle der Gesellschaftsorgane und die Gesellschafterversammlung.

Dabei ist jedoch fraglich, ob dies für alle Maßnahmen und sämtliche Arten von **Grundlagengeschäfte** gilt und damit z. B. auch die Abberufung von Bestellung von Organmitgliedern, der Ausschluss von Gesellschaftern, Widerruf und Erteilung von Prokura und Handlungsvollmacht, die Feststellung der Jahresabschlüsse, die Teilung, Zusammenlegung und Einziehung von Geschäftsanteilen oder z. B. Maßnahmen der Überwachung der Geschäftsführung den Gesellschaftsgläubigern obliegen. Im Ergebnis handelt es sich dabei um die Frage, ob dasjenige, was in der Regelinsolvenz im Verantwortungsbereich des Schuldners verbleibt, zu Sanierungszwecken das Planverfahren miteinbezogen werden kann. Teilweise wird dies nur insoweit für zulässig gehalten, wie ein „**intensiver Bezug**" zu den Anteils- und Mitgliedschaftsrechten der Altgesellschafter gegeben sein müsse, während in die Kompetenzen anderer Organe nicht eingegriffen werden dürfe[20]. Die Gegenauffassung will auch die Übernahme der sonst der Gesellschafterversammlung verbleibenden Kompetenzen erlauben[21]. Die erstgenannte Auffassung dürfte im Einzelfall zu Abgrenzungsschwierigkeiten führen. Hinzukommt, dass z. B. § 276a Satz 2 InsO zeigt, dass Maßnahmen wie der Wechsel der Geschäftsführung nicht zwingend masseneutral sein müssen. Das ESUG wollte eine umfassende Ersetzung der Aufgaben der Gesellschaftsorgane bzw. -versammlung durch die Gläubigerversammlung erreichen, so dass der zweitgenannten Auffassung der Vorzug zu geben ist[22].

9.10

III. Insbesondere: Kapitalmaßnahmen im Insolvenzplan

1. Vorbemerkung

Lässt nach Maßgabe des Vorstehenden das Gesetz nunmehr im Insolvenzplan jede Regelung zu, die gesellschaftsrechtlich zulässig ist (§ 225a Abs. 3 Halbs. 1 InsO) und greift es „insbesondere" die Fortsetzung der Gesellschaft sowie die Übertragung von Anteils- oder Mitgliedschaftsrechten heraus (§ 225a Abs. 3 Halbs. 2 InsO), so erlaubt § 225a Abs. 2 Satz 1 InsO die **Umwandlung von Forderungen der Gläubiger in Anteils- oder Mitgliedschaftsrechte** am Schuldner. Insofern hebt das Gesetz „insbesondere" wieder die Kapitalherabsetzung oder -erhöhung, die Leistung von Sacheinlagen, den Ausschluss von Bezugsrechten oder die Zahlung von Abfindungen an ausscheidende Anteilsinhaber heraus.

9.11

---

18 So *Simon/Merkelbach*, NZG 2012, 121, 125; *Müller*, KTS 2012, 419, 441 f.; *Schäfer*, ZIP 2013, 2237, 2242.
19 *Spliedt*, GmbHR 2012, 462, 466; *Spliedt*, in: K. Schmidt, InsO, § 225a Rn. 35; *Haas*, NZG 2012, 961, 965; *Eidenmüller*, NJW 2014, 17, 18.
20 *Rendels/Zabel*, Insolvenzplan, Rn. 241; *Madaus*, ZIP 2012, 2133, 2137.
21 *Hölzle*, in: Kübler, Handbuch Restrukturierung in der Insolvenz, § 31 Rn. 22 ff.; *Haas*, NZG 2012, 961, 965.
22 Ebenso *Thole*, Gesellschaftsrechtliche Maßnahmen in der Insolvenz, Rn. 238.

Dabei spricht einiges dafür, dass mittelfristig nicht der anfangs als klassischer Anwendungsfall diskutierte Debt-Equity-Swap die zahlenmäßig stärkste Bedeutung spielen wird, sondern Ausgliederungen nach dem UmwG[23].

2. Übertragung von Gesellschaftsanteilen

9.12 § 225a Abs. 3 InsO erlaubt die Übertragung von Anteils- oder Mitgliedschaftsrechten am schuldnerischen Unternehmen *im* Insolvenzplan. Möglich ist damit neben der unproblematischen und nicht regelungsnotwendigen Übertragung von Anteilen an Drittgesellschaften die Übertragung von Gesellschaftsanteilen an der schuldnerischen Gesellschaft selbst. Dabei bildet der in § 225a Abs. 2 Satz 1 InsO geregelte **Debt-Equity-Swap** einen **Sonderfall** der Übertragung von Anteils- oder Mitgliedschaftsrechten insoweit, als bei diesem Forderungen der Gläubiger in Anteile am Unternehmen getauscht werden, während Abs. 3 auch eine Übertragung an Dritte oder Gläubiger ohne Umwandlungen deren Forderungen zulässt[24].

3. Kapitalherabsetzung und -erhöhung

9.13 Der Plan kann eine Kapitalherabsetzung und eine Kapitalerhöhung vorsehen oder beides in Form des **Kapitalschnitts** kombinieren. Die Verbindung ist nicht notwendig. Die Kapitalherabsetzung, die auch auf Null erfolgen kann[25], beseitigt den **Buchverlust**. **Zu Sanierungszwecken muss sie mit einer anschließenden Kapitalerhöhung verbunden werden.** Der Plan muss im Einzelnen regeln, wie die Umsetzung erfolgen soll. Dabei erfolgt das Verfahren hinsichtlich Ladungen, Abstimmungen usf. den Regelungen des Insolvenzrechts. Die buchtechnische Umsetzung der Kapitalherabsetzung folgt für den Fall der GmbH den Vorschriften der §§ 58 ff. GmbHG, für den Fall der AG dem § 229 AktG. Bar- und Sachkapitalerhöhung dürften verbunden werden. Für die AG sind § 235 Abs. 1 Satz 2 AktG und § 228 AktG zu beachten, für die GmbH § 58a Abs. 4 Satz 1 GmbHG[26].

4. Debt-Equity-Swap

9.14 § 225a Abs. 2 Satz 1 InsO sieht den **Debt-Equity-Swap** ausdrücklich als möglichen Planinhalt vor (vgl. Muster in Anlage 1)[27]. Im Plan ist im Einzelnen zu regeln, wie die Umwandlung einer Forderung in Eigenkapital technisch umgesetzt werden soll. Dies erfolgt im Gesellschaftsrecht üblicherweise im Wege des Kapitalschnitts durch eine nominelle Kapitalherabsetzung mit anschließender effektiver Kapitalerhöhung, wobei die Forderung des Gläubigers als Sacheinlage eingebracht wird. Es ist allgemein anerkannt, dass auch Forderungen, die gegen die Gesellschaft selbst gerichtet sind, einlagefähig sind. Die Einbringung erfolgt entweder durch eine **Forderungsübertragung**, wobei die Forderung durch **Konfusion** erlischt, oder durch einen **Erlassvertrag**. Zugleich sind Regelungen für eventuell bestellte Sicherheiten zu treffen, sofern diese nicht ohnehin erlöschen, weil sie akzessorisch zur umzuwandelnden Forderung sind. Es ist im Plan insbesondere anzugeben, welche Kapitalmaßnahmen durchgeführt werden sollen, mit welchem Wert ein Anspruch anzusetzen ist und wem das Bezugsrecht zustehen soll.

9.15 Fraglich ist der **Bewertungsmaßstab** hinsichtlich der einzubringenden Forderung. Zwar schließt § 254 Abs. 4 InsO eine Differenzhaftung aus, dennoch ist die Meinung, dass es demgemäß auf die Bewertung nicht ankomme[28], im

---

23 Hierzu: *Simon/Brünkmans*, ZIP 2014, 657 ff.
24 *Hölzle*, in: Kübler, Handbuch Restrukturierung in der Insolvenz, § 31 Rn. 37; *Rendels/Zabel*, Insolvenzplan, Rn. 244; *Thole*, Gesellschaftsrechtliche Maßnahmen in der Insolvenz, Rn. 302.
25 Hierzu auch *Horstkotte/Martini*, ZInsO 2012, 557, 562, Fn. 43.
26 Zu Fragen des Kapitalschnitts insbesondere: *Decher/Voland*, ZIP 2013, 103; *K. Schmidt*, ZIP 2012, 2085; *Horstkotte/Martini*, ZInsO 2012, 557, 565.
27 Siehe das Beispiel eines DES bei einer AG bei *Horstkotte/Martini*, ZInsO 2012, 557, 560 ff.
28 So *Römermann*, NJW 2012, 645, 651.

Hinblick auf eine mögliche Haftung aus § 826 BGB oder des planerstellenden Verwalters aus § 60 InsO verfehlt. So ist die Richtigkeit der Bewertung Gegenstand der Prüfungspflicht des Verwalters und möglicherweise auch des Insolvenzgerichts bei der Planbestätigung. Der Gesetzgeber geht davon aus, dass für die Bewertung ggf. ein Gutachten einzuholen sei[29], was dafür spricht, einen wie auch immer zu bestimmenden Verkehrswert zu ermitteln. Infolgedessen wird teilweise die Ansicht vertreten, die Forderung sei zum **Nennwert** einzubringen[30], da es sich anders als bei einer gewöhnlichen Sachkapitalerhöhung um einen bilanziellen Passivtausch handele. Den Gläubigern fehle es an einem schutzwürdigen Vertrauen in die reale Kapitalaufbringung, da bekannt sei, dass eine Insolvenzforderung eingebracht werde. Sie stünden nunmehr sogar besser, da sie die einbringenden Gläubiger als konkurrierende Gläubiger verlören und ihnen gegenüber nunmehr den Vorrang genössen. Nach der Gegenauffassung ist der **Verkehrswert** der einzubringenden Forderung zu ermitteln, wobei innerhalb dieser Gruppe umstritten ist, ob entscheidend für den Verkehrswert der **Zerschlagungswert**[31] ist, allgemeiner der **Liquidationswert**[32] oder aber ob es wegen der Intention des Plans auf den **Fortführungswert**[33] ankommt.

Der Gesetzgeber geht in seiner Begründung davon aus, dass eine Bewertung unter Berücksichtigung der **Quotenerwartung** erfolgen könne[34]. Dies erscheint schon im Ansatz verfehlt, da diese Auffassung sich gerade allein an Zerschlagungswertgesichtspunkten, die durch die Plansanierung gerade überwunden werden sollen, orientiert. Das spricht dafür, auch prognostische Elemente miteinzubeziehen[35].

9.16 Den Gläubigern, die durch eine Umwandlung ihrer Forderungen zu Anteilsinhabern werden, kommt das **Sanierungsprivileg** des § 39 Abs. 4 Satz 2 InsO und ggf. das **Kleinbeteiligungsprivileg** des § 39 Abs. 5 InsO zugute. Erwirbt der Gläubiger die Anteile aufgrund eines Debt-Equity-Swap in einem Insolvenzplan, ist davon auszugehen, dass sie zum Zweck der Sanierung i. S. d. § 39 Abs. 4 InsO erworben wurden. Bedeutsam kann das Sanierungsprivileg für den Fall der Folgeinsolvenz werden[36].

9.17 Die Regelung des § 254 Abs. 4 InsO sieht vor, dass der Schuldner nach der gerichtlichen Bestätigung keine Ansprüche wegen einer Überbewertung der Forderungen im Plan gegen die bisherigen Gläubiger geltend machen kann, wenn Forderungen von Gläubigern in Anteils- oder Mitgliedschaftsrechte am Schuldner umgewandelt werden.

IV. Verdrängung gesellschaftsrechtlicher Vorgaben durch das Insolvenzplanverfahren

9.18 Die Insolvenzordnung sieht in mehreren Vorschriften die Verdrängung gesellschaftsrechtlicher Vorgaben durch das Planverfahren vor.

---

29 Begr. RegE, BT-Drs. 17/5712, 32.
30 *Cahn/Simon/Theiselmann*, DB 2010, 1629, 1631 f.; *Cahn/Simon/Theiselmann*, DB 2012, 501 ff.; *Maier-Reimer*, in: Gesellschaftsrecht in der Diskussion 2011, 107, 113 ff.; *Spliedt*, GmbHG 2012, 462, 464; *Spliedt*, in: K. Schmidt, InsO, § 225a InsO Rn. 23; *Hölzle*, in: Kübler, Handbuch Restrukturierung in der Insolvenz, § 31 Rn. 47 ff.
31 So *Altmeppen*, FS Hommelhoff, 1, 15; *Hirte/Knof/Mock*, DB 2011, 632, 642; *Simon/Merkelbach*, NZG 2012, 121, 124.
32 *Kleindiek*, FS Hommelhoff, 543, 553 f.
33 *K. Schmidt*, BB 2011, 1603, 1609; *K. Schmidt*, ZIP 2012, 2085, 2087.
34 Begr. RegE, BT-Drs. 17/5712, 32.
35 Im Einzelnen *Horstkotte/Martini*, ZInsO 2012, 557, 563 Fn. 47.
36 *Spliedt*, in: K. Schmidt, InsO, § 22a Rn. 32; *Gehrlein*, NZI 2012, 257, 261, *Thole*, Gesellschaftsrechtliche Maßnahmen in der Insolvenz, Rn. 337.

1. § 254a Abs. 1 InsO

9.19 § 254a Abs. 1 InsO normiert, dass die in den Insolvenzplan aufgenommenen Willenserklärungen der Beteiligten **als in der vorgeschriebenen Form abgegeben** gelten, soweit Rechte an Gegenständen begründet, geändert, übertragen oder aufgehoben oder Geschäftsanteile an einer Gesellschaft mit beschränkter Haftung abgetreten werden sollen. Das heißt, dass die rechtskräftige Planbestätigung formelle Anforderungen ersetzt, die aus gesellschaftsrechtlicher Sicht für die Wirksamkeit des Vorgangs erforderlich wären. Ersetzt werden dadurch beispielsweise das Beurkundungserfordernis des § 15 Abs. 3, 4 GmbHG oder das Beurkundungserfordernis für Satzungsänderungen nach § 53 Abs. 2 GmbHG.

2. § 254a Abs. 2 InsO

9.20 Soweit die Anteils- oder Mitgliedschaftsrechte der am Schuldner beteiligten Personen in den Plan gem. § 225a InsO einbezogen sind, gelten gem. § 254a Abs. 2 Satz 1 InsO die in den Plan aufgenommenen Beschlüsse der Anteilsinhaber oder sonstigen Willenserklärungen der Beteiligten **als in der vorgeschriebenen Form abgegeben**. Zu ihrer Wirksamkeit müssen die im Insolvenzplan gefassten Beschlüsse in das jeweilige Handels-, Genossenschafts-, Partnerschafts- oder Vereinsregister eingetragen werden. Dies obliegt regelmäßig den Organen des Schuldners. Zur Vereinfachung des Verfahrens wird der Insolvenzverwalter jedoch ermächtigt, selbst die Anmeldungen an Stelle der Organe zu veranlassen, § 254a Abs. 2 Satz 3 InsO. Man wird ihn daher auch als berechtigt ansehen müssen, vorbereitende Schritte vorzunehmen, wie z. B. den Antrag auf Bestellung eines Sachkapitalerhöhungsprüfers[37].

Die Anmeldungskompetenz des Verwalters dürfte dabei das **Anmeldungsrecht** der Organe unberührt lassen, da die gesetzliche Regelung nur vermeiden will, dass das obstruktive Organ die Umsetzung des Plans durch Nichtanmeldung vermeiden kann[38].

V. Kompensation des Beteiligungsverlusts

9.21 Werden Anteilsrechte in einen Insolvenzplan einbezogen, so muss im Falle ihrer Einziehung eine finanzielle Kompensation vorgesehen werden, sofern die Anteile noch werthaltig sind. Diese ist in § 225a Abs. 5 InsO vorgesehen. Der ESUG-Gesetzgeber[39] meint freilich, es sei im Insolvenzverfahren regelmäßig von einer **Wertlosigkeit** der Anteile auszugehen – was im Widerspruch zu der Begründung zu Abs. 2 der Vorschrift steht. Bei Wertlosigkeit des Anteils ist naturgemäß auch der Anspruch nach § 225a Abs. 5 InsO nicht werthaltig und geht ins Leere.

VI. Weitere Regelungen in Bezug auf Anteilsinhaber

9.22 § 225a Abs. 4 InsO sieht vor, dass Maßnahmen nach Abs. 2 oder 3 der Vorschrift nicht zum **Rücktritt** oder zur **Kündigung** von Verträgen berechtigen, an denen der Schuldner beteiligt ist. Sie führen auch nicht zu einer anderweitigen Beendigung der Verträge. Entgegenstehende vertragliche Vereinbarungen sind unwirksam. Satz 3 der Vorschrift sieht eine Ausnahme von ihren Sätzen 1 und 2 vor. Danach bleiben Vereinbarungen unberührt, welche an eine Pflichtverletzung des Schuldners anknüpfen, sofern sich diese nicht darin erschöpft, dass eine Maßnahme nach Abs. 2 oder 3 in Aussicht genommen oder durchgeführt wird.

9.23 Stellt eine Maßnahme nach Abs. 2 oder 3 für eine am Schuldner beteiligte Person einen wichtigen Grund zum **Austritt** aus der juristischen Person oder Ge-

---

37 *Horstkotte/Martini*, ZInsO 2012, 557, 565, Fn. 59.
38 *Thole*, Gesellschaftsrechtliche Maßnahmen in der Insolvenz, Rn. 265; *Spliedt*, GmbHR 2012, 462, 470; *Haas*, NZG 2012, 961, 965.
39 Gesetz zur weiteren Erleichterung der Sanierung von Unternehmen v. 7.12.2011, BGBl. I 2582.

sellschaft ohne Rechtspersönlichkeit dar und wird von diesem Austrittsrecht Gebrauch gemacht, so ist nach § 225a Abs. 5 Satz 1 InsO für die Bestimmung der Höhe eines etwaigen Abfindungsanspruches die Vermögenslage maßgeblich, die sich bei einer Abwicklung des Schuldners eingestellt hätte. § 225a Abs. 5 Satz 2 InsO ordnet an, dass die Auszahlung des Abfindungsanspruches zur Vermeidung einer unangemessenen Belastung der Finanzlage des Schuldners über einen Zeitraum von bis zu 3 Jahren gestundet werden kann. Nicht ausgezahlte Abfindungsguthaben sind gem. § 225a Abs. 5 Satz 3 InsO zu verzinsen.

VII. Abstimmung über den Insolvenzplan[40]

9.24 Für die Abstimmung über den Insolvenzplan gilt das Gruppenprinzip des § 222 InsO. Werden die Anteils- oder Mitgliedschaftsrechte der am Plan beteiligten Personen einer Regelung im Plan unterworfen, bilden sie gem. § 222 Abs. 1 Nr. 4 InsO eine eigene Gruppe. Dabei lässt § 222 Abs. 3 Satz 2 für geringfügig beteiligte Anteilsinhaber mit einer Beteiligung am Haftkapital von weniger als 1 Prozent oder weniger als 1.000 € die Bildung einer besonderen Gruppe zu. Im Falle der Aktiengesellschaft haben Vorzugsaktionäre keine Sonderrechte bei der Abstimmung, § 238a InsO. Das Stimmrecht der Anteilsinhaber richtet sich nach § 238a InsO. Ihr Stimmrecht bemisst sich allein nach ihrer Beteiligung am gezeichneten Kapital oder Vermögen des Schuldners. Sonderrechte wie Sonder- oder Mehrstimmrechte oder Stimmrechtsbeschränkungen bleiben außer Betracht, § 238a Abs. 1 Satz 2 InsO. § 34 BGB, § 47 Abs. 4 GmbHG, § 136 Abs. 1 AktG, § 43 Abs. 6 GenG gelten daher nicht.

9.25 Davon zu trennen ist die seit dem Fall Suhrkamp in Gang befindliche Debatte über die Frage des Fortbestehens gesellschaftsrechtlicher Treuepflichten und deren mögliche Überlagerung durch die Besonderheiten des Insolvenzverfahrens. Wurde vor der causa Suhrkamp die Fortgeltung gesellschaftsrechtlicher Treuepflichten im Insolvenzfall überwiegend überhaupt nicht diskutiert bzw. wurde angeführt, für ihre Fortgeltung gebe es keinen Raum oder keinen Bedarf[41], so ist die Diskussion jetzt beinahe explosionsartig in Gang gekommen. Nach einer wohl überwiegenden Ansicht bleibt die Treuepflicht im Planverfahren weitgehend unbeachtlich, insbesondere dürfe sie nicht im Wege der einstweiligen Verfügung in das Planverfahren und das Abstimmungsverhalten einwirken. Insolvenzrecht und die Schutzmechanismen des Planrechts, vor allem das Gleichbehandlungsgebot des § 226 InsO, seien vorrangig[42]. Andere gehen von der Fortgeltung der Treuepflicht bei inhaltlicher Einschränkung aus[43]. Noch weitergehender verneinen einige eine Verdrängung gesellschaftsrechtlicher Bindungen durch das Insolvenzverfahren, insbesondere bei Treuwidrigkeit der Verfahrenseröffnung oder der jeweiligen Maßnahme bei noch gegebener Werthaltigkeit der Anteile. In diesem Falle seien auch einstweilige Verfügungen möglich[44]. Richtigerweise wird man grundsätzlich davon ausgehen müssen, dass die gesellschaftsrechtliche Treuepflicht im *eröffneten Verfahren* (also nicht bei der Frage der Antragstellung!) als rein interne Bindung unbeachtlich sein muss und das Planverfahren nicht belasten darf. Dafür sprechen nicht nur die praktischen Nachteile, käme es zur Hemmung des Insolvenzplans durch ver-

---

40 Allgemein hierzu siehe Kapitel 16.
41 *Haas*, NZG 2012, 961, 965; *Segmiller*, Kapitalmaßnahmen im Insolvenzplan, S. 151.
42 OLG Frankfurt/Main ZIP 2013, 2018; *Haas*, NZG 2012, 961, 965; *Thole*, ZIP 2013, 1937 ff.; *Lang/Muschalle*, NZI 2013, 953; *Pape*, ZInsO 2013, 2129, 2136; *Wertenbruch*, ZIP 2013, 1693, 1700; *Eidenmüller*, NJW 2014, 17, 18.
43 *Spliedt*, ZInsO 2013, 2155; *Stöber*, ZInsO 2013, 2457, 2463; *Meyer*, ZInsO 2013, 2361, 2367; *Müller*, DB 2014, 41, 45.
44 *Schäfer*, ZIP 2013, 2237; *Müller*, DB 2014, 41, 44.

schiedene Maßnahmen des einstweiligen Rechtsschutzes verschiedener Gerichte, sondern insbesondere das wertbezogene Schutzkonzept des § 225a InsO[45].

9.26 Davon völlig zu trennen ist die Frage der Fortgeltung gesellschaftsrechtlicher Treuepflichten bei noch nicht eröffnetem Insolvenzverfahren, sprich im Rahmen der Antragstellung und die Frage, ob ein unter Verstoß gegen gesellschaftsrechtliche Treuepflichten gestellter Insolvenzantrag möglicherweise missbräuchlich und daher aus prozessrechtlichen Gründen unbeachtlich ist[46]. Dabei handelt es sich jedoch nicht um ein insolvenzspezifisches Problem. Vielmehr sind gesellschaftsrechtliche Treuepflichten, deren Verletzung möglicherweise zu einer Missbräuchlichkeit der Antragstellung führen, im Rahmen der Zulässigkeit des Insolvenzantrages durch das Insolvenzgericht von Amts wegen zu prüfen[47] und zwar ungeachtet dessen möglicherweise fehlender personeller Kapazitäten.

---

45 Eingehend oben Rn 9.1.
46 Im Einzelnen: *Thole*, Gesellschaftsrechtliche Maßnahmen in der Insolvenz, Rn. 283; *Meyer*, ZInsO 2013, 2361 ff.
47 Eingehend hierzu: *Meyer*, ZInsO 2013, 2361 ff.

Kapitel 10: Regelung der Masseverbindlichkeiten im Insolvenzplan

I. Unzulässigkeit bei Masselosigkeit

Ein Insolvenzverfahren, das das **Ziel der Gläubigerbefriedigung** nicht (mehr) erreichen kann, ist sinnlos. Aus diesem Grunde hat das Insolvenzgericht nach §§ 26 Abs. 1, 207 Abs. 1 Satz 1 InsO das Verfahren einzustellen, wenn die Insolvenzmasse nicht ausreicht, um die Kosten des Verfahrens zu decken. Die Vorlage eines Insolvenzplans ist dann in aller Regel ohne Aussicht auf Erfolg, denn das Insolvenzgericht hat einen Insolvenzplan schon von Amts wegen nach § 231 Abs. 1 Nr. 2 Alt. 2 InsO zurückzuweisen,[1] wenn die Masseverbindlichkeiten offensichtlich nicht voll befriedigt werden können.[2] Das leuchtet unmittelbar ein, da anderenfalls nicht die Gewähr bestünde, dass nach rechtskräftiger Bestätigung des Insolvenzplans die Masseansprüche berichtigt und gesichert würden. Obgleich eine ausdrückliche Regelung des Zurückweisungsgrundes für den Fall der Masselosigkeit fehlt, ergibt sich dieser im Wege eines *argumentum a fortiori* aus § 258 Abs. 2 InsO[3]. Bei bestehender Masselosigkeit hat also das Insolvenzgericht den eingereichten Plan als unzulässig zurückzuweisen.

10.1

II. Zulässigkeit bei Masseunzulänglichkeit

Fraglich war bis zum 1.3.2012, ob ein Insolvenzplan eingereicht werden kann, wenn Masseunzulänglichkeit vorliegt. Der Unterschied zwischen Masselosigkeit und Masseunzulänglichkeit besteht darin, dass bei letzterer die Masse wenigstens noch die **Kosten des Insolvenzverfahrens** i. S. d. § 54 InsO zu decken in der Lage ist (vgl. §§ 207, 208 InsO). In diesen Fällen hat der Insolvenzverwalter dem Insolvenzgericht anzuzeigen, dass Masseunzulänglichkeit vorliegt. Der Gesetzgeber hatte ursprünglich (vgl. § 323 Abs. 2 RegE-InsO[4]) ausdrücklich die Zulässigkeit eines Insolvenzplans in diesen Fällen der Massenzulänglichkeit vorgesehen. Diese Vorschrift ist aber im weiteren Verlauf des Gesetzgebungsverfahrens durch den Rechtsausschuss des Deutschen Bundestages gestrichen worden und damit zunächst nicht Gesetz geworden.

10.2

Der Gesetzgeber hatte damit aber keine Entscheidung *gegen* die Zulässigkeit der Einreichung von Insolvenzplänen in diesen Fällen verbunden. Vielmehr hatte der Rechtsausschuss[5] die Entscheidung dieser Frage ausdrücklich der Rechtsprechung überantwortet. Die von Anfang an vorliegende oder im Laufe des Verfahrens auftretende Masseunzulänglichkeit sollte einer planmäßigen Verwertung der schuldnerischen Haftungsmasse nicht entgegenstehen. Gleichwohl bedarf es einer besonderen Regelung nicht. § 208 Abs. 3 InsO bestimmt, dass die Pflicht des Verwalters zur Verwaltung und Verwertung der Masse selbst dann fortbesteht, wenn die Masseunzulänglichkeit angezeigt wurde. Dies sprach schon vor dem 1.3.2012 für die Zulässigkeit eines Insolvenzplans trotz bestehender Masseunzulänglichkeit. Zwar betrifft § 208 Abs. 3 InsO nur die Abwicklung nach der gesetzlichen Haftungsordnung. Gleichwohl lässt sich eine unterschiedliche Behandlung im Insolvenzplanverfahren vor dem Hintergrund des Gleichlaufs beider Abwicklungsmodi gemäß § 1 Satz 1 InsO kaum rechtfer-

10.3

---

1 So das LG Neubrandenburg, B. v. 21.2.2002, 4 T 361/01, ZInsO 2002, 296.
2 Leonhardt/Smid/Zeuner-*Rattunde*, InsO, § 231 Rn. 46; *Smid*, WM 1998, 1313, 1322.
3 Allerdings ist § 258 Abs. 2 InsO nach Ansicht des LG Stuttgart, Urt. v. 11.12.2002, 27 O 295/02, DZWIR 2003, 171, nicht auf Fälle der Aufhebung des Insolvenzverfahrens nach Bestätigung eines Insolvenzplans anwendbar.
4 BT-Drs. 12/2443, 60.
5 RechtsA, BT-Drs. 12/7302, 180.

tigen. Trotz bestehender Masseunzulänglichkeit war deshalb der Insolvenzplan bereits vor dem 1.3.2012 zulässig.[6]

10.4 Mit dem Gesetz zur Erleichterung der Sanierung von Unternehmen[7] ist dies klargestellt und sind für das Insolvenzplanverfahren bei Masseunzulänglichkeit Regeln eingeführt worden: Nach der Vorschrift des § **210a Nr. 1 InsO** treten im Falle der Anzeige der Masseunzulänglichkeit an die Stelle der nicht nachrangigen Insolvenzgläubiger die Massegläubiger mit dem Rang des § 209 Abs. 1 Nr. 3 InsO. Zwar sieht § 258 Abs. 2 InsO vor, dass eine Aufhebung des Insolvenzverfahrens die vollständige Tilgung aller Masseverbindlichkeiten voraussetzt. Und dies ist bei Eintritt der Masseunzulänglichkeit – wird diese nicht überwunden – nicht mehr möglich. Insofern passt § 210a InsO in den Kontext der Zulassung von Regelungen im Insolvenzplan, die nicht die Verfahrensbeendigung, sondern die Verfahrensabwicklung betreffen (§ 217 Satz 1 InsO). Denn § 210a InsO sieht ausdrücklich vor, dass ein **Insolvenzplan** auch dann noch **zulässig** ist, wenn der Verwalter bereits Masseunzulänglichkeit angezeigt hat.

10.5 Bei der Ausgestaltung der Regelung wurde auf die entsprechende Vorschrift im Regierungsentwurf der Insolvenzordnung zurückgegriffen (§ 323 Abs. 2 RegE InsO). Mit einer Masseunzulänglichkeit ist immer verbunden, dass die Befriedigung der nachrangigen Massegläubiger im Rang des § 209 Abs. 1 Nr. 3 InsO nicht mehr gewährleistet ist. Die Zulässigkeit eines Insolvenzplans nach der Anzeige der Masseunzulänglichkeit bedeutet daher zwangsläufig, dass in die Rechte dieser Massegläubiger eingegriffen werden kann und dass diese über den Plan abstimmen müssen. Die nicht nachrangigen Insolvenzgläubiger haben in aller Regel keine Befriedigungsaussichten mehr und rücken daher in die Position, die sonst die nachrangigen Insolvenzgläubiger einnehmen. Für sie gilt daher § 246 Nr. 2 InsO entsprechend, die Vorschrift, nach der ihre Zustimmung zum Plan als erteilt gilt, wenn sie sich nicht an der Abstimmung beteiligen.

---

6 So auch *Braun/Uhlenbruck*, Unternehmensinsolvenz, 520; *Maus*, in: Kölner Schrift zur InsO, 2. Aufl., 2000, 931, 964.
7 ESUG v. 7.12.2011, BGBl. I, S. 2582.

Kapitel 11: Konzerninsolvenzpläne

I. Einführung: Strukturfragen

Das „Konzerninsolvenzrecht" ist Thema der aktuellen Gesetzgebung.[1] Es hat sowohl in der deutschen als auch der europäischen insolvenzrechtlichen Diskussion durch medienwirksame Großinsolvenzen wie die von Arcandor, Schlecker, Holzmann, Herlitz oder KirchMedia Aktualität und Bedeutung erlangt. Ein **Insolvenzplanverfahren** bezogen auf das **Gesamtvermögen des „Konzerns"** ist derzeit von Gesetzes wegen ausgeschlossen.[2] Daran werden auch die derzeit geplanten Reformen nichts ändern. Das Gesetz ging und geht vom **Prinzip der Einzelgesellschaft** aus, wonach jedes Rechtssubjekt unabhängig von einer Unternehmensverbindung in einem einzelnen Insolvenzverfahren abgewickelt wird. Es gelten die Grundsätze: „Eine Person, ein Vermögen, eine Insolvenz"[3] und „Jedes Unternehmen stirbt seinen eigenen Tod."

11.1

Unternehmenszusammenschlüsse können freilich dazu führen, dass sich wirtschaftliche Schwierigkeiten in einem konzernverbundenen Unternehmen auch auf die übrigen Konzerngesellschaften auswirken. Wird die Konzernobergesellschaft insolvent, liegt der Insolvenzgrund häufig auch bei der Mehrzahl der Konzerntochterunternehmen vor. Vor diesem Hintergrund fordert ein Teil der insolvenzrechtlichen Literatur[4] ein **gemeinsames Insolvenzverfahren konzernverbundener Unternehmen** mit der Begründung, die wirtschaftliche Einheit eines Konzerns verlange eine gemeinsame Insolvenzverwaltung unter Aufsicht eines zuständigen Insolvenzgerichts. Nur auf diese Weise entspreche ein wirtschaftlich orientiertes Insolvenzrecht der Realität am Markt.

11.2

Indes ist ein konsolidierter, übergreifender Insolvenzplan für den gesamten Konzern schon mit Blick auf die Haftungsverwirklichung zugunsten der jeweiligen Gläubiger nicht zu empfehlen.[5] Die Voraussetzungen für die Verfahrenseröffnung vielmehr für jedes Konzernunternehmen separat zu prüfen, bedingt eine **größere Flexibilität**: Wird etwa nur eine Tochtergesellschaft, nicht aber ihre Konzernmutter insolvent, scheidet eine **konzerneinheitliche Sanierung** aus. Anders in den Fällen, in denen die Insolvenz der Muttergesellschaft zur Insolvenz der Tochtergesellschaften führt oder aber sowohl Konzernmutter als auch -tochter insolvent sind. Eine konzerneinheitliche Sanierung, z. B. mittels eines gemeinsamen Insolvenzplans für alle Konzernunternehmen, böte in diesen Fällen den Vorteil, dass die wirtschaftliche Einheit innerhalb des Konzerns gewahrt werden könnte. Daher wäre es mit Blick auf eine Reorganisation der konzernmäßig verbundenen Unternehmen nicht selten wünschenswert, das Instrumentarium des Insolvenzplans in diesen Fällen einzusetzen.

11.3

Soweit sowohl über das Vermögen der Muttergesellschaft als auch über das der Tochtergesellschaften das Insolvenzverfahren eröffnet wird, kann dies jedoch durch die Vorlage **inhaltlich abgestimmter Insolvenzpläne** geschehen.[6] Hierfür bestehen nach der aktuellen Rechtslage aber praktische Hindernisse: Jenseits des Falles einer *zentralen Lenkung der Tochtergesellschaften durch*

11.4

---

1 Vgl. zur Darstellung der Reformgesetzgebung insgesamt *Lissner*, DZWIR 2014, 59.
2 MünchKomm-*Eidenmüller*, InsO, Vor § 217 Rn. 37 a. E.
3 *Uhlenbruck*, KTS 1986, 419, 425; *K. Schmidt*, Wege zum Insolvenzrecht der Unternehmen, 89, 221; *Ehricke*, ZInsO 2002, 393.
4 *Eidenmüller*, Unternehmenssanierung zwischen Markt u. Gesetz, 797 m. w. N.; *Uhlenbruck*, NZI 1999, 41 ff; *Humbeck*, NZI 2013, 957 ff.; *Verhoeven*, ZInsO 2012, 1689 ff., 1757 ff.; wohl auch Gottwald-*Haas*, Insolvenzrechtshandbuch, § 95 Rn. 4.
5 Zutr. MünchKomm-*Eidenmüller*, InsO, Vor § 217 Rn. 39 a. E.
6 MünchKomm-*Eidenmüller*, InsO, Vor § 217 Rn. 39; KPB-*Otte*, InsO, § 217 Rn. 61e ff.; ähnlich NR-*Römermann*, InsO, Vor §§ 270ff. Rn. 142.

die Muttergesellschaft fehlt es nämlich an einem **Konzerngerichtsstand**.[7] Das bedingt, dass für die verschiedenen Verfahren unterschiedliche Insolvenzverwalter eingesetzt werden, was Reibungsverluste in der Koordination mit sich bringt.[8] Dieses Problem durch Zusammenfassung der Gerichtsstände unter dem Gesichtspunkt der *Verfahrensökonomie*[9] zu umgehen, ist mit der aktuellen Fassung des § 3 InsO unvereinbar. Die Norm statuiert ausdrücklich *keine Gesamtzuständigkeit* nach US-amerikanischem Vorbild[10] und legt insofern den gesetzlichen Richter fest.[11]

11.5 Ein „Konzerninsolvenzverwalter", der sowohl in dem über die Muttergesellschaft als auch in den über die Tochtergesellschaften eröffneten Insolvenzverfahren eingesetzt wird, befindet sich zudem in der Gefahr einer **ständigen Pflichtenkollision**. Er hat z. B. Forderungen der Muttergesellschaft gegen die Töchter in deren Insolvenzverfahren und umgekehrt anzumelden, was selbstverständlich eine Prüfung ausschließt. Es sind Fälle ruchbar geworden, in denen Konzerninsolvenzverwalter die Verfahren von Tochterunternehmen durch „Umbuchungen" zu „finanzieren" versucht haben. In solchen Fällen ist die Absetzung oder Abwahl des Verwalters notwendig, wenigstens aber die ständige Bestellung von Sonderinsolvenzverwaltern[12]; damit wird auch vermieden, dass – systemwidrig – § 181 BGB ausgehöhlt wird[13]. Die Bestellung eines Insolvenzverwalters, der verschiedenen Gläubigergemeinschaften in unterschiedlichen Verfahren gleichermaßen verantwortlich wäre, in einem Konzernverbund ist daher zu vermeiden.

1. Insolvenz der Tochtergesellschaft

11.6 a) **Unternehmensverträge.** Gerät eine abhängige Konzerntochter (§ 17 AktG) in die Insolvenz, stellt sich die Frage nach dem Schicksal der mit der Muttergesellschaft geschlossenen Unternehmensverträge. Unternehmensverträge sind gem. § 291 Abs. 1 AktG Beherrschungs- oder Gewinnabführungsverträge. Ein **Beherrschungsvertrag** liegt vor, wenn ein Tochterunternehmen der Konzernmutter die Leitung ihrer Gesellschaft unterstellt, ein **Gewinnabführungsvertrag** dann, wenn sich die Tochtergesellschaft verpflichtet, der Obergesellschaft ihren gesamten Gewinn zur Verfügung zu stellen. Da der Gewinnabführungsvertrag nach § 302 AktG eine gesetzliche Verlustübernahmepflicht auslöst, wird üblicherweise zugleich die Verlustübernahme festgelegt. Danach ist der Jahresfehlbetrag zu ersetzen, d. h. der Fehlbetrag, der sich bei der beherrschten Gesellschaft einstellen würde, wenn es die Verlustübernahmepflicht nach § 302 AktG nicht gäbe. Bei der vertraglichen Koppelung von Gewinn- und Verlustübernahme spricht man von einem **Ergebnisabführungsvertrag**. Solche Verträge haben erhebliche steuerliche Auswirkungen (etwa die körperschaftssteuerliche Organschaft).

11.7 Welche Auswirkungen die Insolvenzeröffnung über das Vermögen des Tochterunternehmens auf den Beherrschungsvertrag mit der Muttergesellschaft hat, war schon unter Geltung der Konkursordnung umstritten. Der BGH[14] und der

---

7 AG Köln, ZInsO 2008, 215; LG Dessau, ZIP 1998, 1007; Braun-*Kießner*, InsO, § 3 Rn. 18 m. w. N.
8 Vgl. nur *Vallender/Deyda*, NZI 2009, 825, 827.
9 *Ehricke*, Das abhängige Konzernunternehmen in der Insolvenz, 477 ff.; *Ehricke*, ZInsO 2002, 393 ff.; *Uhlenbruck*, NZI 1999, 41; *Vallender/Deyda*, NZI 2009, 825.
10 Vgl. *Scheel*, Konzerninsolvenzrecht, 37–39 et passim.
11 Wie sie *Ehricke*, Das abhängige Konzernunternehmen in der Insolvenz, 481 ff., befürwortet; vgl. auch *Ehricke*, DZWIR 1999, 353, 354 ff. und *Ehricke* ZInsO 2002, 393, 397 f.
12 Dies sieht auch *Scheel*, Konzerninsolvenzrecht, 39, der aber die Maßstäbe für überzogen hält.
13 Abzulehnen daher LG Ulm, Urt. v. 23.11.1999, 2 KfH O 221/99 m. Anm. *Kowalski*, EWiR 1/2000, 29.
14 BGH, Urt. v. 14.12.1987, II ZR 170/87, NJW 1988, 1326, 1327.

überwiegende Teil der konkursrechtlichen Literatur[15] waren der Ansicht, dass **Unternehmensverträge** mit Eröffnung des Konkursverfahrens über das Vermögen der Tochtergesellschaft **automatisch beendet** sind. Die Beendigung des Unternehmensvertrages erfolge parallel zu der durch die Konkurseröffnung bedingten Auflösung der Gesellschaft (§ 262 Abs. 1 Nr. 3 AktG a. F.). Dies ergebe sich aus der ergänzenden Vertragsauslegung des Beherrschungs- und Gewinnabführungsvertrages (§ 157 BGB); denn der Gesellschaftszweck sei nicht mehr auf Gewinnzielung durch Betrieb eines werbenden Unternehmens gerichtet, sondern auf die Verwertung des Gesellschaftsvermögens. Ein Fortbestand des Beherrschungsvertrages sei mit dem Insolvenzrecht unvereinbar, da der Insolvenzverwalter der Tochtergesellschaft nicht verpflichtet sein könne, den Weisungen der herrschenden Gesellschaft Folge zu leisten.

Die Eröffnung des **Vergleichsverfahrens** stellte demgegenüber nach Ansicht des BGH keinen Grund für eine Beendigung der Unternehmensverträge dar.[16] Zur Begründung führte er aus, dass die Eröffnung des Vergleichsverfahrens nicht zur Auflösung der Gesellschaft führe. Zudem sei die Situation mit der des Konkurses nicht vergleichbar, weil dem Vergleichsverwalter im Unterschied zum Konkursverwalter nur eingeschränkte (Mitwirkungs- und Überwachungs-)Rechte zukommen. Es bleibe der herrschenden Gesellschaft daher genügend Raum, ihre Leitungsmacht gegenüber dem beherrschten Unternehmen auszuüben.

11.8

Nach anderer, vor allem von *Karsten Schmidt* schon zur Konkursordnung vertretener Auffassung[17] besteht der Beherrschungsvertrag auch nach Eröffnung des Insolvenzverfahrens fort und kann lediglich **aus wichtigem Grund** gem. § 297 AktG **gekündigt** werden. Ein automatischer Wegfall des Beherrschungsvertrages widerspreche der Tatsache, dass die konzernrechtlichen Organisationsstrukturen auch in der Insolvenz des Unternehmens erhalten blieben. Deshalb entfalle nur die vertragliche Konzernleitungsmacht, während der Vertrag selbst weiter bestehe.

11.9

Ob sich die Argumentation des BGH unter Geltung der InsO – seit dem 1.1.1999 – halten lässt, ist zweifelhaft. Neue Rechtsprechung existiert nach wie vor nicht. Teile der aktienrechtlichen Literatur[18] befürworten eine unterschiedslose Übernahme der bisherigen Rechtsgrundsätze auch für Verfahren nach der Insolvenzordnung. Diese Auffassung überzeugt nicht. Im Unterschied zur überkommenen Konkursordnung sieht das neue Insolvenzrecht ein verändertes Verfahrensziel vor. Insolvenzverfahren dienen gem. § 1 Satz 1 Var. 1 InsO weiterhin der Befriedigung der Gläubiger durch Verwertung des Schuldnervermögens. Neben der Abwicklung von Unternehmen – dies war Verfahrensziel der Konkursordnung – hat das Insolvenzrecht mit dem Sanierungsauftrag (§ 1 Satz 1 Var. 2 InsO) zusätzlich auch das Ziel der Vergleichsordnung übernommen: Seit 1.1.1999 existiert ein *einheitliches* Insolvenzverfahren. Die **automatische Beendigung** von Unternehmensverträgen **widerspricht dem Sanierungszweck**. Sie würde dazu führen, dass in Sanierungsfällen Unternehmensverträge unmittelbar nach ihrer automatischen Beendigung neu abgeschlossen werden müssten, obwohl sie ohnehin bestehen bleiben sollten. Ein derartiges Sanierungshindernis entspricht gerade im Hinblick auf die Sanierung von Großkonzernen durch Insolvenzpläne nicht den Willen der Vertragsparteien. Soll saniert werden, muss im Gegenteil angenommen werden, dass die Parteien den Fortbestand der Unternehmensverträge wünschen. Aus diesem

11.10

---

15 Vgl. etwa *Kuhn/Uhlenbruck*, KO, Vorbem. K vor § 207.
16 BGH, Urt. v. 14.12.1987, II ZR 170/87, NJW 1988, 1326, 1327.
17 Vgl. *K. Schmidt*, Wege zum Insolvenzrecht der Unternehmen, 288.
18 MünchKomm-*Altmeppen*, AktG, § 297 Rn. 103 ff.; Hüffer-*Koch*, AktG, § 297 Rn. 22a.

Grund müssen Unternehmensverträge bei Eröffnung des Insolvenzverfahrens über das beherrschte Unternehmen nach richtiger Ansicht bestehen bleiben. Es ist lediglich eine **beiderseitige Kündigungsmöglichkeit** aus wichtigem Grund nach § 297 Abs. 1 AktG anzunehmen.[19] Dies ergibt sich auch aus den Materialien zur Insolvenzordnung. Der erste Bericht der Kommission für Insolvenzrecht[20] sieht ausdrücklich vor, dass die Insolvenzeröffnung einen Unternehmensvertrag nicht automatisch beendet. Der vorgenannten Auffassung entsprechen auch die Vorschriften der §§ 103 ff. InsO, wonach dem Insolvenzverwalter ein Erfüllungswahlrecht bei gegenseitigen Verträgen zukommt. Wird über das Vermögen eines beherrschten Unternehmens das Insolvenzverfahren eröffnet, kann der Verwalter daher neben § 297 AktG auch auf § 103 InsO zurückgreifen und eine Erfüllung der Unternehmensverträge ablehnen.

11.11 b) **Verlustausgleichspflicht nach § 302 AktG.** Besteht ein Beherrschungs- oder Gewinnabführungsvertrag, hat die Tochtergesellschaft gegen ihre Konzernmutter nach § 302 AktG einen Anspruch auf Übernahme ihrer Verluste, der mit Abschluss des Geschäftsjahres entsteht, in dem der Jahresfehlbetrag eintritt. Als Konsequenz dazu, dass Unternehmensverträge nach der Auffassung des BGH mit Eröffnung des **Konkursverfahrens** endeten, nahm man überwiegend unter Geltung der Konkursordnung[21] auch ein **Erlöschen der Verlustausgleichspflicht** zu diesem Stichtag an. Dies führte dazu, dass der Insolvenzverwalter des Tochterunternehmens lediglich für das vollständig abgelaufene Geschäftsjahr den Verlustausgleichsanspruch geltend machen konnte. Eine Ausgleichsverpflichtung für das ganze, bei Eröffnung des Insolvenzverfahrens laufende Geschäftsjahr bestand jedoch nicht. Der Insolvenzverwalter musste daher das Rumpfgeschäftsjahr abschließen und eine der Gewinnermittlung dienende Zwischenbilanz erstellen, nach der entstandene Verluste auszugleichen waren.

11.12 Bestehen nach aktueller Rechtslage Unternehmensverträge nunmehr auch nach Insolvenzeröffnung fort, führt dies folgerichtig auch zu einem **Fortbestand der Verlustübernahmepflicht** nach § 302 AktG. Eine andere Lösung lässt schon der eindeutige Wortlaut des § 302 Abs. 1 AktG nicht zu, der die Pflicht zur Verlustübernahme vom Bestehen eines Beherrschungs- oder Gewinnabführungsvertrages abhängig macht. Dies verkennen Teile der Literatur, die zwar vom Fortbestehen der Unternehmensverträge ausgehen, sich gleichwohl aber – ohne Begründung – gegen ein Erlöschen von Gewinnabführungs- und Verlustausgleichspflicht aussprechen.[22]

11.13 Erforderlich ist der Fortbestand von Gewinnabführungs- und Verlustausgleichspflicht vor allem für das **Insolvenzsteuerrecht**. In Fortführungsfällen bedeutsam ist die Frage nach der Verrechnung von Sanierungsgewinnen mit Verlustvorträgen aus der Zeit vor Insolvenzeröffnung[23]. Das geltende Recht sieht nach Streichung des § 3 Nr. 66 EStG a. F. die Besteuerung von Sanierungsgewinnen vor. Wird ein Unternehmen – z. B. durch einen Insolvenzplan – saniert, bedeutet die Erhebung der Steuer auf einen Sanierungsgewinn für den Steuerpflichtigen eine erhebliche Härte. Aus diesem Grund sieht das Bundesfinanzministerium in seinem Erlass vom 27.03.2003[24] über die ertragsteuerliche Behandlung von Sanierungsgewinnen die Stundung der Steuer mit dem Ziel des

---

19 *Böcker*, GmbHR 2004, 1257, 1258; *H.-F. Müller*, ZIP 2008, 1701, 1702; Uhlenbruck-*Hirte*, InsO, § 11 Rn. 397 f.
20 Vgl. BMJ, Erster Bericht der Kommission für Insolvenzrecht 1985, 292.
21 *Kuhn/Uhlenbruck*, KO, Vorbem. K zu § 207 Rn. 2 a, b.
22 Uhlenbruck-*Hirte*, InsO, § 11 Rn. 398 ff.
23 Hierzu *Maus*, ZIP 2002, 589 ff.; zur Rechtslage u. praktischen Auswirkungen nach dem BMF-Erlass v. 27.3.2003 *Bareis/Kaiser*, DB 2004, 1841.
24 Vgl. BMF-Erlass v. 27.3.2003, Rn. 8, veröffentlicht unter www.bundesfinanzministerium.de.

späteren Erlasses vor (oben Kapitel 5). Gleichzeitig bestimmt der Erlass, dass zwecks Festsetzung der Besteuerungsgrundlage die Verrechnung von Verlusten und Sanierungsgewinnen stattfinden soll. Eine **Verrechnung von Verlustvorträgen** mit dem Sanierungsgewinn setzt im Konzern voraus, dass weder die Unternehmensverträge noch die Gewinnabführungs- und Verlustausgleichspflicht zwischen Mutter- und Tochtergesellschaft mit Eröffnung des Insolvenzverfahrens enden. Für das Fortbestehen von Gewinnabführungs- und Verlustausgleichspflichten im eröffneten Insolvenzverfahren spricht auch das beiderseitige Kündigungsrecht von Unternehmensverträgen gem. § 297 AktG. Wird gekündigt, fehlt es an einer Voraussetzung des § 302 AktG, so dass auch die Pflicht zur Verlustübernahme erlischt.

2. Insolvenz der Muttergesellschaft

a) Unternehmensverträge. Wird über das Vermögen der herrschenden Gesellschaft das Insolvenzverfahren eröffnet, so endeten nach überkommener Auffassung des BGH zur Konkursordnung (oben Rn. 11.7 ff.) sowohl der Beherrschungsvertrag als auch der Ergebnisabführungsvertrag automatisch. Dies überzeugt auch für die Insolvenz des herrschenden Unternehmens nicht. Aus den bereits genannten Gründen (oben Rn. 11.10) bestehen Unternehmensverträge nach neuer Rechtslage mit Insolvenzeröffnung fort, können aber beiderseitig gem. § 297 AktG (bzw. durch den Insolvenzverwalter gem. § 103 InsO) gekündigt werden.

11.14

b) Verlustausgleichspflicht nach § 302 AktG. Auch in der Insolvenz der Muttergesellschaft bleibt die Verpflichtung zur Verlustübernahme über den Stichtag der Insolvenzeröffnung hinausgehend bestehen und unterliegt nur den beiderseitigen Kündigungsmöglichkeiten der § 297 AktG bzw. § 103 InsO.

11.15

3. Die Insolvenz des (faktischen) GmbH-Konzerns

a) GmbH-Konzernrecht. Das Konzernrecht ist im Aktiengesetz (§§ 15–19; 291–328 AktG) geregelt. Obwohl im GmbH-Gesetz nicht normiert, ist das GmbH-Konzernrecht in Rechtsprechung und Literatur seit Jahren anerkannt.[25] In der Praxis spielt das Konzernrecht der GmbH eine große Rolle. Die Zulässigkeit von Unternehmensverträgen steht – auch wenn eine gesetzliche Regelung fehlt – außer Frage. Die GmbH kann **analog §§ 291 ff.** AktG als herrschende oder abhängige Gesellschaft Unternehmensverträge schließen. Da die aktienrechtlichen Konzernvorschriften entsprechende Anwendung finden[26], kann im Hinblick auf das Schicksal der Unternehmensverträge in der Insolvenz der Mutter- bzw. Tochtergesellschaft auf die obigen Ausführungen verwiesen werden.

11.16

b) Faktische Konzernierung.

(1) **Einfacher und qualifizierter faktischer Konzern**
Von der Rechtsfigur des vertraglichen Vertragskonzerns ist die des faktischen Konzerns zu unterscheiden. Eine **einfache faktische Konzernierung** liegt vor, wenn mehrere Unternehmen unter der *Leitung* eines herrschenden Unternehmens zusammengefasst sind, *ohne dass ein Beherrschungsvertrag existiert*. Die Tochtergesellschaft steuert in diesem Fall ihre Vermögensverhältnisse eigenverantwortlich und ist lediglich an Einzelweisungen des Mutterunternehmens gebunden. Von einem **qualifiziert faktischen Konzern** spricht man, wenn die abhängige Gesellschaft unter *totaler externer Lei-*

11.17

---
25 Vgl. z.B. BGH, B. v. 24.10.1988, II ZB 7/88, BGHZ 105, 324, 330 ff. = ZIP 1989, 29; BGH, Urt. v. 11.11.1991, II ZR 287/90, BGHZ 116, 37; BFH, Urt. v. 3.3.2010, I R 68/09, GmbHR 2010, 661; OLG München, Urt. v. 20.11.2013, 7 U 5025/11, ZIP 2014, 1067.
26 S. BGH, B. v. 24.10.1988, II ZB 7/88, BGHZ 105, 324, 330 ff. = ZIP 1989, 29.

tungsmacht und Abhängigkeit zur herrschenden Gesellschaft steht und in einem nicht mehr beherrschbaren Ausmaß nachhaltig durch diese beeinträchtigt wird.[27]

11.18 (2) **Insolvenz des faktischen Konzerns**
Nach überkommener Auffassung führte auch die Insolvenz einer Gesellschaft innerhalb eines faktischen Konzerns zur Beendigung des faktischen Konzernverhältnisses.[28] Begründet wurde dies damit, dass die Überlegungen zur Beendigung von Unternehmensverträgen bei Vertragskonzernen insoweit übertragbar seien. Für die Anwendung der neuen Grundsätze auf den faktischen Konzern gibt es keinen Anlass: Im Unterschied zum Vertragskonzern existiert gerade kein Unternehmensvertrag. Steuerliche Probleme der Verrechnung von Sanierungsgewinnen mit Verlustvorträgen bestehen aus diesem Grund nicht. Es spricht daher vieles dafür, das **faktische Konzernverhältnis** – wie schon nach altem Recht – mit **Verfahrenseröffnung zu beenden**.[29]

11.19 (3) **Haftung im faktischen Konzern**
Mit der Haftung im (qualifiziert) faktischen GmbH-Konzern haben sich Rechtsprechung[30] und gesellschaftsrechtliche Literatur intensiv beschäftigt. Die insolvenzrechtlichen Konsequenzen sind:

11.20 Schon beim einfachen faktischen Konzern ist ein Ersatzanspruch der abhängigen Gesellschaft wegen eines Schadens aufgrund einer nachteiligen Einzelweisung anerkannt. Im Fall des qualifiziert faktischen GmbH-Konzerns nahm man darüber hinaus lange – wie beim Vertragskonzern – eine Verlustübernahmepflicht des herrschenden Unternehmens analog § 302 AktG an.[31] Darüber hinaus kam es zu einer speziellen Insolvenzaußenhaftung des herrschenden Unternehmens im qualifiziert faktischen Konzern. Der BGH hatte in verschiedenen Urteilen einen derartigen Gläubigerschutz in Anlehnung an die §§ 303, 302 AktG entwickelt. Dieser Rechtsprechung[32] lag der Gedanke zugrunde, dass die von einem qualifiziert faktischen Konzern ausgehenden Risiken mit denen eines Vertragskonzerns vergleichbar sind. Zum Schutz der Gläubiger musste daher die in § 303 AktG normierte Pflicht, bei Beendigung eines Beherrschungsvertrages Sicherheit zu leisten, für den Fall, dass eine qualifiziert faktische Konzernierung durch Insolvenz der Tochtergesellschaft endet, zu einer sofortigen Ausfallhaftung der Muttergesellschaft gegenüber den Insolvenzgläubigern umgewandelt werden. Voraussetzung für eine derartige Haftung war, dass das herrschende Unternehmen seine Leitungsmacht zu Lasten der abhängigen Gesellschaft in der Weise missbraucht, dass diese ihren Verbindlichkeiten nicht mehr nachkommen und ihre Ansprüche nicht anderweitig durch Einzelmaßnahmen kompensieren kann. In diesem Fall könnten die Gläubiger unmittelbar die Erfüllung ihrer Ansprüche vom herrschenden Unternehmen verlangen.

11.21 Seit der Entscheidung „Bremer Vulkan"[33] hat der BGH seine zur faktischen Konzernhaftung entwickelten Grundsätze ausdrücklich zurückgenommen. Nunmehr kann es statt der dargestellten Haftung der herrschenden Gesellschaft zu einer **Durchgriffshaftung** der Gläubiger **gegen einzelne Gesellschafter** der abhängigen Gesellschaft kommen. Eine solche Haftung ist anzunehmen, wenn ein Gesellschafter in die Rechte der abhängigen GmbH derartig eingreift, dass deren Existenz vernichtet wird. Beispiele für einen bestandsgefährdenden Eingriff sind das Auslaufenlassen einer GmbH durch Verringerung bzw. Einstellung ihrer Aktivitäten und schrittweisen Abzug der Ressourcen außerhalb einer geordneten Liquidation oder die Belassung nur des defizitären Geschäfts bei der

---

27 Vgl. zur Begrifflichkeit Hüffer-*Koch*, AktG, § 18 Rn. 3 ff.
28 Nachweise bei *Kuhn/Uhlenbruck*, KO, Vorbem. K vor § 207 Rn. 5.
29 *Böcker* GmbHR 2004, 1257, 1259; Uhlenbruck-*Hirte*, InsO, § 11 Rn. 413.
30 Vgl. BGH, Urt. v. 19.9.1985, II ZR 275/84, BGHZ 95, 330 = ZIP 1985, 1263 („Autokran"); BGH, Urt. v. 23.9.1991, II ZR 135/90, BGHZ 115, 187 = ZIP 1991, 1354 („Video"); BGH, Urt. v. 29.3.1993, II ZR 265/91, BGHZ 122, 123 („TBB").
31 Vgl. nur MünchKomm-*Bayer*, AktG, § 57 Rn. 151.
32 BGHZ 115, 187; vgl. auch BVerfG, B. v. 20.8.1993, 2 BvR 1610/91, DB 1993, 1917.
33 BGH, Urt. v. 17.9.2001, II ZR 178/99, NJW 2001, 3622, 3627; hierzu *Keßler*, GmbHR 2001, 1095.

GmbH. In diesen Fällen ist der handelnde Gesellschafter verpflichtet, für sämtliche Verbindlichkeiten der abhängigen Gesellschaft einzustehen.[34]

4. Konzernübergreifende Sanierung durch Insolvenzpläne in Verbindung mit der Eigenverwaltung

Auch mithilfe der gegenwärtigen gesetzlichen Instrumente lassen sich Probleme des Konzerninsolvenzrechtes lösen. Zur Durchführung einer **konzerneinheitlichen Sanierung** wird beispielsweise das **Insolvenzplanverfahren** vorgeschlagen.[35] Dabei soll in der Insolvenz des herrschenden Unternehmens ein sog. *Master-Insolvenzplan* ausgearbeitet werden, der die Sanierung des gesamten Konzerns festlegt und auf den die Insolvenzpläne der Tochtergesellschaften Bezug nehmen sollen. Diesem Vorschlag steht jedoch entgegen, dass sich das Planverfahren nur auf das Vermögen *eines* Schuldners bezieht und Regelungen, die das Vermögen eines anderen Schuldners betreffen, eine unzulässige Vereinbarung zu Lasten Dritter – hier der Konzerntöchter – darstellen würden. Im Übrigen zählt § 217 InsO die Vorschriften auf, von denen durch einen Insolvenzplan abgewichen werden kann; die §§ 11, 12 InsO zählen nicht dazu.

11.22

Allerdings steht einer **sinnvollen Koordination** einzelner Verfahren innerhalb eines Konzerns nichts entgegen. Eine erfolgreiche Unternehmenssanierung setzt vor allem ein *positives Insolvenzklima* voraus. Es entsteht, wenn die Sanierungsbeteiligten ihr Verhalten früh auf den Eintritt der Insolvenz einstellen und ihr aufgeschlossen gegenüberstehen. Erforderlich ist eine frühzeitige Kommunikation zwischen den Beteiligten. Sanierung beruht auf **Konsens**: Zwischen Gläubigern, Schuldner, Insolvenzgericht und Verwalter müssen frühzeitige Gespräche – möglichst noch vor Antragstellung – über ein gemeinsames Sanierungskonzept stattfinden. Auf diese Weise kann ein **Konzern-Sanierungskonzept** gemeinschaftlich und unter Berücksichtigung aller Interessen erarbeitet werden.

11.23

Die Kombination verschiedener Sanierungsinstrumente innerhalb eines Konzerns steht dem Sanierungserfolg nicht entgegen. Beim Berliner Herlitz-Konzern[36] wurde z. B. für beide Muttergesellschaften jeweils ein unabhängiger Insolvenzplan erstellt. Die Tochtergesellschaften wurden teilweise im Wege der übertragenden Sanierung abgewickelt, teilweise aber auch mittels eines „Zwangsvergleichs" aus der Insolvenzmasse freigegeben. Einige Konzerntöchter fielen nicht in die Insolvenz. Das AG Charlottenburg setzte für Mutter- und Tochtergesellschaften **verschiedene Insolvenzverwalter** ein, welche die Sanierung des Konzerns aufgrund ihres persönlichen und räumlichen Kontaktes zueinander erfolgreich durchführen konnten. Eine **Koordination** der Verfahren im Sinne einer „faktischen Parallelität" wurde auf diese Weise erreicht. Eine rechtlich zwingende Parallelität gibt es indes nicht: Verwalter sind im Rahmen von Konzerninsolvenzen keinen **konzernrechtlichen Weisungen** unterworfen. Entsprechende Befugnisse treten mit Eröffnung des Verfahrens hinter die Regelungen der InsO zurück, was die Unabhängigkeit des Verwalters sichert.[37]

11.24

Der dargestellte Effekt einer Konzernsanierung ist auch in Fällen der **Eigenverwaltung** möglich. In der Rechtspraxis zwar Ausnahme, liegt ihr Vorteil bei einer Konzernsanierung in dem psychologischen Reiz für den Schuldner und seinen Geschäftsführer. Die Eigenverwaltung (§§ 270 ff. InsO) sieht nämlich vor, dass der Schuldner selbst – wenn auch unter Aufsicht eines Sachwalters – zur Verwaltung und Verfügung über die Insolvenzmasse in der Lage ist. Kommt

11.25

---

34 So jetzt auch BGH, Urt. v. 24.6.2002, II ZR 300/00, ZIP 2002, 1578, 1580; hierzu *Keßler*, GmbHR 2002, 945, 951.
35 Vgl. *Ehricke*, ZInsO 2002, 393 ff.; MünchKomm-*Eidenmüller*, InsO, Vor §§ 217–269 Rn. 37 ff.
36 Näher *Rattunde*, ZIP 2003, 596, 600.
37 AG Duisburg, Beschl. v. 1.9.2002, ZIP 2002, 1636, 1641 (Babcock Borsig AG).

es auf seine speziellen Sach- und Branchenkenntnisse an, spricht vieles für die Anordnung der Eigenverwaltung.

II. Konzerninsolvenzrecht de lege ferenda: Koordinationspläne und Insolvenzplan

1. Frühere Reformvorschläge

11.26 Schon die vom Bundesjustizminister im Jahre 1978 eingesetzte Reformkommission[38] beschäftigte sich mit der Frage, ob für den Fall der Reorganisation oder Liquidation eines Konzerns das strikte Trennungsprinzip aufgegeben werden sollte. Bei ihren Überlegungen hatte die Kommission zu berücksichtigen, dass das Konzernrecht zu diesem Zeitpunkt höchstrichterlich nur unzureichend bewältigt war und nur fragmentarisch bestand. Eine Reform erschien aus diesem Grund problematisch. Unter anderem deshalb hat die Kommission in ihrem ersten Bericht aus dem Jahre 1985 eine verfahrens- und verwaltungsmäßige Konzentration verschiedener Konzernunternehmen abgelehnt. Der **Grundsatz der Haftungstrennung** mache es notwendig, die Vermögen sämtlicher von einer Insolvenz betroffener Konzernunternehmen allein im Interesse der Verfahrensbeteiligten getrennt zu verwalten. Ein **einheitlicher Konzerngerichtsstand** sei **mit dem Zweck des Konzernrechts**, den Schutz abhängiger Gesellschaften, ihrer Gesellschafter und Gläubiger zu gewährleisten, **nicht vereinbar**. Für den Fall der Reorganisation einer Tochtergesellschaft räumte die Kommission der Muttergesellschaft allerdings die Möglichkeit ein, bei der Aufstellung des Reorganisationsplans beratend mitzuwirken. Diese Anregung hat der Gesetzgeber ebenso wenig aufgegriffen wie folgende Reformvorschläge.[39] Bemerkenswerter Weise ist die Rechtslage auch 20 Jahre nach dem ersten Kommissionsbericht unverändert: Ein kodifiziertes Konzerninsolvenzrecht existiert nicht.

2. Aktuelle Reformvorschläge

11.27 Um eine jedenfalls teilweise Kodifikation des Konzerninsolvenzrechtes zu erreichen, befindet sich ein **aktueller Gesetzentwurf** im Verfahren.[40] Er ist der dritte Teil der allgemeinen Reformbemühungen im Insolvenzrecht, der zeitlich auf die erste Novelle durch das ESUG und die zweite durch die Verbraucherinsolvenzrechtsreform (Kapitel 27) folgt.[41] Er erfasst nach seinem Regelungsbereich **Unternehmensgruppen**. Dabei handelt es sich gem. § 3e InsO-E um selbständige Unternehmen mit Inlandsmittelpunkt, die durch die *Möglichkeit der Ausübung eines beherrschenden Einflusses* oder eine *einheitliche Leitung* miteinander verbunden sind.[42] Auf eine rechtliche Qualifikation der Muttergesellschaft als Kapitalgesellschaft kommt es nicht an.[43] Sollte der Entwurf Gesetz werden, was zum Zeitpunkt der Drucklegung des Buches noch nicht absehbar war, würde er folgende Neuerungen in die InsO einführen:

11.28 a) **Konzerngerichtsstand.** Gem. § 3a InsO-E wird ein Gruppengerichtsstand eingeführt, der an nach Landesrecht zuständigen Insolvenzgerichten in OLG-Bezirken begründet werden kann.[44] Er ist jedoch nicht ausschließlich. Vielmehr

---

38 Vgl. Erster Bericht der Kommission für Insolvenzrecht 1985, 290.
39 Vgl. die ausführliche Darstellung bei *Smid/Rattunde/Martini*, Der Insolvenzplan, 3. Aufl. 2012, Rn. 2.77 ff. (Vorauflage).
40 Entwurf eines Gesetzes zur Erleichterung der Bewältigung von Konzerninsolvenzen vom 30.1.2014, BT-Drs. 18/407.
41 Vgl. zur Darstellung der Reformen insgesamt *Lissner*, DZWIR 2014, 59.
42 Zu den Problemen dieser sehr weiten Definition vgl. *Verhoeven*, ZInsO 2014, 217, 217 f.
43 *Wimmer*, jurisPR-InsR 20/2013 Anm. 1
44 § 2 Abs. 3 InsO-E, vgl. dazu *Wimmer*, jurisPR-InsR 20/2013 Anm. 1.

bleibt er neben der Regelung des § 3 InsO bestehen.[45] Stellt danach eines der konzernverbundenen Unternehmen einen zulässigen **Eigenantrag**, so soll die dadurch begründete Zuständigkeit des jeweiligen Insolvenzgerichts unter näher bestimmten Voraussetzungen nunmehr auch für die übrigen Konzerngesellschaften (sog. Gruppen-Folgeverfahren) gelten. Entscheidend soll ein **zulässiger Eröffnungsantrag**, ein **gemeinsames Interesse der Gläubiger** an einer Verfahrenskonzentration beim angerufenen Insolvenzgericht sowie eine **nicht offensichtlich untergeordnete Bedeutung** des Schuldners für die Unternehmensgruppe (§ 3a Abs. 1 InsO-E) sein.

11.29 Beantragen mehrere, derselben Gruppe angehörige Unternehmen die Eröffnung des Insolvenzverfahrens, greift das **Prioritätsprinzip**: Der erste zulässige Antrag bestimmt den Gruppen-Gerichtsstand, § 3a Abs. 1 Satz 3 InsO-E.[46] Er ermöglicht damit auch ein nationales Forum-Shopping.[47] Erfolgt der Eröffnungsantrag eines konzernangehörigen Schuldners an einem anderen als dem bereits bestimmten Gruppen-Gerichtsstand, so kann das angerufene **Gericht** gem. § 3d InsO-E an das des Gruppen-Gerichtsstandes **verweisen**.

11.30 Liegt hingegen zunächst ein Gläubigerantrag vor und stellt der Schuldner daraufhin selbst unverzüglich einen mit einem Verweisungsantrag verbundenen Eigenantrag bei dem zuständigen Konzern-Gericht, so hat die Verweisung zu erfolgen (§ 3d Abs. 1 Satz 2 InsO-E). Antragsberechtigt hierfür ist gem. § 3d Abs. 2 Satz 1 InsO-E grundsätzlich der Schuldner. Soweit aber ein vorläufiger, starker Verwalter bestellt wurde oder mit Eröffnung ein endgültiger Verwalter bestellt wurde, geht die Antragsberechtigung gem. §§ 3d Abs. 2 Satz 2, 3a Abs. 3 InsO auf diesen über.

11.31 Ein zulässiger Eigenantrag zur Begründung eines Gruppen-Gerichtsstands setzt über die Inhalte des § 13 InsO hinaus die Erfüllung der Voraussetzungen des § 13a InsO-E voraus. Der Schuldner muss daher folgende Angaben machen: Name, Sitz, Unternehmensgegenstand sowie Bilanzsumme, Umsatzerlöse und die durchschnittliche Zahl der Arbeitnehmer des letzten Geschäftsjahres der anderen gruppenangehörigen Unternehmen, sofern diese nicht lediglich von untergeordneter Bedeutung für die Unternehmensgruppe sind. Er muss auch die Gründe für eine Verfahrenskonzentration vortragen (§ 13 a Abs. 1 Nr. 2 InsO-E) und mitteilen, ob eine Fortführung oder Sanierung der gesamten Unternehmensgruppe oder einzelner Teile angestrebt wird (§ 13a Abs. 1 Nr. 3 InsO).

11.32 **b) Einheitlicher Gruppen-Verwalter bzw. Gruppen-Sachwalter.** Um Reibungsverluste bei der Koordination der Verfahrensabwicklung zwischen Verwaltern unterschiedlicher konzernzugehöriger Schuldner zu vermeiden,[48] sieht § 56b InsO-E die Bestellung eines einheitlichen Gruppen-Insolvenzverwalters vor. In der Eigenverwaltung kann dies gem. § 274 Abs. 1 InsO auch ein einheitlicher Gruppen-Sachwalter sein.[49] Dies steht freilich unter dem Vorbehalt, dass eine solche Bestellung mit den Interessen der Gläubiger vereinbar ist und die notwendige Unabhängigkeit gewahrt werden kann, § 56b Abs. 1 InsO-E. Dies kann auch durch Ausgliederung mancher Bereiche an einen Sonderinsolvenzverwalter erreicht werden. Damit nimmt das Gesetz Rekurs auf die oben angesprochene (Rn. 11.5) Gefahr einer Pflichtenkollision. Insbesondere wenn mit Anfechtungsstreitigkeiten im Konzernverbund zu rechnen ist oder die Masse zu

---

45 *Verhoeven*, ZInsO 2014, 217, 218; *Wimmer*, jurisPR-InsR 20/2013 Anm. 1; kritisch zum Entwurf *Frind*, ZInsO 2014, 927.
46 Dazu kritisch *Verhoeven*, ZInsO 2014, 217, 218 f.
47 Zu diesem Problem *Frind*, ZInsO 2014. 927, 931 ff.
48 BT-Drucks. 18/407, 30.
49 *Lissner*, DZWIR 2014, 59, 63.

nennenswerten Teilen aus Ansprüchen der Konzernunternehmen untereinander bestehen, wird daher die Bestellung einer einzelnen Person regelmäßig ausscheiden.[50]

11.33 Bei der Auswahl des Gruppen-Verwalters hat der **vorläufige Gläubigerausschuss** das in § 56a InsO bezeichnete Anforderungsdefinitions- und Vorschlagsrecht. Soweit es hierbei zwischen den Ausschüssen in den Verfahren unterschiedlicher gruppenangehöriger Schuldner zu **Kollisionen** kommen kann, sieht § 56b Abs. 2 InsO-E eine gerichtliche Abweichungsbefugnis vor: Danach kann das Gericht von einem Vorschlag abweichen, wenn ein anderer Ausschuss einen Kandidaten einstimmig vorschlägt, der sich für eine Tätigkeit als Gruppen-Verwalter eignet. Damit erlangt das Gericht die **Flexibilität** zur Auswahl desjenigen Verwalters, der für das Gesamtverfahren am besten geeignet ist.[51]

11.34 Bleibt es beim gesetzlichen Regelfall **unterschiedlicher Verwalter** für gruppenangehörige Schuldner, sind diese gem. § 269a InsO-E zur **Koordination** verpflichtet. Sie haben gegenseitig auf Nachfrage, § 269a Satz 2 InsO-E, Informationen auszutauschen und zusammenzuarbeiten, soweit hierdurch nicht die Interessen von Beteiligten ihres Verfahrens beeinträchtig werden. Dies normiert eine Zusammenarbeit, die praktisch ohnehin in derartigen Verfahren die Regel ist.[52] In der Eigenverwaltung trifft diese Koordinationspflicht gem. § 270d InsO-E nicht den Sachwalter, sondern den Schuldner.

11.35 c) **Koordinationsverfahren.** Findet keine Vereinheitlichung der Verfahrensabwicklung mittels eines Gruppen-Verwalters statt, kann die verfahrensübergreifende Koordination durch die Bestellung eines **Koordinationsverwalters** gem. § 269e InsO-E sichergestellt werden. Dabei handelt es sich um eine im Regelfall („soll") von den Verwaltern oder Sachwaltern unabhängige Person, die für eine **abgestimmte Abwicklung der Verfahren** zu sorgen hat, § 269f Abs. 1 InsO-E. Die (vorläufigen) Verwalter und Sachwalter sind gem. § 269f Abs. 2 InsO-E zur Zusammenarbeit mit ihm verpflichtet.

11.36 Die Durchführung dieser Koordination soll nach der Vorstellung des Gesetzgebers mithilfe eines **Koordinationsplanes** geschehen. Diese grundsätzliche Konzeption greift Vorschläge auf, nach denen das Insolvenzplanverfahren zur Durchführung einer konzerneinheitlichen Sanierung geeignet sei.[53] Der Koordinationsplan wird grundsätzlich vom Koordinationsverwalter erstellt, § 269h Abs. 1 InsO-E und vom Gericht vorbehaltlich einer § 231 Abs. 1 Satz 1 Nr. 1 InsO nachgebildeten Prüfung gem. § 269h Abs. 1 Satz 2, 3 InsO-E bestätigt. Hierzu ist die Zustimmung eines gem. § 269c InsO-E zu bildenden Gruppen-Gläubigerausschusses erforderlich.

11.37 Nach der gesetzlichen Konzeption hat ein solcher **Plan** begrenzte Wirkung. Er kann zwar **Maßnahmen** zur Verfahrensabwicklung aufzeigen, diese aber **nicht verbindlich vorgeben**. Wie § 269i Abs. 2 InsO-E zeigt, wird er erst auf Beschluss einer Gläubigerversammlung für den jeweiligen Verwalter zwingende Grundlage für einen in diesem Verfahren aufzustellenden Insolvenzplan. Er **koordiniert** also lediglich das den Gläubigern zustehende, inhaltlich bestimmbare **Auftragsrecht** gem. § 218 Abs. 2 InsO. Eigene Gestaltungswirkung kann er mangels eigenem gestaltendem Planteil nicht entfalten.[54] Denkbar ist aber, dass ein Nichtbefolgen des Plans durch den jeweils gem. § 269f Abs. 2 InsO-E

---

50 So zutr. *Wimmer*, jurisPR-InsR 20/2013 Anm. 1.
51 *Wimmer*, jurisPR-InsR 20/2013 Anm. 1.
52 *Frind*, ZInsO 2014, 927, 930.
53 Vgl. *Ehricke*, ZInsO 2002, 393 ff.; MünchKomm-*Eidenmüller*, InsO, Vor §§ 217–269 Rn. 37 ff.
54 *Verhoeven*, ZInsO 2014, 217, 221.

zur Koordination verpflichteten Verwalter auch ohne konkreten Gläubigerauftrag eine insolvenzspezifische Pflichtverletzung gem. § 60 InsO darstellt.[55]

3. Europäische grenzüberschreitende Insolvenzverfahren nach der EuInsVO

11.38 a) Bisheriger Rechtszustand. Gem. Art. 3 Abs. 1 Satz 1 EuInsVO sind bei einem europäisch grenzüberschreitenden Insolvenzverfahren die Gerichte des Mitgliedsstaats der EU zur Eröffnung des sog. **Hauptinsolvenzverfahrens** zuständig, in dessen Gebiet der Schuldner den **Mittelpunkt seiner hauptsächlichen Interessen** hat. Der Mittelpunkt des hauptsächlichen Interesses ermittelt sich nach wirtschaftlichen Gesichtspunkten[56]. Maßgeblich ist insoweit der effektive Verwaltungssitz, nicht der satzungsmäßige Sitz, der allerdings nach Art. 3 Abs. 1 Satz 2 EuInsVO[57] als Interessensmittelpunkt vermutet wird.

11.39 Nach Art. 3 Abs. 2 EuInsVO können die Gerichte eines anderen Mitgliedsstaats, in dessen Gebiet sich eine Niederlassung des Schuldners befindet, ein auf das Gebiet ihres Staats beschränkt wirkendes sog. **Sekundärinsolvenzverfahren** nach Eröffnung des Hauptinsolvenzverfahrens bzw. davor unter den weiteren Voraussetzungen des Art. 3 Abs. 4 EuInsVO[58] als sog. **Partikularinsolvenzverfahren** eröffnen. Unter der Niederlassung i. S. d. Art. 2h), 3 Abs. 2 EuInsVO[59] ist allerdings nur ein rechtlich unselbstständiger Stützpunkt des Schuldners, nicht hingegen ein zwar „konzernmäßig" beherrschtes, rechtlich aber selbstständiges (Tochter-) Unternehmen zu verstehen.

11.40 Eine Auslegung der vorwiegend kollisionsrechtlich geformten EuInsVO, nach der bei Konzerninsolvenzen über die abhängigen, aber rechtlich selbstständigen Rechtsträger Sekundärinsolvenzverfahren eröffnet werden könnten, so dass zwischen den Verwaltern von Haupt- und Sekundärinsolvenzverfahren die weitreichenden **Kooperations- und Koordinationspflichten** der Art. 27 ff. EuInsVO[60] bestünden, würde den gemeinschaftsrechtlichen Verhältnismäßigkeitsgrundsatz verletzen[61]. Die EuInsVO würde dann nicht mehr nur eine Vereinheitlichung des Kollisionsrechts der Mitgliedsstaaten bewirken, sondern die nationalen Insolvenzrechte sachlichrechtlich beeinflussen. Bei Eröffnung eines Sekundärinsolvenzverfahrens in Deutschland über ein rechtlich selbstständiges, aber „konzernmäßig" verbundenes Unternehmen würde der hiesige Insolvenzverwalter durch die Beschränkungen und Pflichten der Art. 31 ff. EuInsVO eingeschränkt werden, z. B. wäre er im Hinblick auf die Befugnis, Sanierungsmaßnahmen[62] zu ergreifen wegen Art. 34 EuInsVO beschränkt und dies, obwohl das deutsche InsO kein spezifisches Konzerninsolvenzrecht kennt.

11.41 Die EuInsVO soll sich ausweislich ihrer Begründung auf solche „Vorschriften beschränken, die die Zuständigkeit für die Eröffnung von Insolvenzverfahren und für Entscheidungen regeln, die unmittelbar aufgrund des Insolvenzverfahrens ergehen und in engem Zusammenhang damit stehen"[63]. Dieser vom euro-

---

55 *Frind*, ZInsO 2014, 927, 937; *Wimmer*, jurisPR-InsR 20/2013 Anm. 1.
56 *Leipold*, in: Stoll, 190; *Haß/Herweg* in: Haß/Huber/Gruber/Heiderhoff, EuInsVO, Art. 3 Rn. 9; Uhlenbruck-*Lüer*, InsO, Art. 3 EuInsVO Rn. 9; Gottwald-*Gottwald/Kolmann*, Insolvenzrechtshandbuch, § 130 Rn. 15; *Kindler*, in: Kindler/Nachmann, Handbuch Insolvenzrecht in Europa, § 2 Rn. 15.
57 *Leonhardt/Smid/Zeuner*, Internationales Insolvenzrecht, Art. 3 Rn. 9.
58 *Leonhardt/Smid/Zeuner*, Internationales Insolvenzrecht, Art. 3 Rn. 36.
59 *Leonhardt/Smid/Zeuner*, Internationales Insolvenzrecht, Art. 2 Rn. 24.
60 *Leonhardt/Smid/Zeuner*, Internationales Insolvenzrecht, Art. 2 Rn. 31 ff.
61 *Leonhardt/Smid/Zeuner*, Internationales Insolvenzrecht, Art. 2 Rn. 32.
62 *Smid/Rühle*, in: Knops/Bamberger/Maier-Reimer, Recht der Sanierungsfinanzierung, § 17 Rn. 33 ff.
63 Einleitende Gründe (6, 1) zur EuInsVO.

päischen Gesetzgeber intendierten **beschränkten Wirkung der Verordnung** läuft die Auslegung der EuInsVO in Richtung auf ein universelles Konzerninsolvenzrecht als nicht mit den Insolvenzordnungen aller Mitgliedsstaaten konformes Gemeinschaftsrecht zuwider. Die universelle Wirkung des Hauptinsolvenzverfahrens über das Vermögen der Konzernmutter erstreckt sich daher **nicht** auf das Vermögen von **rechtlich selbstständigen Tochterunternehmen**, über das auch kein entsprechendes Sekundärinsolvenzverfahren eröffnet werden darf. Vielmehr muss über das Vermögen eines „konzernmäßig" abhängigen Tochterunternehmens ein eigenes Hauptinsolvenzverfahren eröffnet werden.

11.42 Die lex fori concursus (Art. 4 Abs. 1 EuInsVO[64]) für dieses Verfahren bestimmt sich dann wieder nach Art. 3 Abs. 1 EuInsVO. Freilich kann es sein, dass der effektive Verwaltungssitz des abhängigen Unternehmensträgers mit dem der Konzernmutter zusammenfällt, da diese von ihrem Sitz aus alle strategischen und operativen Entscheidungen trifft. Trotz dieses möglichen Zusammenfallens der lex fori concursus in beiden **Verfahren** sind diese voneinander **rechtlich unabhängig**. Die Bestellung ein und derselben Person zum (Haupt-)Insolvenzverwalter im Insolvenzverfahren über das Vermögen der Konzernmutter und zum (Haupt)Insolvenzverwalter über das Vermögen der Konzerntochter ist insbesondere deshalb bedenklich, weil die Gläubiger der einzelnen Rechtssubjekte durchaus unterschiedliche Interessen, insbesondere im Hinblick auf die Verwertung der Masse im Verfahren über die Konzerntochter, haben können. Allerdings birgt das Fehlen einer positivrechtlichen Regelung über die einheitliche Behandlung von Konzerninsolvenzen auch Gefahren in sich, insbesondere wenn verschiedene Insolvenzordnungen parallel zur Anwendung kommen. Die von den Insolvenzverfahren Betroffenen, also etwa die Gesellschafter sowohl der konzernabhängigen Rechtsträger als auch die der herrschenden Gesellschaft sowie Konzerngläubiger könnten dann versuchen, Vermögensgegenstände bzw. Rechtsstreitigkeiten von einem Mitgliedsstaat in einen anderen zu verlagern, um auf diese Weise eine verbesserte Rechtsstellung zu erlangen (sog. „forum shopping"[65]). Zwecks Abwendung dieser Gefahren kann ein abgestimmtes Vorgehen der verschiedenen Insolvenzverwalter geboten sein, die überdies freilich nicht die Interessen „ihrer" Gläubiger vergessen dürfen.

11.43 b) De lege feranda. Mit dem **Vorschlag für eine Verordnung des Europäischen Parlaments und des Rates zur Änderung der Verordnung (EG) Nr. 1346/2000 des Rates über Insolvenzverfahren (2012/0360 (COD))** hat die Kommission u. a. Regelungen eines Konzerninsolvenzverfahrens vorgesehen, die weitgehend zu den deutschen Konzerninsolvenzregelungen parallel laufen. Vorgesehen ist eine **Koordinierung** von Insolvenzverfahren, an denen Mitglieder derselben Unternehmensgruppe beteiligt sind. Die an den einzelnen Hauptverfahren beteiligten Verwalter und Gerichte sollen verpflichtet werden, miteinander zusammenzuarbeiten und zu kommunizieren. Die Verwalter erhalten in solchen Verfahren darüber hinaus die Befugnis, eine Aussetzung der anderen Verfahren zu beantragen und einen **Sanierungsplan** für die Mitglieder der Unternehmensgruppe vorzuschlagen, gegen die ein Insolvenzverfahren eröffnet wurde. Daher soll Erwägungsgrund 6 der EuInsVO neu gefasst und in dessen Satz 2 die Formulierung aufgenommen werden, dass die EuInsVO „...auch die Koordinierung von Insolvenzverfahren regeln [soll], die sich gegen denselben Schuldner oder die

---

[64] *Smid*, Deutsches u. Europäisches Internationales Insolvenzrecht, Art. 4 Rn. 5 f.
[65] EuGH, Urt. v. 17.1.2006 – C-1/04 Susanne Staubitz-Schreiber; BGH, B. v. 27.11.2003 – IX ZB 418/02, NJW-RR 848; LG Kiel, B. v. 31.10.2011 – 13 T 138/11; NR-*Nerlich*, InsO, Art. 3 EuInsVO Rn. 43f.; *Schwemmer*, NZI 2009, 355; *Knof*, ZInsO 2007, 629; *Frind*, ZInsO 2008, 261; *Knof/Mock*, ZInsO 2008, 253.

sich gegen Mitglieder derselben Unternehmensgruppe richten". Die Definition des Begriffs „Unternehmensgruppe" sollte so verstanden werden, dass sie auf Insolvenzvorgänge beschränkt ist; gesellschaftsrechtliche Aspekte von Unternehmensgruppen bleiben hiervon unberührt.[66]

---

[66] Erwägungsgrund 7.

Kapitel 12: Bildung von Abstimmungsgruppen im Insolvenzplan durch den Planinitiator

I. Überblick über die Funktion der Gruppenbildung

1. Vorbemerkung

12.1 Die Verabschiedung eines vorgelegten Planes geschieht durch Abstimmung nach Beteiligten*gruppen* (§ 243 InsO) und unterscheidet sich damit maßgeblich von den Regelungen des alten Konkurs- und Vergleichsrechts[1]. Die Gläubigerversammlung und ggf. die weiteren Beteiligten werden durch den Plan in einzelne Gruppen fraktioniert. Damit enthält das deutsche Recht eine ähnliche Regelung wie chapter 11 des US-amerikanischen bankruptcy code, welches ebenfalls die Abstimmung nach Maßgabe der Einteilung der Gläubiger in Gruppen (claim classification) vorsieht[2]. Mithin hängt die Form, in der über einen Plan abgestimmt wird, stark von der im noch nicht beschlossenen Plan getroffenen Gruppenaufteilung ab. Diese Möglichkeit, in das *Procedere* der Ausübung der Gläubigerautonomie einzugreifen, verleiht einer Planinitiative Gewicht und Durchschlagskraft. Sie gibt dem Planinitiator ein Mittel an die Hand, durch eine taktisch vorteilhafte Einteilung in Gruppen das Abstimmungsergebnis über den Plan zu beeinflussen. Ebenso dient sie dazu, eine Ungleichbehandlung der durch den Insolvenzplan in ihren Rechten betroffenen Beteiligten zu ermöglichen,[3] weil § 226 Abs. 1 InsO[4] lediglich eine Gleichbehandlung von Gläubigern gleicher Gruppenzuordnung fordert. Insofern trägt die Abstimmung in Gruppen der Heterogenität der (wirtschaftlichen) Interessen der Gläubiger Rechnung[5]. Freilich erwachsen daraus aber auch Missbrauchsmöglichkeiten durch die Bildung „planfeindlicher" Gruppen[6].

12.2 Für die Erfolgsaussichten eines Insolvenzplans sind neben Verhandlungsgeschick[7] vornehmlich zwei Faktoren relevant: Zum einen muss sich die Gruppenaufteilung an einer Mehrheitsfähigkeit orientieren und zugleich angesichts der nach § 231 Abs. 1 InsO vorgesehenen gerichtlichen Kontrolle den Rechtmäßigkeitsanforderungen des § 222 InsO entsprechen. Zum anderen muss die Aufteilung so beschaffen sein, dass eine in der Abstimmung gem. §§ 243 f. InsO nicht erfolgte Zustimmung einer Gruppe durch das Insolvenzgericht nach § 245 InsO ersetzt werden kann.

2. Funktion der Gruppenbildung

12.3 Die Unterscheidung der Beteiligten in Gruppen ermöglicht es, **wirtschaftlich sinnvolle und nachvollziehbare Entscheidungen über den Insolvenzplan** herbeizuführen. Dies dient nach der Vorstellung des Gesetzgebers auch der Ermöglichung von Kontrolle durch das Insolvenzgericht. Das Gericht kann nämlich bei der Bestätigung des Plans die Ablehnung durch einzelne, aber auch durch

---

1 *K. Schmidt*, Gutachten zum 54. DJT, 1982, D 86.
2 Eingehend *Hänel*, Gläubigerautonomie und das Insolvenzplanverfahren, 130 ff.
3 Die Meinung von *Bilgery*, DZWIR 2001, 316, 318, wonach eine Ungleichbehandlung auch dann zur Ablehnung der Bestätigung des Planes führen müsste, wenn Gläubiger verschiedener Gruppenzugehörigkeit, aber gleicher Rechtsstellung (z. B. nicht nachrangige Insolvenzgläubiger) ungleich behandelt werden, findet im Gesetz keine Grundlage; sie ist deshalb nicht wirklich überzeugend, weil die durch den Planinitiator vorgenommene Differenzierung sachgerecht sein muss. Das kann z. B. in einer Ungleichbehandlung von Insolvenzforderungen aus gegen den Schuldner gezogenen Bürgschaften gegenüber Insolvenzforderungen aus Werklohnforderungen und dergleichen mehr der Fall sein, weil die vorkonkurslich von den Insolvenzgläubigern zur Masse gebrachten „Opfer" sich unterscheiden.
4 Leonhardt/Smid/Zeuner-*Smid*, InsO, § 226 Rn. 2.
5 Amtl. Begr. RegEInsO, BT-Drs. 12/2443, 199 (zu § 265).
6 *Braun/Uhlenbruck*, Unternehmensinsolvenz, 602; LG Neuruppin NZI 2013, 646 m. Anm. *Lojowsky* und *Frind*, EWiR 2013, 661.
7 *Braun/Uhlenbruck*, Unternehmensinsolvenz, 597.

eine Mehrheit von Gläubigergruppen gem. § 245 InsO als „obstruktiv" und damit unbeachtlich bewerten[8]. Aufgrund dieses sog. „Obstruktionsverbots" ist es möglich, einen wirtschaftlich sinnvoll erscheinenden Plan gegen eine Mehrheit dissentierender Beteiligter in Kraft zu setzen, sofern nur *eine* Beteiligtengruppe dem Plan zugestimmt hat. Dies wird im Folgenden noch näher zu erläutern sein.

II. Definition der Beteiligtengruppen durch den Schuldner und gerichtliche Kontrolle gem. § 231 InsO

Das Planinitiativrecht gem. § 218 InsO steht, wie in Kapitel 3 gezeigt, dem Insolvenzschuldner sowie dem Insolvenzverwalter zu[9]. Während das Initiativrecht des Insolvenzverwalters in die Gläubigerselbstverwaltung eingebunden ist (arg. § 157 InsO), hat der Gesetzgeber dem *Insolvenzschuldner* mit der Befugnis zur Planinitiative ein Mittel an die Hand gegeben, **erheblichen Einfluss auf den Gang des Verfahrens** zu nehmen[10]. Hierfür ist, wie gezeigt (Rn. 12.2 f.), die Aufteilung der Gläubigergemeinschaft ein entscheidendes Kriterium. Die Abstimmung nach den durch den Plan gebildeten Gruppen setzt allerdings voraus, dass der Schuldner die materiell-rechtlichen Vorgaben des § 222 InsO zur Gruppenbildung einhält. Soweit dies nicht der Fall ist, wird der Planentwurf durch das Insolvenzgericht gem. § 231 Abs. 1 InsO vorab zurückgewiesen. Die einerseits durch das Initiativrecht gestärkte Autonomie des Schuldners wird daher andererseits durch inhaltliche Vorgaben und ihre gerichtliche Kontrolle beschränkt. Hinsichtlich dieser Autonomiebeschränkung übernimmt das Insolvenzgericht dabei eine Funktion, die vormals[11] vornehmste Aufgabe des Insolvenzverwalters war[12]. Die im Initiativrecht zum Ausdruck kommende Stärkung der Schuldnerautonomie findet sich im Übrigen auch im Modell der Eigenverwaltung, welches in den §§ 270 ff. InsO verwirklicht ist.

12.4

Die Zurückweisung des Plans hat gem. § 231 Abs. 1 Nr. 1 InsO zu erfolgen, wenn die Vorschriften über den Inhalt des Plans nicht beachtet worden sind. Hierzu gehört § 222 InsO. Die Gruppenbildung und die Entscheidung nach § 231 InsO bedingen damit das **Schicksal des Insolvenzverfahrens**[13]. Denn dabei zeigt sich, ob es dem einen Planentwurf vorlegenden Schuldner möglich ist, die gem. § 1 Satz 1 InsO vorgesehene gleichmäßige Befriedigung der Gläubiger[14] im Insolvenzplanverfahren außer Kraft zu setzen. Auf Verfahren und Maßstab der gerichtlichen Entscheidung wird in Kapitel 14 näher einzugehen sein. Im Folgenden sind indes die materiell-rechtlichen Maßstäbe zu erörtern, die der Planinitiator bei der Gruppenbildung anzulegen hat.

12.5

---

8 Zu den verfahrenstechnischen Problemen der Umsetzung des „Obstruktionsverbots" und der Notwendigkeit seiner einschränkenden Auslegung vgl. *Smid*, FS Pawlowski, 387 ff.
9 Hierzu *Smid*, WM 1996, 1249 ff.
10 Dies entspricht der Regelung des 11 USC § 1121 (a), näher *Smid*, WM 1996, 1249, 1251; *Kemper*, Die US-amerikanischen Erfahrungen mit „Chapter 11", 137, 153.
11 Zum Vergleichsverfahren eingehend *Papke*, FS Knorr, 1968, 1; *Berges*, KTS 1955, 2; *Berges*, KTS 1956, 113; *Berges*, KTS 1957, 183; die Stellung des Verwalters im Insolvenzverfahren stellt sich gegenüber dem überkommenen Vergleichs- und Konkursrecht durchaus differenziert dar, vgl. *Smid*, in: *Weisemann/Smid*, Handbuch Unternehmensinsolvenz, § 3.
12 Eingehend dazu *Rattunde*, in: Smid, GesO, § 8 Rn. 5 ff., 18 ff.
13 Vgl. z. B. die Entscheidung LG Neuruppin NZI 2013, 646 m. Anm. *Lojowsky* und *Frind*, EWiR 2013, 661.
14 *Gerhardt*, in: Leipold, Insolvenzrecht im Umbruch, 1 ff.

III. Maßstäbe der Gruppenbildung

Gruppen im Insolvenzplan	
Gesetzliche Gruppen, § 222 I 2 InsO	**Gruppen gleicher Rechtsstellung,** § 222 II InsO
– Absonderungsberechtigte Gläubiger – Nicht-nachrangige Gläubiger – Arbeitnehmer bei nicht unerheblichen Insolvenzforderungen, § 222 III InsO – PSV, § 9 IV 1 BetrAVG – Kleingläubiger, § 222 III 2 InsO – Gesellschafter – Nachrangige Gläubiger	– Gleichartige wirtschaftliche Interessen, § 222 II 1 InsO – Sachgerechte Abgrenzung, § 222 II 2 InsO – Aufteilungsstrategie – Abstimmungsreihenfolge – „Gemischte" Gruppen? – Nachranggläubiger, § 222 I 3, 225 I InsO – Nichterscheinen? § 246 Nr. 3

12.6 Gemäß § 222 Abs. 1 Satz 1 InsO müssen die Beteiligten in Gruppen[15] eingeteilt werden. Hierfür kennt die Norm einerseits **zwingend vorgesehene „gesetzliche"** (Abs. 1 Satz 2) und andererseits **fakultative Gruppen** (Abs. 2). Die gesetzlichen Beteiligtengruppen umfassen die absonderungsberechtigten Gläubiger, in deren Rechte durch den Plan eingegriffen wird (Nr. 1), die nicht nachrangigen Insolvenzgläubiger (Nr. 2), einzelne Rangklassen nachrangiger Insolvenzgläubiger, deren Forderungen nicht nach § 225 InsO als erlassen gelten sollen (Nr. 3), die Gruppe der Anteilseigner, in deren Rechte eingegriffen wird (Nr. 4) und – vorbehaltlich besonderer Umstände, welche ihr Außerachtlassen erlauben (arg. § 222 Abs. 3 Satz 1 InsO: „soll")[16] – auch die der Arbeitnehmer, wenn sie mit nicht unerheblichen Forderungen beteiligt sind.

1. Absonderungsberechtigte Gläubiger (Nr. 1)

12.7 Absonderungsrechte stehen gem. §§ 50 f. InsO insbesondere jenen Gläubigern zu, die an konkreten Gegenständen aus der Insolvenzmasse **Pfand- oder Eigentumsrechte** haben. Hierbei spielen im Geschäftsverkehr übliche Sicherungsübereignungen oder Sicherungszessionen ebenso eine Rolle wie Grundschulden, Vermieter- und Werkunternehmerpfandrechte[17]. Soweit solche Rechte bestehen, sind Gläubiger bevorzugt zu befriedigen, denn derartige Sicherungen müssen sich „auch und insbesondere in der Insolvenz des Schuldners bewähren"[18].

12.8 Aus diesem Grund werden Absonderungsrechte durch einen Insolvenzplan nicht berührt, soweit dieser keine abweichenden Regelungen trifft (§ 223 Abs. 1 Satz 1 InsO). Enthält der Plan indes **Eingriffe in die Rechte** absonderungsberechtigter Gläubiger, so ist gem. § 222 Abs. 1 Satz 2 Nr. 1 InsO für diese zwingend eine eigene Gruppe zu bilden. Wann ein solcher Rechtseingriff vorliegt, beantwortet § 223 Abs. 2 InsO insofern, als dies bei Stundung oder Kürzung der Fall ist. Man mag jedoch erwägen, aus dem offenen Wortlaut des § 223 Abs. 1 Satz 1 InsO („berührt") schließen, dass auch **mittelbare Eingriffe** erfasst werden. Insofern würde der Zwang zur Gruppenbildung auch dadurch ausgelöst, dass die mit dem Absonderungsrecht gesicherte Forderung selbst durch den Insolvenzplan geändert wird und das Recht durch gesetzliche Akzessorietät (§§ 1137, 1163, 1211, 1252 BGB) oder Sicherungsvertrag in seinem Bestand oder seiner Ausübung beeinträchtigt wird[19]. Freilich berücksichtigt eine solche Überlegung nicht hinreichend, dass die Forderung durch Kürzung

---

15 *Bork*, Einführung in das neue Insolvenzrecht, Rn. 321; *Hess/Pape*, InsO und EGInsO, Rn. 799.
16 NR-*Braun*, InsO, § 222 Rn. 8; enger *Rendels/Zabel*, Insolvenzplan, Rn. 211.
17 Weitere Bsp. bei Borchardt/Frind/*Rattunde*, Betriebsfortführung im Insolvenzverfahren, Rn. 2646.
18 MünchKomm-*Ganter*, InsO, § 50 Rn. 3.
19 MünchKomm-*Eidenmüller*, InsO, § 222 Rn. 53; Andres/Leithaus-*Andres*, InsO, § 222 Rn. 3; HK-*Haas*, InsO, § 222 Rn. 7; *Rendels/Zabel*, Insolvenzplan, Rn. 197 f.

im Insolvenzplan insofern in eine Naturalobligation umgewandelt wird[20], auf welche sich das Sicherungsrecht weiterhin bezieht. Man wird deswegen aus dem Bezug des § 223 Abs. 1 Satz 1 InsO auf das „Recht" – und eben nicht zugleich auf die Forderung – schließen müssen, dass nur unmittelbare Rechtseingriffe erfasst sind.

Aus diesem Bezug auf das Absonderungsrecht selbst folgt zugleich, dass Gläubiger nur insoweit in die Gruppe aufzunehmen sind, als ihnen Absonderungsrechte zustehen. Es muss also ermittelt werden, inwieweit das Absonderungsrecht eine Forderung sichert und inwieweit nicht. Im Falle eines Überschusses der Forderung über das Sicherungsrecht ist der überschießende Teil nicht in die Gruppe der Absonderungsberechtigten aufzunehmen[21]. Denn insofern sind nach der Rspr. des BGH sog. **Mischgruppen** zwischen gesicherten und ungesicherten Forderungen unzulässig[22], woran man allerdings in Fällen fehlender Bevorzugung gesicherter gegenüber ungesicherter Gläubiger in einer solchen Mischgruppe zweifeln mag[23]. Zur Frage, wie der nominell durch das Absonderungsrecht gesicherte Teil der persönlichen Forderung einzugruppieren ist, vgl. Rn. 12.11 f.

12.9

Die Regelung des § 222 Abs. 1 Satz 2 Nr. 1 InsO scheint zunächst für **unterschiedliche Interessenlagen** verschiedener Absonderungsberechtigter blind zu sein: So mag etwa einem Lieferanten an einer Betriebsfortführung gelegen sein, während eine Bank einen möglichst hohen Verwertungserlös anstrebt[24]. Diesen Differenzen kann jedoch über eine Unterteilung in **mehrere Gruppen Absonderungsberechtigter** Rechnung getragen werden. Denn insoweit gestattet § 222 Abs. 2 Satz 1 InsO bei Beteiligten gleicher Rechtsstellung eine sachgerechte weitere Aufteilung nach gleichartigen wirtschaftlichen Interessen (Rn. 12.27 ff.), also auch unterschiedliche Gruppen Absonderungsberechtigter[25]. Insofern ist im Plan darzulegen und zu begründen (§ 222 Abs. 2 Satz 3 InsO), warum eine Bildung mehrerer Gruppen sachgerecht (§ 222 Abs. 2 Satz 2 InsO) ist.

12.10

2. Nicht nachrangige Gläubiger (Nr. 2)

Gemäß § 222 Abs. 1 Satz 2 Nr. 2 InsO ist für die **Insolvenzgläubiger nach § 38 InsO** eine eigene Gruppe zu bilden. Zu diesen werden gem. § 210a Nr. 1 InsO auch Massegläubiger in masseunzulänglichen Insolvenzplanverfahren; in diesem Falle steigen nicht-nachrangige Insolvenzgläubiger in die Gruppe der Nachranggläubiger ab (§ 210a Nr. 2 InsO). Nach wie vor unklar ist indes die Beantwortung der Frage, wie mit Absonderungsberechtigten zu verfahren ist, die zugleich Inhaber der gesicherten persönlichen Forderung gegen den Schuldner sind. Soweit die Forderung den Betrag der Sicherheit übersteigt (Rn. 12.9) und sie nicht Nachrangforderung ist (Rn. 12.13), sind die Berechtigten unstreitig in die Gruppe der Insolvenzgläubiger einzuordnen[26]. Soweit die Forderung nominell durch ein **Absonderungsrecht** gesichert ist, sind freilich mehrere Varianten denkbar: Einerseits kann die Forderung vollumfänglich[27] oder mit ihrem mutmaßlichen Ausfallteil (§ 52 Abs. 2 InsO)[28] in der Gruppe der Insolvenzgläubiger erfasst werden, andererseits kann man § 222 Abs. 1 Satz 2 Nr. 1

12.11

---

20 BGH NZI 2013, 84, 84; BGH NZI 2011, 538, 539 m. w. N.; Gottwald-*Braun*, Insolvenzrechtshandbuch, § 69 Rn. 3 m. w. N.
21 Borchardt/Frind/*Rattunde*, Betriebsfortführung im Insolvenzverfahren, Rn. 2646.
22 BGH ZIP 2005, 1648 (Berlin Konsum).
23 *Smid*, NZI 2005, 296, 297.
24 Borchardt/Frind/*Rattunde*, Betriebsfortführung im Insolvenzverfahren, Rn. 2648.
25 Braun-*Braun/Frank*, InsO, § 222 Rn. 2; *Rendels/Zabel*, Insolvenzplan, Rn. 204.
26 Borchardt/Frind/*Rattunde*, Betriebsfortführung im Insolvenzverfahren, Rn. 2646, 2648.
27 MünchKomm-*Eidenmüller*, InsO, § 222 Rn. 57 ff.
28 Uhlenbruck-*Lüer*, InsO, § 222 Rn. 20 a. E.

InsO als Spezialvorschrift für eine Berücksichtigung über die Gruppe der Absonderungsberechtigten sehen[29].

12.12 Für eine volle Berücksichtigung auch des gesicherten Teils der Forderung in der Gruppe der Insolvenzgläubiger spricht indes schon der Textbefund der §§ 222 Abs. 1 Satz 2 Nr. 1, 223 Abs. 1, 2 InsO. Die fraglichen Normen beziehen sich auf „Rechte", in die eingegriffen wird und nicht zugleich auf die gesicherten Forderungen[30]. Dies begründet Zweifel, dass zugleich auch Forderungen mitgeregelt werden sollten, die vielmehr schon wegen § 52 Satz 1 InsO vom Wortlaut des § 222 Abs. 1 Satz 2 Nr. 2 InsO umfasst sind. Darüber hinaus zeigt § 52 Satz 2 InsO, dass in der Konstellation eines (teilweisen) Ausfalls bei der Verwertung der Sicherheit die Forderung jedenfalls in der Ausfallhöhe ebenfalls Berücksichtigung finden soll. Mindestens insofern fehlt es also an einer Rechtfertigung dafür, durch fehlende Berücksichtigung in der Gruppe der Insolvenzgläubiger faktisch einen Stimmrechtsausschluss der Forderungsinhaber zu bewirken. Dies ist aber aus Wertungsgründen auch darüber hinaus der Fall: Denn zum einen kann z. B. wegen der Rangstelle einer dinglichen Sicherheit sowie eines unklaren Wertes des Grundstückes die spätere Höhe eines Ausfalls im Vorfeld schwer bestimmbar sein. Zum anderen ist aufgrund der Überlegungen in Rn. 12.8 sowie bei nicht akzessorischen Sicherheiten die Gefahr eines völligen Stimmrechtsausschlusses abzuwenden: Ist der Gläubiger nämlich bei Kürzung lediglich der Forderung mangels „Berührung" seines Sicherungsrechtes nicht gem. § 222 Abs. 1 Satz 2 Nr. 1 InsO stimmberechtigt, so sollte er dies wenigstens als Forderungsinhaber in der Gruppe gem. § 222 Abs. 1 Satz 2 Nr. 2 InsO sein. Die Gefahr eines doppelten Stimmrechtes ist darüber hinaus auch wegen der §§ 237 Abs. 2, 238 Abs. 2 InsO gering und, soweit Forderung *und* Absonderungsrecht gekürzt werden, wegen der damit verbundenen Beeinträchtigung zweier selbständiger Rechte des Gläubigers hinzunehmen.

3. Nachrangige Gläubiger (Nr. 3)

12.13 Nachrangige Gläubiger sind solche, die Inhaber von **Forderungen nach § 39 InsO** sind. Sie umfassen unter anderem während des Verfahrens entstandene Zinsen, Kosten, Geldstrafen und Forderungen auf Rückgewähr von Gesellschafterdarlehen[31]. Soweit der Insolvenzplan keine abweichende Regelung trifft, gelten diese Forderungen als erlassen (§ 225 Abs. 1 InsO) und eine Gruppe muss nicht gebildet werden[32]. Sollen Nachrangforderungen hingegen wenigstens quotal bestehen bleiben, bedarf es einer Regelung im Plan und insofern zwingend der Bildung von Gruppen. Dabei muss, um der unterschiedlichen Rechtsstellung Rechnung zu tragen (§ 222 Abs. 1 Satz 1 InsO) sowie schon dem Wortlaut des § 222 Abs. 1 Satz 2 Nr. 3 InsO nach für jede der Rangklassen nachrangiger Gläubiger gem. § 39 InsO eine Gruppe gebildet werden[33].

12.14 Eine auch nur quotale Berücksichtigung von Nachrangforderungen im Plan ist indes riskant. Denn im Regelverfahren würden Nachranggläubiger für gewöhnlich auf ihre Forderungen keine Zahlung erlangen können. Damit wären bei Berücksichtigung im Insolvenzplan nicht nachrangige Gläubiger gem. § 245 Abs. 2 Nr. 2 InsO schlechter gestellt, was einer **Obstruktionsentscheidung** entgegen stünde[34]. Regelmäßig findet daher eine Beteiligung von Nachranggläubi-

---

29 *Smid/Rattunde/Martini*, Der Insolvenzplan, 3. Aufl., 2012, Rn. 9.13 ff. m. w. N.
30 MünchKomm-*Eidenmüller*, InsO, § 222 Rn. 58.
31 Weitere Bsp. bei Borchardt/Frind/*Rattunde*, Betriebsfortführung im Insolvenzverfahren, Rn. 2649.
32 MünchKomm-*Eidenmüller*, InsO, § 222 Rn. 62; *Horstkotte/Martini*, ZInsO 2012, 557, 573.
33 Uhlenbruck-*Lüer*, InsO, § 222 Rn. 22; HK-*Haas*, InsO, § 222 Rn. 9.
34 *Rendels/Zabel*, Insolvenzplan, Rn. 208.

gern am Verfahren nur deswegen statt, um die Erlassfiktion des § 225 Abs. 1 InsO zu erwirken[35]. Soweit sie bei der Abstimmung über den Plan fehlen, gilt ihre Zustimmung gemäß § 246 Nr. 2 InsO als erteilt.

4. Am Schuldner beteiligte Personen (Nr. 4)

12.15 Die mit dem ESUG eingeführte Regelung des § 225a InsO gestattet die **Änderung von Anteils- und Mitgliedschaftsrechten** (vgl. dazu oben Kapitel 9). Wie schon Absonderungsrechte, bleiben gemäß § 225a Abs. 1 InsO Anteils- und Mitgliedschaftsrechte unberührt, soweit der Plan keine abweichende Regelung trifft. Einer Aufnahme dieser Gruppe in den Plan bedarf es daher gemäß § 222 Abs. 1 Satz 2 Nr. 4 InsO nur, soweit die Rechte Regelungen erfahren sollen[36]. Nach § 225a Abs. 3 InsO sind dabei alle Regelungen erlaubt, die gesellschaftsrechtlich getroffen werden können, wie z. B. eine Übertragung von Anteilen, das Ausscheiden, Satzungsänderungen und Kapitalmaßnahmen wie etwa *Debt-Equity-Swaps* (§ 225a Abs. 2 InsO)[37]. Inwieweit bei der Zulässigkeit **spezifisch gesellschaftsrechtliche Beschränkungen**, z. B. durch Treuepflichten, von Relevanz sind ist umstritten (näher dazu oben Kapitel 9).

12.16 Einerseits erfolgt durch die §§ 225a, 222 Abs. 1 Satz 2 Nr. 4 InsO eine **Gleichstellung** der am Schuldner beteiligten Personen mit den sonstigen Gläubigern: Auch sie werden gem. § 238a InsO abstimmungsberechtigt und erhalten durch § 251 InsO Minderheitenschutz, welcher freilich wegen des dortigen Abs. 2 regelmäßig von geringer praktischer Bedeutung ist. Andererseits unterliegen sie einer Reihe von **Sondervorschriften**: So wird bei fehlender Anwesenheit im Abstimmungstermin ihre Zustimmung gem. § 246a InsO fingiert. Einer solchen Fiktion unterliegt darüber hinaus auch die Einhaltung der nach Gesellschaftsrecht erforderlichen Form- und Verfahrensvorschriften (wie z. B. die notarielle Beurkundung des Beschlusses einer Hauptversammlung), welche mit Rechtskraft der Bestätigung des Plans durch das Insolvenzgericht gem. § 254a Abs. 2 InsO als eingehalten bzw. bewirkt gelten.

12.17 Ebenso wie die Gläubiger müssen am Schuldner beteiligte Personen gemäß § 222 Abs. 2 InsO nicht zwangsläufig gleich behandelt werden. Soweit sie unterschiedliche wirtschaftliche Interessen verfolgen, ist eine sachgerechte Aufteilung in **mehrere Gruppen** möglich. Grundsätzlich sind die Interessen der Gesellschafter zwar insofern identisch, als sie auf Förderung des Gesellschaftszwecks gerichtet sind[38]. Schon § 222 Abs. 3 Satz 2 InsO geht aber davon aus, dass Interessen bei nur **geringfügig beteiligten Anteilseignern** abweichen können. Das sind dem Normtext zufolge solche, die mit weniger als einem Prozent oder weniger als 1.000 Euro am Haftkapital beteiligt sind. Doch auch darüber hinaus nahm der Gesetzgeber die Beteiligungsquote ausdrücklich als für den Einzelfall offen stehendes Differenzierungskriterium an[39]. Daher kann sich die Bildung einer solchen Gruppe etwa dann anbieten, wenn sich bei einer börsennotierten Aktiengesellschaft ein nennenswerter Teil von Anteilen in Streubesitz befindet. Indes scheiden solche Betrachtungen bei Rechtsträgern aus, die keine Hauptanteilseigner kennen, wie z. B. die eingetragene Genossenschaft oder der eingetragene Verein: „Die Vorschrift gilt deshalb nur für Anteilsrechte, nicht jedoch für Mitgliedschaftsrechte"[40].

12.18 Allerdings können neben der Beteiligungsquote auch **sonstige wirtschaftliche Interessen** zulässige Differenzierungskriterien darstellen: So mag etwa bei einer

---

35 Borchardt/Frind/*Rattunde*, Betriebsfortführung im Insolvenzverfahren, Rn. 2649.
36 Borchardt/Frind/*Rattunde*, Betriebsfortführung im Insolvenzverfahren, Rn. 2652.
37 Borchardt/Frind/*Rattunde*, Betriebsfortführung im Insolvenzverfahren, Rn. 2653.
38 *Wertenbruch*, ZIP 2013, 1693, 1701.
39 BT-Drs. 17/5712, 31 (zu Nummer 16, zu Buchstabe c).
40 BT-Drs. 17/5712, 31 (zu Nummer 16, zu Buchstabe c).

Kapitalerhöhung nur für einen Teil der Gesellschafter ein Bezugsrecht vorgesehen sein, z.B. weil ein anderer Teil daran kein Interesse hat. Ebenso mag der Fall eintreten, dass nur ein Teil der Gesellschafter neue Einlagen übernehmen möchte, während ein anderer austreten will („Sanieren oder Ausscheiden")[41]. Auch in solchen Fällen kann sich eine Unterteilung in verschiedene Gruppen anbieten. Jedoch ist auch umgekehrt denkbar, dass die Einteilung in eine einzige Gruppe für die Annahme des Planes förderlicher wäre: Dies mag etwa der Fall sein, wenn eine plantragende Mehrheit in der Gruppe zu erwarten ist und deswegen eine Obstruktionsentscheidung überflüssig würde. Solche Überlegungen werfen die Frage nach rechtlichen Grenzen für die Gruppenbildung auf, welche bei Rn. 12.27 ff. noch zu untersuchen sein werden.

5. Arbeitnehmer (§ 222 Abs. 3 Satz 1 InsO)

12.19 Die Regelung über die Bildung einer eigenen Gruppe in § 222 Abs. 3 Satz 1 InsO soll der **besonderen Situation der Arbeitnehmer** Rechnung tragen. Soweit keine Sonderkonstellation vorliegt, ist (Wortlaut: „soll") für sie eine eigene Gruppe zu bilden[42], soweit Arbeitnehmern nicht unerhebliche Forderungen zustehen. Zwar werden ihre Entgeltforderungen zunächst durch das Insolvenzausfallgeld gedeckt[43]. Nicht hiervon erfasst sind jedoch etwa Rückstände auf Zeitkonten oder rückständige Urlaubsabgeltungsansprüche, soweit sie nicht auf die Bundesagentur für Arbeit übergehen[44]. Zudem bestehen Arbeitsverhältnisse regelmäßig über den Zeitpunkt der Eröffnung des Insolvenzverfahrens hinaus (§§ 113 ff. InsO), da häufig erst im Verfahren über den Erhalt der Arbeitsplätze entschieden werden kann.

12.20 Was „nicht unerheblich" im Sinne der Norm ist, kann sich nicht relativ zu der Summe der Gesamtforderungen im Verfahren bemessen. Dies würde den Schutzzweck der Vorschrift unterlaufen. Richtig ist deswegen, die Erheblichkeit subjektiv aus der Sicht der Arbeitnehmer zu bestimmen[45]: Sie liegt jedenfalls dann vor, wenn die Forderungen mehr als 10% des Jahreseinkommens ausmachen[46], kann aber, insbesondere bei Geringverdienern, auch schon darunter gegeben sein[47]. Selbst Forderungen noch unterhalb dieser Schwelle können – dann aber nicht gem. § 222 Abs. 3 Satz 1 InsO, sondern fakultativ gem. § 222 Abs. 2 InsO – mit Blick auf die Arbeitsplatzbezogenheit der Arbeitnehmerinteressen für die Bildung einer eigenen Gruppe sprechen[48].

6. Kleingläubiger (§ 222 Abs. 3 Satz 2 InsO)

12.21 Die Normierung des § 222 Abs. 3 Satz 2 InsO erlaubt es, für sog. „Kleingläubiger" eine eigene Gruppe zu bilden. Damit wollte der Gesetzgeber eine Differenzierung nach der Forderungshöhe gestatten, was er sonst mit Blick auf die „wirtschaftlichen Interessen" i.S.d. § 222 Abs. 2 InsO für zweifelhaft hielt[49]. Er ging davon aus, dass es „insbesondere" opportun sein könne, eine solche Gruppe voll zu befriedigen: Denn dadurch werde das Verfahren vereinfacht, weil es eine Abstimmung der Kleingläubiger über den Plan gem. § 237 Abs. 2 InsO überflüssig mache[50]. Demgemäß wird die Vorschrift bisweilen so verstanden, dass die Bildung einer Kleingläubigergruppe nur zulässig sei, soweit

---

41 Beide Beispiele von *Wertenbruch*, ZIP 2013, 1693, 1701; *K. Schmidt*, ZGR 2012, 566, 579.
42 MünchKomm-*Eidenmüller*, InsO, § 222 Rn. 122, 132.
43 *Obermüller/Hess*, InsO, Rn. 20, 591.
44 *Rendels/Zabel*, Insolvenzplan, Rn. 212.
45 NR-*Braun*, InsO, § 222 Rn. 93; MünchKomm-*Eidenmüller*, InsO, § 222 Rn. 119.
46 MünchKomm-*Eidenmüller*, InsO, § 222 Rn. 129.
47 NR-*Braun*, InsO, § 222 Rn. 93 Fn. 1.
48 Uhlenbruck-*Lüer*, InsO, § 222 Rn. 26 a. E.; NR-*Braun*, InsO, § 222 Rn. 94.
49 BT-Drs. 12/2443, 200.
50 BT-Drs. 12/2443, 200.

sie einer *vollständigen* Befriedigung ihrer Mitglieder diene[51]. Gesetzeswortlaut und die „insbesondere"-Aussage des Gesetzgebers geben hierfür jedoch keinen Anlass[52]. Ohnehin kann eine hohe Quote im Einzelfall bei erwartetem Widerstand anderer Gruppen im Plan problematisch sein, weil sie einer Obstruktionsentscheidung gem. § 245 Abs. 2 Nr. 3 InsO entgegen stünde[53].

Nach wie vor ungeklärt ist auch der vom Gesetzgeber nicht definierte **Begriff des Kleingläubigers**. Denkbar sind nämlich zwei Ansätze: Einerseits kann ein Gläubiger gemeint sein, der Inhaber von Forderungen geringer Höhe ist. Andererseits kann ein Gläubiger einer bestimmten Qualifikation darunter zu verstehen sein, wie etwa ein Kleingewerbetreibender. Angesichts der gesetzgeberischen Intention scheint es nahe zu liegen, zunächst an der Forderungshöhe anzuknüpfen[54]. Möchte man in der Rechtsordnung Wertgrenzen für eine *Bagatellforderung* ausmachen, mag man zunächst an die 600-Euro-Grenze in § 495a ZPO denken[55]. Indes trägt eine starre Grenze den unterschiedlichen Größenordnungen verschiedener Insolvenzverfahren nicht hinreichend Rechnung[56]. Es erschiene mit der vom Gesetzgeber angeführten Verfahrensvereinfachung kaum vereinbar, wollte man die Wertgrenze sowohl in einem Verfahren über das Vermögen einer natürlichen Person als auch in dem Verfahren über das Vermögen einer Bank identisch halten. Eine Wertgrenze wird sich daher einerseits an der Größe des Verfahrens zu orientieren haben, andererseits an der Vereinfachungsfunktion der Gruppenbildung.

12.22

Damit ist eine **weiche Grenzziehung** geboten. Zutreffend ist daher im Ansatz, die betragsmäßig untersten zehn Prozent der angemeldeten Forderungen in einer Gruppe zusammenzufassen[57]. Indes darf hierbei die **konkrete Gläubigerstruktur** nicht vernachlässigt werden. Der prozentuale Anteil kann im Einzelfall auch deutlich höher ausfallen, wenn innerhalb z. B. des Feldes der untersten 30 Prozent wirtschaftlich vergleichbare Verhältnisse herrschen. Dies mag etwa der Fall sein, weil die Gläubiger dieses Feldes weitgehend umsatzssteuerrechtlich als *Kleingewerbetreibende* zu beurteilen sind[58]. In jedem Fall ist entscheidend, ob nach einem wirtschaftlich homogenen Feld eine Zäsur gegenüber Großgläubigern folgt. Lässt sich eine solche jenseits der zehn Prozent nicht bestimmen, kann aber auch bei der eingangs benannten Grenzziehung stehen zu bleiben oder prozentual hinter ihr zurückzubleiben sein.

12.23

Wird keine Gruppe nach § 222 Abs. 3 Satz 2 InsO durch den Planentwurf vorgesehen, sind die betreffenden Gläubiger der Gruppe ungesicherter Insolvenzgläubiger gem. § 222 Abs. 1 Satz 2 Nr. 2 InsO zuzurechnen. Darüber hinaus gestattet § 222 Abs. 2 InsO eine Differenzierung der Kleingläubiger in **mehrere Gruppen**. Dabei ist allerdings eine Abgrenzung nur nach Forderungshöhe innerhalb der Gesamtgruppe der Kleingläubiger unzulässig: Der Gesetzgeber ging selbst davon aus, dass die Forderungshöhe nicht notwendig mit dem wirtschaftlichen Interesse i. S. d. § 222 Abs. 2 InsO identisch sei (Rn. 12.21). Demgemäß ist die Schaffung mehrerer Kleingläubigergruppen nach bloßen Beträgen (z. B. 0–1.000 Euro; 1.001–5.000 Euro; größer 5.000 Euro) rechtswidrig, soweit sie nicht im Einzelfall unterschiedlichen wirtschaftlichen Interessen der Beteiligten Rechnung trägt[59].

12.24

---

51 LG Neuruppin NZI 2013, 646; MünchKomm-*Eidenmüller*, InsO, § 222 Rn. 148.
52 Uhlenbruck-*Lüer*, InsO, § 222 Rn. 33.
53 *Rendels/Zabel*, Insolvenzplan, Rn. 216.
54 Vgl. nur *Hess/Obermüller*, InsO, Rn. 204; *Kaltmeyer*, ZInsO 1999, 255.
55 *Smid/Rattunde/Martini*, Der Insolvenzplan, 3. Aufl. 2012, Rn. 9.19.
56 In diese Richtung, mit unterschiedlicher Ausgestaltung im Detail, vgl. etwa Uhlenbruck-*Lüer*, InsO, § 222 Rn. 33; MünchKomm-*Eidenmüller*, InsO, § 222 Rn. 129.
57 Uhlenbruck-*Lüer*, InsO, § 222 Rn. 33.
58 Vgl. grundlegend *Smid/Rattunde/Martini*, Der Insolvenzplan, Rn. 9.19 m. w. N.
59 LG Neuruppin NZI 2013, 646 m. zust. Anm. *Lojowsky* und *Frind*, EWiR 2013, 661.

7. Weitere Gruppenbildung gem. § 222 Abs. 2 InsO

12.25 a) **Rechtmäßigkeitsmaßstab der Gruppenbildung.** Gemäß § 222 Abs. 2 InsO setzt eine rechtmäßige Gruppenbildung zweierlei voraus: Zum einen muss der Planinitiator die Gruppenbildung anhand „gleichartiger wirtschaftlicher Interessen" vollziehen (Satz 1), zum anderen muss er die Gruppen „sachgerecht voneinander abgrenzen" (Satz 2). Diese Kriterien bergen Probleme, wie im Folgenden zu zeigen sein wird. Daraus erklärt sich aber auch die Bedeutung, welche die in den Abs. 1 und 3 des § 222 InsO vorgesehenen Gruppen haben: Werden sie gebildet, ist dies risikolos, denn es bestehen dann regelmäßig **keine rechtlichen Bedenken** hinsichtlich der Gruppenaufteilung: Insoweit hat nämlich der Gesetzgeber gleichförmige wirtschaftliche Interessenlagen erfasst und typisiert[60] und auch für eine sachgerechte Abgrenzung gesorgt.

12.26 Problematisch ist dagegen die durch § 222 Abs. 2 InsO dem Planinitiator über die gesetzlichen Gruppen hinaus eingeräumte **Gestaltungsbefugnis**. Denn jeder dabei gemachte Fehler kann dazu führen, dass das Insolvenzgericht den Plan gem. § 231 InsO zurückweist. Dennoch besteht für den Planinitiator eine hohe Motivation zur weiteren Ausdifferenzierung von Gruppen: Dies ermöglicht es ihm schließlich, auf die unterschiedlichen wirtschaftlichen Interessen der Beteiligten Rücksicht zu nehmen und damit *sowohl* auf das Abstimmungsverhalten *als auch* auf eine etwaige Obstruktionsentscheidung Einfluss zu nehmen. Die Erfüllung der von § 222 Abs. 2 InsO genannten Kriterien führt den Planinitiator freilich in eine rechtsdogmatische Grauzone. Denn sowohl bei den „gleichartigen wirtschaftlichen Interessen" als auch bei der „sachgerechten Abgrenzung" handelt es sich um **unbestimmte Rechtsbegriffe**, die auch der Gesetzgeber im Gesetzgebungsverfahren lediglich beispielhaft, nicht aber definitorisch zu erläutern vermochte[61]. Die zur inhaltlichen Konkretisierung derselben verwandten Kriterien muss der Planinitiator gem. § 222 Abs. 2 Satz 3 InsO im Plan angeben, da sonst dem Insolvenzgericht die Grundlage für die nach § 231 InsO erforderliche Prüfung fehlen und es den Plan zurückweisen würde[62].

12.27 b) **Anwendung des Maßstabes.** Die Anforderungen des § 222 Abs. 2 InsO sind zu allgemein, um daraus für die Rechtsanwendung gut handhabbare Erkenntnisse ziehen zu können. Insbesondere zeigt die Anknüpfung an wirtschaftliche Interessen, dass es sich eben nicht um rechtliche Kriterien, sondern um ökonomische Aspekte handelt. Gleichwohl ergibt sich aus systematischer Sicht ein Bezug zur Regelung des § 226 Abs. 1, 2 Satz 1 InsO. Sind danach den Beteiligten innerhalb einer Gruppe grundsätzlich „gleiche Rechte anzubieten", lässt sich dies letztlich auf das Gleichbehandlungsgebot des Art. 3 Abs. 1 GG zurückführen[63]. Versteht man dergestalt die Pflicht zur **„sachgerechten"** Gruppenbildung als Ausprägung des Gleichbehandlungsgebotes[64], kann man an den Stand der Dogmatik zu Art. 3 Abs. 1 GG[65] anknüpfen und formulieren, die Differenzierung dürfe nicht willkürlich erfolgen: Sie benötigt vielmehr einen **sachlichen Grund**[66] und ist insofern auch durch das Insolvenzgericht kontrol-

---

60 So bereits Erster Bericht der Kommission für Insolvenzrecht, BMJ (Hrsg.), 1985, Leitsatz 2.2.16. (41) und dessen Begründung (183).
61 BT-Drs. 12/2443, 200.
62 Der dagegen von *Hess* und *Weis* (Anfechtungsrecht, 2. Aufl. 1999) vorgetragene Einwand, das Insolvenzgericht habe mit § 231 InsO eine Eilentscheidung zu treffen und daher den vorgelegten Plan nicht nach den in § 231 Abs. 1 InsO genannten Kriterien zu prüfen, geht daran vorbei, dass verfahrensrechtlich nur an dieser Stelle eine solche Prüfung zur Abwendung des zeit- und kostenintensiven Planverfahrens erfolgen kann.
63 Darauf ausdrücklich hinweisend MünchKomm-*Eidenmüller*, InsO, § 222 Rn. 34 f.
64 NR-*Braun*, InsO, § 222 Rn. 94.
65 BVerfGE 1, 14, 52; Maunz/Dürig-*Dürig/Scholz*, GG, Art. 3 Abs. 1 Rn. 266.
66 MünchKomm-*Eidenmüller*, InsO, § 222 Rn. 101.

lierbar. Mit dieser Aussage ist rechtsdogmatisch mehr gewonnen, als es zunächst den Anschein haben mag: Steht danach nämlich die sachgerechte Abgrenzung im Kontext der Gleichbehandlung wirtschaftlicher Interessen, kann z. B. eine Gruppierung *nur* anhand von Mehrheitskriterien, um die Planannahme sicherzustellen, nicht sachgerecht sein[67]. Da jedoch insgesamt im Rahmen sachlicher Gründe viele Anknüpfungspunkte denkbar sind, besteht ein gerichtlich nur eingeschränkt kontrollierbarer „weiter Handlungsspielraum für die Gruppierung"[68].

12.28 Dieser Befund zur Sachgerechtheit kann jedoch nur da anknüpfen, wo überhaupt „**gleichartige wirtschaftliche Interessen**" (§ 222 Abs. 2 Satz 1 InsO) vorliegen. Dies wird regelmäßig dort der Fall sein, wo **gleiche Rechte** betroffen sind, da gleiche Rechte gleiche Interessen schützen[69]: Anknüpfungspunkt ist daher die rechtliche Beschaffenheit der Forderungen oder Sicherheiten. Dies ist aber nur ein Aspekt, weil auch der **Typus des Rechtsinhabers** eine Rolle spielen kann[70]: Das zeigt sich etwa darin, dass regelmäßig bspw. Lieferanten Interesse an einem Fortbestehen des Betriebes haben, während Sicherungsgebern an einem möglichst hohen Verwertungserlös gelegen ist. Auch für derartige wirtschaftliche Interessen ist schon angesichts ihrer Schilderung durch den Gesetzgeber[71] Raum bei der Anwendung des § 222 Abs. 2 InsO.

12.29 Interessendivergenz kann auch rechtlich determiniert sein. So sieht etwa § 116 Nr. 3 GenG im Falle einer Genossenschaftsinsolvenz vor, dass den Interessen von Genossenschaftsmitgliedern und sonstigen Gläubigern durch unterschiedliche Gruppen Rechnung getragen werden kann. Auch § **9 Abs. 4 BetrAVG** statuiert, dass die Interessen eines Pensionssicherungsvereins durch die Zuweisung einer eigenen Gruppe berücksichtigt werden „sollen"[72]. Daneben sind **öffentlich-rechtliche** Gläubiger, anders als private Gläubiger, als staatliche Subjekte nicht Träger der Privatautonomie, sondern verfolgen ausschließlich die durch die Verfassung zugewiesenen Allgemeininteressen. Auf Ebene dieser Prämisse formuliert verfolgen sie daher stets andere wirtschaftliche Interessen als private Gläubiger. Indes ist die (voraussichtliche) **Werthaltigkeit** eines Rechts für die Frage nach dem durch das Recht geschützten Interesse irrelevant und mithin kein Kriterium für die Beurteilung der Gleichartigkeit der Interessen. Sie ist jedoch ein für die Unterscheidung im Rahmen der gesetzlichen Gruppe gem. § 222 Abs. 1 Satz 2 Nr. 1 InsO relevant.

12.30 c) „**Ein-Gläubiger-Gruppen**". Im US-amerikanischen Insolvenzverfahren kann jedem gesicherten Gläubiger wegen der Individualität des Rechtsgrundes seiner Forderung und des ihm sicherungsweise zugewiesenen Haftungsgegenstandes eine eigene Gruppe zuzuweisen sein. Dieser aktionenrechtliche Ansatz des nordamerikanischen Konkursprozesses ist aber ungeeignet, geht man vom deutschen modernen Insolvenzverfahren aus. Während eine starke Aufsplitterung in Gruppen im US-amerikanischen Recht der Rechtsdurchsetzung durch die einzelnen Gläubiger eher dienlich erscheint, würde sie im deutschen Insolvenzverfahren die Verwirklichung des Grundsatzes der Gläubigergleichbehandlung eher erschweren. Denn der Grundsatz *par conditio creditorum* erfordert verfahrensrechtlich die Bildung einer Gläubigergemeinschaft zwecks Bündelung der Exekution. Anders als im Prozess hat daher im Insolvenzplanverfahren deutscher Prägung aus guten Gründen die *Individualität* der Forderungen

---

[67] *Wertenbruch*, ZIP 2013, 1693, 1702 m. w. N.
[68] NR-*Braun*, InsO, § 222 Rn. 75.
[69] MünchKomm-*Eidenmüller*, InsO, § 222 Rn. 90.
[70] MünchKomm-*Eidenmüller*, InsO, § 222 Rn. 95.
[71] BT-Drs. 12/2443, 200.
[72] Zu den Problemen dieser Regelung vgl. ausführlich Borchardt/Frind/*Rattunde*, Betriebsfortführung im Insolvenzverfahren, Rn. 2651.

und Sicherheiten der Gläubiger außer Betracht zu bleiben; die im Hinblick auf die Selbstverwaltungskompetenzen der Gläubiger vorzunehmenden Abgrenzungen sind daher durch die Typen unterschiedlicher Stellung von Gläubigern im Insolvenzverfahren begrenzt. Zur Sachgerechtigkeit der Gruppenabgrenzung zählt also die Differenzierung zwischen den Insolvenzgläubigern, die das Gesetz selbst trifft und die in § 222 InsO zum Ausdruck gekommen ist.

12.31 Nicht nur in Fällen[73] „kleinerer" Verfahren (die Gastwirtschaft, der selbstständige Bauhandwerker) kann es vorkommen, dass **nur ein gesicherter Gläubiger** auftritt (im Beispiel des Bauhandwerkers etwa deshalb, weil dessen Kunden nach § 16 VOB-B durch Bürgschaften gesichert sind). In einer derartigen Konstellation *erzwingt* § 222 Abs. 1 Nr. 1 InsO nachgerade **die Bildung einer „Ein-Gläubiger-Gruppe".** Aber auch dort, wo mehrere absonderungsberechtigte Gläubiger auftreten, kann die Aufspaltung der gesetzlichen Gruppe der absonderungsberechtigten Gläubiger gem. § 222 Abs. 1 Nr. 1 InsO in „Ein-Gläubiger-Gruppen" i. S. v. § 222 Abs. 2 Satz 2 und 3 InsO „sachgerecht" sein. Es liegt auf der Hand, dass die kreditierende Bank und die Lieferanten oftmals nicht nur unterschiedliche wirtschaftliche Interessen im Verfahren verfolgen werden, sondern dann, wenn sie Sicherungen unterschiedlicher Art (z. B. Grundpfandrechte gem. § 49 InsO auf der einen, Sicherungseigentum bzw. erweiterten und verlängerten Eigentumsvorbehalt gem. § 51 Nr. 1 InsO auf der anderen Seite) halten, auch rechtlich im Hinblick auf die den ihnen begebenen Sicherheiten zugrunde liegenden Rechtsgründen unterschiedliche Stellungen einnehmen: All dies rechtfertigt im Allgemeinen die Gruppendifferenzierung nach § 222 Abs. 2, ohne dass diese sich als „manipulativ" darstellen würde.[74]

12.32 Auch wegen ungesicherten Gläubigern erscheint eine Ein-Gläubiger-Gruppe nicht schlechthin ausgeschlossen. Zum einen kann bspw. ein Verfahren denkbar sein, in dem nur ein einzelner einfacher Insolvenzgläubiger auftritt, der sodann eine Ein-Gläubiger-Gruppe nach § 222 Abs. 1 Nr. 2 InsO bilden würde. Praktisch näher liegend ist indes der Hinweis, dass der Gesetzgeber mit § 9 Abs. 4 Satz 1 BetrAVG[75] selbst eine Ein-Gläubiger-Gruppe vorgesehen hat (oben Rn. 8.32 ff., 12.30): Danach kann der (ungesicherte) Pensionssicherungsverein eine eigene Gruppe bilden[76]. Dies wird freilich nicht als Einbruchstelle für Ein-Gläubiger-Gruppen zu werten sein: Wären derartige Gruppenaufteilungen nach § 222 Abs. 2 InsO schon im Allgemeinen zulässig, wäre die Vorschrift des § 9 Abs. 4 Satz 1 BetrAVG rein deklaratorisch. Diese Annahme liegt jedoch angesichts des neuen, aufeinander abgestimmten Regelungs-Gesamtwerkes eher fern. Eher wird man den spezifisch insolvenzrechtlich-systematischen Sinn des § 9 Abs. 4 Satz 1 BetrAVG darin zu sehen haben, die Bildung der Ein-Gläubiger-Gruppe des Pensionssicherungsvereins zu erlauben, weil im Übrigen die Konstitution von Ein-Gläubiger-Gruppen nicht vorgesehen ist.

---

73 Die auch künftig die Vielzahl eröffneter Verfahren bilden werden, sofern nicht ohnedies Masseunzulänglichkeit vorliegt, vgl. *Smid*, WM 1998, 1313 ff.
74 *Hingerl*, ZInsO 2007, 1337–1341.
75 *Grub*, DZWIR 2000, 223, 227; *Smid*, Grundzüge des Insolvenzrechts, § 21 Rn. 22.
76 Das Gegenteil findet sich im US-amerikanischen Recht, vgl. *Smid/Rattunde*, Der Insolvenzplan, 1. Aufl. 1998, Rn. 473.

Kapitel 13: Rechtliche Folgerungen für die „taktische" Ausgestaltung des Insolvenzplans

I. Berücksichtigung des Gleichbehandlungsgebots, § 226 InsO

Mit dem Plan können die ihn annehmenden Beteiligten allgemeine Vorschriften des Insolvenzverfahrens, nicht aber die durch die Grundprinzipien des Insolvenzrechts konstituierten Grundstrukturen abbedingen. Kern des Insolvenzrechts ist aber die Gleichbehandlung der Insolvenzgläubiger – der Grundsatz *par conditio creditorum*. Die Vorschrift des § 226 InsO bindet das Insolvenzplanverfahren in diesen tragenden Grundsatz des Insolvenzrechts ein. Die Regelungen der Vorschrift dienen dazu, den insolvenzrechtlichen Gleichbehandlungsgrundsatz in den Kontext des Planverfahrens zu transformieren. Der Gesetzgeber hat dies so ausgedrückt;[1] „Wenn der Plan, wie es § 222 InsO vorschreibt, in jeder Gruppe Beteiligte mit gleicher Rechtsstellung und gleichartigen wirtschaftlichen Interessen zusammenfasse, habe jeder Beteiligte einen Anspruch darauf, mit den übrigen Beteiligten seiner Gruppe gleichbehandelt zu werden (Abs. 1)". § 226 Abs. 2 InsO stellt klar, dass Abweichungen vom Gleichbehandlungsgrundsatz mit Zustimmung der betroffenen Beteiligten zulässig sind. Abs. 3 erklärt Sonderabkommen, d. h. abweichende Vereinbarungen unter Verfahrensbeteiligten oder mit Dritten außerhalb des Insolvenzplanes für unzulässig.

13.1

Innerhalb jeder Gruppe des § 222 InsO müssen den Beteiligten durch den Plan gleiche Rechte angeboten werden. Für die Insolvenzgläubiger, § 38 InsO, die nach § 222 Abs. 1 Nr. 2 InsO eine eigene Gruppe bilden, bedeutet dies, dass der Grundsatz *par conditio creditorum* zu wahren ist. Gleiches gilt für die nachrangigen Gläubiger (§ 39 InsO). Schwierigkeiten löst der Gleichbehandlungsgrundsatz für die gesicherten – absonderungsberechtigten – Gläubiger deshalb aus, weil ihre Sicherheiten oftmals unterschiedlicher Art sind, was bereits in der möglichen Unterscheidung zwischen Lieferanten und Geldkreditgebern deutlich wird. Zwar sieht § 226 Abs. 2 InsO insofern Differenzierungsmöglichkeiten vor. Diese führen aber dazu, dass diese Gläubiger u. U. erheblichen Ungleichbehandlungen bei gleichen Rechten innerhalb ihrer jeweiligen Gruppen unterliegen. Dies gilt auch im Verhältnis zwischen Arbeitnehmern (§ 222 Abs. 3 Satz 1 InsO) und Kleingläubigern (§ 222 Abs. 3 Satz 2 InsO) auf der einen und den übrigen Insolvenzgläubigern auf der anderen Seite. Demgegenüber gewährleistet Abs. 1 **nicht die Gleichbehandlung der Gruppen untereinander.**

13.2

Nach § 226 Abs. 2 Satz 1 InsO ist eine Ungleichbehandlung der Angehörigen einer Gruppe insoweit **zulässig**, als diejenigen Gläubiger, die von der Ungleichbehandlung betroffen sind, der durch den Plan vorgesehenen Regelung zustimmen. Nach Ansicht des Gesetzgebers[2] wird im Interesse der Rechtsklarheit verlangt, dass in diesem Fall dem Plan die **Zustimmungserklärungen der Betroffenen dem Insolvenzplan als Anlagen** beigefügt werden. Allerdings beruht dies bereits darauf, dass der Gleichbehandlungsgrundsatz geltendes Schutzrecht jeden Gläubigers ist, in das durch den gestaltenden Teil des Plans nur dann eingegriffen werden darf, wenn eine entsprechende Willenserklärung des Betroffenen vorliegt. Als „betroffen" wird bei unterschiedlichen Leistungen innerhalb einer Gruppe im Grundsatz jeder Gruppenangehörige anzusehen sein; nur wenn einige Beteiligte eindeutig besser gestellt werden als andere, wird lediglich die Zustimmung der Benachteiligten zu verlangen sein.[3]

13.3

---

1 Amtl. Begr. zu § 269 RegEInsO, BT-Drs. 12/2443, 201.
2 Amtl. Begr. zu § 269 RegEInsO, BT-Drs. 12/2443, 201.
3 Vgl. *Kuhn/Uhlenbruck*, KO, § 181 Rn. 2.

II. Salvatorische Klauseln

1. Die Vorstellung des Gesetzgebers

13.4 Bereits der Gesetzgeber hat sich von der Überzeugung leiten lassen, die Planinitiatoren seien in der Lage, die dem Widerspruchsrecht nach § 251 InsO innewohnenden Gefahren entkräften zu können. In der Amtl. Begr. zu § 298 RegE[4] heißt es dazu, mit § 251 InsO sei „ein nicht immer leicht zu kalkulierendes Risiko für das Zustandekommen der einvernehmlichen Regelung verbunden". Es sei „möglich, dass ein Plan, der nach langwierigen Verhandlungen ausformuliert worden ist und anschließend die erforderlichen Zustimmungen der Mehrheiten in den Gläubigergruppen erhalten hat, dennoch nicht bestätigt wird, weil nach Auffassung des Gerichts die für einzelne widersprechende Beteiligte vorgesehenen Leistungen dem Mindeststandard nicht entsprechen. Dieses Risiko kann jedoch dadurch ausgeschlossen oder vermindert werden, dass im Plan zusätzliche Leistungen an solche Beteiligte vorgesehen werden, die dem Plan widersprechen und den Nachweis führen, dass sie ohne solche Zusatzleistungen durch den Plan schlechter gestellt werden als ohne einen Plan. Enthält der Plan eine solche Bestimmung, ist die Finanzierung der Leistungen gesichert und ist eindeutig, dass im Falle der zusätzlichen Leistungen der Mindeststandard erreicht wird, so soll nach der Überzeugung des Gesetzgebers der Minderheitenschutz der Bestätigung des Plans nicht entgegenstehen. Dadurch soll das Insolvenzverfahren von aufwändigen Feststellungen entlastet werden, wie die Amtliche Begründung fortfährt: „Ob die zusätzlichen Leistungen zu erbringen sind, kann dann außerhalb des Insolvenzverfahrens geklärt werden" – was seit langem in Teilen der Literatur wiederholt wird.

13.5 In der Literatur[5] ist das Modell salvatorischer Klauseln begrüßt worden. Der salvatorischen Klausel werden weitreichende Wirkungen zugesprochen. Sie sollen ein umfassend wirkendes Mittel gegen die Unbilligkeiten des Planes sein,[6] sie sollen die sofortige Beschwerde des Gläubigers ausschließen usf. Die systematische *Einordnung* salvatorischer Klauseln in das Instrumentarium des Insolvenzplans ist dabei indes verfehlt, ja weithin sogar ausgeblendet worden. Weder wurde bislang danach gefragt, ob salvatorische Klauseln im Hinblick auf *alle* am Insolvenzplanverfahren beteiligten Gläubiger in Betracht kommen noch in Frage gestellt, ob sich aus allgemeinen insolvenzrechtlichen Gesichtspunkten Schranken ergeben, die dem Einsatz salvatorischer Klauseln im Wege stehen.

13.6 Der Reformgesetzgeber und die zitierten Stimmen in der Lehre haben die Prämisse fraglos angenommen, dass salvatorische Klauseln ein rechtlich zulässiges Instrument seien, um Insolvenzpläne vor individuell zulässigem Widerspruch zu retten. Diese Prämisse ist bedenklich, wenn nicht gar falsch. Bevor dies (im Folgenden und unter Rn. 20.16 ff.) dargestellt wird, soll zunächst eine „immanente" Kritik an der Konzeption geübt werden, die dem Rettungsmodell „salvatorische Klauseln" zugrunde liegt. Wenn dem Gläubiger sein Widerspruch durch salvatorische Klauseln *im* Plan „abgekauft" werden soll, ist doch § 257 InsO zu beachten: Wie bereits dargestellt, fungiert der gestaltende Teil des Plans gem. § 257 Abs. 1 Satz 1 InsO in Verbindung mit dem Tabelleneintrag wegen der nicht bestrittenen Forderungen als *Titel*. Salvatorische Klauseln können überhaupt nur insoweit einen Sinn haben, wie es um die Berücksichtigung festgestellter Forderungen geht. Festgestellt werden die nach § 174 Abs. 1 InsO anzumeldenden persönlichen Forderungen der Insolvenzgläubiger. Nun sind absonderungsberechtigte Gläubiger – und nur aufgrund deren Beschneidung deren Forderungen sind sie im Insolvenzplan im Wesentlichen – nur wegen ihres Ausfalls nach § 52 InsO Insolvenzgläubiger. Soweit aber der Plan vermittels einer salvatorischen Klausel anstelle der dem Gläubiger zustehenden Sicherheiten Ausgleichszahlungen vorsieht, kann es sich nur um Verbindlichkeiten handeln, die gegen die Masse begründet werden – denn es liegt auf der Hand, dass es sich auch beim Insolvenzplan trotz der ihm vom Gesetzgeber zugeschriebenen Eigenschaften nicht um einen Vertrag zu Lasten Dritter handeln kann. Ob sich Dritte für die Einhal-

---

4 Amtl. Begr. zu § 298 RegEInsO, BT-Drs. 12/2443, 212.
5 *Eidenmüller*, Unternehmenssanierung zwischen Markt und Gesetz, 443 Fn. 374, 182 ff.
6 *Eidenmüller*, Unternehmenssanierung zwischen Markt und Gesetz, 183.

tung der Verpflichtungen verbürgen, kann insoweit dahingestellt bleiben. Damit haben die durch salvatorische Klauseln verbrieften Ansprüche keine andere Stellung als persönliche (Insolvenz-) Forderungen.

Der Gesetzgeber scheint dies anders zu sehen, wenn er von der Feststellung dieser Forderungen in „einem anderen Verfahren" spricht. Aber ist denn eine salvatorische Klausel zur Behebung der auftretenden Probleme geeignet, die eine Schlechterstellung des betroffenen Gläubigers entweder dem Grunde und der Höhe nach oder doch wenigstens allein der Höhe nach tatsächlich nur dadurch „beseitigt", dass man ihm das Risiko eines Prozesses nach Bestätigung und während laufender Exekution des Planes zumutet? Im Plan Leistungen festzustellen, ohne damit dem Berechtigten einen Titel zu verschaffen, stellt einen groben Systembruch dar. Wie im gesamten Gesetzgebungswerk der InsO kommt auch in der Vorschrift des § 251 InsO ein eigentümliches „Geben und Nehmen" durch den Reformgesetzgeber zum Ausdruck. Dies indes scheint der Gesetzgeber nicht so zu sehen. Damit spiegelt sich die Halbherzigkeit der Radikalität, die das gesamte Insolvenzplanprojekt durchzieht, in dem „Minderheitenschutz" des § 251 InsO: Für unverzichtbar gehalten wird er letztendlich dadurch desavouiert, dass der Rechtsschutz suchende Gläubiger auf das Abstellgleis eines kostenträchtigen Leistungsprozesses gegen den Schuldner geschoben wird.[7] **13.7**

Auch eine salvatorische Klausel wäre ein Element des gestaltenden Teils des Insolvenzplans und unterliegt mit ihm dem Angriff im Wege des Widerspruchs des Gläubigers nach § 251 InsO. Das Vorliegen einer salvatorischen Klausel enthebt das Insolvenzgericht der Nachprüfung, ob eine Schlechterstellung vorliegt oder nicht daher nur in dem Fall, in dem die Befriedigung der angemeldeten Forderung zu einhundert Prozent gesichert wird, was – wie sogleich zu zeigen sein wird – mit anderen Grundprinzipien des Insolvenzrechts ebenso schwer zu vereinbaren sein wird wie mit geltenden Rechtsnormen. Die Aufhebung der Universalexekution durch die Bestätigung des Insolvenzplans (§ 258 Abs. 1 InsO) mit der grundsätzlichen Restitution der Verwaltungs- und Verfügungsbefugnis des Schuldners (§ 259 Abs. 1 Satz 2 InsO) kann aber nicht anders als im überkommenen Recht nicht den Sinn haben, einen Gläubiger, dessen Rechte im Verfahren Einbußen erlitten haben, nach erfolgter Sanierung des Schuldners auf den ordentlichen Rechtsweg zu verweisen! **13.8**

2. „Abkauf" von Widersprüchen

Das dem § 251 unterlegte „Abkaufmodell" würde häufig dazu führen, dass der Insolvenzplan nicht realistisch finanzierbar ist. Das „Abkaufmodell" wird damit das Insolvenzgericht durchaus nicht in dem Umfang entlasten, der dem Gesetzgeber vorschwebt. Vielmehr hat das Insolvenzgericht im Zusammenhang seiner **Vorprüfung nach** § 231 Abs. 1 Nr. 3 InsO danach zu fragen, ob die in den salvatorischen Klauseln vorgesehenen Leistungen erfüllt werden können. Auch derjenige Gläubiger, dessen Widerspruch gem. § 251 durch eine salvatorische Klausel abgekauft werden soll, ist gem. §§ 237, 238 InsO stimmberechtigtes Mitglied einer Gruppe. Die salvatorische Klausel bewirkt daher m. a. W. nicht, dass die von den Regelungen des Insolvenzplans vorgesehene Behandlung des aus ihr berechtigten Gläubigers nicht unter das Gleichbehandlungsgebot des § 226 Abs. 1 InsO fällt. **13.9**

Salvatorische Klauseln sind entgegen einer früher in der Literatur geäußerten Vermutung freilich nur ein marginaler Anwendungsbereich der Bedingungsregeln des Insolvenzplanrechts. In den bislang bekannt gewordenen Fällen beziehen sich Bedingungen in einem Plan stets auf das Verhalten von Dritten, das nach der Verabschiedung des Insolvenzplans durch die betroffenen Gläubiger noch eingetreten sein muss, damit der Plan einer Bestätigung unterworfen werden kann. Folgende Beispiele sind in diesem Zusammenhang aufgetreten: Zulässige Bedingung eines Planes kann es sein, dass die Versammlung der Genossen einer e.G. die Fortsetzung der Genossenschaft gem. § 116 GenG beschließt. In einem anderen Fall (vgl. Anhang 1) war die Bedingung in den Plan aufge- **13.10**

---

7 So ohne weitere Überlegung *Eidenmüller*, Unternehmenssanierung zwischen Markt und Gesetz, 258.

nommen worden, dass in der Hauptversammlung der schuldnerischen AG nach Verabschiedung des Planes durch die Gläubiger eine Kapitalerhöhung beschlossen wurde. In beiden Fällen ist das gesellschaftsrechtliche Verhalten der „Eigentümer" des insolvenzschuldnerischen Unternehmens als Bedingung in den Insolvenzplan geschrieben worden, damit nicht das Verfahren nach Bestätigung des Insolvenzplans aufgehoben wird und dann seitens der wieder vollumfänglich in ihre Verwaltungs- und Verfügungsbefugnis gesetzten organschaftlichen Vertreter des insolvenzschuldnerischen Unternehmens anders verfahren wird, als vom Insolvenzplan vorausgesetzt. Häufig ist – aufgrund der Komplexität und des Zeitbedarfs der damit verbundenen Begutachtung – auch die Bedingung anzutreffen, dass der Plan die steuerlichen Folgen hat, die der Planersteller zur Sanierung des Schuldner erstrebt, insbesondere die Vermeidung einer vollständigen Besteuerung des Sanierungsgewinns (vgl. dazu Kapitel 5).

13.11 Im Insolvenzplan dürfen den Beteiligten einer Gruppe – also Beteiligten gleicher Rechtsstellung oder solchen Beteiligten, die sich in Rechtsstellung und in ihren wirtschaftlichen Interessen gleichen – keine ungleichen Bedingungen gewährt werden: § 226 Abs. 1 InsO bestimmt, dass innerhalb jeder Gruppe allen Beteiligten gleiche Rechte anzubieten sind. Hiervon lässt § 226 Abs. 2 InsO nur eine begrenzte Ausnahme zu. Eine Ungleichbehandlung ist nämlich nur unter der Voraussetzung zulässig, dass eine unterschiedliche Behandlung der Beteiligten einer Gruppe mit Zustimmung *aller betroffenen Beteiligten* erfolgt, wobei dem Insolvenzplan die zustimmende Erklärung eines jeden betroffenen Beteiligten beizufügen ist. Der Plan soll das allgemeine Insolvenzverfahren und damit seine durch das Insolvenzrecht gesetzte Ordnung abbedingen.[8] Kern des Insolvenzrechts ist aber die Gleichbehandlung der Insolvenzgläubiger – der Grundsatz *par conditio creditorum*. Die Vorschrift dient dazu, den insolvenzrechtlichen Gleichbehandlungsgrundsatz in das Planverfahren zu übertragen.

13.12 Ist es zwingend, dass der einzelne Gläubiger, dessen Widerspruch abgekauft werden soll, Mitglied einer Gruppe ist – das ergibt sich ohne weiteres aus den §§ 222, 243, 244 InsO –, ist die salvatorische Klausel nicht notwendig ausgeschlossen, weil damit eine gruppeninterne Ungleichbehandlung denknotwendig verwirklicht werden würde. Denn Ein-Gläubiger-Gruppen sind im Rahmen der durch § 222 InsO gezogenen Grenzen zulässig. Dem die „Ein-Gläubiger-Gruppe" konstituierenden Gläubiger könnte, ohne dass dies an § 226 Abs. 1 InsO scheitern müsste, im Rahmen einer salvatorischen Klausel vollständige Befriedigung zugesagt werden. Daran wird indes deutlich, wie gefährlich diese Technik ist: Sie fordert nachgerade den Widerspruch heraus, um in den Genuss des „Abkaufs" zu gelangen. Im Hinblick auf den gesicherten Gläubiger ist dies aber durchweg plausibel. Denn die salvatorische Klausel stellt sich dort gleichsam als eine Konsequenz aus Art. 14 Abs. 1 GG dar: Während durch den Plan in die Sicherheiten des Gläubigers eingegriffen werden darf (§§ 217, 223 Abs. 1 InsO) und der Dissens der betroffenen Gruppe der cram-down-procedure – dem Obstruktionsverbot – unterworfen sein kann, dient der Widerspruch des einzelnen Gläubigers dem Schutz seiner Sicherheit vor den durch den Plan vorgesehenen Rechtsgestaltungen. Die salvatorische Klausel bewirkt dann, dass der Gläubiger die aus seiner Sicherheit fließenden Befriedigungschancen nicht verliert. Das dabei zu beschreitende Verfahren ist zwar extrem kostspielig und zeitaufwändig, führt aber in seinem Ergebnis zu nichts anderem, als der aus dem überkommenen Zwangsvergleich bekannten Befriedigung der absonderungsberechtigten Gläubiger. Da regelmäßig gerade diese Gläubiger zur Finanzierung des Zwangsvergleichs – in neuer Diktion des Sanierungsplans – herangezogen werden müssen, bedeutet die Abkaufstrategie

---

8 *Smid*, ZInsO 1998, 347.

der salvatorischen Klausel schließlich nur, dass im Insolvenzplanverfahren ohne Zustimmung *jedes einzelnen* absonderungsberechtigten Gläubigers „nichts geht". Das übrigens ist nicht das Resultat einer wie auch immer motivierten Auslegung des Gesetzes, sondern Konsequenz der eigenen Prämissen des Reformgesetzgebers[9] und der ihm folgenden Literatur.[10]

3. Ausschluss von vorteilsgewährenden Vereinbarungen, § 226 Abs. 3 InsO

§ 226 Abs. 3 InsO bezieht sich auf § 226 Abs. 1 InsO: Die Gewährleistung der Gleichbehandlung innerhalb der Abstimmungsgruppen darf nicht durch solche Vereinbarungen unterlaufen werden, aufgrund derer einzelnen Beteiligten Vorteile gegenüber den anderen Beteiligten gewährt werden. Jede Art von Vereinbarung kann dies sein, so sie sich nur als kollusives Handeln gegen die Gleichbehandlung darstellt.[11] Ausgeschlossen sind daher insbesondere auf das Abstimmungsverhalten im Insolvenzplanverfahren, aber auch vor dem Insolvenzplanverfahren in der Gläubigerversammlung bezogene, mit einer Bevorzugung verknüpfte Stimmrechtsvereinbarungen. Ein sonstiger Zusammenhang mit dem Insolvenz- oder Insolvenzplanverfahren kann darin bestehen, dass der Beteiligte sich seinen Widerspruch gegen einen Planentwurf „abkaufen" lässt. Dabei ist freilich zu beachten, dass im Plan offen gelegte Klauseln bzw. Vermögenszuwendungen zulässig sein können.[12] Der versprochene Vorteil muss sich auf die Beteiligung an dem aus dem Verfahren für den Gläubiger bezogenen Erlös beziehen, den er unter Zurücksetzung anderer Gläubiger erhält. **Parteien der** vom Verbot des § 226 Abs. 3 InsO **erfassten Vereinbarungen** sind der verbots- und gleichheitswidrig bessergestellte Gläubiger einerseits und der Verwalter, Schuldner oder Dritte andererseits. Abs. 3 ordnet als **Rechtsfolge des Verstoßes** gegen das Verbot die Nichtigkeit der verbotswidrig geschlossenen Vereinbarung an.

13.13

Nach § 226 Abs. 3 InsO ist jedes Abkommen des Insolvenzverwalters, des Schuldners oder anderer Personen mit einzelnen Beteiligten, durch das diesen für ihr Verhalten bei Abstimmungen oder sonst im Zusammenhang mit dem Insolvenzverfahren ein nicht im Plan vorgesehener Vorteil gewährt wird, nichtig.[13] Der versprochene Vorteil muss sich auf die Beteiligung an dem aus dem Verfahren für den Gläubiger bezogenen Erlös beziehen, den er unter Zurücksetzung anderer Gläubiger erhält. Insoweit lässt sich aber bereits sagen, dass Abreden über die Gewährung von Vorteilen aufgrund salvatorischer Klauseln jedenfalls gefährlich sind, da sie zur Nichtigkeit der entsprechenden Regelungen führen und damit Annahme und Bestätigung des Insolvenzplans (vgl. § 250 InsO) in Frage stellen.

13.14

4. Pool dinglich berechtigter Gläubiger

Soweit die Absonderungsberechtigten oder einzelne Absonderungsberechtigte durch den Insolvenzplan in ihren Rechten gem. § 223 Abs. 2 betroffen werden, fallen alle Abreden über die Verteilung des Erlöses, der Aufteilung der Sicherheiten (der dinglichen Zuordnung zur sachenrechtlichen Konkretisierung) unter das Verbot des § 226 Abs. 3 InsO.[14] Es ist allerdings darauf aufmerksam zu machen, dass der Plan selbst als Regelung nach §§ 223 Abs. 2, 224 InsO vorsehen kann, dass die einfachen nicht nachrangigen Insolvenzgläubiger und die Absonderungsberechtigten außerhalb des Insolvenzplan mit Aussonderungsberechtigten aus den Erträgen einer Betriebsfortführung befriedigt werden, was insbesondere zur Vermeidung einer Zerschlagung des Betriebsvermögens der schuldnerischen Unternehmensträgerin geboten sein kann (vgl. oben

13.15

---

9 *Smid*, ZInsO 1998, 347.
10 *Smid*, ZInsO 1998, 347.
11 *Kilger/K. Schmidt*, VerglO, § 8 Anm. 4; *Kilger/K. Schmidt*, KO, § 181 Anm. 3.
12 Amtl. Begr. zu § 269 RegEInsO, BT-Drs. 12/2443, 201, 202.
13 *Smid*, ZInsO 1998, 347.
14 *Berner*, Sicherheitenpools der Lieferanten und Banken im Insolvenzverfahren, § 18 II.

Rn. 8.9 ff. zur Einbeziehung Aussonderungsberechtigter in das Insolvenzplankonzept).

13.16 Namentlich können etwa folgende Regelungen getroffen werden: Bestehen Aus- und Absonderungsrechte an Gegenständen, die zur Betriebsfortführung benötigt werden (Beispiel: Kranelemente, die zu von der schuldnerischen Gesellschaft vermieteten Kranen als nicht-wesentliche Bestandteile der Krane verschraubt sind), so kann der Plan diesbezüglich eine Regelung vorsehen. Nach dieser werden die nicht-nachrangigen, ungesicherten Insolvenzgläubiger, die Absonderungsberechtigten und die Aussonderungsberechtigten an den Erlösen der Betriebsfortführung zu einem bestimmten Anteil beteiligt. Dafür verzichten die Aussonderungsberechtigten auf Nutzungsentschädigung (§ 987 BGB) bzw. die Absonderungsberechtigten auf Wertverlusterstattungsansprüche gem. § 172 InsO und die ungesicherten nicht nachrangigen Insolvenzgläubiger (die Masse) auf Verfahrenskostenbeiträge.

III. Aufrechnungsbefugnis

13.17 Aufgrund der Regelung des § 94 InsO ist fraglich, ob **vorinsolvenzlich begründete Aufrechnungslagen** durch einen rechtskräftig bestätigten Plan berührt werden. Dies war bis zu einer Entscheidung durch den BGH Gegenstand bisweilen widersprüchlicher Urteile der Instanzgerichte.[15] Nach der auf den Wortlaut des § 94 InsO gestützten Rspr. des BGH[16] soll eine einmal entstandene Aufrechnungslage auch durch einen Erlass von Forderungen im Insolvenzplan nicht berührt werden. Denn insofern habe der Gesetzgeber den Gläubiger im Insolvenzplanverfahren nicht schlechter stellen wollen, als er nach früherem Recht stand, unter dem die §§ 54 f. KO die Aufrechnung trotz Abschluss eines Vergleiches zuließen.[17] Zur Kritik an dieser Überlegung vgl. unten Rn. 22.8 f.

---

15 Vgl. etwa einerseits OLG Celle, Urt. v. 13.11.2008, 16 U 63/08, NZI 2009, 59 und andererseits dasselbe Gericht im Urt. v. 23.12.2008, 14 U 108/08, NZI 2009, 183; zum Ganzen Dahl, NJW-Spezial 2009, 309 f.; Flöther/Wehner, ZInsO 2009, 503, 506; Joachim/Schwarz, ZInsO 2009, 408.
16 BGH NZI 2011, 538, 539 f.
17 BGH NZI 2011, 538, 539 f.; MünchKomm-*Brandes/Lohmann*, InsO, § 94 Rn. 7; NR-*Wittkowski/Kruth*, InsO, § 94 Rn. 27.

3. Hauptteil: Verfahren der Vorprüfung, Erörterung, Abstimmung und Bestätigung des Insolvenzplans

Kapitel 14: Vorprüfung und Zulassung oder Zurückweisung des Insolvenzplans durch das Insolvenzgericht gem. § 231 InsO

I. Insolvenzgerichtliche Aufgabe

1. Übersicht

Bereits im Zusammenhang der Erörterung der Gruppenbildung (oben Kapitel 12) haben die Betrachtungen zu der eigenen Aufgabe des Insolvenzgerichts geführt, den von seinem Initiator eingereichten Insolvenzplan vorzuprüfen.

14.1

§ 231 InsO verlangt eine Vorprüfung des vorgelegten Plans durch das Insolvenzgericht. Dabei hat das Gericht **von Amts wegen** tätig zu werden.[1] Die gesetzlichen Bestimmungen über das **Vorlagerecht** (§ 218 Abs. 1 InsO) und den **Inhalt des Plans** (§§ 219 bis 230 InsO) müssen beachtet werden; z.B. müssen die im Plan vorgesehenen Gruppen der Gläubiger nach sachgerechten, im Plan angegebenen Kriterien voneinander abgegrenzt sein (§ 222 Abs. 2 InsO), wobei das ESUG die Verpflichtung zur Prüfung der Gruppenbildung als Unterfall der Prüfung der Vorschriften über den Inhalt des Plans in § 231 Abs. 1 Nr. 1 InsO ausdrücklich hervorgehoben hat.

14.2

Bei **behebbaren Mängeln** hat das Gericht zunächst Gelegenheit zur Beseitigung der Mängel zu geben (§ 231 Abs. 1 Nr. 1 InsO). Im Falle der Planinitiative des Schuldners[2] ist ein Plan auch dann zurückzuweisen, wenn **offensichtlich keine Aussicht** besteht, dass die Voraussetzungen für das Wirksamwerden des Plans (§§ 244–246, 248) eintreten werden (§ 231 Abs. 1 Nr. 2 InsO), oder wenn dieser nach der Vermögenslage des Schuldners und den sonstigen Umständen des Falles **offensichtlich nicht erfüllt** werden kann (§ 231 Abs. 1 Nr. 3 InsO). Durch das Wort „offensichtlich" wird zum Ausdruck gebracht, dass nur in *eindeutigen* Fällen von der Befugnis zur Zurückweisung Gebrauch gemacht werden darf; andernfalls würde das Gericht der Entscheidung der Gläubiger (gemäß ihrer Gläubigerautonomie in ihrer Ausprägung durch die besonderen Regelungen der §§ 242 ff. InsO) in ungerechtfertigter Weise vorgreifen.[3] Hierbei ist in erster Linie an die Fälle zu denken, in denen der Schuldner einen Plan vorlegt, der ihm die Fortführung des Unternehmens ermöglichen soll, obwohl sich die Gläubigerversammlung bereits mit großer Mehrheit gegen eine Fortführung des Unternehmens durch den Schuldner ausgesprochen hat,[4] oder aber in dem er zur Abwendung der Einzelverwertung seines Vermögens den Gläubigern Leistungen zusagt, von denen bei objektiver Betrachtung feststeht, dass sie nicht erbracht werden können.[5]

14.3

---

1 *Braun/Uhlenbruck*, Unternehmensinsolvenz, 517; *Schiessler*, Der Insolvenzplan, 130.
2 Die Beschränkung auf die Initiative des Schuldners beruht auf der Beschl.-Empf. des RechtsA zu § 275 RegEInsO, BT-Drs. 12/7302, 182 f.
3 Amtl. Begr. zu § 275 RegEInsO, BT-Drs. 12/2443, 204; Braun-*Braun/Frank*, InsO, § 231 Rn. 5; MünchKomm-*Breuer*, InsO, § 231 Rn. 20.
4 KPB-*Spahlinger*, InsO, § 231 Rn. 21; krit. HK-*Haas*, InsO, § 231 Rn. 8; MünchKomm-*Breuer* § 231 Rn. 20.
5 Amtl. Begr. zu § 275 RegEInsO, BT-Drs. 12/2443, 204.

3. Hauptteil   14.4–14.7   Verfahren der Vorprüfung, Erörterung, usw ...

14.4   Die Regelung des § 231 Abs. 2 InsO zielt darauf ab, zu vermeiden, dass die Regelung des § 218 InsO durch den Schuldner zur **Verfahrensverschleppung** missbraucht wird.[6] Wenn das dort geregelte Initiativrecht des Schuldners zum zweiten Male ausgeübt wird, hat das Gericht diesen Plan zurückzuweisen, sofern der Insolvenzverwalter und der Gläubigerausschuss – falls ein solcher bestellt ist – es übereinstimmend verlangen. Die Regelung lehnt sich inhaltlich eng an § 176 KO an, der das Recht des Gemeinschuldners zur wiederholten Vorlage eines Zwangsvergleichsvorschlags einschränkte.[7] Wegen der Bedeutung der Entscheidung über die Zurückweisung des Plans sieht § 231 Abs. 3 InsO die Statthaftigkeit der sofortigen Beschwerde vor.

Dabei ist jedoch davon auszugehen, dass sich die **Evidenzkontrolle** und die Offensichtlichkeit der Unerfüllbarkeit nur auf die **Sachverhalts-**, nicht auf die **Rechtsprüfung** bezieht. Ist ergo ein Plan aus Rechtsgründen unerfüllbar, weil er z. B. Bedingungen vorsieht, die nicht eintreten können, kann es dem vorprüfenden Richter nicht verwehrt sein, den Plan nach Feststellung dieses zur Unerfüllbarkeit führenden Fehlers zurückzuweisen. Denn erstens hat dies nichts mit einem Unterlaufen der Gläubigerautonomie der Gläubigerversammlung zu tun (die diesen Mangel festzustellen im Zweifel überhaupt nicht in der Lage wäre) und zweitens unterläge eine Zurückweisung der sofortigen Beschwerde gem. § 231 Abs. 3 InsO und könnte so zu einer frühzeitigen Klärung insbesondere von Rechtsfragen genutzt werden. Dabei wäre ein Rechtsmittel gegen die gerichtliche Planbestätigung aufgrund der seit dem ESUG in § 253 Abs. 2 InsO enthaltenen Einschränkungen weniger weitgehend.

2. Funktionelle Zuständigkeit

14.5   Die funktionelle Zuständigkeit für das Verfahren über einen Insolvenzplan liegt seit dem 1.1.2013 beim Richter, § 18 Abs. 2 Nr. 1 RPflG. Weder das Gesetz, noch die Gesetzesbegründung geben in diesem Zusammenhang einen Anhaltspunkt dafür, dass die Vorschrift des § 231 InsO, soweit sie unverändert ist, dadurch einen Bedeutungswechsel erfahren hätte, mag man auch dem Richter das Recht und insbesondere nicht die Fähigkeit absprechen, eine ins Detail gehende rechtliche Prüfung des Plans vorzunehmen und – wie vorstehend geschildert – im Falle des Schuldnerplans insbesondere eine mögliche offensichtlich Unerfüllbarkeit aus Rechtsgründen nicht nur summarisch zu prüfen.

14.6   Im Falle des **prepackaged-Plans** hat der Planinitiator freilich regelmäßig ein Interesse daran, vom Insolvenzgericht Hinweise auf die zu erwartende Entscheidung nach § 231 InsO zu erhalten. Denn der Planinitiator ist in diesem Fall in besonderem Maße daran interessiert, dass nach dem Erlass des Eröffnungsbeschlusses das Verfahren zügig durchgeführt wird, um den Erfolg des Insolvenzplans nicht durch eine dilatorische Handhabung zu gefährden. Würde er darauf verwiesen, erst im eröffneten Verfahren gem. § 231 Abs. 1 InsO vom Insolvenzgericht auf Mängel des Planes hingewiesen und zu deren Behebung aufgefordert zu werden, wären damit zwangsläufig Verzögerungen verbunden; die damit verbundenen Risiken können allein durch eine **Abstimmung mit dem Insolvenzgericht** im Vorfeld des Verfahrens abgewehrt werden.

14.7   Entscheidend ist, dass gem. § 4 InsO der Insolvenzrichter grundsätzlich auch im Eröffnungsverfahren rechtliches Gehör zu gewähren hat; dabei trifft das Insolvenzgericht ebenso wie das Prozessgericht die Hinweispflicht des § 139 ZPO.[8] Diese Hinweispflicht wird aber durch § 231 Abs. 1 InsO als lex specialis modifiziert. Während die Zurückweisung eines Insolvenzplans im Eröffnungsverfahren nicht erfolgen kann – da zu diesem Zeitpunkt noch nicht feststeht, ob überhaupt ein Insolvenzverfahren durchgeführt und ggf. nach dem Insolvenzplan abgewi-

---

6   Braun-*Braun/Frank*, § 231 Rn. 2; KPB-*Spahlinger*, InsO, § 231 Rn. 25; MünchKomm-*Breuer*, § 231 Rn. 1.
7   KPB-*Spahlinger*, InsO, § 231 Rn. 25; MünchKomm-*Breuer*, § 231 Rn. 22.
8   MünchKomm-*Breuer*, InsO, § 231 Rn. 6 f.

ckelt wird – und § 231 Abs. 1 InsO daher nicht unmittelbar zum Zuge kommt, ist das Insolvenzgericht doch zu entsprechenden, wenigstens **die förmliche Richtigkeit des Insolvenzplans betreffenden Hinweisen** verpflichtet.

Dies gilt aber auch für die Frage, ob das Insolvenzgericht der Ansicht ist, dem Insolvenzplan fehle die Aussicht auf Annahme durch die Insolvenzgläubiger. Denn dabei handelt es sich um eine Rechtsfrage (unten Rn. 14.18 ff.), über die zwischen Planinitiator und Insolvenzrichter ein Rechtsgespräch geführt werden kann.

14.8

II. Maßstäbe der Entscheidung gem. § 231 InsO

1. Übersicht

Bereits im Zusammenhang der Erörterung der Gruppenbildung (oben Kapitel 12) haben die Betrachtungen auf die eigene Aufgabe des Insolvenzgerichts, den von seinem Initiator eingereichten Insolvenzplan vorzuprüfen, geführt.

14.9

Das Gericht hat den ihm zur Vorprüfung zugeleiteten Plan zurückzuweisen, wenn einer oder mehrere der Zurückweisungsgründe des § 231 Abs. 1 InsO oder des § 231 Abs. 2 InsO vorliegen. Dabei übt das Insolvenzgericht nicht nur „Notarfunktionen" aus.[9] Die Zulassung des vorgelegten Plans stellt sich nicht nur als verfahrensleitende Verrichtung des Insolvenzgerichts, sondern als gegenüber den Verfahrensbeteiligten wirksame **förmliche Entscheidung** dar, die als **Beschluss** ergeht. Dies gilt, wie § 231 Abs. 3 InsO zeigt, auch für die Zurückweisung. Zur Vorbereitung der Entscheidung hat das Insolvenzgericht ggf. ein Sachverständigengutachten gem. § 5 Abs. 1 InsO einzuholen;[10] von dieser Möglichkeit ist indes sparsam Gebrauch zu machen, um nicht im Rahmen des Insolvenzplanverfahrens die den Gläubigern haftende Masse sowie wertvolle Zeit zu verschwenden.

14.10

Die **Zurückweisungsgründe** sind im Gesetz **abschließend** geregelt. Strebt z. B. eine natürliche Person mit dem über ihr Vermögen eröffneten Insolvenzverfahren die Restschuldbefreiung durch einen von ihr vorgelegten Insolvenzplan an, liegt (*selbstverständlich*) nicht etwa deshalb ein Zurückweisungsgrund vor, weil der Schuldner die Voraussetzungen der Einleitung eines Verbraucherinsolvenzverfahrens nicht erfüllt hat, wie das LG München[11] entscheiden musste.

14.11

2. Einhaltung der Rechtsvorschriften über die Formalia des Insolvenzplans, § 231 Abs. 1 Nr. 1 InsO

a) **Tatbestand.** Der Tatbestand des § 231 Abs. 1 Nr. 1 InsO formuliert eine **Ordnungsvorschrift**, aufgrund derer die gem. § 218 Abs. 1 InsO Vorlageberechtigten zur Einhaltung der Formalia bei der Vorlage eines Plans angehalten werden sollen. Darüber hinaus soll die Vorprüfung des Plans durch das Insolvenzgericht nach Ansicht des Gesetzgebers[12] aber nur sicherstellen, dass die gesetzlichen Bestimmungen über das Vorlagerecht sowie den Inhalt des Plans beachtet und insbesondere die im Plan vorgesehenen Gruppen der Gläubiger nach sachgerechten, im Plan angegebenen Kriterien voneinander abgegrenzt werden.[13]

14.12

---

9 So aber *Braun/Uhlenbruck*, Unternehmensinsolvenz, 517.
10 A.A. HK-*Haas*, InsO, § 231 Rn. 12; MünchKomm-*Breuer*, InsO, § 231 Rn. 6; Uhlenbruck-*Lüer*, InsO, § 231 Rn. 5.
11 LG München, B. v. 5.9.2003, 14 T 15659/03, ZVI 2003, 473.
12 Amtl. Begr. zu § 275 RegEInsO, BT-Drs. 12/2443, 204.
13 In diese Richtung geht auch die Argumentation *Brauns* trotz seiner grds. anderen Strukturbeschreibung der Stellung des Insolvenzgerichts bei der Entscheidung nach § 231 Abs. 1, *Braun/Uhlenbruck*, Unternehmensinsolvenz, 518.

3. Hauptteil 14.13, 14.14 Verfahren der Vorprüfung, Erörterung, usw ...

14.13 Zu diesen Vorschriften gehört mit Blick auf § 218 Abs. 1 Satz 2 InsO auch die Einhaltung der **Vertretungsregeln** des § 15 InsO, insbesondere dessen Abs. 3. Zu den gesetzlichen Vorschriften über den Inhalt des Plans zählen die §§ 220, 221 InsO, aber auch die Normen der §§ 228 bis 230 InsO. Auch der Schuldner muss seinem Planentwurf einen Sachbericht voranstellen. Dessen Ordnungsmäßigkeit wird durch den gleichwohl zu erstattenden Bericht des Verwalters zu überprüfen sein. Das wird ggf. zu einer Zurückweisung der Planinitiative gem. § 231 Abs. 1 Nr. 1 InsO führen. Zudem hat das Insolvenzgericht eine Elementarkontrolle der gem. § 229 InsO dem Plan beizufügenden *Rechnungen* und *Belege* durchzuführen[14] – was freilich zu erheblichen Verzögerungen und bei Einschaltung eines Sachverständigen (gem. § 5 Abs. 1 InsO) zu nachhaltigen Kosten führen wird. Diese sind nicht selten geeignet, den angestrebten Sanierungserfolg in Frage zu stellen (der US-amerikanische Richter, den z. B. *Braun* herbeizitiert, verfügt ja ex officio über einen großen Stab von sachverständigen Mitarbeitern, der deutsche bekanntlich nicht). Im verwalterlosen Verfahren der Eigenverwaltung unter Aufsicht eines Sachwalters trifft den Schuldner ohnedies gem. § 281 Abs. 2 Satz 1 InsO die Pflicht, die Gläubigerversammlung über seine Lage und die Ursachen, die zu ihr geführt haben, zu unterrichten.[15] Die Intention des Gesetzgebers grob verkennend wäre es aber, interpretierte man in § 231 Abs. 1 Nr. 1 InsO hinein, dass auch eine **Inhaltsprüfung en detail** erfolgt. Es erfolgt eine Prüfung *der Vorschriften über* den Inhalt des Plans, nicht seines Inhalt selbst. Anderenfalls wäre die Ergänzung, wonach insbesondere die Gruppenbildung zu prüfen ist, entbehrlich.

14.14 b) **Verfahrensökonomische Erwägungen.** Bei der Bestimmung der Prüfungsmaßstäbe des § 231 Abs. 1 InsO ist darauf zu achten, dass diese Kontrolle in einem einfachen und effizienten Verfahren zu gewährleisten ist. Denn jede Auslegung der Vorschriften der InsO, aufgrund derer die Durchführung des Insolvenzverfahrens zeitlich verzögert und mit Kostenfolgen erschwert wird, muss erheblichen Bedenken beggnen. Dieses Postulat der insolvenzrechtlichen Verfahrensökonomie[16] kann indessen nicht zur Folge haben, dass die Prüfung des Insolvenzgerichts nach § 231 InsO sich positivistisch auf den engen Wortlaut des § 231 Abs. 1 Nr. 1 und 2 InsO beschränkt und auf eine materielle Überprüfung des Planentwurfs verzichtet. Damit würde zwar die insolvenzgerichtliche Aufgabenstellung erheblich vereinfacht, aber doch um den Preis, § 231 InsO zu einem Instrument zu reduzieren, das ausschließlich dazu dienen würde, evident materiell aussichtslose oder aufgrund grober Formverstöße unzulässige Planinitiativen im Vorfeld des aufwändigen Abstimmungsverfahren abzublocken. Das ist z. B. dann der Fall, wenn ein Plan nicht in darstellenden und gestaltenden Teil gegliedert oder wenn die Form des gestaltenden Teils nicht beachtet wird. Während daher die Nrn. 2 und 3 des § 231 Abs. 1 InsO so verstanden werden können, sie in einem summarischen Verfahren anzuwenden, dem dem Eilcharakter des Insolvenzverfahrens gerecht wird,[17] stellen sich Fragen wegen der Prüfung des Planentwurfes nach § 231 Abs. 1 Nr. 1 InsO durch das Insolvenzgericht. § 231 Abs. 1 Nr. 1 InsO ist insofern „unkomplizierter", als diese Vorschrift keine prognostische Betrachtungsweise vorschreibt. Die Unklarheiten beziehen sich indes auf den Umfang der dem Insolvenzgericht anvertrauten rechtlichen Prüfung des Planentwurfs.

---

14 *Braun/Uhlenbruck*, Unternehmensinsolvenz, 518; KPB-*Spahlinger*, InsO, § 231 Rn. 17; Münch-Komm-*Breuer*, InsO, § 231 Rn. 14; a. A. *Hess/Weis*, InVo 64, 65; Uhlenbruck-*Lüer*, InsO, § 231 Rn. 30.

15 Leonhardt/Smid/Zeuner-*Smid*, InsO, § 270 Rn. 12; *Flöther/Smid/Wehdeking*, Die Eigenverwaltung in der Insolvenz, Kap. 2 Rn. 17.

16 *Smid*, FS Pawlowski, 387, 406 ff.

17 *Maus*, in: Kölner Schrift zur InsO, 2. Aufl. 2000, 931, 951.

14.15 c) Keine Zurückweisung des Verwalterplans wegen fehlender Konsultation gem. § 218 Abs. 3 InsO. Hat der Verwalter die in § 218 Abs. 3 InsO genannten Stellen bei der Aufstellung des von ihm erarbeiteten Plans nicht konsultiert, führt dies nicht zur Zurückweisung des Plans nach § 231 Abs. 1 Nr. 1 InsO.[18] Nähme man etwa die Konstruktion eines „Beirats"[19] als eines weiteren insolvenzrechtlichen Gremiums ernst, dessen Nichtbeteiligung zur Ausübung von Kontrollmaßnahmen des Insolvenzgerichts gem. § 231 Abs. 1 Nr. 1 InsO führt, würde dies im Ergebnis zu einer Verlagerung von Entscheidungsbefugnissen des Gläubigerausschusses als Organ der Gläubigerselbstverwaltung auf Gremien der betriebsverfassungsrechtlichen Mitbestimmung und – nicht zuletzt – auf den Schuldner führen. Das würde freilich im Rahmen der sehr eigenen Logik der Regelungen über das Insolvenzplanverfahren liegen, die an die Stelle der konkursrechtlichen Entmachtung des Schuldners Maßregeln setzen, mittels derer er *gegen* die Gläubiger seine Entschuldung betreiben kann; die Stärkung von Mitbestimmungsorganen (und d. h. der lokalen Gewerkschaftsstellen) erscheint dabei als eine notwendige Konzession, um dem Schuldner gegenüber dem Verwalter „politisches" Gewicht im Verfahren zu verleihen. Eine derartige Entscheidung nach § 231 Abs. 1 Nr. 1 InsO wäre schon aus Gesichtspunkten der Haftung des Insolvenzrichters überhaupt nur dann möglich, wenn wenigstens eine dem § 232 InsO entsprechende Regelung für das bei einer Beteiligung des Beirats bzw. der ihn konstituierenden Interessenvertreter zu berücksichtigende Verfahren getroffen wäre. Dies ist aber nicht der Fall.

14.16 d) Überprüfung der Gruppenbildung gem. § 222 InsO[20] Abstimmungsgruppen. Regelmäßig – legt man den bloßen Wortlaut des Gesetzes vor Inkrafttreten des ESUG zugrunde – kam eine Zurückweisung des Plans nach § 231 Abs. 1 Nr. 1 InsO nicht in Betracht[21]. Denn diese Vorschrift erfasste in ihrer ursprünglichen Fassung nach den Gesetzesmaterialien[22] zunächst solche Fälle, in denen Vorschriften über das Recht der Vorlage oder den Inhalt des Plans nicht beachtet und auf richterlichen Hinweis nicht in der gerichtlich gesetzten Frist mittels einer Korrektur berücksichtigt worden sind. Hatte der Initiator sich an § 222 InsO orientiert, konnte es zweifelhaft sein, ob die Gruppenbildung die von § 231 Abs. 1 Nr. 1 InsO geforderten Formalia eingehalten hat. Die Voraussetzungen für eine Zurückweisung des Plans nach § 231 Abs. 1 Nr. 2 InsO lagen nach dem früheren Wortlaut dieser Vorschrift nicht vor, da wegen der Art der Gruppenbildung nicht nur nicht zu erwarten war, dass der Plan nicht angenommen werde, sondern ganz im Gegenteil dessen Annahme nachgerade *vorprogrammiert* erschien. In Ihrer Neufassung durch das ESUG bezieht sich die gerichtliche Prüfungskompetenz nunmehr ungeachtet der weitergehenden Gestaltungsbefugnis des Planerstellers ausdrücklich auch auf die Gruppenbildung, um deren abusiver Erstellung durch den Plansteller vorzubeugen. Die vielfältigen Missbrauchsmöglichkeiten hätten an sich ausdifferenziertere Kontrollmechanismen erwarten lassen. Das Gegenteil ist indes der Fall, was im Hinblick auf den summarischen Charakter des Insolvenzverfahrens auch durchaus nicht unverständlich erscheint. Der deutsche Gesetzgeber hat denn auch die Probleme einer Kontrolle der Gruppenbildung im und durch den Plan nicht näher entwickelt – obwohl dazu angesichts der nordamerikanischen Insolvenzpraxis[23] in erheblichem Maße Anlass bestanden hätte.

---

18 So auch Uhlenbruck-*Lüer*, InsO, § 231 Rn. 11; a. A. MünchKomm-*Breuer*, InsO, § 231 Rn. 10.
19 Amtl. Begr. zu § 254 RegEInsO, BT-Drs. 12/2443, 196.
20 Vgl. HK-*Haas*, InsO, § 231 Rn. 4.
21 Zur Rechtslage vor Inkrafttreten des ESUG näher *Smid/Rattunde*, Der Insolvenzplan, 2. Aufl. 2005, Rn. 9.13 f.
22 Amtl. Begr. zu § 275 RegEInsO, BT-Drs. 12/2443, 204.
23 *Smid/Rattunde*, Der Insolvenzplan, 1. Aufl. 1998, Rn. 464 ff.

14.17 Angelpunkt des § 222 InsO ist die gerichtliche Kontrolle möglichen Missbrauchs der Gruppenbildung zu Zwecken manipulativer Beeinflussung der Entscheidung durch die Gläubigergemeinschaft gem. § 243 InsO.[24] Würde man § 231 Abs. 1 Satz 1 InsO eng auslegen, hätte die insolvenzgerichtliche Prüfung der durch den Plan vorgesehenen Gruppenbildung allein festzustellen, ob die Gruppen des § 222 Abs. 1 InsO vorgesehen worden sind, ob eine Arbeitnehmer- und eine Kleingläubigergruppe nach § 222 Abs. 3 InsO gebildet worden sind und schließlich, ob etwaige weitere Gruppen aufgrund der rechtlichen Heterogenität des Rechtsgrundes der repräsentierten Forderungen sachgerecht abgegrenzt sind. Aus dieser Prüfung würde der Gesichtspunkt herausfallen, ob die konkret vorgenommene Gruppenbildung trotz sachgerecht erscheinender Abgrenzung von Gruppen gem. § 222 Abs. 2 InsO *manipulativen Handhabungen* des Initiators (also meist des Schuldners, vgl. Kapitel 12) Vorschub zu leisten geeignet ist. Bleibt man allein bei den Erwägungen stehen, die den Gesetzgeber geleitet haben, entgehen diese Probleme der Aufmerksamkeit. Die Motive vertrauen zwar auf Selbstkontrollmechanismen der Gläubigerselbstverwaltung. Das erscheint aber nicht ausreichend.[25]

3. Zurückweisung des Insolvenzplans nach § 231 Abs. 1 Nr. 2 oder 3 InsO

14.18 a) Umfang der Prüfung. Über die „materiellen" Maßstäbe, die das Insolvenzgericht bei der Überprüfung der Sachgerechtigkeit der Abgrenzung anzulegen hat, schweigt der Gesetzgeber im Übrigen. Hinweise liefern die Gesetzesmaterialien[26] allein dazu, in welchen Fällen der Plan zurückzuweisen ist, weil offensichtlich keine Aussicht besteht, dass die Voraussetzungen für das Wirksamwerden des Plans erfüllt werden (§ 231 Abs. 1 Nr. 2 InsO). Dies soll z. B. dann der Fall sein können, wenn der Schuldner einen Plan vorlegt, der ihm die Fortführung des Unternehmens ermöglicht, obwohl sich eine Gläubigerversammlung bereits mit großer Mehrheit gegen die Fortführung des Unternehmens durch den Schuldner ausgesprochen hat (oben Rn. 14.3). Oder wenn ein vom Insolvenzverwalter im Auftrag der Gläubigerversammlung vorgelegter Plan, der einem redlichen Schuldner die Restschuldbefreiung verweigert, offensichtlich keine Aussicht auf Zustimmung durch den Schuldner und damit auf Bestätigung durch das Gericht hat oder wenn ein Plan vorgelegt wird, der nach der Vermögenslage des Schuldners und den sonstigen Umständen des Falles offensichtlich nicht erfüllt werden kann (§ 231 Abs. 1 Nr. 3 InsO).

14.19 Das Schweigen des Gesetzgebers stellt die Praxis vor erhebliche Schwierigkeiten. Infolge des Falls **Suhrkamp** begann nämlich die Diskussion darüber, ob die Prüfungskompetenz des Gerichts – und nunmehr eben des Richters und nicht mehr wie zuvor des Rechtspflegers – sich tatsächlich nur auf Formalia beschränken soll und ob die Beschränkung der Zurückweisung wegen „offensichtlicher" Nichtannahmefähigkeit nach § 231 Abs. 1 Nr. 2 InsO gleichsam auch auf § 231 Abs. 1 Nr. 1 InsO ausstrahlt. Seinen Grund hat diese Diskussion auch darin, dass § 231 Abs. 1 Nr. 1 InsO auch vom „Inhalt" des Plans spricht und es daher ohne Mühe möglich ist, jegliche inhaltliche Regelung im Insolvenzplan in die Prüfungskompetenz des Gerichts zu stellen. Dagegen spricht vordergründig sicherlich, dass eine valide inhaltliche Prüfung in komplexen Fällen, so eben in der causa Suhrkamp, innerhalb der in § 231 Abs. 1 Satz 2 InsO normierten Soll-Frist von zwei Wochen überhaupt nicht darstellbar ist, zumal das Insolvenzgericht im Gegensatz zu weiteren Verfahrensbeteiligten über keinen Mitarbeiterstab verfügt, der ihn bei seiner Arbeit unterstützt. Der Insolvenzrichter ist (auch hier) eine **„one-man-Show"**. Auf der anderen Seite diente die Einführung der Zweiwochenfrist der Beschleunigung der Insolvenzpläne und der in der Praxis bisweilen anzutreffenden „Verfächerung" auch kleiner und kleinster Pläne durch die Gerichte. Nichts spricht dafür, dass der

---

24 Im Ergebnis wie hier K. Schmidt-*Maus*, Die GmbH in Krise, Sanierung und Insolvenz, Rn. 1078.
25 FK-*Jaffé*, InsO, § 231 Rn. 11 ff.; *Smid*, InVo 1997, 169, 177; a. A. *Kaltmeyer*, ZInsO 1999, 255, 263; MünchKomm-*Breuer*, InsO, § 231 Rn. 12 f.; Uhlenbruck-*Lüer*, InsO, § 231 Rn. 26.
26 Amtl. Begr., BT-Drs. 12/2443, 204 (zu § 275).

Gesetzgeber solche Fälle im Fokus hatte, die komplexe gesellschaftsrechtliche Fragen wie im o.g. Fall beinhalteten. Das heißt, dass die gesetzlich normierte Zweiwochenfrist kein taugliches Argument gegen die Bejahung einer materiellrechtlichen Prüfungspflicht darstellt, die über Merkmale der Gruppenbildung oder des unzulässigen Planinhalts hinausgeht. Es greift auch zu kurz, die Prüfungskompetenz an dieser Stelle auf solche eklatanten Fälle zu beschränken, denn im Falle der fehlenden Zurückweisung und der späteren Annahme durch die Gläubigerversammlung bedarf der Plan ja sodann noch der Bestätigung durch das Insolvenzgericht, § 248 Abs. 1 InsO. Es ist kaum denkbar, dass hier ein anderer Prüfungsmaßstab gelten soll, sprich, ein materiell nicht umsetzbarer oder unzulässiger Plan die Schranke der Vorwegprüfung passiert, um dann an der fehlenden gerichtlichen Bestätigung zu scheitern.

Dass die Diskussion über die Prüfungsreichweite überhaupt in Gang gekommen ist, hat sicherlich auch damit zu tun, dass nunmehr die Richterzuständigkeit gegeben ist. Denn die Richterschaft muss wegen § 22 Abs. 6 GVG über belegbare Kenntnisse in allen Bereichen des Insolvenzrechts und in diesem Zusammenhang interessierender Rechtsgebiete verfügen. Jenseits der Reichweite der Prüfungspflicht wird man dem Richter daher sicherlich nicht das mit einer Verlängerung der Zweiwochenfrist verbundene Recht absprechen dürfen, mehr als evidente oder auf der Hand liegende Verstöße zu prüfen. Die Schranke dürfte nur da liegen, wo Zweckmäßigkeitsfragen berührt sind und der Richter seine eigene Entscheidung an die Stelle der Abstimmung der Gläubiger über den Plan setzt, was jedenfalls bei einer Rechtsprüfung nicht der Fall ist.

14.20 Allein die **Masseunzulänglichkeit** des Verfahrens rechtfertigt freilich eine Zurückweisung des Planes gem. § 231 Abs. 1 Nr. 3 InsO nicht. Dies war, wie oben (Rn. 2.59) dargestellt, schon nach dem vor Inkrafttreten des ESUG geltenden Recht zu befürworten, ist nunmehr aber – mit der Regelung der verfahrensrechtlichen Konsequenz, dass die Massegläubiger im Insolvenzplanverfahren den Rang nicht-nachrangiger Insolvenzgläubiger einnehmen – durch § 210a InsO ausdrücklich geregelt worden.

14.21 b) **Generalklauseln.** Die Tatbestände des § 231 Abs. 1 Nr. 2 und 3 InsO formulieren Generalklauseln, aufgrund derer das Insolvenzgericht die Zurückweisung des **vom Schuldner vorgelegten**[27] Planes auszusprechen hat; die Zurückweisung ist freilich gem. § 231 Abs. 3 InsO mit der sofortigen Beschwerde anfechtbar. Damit stellt sich die Frage, nach welchen rechtlichen Maßstäben die generalklauselartigen Formulierungen dieser Tatbestände „auszufüllen" sind. Dabei bietet es sich an, das überkommene (Vergleichs-)Recht auf Mittel hin zu prüfen, die bei der Auslegung hilfreich sein können. So hat es das Insolvenzgericht zu berücksichtigen, wenn es Kenntnis von einer **drohenden Gewerbeuntersagung** gem. § 35 Abs. 1 Satz 1 GewO erhält, die zu einer Vereitelung der intendierten Sanierung führt.[28]

14.22 Die gravierende Neuerung, die in der Statuierung von Verfahrenszwecken durch den Reformgesetzgeber liegt, findet sich in § 1 Satz 2 InsO, wonach dem **redlichen Schuldner** mit Abschluss des Verfahrens eine Restschuldbefreiung zu gewähren ist. Diese Vorschrift hat zunächst Bedeutung für das neue Verfahren der Klein- und Verbraucherinsolvenz, das im Folgenden aber weithin ausgeblendet bleiben soll. Der Wortlaut des § 1 Satz 2 InsO beschränkt seinen Geltungsbereich aber nicht auf Insolvenzverfahren über das Vermögen natürlicher Personen. Juristische Personen und Personenhandelsgesellschaften scheinen indes überhaupt kein Problemfeld im Hinblick auf konkursliche Nachforderungsrechte darzustellen, die durch eine Restschuldbefreiung ausge-

---

27 OLG Dresden, B. v. 21.6.2000, 7 W 0951/00, ZIP 2000, 1303, 1305; vgl. auch FK-*Jaffé*, InsO, § 231 Rn. 16 ff.
28 AG Siegen, B. v. 28.12.1999, 25 IN 161/99, NZI 2000, 236; *Smid*, Freigabeerklärungen des Insolvenzverwalters, III 3., S. 8; Tettinger/Wank/Ennuschat-*Ennuschat*, GewO, § 12 Rn. 2.

schlossen werden sollen,[29] da sie regelmäßig mit Abschluss eines Insolvenzverfahrens aufgrund ihrer Liquidation gelöscht werden. Für diesen Kreis von Insolvenzschuldnern, die für die Unternehmensinsolvenz typisch sind, hat der *Programmsatz* der Gewährung von Restschuldbefreiung in § 1 Satz 2 InsO aber gleichwohl Funktion, die sich in dem durch § 1 Satz 1, 2. Hs. InsO umrissenen Raum entfaltet. Dort wird der Erhalt des Unternehmens insbesondere im Wege der Aufstellung von *Insolvenzplänen* (§§ 217 ff. InsO[30]) angestrebt. Ein Insolvenzplan kann besondere Formen der Liquidation vorsehen;[31] regelmäßig wird er aber zu dem Zweck ausgearbeitet werden, der Sanierung des schuldnerischen Unternehmens*trägers* zu dienen. Die Sanierung aufgrund eines Insolvenzplans dient m. a. W. dem Erhalt durch Sanierung des Schuldners, was regelmäßig wenigstens teilweise die Befreiung von seinen Verbindlichkeiten voraussetzt.

14.23 Die Auslegung des § 231 InsO darf daher nicht dazu führen, dass durch eine Wiederbelebung von ausdrücklich abgeschafften **Ausschlusstatbeständen** das legislatorische Ziel der Erleichterung von Sanierungen[32] konterkariert wird.[33] Damit ist aber nicht der Blick auf das Problempotenzial versperrt, das den §§ 17 und 18 VerglO zugrunde liegt und in dem Fragen aufgeworfen werden, die den Schutz der Gläubiger vor manipulatorischen Maßregeln des Schuldners unter dem Deckmantel der Sanierung betreffen.Betrachtet man die Zurückweisungstatbestände des § 231 InsO näher, fällt auf, dass in ihnen Elemente der §§ 17 und 18 VerglO „versteckt" sind, obwohl sich das Planverfahren auch im Falle der Planinitiative des Schuldners **strukturell vom Vergleichsverfahren unterscheidet**: Auf die Planinitiative des Verwalters können die Tatbestände der Vergleichsunwürdigkeit a priori nicht Anwendung finden. Entwirft der Verwalter daher aus eigener Initiative oder aufgrund Auftrags der Gläubigerversammlung einen Plan, kommt § 231 Abs. 1 Nr. 1 InsO als Ordnungsvorschrift zur Einhaltung der Formalia des Planes zum Zuge, schon dem Wortlaut des Gesetzes nach aber nicht die Vorschriften der § 231 Abs. 1 Nr. 2, 3 und des Abs. 2. In *deren* Rahmen stellt sich die Frage, wie die dort angelegten Zurückweisungstatbestände konkreter zu fassen sind.Zum Teil sind einzelne Tatbestände der §§ 17, 18 VerglO schon deshalb obsolet, weil sie auf ein zweistufiges Verfahren des Vergleichs mit Anschlusskonkurs zugeschnitten sind und in ein einheitliches Insolvenzverfahren nicht „passen": So bedarf es des Kriteriums des § 17 Nr. 6 VerglO deshalb nicht, weil die Massesuffizienz bereits im Rahmen der allgemeinen Verfahrenseröffnung nach § 26 InsO zu prüfen ist. Wird das Insolvenzverfahren schon deshalb nicht eröffnet, ist zwangsläufig kein Raum für ein Insolvenzplanverfahren. Ebenfalls kein Raum bleibt für § 17 Nr. 4 VerglO. An seine Stelle tritt das Verfahren nach Abs. 2. Schließlich ist an die Stelle des § 18 Nr. 3 und 4 VerglO der § 231 Abs. 1 Nr. 3 InsO getreten.

14.24 Die Abkehr von einer moralisierenden Betrachtungsweise des die Sanierung seines Unternehmens im Vergleichsverfahren betreibenden Schuldners ist grundsätzlich zu begrüßen.[34] Im einheitlichen Insolvenzverfahren geht es um die Sicherstellung der Befriedigung der Gläubiger (§ 1 Satz 1); ist dies durch die Sanierung des Schuldners zu erreichen, soll ihr auch dann nichts im Wege stehen, wenn der Schuldner moralische Unwerturteile auf sich gezogen hat,[35] was bekanntlich in einer pluralistischen Gesellschaft der Medienöffentlichkeit

---

29 Vgl. *Smid*, in: Leipold, Insolvenzrecht im Umbruch, 139, 141.
30 Eingehend *Smid/Rattunde*, Der Insolvenzplan, 1998, Rn. 464 ff.
31 Vgl. MünchKomm-*Eidenmüller*, InsO, § 217 Rn. 117 ff.
32 Amtl. Begr. zum RegEInsO, Allg. 3 a, BT-Drs. 12/2443, 77.
33 KPB-*Spahlinger*, InsO, § 231 Rn. 5.
34 Vgl. auch *Häsemeyer*, Insolvenzrecht, 4. Aufl., 2007, Rn. 28.14.
35 Amtl. Begr. zum RegEInsO, BT-Drs. 12/2443, 28; vgl. *Smid*, Rpfleger 1997, 501, 503.

jedem so gehen kann, mag er sich auch anständig verhalten haben. Und problematisch wird ein „Unwerturteil" erst Recht im Rahmen der Unternehmensinsolvenz, bei der ja regelmäßig juristische Personen die Insolvenzschuldnerrolle einnehmen. Moralisch lässt sich nicht über eine GmbH urteilen, sondern allenfalls über deren Geschäftsführer – und der lässt sich ersetzen.

Folgender Fall[36] mag die Reichweite des § 231 Abs. 1 Nr. 2 InsO verdeutlichen: Der Schuldner hat nach der Vorlage eines rechtskräftig zurückgewiesenen Insolvenzplans einen zweiten Insolvenzplan vorgelegt und vorgetragen, das Insolvenzverfahren über sein Vermögen sei unberechtigt eröffnet worden. Er könne durch den weiteren Insolvenzplan seine Vermögensverhältnisse ordnen; hierzu sei die Entlassung des bisherigen Insolvenzverwalters, jedenfalls aber die Einsetzung eines Sonderverwalters erforderlich, um gegen den Insolvenzverwalter Schadenersatzansprüche geltend zu machen. Das Insolvenzgericht hat den Insolvenzplan nach § 231 Abs. 1 InsO zurückgewiesen. Der IX. Zivilsenat hat die gegen den die Beschwerde zurückweisenden beschwerdegerichtlichen Beschluss gerichtete Rechtsbeschwerde wegen fehlender grundsätzlicher Bedeutung als unzulässig zurückgewiesen. Der BGH hält dabei die Entscheidung des Beschwerdegerichts, die Voraussetzung einer Zurückweisung des Plans nach § 231 Abs. 1 Nr. 2 InsO sei gegeben, wenn ein in immer neuen Varianten gehaltener Sachverhaltsvortrag des Schuldners Zweifel daran nahe legt, dass die Gläubiger dem Schuldnerplan die Zustimmung erteilen, für zutreffend.

14.25

Der BGH[37] hat in einer Nichtzulassungsbeschwerde noch einmal darauf hingewiesen, dass bei der Beurteilung, ob ein vom Schuldner vorgelegter Plan offensichtlich keine Aussicht auf Annahme durch die Gläubiger habe und deshalb gem. § 231 Abs. 1 Nr. 2 InsO zurückzuweisen sei, neben der Beurteilung des Plans selbst auch solche Stellungnahmen der Gläubiger zu berücksichtigen sein können, die bereits beim Gericht eingegangen seien.

14.26

4. Zurückweisung des Plans bei Gefährdung der Gläubigerbefriedigung

a) Schutz der Gläubiger als Aufgabe des Insolvenzgerichts. Der Versuch, die Zurückweisungstatbestände des § 231 InsO von den §§ 17, 18 VerglO ausgehend mit konkretem Inhalt zu füllen, setzt daher voraus, dass man ein Unterscheidungskriterium einführt, mittels dessen die „brauchbaren" von den „unbrauchbaren" Elementen des überkommenen Vergleichsrechts geschieden werden können. Allgemeine Werturteile über den Schuldner sind dabei auszuscheiden, da sie allenfalls im Verfahren der Insolvenz einer natürlichen Person relevant sein können und zudem den Aspekt des Gläubigerschutzes aus dem Blick verlieren. Verallgemeinert man aber diesen Gesichtspunkt der spezifischen Schutzbedürftigkeit der Gläubiger, so fällt auf, dass dieser Schutz durch das allgemeine Insolvenzrecht verwirklicht wird. Das allgemeine Insolvenzrecht aber normiert besondere Verhaltenspflichten des Schuldners, die in Bezug auf die Haftungsverwirklichung zugunsten seiner Gläubiger im Verfahren zu verstehen sind. Soweit die §§ 17 und 18 VerglO solche spezifischen insolvenzrechtlichen Pflichten des Schuldners zum Maßstab der Beurteilung seiner Vergleichswürdigkeit gemacht haben, kann ihr Grundgedanke im Rahmen des § 231 InsO dazu herangezogen werden, die Voraussetzungen einer Zurückweisung des vom Schuldner vorgelegten Planentwurfs zu prüfen. Die §§ 17 und 18 VerglO können daher im Zusammenhang des § 231 InsO gleichsam als „Regelbeispiele" dienen. Verletzt der Schuldner die in den „Regelbeispielen" genannten Verfahrenspflichten, so macht er damit die Sanierung entweder auf-

14.27

---

[36] BGH, Beschl. v. 6.4.2006, IX ZB 289/04. Dagegen nicht: *bei ungeklärten steuerrechtlichen Fragen*: Hier liegt das Risiko bei den zustimmenden Gläubigern; LG Bielefeld, Beschl. v. 30.11.2001, 23 T 365/01, ZInsO 2002, 198.

[37] BGH, Beschl. v. 16.12.2010, IX ZB 21/09, ZIP 2011, 340.

grund Versagung eigener geeigneter Mitwirkung unmöglich oder er setzt durch sein Verhalten besondere Gefahren für die Gläubiger, die typischerweise nicht hingenommen werden können.[38]

14.28 In diesen Fällen der Verwirklichung von „Regelbeispielen" gefährdenden Verhaltens ist typischerweise davon auszugehen, dass die Gläubiger vernünftigerweise dem vom Schuldner vorgelegten Plan die **Zustimmung versagen** werden, § 231 Abs. 1 Nr. 2 InsO.

14.29 b) Fallgruppen. § 231 Abs. 1 Nr. 1 InsO entspricht dem früheren § 17 Nr. 1 VerglO: Bessert der Schuldner auf Hinweis des Insolvenzgerichts den Plan nicht nach, ist die Initiative zurückzuweisen. Dieser Zurückweisungsgrund betrifft nämlich die spezifischen Verfahrenspflichten, die den Schuldner treffen: Er hat einen den verfahrensrechtlichen Vorschriften des Gesetzes entsprechenden Plan zu präsentieren; unterlässt er dies, kann er eine Sanierung nicht verlangen.

14.30 Wollen die Gläubiger sich dem Sanierungsversuch des Schuldners anschließen, können sie den Verwalter zur Vorlage eines eigenen Plans unter Verwendung des Entwurfs des Schuldners unter Beachtung der **gesetzlichen Formvorschriften** verpflichten, § 157 InsO.[39]

14.31 Verweigert der Schuldner einem gem. § 21 Abs. 2 Nr. 1 InsO eingesetzten vorläufigen Verwalter, aber auch im Falle der Eigenverwaltung dem Sachwalter, die **Mitwirkung**, insbesondere die im Rahmen ihrer Ermittlungen gem. § 22 Abs. 3 bzw. § 274 Abs. 2 Satz 2 i. V. m. § 22 Abs. 3 InsO zu erteilenden Auskünfte, so vereitelt der Schuldner dadurch die „**Prüffähigkeit**" seines Planentwurfs. Es entspricht seinen verfahrensrechtlichen Pflichten, den Gläubigern die Prüfung der Lage des Unternehmens durch einen unabhängigen Gutachter und die fortlaufende Unterrichtung über den Stand der Dinge zu ermöglichen (vgl. §§ 20, 97 InsO).

14.32 Dies galt auch für § 17 Nr. 7 VerglO: Eine Verletzung seiner Offenlegungs- und Unterrichtungspflichten lag nach dem Gesagten natürlich auch dann vor, wenn seine geschäftlichen Aufzeichnungen so mangelhaft waren, dass seine Vermögenslage nicht zu beurteilen war, § 17 Nr. 8 VerglO. Bei aller Kritik am überkommenen Vergleichsrecht muss man doch sehen, dass in diesem Tatbestand kein moralisches Unwerturteil über den Schuldner liegt – vielmehr ist unter diesen Umständen von vornherein davon auszugehen, dass man eine Sanierung besser unterlässt! Ohne hinreichende Informationen über den schuldnerischen Geschäftsbetrieb ist eine Sanierung nämlich nicht „plan"-bar.

14.33 Hat der Schuldner im Übrigen unter **Verstoß gegen vorläufige Maßnahmen** des Insolvenzgerichts gem. § 21 Abs. 2 Nr. 2 InsO Vermögensgegenstände veräußert, Schecks kassiert und dergleichen mehr getan, um der Masse Vermögensgegenstände zu entziehen oder einfach nur sich der Kontrolle durch das Insolvenzgericht zu widersetzen, liegt wie in § 17 Nr. 9 VerglO ein Zurückweisungsgrund gem. § 231 Abs. 1 Nr. 1 InsO wegen – gravierenden! – Verstoßes gegen verfahrensrechtliche Pflichten vor. Es hat keinen Sinn, ein Sanierungsverfahren mit einem Schuldner aufgrund seiner Initiative durchzuführen, der seine Bereitschaft zu rechtswidrigem Handeln offen an den Tag gelegt hat. Auch insofern bleibt es den Gläubigern schließlich unbenommen, eine eigene Initiative auf dem Weg über eine Auftragserteilung an den Verwalter zu starten.

14.34 Schwieriger sind schon nach überkommenem Recht diejenigen Tatbestände, die den Nrn. 2 und 3 des § 231 Abs. 1 InsO entsprechen: So ist der durch

---

38 *Häsemeyer*, Insolvenzrecht, 4. Aufl. 2007, 679; *Bruns*, Zwangsvollstreckungsrecht, Rn. 26.9.
39 Vgl. Leonhardt/Smid/Zeuner-*Smid*, InsO, § 157 Rn. 12 f.

Leichtsinn des Schuldners, Preisschleuderei oder Unredlichkeit herbeigeführte **Vermögensverfall** (§ 18 Nr. 1 VerglO)[40] kaum geeignet, eine Zurückweisung nach § 231 InsO zu begründen. Denn dieser Leichtsinn wird von konkurrierenden Gläubigern regelmäßig behauptet werden, die sich durch im Rahmen der Krise des Schuldners vorgenommene Notverkäufe beeinträchtigt fühlen werden. Die Auswechslung der Geschäftsleitung nimmt solchen Vorwürfen im Unternehmenskonkurs ohnedies den Wind aus den Segeln. Dies galt im Übrigen auch für § 17 Nr. 5 VerglO.[41] Zwar ist die eidesstattliche Versicherung eines Schuldners ein Zeichen dafür, dass eine von ihm initiierte Sanierung schwierig werden kann – aber insofern unterscheidet sich die Lage nach Eröffnung des Insolvenzverfahrens von der durch Individualvollstreckungen gekennzeichneten Situation. § 17 Nr. 5 VerglO taugt daher nicht als Maßstab zur Prüfung der Zurückweisung der Insolvenzplaninitiative. Die **schuldhafte Verzögerung** des Vergleichsantrages (§ 18 Nr. 2 VerglO) ist ebenfalls kein geeigneter Maßstab, denn insofern ging es weniger um Pflichten des Schuldners als um solche seiner Organe, die Schadenersatzpflichten auslösen und im Rahmen eines Sanierungsverfahrens berücksichtigt werden können, ihm aber nicht im Wege stehen.

14.35 Ferner ergeben sich Probleme im Zusammenhang mit der Frage danach, welche Rolle der Tatbestand des § 17 Nr. 2 VerglO künftig spielen wird. Dabei lässt sich aber bereits nach den oben geschilderten Prüfkriterien sagen, dass das bloße „Sich-Verborgenhalten" des Schuldners (§ 17 Nr. 2 VerglO) noch keinen Grund zur Zurückweisung seines Planes darstellen kann. Es kommt vielmehr darauf an, ob das „Sich-Verborgenhalten" spezifisch insolvenzrechtliche Pflichten verletzt. Hält sich der Schuldner z. B. wegen eines Abgabendelikts in der Schweiz verborgen, die ihn deshalb nicht ausliefert, oder um Nachstellungen aus Eifersucht zu entgehen usf. und ermöglicht er durch seinen mit allen erforderlichen Vollmachten und Informationen ausgestatteten Rechtsanwalt den Gläubigern ein Vorgehen, als sei er in persona zugegen, besteht kein Grund, seine Planinitiative zurückzuweisen. Etwas anderes galt, wenn er einer Vorladung des Insolvenzgerichts nicht gefolgt ist (§ 17 Nr. 2 VerglO). Eine solche Vorladung kann das Insolvenzgericht gem. § 97 Abs. 3 InsO[42] erlassen. Die Nichtbefolgung einer solchen Anordnung stellt sich wie im Falle des § 17 Nr. 9 VerglO evident als Verletzung einer spezifisch insolvenzrechtlichen Pflicht des Schuldners dar und kann daher auch die Zurückweisung seiner Sanierungsinitiative begründen.

14.36 Am Schwierigsten stellt sich die Beantwortung der Frage nach einer Übertragbarkeit des Grundsatzes des § 17 Nr. 3 VerglO in das Insolvenzrecht dar. Dabei geht es nicht um die moralische Bewertung von **Insolvenzstraftaten**. Ausschlaggebend ist die **potenzielle Gefahr**, die für die Gläubiger von Sanierungsinitiativen solcher Schuldner ausgehen, die wegen Insolvenzstraftaten vorbestraft sind oder gegen die wegen solcher Taten ermittelt wird. Die Gläubiger müssen in diesen Fällen von vornherein davor geschützt werden, dass der Schuldner sich mit den Instrumentarien von Gruppenbildung und Obstruktionsverbot durch eine Insolvenzplaninitiative in die Offensive begeben kann. Aber auch insofern gilt: Wollen die Gläubiger diesen Schutz nicht, dann können sie selber gem. § 157 InsO[43] initiativ werden und dem Schuldner – vermittelt durch einen Auftrag an den Verwalter! – Handlungsspielräume eröffnen.

---

40 *Bley/Mohrbutter*, VglO, § 18 Rn. 3–5.
41 *Bley/Mohrbutter*, VglO, § 18 Rn. 13.
42 MünchKomm-*Passauer*, InsO, § 97 Rn. 35 f.; Leonhardt/Smid/Zeuner-*Smid*, InsO, § 97 Rn. 13f f.; KPB-*Lüke*, § 97 Rn. 9–15.
43 Leonhardt/Smid/Zeuner-*Rattunde*, InsO, § 231 Rn. 25.

14.37 Obiter dictum hat der BGH[44] ausgeführt, dass ein offensichtlich fehlender **Wirklichkeitsbezug** eines vom Schuldner vorgelegten Zahlenwerkes die Zurückweisung des Plans nach § 231 Abs. 1 Nr. 3 InsO zu rechtfertigen vermag.

5. Instanzgerichtliche Judikatur

14.38 Die Unerfüllbarkeit des Insolvenzplanes hat ihre Ursachen häufig in den öffentlich-rechtlichen Rahmenbedingungen, die der wirtschaftlichen Betätigung in Deutschland zur Last fallen: Bekanntlich hat der Steuerrechtsreformgesetzgeber kurz nach dem Votum des Insolvenzrechtsreformgesetzgebers den **Sanierungsgewinn** einer Besteuerung unterworfen.[45] In einem vom LG Bielefeld zu entscheidenden Fall hatte vorinstanzlich das Insolvenzgericht den ihm vorgelegten Insolvenzplan nach § 231 Abs. 1 Nr. 3 InsO zurückgewiesen, weil die Sanierung der Schuldnerin möglicherweise durch die Besteuerung des Sanierungsgewinns gefährdet war. Das LG Bielefeld[46] hat den Zurückweisungsbeschluss mit der Begründung aufgehoben, ungeklärte Rechtsfragen wie diejenige der Besteuerung des Sanierungsgewinns gehörten zu den allgemeinen Planungsrisiken, die nicht spezifisch die Zurückweisung eines Insolvenzplanes tragen könnten und von den Gläubigern hinzunehmen seien. Diese „**wohlwollende**" **Prüfung**[47] kommt der Sanierung von Unternehmensträgern entgegen. Es ist aber fraglich, ob sie der Aufgabe des § 231 Abs. 1 Nr. 3 InsO gerecht werden kann. Denn es kommt im Rahmen dieser Vorschrift nicht darauf an, welche Gründe dazu führen, dass sich der vom Schuldner vorgelegte Insolvenzplan als voraussichtlich unerfüllbar darstellt. Die Gläubiger sollen nicht an Bord einer riskanten und im Lichte einer ordentlich angestellten Prognose zum von Anbeginn an zum Scheitern verurteilten Unternehmung gezwungen werden können – unabhängig davon, aus welchem Kontext die Risiken, die dieses Scheitern wahrscheinlich machen, herrühren.

14.39 Der Entscheidung des LG Bielefeld ist zuzustimmen. Wenn das Risiko bekannt ist, so ist es nicht Aufgabe des Insolvenzgerichts, an Stelle der **Gläubiger** zu entscheiden, ob man das Risiko eingehen will oder nicht. Wenn es den Gläubigern zu ungewiss ist, ob der Plan eine Realisierungschance hat, so mögen sie ihn ablehnen. Sie verdienen aber die Chance, dies **selbst zu entscheiden**. Die Entscheidung des Amtsgerichts Bielefeld scheint uns eher Ausdruck der allgemeinen Besorgnis zu sein, der die Insolvenzjustiz ausgesetzt ist und auf Grund derer sie Insolvenzpläne bisweilen mit Skepsis gegenübertritt. Mitunter sucht man nach Gründen, einen Plan scheitern zu lassen.

14.40 Dies macht ein weiterer Fall deutlich: Das AG Siegen[48] hatte einen durch eine Schuldnerin vorgelegten Insolvenzplan vorzuprüfen, die eine Gaststätte betrieb. Der Schuldnerin drohte konkret die **Gewerbeuntersagung wegen Unzuverlässigkeit** in Ansehung ihrer steuerlichen Pflichten gem. § 35 Abs. 1 Satz 1 GewO. Hieraus zog das AG Siegen den Schluss, der Insolvenzplan habe keine Aussicht auf Annahme durch den Fiskus als Gläubiger, daher komme § 231 Abs. 1 Nr. 2 InsO zur Anwendung. *Dies ist insoweit* nicht frei von Bedenken, als die Frage des Schicksals der Steuerforderungen von den Gestaltungen des Insolvenzplans gem. § 224 InsO abhängt. Nachvollziehbar ist die Entscheidung aber, soweit die Zurückweisung des Planes im konkreten Fall auf § 231 Abs. 1 Nr. 3 InsO gestützt wurde. Denn die Gewerbeuntersagung hätte der wirtschaftlichen Tätigkeit der Schuldnerin den Boden unter den Füßen entzogen und damit die Chancen der Erfüllung des Planes zerstört: Das Insolvenzgericht muss keine schwierigen

---

44 BGH, B. v. 6.4.2006, IX ZB 289/04.
45 Vgl. aber jetzt das Schreiben des BMF v. 27.3.2003, BStBl. 2003, 240.
46 LG Bielefeld, B. v. 30.11.2001, 23 T 365/01, ZInsO 2002, 198.
47 So *Paul*, ZInsO 2004, 72.
48 AG Siegen, Beschl. v. 28.12.1999, 25 IN 161/99, NZI 2000, 236 f.

Prognosen anstellen, um zu erkennen, dass die gaststättenbetreibende Insolvenzschuldnerin keine Erwerbschancen mehr hat, wenn ihr öffentlich-rechtlich ihre Tätigkeit künftig nicht mehr erlaubt ist. Eine Ausnahme mag dann vorliegen, wenn die Gaststättenbetreiberin ihr Hauptgeschäft im Nahrungsmittelgroßhandel o. ä. hat und die Gaststätte nur nebenbei betreibt. Bei alledem kommt es auf Folgendes an: Ob der Insolvenzplan Erfolg haben wird oder nicht kann, auf ganz unterschiedliche Art und Weise prognostiziert werden.

In der Vorprüfung nach § 231 Abs. 1 Nr. 3 InsO soll das Insolvenzgericht aber allein die betroffenen Gläubiger davor schützen, in den Strudel verfahrensrechtlicher Weiterungen involviert zu werden, der sie ggf. zu einem von vornherein aussichtslosen Ergebnis führt. Liegen daher gerichtsbekannte Fakten vor, die das Fehlschlagen des Planes als zwingend wahrscheinlich ansehen lassen, hat das Gericht den Plan nach § 231 Abs. 1 Nr. 3 InsO zu verwerfen. Im Übrigen ist es Sache der Gläubiger, darüber zu entscheiden, ob sie das Risiko des Planes in Kauf nehmen wollen oder nicht.

III. Besondere richterliche Hinweispflicht nach § 231 Abs. 1 InsO

1. Übersicht

Sowohl vor und im Verlauf der gerichtlichen Zulassungsprüfung des Planentwurfs gem. § 231 InsO als auch im Beratungs- und Abstimmungsverfahren stellt sich die Frage, wie gegenüber dem Planinitiator zu verfahren ist, wenn sich eine Lage einstellt, die der beschriebenen Situation entspricht. Besonders im Regelfall der Vorlage des Insolvenzplans durch den Schuldner wird dem Planinitiator häufig die **Mangelhaftigkeit** des Plans nicht auffallen. Das wird beinahe immer vor der richterlichen Prüfung gem. § 231 InsO der Fall sein. Aber auch nach Zulassung des Plans zum Verfahren wird dem Planinitiator das sich abzeichnende Scheitern seiner Initiative aufgrund angekündigten Widerspruchs von Gläubigern oftmals nicht vollständig klar sein. Eine derartige Erkenntnis wird ihm insbesondere dann verborgen bleiben, wenn er aufgrund der in seinem Planentwurf vorgenommenen Bewertungen davon ausgehen zu können glaubt, der Dissens einzelner Gläubiger oder Gläubigergruppen sei vom Insolvenzgericht als Obstruktion zu qualifizieren und daher dem Plan die gerichtliche Bestätigung zu erteilen.

Nach § 4 InsO sind im Insolvenzverfahren die Vorschriften der ZPO insoweit entsprechend anzuwenden, wie dies aufgrund der strukturellen Vergleichbarkeit der Lage geboten ist.[49] Dabei kommt es nicht auf die Einordnung des Insolvenzverfahrens in die streitige oder die nichtstreitige Gerichtsbarkeit an; ausschlaggebend ist vielmehr Folgendes: Insbesondere gelten auch im Insolvenzverfahren die Grundsätze der Gewährung rechtlichen Gehörs (Art. 103 Abs. 1 GG).[50] Es begegnet daher keinen Zweifeln, dass die Vorschriften über die richterliche Leitung der mündlichen Verhandlung (§§ 136 bis 144 ZPO) zur Anwendung gelangen.[51] Zu deren Kern gehört die sog. richterliche Aufklärungspflicht gem. § 139 ZPO, deren Inhalt im Wesentlichen darin besteht, den Antragsteller dazu zu bewegen, seinen Anträgen eine „sachdienliche" Form zu verleihen.[52] **§ 139 ZPO, der zwingend eingreift**[53] und dem Richter keinen Ermessensspielraum[54] eröffnet, löst richterliche Hinweispflichten aus, wenn der Vortrag des Beteiligten Lücken oder Mängel aufweist und zu erwarten ist, dass er auf den Hinweis hin diese Lücken schließen bzw. die Mängel beseitigen kann.[55] Wird z. B. im Insolvenzplanverfahren ein Insolvenzplan vorgelegt und weist das Gericht den Planinitiator im Zuge der Vorbereitung der Entscheidung auf Män-

---

49 *Hahn,* Die gesamten Materialien zur Konkursordnung, 297 ff.
50 BVerfG, B. v. 25.2.1988, 2 BvR 1289/87, ZIP 1988, 1410; HK-*Kirchhof,* InsO, § 4 Rn. 22; MünchKomm-*Ganter/Lohmann,* InsO, § 5 Rn. 76 ff.; Uhlenbruck-*Uhlenbruck,* InsO, § 5 Rn. 6; ausf. *Vallender,* in: Kölner Schrift zur InsO, S. 115 ff.
51 MünchKomm-*Ganter,* InsO, § 4 Rn. 47.
52 Dazu ausführlich MünchKomm-*Wagner,* ZPO, § 139 Rn. 11 ff.
53 MünchKomm-*Wagner,* ZPO, § 139 Rn. 3.
54 MünchKomm-*Wagner,* ZPO, § 139 Rn. 3.
55 MünchKomm-*Wagner,* ZPO, § 139 Rn. 11.

gel gem. Abs. 1 Satz 1 hin, so sieht die Norm ausdrücklich eine Hinweispflicht vor und bestimmt, dass ihm eine „Nachbesserung" zugestanden wird.

14.43 Aus dieser expliziten Bestimmung der richterlichen Hinweispflicht im Falle des § 231 Abs. 1 Nr. 1 InsO ist aber nicht zu folgern, dass der Gesetzgeber in den Fällen des § 231 Abs. 1 Nr. 2 und 3 InsO eine richterliche Hinweispflicht gegenüber dem planinitiierenden Schuldner (der allein von diesen Vorschriften erfasst wird) ausschließen wollte. Weder ergibt sich dies aus den Materialien des Gesetzes[56] noch wäre dies vor dem Hintergrund des Art. 103 Abs. 1 GG frei von schweren Bedenken. Eine solche Beschränkung des Rechts des Schuldners auf Gehör im Prüfungsverfahren gem. § 231 InsO durch Einschränkung des Geltungsbereichs des § 139 ZPO folgt auch nicht aus „verfahrensökonomischen" Gesichtspunkten;[57] behandelt man – was im Falle des Insolvenzplanverfahrens sehr fern liegt! – das Insolvenzverfahren als quasi-streitiges Verfahren,[58] ergibt sich dies bereits aus der dann zu gewährenden bzw. herzustellenden Waffengleichheit der „Parteien". Qualifiziert man das Insolvenzverfahren zutreffend als nichtstreitiges Verfahren,[59] folgt hieraus eine Einschränkung des Rechts auf Gehör und eine Begrenzung richterlicher Hinweispflichten auf Nachbesserungsmöglichkeiten des Schuldners in den Fällen des § 231 Abs. 1 Nr. 2 und 3 InsO auch deshalb nicht, weil hierdurch das – eilbedürftige – Verfahren verzögert und damit ggf. verteuert würde. Denn das materielle Recht des Schuldners, im Verfahren ggf. durch Initiierung eines Insolvenzplans eine Verbesserung seiner Haftungssituation und ggf. eine Restschuldbefreiung zu erreichen (§ 1 Satz 1, 2. Var. und Satz 2; § 217 InsO), findet seinen *verfahrensrechtlichen* Ausdruck darin, dass die Verfolgung dieses Rechts durch die Gewährung von rechtlichem Gehör gestützt wird. Auch das Fehlen einer dem § 10 VerglO[60] entsprechenden Vorschrift der InsO spricht nicht gegen die hier vertretene Auffassung: § 10 VerglO ist auf die Funktion des Vergleichsantrages hin zugeschnitten, den eigentlich zu eröffnenden Konkurs *abzuwenden*. Der Antrag ist daher oft „eilbedürftig", so dass für seine Vervollständigung nicht selten „Nachholbedarf" bestehen kann. Davon unterscheidet sich die Lage im Insolvenzplanverfahren strukturell insofern, als es ja nach der Vorstellung des Gesetzgebers eine Variante des einheitlichen Insolvenzverfahrens[61] ist. Hier geht es nach der (freilich im Gesetzgebungsverfahren teilweise obsolet gewordenen)[62] Vorstellung des Gesetzgebers[63] um ein Aushandeln, wenigstens aber um die Herstellung eines komplexen Sanierungskonzepts, was nachhaltige Änderungen eines Insolvenzplanentwurfs im Einzelfall geradezu erforderlich erscheinen lassen kann.

2. Hinweispflichten in den Fällen des § 231 Abs. 1 Nr. 2 und 3 InsO

14.44 Gem. Abs. 1 Nr. 2 und 3 erfolgt im Übrigen die Zurückweisung des Planentwurfs aufgrund „offensichtlicher" Mängel, deren Evidenz auf schlichten behebbaren Fehlern des Planinitiators beruhen kann. Auch in diesen Fällen ist daher der planinitiierende Schuldner vor der zurückweisenden Entscheidung entsprechend hinzuweisen, zu hören und ihm Gelegenheit zur Nachbesserung zu geben.

14.45 Zu den Hinweispflichten, die das Insolvenzgericht im Fortgang des Verfahrens, namentlich im Erörterungstermin, treffen vgl. unten Kapitel 16.

---

56 Vgl. Amtl. Begr. zu § 275 RegEInsO, BT-Drs. 12/2443, 204.
57 Zu deren Kritik *Smid*, Richterliche Rechtserkenntnis, 86 ff.
58 Vgl. allein Uhlenbruck-*Uhlenbruck*, InsO, § 4 Rn. 1 m.w.N.
59 Vgl. allein Leonhardt/Smid/Zeuner-*Smid*, InsO, § 4 Rn. 3 ff.
60 *Bruns*, Zwangsvollstreckungsrecht, Rn. 26.4.
61 Amtl. Begr. zum RegEInsO, Allg. 4a) aa, BT-Drs. 12/2443, 77 f.
62 Vgl. die Beschränkung des Planinitiativrechts auf Schuldner und Verwalter zur Vermeidung praktischer Schwierigkeiten konkurrierender Pläne, Beschl.-Empf. des RechtsA zu §§ 254, 255 RegEInsO, BT-Drs. 12/7302, 181 f.
63 Amtl. Begr. zum RegEInsO, Allg. 4 e) aa, bb, BT-Drs. 12/2443, 90, 92.

IV. Zurückweisung des Schuldnerplanes gem. § 231 Abs. 2 InsO

14.46 Einen Sonderfall der Zurückweisung des vom Insolvenzschuldner vorgelegten Insolvenzplanes wegen mangelnder Erfolgsaussicht (§ 231 Abs. 1 Nr. 2 InsO) typisiert das Gesetz in § 231 Abs. 2 InsO. Dort heißt es, dass das Insolvenzgericht auf einen (ggf. mit Zustimmung des Gläubigerausschusses) gestellten Antrag auf Zurückweisung durch den Insolvenzverwalter einen **neuen Plan** des Insolvenzschuldners zurückzuweisen hat, wenn der Insolvenzschuldner in dem Insolvenzverfahren bereits einen Plan vorgelegt hatte, der von den Beteiligten abgelehnt, vom Insolvenzgericht nicht bestätigt oder vom Schuldner nach der öffentlichen Bekanntmachung des Erörterungstermins zurückgezogen worden ist. In diesem Fall ist nämlich zu erwarten, dass der neue Schuldnerplan keine Aussicht auf Erfolg haben wird und seine Zulassung allein zu einer Verfahrensverzögerung führen würde.[64]

14.47 Ein Ermessens- oder Beurteilungsspielraum ist dem Gericht insofern nicht eingeräumt.[65] Die Zurückweisung hat im Falle eines zulässigen Antrags bei Vorliegen der Zurückweisungsgründe *stets* zu erfolgen.[66] Sofern kein Gläubigerausschuss bestellt wurde, ist der Antrag des Insolvenzverwalters auch ohne Mitwirkung der Gläubigerschaft zulässig.

14.48 Materielle Voraussetzung der Zurückweisung ist, dass alternierend entweder ein vom Schuldner vorgelegter Plan von den Gläubigern **abgelehnt** wurde, das Insolvenzgericht dem Plan die **Bestätigung** (nach § 251 InsO, da die Versagung der Bestätigung gem. § 250 InsO die Annahme durch die Gläubiger voraussetzt) **versagt** hat oder der Schuldner nach der öffentlichen Bekanntmachung des Erörterungstermins (§ 235 Abs. 2 InsO) den Plan **zurückgezogen** hat.

V. Fällt das Insolvenzgericht eine „positive" Zulassungsentscheidung gem. § 231 Abs. 2 InsO?

1. Fragestellung

14.49 Wie die ausdrückliche Eröffnung von Rechtsmitteln gegen Zurückweisung des Insolvenzplans (§ 231 Abs. 3 InsO) zeigt, erfolgt dies durch förmlichen Beschluss des Insolvenzgerichts. Das Gesetz schweigt demgegenüber zu der Frage, ob das Insolvenzgericht für den Fall, dass es davon ausgeht, dass dem weiteren Verfahren Hinderungsgründe nach § 231 Abs. 1 oder Abs. 2 InsO nicht entgegenstehen, ebenso eine förmliche – „positive" – Zulassungsentscheidung zu fällen hat. Der **Gesetzeswortlaut** gibt hierfür nichts her. Das „Schweigen" des Gesetzes schließt allerdings die Diskussion über eine Zulassungsentscheidung ebenso wenig aus wie der Umstand, dass gegen eine solche Entscheidung nach § 6 InsO Rechtsmittel nicht eröffnet wären.[67]

2. Klarstellender Zulassungsbeschluss

14.50 Wird ein Insolvenzplan vorbereitet, sieht sich der Initiator mit einer Ungewissheit konfrontiert: Die Reaktion des **Insolvenzgerichts** auf den Plan ist nämlich nicht immer vorhersehbar.[68] So kann das Insolvenzgericht die **unterschiedlichsten Einwendungen** gegen den Plan haben. Daran ändert sich auch nichts da-

---

64 Vgl. MünchKomm-*Breuer*, InsO, § 231 Rn. 22.
65 *Schiessler*, Der Insolvenzplan, 132 f.
66 A. A. NR-*Braun*, InsO, § 231 Rn. 33; MünchKomm-*Breuer*, InsO, § 231 Rn. 21: nur für den Fall, dass es keine sachlichen Gründe für die Rücknahme und die Neueinreichung gibt.
67 Braun-*Braun/Frank*, InsO, § 231 Rn. 9; MünchKomm-*Breuer*, InsO, § 231 Rn. 25.
68 Kritisch insbes. *Leonhardt*, Voraussetzungen für eine erfolgreiche Unternehmenssanierung in der Insolvenz, in: Smid (Hrsg.), Fragen des deutschen und internationalen Insolvenzrechts, 2. Kieler Insolvenzrechtssymposium 2006, 91 ff.

durch, dass nunmehr der Richter an die Stelle des Rechtspflegers getreten ist. Der Planinitiator hat indes ein starkes Interesse daran, alsbald Klarheit darüber zu erlangen, welches verfahrensrechtliche Schicksal sein Plan nehmen wird: Die Verfahrensabwicklung auf der Grundlage der Regelungen eines Insolvenzplans setzt voraus, dass der Planinitiator die erforderlichen Mehrheiten und Summenmehrheiten in allen Abstimmungsgruppen der durch die Regelungen des Plans betroffenen Gläubiger erlangen kann. Nicht zuletzt bedarf die Verfahrensabwicklung durch den Insolvenzplan jedenfalls im Zusammenhang einer Betriebsfortführung der Unterstützung des Planinitiators durch Kreditgeber, die durch Gewährung von Sanierungskrediten den Handlungsspielraum des Unternehmens gewährleisten. Insolvenzgläubiger und Absonderungsberechtigte, die dem Plan positiv gegenüber stehen und ggf. im Berichtstermin einen entsprechenden Auftrag dem Insolvenzverwalter zur Ausarbeitung eines Plan erteilt haben, müssen im weiteren Verlauf vom Planverfasser „bei der Stange gehalten" werden.[69] Zeitliche Verzögerungen, aber auch Ungewissheiten über das Schicksal, das der Insolvenzplan möglicherweise im Verlauf des Verfahrens erleidet, können für die weitere Verfahrensabwicklung sich als Fallstricke erweisen. Dem Bedürfnis nach einer Beschleunigung des Ablaufs des Insolvenzplanverfahrens stehen freilich die Schutzbedürfnisse der von seinen Regelungen betroffenen Gläubiger entgegen. Das Gesetz hat bekanntlich mit § 231 Abs. 1 InsO zwischen die Vorlage des Plans beim Insolvenzgericht durch den Planinitiator und die Durchführung des eigentlichen Planverfahrens eine Vorprüfung des Insolvenzplans durch das Insolvenzgericht eingeschaltet. Das Insolvenzgericht hat nach § 231 Abs. 1 Nr. 1 InsO zu prüfen, ob der vorgelegte Insolvenzplan den gesetzlichen Vorschriften über die Berechtigung zur Vorlage des Plans und über den Inhalt des Insolvenzplans entspricht. Im Falle eines vom Schuldner vorgelegten Planes hat das Insolvenzgericht darüber hinaus nach § 231 Abs. 1 Nr. 2 InsO zu prüfen, ob der Plan ggf. keine Aussicht auf Annahme durch die Gläubiger hat und/oder ob der Plan sich als wirtschaftlich nicht erfüllbar erweist, § 232 Abs. 2 Nr. 3 InsO. Erst der Plan, der diese Hürde einer insolvenzgerichtlichen Vorprüfung überwunden hat, löst das eigentliche Insolvenzplanverfahren aus. Dessen Gang bedarf an dieser Stelle noch keiner eingehenden Erörterung.

14.51 Folgende **Fallgestaltungen** sollen hier nur beispielhaft angeführt werden:
– Nach Vorprüfung gem. § 231 InsO hat das Insolvenzgericht einen Plan nicht zurückgewiesen, sondern den in § 232 InsO genannten Personen bzw. Stellen zur weiteren Prüfung zugeleitet, in dem vorgesehen ist, dass der Plan nur unter der Voraussetzung bestätigt werden soll, dass dem **Verwalter** eine **Vergütung** in bestimmter Höhe festgesetzt wird. Nach einer Versetzung des bisher zuständigen Richters weist der Nachfolger den Plan nach § 231 Abs. 1 InsO zurück, weil die Verwaltervergütung nicht plandispositiv sei und der Plan eine unzulässige Bedingung enthalte.[70]
– Die spanische Alleingesellschafterin der deutschen insolvenzschuldnerischen GmbH ist ebenfalls insolvent. Sie hat in Bankenrunden zur Sanierung der deutschen GmbH eine Reihe von sich widersprechenden Konzepten vorgelegt, die auf offensichtlich finanzwirtschaftlichen haltlosen Angaben beruhen. Zunächst legt sie als Gesellschafterin einen Insolvenzplan vor, den sie sogleich zurückzieht. Kurz darauf lässt die spanische Alleingesellschafterin ihn vom Geschäftsführer der Insolvenzschuldnerin für diese vorlegen. Das Insolvenzgericht übersendet den Insolvenzplan an den Insolvenzverwalter zur Stellungnahme, der darauf hinweist, dass der **Plan unerfüllbar** ist, da – auf der Grundlage eines entsprechenden Beschlusses der Gläubiger-

---

69 *Smid*, Praxishandbuch Insolvenzrecht, § 30 Rn. 42 f.
70 Dieser Fall ist dem Sachverhalt nachgebildet, der einem Beschl. des BGH v. 22.2.2007, IX ZB 106/06, DZWIR 2007, 343, zugrunde gelegen hat.

versammlung im Berichtstermin – mittlerweile vor Einreichung des Planes eine *übertragende Sanierung erfolgreich durchgeführt worden* ist; zudem weist der Verwalter unter Anführung entsprechender Belege darauf hin, dass auch wegen der vorliegenden widersprüchlichen Angaben der Plan weder Aussicht auf Annahme durch die Gläubiger noch auf Erfüllung habe. Das Insolvenzgericht weist den Plan nunmehr zurück. Die Insolvenzschuldnerin wendet sich dagegen mit der sofortigen Beschwerde.

Der Planinitiator kann sich mit der Versagung der Zulassung seines Planes auseinandersetzen – jedenfalls hat er durch den insolvenzgerichtlichen Beschluss **Gewissheit**, dass nach den im Plan vorgesehenen Regelungen nur unter der Voraussetzung zu verfahren ist, dass er den insolvenzgerichtlichen Beschluss durch eine Entscheidung des Rechtsmittelgerichts hat aufheben lassen können. Einstweilen ist es für alle Verfahrensbeteiligten klar, dass nach den allgemeinen Regeln des Insolvenzrechts zu verfahren ist. Wird die Zulassung des Planes nicht abgewiesen, kann der Planinitiator wenigstens **darauf vertrauen**, dass die Entscheidung darüber, ob das weitere Verfahren nach den Regeln des Plans abgewickelt werden wird, *in die Hände der Gläubiger gelegt wird*[71] – jedenfalls soweit sie nach den §§ 237, 238 InsO deshalb entscheidungsbefugt sind, weil sie von den Regelungen des Planes in ihrer Rechtsstellung betroffen werden.[72] Der Planinitiator wird in diesem Zusammenhang nicht selten Anträge auf Aussetzung der Verwertung der Masse jedenfalls im Falle eines Reorganisations- und Sanierungsplanes gem. § 233 InsO[73] stellen. Darüber hinaus wird der Planinitiator in der Phase nach einer „Zulassung" des Plans zum weiteren Verfahren bestrebt sein, in dem durch § 226 InsO offengelassenen zulässigen Rahmen mit den Gläubigern über den **weiteren Verlauf zu verhandeln**.

14.52

In diesem Zusammenhang stellt sich eine Reihe von **verfahrensrechtlichen Fragen**. Ergibt es sich nicht unmittelbar aus dem Gesetz, in welcher Form das Insolvenzgericht die „Zulassung" des Insolvenzplans zum weiteren Verfahren vorzunehmen hat? In der Vergangenheit ist in der Literatur[74] die Auffassung vertreten worden, es sei hilfreich, wenn das Insolvenzgericht einen förmlichen Zulassungsbeschluss erlasse, um den Beteiligten Klarheit über den Stand des Verfahrens zu verschaffen. Ein derartiger Beschluss hätte jedenfalls einen „**feststellenden" Charakter**.[75] Welche verfahrensrechtlichen Folgen sich aus ihm ergäben, ist damit aber durchaus noch nicht gesagt. Denn es stellt sich neben der Frage der Form, in der die Zulassung eines vorgelegten Insolvenzplans zum weiteren Insolvenzverfahren durch das Insolvenzgericht nach seiner Vorprüfung gem. § 231 Abs. 1 InsO erfolgt, auch die Frage, wie das Insolvenzgericht weiter mit dem Insolvenzplan zu verfahren hätte, wenn es denn das weitere Verfahren seinen Lauf hat nehmen lassen – sei es mit einem förmlichen Zulassungsbeschluss oder ggf., wie in praxi üblich – ohne einen solchen. Diese Frage lässt sich aus dem Gesetz nicht ohne weiteres entnehmen.

14.53

Besonders fragt es sich, wieweit die Zulassung des Insolvenzplans zum weiteren Verfahren auf den Plan bezogene **weitere Maßnahmen des Insolvenzgerichts** über die Entscheidung über die Aussetzung der Verwertung bzw. die Aufhe-

14.54

---

71 Entscheidend ist die Abstimmung der nach § 222 InsO gebildeten Gruppen; zu den erforderlichen Mehrheiten vgl. § 244 InsO.
72 Leonhardt/Smid/Zeuner-*Rattunde*, InsO, § 237 Rn. 2 u. § 238.
73 *Haarmeyer/Wutzke/Förster*, Handbuch der Insolvenzordnung, V Rn. 383; Leonhardt/Smid/Zeuner-*Rattunde*, InsO, § 233 Rn. 1 f.
74 So auch ausdrücklich in dem von mir mit verfassten Handbuch des Insolvenzplanrechts, vgl. *Smid/Rattunde/Martini*, Insolvenzplan, 3. Aufl. 2012, Rn. 11.51 ff.
75 Der Beschluss würde also über das Bestehen oder Nichtbestehen des Planes Auskunft geben, sich aber sich auf eine bloß deklaratorischen Wirkung beschränken; vgl. insoweit § 256 ZPO.

bung einer Aussetzungsentscheidung hinaus **ausschließt**. Dabei ist von vornherein darauf aufmerksam zu machen, dass in diesem Zusammenhang die Möglichkeit der Verweigerung der insolvenzgerichtlichen Bestätigung nach § 250 InsO[76] die Beantwortung der Frage danach, ob ein Zulassungsbeschluss, wie immer er technisch vorzustellen sein mag, das Insolvenzgericht für das weitere Verfahren festlege, nicht vorgibt. Denn die Entscheidung nach § 250 InsO setzt voraus, dass es überhaupt zu einem Verfahren über den Insolvenzplan über die Zulassungsentscheidung hinaus gekommen ist. Damit aber stellt sich zunächst vor einer weiteren und näheren Betrachtung der § 250 InsO und die in ihm geregelte Entscheidung über die Verweigerung der Bestätigung des Insolvenzplans als eine Norm dar, die zwingend die zuvor erfolgte Zulassung des Insolvenzplans zum weiteren Verfahren voraussetzt. Damit stellt sich aber weiter die Frage, ob und wieweit das Insolvenzgericht nach einer Zulassung des Plans zum weiteren Verfahren die Entscheidung über seine Annahme oder Verwerfung zunächst einmal den Gläubigern zu überlassen habe. Denn im weiteren Verfahren artikulieren sich neben dem Verwalter oder Schuldner, der im Verfahren dem Planinitiator gegenüber tritt, insbesondere die Gläubiger. Sie sind es, auf deren Initiativen im Erörterungstermin nach § 240 InsO[77] Planänderungen erfolgen können und damit der Plan ein der Abwicklung des Verfahrens adäquates Gesicht erhalten kann. Damit stellt sich die Frage, ob und wieweit eine Zulassungsentscheidung des Insolvenzgerichts von diesem abgeändert werden kann und in welchem Umfang ggf. das Insolvenzgericht zum Zwecke einer Überprüfung seiner einmal getroffenen Zulassungsentscheidung Amtsermittlungen[78] zum Insolvenzplan und dem in ihm getroffenen Regelungen vorzunehmen berechtigt ist.

14.55 Das Gericht hat den ihm zur Vorprüfung zugeleiteten Plan zurückzuweisen, wenn einer oder mehrere der Zurückweisungsgründe des § 231 Abs. 1 InsO oder des § 231 Abs. 2 InsO vorliegen. Dabei nimmt das Insolvenzgericht *mehr als eine nur beurkundende Funktion* wahr.[79] Die Zulassung des vorgelegten Plans stellt sich nämlich nicht allein als **verfahrensleitende Verrichtung** des Insolvenzgerichts, sondern als gegenüber den Verfahrensbeteiligten **wirksame Entscheidung** dar. Denn wird der Plan nicht zurückgewiesen, sondern zum „weiteren" Verfahren zugelassen, hat dies eine Reihe verfahrensrechtlicher Folgen, die die verfahrensrechtlichen Teilnahmerechte[80] der Beteiligten betreffen. So können die in ihren Rechten durch die Regelungen des Plans betroffenen Gläubiger in den durch den Plan vorgesehenen Gruppen über die Annahme des Planes abstimmen – sie sind aber, lässt das Insolvenzgericht den Insolvenzplan zu, auch daran gebunden, in den planmäßigen Gruppen durch die Abstimmung über das Schicksal ihrer durch die Regelungen des Planes betroffenen Rechte abzustimmen.[81] Die Art der Konfektionierung der Abstimmungsgruppen hat aber sowohl materiell als auch verfahrensrechtlich einen nicht unerheblichen Einfluss auf die Rechte der Gläubiger.[82] Ob eine Ungleichbehandlung etwa eines Absonderungsberechtigten mit einem anderen zulässig ist, entscheidet sich danach, ob beide in unterschiedlichen Gruppen abstimmen, vgl. § 226 Abs. 1 InsO.[83]

14.56 Erachtet das Insolvenzgericht die Begründung, die der Planinitiator für eine differenzierte Gruppenbildung nach § 222 Abs. 2 Satz 3 InsO im Plan doku-

---

[76] *Smid/Rattunde/Martini*, Insolvenzplan, 3. Aufl. 2012, Rn. 11.53 ff.
[77] Vgl. aber MünchKomm-*Hintzen*, InsO, § 240 Rn. 5.
[78] Leonhardt/Smid/Zeuner-*Smid/Leonhardt*, InsO, § 5 Rn. 5.
[79] So aber *Braun/Uhlbruck*, Unternehmensinsolvenz, 517.
[80] *Carl*, Teilnahmerechte im Konkurs, 109 f.
[81] *Smid/Rattunde/Martini*, Insolvenzplan, 3. Aufl. 2012, Rn. 13.73.
[82] *Smid/Rattunde/Martini*, Insolvenzplan, 3. Aufl. 2012, Rn. 9.1 ff.; a. A *Braun/Uhlbruck*, Unternehmensinsolvenz, 602; s. auch *Mertens*, ZGR 1984, 542, 548.
[83] Leonhardt/Smid/Zeuner-*Rattunde*, InsO, § 226 Rn. 2.

mentiert hat, für sachgerecht i. S. v. § 222 Abs. 2 Satz 2 InsO, dann verstieße ein auf dieser Grundlage mit den erforderlichen Mehrheiten angenommener Plan jedenfalls nicht gegen Vorschriften über Inhalt und Zustandekommen des Plans und seine Bestätigung wäre jedenfalls nicht deshalb vom Insolvenzgericht zu verweigern.[84] Der **Zuschnitt der Abstimmungsgruppen** hat darüber hinaus auch verfahrensrechtlich einen erheblichen Einfluss auf die Mehrheitsbildung innerhalb der Abstimmungsgruppen. Dies aber hat ersichtlich Bedeutung für den „Wert" der einzelnen Stimme, die der betroffene Gläubiger in „seiner" Gruppe abgibt. Auch die verfahrensrechtliche Stellung des Planinitiators wird durch die Zulassung des Planes zum weiteren Verfahren verändert. Legt der Insolvenzverwalter den Plan vor, kann und ggf. muss er einen Antrag nach § 233 InsO[85] auf Aussetzung der Verwertung der Masse stellen und sich so von seiner insolvenzspezifischen Pflicht zur unverzüglichen Verwertung der Masse (§ 159 InsO[86]) entbinden lassen; der Schuldner hat als Planinitiator die Befugnis, durch einen entspr. Antrag den Bestand seines Vermögens vor einer Verwertung zu schützen.[87] Diese Stichworte genügen, um die Reichweite der materiell-rechtlichen und verfahrensrechtlichen Konsequenzen einer Zulassung des Plans zum weiteren Verfahren zu illustrieren.

Zur Vorbereitung seiner Entscheidung nach § 231 InsO bedarf es daher einer über die Betrachtung der äußeren Förmlichkeiten des vorgelegten Planes – wie der Vereinbarkeit mit der gesetzlich vorgeschriebenen äußeren Gliederung nach den §§ 219 bis 221 InsO[88] – hinausgehenden **inhaltlichen Prüfung** durch das **Insolvenzgericht**.[89] Denn durch die insolvenzgerichtliche Vorprüfung des Planes wird jedenfalls auch ein Schutz der durch seine Regelungen betroffenen Gläubiger gewährleistet, sich – nicht selten zeit- und kostenintensiv – mit dem weiteren Verfahren der Erörterung und der Abstimmung über den Plan auseinandersetzen zu müssen und dabei wegen § 222 InsO bereits vor jeder Entscheidung über Annahme oder Verwerfung jedenfalls verfahrensrechtlich ihre Befugnisse nach den Vorgaben des Planinitiators auszuüben.[90] Folgt man allein dem Wortlaut des Gesetzes, scheint die Zulassung des Insolvenzplans zum weiteren Verfahren, so weitreichend doch ihre Folgen sind, in Gestalt einer formlosen „Verrichtung"[91] des Insolvenzgerichts einfach dadurch vorgenommen werden zu können, dass das Insolvenzgericht den Plan an die in § 232 InsO genannten Stellen „zuleitet"; § 232 InsO spricht nämlich davon, dass das Insolvenzgericht den Insolvenzplan zur Stellungnahme zuleitet, wenn der Insolvenzplan nicht zurückgewiesen wird.[92] Legt man daher allein den Wortlaut des § 232 InsO zugrunde, scheint *nach* der Zulassung des vorgelegten Insolvenzplans die Weiterleitung an die in § 232 Abs. 1 InsO genannten Stellen zur Stellungnahme innerhalb der dazu eingeräumten Frist (§ 232 Abs. 3 InsO[93]) zu erfolgen.

14.57

Die „**Zuleitung**", also eine geschäftsstellenmäßige Verrichtung, scheint damit Ausdruck einer „Zulassung" des Insolvenzplans zum weiteren Verfahren zu sein. Dafür spricht vordergründig, dass das Gesetz ausdrücklich nur für die

14.58

---

84 KPB-*Otte*, § 222 Rn. 8; vgl. NR-*Braun*, InsO, § 222 Rn. 41; s. auch *Smid*, InVo 1997, 169 ff.; *Smid/Rattunde/Martini*, Insolvenzplan, 3. Aufl. 2012, Rn. 11.15.
85 MünchKomm-*Breuer*, InsO, § 233 Rn. 6.
86 Vgl. Uhlenbruck-*Uhlenbruck*, InsO, § 159 Rn. 1 ff.
87 *Smid/Rattunde/Martini*, Insolvenzplan, 3. Aufl. 2012, Rn. 12.18.
88 Leonhardt/Smid/Zeuner-*Rattunde*, § 219 Rn. 2.
89 *Smid/Rattunde/Martini*, Insolvenzplan, 3. Aufl. 2012, Rn. 11.10.
90 Braun-*Braun/Frank*, InsO, § 231 Rn. 1.
91 Zur „Verrichtung" als Handlungs- und Entscheidungsform in nichtstreitigen Verfahren *Pawlowski/Smid*, Freiwillige Gerichtsbarkeit, Rn. 301; zum Insolvenzverfahren als nichtstreitigem Verfahren BVerfG, B. v. 23.5.2006, 1 BvR 230/04, DZWIR 2006, 362.
92 Leonhardt/Smid/Zeuner-*Rattunde*, InsO, § 232 Rn. 1.
93 *Smid/Rattunde/Martini*, Insolvenzplan, 3. Aufl. 2012, Rn. 12.6

Zurückweisung des Plans durch das Insolvenzgericht etwas anderes vorsieht: § 231 Abs. 3 InsO zeigt, dass der Zurückweisungsbeschluss als förmliche und zugleich rechtsmittelfähige (vgl. § 6 Abs. 1 InsO[94]) Entscheidung ergeht. Dass eine Rechtsmittelfähigkeit einer Zulassungsentscheidung nicht geregelt ist und auch keinesfalls sinnvoll wäre, liegt auf der Hand. Denn das weitere Verfahren bietet den Gläubigern sowohl durch die Möglichkeit einer (wenngleich begrenzten) Einflussnahme durch Planänderungen gem. § 240 InsO, ihr Abstimmungsverhalten selbst und das insolvenzplanverfahrensrechtliche Antrags- (§ 251 InsO[95]) und Beschwerderecht (§ 253 InsO[96]) genügend Möglichkeiten, ihre Rechte im Verfahren zu wahren. Das Gesetz schweigt aber zu der Frage, ob das Insolvenzgericht für den Fall, dass es davon ausgeht, dass dem weiteren Verfahren Hinderungsgründe nach § 231 Abs. 1 oder Abs. 2 InsO nicht entgegenstehen, ebenso eine förmliche – „positive" – Zulassungsentscheidung zu fällen hat[97], wie es eine negative Versagungsentscheidung nach § 231 Abs. 3 InsO fällt. Gibt der *Gesetzeswortlaut* wie gezeigt hierfür nichts her, sondern spricht eher gegen eine solche förmliche „Zulassungsentscheidung", schließt das „Schweigen" des Gesetzes allerdings die Diskussion über eine Zulassungsentscheidung ebenso wenig aus wie der Umstand, dass gegen eine solche Entscheidung nach § 6 InsO Rechtsmittel nicht eröffnet wären.[98] Auch die Einschränkung der Rechtsbehelfe der Gläubiger gegen den Plan durch das ESUG ändert an dem Grundbefund nichts.

14.59 Die bereits angesprochene **verfahrens*technische*** Bestimmung von § 232 Abs. 1 InsO, nach der das Insolvenzgericht den Insolvenzplan bestimmten Gremien bzw. Amtsträgern und Personen zuleitet, wenn der Insolvenzplan nicht zurückgewiesen wird, spricht vordergründig gegen einen Zulassungsbeschluss. In praxi kommt hinzu, dass ein derartiger Zulassungsbeschluss mit Mehrarbeit zu Lasten des Insolvenzgerichts verbunden wäre; die Verlagerung der funktionellen Zuständigkeit für das Insolvenzplanverfahren auf den Richter wird die damit verbundenen Probleme solange nicht abschwächen, wie Richter auch für die Eröffnung von Verbraucherinsolvenzverfahren zuständig bleiben und dort ein Großteil ihres Pensums verbraucht wird. An dieser Stelle lässt sich indes bereits eine negative Aussage treffen: Die Frage danach, ob das Insolvenzgericht verfahrensfehlerhaft handelt, wenn es unterlässt, einen förmlichen Zulassungsbeschluss zu fällen, ist nach alledem zu verneinen.

14.60 Das Insolvenzgericht ist aber durch die Regelungen der §§ 231 Abs. 3, 232 InsO keineswegs daran gehindert, einen **Zulassungsbeschluss zu erlassen**.[99] Das geltende Verfahrensrecht kennt derartige **klarstellende Beschlüsse** auch in anderen Zusammenhängen, so z. B. im Rahmen des § 766 ZPO[100], wenn mit der Erinnerung das Ziel verfolgt wird, dass die Wirksamkeit oder Unwirksamkeit bestimmter Vollstreckungshandlungen durch das Vollstreckungsgericht zwar nicht herbeigeführt, aber klargestellt wird.[101] Ein derartiger klarstellender förmlicher Zulassungsbeschluss ist denn auch im Schrifttum[102] bisweilen befürwortet worden; es lohnt sich daher, kurz der Frage nachzugehen, welchen Sinn ein solcher klarstellender Zulassungsbeschluss haben könnte.

---

94 Leonhardt/Smid/Zeuner-*Smid*, InsO, § 6 Rn. 10 f.
95 Uhlenbruck-*Lüer*, InsO, § 251 Rn 1. ff.
96 MünchKomm-*Sinz*, InsO, § 253 Rn. 1 ff.
97 *Smid/Rattunde/Martini*, Insolvenzplan, 3. Aufl. 2012, Rn. 11.15.
98 Braun-*Braun/Frank*, InsO, § 231 Rn. 9; MünchKomm-*Breuer*, InsO, § 231 Rn. 25.
99 Der hier vertretenen Ansicht folgend: MünchKomm-*Eidenmüller*, InsO, Vor §§ 217 Rn. 60; a. A. HK-*Haas*, § 231 Rn. 14; Uhlenbruck-*Lüer*, InsO, § 231 Rn. 41.
100 MünchKomm-*K. Schmidt/Brinkmann*, ZPO, § 766 Rn. 1 ff.
101 LG Passau, Beschl. v. 14.12.2006, 2 T 248/06.
102 MünchKomm-*Eidenmüller*, InsO, Vor §§ 217 Rn. 60; a. A. Uhlenbruck-*Lüer*, InsO, § 231 Rn. 36.

14.61 Der verfahrensrechtliche „Wert" eines derartigen klarstellenden Zulassungsbeschlusses ist indes gering. Er mag sich bisweilen als sinnvoll erweisen, um Unklarheiten für das weitere Verfahren auszuräumen. Denn gegen den angenommenen und bestätigten Insolvenzplan können sich Gläubiger nach dessen Bestätigung durch das Insolvenzgericht mit der sofortigen Beschwerde gem. § 253 InsO wenden, worauf bereits hingewiesen worden ist. Es liegt auf der Hand, dass dies den Erfolg eines Insolvenzplans zu beeinträchtigen geeignet sein kann. Ein Zulassungsbeschluss, in dem unter Angabe von Rechtsgründen die Konformität des vorgelegten Planes mit den gesetzlichen Regeln über seine Form und seinen Inhalt bestätigt wird, kann dazu beitragen, spätere Rechtsmittel auszuschließen bzw. die Befassung der Beschwerdekammer mit der Sache zu erleichtern, was zur Verfahrensbeschleunigung beitragen kann. Darüber hinaus mag ein solcher positiver Zulassungsbeschluss aber auch dem Insolvenzgericht selbst bei der Leitung des weiteren Verfahrensganges helfen. Nach § 250 Nr. 1 InsO hat das Insolvenzgericht nämlich trotz einer Annahme des Planes durch alle Abstimmungsgruppen die Bestätigung von Amts wegen zu versagen, wenn die Vorschriften über den Inhalt und die verfahrensmäßige Behandlung des Insolvenzplans in einem wesentlichen Punkt nicht beachtet worden sind und der Mangel nicht behoben werden kann.[103] All diese förderlichen Wirkungen würde freilich allein ein mit Gründen versehener Zulassungsbeschluss zu entfalten vermögen. Da Rechtsmittel gegen ihn aber nicht gegeben sind (und deren Schaffung de lege ferenda nicht sinnvoll wäre) bedarf ein klarstellender Zulassungsbeschluss keiner Gründe[104]. Ein förmlicher Zulassungsbeschluss würde daher in aller Regel ohne Gründe erlassen werden. Ein „positiver" Zulassungsbeschluss mag daher den Verfahrensbeteiligten bei der Beurteilung des Verfahrensstandes helfen; darüber hinaus bringt er nicht viel. Wechselt z. B., was nicht selten der Fall ist, im laufenden Verfahren die Person des Insolvenzrichters, würde der Zulassungsbeschluss dem Insolvenzgericht[105] nur dann dabei helfen, im weiteren Verlauf des Verfahrens den Sach- und Rechtsstand zügig beurteilen und bearbeiten zu können, wäre er mit Gründen versehen – was in aller Regel nicht der Fall sein dürfte.

3. „Widerruf" der Zulassung und Beendigung des Insolvenzplanverfahrens durch das Insolvenzgericht?

14.62 Fraglich ist, ob das Insolvenzgericht aufgrund nachträglich – nach erfolgter Weiterleitung des eingereichten Insolvenzplans an die zur Stellungnahme berufenen Gremien gem. § 232 InsO – auftretender Zweifel hinsichtlich des **Nichtvorliegens von Zurückweisungsgründen** gem. § 231 Abs. 1 InsO seinen Zulassungsbeschluss *aufheben* kann. Diese Frage hat der Gesetzgeber nicht gestellt und sie ist bislang in der Literatur soweit ersichtlich nicht erörtert worden. Das kann seinen Grund freilich darin haben, dass die Befugnis des Insolvenzgerichts zur nachträglichen Aufhebung der Zulassung des Zulassungsbeschlusses begrenzt oder gar ausgeschlossen sein könnte. Voraussetzung dafür wäre aber eine „innerprozessuale" Bindungswirkung dieses Beschlusses.

14.63 Stellt sich der Zulassungsbeschluss hingegen als *rein verfahrensleitende* Verfügung des Insolvenzgerichts dar, könnte an seiner **Abänderbarkeit und Aufhebbarkeit** kein Zweifel aufkommen. Bereits gegenüber den beteiligten Gläubigern bestehen aber Bedenken daran, den Zulassungsbeschluss als rein verfahrensleitende Verfügung zu qualifizieren, weil sie durch die Zulassung in ihren Verfah-

---

103 Vgl. die Judikatur des BGH: BGH, Beschl. v. 3.12.2009, IX ZB 30/09, ZIP 2010, 341; BGH, B. v. 15.7.2010, IX ZB 65/10, ZInsO 2010, 1448; *Smid/Rattunde/Martini*, Insolvenzplan, 3. Aufl. 2012, Rn. 11.53.
104 Braun-*Braun/Frank*, InsO, § 248 Rn. 5.
105 Zu denken ist etwa an einen Fall, in dem das Personal des Insolvenzgerichts während des Verfahrens wechselt.

rensteilnahmerechten betroffen sein können – dies weil sie gem. § 222 InsO in Abstimmungsgruppen eingeteilt werden, wodurch die Chancen der Geltendmachung ihrer Rechtspositionen u. U. beeinträchtigt werden (näher unten Kapitel 16). Insofern aber können die dadurch betroffenen Gläubiger ihre Rechte im Verfahren der sofortigen Beschwerde gem. § 253 InsO gegen die Planbestätigung geltend machen. Jedenfalls gegenüber dem planinitiierenden Schuldner hat der Zulassungsbeschluss über bloße verfahrensleitende Verfügungen hinaus „Außenwirkungen": Das ergibt sich schon aus § 231 Abs. 3 InsO, der dem Planinitiator die Befugnis zur Einlegung der sofortigen Beschwerde gegen die Zurückweisung des Plans einräumt.

14.64 Mit der Feststellung, dass der **Zulassungsbeschluss** nicht bloß verfahrensleitende Aufgaben hat, ist die Frage nach seiner Abänderbarkeit aber noch nicht entschieden. Ausschlaggebend ist dafür vielmehr die Funktion dieses Beschlusses. Mit ihm wird in einem nichtstreitigen Verfahren dem Planinitiator, also meist dem Schuldner, der Weg zu einer besonderen Form der Schuldenregulierung geöffnet, wenn die vom Gesetz hierfür aufgestellten Voraussetzungen gegeben sind. Der Zulassungsbeschluss erwächst daher **nicht in Rechtskraft** und bindet das Insolvenzgericht auch **nicht entsprechend** § 318 ZPO.

14.65 Hat das Insolvenzgericht im Rahmen der Vorprüfung gem. § 231 Abs. 1 InsO den in der heutigen Fassung vorgelegten Plan nicht zurückgewiesen, schließt die Vorprüfung des Planes nach § 231 InsO gleichwohl eine spätere abweichende Beurteilung durch das Insolvenzgericht nicht aus, wie § 250 InsO zeigt.[106] Aus diesem Grund greift auch **kein Vertrauensschutz** der Gläubiger wegen der bisherigen Praxis des Insolvenzgerichts. Das Insolvenzverfahren[107] und namentlich das Insolvenzplanverfahren[108] haben zwar eine nichtstreitige Struktur und gehören materiell der verwaltenden Tätigkeit an; aus einer „bisherigen Gerichtspraxis" können die Gläubiger daher keine Vertrauensschutzaspekte ableiten, wenn das Gericht Klauseln bis zu der Beanstandung in einem konkreten Verfahren einer nennenswerten Zahl von Insolvenzplänen unbeanstandet gelassen hat.

14.66 Eine **Zurückweisung** des vorgelegten Insolvenzplans nach § 231 InsO kommt **bis zum Erörterung- und Abstimmungstermin** in Betracht. Eine Zurückweisung des Plans kann im Erörterungstermin bis zur Abstimmung über den Plan erfolgen: Nach § 240 InsO ist der Vorlegende nämlich berechtigt, einzelne Regelungen des Insolvenzplans auf Grund der Erörterung im Termin inhaltlich zu ändern. Über den geänderten Plan kann noch in demselben Termin abgestimmt werden. Bis zu diesem Zeitpunkt hat das Insolvenzgericht den Plan zurückzuweisen, wenn es aufgrund der im Rahmen der Erörterung des Plans abgegebenen Stellungnahmen zu der Überzeugung gelangt, dass ein Versagungsgrund nach § 231 Abs. 1 InsO vorliegt.

14.67 Ein solcher Versagungsgrund kann sich weiterhin auch aus Reaktionen des Planvorlegenden auf den Verlauf des Erörterungstermins ergeben: Die **insolvenzgerichtliche Vorprüfung** des Planentwurfs nach § 231 InsO und das „**Nachbesserungsrecht**" des § 240 InsO *fallen daher verfahrensrechtlich auseinander.*[109] Der vom Gericht für aussichtsreich gehaltene Planentwurf kann daher gravierende Änderungen erfahren. Die insolvenzgerichtliche Vorprüfung droht – liest man allein den Gesetzeswortlaut des § 240 InsO – dadurch unterlaufen werden zu können. Weitreichende Änderungen scheinen möglich, wie etwa die „Korrektur" des darstellenden Teils: Ob der Plan dazu dient, eine

---

106 MünchKomm-*Sinz*, InsO, § 250 Rn. 9.
107 BVerfG v. 23.5.2006, 1 BvR 2530/04.
108 *Smid/Rattunde/Martini*, Insolvenzplan, 3. Aufl. 2012, Rn. 2.44.
109 Leonhardt/Smid/Zeuner-*Rattunde*, InsO, § 240 Rn. 5.

seriöse Sanierung zu ermöglichen oder ob er im Extremfall einen großangelegten Betrugsversuch darstellt, hängt im Wesentlichen davon ab und kann überhaupt nur dann ernsthaft vom Insolvenzgericht beurteilt werden, wenn der darstellende Teil die Entwicklung und die Lage des Schuldners wenigstens in Grundzügen richtig beschreibt. Teile der Literatur[110] haben die Gefahr, die der Abänderungsbefugnis nach § 240 InsO innewohnt, gesehen und zu ihrer Abwehr vorgeschlagen, die Abänderungsbefugnis mit dem Gesetzeswortlaut auf die Modifikation „einzelner Regelungen" zu beschränken und dadurch zu entschärfen, dass der „Plan in seinem Kern"[111] nicht geändert werden dürfe[112]. Ein im „Kern" nach § 240 InsO modifizierter Plan dürfte danach nicht nach § 248 InsO vom Insolvenzgericht bestätigt werden[113]. An dieser Stelle muss die Diskussion um die richtige Bestimmung des „Plankerns" nicht aufgenommen zu werden.[114] Es liegt aber auf der Hand, dass eine Abstimmung über den Plan nicht durchgeführt werden darf, wenn das Gericht seine Bestätigung versagen müsste – weil Versagungsgründe des § 231 Abs. 1 InsO vorliegen.

Erst **nach der Abstimmung** über den Plan kommt seine Zurückweisung gem. § 231 Abs. 1 InsO nach alledem nicht mehr in Betracht – denn die Gläubiger haben in dieser Lage de facto über den Plan zu entscheiden gehabt. Es greift an dieser Stelle § 250 InsO.

---

110 MünchKomm-*Hintzen*, InsO, § 240 Rn. 8; Uhlenbruck-*Lüer*, InsO, § 240 Rn. 5; HK-*Haas*, § 240 Rn. 6; *Haarmeyer/Wutzke/Förster*, Handbuch zur Insolvenzordnung, IX Rn. 11.
111 Leonhardt/Smid/Zeuner-*Rattunde*, InsO, § 240 Rn. 7.
112 Ebenso die amtl. Begr. zu § 284 RegEInsO, BT-Drs. 12/7302, 183.
113 *Haarmeyer/Wutzke*/Förster, Handbuch der Insolvenzordnung, gehen freilich nach ihren Prämissen ungenau auf die Situation der Planrealisierung ein, wobei sie verkennen, dass zwischen dem Schuldner- u. dem Verwalterplan strikt zu unterscheiden sein wird.
114 Leonhardt/Smid/Zeuner-*Rattunde*, InsO, § 240 Rn. 8 ff.

3. Hauptteil 15.1–15.6 Verfahren der Vorprüfung, Erörterung, usw ...

Kapitel 15: Das Verfahren bis zur Erörterung des Planes

I. Anhörung gem. § 232 InsO

1. Einholung der Stellungnahme von den in § 232 Abs. 1 InsO vorgesehenen Stellen

15.1 Bereits im vorangegangenen Kapitel ist darauf hingewiesen worden, dass § 232 InsO Regelungen für das weitere Verfahren für den Fall trifft, dass das Insolvenzgericht den vorgelegten Plan nicht nach § 231 InsO zurückweist. Die Regelung lehnt sich zum Teil an das frühere Recht an (vgl. § 177 KO: Stellungnahme des Gläubigerausschusses zum Zwangsvergleichsvorschlag; § 14 VerglO: Anhörung der Berufsvertretung).[1]

15.2 Nach der Zulassung des vorgelegten Insolvenzplans hat die **Weiterleitung** an die in § 232 Abs. 1 InsO genannten Stellen **zur Stellungnahme** innerhalb der dazu eingeräumten Frist (§ 232 Abs. 3 InsO, unten Rn. 15.6) zu erfolgen. Die Stellungnahmen sollen die Entscheidung der Beteiligten über den Plan vorbereiten.

15.3 Im Einzelnen ist der Planentwurf zuzuleiten:
– dem Gläubigerausschuss, sofern ein solcher bestellt ist; dem Betriebsrat und dem Sprecherausschuss der leitenden Angestellten, sofern diese bestehen (Nr. 1);
– dem Schuldner im Falle eines vom Verwalter vorgelegten Planes (Nr. 2);
– dem Verwalter im Falle eines vom Schuldner vorgelegten Planes (Nr. 3). Im Falle der Anordnung der Eigenverwaltung (§ 270 Abs. 1 InsO) tritt der Sachwalter gem. § 274 InsO an die Stelle des Verwalters; ihm ist dann der Plan zuzuleiten. Dies ist nicht wegen § 284 InsO verzichtbar, weil diese Vorschrift nur das Verfahren betrifft, wenn der Schuldner nicht bereits mit seinem Eigenantrag einen Plan gem. § 218 Abs. 1 Satz 2 InsO vorgelegt hat.

2. Stellung der genossenschaftlichen Prüfungsverbände in der Genossenschaftsinsolvenz

15.4 In der **Genossenschaftsinsolvenz** ist der zugelassene Insolvenzplan gem. § 116 Nr. 4 GenG dem **genossenschaftlichen Prüfungsverband** zuzuleiten.[2]

3. Stellungnahmen weiterer Stellen

15.5 § 232 Abs. 2 InsO sieht vor, dass noch **weiteren Stellen Gelegenheit zur Äußerung** gegeben werden kann. Diese Vorschrift räumt dem Insolvenzgericht einen Ermessensspielraum ein; das Gericht hat zu berücksichtigen, dass weitere, über Abs. 1 hinausgehende Stellungnahmen andere relevante Gesichtspunkte einbringen, aber auch zu einer Unübersichtlichkeit des Verfahrens beitragen können. Regelmäßig kommt ein Verfahren nach § 232 Abs. 2 InsO nur im Falle eines vom Schuldner initiierten Planes in Betracht. Im Einzelnen handelt es sich bei den Stellen um Industrie- und Handelskammern, Handwerkskammern, Landwirtschaftskammern. „Weitere sachkundige Stellen" können Berufsverbände sein, z. B. Ärztekammern, Architektenkammern, Rechtsanwaltskammern sowie Unternehmensberatungsinstitute, Wirtschaftsprüfungsinstitute, etc.[3]

4. Frist zur Stellungnahme

15.6 Bei der Bemessung der Frist, die nach dessen Abs. 3 den von § 232 InsO erfassten Stellen zur Stellungnahme vom Insolvenzgericht zu setzen ist, hat das Ge-

---

1 Amtl. Begr. zu § 276 RegEInsO, BT-Drs. 12/2443, 204.
2 *Scheibner*, DZWIR 1999, 8.
3 MünchKomm-*Breuer*, InsO, § 232 Rn. 11.

richt darauf Rücksicht zu nehmen, dass Verfahrensverzögerungen tunlichst vermieden werden.⁴ Das ESUG hat § 232 Abs. 3 um einem Satz 2 ergänzt, dass diese Frist zwei Wochen nicht überschreiten soll.

5. Einholung der Stellungnahmen vor Eröffnung des Insolvenzverfahrens?

Es hat sich bereits oben (Rn. 3.6) gezeigt, dass es für das Gelingen eines Insolvenzplans neben anderen Faktoren wesentlich auf die zügige Verfahrensabwicklung ankommt. Bedenkt man, dass *nach* Einholung der Stellungnahmen gem. § 232 InsO der Plan gem. § 234 InsO niederzulegen und erst innerhalb einer mit diesem Zeitpunkt beginnenden weiteren Frist, die nicht länger als einen Monat betragen *soll* (§ 235 Abs. 1 Satz 2 InsO), Termin zur Erörterung und Abstimmung anzuberaumen ist, wird deutlich, dass „eigentlich" jeder Tag, der mit dem Einholen der Stellungnahmen nach § 232 InsO verstreicht, den Insolvenzplan gefährdet. Zugleich ist nicht zu übersehen, dass die Einbeziehung der zur Stellungnahme berufenen Stellen in das Insolvenzplanverfahren für dessen Gelingen sehr förderlich ist.

15.7

Daher stellt sich die Frage, ob die von § 232 InsO geforderten Stellungnahmen bereits *vor* Eröffnung des Insolvenzverfahrens eingeholt werden können – was freilich dem im Gesetz verankerten Ablauf des Insolvenzplanverfahrens widerspricht.

15.8

In diesem Zusammenhang ist daran zu erinnern, dass für den vom Insolvenzverwalter auszuarbeitenden Plan von § 218 Abs. 3 InsO angeordnet wird, dass bei der Aufstellung des Plans der Gläubigerausschuss, wenn ein solcher bestellt ist, der Betriebsrat, der Sprecherausschuss der leitenden Angestellten und der Schuldner beratend mitwirken. Es ist oben (Rn. 14.15) darauf hingewiesen worden, dass die fehlende Konsultation dieser Stellen nicht zur Zurückweisung des Planes nach § 231 Abs. 1 Nr. 1 InsO führt.

15.9

Soweit § 232 InsO die Einholung von Stellungnahmen solcher Gremien verlangt, die unabhängig von der Eröffnung eines Insolvenzverfahrens bestehen, ist es möglich, die Durchführung des Verfahrens mit einem prepackaged-plan durch vor Erlass des Eröffnungsbeschlusses eingeholte Stellungnahmen zu beschleunigen. Der Vorlegende kann dabei das Risiko, dass eine Zurückweisung durch das Insolvenzgericht nach Verfahrenseröffnung erfolgt, dadurch reduzieren, dass er eine entsprechende Stellungnahme (des Insolvenzgerichts) bereits im Eröffnungsverfahren erbittet (zum Verfahren oben Rn. 3.9 ff.).

15.10

Problematischer ist dagegen die Einholung der Stellungnahme des Gläubigerausschusses, der regelmäßig erst mit Verfahrenseröffnung einberufen wird, § 67 Abs. 1 InsO. Seine Stellungnahme scheint daher ex definitione nicht vor Erlass des Eröffnungsbeschlusses eingeholt werden zu können. Ob im **Eröffnungsverfahren** bereits ein Gläubigerausschuss vom Insolvenzgericht berufen werden kann, war vor Inkrafttreten des ESUG nicht unumstritten, das Gesetz sieht ihn nunmehr in § 21 Abs. 2 Nr. 1a ausdrücklich vor.⁵

15.11

II. Niederlegung des Insolvenzplans, § 234 InsO

Der Insolvenzplan ist gem. § 234 InsO mit seinen Anlagen und den eingegangenen Stellungnahmen in der Geschäftsstelle zur Einsicht der Beteiligten niederzulegen. Die Niederlegung des Plans in der Geschäftsstelle des Insolvenzgerichts ermöglicht es allen Beteiligten, sich über den Inhalt des Plans genau zu unterrichten. Eine **Übersendung** des vollständigen Plans an alle Beteiligten wäre im

15.12

---

4 Amtl. Begr. zu § 276 RegEInsO, BT-Drs. 12/2443, 204.
5 Dafür AG Köln, 29.6.2000, 72 IN 178/00, ZInsO 2000, 406; MünchKomm-*Schmid-Burgk*, InsO, § 67 Rn. 4; dagegen: *Pape*, ZInsO 1999, 675, 676; Uhlenbruck-*Uhlenbruck,* InsO, § 67 Rn. 5 ff. m. w. N.

Regelfall aus Kostengründen ausgeschlossen. Sie kann daher – wie der Gesetzgeber betont[6] – zwar im Einzelfall erfolgen, soll jedoch nicht generell vorgeschrieben werden.

15.13 Beteiligte sind die **Abstimmungsberechtigten**.[7] Soweit beteiligte Absonderungsberechtigte oder Insolvenzgläubiger in ihrer Rechtsstellung durch den Insolvenzplan nicht betroffen werden, sind sie nicht Beteiligte i. S. d. Vorschrift. Gleiches gilt für die Gesellschafter (Anteilseigner) der insolvenzschuldnerischen Gesellschaft, soweit in ihre Rechtsstellung durch den Insolvenzplan nicht eingegriffen wird. Anhörungsberechtigt ist aber beim **Schuldnerplan** der **Insolvenzverwalter** und beim **Verwalterplan** der **Schuldner**.

15.14 Nach zutreffender Ansicht[8] hat die Justizbehörde wegen der Nichtöffentlichkeit des Verfahrens zu gewährleisten, dass die Planunterlagen nur von den vorbenannten Beteiligten eingesehen und **Geschäftsgeheimnisse** usf. vor dem Zugriff sonstiger Dritter gewahrt bleiben.

III. Insolvenzgerichtliche Aussetzung von Verwertung und Verteilung

1. Funktion der Verwertungsaussetzung

15.15 Die Insolvenzplaninitiative des Schuldners bewahrt ihn nicht nur vor Individualzwangsvollstreckungsmaßnahmen einzelner Gläubiger, sondern auch vor der Universalexekution durch Verwertungsmaßnahmen des Verwalters. § 233 InsO bestimmt nämlich, dass das Insolvenzgericht auf Antrag des Schuldners oder des Verwalters die Aussetzung der Verwertung und Verteilung anordnet, soweit die Durchführung eines vorgelegten Insolvenzplans durch die Fortsetzung der Verwertung und Verteilung der Insolvenzmasse gefährdet würde (§ 233 Satz 1 InsO); diese Aussetzung der Verwertung soll den „Regelfall"[9] darstellen. Der Gesetzgeber hat diese Vorschrift damit motiviert, das Recht des Schuldners und des Verwalters zur Vorlage eines Plans drohe ausgehöhlt zu werden, wenn der Insolvenzverwalter die Verwertung und Verteilung der Insolvenzmasse stets ohne Rücksicht auf den vorgelegten Plan fortsetzen dürfte oder gar müsste. Denn durch Verwertungsmaßnahmen würde dem Plan geradezu zwangsläufig die tatsächliche Grundlage entzogen werden, noch bevor die Gläubiger Gelegenheit hätten, über die Annahme des Plans zu entscheiden.[10] Das scheint darauf zu verweisen, dass durch die Aussetzung der Verwertung die Gläubigerautonomie im Interesse der intendierten Deregulierung des Insolvenzverfahrens geschützt werden soll.

2. Antrag des Insolvenzverwalters

15.16 § 159 InsO sieht vor, dass der Insolvenzverwalter im eröffneten Verfahren die Masse unverzüglich zu verwerten hat, was durch Zerschlagung oder übertragende Sanierung geschehen kann. Die Normierung einer Befugnis des *Insolvenzverwalters* zur Beantragung der **Anordnung der Aussetzung der Verwertung** trägt *dessen* Schutzbedürfnissen Rechnung, da er andernfalls befürchten müsste, haftungsrechtlich[11] von den Gläubigern in Anspruch genommen zu werden, wenn er aussichtsreich erscheinende Verwertungsmaßnahmen zugunsten der in der Umsetzung eines Insolvenzplanes liegenden Exspektanzen nicht

---

6 Amtl. Begr. zu § 278 RegEInsO, BT-Drs. 12/2443, 205.
7 NR-*Braun*, InsO, § 234 Rn. 5.
8 NR-*Braun*, § 234 Rn. 12 f.; Uhlenbruck-*Lüer*, InsO, § 234 Rn. 6.
9 *Haarmeyer/Wutzke/Förster*, Handbuch zur Insolvenzordnung, V Rn. 383.
10 Amtl. Begr. zu § 277 RegEInsO, BT-Drs. 12/2443, 204 f.
11 Hierzu *Schiessler*, Der Insolvenzplan, 137.

durchführt.¹² Auch eine übertragende Sanierung wird der Verwalter unter diesen Voraussetzungen kaum in die Tat umsetzen dürfen. Denn er läuft ansonsten Gefahr, gegenüber einem Erwerbsinteressenten in Haftung aus dem Gesichtspunkt der *culpa in contrahendo* (jetzt: § 311 Abs. 2 BGB n. F.) zu geraten, wenn er diesem wegen einer in Aussicht genommenen Sanierung im Planverfahren z. B. zu Vermögensdispositionen Anlass gibt.

Der Gesetzgeber sieht keinen Grund für eine besondere Aussetzungsanordnung des Gerichts in dem Fall der Beauftragung des Verwalters mit der Ausarbeitung eines Insolvenzplans. In der Amtlichen Begründung¹³ heißt es insoweit, die Pflicht des Verwalters zur zügigen Verwertung der Insolvenzmasse sei den Beschlüssen der Gläubigerversammlung untergeordnet. Das ist eine *quaestio facti* und daher in dieser Allgemeinheit nicht richtig. Denn auch in diesem Fall dient die Beantragung der Aussetzungsanordnung der haftungsrechtlichen Absicherung des Insolvenzverwalters. Die These des Gesetzgebers ist zudem falsch, weil die Gläubigerversammlung im Zweifelsfall des Eigenantrags des Schuldners, der mit einer Insolvenzplaninitiative verbunden wird, durch die Verlagerung der Abstimmung auf die Gruppen nach § 220 InsO *als Organ* der Gläubigerselbstverwaltung *entmachtet* wird und daher keinen Einfluss mehr auf den Verlauf der Dinge wird nehmen können.

15.17

3. Antrag des Insolvenzschuldners

Auch dem **Schuldner** steht die **Befugnis zur Beantragung** der Aussetzung der Verwertung zu. Andernfalls würde er Gefahr laufen, dass ein von ihm vorgelegter Insolvenzplan dann leer laufen würde, wenn keine Eigenverwaltung angeordnet worden ist und der Insolvenzverwalter sich den Schuldnerplan nicht zueigen macht, sondern die Masse gem. § 159 InsO zu verwerten beginnt.

15.18

Außerhalb des Insolvenzplanverfahrens gibt § 161 InsO dem Schuldner die Befugnis, beim Insolvenzgericht zu beantragen, dass durch das Insolvenzgericht gegenüber dem Insolvenzverwalter die „Vornahme der Rechtshandlung" vorläufig untersagt wird.¹⁴ Gibt das Insolvenzgericht dem Antrag statt, hat es eine **Gläubigerversammlung einzuberufen**, die anstelle des Gläubigerausschusses über die Zweckmäßigkeit der Vornahme der Handlung entscheidet. Die Regelung ist insoweit an § 135 KO angelehnt. Das gleiche Antragsrecht wird auch qualifizierten Minderheiten von Gläubigern gegeben, wobei sie ebenso definiert sind wie in der Vorschrift über das Recht, die Einberufung einer Gläubigerversammlung zu erzwingen (§ 75 Abs. 1 Nr. 3 und 4 InsO). Nach § 163 Abs. 1 InsO wird dem Insolvenzschuldner die Möglichkeit eingeräumt, die Verwertung des Unternehmens im Wege der übertragenden Sanierung ernsthaft zu beeinflussen – bis hin zu einer Gefährdung dieser effizienten Verwertungsform. Der Schuldner kann beim Insolvenzgericht den Erlass einer Anordnung beantragen, dass die Veräußerung des Unternehmens nur mit Zustimmung der Gläubigerversammlung zulässig sei. § 163 Abs. 1 InsO stellt damit eine Umkehrung der Regelung des § 162 InsO dar.¹⁵ Dort wird aus der Veräußerung an „Insider" gefolgert, dass typischerweise eine Veräußerung des Betriebes unter Wert vorliege. § 163 Abs. 1 InsO gibt umgekehrt gerade dem Schuldner Rechtsbehelfe, um außerhalb des Insolvenzplanverfahrens auf die übertragende Sanierung Einfluss nehmen zu können, zumal er die Kosten dieses Rechtsbehelfs aus der Masse nehmen kann. § 163 InsO hatte ursprünglich einen völlig anderen Inhalt, wie sich aus der Begründung zum RegEInsO¹⁶ ergibt: Die Vorschrift stand im Zusammenhang mit dem vom Gesetzgeber ursprünglich präferierten Insolvenzplanverfahren. Heute hat sie keinen sinnvollen Inhalt mehr. Dem Schuldner wird durch sie aber jedenfalls mittelbar dadurch ein unangemessener Einfluss auf das Verfahren eingeräumt, dass er gegenüber der Gläu-

15.19

---

12 Zu diesem Aspekt *Schiessler,* Der Insolvenzplan, 137; *Braun/Uhlenbruck,* Unternehmensinsolvenz, 638 f.; krit. Uhlenbruck-*Lüer,* InsO, § 233 Rn. 4 ff.
13 Amtl. Begr. zu § 277 RegEInsO, BT-Drs. 12/2443, 204 f.
14 Leonhardt/Smid/Zeuner-*Smid,* InsO, § 161 Rn. 3; KPB-*Onusseit,* § 161 Rn. 5; MünchKomm-*Görg/Janssen,* InsO, § 161 Rn. 11–16.
15 MünchKomm-*Görg/Janssen,* InsO, § 163 Rn. 1, 2.
16 Amtl. Begr. ReferentenE InsO, 1989, 196 (zu § 173); *Smid/Nellessen,* InVo 1998, 113, 115, 116.

bigerversammlung durch gegenstandslose Anträge die Insolvenzverwaltung zu diskreditieren versuchen kann und in die Lage versetzt wird, zugunsten seines gutachtenden Unternehmensberaters die Masse zu plündern.[17]

4. Aufhebung der Aussetzung durch insolvenzgerichtliche Entscheidung nach § 233 Satz 2 InsO

15.20 Von verschiedenen Autoren[18] wird der mit der Aussetzung der Verwertung verbundene **Verzögerungseffekt** des Insolvenzplanverfahrens nachgerade als dessen Vorzug angesehen. Das Insolvenzplanverfahren droht dann aber zum kontraproduktiven Selbstzweck zu degenerieren. § 233 Satz 2 InsO bietet in diesem Zusammenhang den Ansatz zur Korrektur von Fehlentwicklungen. Das Insolvenzgericht sieht danach von der Aussetzung ab oder hebt sie auf, soweit mit ihr die **Gefahr erheblicher Nachteile für die Masse** verbunden ist oder soweit der Verwalter mit Zustimmung des Gläubigerausschusses oder der Gläubigerversammlung die Fortsetzung der Verwertung und Verteilung beantragt.

15.21 Der Gesetzgeber hat Gefahren einer Verzögerungstaktik des Insolvenzschuldners gesehen, zumal ihm bewusst war, dass bis zum Erörterungstermin und insbesondere bis zum Abstimmungstermin, der Klarheit über die Annahme des Plans bringt, dann eine nicht unerhebliche Zeitspanne wird liegen können, wenn es dem Schuldner als Planinitiator nicht bereits im Eröffnungsverfahren gelingt, wenigstens mit den wesentlichen Gläubigern ein gemeinsames Vorgehen wegen der beabsichtigten Reorganisation herbeizuführen. In der Amtlichen Begründung heißt es: „Hätte die Vorlage eines Plans stets die Aussetzung der Verwertung und Verteilung zur Folge, so könnte z. B. der Schuldner eine bereits ausgehandelte, für die Gläubiger günstige Unternehmensveräußerung durch die Vorlage eines Fortführungsplans für beträchtliche Zeit blockieren und dadurch möglicherweise ganz zum Scheitern bringen". Daher soll nach Vorstellung des Gesetzgebers die Anordnung unterbleiben oder wieder aufgehoben werden, wenn der Insolvenzverwalter mit Zustimmung des Gläubigerausschusses oder der Gläubigerversammlung einen entsprechenden Antrag stellt.

15.22 Dem Insolvenzgericht wird insoweit **kein Ermessensspielraum** eingeräumt. Wenn daher der Verwalter *und* ein Organ der Gläubiger übereinstimmend der Auffassung sind, dass die Verwertung und die Verteilung nicht länger aufgeschoben werden sollten, hat das Gericht seinen Beschluss über die Aussetzung der Verwertung aufzuheben.

15.23 Ist kein Gläubigerausschuss bestellt, besteht der Gesetzgeber in der Amtl. Begründung zu § 277 RegEInsO auf eine **Einberufung der Gläubigerversammlung**. Er ist der Meinung, dass dies „kurzfristig" möglich sei. In der Tat kann der Verwalter die Einberufung der Gläubigerversammlung nach § 75 Abs. 1 Nr. 1 InsO *beantragen*.[19] Und es ist auch damit zu rechnen, dass das Insolvenzgericht einem solchen Antrag im Regelfall Folge leisten wird. § 75 Abs. 2 InsO bestimmt, dass die Einberufung dann in einer Frist von 2 Wochen nach Eingang des Antrags erfolgen soll, wodurch der Gesetzgeber den Einfluss der Gläubiger auf den Ablauf des Insolvenzverfahrens verstärken will.[20] Die Regelung des § 233 Satz 2 InsO lehnt sich deutlich an die früheren Regelungen zum Zwangsvergleich an. Dort war freilich die **Ausgangslage** eine andere; das neue Recht des Insolvenzplanverfahrens verkehrt das Regel-Ausnahmeverhältnis.

---

[17] *Smid/Nellesen*, InVo 1998, 113, 116.
[18] *Eidenmüller*, Jbf.NPolÖk Bd. 15, 164 passim; *Warrikoff*, KTS 1996, 489, 503; *Balz*, ZIP 1988, 273, 274 ff.
[19] MünchKomm-*Ehricke*, InsO, § 75 Rn. 6; Leonhardt/Smid/Zeuner-*Smid*, InsO, § 75 Rn. 2; Uhlenbruck-*Uhlenbruck*, InsO, § 75 Rn. 3.
[20] Amtl. Begr. BT-Drs. 12/2443, 133 (zu § 86).

15.24 Probleme entstehen immer dann, wenn sich sogar die kurze Frist des § 75 Abs. 2 InsO (deren Einhaltung schon aus technischen Gründen problematisch sein wird) im Hinblick auf die Perfektion einer möglichen übertragenden Sanierung oder anderer bedeutsamer Verwertungsmaßnahmen als zu lang erweist *oder* wenn der Insolvenzverwalter von der kurzfristig einberufenen Gläubigerversammlung in ihrer *konkreten Zusammensetzung* keine Zustimmung erhält. Erscheint kein Gläubiger – was nach den Erfahrungen der Praxis keinen Ausnahmefall darstellen muss, stellt sich wie im allgemeinen Verfahren die Frage, wie das „Schweigen" der Gläubigerversammlung zu werten sein wird. Dabei ist entscheidend, ob die Gläubigerversammlung bereits nach § 157 InsO die Verwertung der Masse beschlossen hat – was in den hier interessierenden Fällen eines Konflikts mit einem vom Schuldner initiierten Insolvenzplan regelmäßig der Fall sein wird.

15.25 Ausschlaggebend ist, dass die **Pflichtenstellung des Verwalters** erheblich weiter ist, als sie sich mit der Ausarbeitung und Exekution von Insolvenzplänen beschreiben ließe. Wenn sich nämlich dem Verwalter bereits in seiner Eigenschaft als Gutachter und vorläufigen Verwalter eine Situation dargestellt hat, in der sich die Möglichkeit einer übertragenden Sanierung abzeichnet – häufig kann *nur deshalb* überhaupt das Verfahren eröffnet werden; andernfalls wäre die Eröffnung mangels Masse abzuweisen – würde sich die Einleitung eines Insolvenzplanverfahrens auf Beschluss der Gläubigerversammlung hin als *explizit masseschädigend* darstellen. Dem Verwalter obliegt es wie nach bisher geltendem Recht in derartigen Fällen, gem. § 78 Abs. 1 InsO einem solchen Beschluss zu widersprechen und seine Aufhebung durch das Insolvenzgericht zu betreiben.[21] Denn der Insolvenzverwalter ist zwar in dem Sinne im Dienste der Gläubigergemeinschaft tätig, als er deren Vermögensinteressen treuhänderisch zu wahren verpflichtet ist; als Inhaber seines Amtes hat er aber darüber hinaus eine eigene insolvenzrechtliche Organstellung inne, vermöge derer er die Masse auch vor schädigenden Beschlüssen der Gläubiger zu schützen verpflichtet ist. In einem solchen Fall wäre aber der Antrag auf Aussetzungsanordnung wenig hilfreich; der Verwalter will ja nicht nur einen abweisenden Beschluss des Insolvenzgerichts, sondern angesichts des Beschlusses der Gläubigerversammlung die ausdrückliche *Genehmigung der Fortsetzung von Verwertungsmaßnahmen*. Aus einem *Umkehrschluss* aus § 233 Satz 1 InsO folgt aber, dass er auch hierzu berechtigt ist, um im Hinblick auf die zu treffenden Verwaltungsmaßnahmen Rechtsklarheit herzustellen. Dies gilt selbstverständlich umso mehr für Verfahren, in denen der *Insolvenzschuldner* einen Insolvenzplanentwurf vorlegt.

15.26 In diesen Fällen kann der Insolvenzverwalter daher die **Aufhebung der Verwertungsaussetzung** auch dann beantragen, wenn dies *nicht* zugleich von einem Organ der Gläubigerselbstverwaltung beantragt wird. Das Gericht hat diesen Antrag nicht etwa deshalb sogleich abschlägig zu verbescheiden, weil das Tätigwerden von Gläubigerausschuss oder Gläubigerversammlung fehlt.

15.27 Das Insolvenzgericht hat in diesem Fall den Antrag des Insolvenzverwalters *zu prüfen*. Aus dem **Eilcharakter der Entscheidung** folgt, dass diese Prüfung nicht auf der Grundlage einer eingehenden wirtschaftlichen Abwägung erfolgen kann, da dies zu teuer und zu zeitaufwändig wäre. Vielmehr sind formale Kriterien der Prüfung zugrunde zu legen. Dabei sind 3 Fallgestaltungen zu unterscheiden:
– Handelt es sich um die *Planinitiative des Insolvenzverwalters*, dann ist davon auszugehen, dass Verwalter mit seinem Antrag auf Aufhebung der Verwertungsaussetzung seine Pflichten erfüllen will, denn die Aussetzungsanordnung dient seiner **haftungsrechtlichen Absicherung**.

---
21 Vgl. MünchKomm-*Ehricke*, InsO, § 78 Rn. 4; Uhlenbruck-*Uhlenbruck*, § 78 Rn. 3.

- Ist der Insolvenzverwalter von der Gläubigerversammlung zur **Ausarbeitung eines Plans beauftragt** worden und hat er diesem Beschluss in der Versammlung widersprochen, hat das Gericht die Aussetzungsanordnung aufzuheben, wenn der Verwalter darlegt, dass die in Aussicht genommenen Verwertungshandlungen zu einem Erlös führen, der die Befriedigungschancen der Gläubiger aus einem Plan übertrifft. Denn aus diesem Grund muss es auch den Beschluss der Gläubigerversammlung nach § 78 Abs. 1 InsO aufheben! Das Gericht hat dann die Aussetzung der Verwertung aufzuheben, denn primäres Ziel des Verfahrens ist die Verwirklichung der Haftung des Schuldners. Das Gericht hat die Angaben des Verwalters auch nicht näher zu prüfen, da der Verwalter für die Richtigkeit seiner Angaben haftet.
- Im Falle der **Planinitiative des Schuldners** kann nicht daran vorbeigegangen werden, dass § 1 Satz 2 InsO *auch* eine *Entschuldungsfunktion* des Insolvenzverfahrens anordnet. Diese Entschuldungsfunktion tritt zwar hinter die der Haftungsverwirklichung zurück,[22] wird aber gerade dort nicht irrelevant, wo es gerade um die Effizienz derjenigen Instrumentarien geht, die dem Insolvenzschuldner zur Erreichung dieses Ziels vom Gesetzgeber zur Verfügung gestellt worden sind. Aber auch in diesem Fall verbietet es die Eilbedürftigkeit der insolvenzgerichtlichen Entscheidung, sie von materiellen Wirtschaftlichkeitserwägungen abhängig zu machen. § 233 Satz 2 InsO lässt aber den Schluss auf einen materiellen Maßstab zu. Ausschlaggebend muss sein, ob das Maß der durch die Durchführung der Verwertung zu erzielende Erfolg der Befriedigung der Gläubiger auch dann *gesichert* wird, wenn die Verwertung im Interesse der Verabschiedung und Durchführung des Planes eingestellt wird. Es gilt, dass der Spatz in der Hand allemal besser ist als Tauben auf dem Dach – und erst Recht besser als Flausen im Kopf des Schuldners! Dies – nämlich die Sicherung des Grades der Gläubigerbefriedigung, der durch die Verwertung erreicht würde – muss der Schuldner *vortragen*. Auf den Antrag des Verwalters nach § 233 Satz 2 InsO ist dem *Schuldner Gehör zu gewähren*; er hat also Gelegenheit, die Sicherung der Gläubigerbefriedigung darzustellen. Wenn es sich aber nachdrücklich verbietet, den Streit um die Aussagefähigkeit wirtschaftswissenschaftlich begründeter Prognosen in dieser Frage vor dem Insolvenzgericht auszutragen, dann obliegt es dem Schuldner, etwas anderes als bloß einen Vergleich prognostischer Werte vorzubringen. Daher genügt der Schuldner seiner Darlegungslast nur unter der Voraussetzung, dass er nachweist, die Gläubiger hinsichtlich ihrer aus einer fortgesetzten Verwertung folgenden Befriedigungschance bereits zum Zeitpunkt der Verhandlung über den Aufhebungsantrag des Verwalters zu sichern. Dies kann er z. B. durch Nachweis einer entspr. selbstschuldnerischen Bürgschaft eines Zoll- oder Steuerbürgen oder durch Beibringung sonstiger beschlagfreier Sicherheiten erreichen.

15.28 Man wird gegen diese rigoros erscheinende Auslegung einwenden, darin läge eine Erschwerung des Zugangs des Schuldners zum Insolvenzplanverfahren, die der Entschuldungsfunktion des Insolvenzverfahrens gem. § 1 Satz 2 InsO zuwiderlaufe. Dieser Einwand ist indes nicht stichhaltig. Denn der Schuldner muss *ohnedies* zwangsläufig – will er *überhaupt* mit der von § 231 InsO geforderten Aussicht auf Zustimmung durch die Gläubiger ein Insolvenzplanverfahren betreiben – Kreditgeber mobilisieren, die u. a. auch den (übrigen) Gläubigern wenigstens so viel zu bieten imstande sind, wie sie es aus einer (anderweitigen) Verwertung begründet erwarten können.

---

22 Vgl. *Gerhardt*, in: Leipold, Insolvenzrecht im Umbruch, 1, 2.

Kapitel 16: Vorbereitung und Ablauf von Erörterungs- und Abstimmungstermin

I. Vorbereitung des Erörterungs- und Abstimmungstermins durch das Insolvenzgericht

1. Gesetzliche Regelung

Der vom Insolvenzgericht nicht zurückgewiesene Plan bedarf sowohl der Erörterung durch die – abstimmungsberechtigten (§§ 237, 238 InsO) – Gläubiger, ggf. – bei vorgesehenen Eingriffen – durch die Anteilsinhaber (§ 238a InsO), als auch der Annahme oder Ablehnung durch die Beteiligten. § 235 InsO trifft Regelungen hinsichtlich der Terminierung (§ 235 Abs. 1 InsO), der Bekanntmachung der Termine (§ 235 Abs. 2 InsO) und der Ladung zu ihnen (§ 235 Abs. 3 InsO). 16.1

Der Gesetzgeber ging ursprünglich von **zwei getrennten Terminen** zur *Erörterung* und *Abstimmung* aus, zwischen denen ein Zeitraum von nicht mehr als einem Monat liegen sollte (vgl. §§ 279, 285 Abs. 1 RegEInsO), die vom Insolvenzgericht verbunden werden können sollten (§ 286 RegEInsO). Auf Initiative des RechtsA[1] wurde dieses Regel-Ausnahme-Verhältnis umgekehrt: Nur in Ausnahmefällen soll ein getrennter Abstimmungstermin (§ 241 InsO) stattfinden, in welchem auch der Plan (nochmals) erörtert werden kann, sofern dies wegen Änderungen erforderlich ist.[2] Im Übrigen blieb es bei der Möglichkeit, eine Verbindung mit dem Prüfungstermin (§ 236 InsO)[3] und darüber hinaus mit dem Berichtstermin herzustellen (§ 29 Abs. 2 InsO). 16.2

§ 241 Abs. 2 InsO sieht vor, dass die stimmberechtigten Beteiligten und der Schuldner zum Abstimmungstermin zu laden sind. S. 2 der Vorschrift schränkt dies ein: Die Ladungspflicht gilt nicht für Aktionäre oder Kommanditaktionäre börsennotierter Gesellschaften. Für diese reicht es aus, den Termin öffentlich bekannt zu machen. Die stimmberechtigten Anteilsinhaber sind daher zum Abstimmungstermin ebenso wie bisher die stimmberechtigten Gläubiger und der Schuldner zu laden. In Anlehnung an § 235 Abs. 3 Satz 3 InsO sind Aktionäre und Kommanditaktionäre börsennotierter Gesellschaften von der Ladungspflicht ausgenommen. Bei ihnen genügt es, wenn der Termin öffentlich bekannt gemacht wird. Im Falle einer Änderung des Plans sind die Beteiligten wie bisher auf die Änderung besonders hinzuweisen. 16.3

Die Erörterung dient der **Erläuterung des Plans** durch den Vorlegenden (Insolvenzverwalter oder Insolvenzschuldner). **Verhandlungen über eine inhaltliche Änderung** des Plans werden ermöglicht. Der Erörterungstermin hat weiterhin eine **verfahrensrechtliche Funktion**. Denn in diesem Termin wird das **Stimmrecht der Gläubiger** festgelegt. Damit schafft die Erörterung die Grundlagen für die endgültige Entscheidung der Beteiligten, die durch eine Abstimmung (§§ 243 ff. InsO) erfolgt. 16.4

2. Terminsbestimmung

Nach § 235 Abs. 1 Satz 1 InsO kann und soll das Insolvenzgericht über den Plan in einem mit dem Erörterungstermin verbundenen Abstimmungstermin abstimmen lassen. Nach dem Wortlaut des § 241 Abs. 1 Satz 1 InsO liegt aber die Anberaumung eines *besonderen* Abstimmungstermins im Ermessen des Gerichts.[4] Die Zeit zwischen den Terminen bietet den Beteiligten dann Gelegen- 16.5

---

1 Amtl. Begr. zu § 278 RegEInsO, BT-Drs. 12/2443, 205.
2 Beschl.-Empf. des RechtsA zu § 285 RegEInsO, BT-Drs. 12/7302, 104.
3 So schon § 280 RegEInsO.
4 *Braun/Uhlenbruck*, Unternehmensinsolvenz, 629; Uhlenbruck-*Hintzen*, InsO, § 241 Rn. 2.

heit zu weiteren Überlegungen und Beratungen, wie sie insbesondere in größeren Fällen von Unternehmensinsolvenzen erforderlich sein können. Aus Gründen der **Verfahrensstraffung** wollte der Gesetzgeber jedoch darauf hinwirken, dass **Erörterungs- und Abstimmungstermin** möglichst nach § 235 Abs. 1 InsO verbunden werden.[5] Sofern dies nicht geschieht, soll der Abstimmungstermin wenigstens ohne großen zeitlichen Abstand auf den Erörterungstermin folgen.[6] Im Falle konkurrierender Pläne kann das Insolvenzgericht einen gemeinsamen Erörterungstermin anberaumen.[7]

16.6 Die Verbindung von Erörterungs- und Abstimmungstermin nach § 235 Abs. 1 Satz 1 InsO ruft in ganz besonderem Maße die **Gefahr einer Überrumpelung** der Gläubiger hervor. Die Gläubiger verfügen nämlich in einer derartigen Lage kaum über hinreichend Zeit, das komplexe Gebilde des Plans auch in seinem durch evtl. Änderungen (vgl. § 240 InsO) geschaffenen Zustand auf die von ihm ausgehenden Rechtsfolgen hin in zureichendem Maße zu durchdringen. Sie können indessen Vertagungsanträge stellen.[8]

16.7 Den Gefahren einer Überraschung der Gläubiger muss daher durch eine vernünftige Vorbereitung des Termins, insbesondere der Übersendung einer **korrekten wesentlichen Zusammenfassung** (i. S. d. § 235 Abs. 3 Satz 2) begegnet werden. Eine Vertagung kommt nur in Betracht, wenn der Plan in wesentlichen Punkten geändert wird, es sich bei dem zur Abstimmung gestellten Plan daher nicht mehr um den ursprünglich eingereichten Plan, der den Gläubigern bekannt gemacht wurde, handelt. Es liegt auf der Hand, dass nur derjenige seine Rechte im Planverfahren wahrnehmen kann, der auch zum Termin selbst erscheint. Er wird dann auch nicht überrumpelt. Erscheint er nicht, so muss er bei ordnungsgemäßer Ladung damit rechnen, dass auch zu seinem Lasten ein Insolvenzplan beschlossen wird.

16.8 Eine fakultative, aber empfehlenswerte Plananlage ist die wesentliche Zusammenfassung des Insolvenzplans, vgl. § 235 Abs. 3 Satz 2 InsO. Sie enthält tunlichst nur den **Plankern**, zudem die Gruppeneinteilung, die Quoten, die Vergleichsrechnung, Fristen und etwaige Bedingungen (unten Rn. 16.16 ff., bes. 16.19). Dieser Plankern besteht bis zum Erörterungs- und Abstimmungstermin unverändert fort. Idealerweise sollte die wesentliche Zusammenfassung *nicht über zwei Seiten hinausgehen*. Doppelseitig gedruckt, wird sie allen Gläubigern mit der Ladung zum Erörterungs- und Abstimmungstermin übersandt. Dies hat den Vorteil, dass nicht allen Gläubigern der Plan selbst geschickt werden muss. Auf diese Weise kann neben organisatorischem Aufwand vor allem vermieden werden, dass Änderungswünsche bei einzelnen Formulierungen im Plan Berücksichtigung finden müssen, obwohl das Verfahren so zügig wie möglich beendet werden soll. Die Erfahrung der Verfasser zeigt, dass die überwiegende Zahl der Gläubiger gar nicht über den Inhalt der wesentlichen Zusammenfassung hinaus informiert werden möchte. Die großen, wesentlichen Gläubiger sollten ohnehin von Anfang an in die Plangestaltung eingebunden werden. Sollte es kleinere Gläubiger mit Informationsbedarf über den Plankern hinaus geben, haben auch diese die Möglichkeit, auf der *Geschäftsstelle* des Insolvenzgerichts Einsicht in den Plan nebst Anlagen zu nehmen.

16.9 Der Erörterungstermin soll binnen einer Frist von höchstens einem Monat seit Ablauf der **Frist zur Stellungnahme** nach § 232 Abs. 3 InsO (oben Rn. 15.6) anberaumt werden. Überschreitet das Insolvenzgericht diese Monatsfrist ohne Grund, kann dies Amtshaftungsansprüche auslösen. § 235 Abs. 1 Satz 2 InsO

---

5 Beschl.-Empf. des RechtsA zu § 279 RegEInsO, BT-Drs. 12/7302, 102.
6 Amtl. Begr. zu § 285 RegEInsO, BT-Drs. 12/2443, 207.
7 Braun-*Braun/Frank*, InsO, § 235 Rn. 8; NR-*Braun*, InsO, § 235 Rn. 13; vgl. HK-*Haas*, InsO, § 235 Rn. 10 m.w. N.
8 *Braun/Uhlenbruck*, Unternehmensinsolvenz, 626 ff.

lässt eine längere Frist als einen Monat allein dann zu, wenn die Unterrichtung der Abstimmungsberechtigten dies erfordert.[9] Ein Grund der Überschreitung kann in der besonderen Komplexität des Plans liegen.

3. Öffentliche Bekanntmachung

16.10 Das Verfahren der durch § 235 Abs. 2 Satz 1 InsO vorgeschriebenen öffentlichen **Bekanntmachung** des Erörterungs- und des Abstimmungstermins folgt § 9 InsO. Die öffentliche Bekanntmachung erfolgt über das länderübergreifende Informationssystem *www.insolvenzbekanntmachungen.de*.

16.11 Nach § 235 Abs. 2 Satz 2 InsO ist in der öffentlichen Bekanntmachung darauf hinzuweisen, dass der Plan nebst eingegangenen Stellungnahmen gem. § 234 InsO niedergelegt worden ist und in der Geschäftsstelle des Insolvenzgerichts eingesehen werden kann.

4. Ladung

16.12 Die in § 235 Abs. 3 Satz 1 InsO angeordnete Ladung folgt den Regeln des § 8 InsO. Die Ladungen werden demzufolge den **Insolvenzgläubigern**, die Forderungen angemeldet haben, den **absonderungsberechtigten Gläubigern**, dem Insolvenzverwalter, dem **Schuldner** sowie einem etwaigen **Betriebsrat** und **Sprecherausschuss** der leitenden Angestellten von Amts wegen zugestellt.

16.13 Die **Ladung** kann vom Insolvenzgericht nach § 8 Abs. 3 InsO **dem Verwalter aufgegeben** werden. Da im Plan die Rechte aller Insolvenzgläubiger (§ 38 InsO), die Rechte der absonderungsberechtigten Gläubiger (§§ 49 ff. InsO) und ggf. der Anteilsinhaber geregelt werden können, sind alle diese Beteiligten zum Erörterungstermin zu laden. Nachrangige Gläubiger, die auch im Erörterungs- und Abstimmungstermin kein Stimmrecht haben (vgl. § 77 Abs. 1 Satz 2 InsO), sind nicht gesondert zu laden. Weiterhin ordnet § 235 Abs. 3 Satz 1 InsO an, dass in Unternehmen, die einen Betriebsrat und einen Sprecherausschuss der leitenden Angestellten haben, an diese Gremien ebenfalls Ladungen zu ergehen haben, was im Übrigen sowohl im Hinblick auf deren besonderes Beteiligungsrecht nach § 232 InsO als auch wegen § 217 Abs. 3 InsO nicht nur – wie der Gesetzgeber meint – „zweckmäßig",[10] sondern geboten ist.

16.14 Der **Schuldner ist zu laden**, da er das Recht hat, im Abstimmungstermin dem Plan durch Erklärung zu Protokoll zu widersprechen (vgl. § 247 Abs. 1 Satz 1 InsO). Dies gilt **auch**, wenn es sich beim Schuldner um **keine natürliche Person** handelt: In diesem Falle sind die an ihm beteiligten Personen von Amts wegen zu laden, da ihnen das gleiche Recht zum Widerspruch zusteht (arg. § 101 InsO). Die Erwägung des Gesetzgebers,[11] es sei diesen Personen zuzumuten, sich im Falle eines beabsichtigten Widerspruchs selbst beim Insolvenzgericht über den Abstimmungstermin zu informieren, verkennt die Reichweite des Art. 103 Abs. 1 GG.

16.15 § 235 Abs. 3 Satz 2 InsO ordnet an, dass den Ladungen nach § 235 Abs. 3 Satz 1 InsO eine **Abschrift des Planes beizufügen** sei; die Abschrift muss vollständig sein.[12] Das erscheint vor dem Hintergrund des Art. 103 Abs. 1 GG deshalb geboten, weil zum Verständnis des Planes nicht selten erheblicher Zeitaufwand erforderlich sein wird; allein seine Einsichtnahme in der Geschäftsstelle des Insolvenzgerichts wird daher regelmäßig nicht ausreichend sein.

---

9 A. A. NR-*Braun*, § 235 Rn. 4: „Muss"-Vorschrift.
10 So die Amtl. Begr. zu § 279 RegEInsO, BT-Drs. 12/2443, 206.
11 Amtl. Begr. zu § 285 RegEInsO, BT-Drs. 12/2443, 207.
12 MünchKomm-*Hintzen*, InsO, § 235 Rn. 17. Abw. OLG Dresden, Beschl. v. 21.6.2000, 7 W 0951/00, ZIP 2000, 1303, 1304.

3. Hauptteil 16.16–16.19 Verfahren der Vorprüfung, Erörterung, usw ...

16.16 Das Gesetz räumt die Möglichkeit ein, anstelle des Plans die oben (Rn. 16.7) genannte **Zusammenfassung** seines wesentlichen Inhalts zu übersenden. Es liegt auf der Hand, dass es völlig unhaltbar wäre, einen umfangreichen Plan auf Kosten der Masse zu vervielfältigen und zu verschicken. Aber auch mit der Erstellung und Vervielfältigung der Planzusammenfassung sind erhebliche Kosten verbunden; zudem geht es nicht an, dem Schuldner durch die Zusammenfassung eine unkontrollierte Einflussnahme auf die Meinungsbildung der Gläubiger einzuräumen. Der insolvenzrechtlich richtige Weg ist es, Missbräuchen dadurch vorzubeugen, dass man den Insolvenzverwalter oder im Falle der Anordnung der Eigenverwaltung den Sachwalter (arg. § 284 Abs. 1 Satz 2 InsO) mit der Prüfung und, sofern veranlasst, mit der Korrektur der vom Schuldner vorgelegten Zusammenfassung beauftragt.

16.17 Daher ist es auch **nicht** die **Aufgabe des Insolvenzgerichts**, eine **Zusammenfassung** des Insolvenzplans **zu erstellen**. Zu einem anderen Ergebnis kann man auch nicht gelangen, wenn es sich um eine Insolvenzplaninitiative des Verwalters handelt. Denn es ist ersichtlich die eigene Aufgabe des Verwalters, eine Zusammenfassung seines Planentwurfs zu erstellen. Und im Falle einer hinter dem Verwalterplan stehenden Planinitiative von Gläubigern kann es nicht zum Pflichtenbereich des Gerichts gehören, den Entwurf zusammenzufassen. Umso weniger wäre dies im Falle der Planinitiative des Schuldners der Fall.

16.18 Im „typischen" Fall des Eigenantrags des Schuldners, der mit der Insolvenzplaninitiative und dem Antrag gem. § 270 InsO auf Anordnung der Eigenverwaltung gekoppelt wird (oben Rn. 1.12), ist zu erwarten, dass der Schuldner die nähere (kostenträchtige!) Prüfung seines Antrags durch das Gericht gem. §§ 20 ff. InsO zu vermeiden trachten wird. Legt er nach § 20 Satz 1 InsO z. B. in seinem Antrag die Voraussetzungen des § 18 Abs. 2 InsO – drohende Zahlungsunfähigkeit – dar, so bedarf es dann etwa keiner **Einsetzung und Beauftragung eines Gutachters** gem. § 22 Abs. 2 Nr. 3 InsO, wenn und soweit der Schuldner zeitgleich mit seinem Eigenantrag einen ausreichenden Massekostenvorschuss in zweifelsfrei ausreichender Höhe leistet; eine Abweisung des Antrags auf Eröffnung des Verfahrens kann dann nicht mehr erfolgen.[13] Das kann sich schon deshalb für ihn lohnen, weil er während des Verfahrens wie nach überkommenem Recht die Insolvenzforderungen nicht verzinsen muss (§ 39 InsO) und die Zinsforderungen im Plan wegen §§ 225, 246 InsO „erledigt" werden können. Für das *Insolvenzgericht* folgt daraus aber, dass es die aus der Planzusammenfassung oder deren Prüfung durch den Insolvenzverwalter oder den Sachwalter entstehenden *besonderen* Kosten beim Massekostenvorschuss zu berücksichtigen hat.

16.19 Ist schon bei der Erstellung des darstellenden Teils sehr auf **Prägnanz und Kürze** zu achten (oben Rn. 4.13), so gilt dies erst recht bei der Verfassung der Zusammenfassung des wesentlichen Inhalts. Sie sollte nicht länger als eine oder zwei Seiten sein. Dies ist auch bei größeren Insolvenzen machbar, wie schon vor geraumer Zeit die Insolvenzpläne in den Sachen *Herlitz* und *Senator Film* gezeigt haben. Die wesentliche Zusammenfassung soll die **Grundidee des Plans** enthalten. Details sind nicht zu erwähnen. Das Unternehmen und seine wirtschaftliche Lage sind mit wenigen Sätzen zu schildern, ferner ist das Planprinzip vorzustellen (zum Beispiel die Quoten). Es ist kurz zu erläutern, warum keine Gruppe durch den Plan schlechter gestellt wird. Es ist jede einzelne Gruppe in möglichst nur einem Satz vorzustellen. Im Übrigen ist auf den Plan und die auf der Geschäftsstelle niedergelegten Plananlagen zu verweisen. Die wesentliche Zusammenfassung ist optimal, wenn sie im Beratungstermin auch

---

13 *Depré*, Die anwaltliche Praxis in Insolvenzverfahren, Rn. 907.

noch stimmt, obwohl in der Zwischenzeit Plandetails geändert worden sind. Damit soll freilich nicht eine Beliebigkeit der Zusammenfassung angenommen werden. Zu großer Verallgemeinerung kann dadurch begegnet werden, dass der Hinweis gegeben wird, der Plan werde an interessierte Gläubiger übersandt oder im Internet veröffentlicht.

Im letztgenannten Fall ist, da Insolvenzverfahren nicht öffentlich sind, durch geeignete technische Vorkehrungen sicherzustellen, dass nur Beteiligte Kenntnis erlangen können. Dies ist durch die innerhalb der Verwalterschaft verbreiteten Gläubigerinformationssysteme technisch und ohne großen Kostenaufwand möglich.

II. Ablauf des Erörterungstermins

Den Ablauf des Erörterungstermins regeln die Vorschriften über die Gläubigerversammlung. Zwar nehmen nicht zwingend alle, sondern nur die vom Insolvenzplan betroffenen Beteiligten an der Erörterung des Planes teil. § 76 Abs. 1 InsO ist aber **entsprechend** anzuwenden, wodurch die Versammlung unter der **Leitung** des Insolvenzgerichts stattfindet. Sie obliegt, nachdem nicht mehr der Rechtspfleger für das Insolvenzplanverfahren zuständig ist, dem **Richter**. Nach § 4 InsO kommen die Regelungen der **ZPO** (§§ 136–144, 156) über die Verhandlungsleitung zur entsprechenden Anwendung, obwohl es sich bei der Gläubigerversammlung als einem Organ der insolvenzrechtlichen Gläubigerselbstverwaltung zwar nicht um eine Sitzung vor dem erkennenden Gericht i. S. v. § 169 GVG handelt,[14] aber die genannten Vorschriften über diesen Bereich hinaus allgemeine Regelungen und Ermächtigungen für alle richterlichen Verhandlungsleitungen enthalten.[15]

16.20

Dem Insolvenzgericht obliegt nach Abs. 4 Satz 1 InsO i. V. m. § 176 GVG die Wahrnehmung der **Sitzungspolizei**, die es gem. § 178 GVG durch Verwarnungen bei ungebührlichem oder störendem Verhalten, die **Festsetzung von Ordnungsgeld** bis zu € 1 000 oder Ordnungshaft bis zu einer Dauer von einer Woche ausüben kann;[16] der Rechtspfleger kann indessen nur Geldstrafen verhängen, § 4 Abs. 2 Satz 2 RPflG, Art. 104 Abs. 2 GG.[17] Die Sitzung ist (arg. § 169 GVG) grundsätzlich nicht öffentlich, da sie die Belange der Gläubiger bzw. der Übrigen zugelassenen Verfahrensbeteiligten einschließlich des Verwalters betrifft. Das Gericht hat daher durch **Eingangskontrollen**, ggf. auch durch Zuweisung von Sitzplätzen und dergleichen mehr sicherzustellen, dass keine Unbefugten an der Sitzung teilnehmen können. Der **Presse**[18] ist gem. § 175 Abs. 2 GVG grundsätzlich auch zu sonst nichtöffentlichen Sitzungen der Zutritt zu gestatten.[19] Das gilt auch für die Gläubigerversammlung, die insofern im Rahmen der Gesamtvollstreckung tagt und hinsichtlich deren Verlaufs ein Informationsbedürfnis der breiten Öffentlichkeit bestehen kann.[20] Störende **Ton-, Lichtbild- oder Filmaufnahmen** können im Rahmen seiner Sitzungspolizei vom Gericht indessen untersagt werden. Zur Sitzung sind ferner **Rechtsreferendare**[21] am Insolvenzgericht zugelassen. Das Gericht darf freilich nicht im Rahmen seiner Sitzungspolizei Gläubigern die Teilnahme an der Sitzung untersagen, weil es die angemeldeten Forderungen für unbegründet hält. Denn auch diese Gläubiger genießen in der Gläubigerver-

16.21

---

14 *Hess*, KO, § 76 Rn. 14.
15 *Uhlenbruck/Delhaes*, Handbuch der Rechtspraxis, Konkurs- u. Vergleichsverfahren, Rn. 595.
16 *Uhlenbruck/Delhaes*, Handbuch der Rechtspraxis, Konkurs- u. Vergleichsverfahren, Rn. 598.
17 *Uhlenbruck/Delhaes*, Handbuch der Rechtspraxis, Konkurs- u. Vergleichsverfahren, Rn. 45a.
18 LG Frankfurt/M., B. v. 8.3.1983, 2/9 T 222/83, ZIP 1983, 344.
19 Uhlenbruck-*Uhlenbruck*, InsO, § 4 Rn. 40.
20 *Uhlenbruck/Delhaes*, Handbuch der Rechtspraxis, Konkurs- u. Vergleichsverfahren, Rn. 597; Uhlenbruck-*Uhlenbruck*, InsO, § 4 Rn. 40.
21 *Huntemann*, in: Huntemann/Brockdorff, Der Gläubiger im Insolvenzverfahren, 260.

sammlung Stimmrechte (vgl. § 77 InsO). Das Insolvenzgericht leitet ein Verfahren, in dem Forderungen *nichtstreitig* festgestellt werden; es hat dagegen nicht die Befugnis, seinerseits im Streitfall über Bestehen oder Nichtbestehen von Forderungen Aussagen zu treffen, und zwar auch dann nicht, wenn es hierüber dezidierte Rechtsansichten vertreten sollte. Dies folgt aus der Zugehörigkeit des Konkursverfahrens zum Bereich nichtstreitiger freiwilliger Gerichtsbarkeit. Im Gesetz selbst hat dies unmittelbar seine Grundlage in § 178 ff. InsO. Daraus folgt aber, dass das Insolvenzgericht aufgrund seiner Rechtsansicht über Bestehen oder Nichtbestehen einer Forderung jedenfalls keine derartigen verfahrensrechtlichen Folgerungen ableiten darf, die dem betreffenden Gläubiger jede Teilnahme am Verfahren verwehren. Der Gang der Gläubigerversammlung sowie die Namen der Anwesenden sind zu **protokollieren**, wobei auf die Stimmliste als Anlage zum Protokoll Bezug genommen werden kann. Sodann sind im Einzelnen in Form eines Inhaltsprotokolls die Verhandlungen darzustellen und die Ergebnisse der gefassten Beschlüsse festzuhalten. Zur Vereinfachung der Arbeit des Gerichts (und zur Erleichterung der Selbstkontrolle) kann es sich dabei Formularen bedienen. Die Protokollierung ersetzt die notwendige Beurkundung hinsichtlich der Schriftform, soweit diese gesetzlich vorgeschrieben ist.[22] Das Gericht hat die Anwesenheit des Verwalters und des Schuldners sowie durch die **Auslegung einer Stimmliste** (zweckmäßigerweise im Zusammenhang mit einer Ausweis- und Einlasskontrolle[23]) die der Gläubiger festzustellen.

Da dem Richter nur das Verfahren über den Insolvenzplan vorbehalten ist und damit der Berichtstermin und der Prüfungstermin weiterhin Angelegenheit des Rechtspflegers sind, sollte der Richter erwägen, den Rechtspfleger zum Erörterungs- und Abstimmungstermin hinzuziehen. Dies nicht nur wegen der jahrelangen Erfahrung der Rechtspfleger mit Insolvenzplänen, sondern insbesondere auch im Hinblick auf mögliches, nur ihnen bekanntgewordenes nicht aktenkundiges Wissen.

16.22 Zunächst ist dem Vorlegenden, dann dem gem. § 232 InsO Stellungnahmeberechtigten **Gelegenheit zur Stellungnahme** zu geben. Sodann erhalten die **Abstimmungsberechtigten** das Wort. Darauf folgend hat der **Planinitiator** Gelegenheit zur Abänderung des Planes gem. § 240 InsO. Sofern die Abstimmungsberechtigten sich hierzu äußern wollen, ist ihnen dazu Gelegenheit zu geben. Wenn sich Abstimmungsberechtigte dazu im Termin außer Stande sehen, aber Gelegenheit zur Stellungnahme wünschen, ist der Erörterungstermin ggf. zu vertagen.

16.23 Da der Berichtstermin erst nach dem Prüfungstermin stattfinden darf, ist zu fordern, dass bis zu dem Erörterungstermin die angemeldeten **Forderungen geprüft** sind. Zweckmäßigerweise werden den Gerichten von den Verwaltern zeitnah vor den Terminen eine aktuelle Insolvenztabelle und eine vorbereitete Stimmliste übermittelt, die eine Aufteilung der bekannten Forderungen auf die einzelnen Gruppen enthält. Im Erörterungstermin ist in der Regel nicht die Zeit, solche Listen noch zu fertigen.

III. Änderungen des Insolvenzplans im Erörterungstermin

1. Übersicht

16.24 Der Insolvenzplan sollte durch seinen Initiator in ständigem Kontakt mit den anderen Verfahrensbeteiligten möglichst so vorbereitet werden, dass sich wesentlich neue Gesichtspunkte im Erörterungstermin nicht mehr ergeben. Dennoch ist nicht auszuschließen, dass selbst bei äußerster Verfahrensbeschleuni-

---

22 RG, Urt. v. 8.11.1940, VII ZS 40/40, RGZ 165, 162.
23 *Uhlenbruck/Delhaes*, Handbuch der Rechtspraxis, Konkurs- u. Vergleichsverfahren, Rn. 596 a. E.

gung im Erörterungstermin neue Gesichtspunkte vorgebracht werden. Die möglicherweise erst im Erörterungstermin ersichtlich werdenden unterschiedlichen Ziele der Verfahrensbeteiligten und komplizierten rechtlichen oder tatsächlichen Gegebenheiten können **Modifikationen des eingereichten Plans** notwendig erscheinen lassen. § 240 InsO sieht für diese Fälle vor, dass der Initiator berechtigt sei, aufgrund der zum Plan ausgearbeiteten Stellungnahmen (§§ 232, 234 InsO) oder aufgrund der Erörterung den Plan zu ändern. Zur Beschleunigung des schwerfälligen Insolvenzplanverfahrens soll im gleichen Termin noch eine Abstimmung über den geänderten Plan erfolgen können.

16.25 Der Gesetzgeber hat diese Regelung als Instrument einer diskursiven Aushandlung von **konkurrierend vorgelegten Insolvenzplänen** durch die versammelten Verfahrensbeteiligten begriffen: Alle Verfahrensbeteiligten sollten Planentwürfe einreichen können, § 255 RegEInsO. In der Diskussion um den „richtigen" Plan sollte sich herauskristallisieren, welches die optimale Lösung der ökonomisch sich im konkreten Insolvenzfall stellenden Aufgaben sei.[24] Dieses Bild, das mehr soziologischen Diskursmodellen als der insolvenzrechtlichen Erfahrung verpflichtet war, hat sich nicht durchgesetzt;[25] es macht aber plausibel, weshalb das Abänderungsrecht zur Berücksichtigung des Diskurses von großer Bedeutung war.

16.26 Die drastische Beschränkung der Initiativrechte der Gläubiger im Insolvenzplanverfahren auf die Beauftragung des Insolvenzverwalters nach den §§ 157 Satz 2, 218 Abs. 1 InsO hat die weitere Komplizierung des Verfahrens vermeiden sollen.[26] Die **Plankonkurrenz**, von der einmal im Gesetzgebungsverfahren ausgegangen wurde,[27] ist damit unwahrscheinlich geworden. Sofern der Schuldner mit seinem Eigenantrag die Initiative zu einem Insolvenzplan ergreift, bleibt zwar die abstrakte Möglichkeit bestehen, dass in Fällen, in denen nicht die Eigenverwaltung angeordnet wird, der Verwalter durch die Gläubigerversammlung zur Ausarbeitung eines konkurrierenden Plans beauftragt wird. Freilich ist mehr als fraglich, ob derartige Projekte je in die Tat umgesetzt werden. Der Verwalter wird regelmäßig die Pflicht haben, einen derartigen Beschluss der Gläubigerversammlung durch das Insolvenzgericht überprüfen zu lassen. Die verbleibenden Fälle stellen eine *quantité neglegiable* dar. Eine **Planhypertrophie** ist unwahrscheinlich. Die – im Übrigen bereits aus Kostengründen naive – Vorstellung, die lange Zeit während des Gesetzgebungsverfahrens[28] vorherrschte, die Gläubiger würden im Erörterungstermin (§§ 235 Abs. 1, 241 Abs. 1 InsO) verschiedene Pläne gegeneinander abwägen, ist schon aufgrund des Wortlauts des Gesetzes nicht Wirklichkeit geworden. In der amtlichen Begründung zu § 284 RegEInsO[29] heißt es zu der in Satz 1 statuierten Abänderungsbefugnis lapidar, es sei ein Ziel des besonderen Erörterungstermins, dem Vorlegenden zu ermöglichen, den Plan auf Grund der Verhandlungen im Termin zu ändern. Der Gesetzgeber hatte dabei im Auge, den zügigen Fortgang des Verfahrens nicht zu gefährden. Ursprünglich sollte in § 284 Abs. 1 RegEInsO vorgesehen werden, dass eine Änderung des Plans nur nach Ankündigung im Erörterungstermin und innerhalb einer vom Gericht gesetzten angemessenen Frist zulässig ist; diese Vorschrift ist nicht Gesetz geworden.[30] Die Fassung des § 284 RegEInsO unterschied sich also erheblich von der des heutigen § 240 InsO, er betraf auch die Befugnis des Gerichts zur Zurückweisung des Plans.

---

24 Amtl. Begr. zu § 283 RegEInsO, BT-Drs. 12/2443, 207.
25 Beschl.-Empf. des RechtsA zu §§ 254, 255 RegEInsO, BT-Drs. 12/7302, 181 f.
26 Beschl.-Empf. des RechtsA zu §§ 254, 255 RegEInsO, BT-Drs. 12/7302, 94 f.
27 Amtl. Begr. zu § 255 RegEInsO, BT-Drs. 12/2443, 196; vgl. auch § 294 RegEInsO.
28 Amtl. Begr. zu § 255 RegEInsO, BT-Drs. 12/2443, 196.
29 Amtl. Begr. zu § 283 RegEInsO, BT-Drs. 12/2443, 207.
30 S. die Beschl.-Empf. des RechtsA zu § 284 RegEInsO, BT-Drs. 12/7302, 183.

2. Mängelbeseitigung im Planverfahren: Absolute und relative Mängel

16.27 Zur Vorbereitung des Erörterungstermins finden in aller Regel Diskussionen zwischen dem Planverfasser, dem Schuldner, dem Verwalter, dem Gericht und den Gläubigern statt. In praxi ergeben sich eine **Vielzahl von Änderungswünschen.** Diese können auch auf Mängeln des Plans beruhen, die Änderungen oder Ergänzungen entsprechend den Vorstellungen der Beteiligten erforderlich machen. Man kann im Wesentlichen drei Kategorien von Mängeln unterscheiden:

16.28 a) **Absolute Mängel.** Absolute Mängel, die gem. § 231 InsO zur Zurückweisung des Plans führen. Solche Mängel liegen nur vor, wenn das *Vorlagerecht* (Nr. 1) verletzt ist, der *Planinhalt unzulässig* ist (z. B., weil er in Schuldnerrechte eingreift oder die Vorschriften über die Gruppenbildung verletzt sind), der Plan *offensichtlich aussichtslos* (Nr. 2.) oder *offensichtlich unerfüllbar* ist (Nr. 3) oder es sich um den *zweiten Plan* des Schuldners handelt, der erste Plan des Schuldners von den Gläubigern abgelehnt, vom Gericht nicht bestätigt oder vom Schuldner nach der öffentlichen Bekanntmachung des Erörterungstermins zurückgezogen worden ist und wenn der Insolvenzverwalter die Zurückweisung mit Zustimmung eines etwaigen Gläubigerausschusses beantragt (Abs. 2). (Zum Ganzen oben Kapitel 14.) In allen anderen Fällen ist der Plan zulässig.

16.29 Zutreffend wird in der insolvenzgerichtlichen Praxis die **Ergänzung eines bereits rechtskräftigen Insolvenzplans** als eine Neuverhandlung qualifiziert und behandelt. Zur **Annahme** der Ergänzung ist es gem. §§ 244 bis 246, 248 InsO erforderlich, dass alle Gläubigergruppen dem Plan **zustimmen.** Die Zustimmung nachrangiger Insolvenzgläubiger ist nicht erforderlich, wenn diese nicht zur Anmeldung von Forderungen aufgefordert sind. Zur Zustimmung einer jeden Gläubigergruppe ist es notwendig, dass die Mehrheiten des § 244 Abs. 1 InsO (Kopf- und Summenmehrheit) erreicht werden.[31]

16.30 Nach § 246 Nr. 1 InsO gilt die Zustimmung der Gruppen mit dem Rang des § 39 Abs. 1 Nr. 1 oder 2 InsO als erteilt, wenn die entsprechenden Zins- oder Kostenforderungen im Plan erlassen werden oder gelten nach § 225 Abs. 1 InsO als erlassen, wenn schon die Hauptforderungen der Insolvenzgläubiger nach dem Plan nicht voll berichtigt werden. Nach § 246 Nr. 2 InsO gilt die Zustimmung der Gruppen mit einem Rang hinter § 39 Abs. 1 Nr. 3 InsO als erteilt, wenn kein Insolvenzgläubiger durch den Plan besser gestellt wird als die Gläubiger dieser Gruppen.

16.31 Der durch das ESUG ins Gesetz eingefügte § 246a InsO trifft eine Regelung der **Ersetzung der Zustimmung der Anteilsinhaber** für den Fall, dass sich kein Mitglied einer Gruppe der Anteilsinhaber an der Abstimmung beteiligt. Unter dieser Voraussetzung gilt die Zustimmung der Gruppe als erteilt. Diese Regelung dient der Vereinfachung des Abstimmungsverfahrens. Die Anteils- bzw. Mitgliedschaftsrechte der Anteilseigner können in den Plan einbezogen werden, auch wenn sich kein Anteilsinhaber der Gruppe an der Abstimmung beteiligt. Die Regelung entspricht der des § 246 Nr. 2 – bisher Nr. 3 – InsO über die Zustimmung der nachrangigen Insolvenzgläubiger. Der Gesetzgeber erwartet, dass in Fällen, in denen offensichtlich ist, dass die Anteile durch die Insolvenz wertlos geworden sind und in dem auch der Plan keine Leistungen an die Anteilsinhaber vorsieht, deren Interesse an der Abstimmung gering sein wird. Soweit sie sich an der Abstimmung beteiligen, ist gem. §§ 238a, 244 Abs. 3 InsO für das Stimmrecht die Summe der Beteiligungen maßgeblich.

---

31 AG Frankfurt/Oder, B. v. 8.11.2005, 3.1. IN 35/03, DZWIR 2006, 87.

16.32 Tritt im Verlauf des Insolvenzplanverfahrens nach Terminierung des Erörterungs- und Abstimmungstermins unter Übersendung der Zusammenfassung der wesentlichen Inhalte des Planes die Masseunzulänglichkeit ein, sieht das Gesetz seit Inkrafttreten des ESUG in § 210a vor, dass die Massegläubiger an die Stelle der nicht-nachrangigen Insolvenzgläubiger treten. Der Plan hat dies regelmäßig nicht bereits vorgesehen; er ist daher schon von Gesetzes wegen zu ändern, so dass die Umstellung des Plans auf die Anforderungen des § 210a InsO nach § 240 InsO zulässig ist.

16.33 b) **Verfahrensmängel.** Verfahrensmängel führen gem. § 250 InsO zur Bestätigungsversagung. Hier handelt es sich um *inhaltliche Mängel*, die nicht behoben worden sind bzw. nicht behoben werden können (Nr. 1). Außerdem geht es um die *Verfahrensvorschriften*, insbesondere bei der Annahme des Planes durch die Gläubiger oder der Zustimmung durch den Schuldner sowie den Fall der Gläubigerbegünstigung. Wegen der Regelung in § 250 InsO gilt es, bei der Erarbeitung des Insolvenzplans sorgfältig auf die Vermeidung von Verfahrensfehlern zu achten. Verfahrensfehler, insbesondere bei der Gruppeneinteilung, bergen zudem die **Gefahr von Rechtsbehelfen**. Im Fall der Berliner „Konsum"-Insolvenz führte die falsche Gruppeneinteilung etwa dazu, dass der sofortigen Beschwerde von Gläubigern gegen die Planbestätigung stattgegeben wurde.[32] Wird die Entscheidung des Landgerichts über die Beschwerde rechtskräftig, führt dies dazu, dass das Verfahren in den Status vor der Abstimmung zurückgesetzt wird. Der Insolvenzplan muss geändert, ggf. neu gestaltet werden. Gegen die Entscheidung des Landgerichts kann zwar Rechtsbeschwerde beim BGH eingelegt werden. Nach § 250 InsO sind freilich nicht der Planverfasser, sondern nur die Gläubiger beschwerdeberechtigt. Zur Beschwerdeberechtigung des Planverfassers aus Gesichtspunkten des fairen Verfahrens siehe unten Kapitel 21.

16.34 c) **Relative Mängel.** Relative Mängel sind gem. § 240 InsO behebbar. Dies sind etwa die Fälle der *Schlechterstellung* einzelner Gläubiger oder Gläubigergruppen, die auf Widerspruch zur Obstruktionsentscheidung führen. Es besteht eine Hinweispflicht nach § 241 Abs. 2 InsO. Die Mängel sind grundsätzlich bis zum Abstimmungstermin durch den Planverfasser abänderbar, nicht aber etwa durch das Gericht oder den Kritiker. Nach dem Wortlaut von § 240 InsO können „einzelne Regelungen" des Plans noch im Verhandlungstermin geändert werden. Ob eine Änderung nur einzelne Regelungen oder den Wesenskern des Planes insgesamt treffen, hängt von den Umständen des Einzelfalles ab. Wird der Wesenskern des Plans betroffen, dürften Änderungen nicht mehr vorgenommen werden, der Plan wäre vielmehr als ein neuer Plan zu behandeln und müsste einem neuen Verfahren unterliegen. In diesem Falle wären die Termine aufzuheben. Da das Gesetz grundsätzlich von der Änderungsmöglichkeit ausgeht, ist die Regelung des § 240 InsO weit auszulegen. Eine Verfahrenswiederholung kommt wohl nur in Betracht, wenn die Änderung zu derartig gravierenden Neuregelungen führt, dass die ursprüngliche Planidee vollständig aufgehoben wird. Ein Fall könnte etwa der Übergang vom Sanierungsplan zur Unternehmenszerschlagung oder Auffanggesellschaft sein. Die bloße Änderung der Quote, die Vereinbarung oder die Auflösung von Sicherheiten, sogar der Übergang von der Insolvenzplansanierung zu übertragener Sanierung bei vergleichbaren Quoten für die Gläubiger dürfte noch als unschädlich anzusehen sein.

---

[32] LG Berlin, B. v. 20.10.2004, 103 IN 5292/03.

Mängelbeseitigung im Planverfahren		
§ 231: Absolute Mängel = Zurückweisung	§ 250: Verfahrensmängel = Bestätigungsversagung	§ 240: Relative Mängel = behebbar

– Nr.1: Vorlagerecht
– Nr.1: Planinhalt unzulässig
– z. B.: Eingriff in:
  a) Schuldnerrechte?
  b) Gesellschaftsrechte?
  c) Gestaltungswirkungen?
– Verletzung der Vorschriften über die Gruppenbildung
	– Nr. 1: Unbehebbare Inhaltsmängel	– Grundsätzlich unbeachtlich
		– Ausnahmen:
		– Gruppenschlechterstellung
		– individ. Schlechterstellung
		– Schuldnerbenachteiligung
		– Fehlen von Bedingungen

– Nr. 2: Offensichtlich aussichtslos („Obstruktionsplan")	– Vorschriften über: – „Verfahrensmäßige Behandlung des Plans" – Annahme durch Gläubiger – Zustimmung des Schuldners	– Grundsätzlich änderbar – bis zum Abstimmungstermin – durch Planverfasser – nur „einzelne" Regelungen – ab wann Verfahrenswdh.?
– Nr. 3: Offensichtlich unerfüllbar – Abs. 2: Schuldnerzweitplan	– Unlautere Planannahme, Gläubigerbegünstigung	– Hinweispflicht nach § 241 II

3. Verhältnis zur insolvenzgerichtlichen Vorprüfung des Insolvenzplans gem. § 231 InsO

16.35 Die insolvenzgerichtliche Vorprüfung des Planentwurfs nach § 231 und das „Nachbesserungsrecht" des § 240 InsO fallen verfahrensrechtlich auseinander. Der vom Insolvenzgericht für aussichtsreich gehaltene Planentwurf kann daher auch dann noch gravierende Änderungen erfahren, wenn er seine konkrete Gestalt aufgrund insolvenzgerichtlicher Hinweise gem. § 231 Abs. 1 InsO erhalten hat. Die insolvenzgerichtliche Vorprüfung droht – liest man allein den Gesetzeswortlaut des § 240 InsO – unterlaufen werden zu können. Die Befugnis zur Vornahme dieser Änderungen ist nämlich nicht auf bestimmte Abteilungen des Planentwurfes beschränkt. Der Initiator kann somit z. B. zunächst im Planentwurf eine „unverdächtige" Einteilung der Gläubiger in die von § 222 Abs. 1 InsO und 3 InsO vorgesehenen Gruppen vornehmen (oben Kapitel 12), die, nachdem sie die gerichtliche Kontrolle „passiert" hat (oben Rn. 12.4 f.), durch eine Änderung „verschärft" wird. Aber auch andere Änderungen sind möglich, wie etwa die „Korrektur" des darstellenden Teils: Ob der Plan dazu dient, eine seriöse Sanierung zu ermöglichen, hängt im Wesentlichen davon ab und kann überhaupt nur dann ernsthaft vom Insolvenzgericht beurteilt werden, wenn der darstellende Teil die Entwicklung und die Lage des Schuldners einigermaßen zutreffend, wenigstens in Grundzügen richtig beschreibt.

16.36 Die „Korrektur" des darstellenden Teils auf der Grundlage der nach § 232 InsO eingeholten Stellungnahmen eröffnet Manipulationen vielleicht keinen großen Spielraum; die Möglichkeit des Schuldners, fraudulös Einfluss auf den Gang des Verfahrens zu nehmen, besteht aber. Nicht minder groß ist indessen die Möglichkeit, durch Nachbesserungen im gestaltenden Teil auf das Verfahren einzuwirken.

4. Vermeidung von missbräuchlichen Abänderungen

16.37 Teile der Literatur[33] haben diese, der Abänderungsbefugnis nach § 240 InsO innewohnende Gefahr gesehen und zu ihrer Abwehr vorgeschlagen, die Abänderungsbefugnis mit dem Gesetzeswortlaut auf die Modifikation „einzelner

---

33 *Haarmeyer/Wutzke/Förster*, Handbuch zur Insolvenzordnung, IX Rn. 11.

Regelungen" zu beschränken und dadurch zu entschärfen, dass der „Plan in seinem Kern" nicht geändert werden dürfe.[34] Ein im „Kern" nach § 240 InsO modifizierter Plan dürfte danach nicht nach § 248 InsO vom Insolvenzgericht bestätigt werden.[35] All diesen Einwänden gegen die gesetzliche Regelung lässt sich nicht entgegenhalten, es werde schon nicht so schlimm kommen: Die Gläubigergemeinschaft könne im Erörterungstermin **Manipulationen** aufdecken und im Abstimmungstermin[36] dem geänderten Plan eine Absage erteilen. Dieses Gegenargument zieht aber nicht, legt man ohne weiteres den Gesetzeswortlaut zugrunde:

Die Gläubiger können nur dann wirksam die Änderungen des Plans verfolgen und überprüfen, wenn sie hierzu Gelegenheit erhalten. Das bedarf angesichts der gesetzlichen Regelung besonderer Erwähnung. Nach § 235 Abs. 1 Satz 1 InsO soll das Insolvenzgericht nämlich über den Plan im Erörterungstermin abstimmen lassen. Nach dem Wortlaut der Vorschrift des § 241 Abs. 1 Satz 1 InsO liegt die Anberaumung eines *besonderen* Abstimmungstermins dagegen im Ermessen des Gerichts. Grundsätzlich wenig aussichtsreich erscheint es im Übrigen, den durch eine Planmodifikation „überfahrenen" Gläubiger oder ggf. den Verwalter im Falle der Planinitiative des Schuldners darauf zu verweisen, sein Heil in einem verfahrensrechtlichen **Vertagungsantrag** zu suchen.[37] Denn ob ein derartiger Antrag hilfreich, weil erfolgversprechend ist, hängt von der Grundstruktur der seitens des Insolvenzgerichts zu fällenden Entscheidungen ab.

16.38

Weiter ist **kritisch** anzumerken, dass sich kaum eine Grenze zwischen einer im Kern den Plan verändernden Modifikation, also einer „neuen" Planinitiative auf der einen Seite und der Veränderung einzelner Regelungen ausmachen lässt. Problematisch sind in diesem Zusammenhang auch die vom Gesetzgeber für zulässig gehaltenen **salvatorischen Klauseln**;[38] Werden derartige Klauseln nachträglich in einen Planentwurf nach § 240 InsO eingefügt, kann damit das Gefüge des im Übrigen unverändert bleibenden Plans „im Kern" geändert werden. Kurz: Was „Kern" des Plans ist, lässt sich von („marginalen"?) Einzelregelungen kaum sinnvoll abgrenzen.

16.39

Missbrauchsmöglichkeiten lassen sich jedoch durch eine genauere Bestimmung des dem Insolvenzgericht bei der Terminierung des Abstimmungstermins eingeräumten Ermessens (vgl. § 241 InsO) minimieren. Stellt sich im Erörterungstermin heraus, dass der initiierende Schuldner von seiner Nachbesserungsbefugnis Gebrauch macht, so „**reduziert**" dieser Umstand das Ermessen des Insolvenzgerichts „**gegen Null**". Den Gläubigern ist in diesem Fall dadurch Gelegenheit zur Überprüfung der Reichweite der Änderungen zu geben, dass ein *gesonderter* Abstimmungstermin anberaumt werden *muss*. Dogmatische Grundlage dieser Beschränkung des insolvenzgerichtlichen Ermessens ist der Anspruch der Gläubiger auf Gewährung rechtlichen Gehörs im Insolvenzverfahren (Art. 103 Abs. 1 GG[39]).

16.40

Damit wären aber Verfahrensverzögerungen verbunden, die nur unter der Voraussetzung erträglich sind, dass der Plan vom Schuldner im Regelinsolvenzver-

16.41

---

34 Ebenso auch die Amtl. Begr. zu § 284 RegEInsO, BT-Drs. 12/2443, 207.
35 *Haarmeyer/Wutzke/Förster*, Handbuch zur Insolvenzordnung, IX Rn. 11, gehen freilich nach ihren Prämissen ungenau auf die Situation der Planrealisierung ein, wobei sie verkennen, dass zwischen dem Schuldner- und dem Verwalterplan strikt zu unterscheiden sein wird.
36 Mit der Ladung zum gesonderten Abstimmungstermin ist zudem auf Änderungen hinzuweisen, § 241 Abs. 2 S. 2 InsO.
37 So *Braun/Uhlenbruck*, Unternehmensinsolvenz, 631.
38 Amtl. Begr. zu § 298 RegEInsO, BT-Drs. 12/2443, 211, 212.
39 *Vallender*, in: Kölner Schrift zur InsO, S. 115 ff.

fahren vorgelegt worden ist. Denn dort kann davon ausgegangen werden, dass die Rechte der Gläubiger durch vom Insolvenzverwalter gem. § 159 InsO durchgeführte Vermögensliquidation hinreichend geschützt werden.

16.42 Schon wegen seiner Haftung mit seinem persönlichen Vermögen (§ 60 InsO) liegen die Dinge anders, wenn der Insolvenzplan vom Insolvenzverwalter vorgelegt wird. Handelt es sich bei dem im Erörterungstermin abzuändernden Insolvenzplan dagegen um einen vom eigenverwaltenden Schuldner vorgelegten Plan, werden die Interessen der Gläubiger durch den Sachwalter geschützt, vgl. § 284 Abs. 1 Satz 2 InsO.[40]

5. Einschränkende Auslegung des § 240 InsO

16.43 a) Ausschluss der „Nachbesserung" hinsichtlich der Gruppenbildung gem. § 222 InsO. Schließlich ist daran zu denken, der **Befugnis zur Modifikation des Plans selbst Grenzen** zu setzen. Dabei kann jedoch sinnvoller Weise weder bei dem darstellenden Teil des Planes noch bei seinem gestaltenden Teil angesetzt werden; lässt man überhaupt das Änderungsrecht zu, muss es sich auf beide Teile des Planes beziehen können. Besondere Missbrauchsmöglichkeiten lägen aber in einer nachträglichen „Verschiebung" der Abstimmungsgruppen. Denn die Abänderung erfolgt zeitlich nach (arg. § 235 Abs. 1 Satz 1 InsO[41]) der **Feststellung der Stimmrechte** nach den §§ 237, 238 InsO und der Aufstellung des Stimmrechtsverzeichnisses gem. § 239 InsO.[42] **Ist die Stimmrechtsentscheidung einmal im Insolvenzverfahren gefällt worden, bildet sie den Rahmen für die Abstimmung.** Es geht insofern nicht an, dem Planinitiator die Befugnis einzuräumen, *nach* erfolgter Stimmrechtsfestsetzung die Gruppeneinteilung gleichsam „mundgerecht" den zwischenzeitlich eingetretenen Kräfteverhältnissen anzupassen. Gegen eine solche Befugnis des Planinitiators spricht zudem, dass die verfahrensrechtlich zentrale Gruppenbildung andernfalls nicht mehr der **insolvenzgerichtlichen Kontrolle** unterliegen würde.

16.44 Das ESUG hat in § 238a InsO eine Regelung des Stimmrechts der Anteilsinhaber eingeführt, dessen Abs. 1 anordnet, dass für das Stimmrecht der am Schuldner beteiligten Personen maßgeblich ist, mit welchem Anteil diese nach der Satzung oder dem Gesellschaftsvertrag am Schuldner beteiligt sind. Die Stimmrechte im Planverfahren entsprechen damit nicht zwangsläufig den Stimmrechten, die den jeweiligen Anteilsinhabern nach Maßgabe des einschlägigen Gesellschaftsrechts zustehen. Z.B. nehmen stimmrechtslose Vorzugsaktien an der Abstimmung über den Insolvenzplan teil. Dies ist sachgerecht, denn die Verminderung ihrer Beteiligung trifft sie wirtschaftlich in gleichem Maße wie die übrigen Aktionäre. Der Reformgesetzgeber führt zutreffend aus, dass es im Insolvenzverfahren nicht sachgerecht wäre, z.B. im Falle der AG auf den Nennbetrag der Aktien nach § 134 Abs. 1 Satz 1 AktG abzustellen. In der Insolvenz kann lediglich noch die Kapitalbeteiligung relevant sein. Daher ist zu ermitteln, welcher Anteil am Rechtsträger dem einzelnen Anteilsinhaber zusteht. Bei Kapitalgesellschaften ist dabei auf den Anteil am eingetragenen Haftkapital abzustellen. Dies hat zur Konsequenz, dass z.B. stimmrechtslose Vorzugsaktien bei der Abstimmung über den Insolvenzplan zu beteiligen sind; zudem ist der finanzielle Ausgleich für das fehlende Stimmrecht in Gestalt des Vorzugs in der Insolvenz obsolet geworden. Die Verweisung in § 238a Abs. 2 InsO stellt mit Blick auf § 225a Abs. 1 InsO klar, dass die Ausübung des Stimmrechts davon abhängt, ob der Plan zu einer Beeinträchtigung der Anteils- und Mitgliedschaftsrechte der in § 238a Abs. 1

---

40 Flöther/Smid/Wehdeking, Die Eigenverwaltung in der Insolvenz, Kap. 2 Rn. 133.
41 Amtl. Begr., BT-Drs. 12/2443, 206 (zu § 279).
42 Ungenau: Bußhardt, FS Fuchs, 1997, 15, 27.

InsO genannten Personen führt. Ist dies nicht der Fall, besteht kein Stimmrecht bei der Abstimmung über den Plan.

b) Einschränkung der Abänderungsbefugnis wegen der Regelung des Plans von Maßnahmen zur Rechtsgestaltung. Damit sind freilich erst die Probleme erörtert, die sich bei einer „**Nachbesserung**" der planmäßigen Gruppenbildung ergeben. Gegenüber dieser, aus dem Blickwinkel des überkommenen Rechts vielleicht zu „subtil" wirkenden Problematik erscheint es „handfester" und naheliegender, nach den Schwierigkeiten zu fragen, die möglicherweise auftreten werden, sobald eine Änderung im gestaltenden Teil des Plans vorgenommen wird. **16.45**

Um damit umgehen zu können, bedarf es einer näheren Bestimmung der Bedeutung des „Nachbesserungsrechts". Hier hilft ein Exkurs in allgemeine verfahrensrechtliche Grundsätze weiter. Bekanntlich lassen die §§ **263, 264 ZPO** eine Umstellung des Klageantrages nur unter der Voraussetzung zu, dass sie sich in einem Rahmen bewegt, der die spezifische prozessuale Rechtsstellung des Beklagten unbeeinträchtigt lässt.[43] Freilich lässt sich eine Parallele zu dem Antrag auf Verfahrenseinstellung nach einem Insolvenzantrag mit dieser prozessualen Konstellation schon wegen des „Akkordcharakters" des Insolvenzplans noch nicht einmal unvollkommen ziehen. Das Zustandekommen des Plans beruht *grundsätzlich* auf der Herstellung einer Übereinstimmung zwischen den Beteiligten. **16.46**

Enthält die Planmodifikation gegenüber dem Vorentwurf **Eingriffe in Rechte** solcher Gläubiger, die bislang nicht betroffen waren, ist ein solcher Plan schon wegen Art. 103 Abs. 1 GG **nicht bestätigungsfähig**, da Teilen der Betroffenen mit Blick auf die §§ 237 Abs. 2, 238 Abs. 2 InsO das rechtliche Gehör versagt worden ist.[44] **16.47**

Aber auch soweit eine „Nachbesserung" des Planentwurfs zu einer Erweiterung von Eingriffen in Rechtsstellungen solcher Gläubiger führen würde, deren Rechte bereits nach den Regelungen des Vorentwurfs tangiert werden sollten, ist eine derartige Modifikation wegen des damit verbundenen „**Überrumpelungseffekts**" unzulässig.

Der Fall **nachträglicher Belastungen** wird schon wegen der Rechtsmittelbefugnis der betroffenen Gläubiger gem. § 253 InsO nicht notwendig den „Regelfall" der Situation des § 240 InsO darstellen; vorstellbar sind Nachbesserungen, durch die Widerstände von Gläubigergruppen (oder einzelner Gläubiger – § 251 InsO, vgl. aber § 245 Abs. 1 Nr. 2 i. V. m. Abs. 2 Nr. 2 InsO, unten Rn. 18.109 ff.) abgebaut werden sollen. Sieht die „Nachbesserung" *Entlastungen* einzelner Gläubiger im Hinblick auf im Vorentwurf vorgesehene Eingriffe vor, liegen die Dinge komplizierter. Denn in diesem Fall scheint eine Beeinträchtigung der Rechte der Gläubiger nicht besorgt werden zu müssen. Dabei bleibt aber zu berücksichtigen, dass zu dem Gegenstand, über den abgestimmt wird, nicht allein die vorgesehenen Eingriffe in die Rechte der Gläubiger gehören – denn der Insolvenzplan soll ja „mehr" darstellen als ein „erweiterter" Zwangsvergleich. Daraus folgt, dass die Finanzierungsbedingungen, unter denen der Plan steht, ebenfalls *wesentlicher* Gegenstand der Beschlussfassung durch die Abstimmungsgruppen der Gläubiger ist, wofür im Übrigen auch die Regelung des § 231 Abs. 1 Nr. 3 InsO spricht. Denn die Gläubiger brauchen sich nicht darauf einzulassen, ein von den gesetzlichen Regelungen über die gemeinschaftliche Gläubigerbefriedigung abweichendes Verfahren (vgl. § 1 Satz 1 u. Satz 2 InsO) mit allen damit für die Stellung der Gläubiger verbundenen Gefahren **16.48**

---
43 Vgl. MünchKomm-*Lüke*, ZPO, § 263 Rn. 26 ff.
44 Zum Problem *Smid*, KTS 1993, 1, 3 ff.

und Restriktionen über sich ergehen zu lassen, wenn nicht in seriöser Weise die Durchführung dieses Verfahrens abgesichert ist. Derartige Nachbesserungen zugunsten einzelner Gläubiger können daher nur dann zulässig sein, wenn dargestellt wird, wie die mit der Entlastung von Gläubigern verbundene Belastung der Sanierung ausgeglichen wird. Das kann z. B. dadurch geschehen, dass der planinitiierende Schuldner mit seiner Planmodifikation entsprechende Erklärungen von Kreditgebern vorlegt, die „in die Bresche springen", die durch den Verzicht auf bestimmte Rechtskürzungen gerissen wird.

16.49 Die vorangegangenen kritischen Bemerkungen lassen sich positiv wenden: All diejenigen Änderungen des Insolvenzplans sind zulässig, die den Plankern nicht berühren. Das Gesetz unterstellt in § 240 InsO, dass es Regelungen des Insolvenzplanes gibt, deren Änderung im Verlauf des Erörterungstermins keine wesentliche Abweichung von „dem Plan" verwirklichen; andere Regelungen im Plan oder Angaben, die den Regelungen unterlegt sind, können Änderungen unterworfen werden, die zum einen auf den Wünschen der beteiligten Gläubiger beruhen mögen, zum anderen aufgrund der Kontingenz dieser Tatsachen – ihrer schlichten Änderbarkeit in Raum und Zeit – beruhen. Plankern sind diejenigen Angaben, die nie mehr geändert werden dürfen, ohne dass der Plan in seinem Wesen verändert wird. Hierzu gehören die Einteilung der Gläubiger in Gruppen und die Zuordnung von quotalen Befriedigungsmargen an die jeweiligen Gruppenangehörigen. Ferner gehören hierzu die ggf. auf die absonderungsberechtigten Gläubiger zutreffenden Sonderregelungen. Die Zuordnung eines einzelnen Gläubigers mag dann noch später geändert werden – etwa weil sich herausstellt, dass ein absonderungsberechtigter Gläubiger noch mit einer Ausfallforderung im Rahmen der Gruppe der nicht nachrangigen Insolvenzgläubiger zu berücksichtigen sein wird. Die erfolgreiche Kommunikation zwischen Schuldner, vorläufigem Verwalter bzw. Verwalter und Insolvenzgericht ist bereits auf der Ebene der im Verfahren drängenden Zeit unerlässlich. Denn die Beteiligten sollten Abreden treffen (und sich an sie halten), in welchem Zeit die jeweiligen Verfahrensschritte abgewickelt werden sollen.

6. Eigene Aufgaben des Insolvenzgerichts

16.50 Hinweispflichten des Insolvenzgerichts gegenüber den Beteiligten kommen im Rahmen des Erörterungstermin dann in Betracht, wenn das Insolvenzgericht aufgrund eigener „besserer" Erkenntnis[45] zu dem Schluss kommt, dass der Insolvenzplan im Gegensatz zu dem zuvor gefällten Zulassungsbeschluss den gesetzlichen Anforderungen des § 231 Abs. 1 InsO nicht genügt. Insofern ist das Gericht auch deshalb nicht nur zu einem Hinweis befugt, sondern sogar verpflichtet, weil es in dem nichtstreitigen Insolvenzplanverfahren ansonsten Gefahr läuft, Amtshaftungsansprüche gem. § 839 BGB i. V. m. Art. 34 GG auszulösen.[46] Ein derartiger Hinweis würde jedenfalls nicht den Vorwurf der Befangenheit auslösen.[47]

16.51 Die Erörterung und Beschlussfassung über den Plan obliegt den Verfahrensbeteiligten; die Modifikation des Planentwurfs liegt in der Kompetenz des Vorlegenden. **Für eigene Modifikationen des Planentwurfs seitens des Insolvenzrichters durch insolvenzgerichtlichen Beschluss ist danach kein Raum.** Es erscheint aber sinnvoll, dass die im Verlauf des Erörterungsverfahrens aufgrund von Interventionen der Verfahrensbeteiligten oder aufgrund von Hinweisen des Insolvenzgerichts erfolgten Modifikationen durch klarstellende Beschlüsse dokumentiert werden. Einer **Unüberschaubarkeit des im Abstimmungstermin zur**

---

[45] Vgl. *Smid*, JuS 1996, 49 ff.: Wirkungen von Entscheidungen in Verfahren nach dem FGG.
[46] Zur Lage im überkommenen Recht des Vergleichsverfahrens *Häsemeyer*, Insolvenzrecht, 1. Aufl. 1992, 643; vgl. im Übrigen *Smid*, Jura 1990, 225 ff.
[47] Hierzu nach überkommenem Recht *Kuhn/Uhlenbruck*, KO, § 72 Rn. 6, 6a.

Entscheidung gestellten Gegenstandes** kann insofern entgegengewirkt werden. Insofern ist das Insolvenzgericht in seinem klarstellenden Beschluss aber an den Antrag des Vorlegenden gebunden.

IV. Verbindung von Erörterungs- und Prüfungstermin

1. Übersicht

Mit § 236 InsO hat der Gesetzgeber versucht, das schwerfällige Insolvenzplanverfahren mit dem allgemeinen Insolvenzverfahren zu verschränken und dadurch zu beschleunigen, dass dem Insolvenzgericht die Möglichkeit einer gemeinsamen Durchführung von **Prüfungs-** (§§ 29 Abs. 1 Nr. 2, 176 InsO), **Abstimmungs- und Erörterungstermin** eröffnet ist.

16.52

2. Verbindung mit dem Prüfungstermin

Durch die Vorlage eines Insolvenzplans wird die Prüfung und Feststellung der Insolvenzforderungen nicht entbehrlich. Die Ergebnisse des Prüfungstermins bilden vielmehr eine wichtige Grundlage für die Schätzung des Gesamtumfangs der Verbindlichkeiten des Schuldners und damit für die Beurteilung, ob die im Plan vorgesehene Gestaltung der Rechte der Beteiligten sachgerecht ist. Die Festsetzung des Stimmrechts für die Abstimmung über den Plan wird durch die Prüfung der Forderungen erleichtert. Aus diesen Gründen wird in § 236 Satz 1 InsO vorgeschrieben, dass der Termin, in dem der Plan erörtert wird, nicht vor dem Prüfungstermin stattfinden darf. Im Interesse einer zügigen Durchführung des Insolvenzverfahrens wird in Satz 2 ausdrücklich darauf hingewiesen, dass der Erörterungs- und Abstimmungstermin mit dem Prüfungstermin verbunden werden kann; dies setzt freilich voraus, dass der Plan *rechtzeitig* vor dem Prüfungstermin vorgelegt worden ist. Im Einzelfall kann nach Vorstellung des Gesetzgebers sogar eine Verbindung beider Termine mit dem Berichtstermin möglich sein (§ 29 Abs. 2 InsO). Insbesondere gilt dies in dem Fall, dass der Planinitiator bei der Stellung des Antrags auf Eröffnung des Insolvenzverfahrens einen Plan vorlegt (*prepackaged-plan*).[48]

16.53

Sofern Einwendungen von anderen Verfahrensbeteiligten, insbesondere Gläubigern, nicht erhoben werden, ist das Gericht befugt, Gerichts-, Prüfungs-, Erörterungs- und Abstimmungstermin miteinander zu verbinden. Hierdurch kann eine sehr schnelle Verfahrensabwicklung ermöglicht werden. Solche Fälle sind denkbar, wenn seitens der Gläubiger Widerspruch nicht zu erwarten ist, was von dem vorläufigen Insolvenzverwalter ggf. in Zusammenwirken mit einem vorläufigen Gläubigerausschuss bereits vor der Eröffnung des Insolvenzverfahrens (die ja mit dem Termin zusammenfällt) glaubhaft gemacht werden sollte. Ein Zusammenlegen der Termine ist sinnvoll, weil Insolvenzverfahren immer unter Zeitdruck stattfinden. Unternehmen lassen sich unter Insolvenzbedingungen nur selten effektiv fortführen. In einer Insolvenz halten Kunden und Lieferanten meist nur für kurze Zeit zum Schuldner, Mitarbeiter verlassen den Betrieb, die Konkurrenz setzt nach. Deshalb müssen eine verantwortungsvolle Insolvenzverwaltung und ein Insolvenzgericht, welches den Sanierungsauftrag ernst nimmt, sehr kurzfristig terminieren. Deswegen hat der Gesetzgeber die Höchstfrist von einem Monat nach § 235 Abs. 1 Satz 2 InsO vorgegeben. So ist eine rasche Beendigung eines Insolvenzverfahrens denkbar.

16.54

3. Anteilsinhaber

Über das Stimmrecht der Anteilsinhaber schließlich entscheidet – freilich nur, wenn der Plan in ihre Rechte eingreift – alleine ihre Beteiligung am gezeichneten Kapital oder Vermögen des Schuldners, § 238a Abs. 1 Satz 1 InsO. Sonderregelungen, beispielsweise aus dem Gesellschaftsvertrag, bleiben gem. § 238a Abs. 1 Satz 2 InsO unberücksichtigt (s. Rn. 16.44).

16.55

---

48 Amtl. Begr. zu § 280 RegEInsO, BT-Drs. 12/2443, 206.

V. Stimmrechtsfestsetzung

1. Übersicht

16.56 Nur denjenigen Beteiligten wird für die Abstimmung über den Insolvenzplan das Stimmrecht gewährt, deren Rechte durch den Plan beeinträchtigt werden, §§ 237 Abs. 2, 238 Abs. 2, 238a Abs. 2 InsO.[49] § 237 Abs. 2 InsO übernimmt damit den Grundsatz des § 72 Abs. 1 VerglO, dass nicht beeinträchtigte Gläubiger kein Stimmrecht haben. Die Amtl. Begr. zu § 281 RegEInsO bildet folgendes Beispiel: Sieht der Plan vor, dass die Kapitalforderungen der ungesicherten Kleingläubiger (bis zu einer bestimmten Höhe der Forderung) ohne Stundung voll erfüllt werden sollen, so haben diese Gläubiger, was diese Kapitalforderungen angeht, kein Stimmrecht bei der Abstimmung über den Plan. Aus *taktischen* Erwägungen wird es sich besonders der Schuldner als Planinitiator freilich sehr überlegen müssen, ob er sich auf eine völlige Absicherung der Forderungen dieser Gruppen einlassen wird, zumal wenn die Aussicht auf eine *überwiegende* Befriedigung der Angehörigen dieser Gruppen deren Zustimmung zum Plan wahrscheinlich macht! Es hat dann keinen Sinn, sie durch „Ungeschicklichkeiten" im Plan für das Abstimmungsverfahren „aus dem Rennen" zu ziehen und damit angesichts von Widerständen anderer Gruppen einer Bestätigung des Planes nach § 245 Abs. 1 Nr. 3 InsO womöglich die Grundlage zu entziehen. Gleiches gilt nach Maßgabe dessen Abs. 2 im Rahmen des § 238 und des § 238a InsO.

2. Insolvenzgläubiger

16.57 Das Stimmrecht der Insolvenzgläubiger bei der Abstimmung über den Plan beurteilt sich entsprechend der für das **Stimmrecht in der Gläubigerversammlung geltenden Grundsätze** (§ 237 Abs. 1 Satz 1 InsO): Danach gewähren angemeldete Forderungen, die *weder vom Insolvenzverwalter noch von einem anderen Gläubiger bestritten* worden sind, ohne weiteres ein Stimmrecht. Gläubiger mit Forderungen, die *vom Verwalter oder von einem Gläubiger bestritten werden*, sind stimmberechtigt, soweit sich der Verwalter und die im Erörterungstermin erschienenen Gläubiger über das Stimmrecht einigen; andernfalls trifft das Insolvenzgericht eine Entscheidung über das Stimmrecht. Problematischer ist die Behandlung der absonderungsberechtigten Gläubiger. Wegen ihres Stimmrechts ist zwischen dem gesicherten Teil der Forderung zu unterscheiden, mit dem der Gläubiger als Absonderungsberechtigter stimmberechtigt ist, und der Ausfallforderung, mit der er bei den Insolvenzgläubigern abstimmen kann. Solange der Ausfall noch ungewiss ist und der Gläubiger auch nicht auf die abgesonderte Befriedigung verzichtet hat, ist der mutmaßliche Ausfall im Wege der Einigung zwischen den Beteiligten zu berücksichtigen, andernfalls hat wiederum das Insolvenzgericht das Stimmrecht festzusetzen. Der Gesetzgeber hat die Probleme, die dabei auftreten können, durchaus gesehen: Die Höhe des Ausfalls kann z. B. davon abhängen, ob das Unternehmen fortgeführt oder stillgelegt wird. In diesem Fall soll bei der Festsetzung des Stimmrechts von der Hypothese auszugehen sein, die dem Plan zugrunde liegt, der zur Abstimmung gestellt wird – was neben der Gruppenbildung nach § 222 InsO eine weitere Einflussnahme des Initiators auf den Abstimmungsvorgang darstellt. Bei einem Sanierungsplan ist für die Berechnung der Ausfallforderungen der absonderungsberechtigten Gläubiger nach Ansicht des Gesetzgebers in diesem Fall der Fortführungswert der Sicherheiten zugrunde zu legen.[50]

16.58 Aufgrund der Verweisung in § 237 Abs. 1 InsO greifen hierfür die allgemeinen Regelungen über die Festsetzung des Stimmrechts in der Gläubigerversammlung ein. Danach gilt Folgendes:

---

49 *Haarmeyer/Wutzke/Förster*, Handbuch zur Insolvenzornung, IX Rn. 14; MünchKomm-*Hintzen*, InsO, § 238 Rn. 1.
50 Amtl. Begr., BT-Drs. 12/2443, 206 f. (zu § 281).

16.59 Gewiss ist zunächst, dass die **Gläubiger festgestellter und anerkannter Forderungen** Stimmrechte haben, soweit sich im Prüfungstermin oder schriftlichen Verfahren kein Widerspruch mehr erhebt, § 178 InsO, oder nur der Insolvenzschuldner widerspricht, § 184 InsO,[51] solange nicht Eigenverwaltung angeordnet ist, § 283 Abs. 1 InsO. Soweit eine Forderung bestritten worden ist, genießt ihr Inhaber Stimmrecht gem. § 77 Abs. 2 Satz 1 InsO, soweit sich in der Gläubigerversammlung der Insolvenzverwalter und die erschienenen stimmberechtigten Gläubiger über das Stimmrecht geeinigt haben. Die zitierte Vorschrift erweckt durch die Einfügung „stimmberechtigte Gläubiger" den Eindruck, als würde die Einigung der übrigen stimmberechtigten Gläubiger mit dem Verwalter genügen, die dann eine Einigung ohne Beteiligung und zulasten des dritten Interessenten wäre.[52]

16.60 Für Fälle der Anordnung der **Eigenverwaltung** des Schuldners ordnet § 283 Abs. 1 InsO zudem eine Abweichung von § 178 Abs. 1 InsO an;[53] danach hat auch der eigenverwaltende Schuldner die Befugnis, wirksam Forderungen im Insolvenzverfahren zu bestreiten. § 283 Abs. 1 InsO entspricht dem früheren Rechtszustand: Nach überkommenem Vergleichsrecht waren sowohl der Schuldner, als auch der Vergleichsverwalter berechtigt, Forderungen im Vergleichstermin zu bestreiten.

3. Absonderungsberechtigte

16.61 Die absonderungsberechtigten Gläubiger sind am Insolvenzplanverfahren beteiligt; in ihre Rechte kann durch den Plan eingegriffen werden (§ 217 InsO, vgl. oben Kapitel 8). Verfahrensrechtlich folgt daraus zwingend, dass sie im Abstimmungstermin, in dem über Annahme oder Verwerfung des Planes entschieden wird, Stimmrecht genießen müssen. Für das Stimmrecht der absonderungsberechtigten Gläubiger gelten entsprechende Grundsätze wie für das Stimmrecht der Insolvenzgläubiger[54] gem. § 237 InsO.

16.62 Die Rechtsstellung der absonderungsberechtigten Gläubiger im Insolvenzplanverfahren ist freilich prekärer als im Allgemeinen Insolvenzverfahren. § 238 Abs. 1 Satz 1 InsO sieht vor, dass die **Absonderung gewährenden Rechte** „einzeln" zu erörtern seien. Nach § 238 Abs. 1 Satz 2 InsO steht neben den anderen absonderungsberechtigten Gläubigern jedem Insolvenzgläubiger (§ 38 InsO) und dem Insolvenzverwalter die Befugnis zu, das Absonderungsrecht zu bestreiten. Ist das die Absonderung begründende Recht nach § 238 Abs. 1 Satz 2 InsO bestritten worden oder handelt es sich um ein betagtes Recht, wird das Stimmrecht seines Inhabers im Abstimmungstermin vom Verwalter und den anderen stimmberechtigten Gläubigern ausgehandelt, im Falle des Scheiterns der Festlegung vom Insolvenzgericht bestimmt.[55] In der Praxis werden einzelne Forderungen und Rechte in dem Termin freilich (in seltenen Fällen) nur erörtert, wenn hierfür ein Bedürfnis besteht.

4. Verfahren der Stimmrechtsfestsetzung. Fehlerkorrektur

16.63 Für die Festsetzung des Stimmrechts nach den §§ 237, 238 InsO ist der Richter zuständig, denn sie ist Bestandteil des Verfahrens über den Insolvenzplan. Erfolgt die Stimmrechtsfestsetzung *fehlerhaft*, kann dies dazu führen, dass die Bestätigung des Insolvenzplans zu versagen ist, § 250 Nr. 1 InsO *oder* den betroffenen Beteiligten gegen die Bestätigung des Insolvenzplans die sofortige Beschwerde gem. § 253 InsO zusteht.

---

51 FK-*Jaffé*, InsO, § 237 Rn. 4.
52 So ohne weitere Kritik in der Kommentarliteratur z. B. KPB-*Kübler*, InsO, § 77 Rn. 3 ff.
53 *Koch*, Die Eigenverwaltung nach der InsO, 246.
54 Amtl. Begr. zu § 282 RegEInsO, BT-Drs. 12/2443, 207.
55 Zur Kritik vgl. Leonhardt/Smid/Zeuner-*Smid*, InsO, § 77 Rn. 5 ff.

VI. Abstimmung über den Insolvenzplan

1. Übersicht

16.64 Die Verabschiedung des vorgelegten Plans soll nach verfahrensrechtlichen Regelungen erfolgen, die sich von denen des vorherigen Rechts nicht unerheblich unterscheiden. An die Stelle einer Abstimmung in der Gläubigerversammlung und einer mehrheitlichen Beschlussfassung für oder gegen Sanierungsmaßnahmen tritt im Insolvenzplanverfahren die getrennte **Abstimmung nach Beteiligten***gruppen*[56] (*itio in partes*[57]). Die Gläubigerversammlung wird damit in einzelne Gruppen fraktioniert.[58] Die Abstimmung soll der *Heterogenität* der (wirtschaftlichen) Interessen der Gläubigerschaft Rechnung tragen.[59]

16.65 Eine Abstimmung in Gruppen war in der **VerglO** in der Weise vorgesehen, dass bei unterschiedlicher Behandlung der Vergleichsgläubiger im Vergleichsvorschlag die „zurückgesetzten" Gläubiger gesondert über den Plan abstimmten (§ 8 Abs. 2 Satz 1 VerglO), zusätzlich zu einer allgemeinen Abstimmung aller stimmberechtigten Vergleichsgläubiger (§ 74 VerglO). Bei einem Plan, der Gläubiger mit unterschiedlicher Rechtsstellung im Insolvenzverfahren einbeziehen kann und der innerhalb der Gläubiger mit gleicher Rechtsstellung so differenzieren soll, dass den unterschiedlichen wirtschaftlichen Interessen angemessen Rechnung getragen wird, ist es nicht sachgerecht, darauf abzustellen, welche Gruppe von Gläubigern gegenüber welcher anderen „zurückgesetzt" ist.[60] Daher hat der Gesetzgeber angeordnet, dass jede Gruppe von Gläubigern gesondert über den Plan abstimmt. Eine Gesamtabstimmung aller stimmberechtigten Gläubiger entfällt.

16.66 Soweit der Verwalter eine **übertragende Sanierung** wie im bisherigen Recht durchzuführen beabsichtigt, beschließt darüber ebenso wie im überkommenen Recht die Gläubiger*versammlung* mit den in § 76 Abs. 2 vorgesehenen Mehrheiten;[61] eine *itio in partes* von wie auch immer gearteten Gläubigergruppen findet dabei nicht statt.

16.67 Im Übrigen richten sich die Fragen des Verfahrens bei der Abstimmung – insbesondere die **Prüfung der Gültigkeit von abgegebenen Stimmen** – nach den Grundsätzen bei staatsrechtlichen Wahlen (§ 39 BWahlG).[62]

2. Wirkungen der Abstimmung

16.68 Bis zum Ende der Abstimmung kann die Stimmabgabe durch den Stimmberechtigten **widerrufen** werden.[63] Mit dem Beginn der Abstimmung kann der Plan nicht mehr zurückgenommen werden.

3. Erforderliche Mehrheiten

16.69 Die Modalitäten des Abstimmungsverfahrens regelt § 244 InsO. Im Abstimmungsverfahren wird **innerhalb jeder Gruppe** (§ 243 InsO) über die Annahme oder Ablehnung des vorgelegten und zugelassenen (§ 231 InsO) Plans **entschieden**. Beim Verständnis der Vorschrift ist zu berücksichtigen, dass sie nur vordergründig auf Mehrheitsentscheidungen der Gläubiger setzt: Es geht um

---

56 Dazu *Kilger/K. Schmidt*, VerglO, § 73 Anm. 2.
57 *Walter Rechberger* hat einmal darauf hingewiesen, dass diese Technik aus dem Verfassungsrecht des Heiligen Römischen Reiches bekannt ist.
58 *Mertens*, ZGR 1984, 542, 548 hat zu den Vorschlägen der Kommission angemerkt, es handle sich um ein Reorganisationsverfahren mit Zügen der Gruppenuniversität – und wer davon eine auch nur vage Vorstellung hat, mag ermessen, was das heißt. Grds. anders die Bewertung (wohl nicht der Gruppenuniversität, aber) der legitimatorischen Wirkung der Strukturierung privatrechtlicher Mitwirkung im Gestaltungsverfahren, *K. Schmidt*, ZGR 1986, 178, 198.
59 Amtl. Begr. zu § 265 RegEInsO, BT-Drs. 12/2443, 199; *Funke*, FS Helmrich, 627 ff., 634.
60 Amtl. Begr. zu § 288 RegEInsO, BT-Drs. 12/2443, 208.
61 *Smid/Rattunde*, Der Insolvenzplan, 1. Aufl., 1998, Rn. 42 ff.
62 AG Duisburg, Beschl. v. 1.4.2003, 62 IN 187/02, NZI 2003, 447.
63 HK-*Haas*, InsO, § 243 Rn. 4.

Mehrheiten innerhalb der Gruppen (!), die durch Abwesenheiten oder fehlende Mitwirkung erheblich von den realen Kopfzahlen der Gläubiger und damit den in § 76 Abs. 2 InsO geforderten Mehrheiten abweichen können. Im Zusammenspiel mit den §§ 245, 246 InsO stellt § 244 InsO eine tendenzielle Abkehr vom Grundsatz der Mehrheitsentscheidung der Gläubiger dar;[64] die Regelung geht sogar über diejenigen des chap. 11 des US-bankruptcy code hinaus. Nach Vorstellung des Gesetzgebers[65] soll dadurch, dass nur auf die anwesenden und abstimmenden Gläubiger abgestellt wird, erreicht werden, dass „externe" Einflussnahmen auf die Beschlussfassung über den Insolvenzplan minimiert werden.[66]

16.70 Eine Gesamtabstimmung statt einer solchen in Gruppen **ist rechtswidrig**[67] und hätte die Verwerfung der Bestätigung des so angenommenen Planes durch das Insolvenzgericht gem. § 250 Nr. 1 InsO zur Folge. Die Mehrheitsverhältnisse in der Gläubigerversammlung sind daher für die Annahme des Planes durch Mehrheitsentscheidungen in den Gruppen grundsätzlich irrelevant. Sie kommen aber bei der Entscheidung nach § 245 InsO zum Tragen,[68] es sei denn, das einstimmig abgestimmt wird.

16.71 Die Annahme des Plans setzt voraus, dass die in § 244 Abs. 1 Nrn. 1, 2 und 3 InsO geforderte **Mehrheit in jeder** der vom Plan gem. § 222 InsO vorgesehenen **Abstimmungsgruppen** erreicht wird. Die Ablehnung des Plans in nur einer der Abstimmungsgruppen führt daher grundsätzlich zum Scheitern der Planinitiative. Korrektiv ist dann die Beurteilung der Ablehnung durch die dissentierende Gruppe als „obstruktiv" (§ 245 InsO, unten Kapitel 18).

16.72 § 244 Abs. 1 InsO verlangt für die Zustimmung der Beteiligten zum Plan eine **doppelte Mehrheit**,[69] nämlich eine Mehrheit nach der Zahl der Beteiligten (**Kopfmehrheit**) und eine Mehrheit nach der Höhe der Ansprüche (**Summenmehrheit**), bzw. Beteiligungen (§ 244 Abs. 3 InsO). Bei der Berechnung dieser Mehrheiten wird nur auf die abstimmenden Beteiligten abgestellt, nicht aber auf die nach den §§ 237, 238 Abstimmungs*berechtigten*; wer sich an der Abstimmung nicht beteiligt, bleibt außer Betracht, auch wenn er im Termin anwesend ist. Er ist dann gleichsam „säumig". Passives Verhalten von Beteiligten soll damit bei der Abstimmung über den Plan nicht den Ausschlag geben.[70]

16.73 Gehört ein **Gläubiger** z. B. als Absonderungsberechtigter und Ausfallgläubiger **mehreren Abstimmungsgruppen** an, dann ist er zur individuellen Abstimmung in jeder Gruppe berechtigt, ohne sich damit für die Abstimmung in der jeweils anderen Gruppe zu binden.[71] Stehen einem Gläubiger mehrere Forderungen gegen den Schuldner zu, hat er gleichwohl nur eine „Kopfstimme".[72]

16.74 Ein wirksam konstituierter **Pool** gesicherter Gläubiger verfügt nur über einen „Kopf" bei der Abstimmung.[73] Denn in diesem Falle „hält" der Treuhänder bzw. die BGB-Gesellschaft die Forderung.[74]

---

64 Zu Recht krit. daher *Henckel*, KTS 1989, 477, 491 f.
65 Amtl. Begr. zu § 289 RegEInsO, BT-Drs. 12/2443, 208.
66 *Franke*, ZfB 1986, 614, 625.
67 NR-*Braun*, InsO, § 244 Rn. 2.
68 A. A. NR-*Braun*, InsO, § 244 Rn. 2.
69 Darstellung der Auseinandersetzungen de lege ferenda bei *Schiessler*, Der Insolvenzplan, 159 ff.; LG Göttingen, Beschl. v. 7.9.2004, 10 T 78/04, NZI 2005, 41, 42.
70 Amtl. Begr. zu § 289 RegEInsO, BT-Drs. 12/2443, 208.
71 NR-*Braun*, InsO, § 244 Rn. 7; a. A. *Schiessler*, Der Insolvenzplan, 157.
72 OLG Köln, Beschl. v. 1.12.2000, 2 W 202/00, ZInsO 2001, 85 f.
73 NR-*Braun*, InsO, § 244 Rn. 16 a. E.; zum Sicherheitspool als Bestandteil eines Insolvenzplans vgl. ausf. *Berner*, Sicherheitspools der Lieferanten und Banken im Insolvenzverfahren, § 18 m. w. N.
74 *Berner*, Sicherheitspools der Lieferanten u. Banken im Insolvenzverfahren, § 18 II.

3. Hauptteil 16.75–16.78 Verfahren der Vorprüfung, Erörterung, usw ...

16.75 Die erforderliche Summenmehrheit, die im früheren Recht 75 Prozent betrug (§ 74 Abs. 1 Nr. 2 VerglO, § 182 Abs. 1 Nr. 2 KO, § 16 Abs. 4 Satz 3 GesO), wird durch § 244 InsO dahin herabgesetzt, dass ein **Überschreiten von 50 Prozent** ausreicht. Das entspricht der Grundentscheidung des Gesetzgebers dafür, dass die Abwicklung der Insolvenz auf der Grundlage eines Plans den Gläubigern als gleichwertige Alternative zur Zwangsverwertung nach den gesetzlichen Vorschriften zur Verfügung stehen soll.[75] Die Annahme eines Plans soll danach nicht durch Verfahrensregeln übermäßig erschwert werden. Für den Schutz überstimmter Minderheiten soll nach den Vorstellungen des Gesetzgebers durch § 251 gesorgt sein. Das Verfahren leidet dann aber daran, dass zum einen die Annahme des Plans gefördert, andererseits kosten- und zeitaufwändige Minderheitsschutzmechanismen eingesetzt werden.

16.76 Die Vorschrift in **§ 244 Abs. 2 InsO** über Rechte, die mehreren Gläubigern gemeinschaftlich zustehen, die ursprünglich ein Recht bildeten (§ 244 Abs. 2 Satz 1 InsO) oder an denen ein dingliches Recht besteht (§ 244 Abs. 2 Satz 2 InsO), entspricht § 72 Abs. 2 VerglO. Abs. 2 Satz 1 2. Var. soll manipulative Maßnahmen nach Eintritt der Krise verhindern.[76]

16.77 In der Praxis ist es nicht selten, dass nur **wenige Gläubiger erscheinen**. Wenn aus einer Gruppe niemand erschienen ist, scheint die für die Planannahme erforderliche Zustimmung gem. § 244 Abs. 1 Nr. 1 InsO nicht erreicht zu sein. Das ist dann kein großes Problem, wenn die übrigen Gruppen zugestimmt haben. Man musste wohl schon vor Inkrafttreten des ESUG davon ausgehen dürfen, dass Rechtsbehelfe nur von Gläubigern erhoben werden dürfen, die in der Gläubigerversammlung ausdrücklich widersprochen haben und diejenigen nicht beschwerdebefugt nach § 253 InsO sind, die dem Plan zugestimmt haben. Das ESUG hat dies nun ausdrücklich normiert: Das Widerspruchsrecht nach § 251 InsO vermag nur noch der Beteiligte wahrzunehmen, der dem Plan spätestens im Abstimmungstermin widersprochen hat. **Erscheint der Gläubiger nicht**, schweigt er und stimmt nicht zu, hat er **sein Widerspruchsrecht gem. § 251 InsO verloren**. Er verliert dann auch seine **Beschwerdebefugnis nach § 253 InsO**, denn dessen Zulässigkeit setzt seit ESUG nunmehr voraus, dass er dem Plan widersprochen und gegen ihn gestimmt hat. Ist also eine einzelne Gruppe insgesamt nicht erschienen und haben die übrigen Gruppen zugestimmt, sind die Beteiligten dieser Gruppe nicht beschwerdebefugt, so dass der Bestätigungsbeschluss rechtskräftig werden kann. Das Gericht ist auch zur Bestätigung befugt, weil es sich bei § 245 InsO materiellrechtlich um eine Einwendung gegen den Insolvenzplanvorschlag handelt. Wird in den Insolvenzplänen schlüssig behauptet („voraussichtlich"), dass die Gläubiger dieser Gruppe nicht schlechter gestellt werden, als sie ohne den Plan stünden, und erscheint keiner aus dieser Gruppe, so darf das Gericht von der Richtigkeit dieser Behauptung ausgehen.

16.78 Besondere Schwierigkeiten treten auf, wenn z. B. von drei Gläubigergruppen eine zustimmt, eine widerspricht und eine dritte nicht erscheint. Die Zustimmung der zweiten, ebenso wie die der dritten Gruppen, kann nur ersetzt werden, wenn eine Mehrheitsentscheidung vorliegt. Nach dem Wortlaut von § 245 Abs. 1 Nr. 3 InsO ist dies im Beispiel nicht der Fall. Sinnvoll wäre eine **analoge Anwendung von § 246 Nr. 3 InsO**. Diese Vorschrift gilt nach ihrem Wortlaut nur für nachrangige Gläubigergruppen, eine Analogie – die gegenwärtig soweit ersichtlich nicht erörtert wird – wäre angemessen, weil Gläubiger, die zur Abstimmung nicht erscheinen, sich konkludent mit einer Zustimmung einverstanden erklären. Dies billigt § 244 Nr. 1 und Nr. 2 InsO. Denn

---

[75] Amtl. Begr. zu § 289 RegEInsO, BT-Drs. 12/2443, 208.
[76] *Schiessler*, Der Insolvenzplan, 163.

bei beiden Vorschriften kommt es nicht auf die möglichen Gläubiger, sondern auf die *erschienenen* Gläubiger an, wenn es um die Mehrheit geht. Ein Gläubiger mit einer Forderung von 0,50 Euro kann also die Abstimmungsmehrheit herbeiführen, wenn in seiner Gruppe kein weiterer Gläubiger zur Abstimmung erscheint. Die Abwesenden werden mithin wie die Zustimmenden gehandelt. Jeder Gläubiger, der am Abstimmungstermin nicht teilnimmt, kann sich darauf verlassen, dass seine Stimme wie eine Zustimmung gilt, wenn überhaupt Gläubiger seiner Gruppe erscheinen. Da dies vorher nicht bekannt ist, erscheint es nur angemessen, **die Zustimmungsfiktion auch für den Fall gelten zu lassen, in dem kein Gläubiger erscheint.**

Die Praxis behilft sich heutzutage mit der **Stimmrechtsvollmacht**. Der Planverfasser oder der Insolvenzverwalter schreiben die Gläubiger an und bitten sie, einer bevollmächtigten Person die Vollmacht für die Zustimmung zum Plan zu erteilen. Der Vollmachtgeber spart sich die Kosten und Aufwendungen der Terminsteilnahme. Praktisch führt dies meist dazu, dass jedenfalls einige Zustimmungen vorliegen. So wird der Fall einer vollständig abwesenden Gläubigergruppe zumeist vermieden. Dem Gesetzgeber war die Tatsache, dass Gläubigeröffentlichkeit überwiegend nicht stattfindet, offensichtlich zunächst nicht bewusst. Er hat in vielen Vorschriften zunächst nicht (auch) auf das Schweigen der Gläubiger, sondern (nur) auf ihre ausdrückliche Zustimmung abgestellt, so etwa bei § 160 InsO in der bis zum 30.6.2007 geltenden Fassung, §§ 162, 163 InsO. Mit Wirkung zum 1.7.2007 hat er diesen Fehler jedoch in § 160 Abs. 1 Satz 3 InsO korrigiert: Ist die einberufene Gläubigerversammlung beschlussunfähig, gilt die Zustimmung zu besonders bedeutsamen Rechtshandlungen als erteilt, wenn die Gläubiger in der Einladung zur Gläubigerversammlung auf diese Rechtsfolge hingewiesen wurden, was regelmäßig erfolgt. Dieses Ergebnis muss auch entsprechend für § 244 InsO gelten.

16.79

Kapitel 17: Bestätigung des Insolvenzplans

I. Funktion

17.1 Die Regelungen des Planes sollen diejenigen des Rechts des Regelinsolvenzverfahrens derogieren. Wegen dessen Schutzfunktionen bedarf es zum Eintritt dieser Wirkung der Aufsicht und Kontrolle durch das Insolvenzgericht, die von ihm durch die Bestätigung des Planes ausgeübt wird.[1] Deren Voraussetzungen regelt § 248 InsO. Nur wenn der Abstimmungstermin zu dem Ergebnis führt, dass die Zustimmungserklärung der betroffenen Beteiligten und des Schuldners erteilt sind oder als erteilt gelten, entscheidet das Gericht über die Bestätigung. Die Anhörung der Beteiligten vor der Entscheidung (§ 248 Abs. 2 InsO) wird regelmäßig schon im Abstimmungstermin erfolgen können, so dass sie das Verfahren nicht verzögert. Jeder Beteiligte hat dabei Gelegenheit, Umstände aufzuzeigen, auf Grund derer die Bestätigung von Amts wegen zu versagen ist. Beteiligte, die dem Plan widersprochen haben, können den Antrag auf Versagung der Bestätigung nach § 251 InsO stellen,[2] s. Kapitel 18.

17.2 Diese Stellung des Gerichts im Aufsichtsverfahren der Bestätigungsentscheidung hat unmittelbar Einfluss sowohl auf das Verfahren, als auch auf die materiellen Kriterien. Denn das Gericht nimmt Aufgaben wahr, die materiell dem Bereich verwaltenden Staatshandelns[3] zuzuordnen sind. Das sah ursprünglich auch der Gesetzgeber der InsO, da er die Lösung der Probleme, die bei der Bestätigung des Insolvenzplans auftreten, ursprünglich nicht allein den Richtern, sondern auch den Rechtspflegern anvertraut hatte. Das zeigt aber, dass der Gesetzgeber selbst davon ging, dass die Bestätigungsentscheidung nicht in den durch Art. 92 GG den Richtern i. S. d. DRiG vorbehaltenen Bereich materiell rechtsprechender Tätigkeiten fällt.[4] Gem. § 18 Abs. 1 Nr. 2 RPflG ist diese Aufgabenverteilung seit Anfang 2013 aber geändert, so dass die Bestätigung nunmehr dem Richter vorbehalten ist. An der rechtlichen Qualifikation dieser Maßnahme ändert dies freilich nichts.

17.3 Die nach § 248 Abs. 1 InsO vorzunehmende **Bestätigung** erfolgt **durch förmlichen Beschluss des Insolvenzgerichts**.[5] Damit wird das Vorliegen bzw. die ersatzweise Herstellung (§§ 245, 246 InsO) der erforderlichen Mehrheiten und das Nichtvorliegen von Hinderungsgründen festgestellt.[6] Der Beschluss ist gem. § 252 Abs. 1 InsO am Ende des Abstimmungstermins oder in einem „alsbald" anzuberaumenden Termin zu verkünden.[7]

17.4 Nach **§ 248 Abs. 2** InsO ist vor Erlass des Bestätigungsbeschlusses den dort Genannten rechtliches Gehör zu gewähren.[8] Der Wortlaut als „soll"-Bestimmung statuiert eine **Anhörungspflicht** im *Regelfall*, von der nur *ausnahmsweise* abgewichen werden darf – wegen der Pflicht zur Gewährung rechtlichen Ge-

---

[1] *Schiessler*, Der Insolvenzplan, 175.
[2] Amtl. Begr. zu § 295 RegEInsO, BT-Drs. 12/2443, 211.
[3] Vgl. bereits *Oetker*, Konkursrechtliche Grundbegriffe, 19 ff.; *Bernatzik*, Rechtsprechung und materielle Rechtskraft.
[4] Im Übrigen war dies auch im US-amerikanischen Insolvenzrecht Grund für eine Intervention des Supreme Court (458 US 50 (1982): Northern Pipeline Construction Co. v. Marathon Pipeline Co.; vgl. *Weintraub/Resnik*, Bankruptcy Law Manual, 6–7. Da die Insolvenzgerichte nach dem bankruptcy code nicht allein administrative Tätigkeiten wahrnehmen, sondern eine Reihe schwerwiegender Rechtsstreitigkeiten zu entscheiden haben, hielt der Supreme Court die frühere Gerichtsverfassung für konstitutionell bedenklich, nach der die bankruptcy judges keine Lebenszeitstellung inne hatten und keinen Schutz vor Gehaltssenkungen genossen, also in ihrer persönlichen Unabhängigkeit beschränkt waren (*Weintraub/Resnick*, Bankruptcy Law Manual, 6–4). Es ist hier nicht der Ort zu erwägen, wieweit derartige Überlegungen *Anlass* geben können, die Praxis der Einsetzung von Richtern auf Probe in Insolvenzdezernaten zu überdenken.
[5] Vgl. nur HambKomm-*Thies*, InsO, § 248 Rn. 2.
[6] *Braun/Uhlenbruck*, Unternehmensinsolvenz, 519.
[7] MünchKomm-*Sinz*, InsO, § 248 Rn. 6 f.; NR-*Braun*, InsO, § 248 Rn. 4.
[8] *Schiessler*, Der Insolvenzplan, 176.

hörs gem. Art. 103 Abs. 1 GG wird ein Ausnahmefall aber nur selten vorliegen.[9] Der Beschluss ist daher fehlerhaft, wenn gegen § 248 Abs. 2 InsO verstoßen wird. Die Gewährung rechtlichen Gehörs muss nicht mündlich, sondern kann im schriftlichen Verfahren erfolgen. Anzuhören sind der Verwalter, ein eventuell eingesetzter Gläubigerausschuss, der einen entsprechenden Beschluss über eine Stellungnahme zu fällen hat, und der durch den Bestätigungsbeschluss betroffene Schuldner.

II. Übersendung eines Abdrucks des Plans oder einer Zusammenfassung seines wesentlichen Inhalts an Verfahrensbeteiligte, § 252 Abs. 2 InsO

Wird der Plan bestätigt, so ist den Insolvenzgläubigern, die Forderungen angemeldet haben, und den absonderungsberechtigten Gläubigern gem. § 252 Abs. 2 Satz 1 InsO unter Hinweis auf die Bestätigung ein Abdruck des Plans oder eine Zusammenfassung seines wesentlichen Inhalts zu übersenden. Diese Übersendungspflicht umfasst nach Satz 2 der Vorschrift auch Anteils- oder Mitgliedschaftsrechtsinhaber, soweit durch den Plan gem. § 225a InsO in ihre Rechte eingegriffen wurde. Hiervon aus praktischen Gründen ausgenommen sind jedoch Aktionäre und Kommanditaktionäre börsennotierter Unternehmen, die gem. § 252 Abs. 2 Satz 3 InsO durch den Schuldner über seine Internetseite zu informieren sind. Darüber hinaus steht diesen Beteiligten die Möglichkeit offen, aufgrund ihres Akteneinsichtsrechtes vom Bestätigungsbeschluss und dem Planinhalt Kenntnis zu nehmen.

17.5

III. Hinderungsgründe

1. Übersicht

Den **Maßstab für die Entscheidung** des Gerichtes stellt § 248 InsO nicht selbst auf. Wann also die Bestätigung zu erteilen oder zu versagen ist, ergibt sich erst aus den folgenden Vorschriften der §§ 249 ff. InsO, welche beispielsweise den Eintritt von Planbedingungen der gerichtlichen Prüfung unterwerfen. Insbesondere ging der Gesetzgeber auch davon aus, dass „**wesentliche Verfahrensverstöße**" eine Annahme hindern.[10] Dies zeigt sich auch in § 250 Nr. 1 InsO, der inhaltliche Determinanten sowie die gesamte „verfahrensmäßige Behandlung" des Plans der gerichtlichen Kontrolle unterwirft. Damit geht der Kontrollumfang einer Bestätigungsentscheidung über denjenigen einer Zulassung gem. § 231 InsO (Kapitel 14) hinaus.

17.6

Daraus folgt, dass der Richter[11] an eine frühere **Zulassungsentscheidung nicht gebunden** ist.[12] Es wäre auch mit der Schutzfunktion der Bestätigungsentscheidung (oben Rn. 17.1) unvereinbar, wenn nunmehr – ggf. im Wege der Amtsermittlung gem. § 5 Abs. 1 InsO[13] – Fehler offenbar würden und das Gericht gleichwohl den Plan bestätigen müsste. Im Rahmen der Planbestätigung kommt es damit zu einer zweiten gerichtlichen Kontrolle etwa der Beachtung der Vorschriften über den Inhalt des Plans.[14] Nicht erneut zu prüfen ist hingegen die in § 231 InsO thematisierte Frage der Durchführbarkeit oder Wirt-

17.7

---

9 Ähnlich FK-*Jaffé*, InsO, § 248 Rn. 10; vgl. auch HambKomm-*Thies*, InsO, § 248 Rn. 6; a. A. KPB-*Pleister*, InsO, § 248 Rn. 8 m. w. N.
10 Amtl. Begr. zu § 297 RegEInsO, BT-Drs. 12/2443, 211.
11 § 18 Abs. 1 Nr. 2 RPflG seit dem 1.1.2013 (früher: Rechtspfleger).
12 NR-*Braun*, InsO, § 250 Rn. 2.
13 MünchKomm-*Ganter/Lohmann*, InsO, § 5 Rn. 11 ff.
14 HambKomm-*Thies*, InsO, § 250 Rn. 4; *Schiessler*, Der Insolvenzplan, 178.

schaftlichkeit, weil diese bereits abschließend von den Gläubigern im Rahmen der Abstimmung beurteilt wurde.[15]

17.8 Die Bestätigung des Plans muss also versagt werden, wenn **Planbedingungen nicht eingetreten sind** (§ 249 InsO), oder wenn er gegen die **Vorschriften über den Inhalt** eines Insolvenzplans (§§ 219 bis 230 InsO) verstößt, wozu auch die Gruppenbildung und die Gleichbehandlung innerhalb der Gruppe (§ 226 InsO) zählen (vgl. den „insbesondere"-Wortlaut in § 231 Abs. 1 Satz 1 Nr. 1 InsO). Dazu kann es trotz der Zulassungsprüfung nach § 231 InsO beispielsweise durch die Abänderung des Plans nach § 240 InsO kommen. Überprüft wird auch, ob das Insolvenzgericht (hinreichend) nach § 231 InsO tätig geworden ist. Die Vorschriften, die die **Einhaltung des Verfahrens** regeln, unterliegen ebenfalls der Prüfung nach § 250 Abs. 1 Nr. 1 InsO. Hierzu gehört auch die Stimmrechtsfestsetzung, soweit durch sie das Abstimmungsergebnis beeinflusst worden sein kann. Schließlich hat das Gericht auch das Abstimmungsergebnis und in diesem Rahmen etwa Zustimmungsersetzungen gem. §§ 245 ff. InsO zu prüfen. Zuletzt muss es die Planbestätigung versagen, wenn der Plan **unlauter zustande gekommen** ist (§ 250 Nr. 2 InsO).

17.9 Nicht der Kontrolle unterliegt die Aussetzung der Verwertung und Verteilung gem. § 233 InsO, da es sich insoweit bloß um eine „begleitende"[16] Maßnahme des Insolvenzgerichts handelt.

2. „Wesentlichkeit" des Verfahrensverstoßes

17.10 Voraussetzung der Versagung der Bestätigung ist, dass der **Verfahrensverstoß wesentlich** ist und nicht behoben werden kann (§ 250 Nr. 1 InsO). Das ist jedenfalls dann der Fall, wenn die gesetzlich vorgeschriebene Gliederung des Planes nicht eingehalten wird, die Regeln über die Gruppenbildung nicht beachtet wurden (vgl. dazu auch § 250 Nr. 2 InsO, unten Rn. 17.17) oder wenn gegen die nach § 225 InsO gebotene Gleichbehandlung der Gläubiger verstoßen worden ist. Um einen unwesentlichen Verfahrensmangel handelt es sich dagegen, wenn der Verstoß die Verfahrensteilnahme der Beteiligten und insbesondere deren Stimmverhalten nicht beeinflusst haben konnte.[17] Behebbar sind nur solche Verfahrensverstöße, die bis zum Eintritt der Rechtskraft des Bestätigungsbeschlusses durch Neuvornahme oder Nachbesserung korrigiert werden können.[18] Ein wesentlicher Verfahrensverstoß liegt immer dann vor, wenn das **Verbot des § 226 Abs. 3 InsO missachtet** worden ist.

3. Fallgruppen

17.11 a) **Fehlende Zustellung des Insolvenzplans oder von Teilen des Planes (Verstoß gegen § 235 Abs. 3 Satz 2 InsO).** Zu einer Verletzung der Verfahrensvorschriften kann es außerordentlich leicht kommen. So hatte das OLG Dresden[19] darüber zu entscheiden, ob § 250 InsO eingreift, wenn im Rahmen des vorbereitenden Verfahrens die Vorschrift des § 235 Abs. 3 Satz 2 InsO verletzt worden ist, die anordnet, dass den Beteiligten vor dem Erörterungs- und Abstimmungstermin der Insolvenzplan oder eine Zusammenfassung seines wesentlichen Inhalts zuzustellen ist. In dem vom OLG Dresden zu entscheidenden Fall war – für die Empfänger mühelos zu erkennen[20] – eine Seite des Planes nicht mit zugestellt worden. Unter Verweis auf § 240 Satz 2 InsO, der den Gläubigern abverlangt, auch über einen geänderten Plan noch im selben Termin abzustimmen,

---
15 BGH ZInsO 2005, 927.
16 *Schiessler*, Der Insolvenzplan, 179.
17 BGH ZInsO 2010, 85; HambKomm-*Thies*, InsO, § 250 Rn.7 m. w. N.; schon früh *Schiessler*, Der Insolvenzplan, 179.
18 HK-*Haas*, InsO, § 250 Rn. 5; KPB-*Pleister*, InsO, § 250 Rn. 13 f.
19 OLG Dresden, B. v. 21.6.2000, 7 W 951/00, NZI 2000, 436 f.
20 *Paul*, ZInsO 2004, 72, 74.

hat das OLG zutreffend ausgeführt, den Gläubigern sei zuzumuten gewesen, sich nach Erhalt des unvollständigen Planabdrucks zu melden und ggf. im Termin noch den Inhalt der fehlenden Seite zur Kenntnis zu nehmen.[21] Denn in diesem Fall liegt ein *wesentlicher* Verfahrensverstoß nicht vor.

b) Fehlerhafte Stimmrechtsfestsetzung (Verstoß gegen §§ 237, 238 InsO). Im Rahmen des § 250 Nr. 1 InsO kommt es zwar nicht auf die Stimmrechtsentscheidung selbst an, so dass diese nicht direkt kontrollierbar ist.[22] Wohl aber ist sie inzidenter kontrollierbar, weil eine fehlerhafte Stimmrechtsfestsetzung einen Verfahrensverstoß darstellt.[23] Allerdings ist immer zu berücksichtigen, ob diese auf das Abstimmungsergebnis Einfluss genommen hat. In einem vom LG Berlin[24] zu entscheidenden Fall war die Abstimmungsliste im Abstimmungstermin wegen der Vertretungsverhältnisse fehlerhaft niedergeschrieben worden, während die Abstimmung selbst ordnungsgemäß verlaufen war. Man wird insofern sagen können, dass in Fällen, in denen die fehlerhafte Stimmrechtsfestsetzung sich in der Abstimmung niederschlägt, sich dort aber an den im Übrigen klaren Mehrheitsverhältnissen nichts ändert, ein *wesentlicher* Verfahrensfehler nicht vorliegt und das Insolvenzgericht folglich an der Bestätigung des im Übrigen angenommenen Insolvenzplanes nicht gehindert ist.

17.12

c) Fehler bei der Bildung der Abstimmungsgruppen (Verstoß gegen § 222 InsO). Dies sind Verstöße gegen die Vorschriften über den Inhalt des Plans gem. § 250 Nr. 1 InsO und daher kontrollierbar. Dies ergibt sich schon daraus, dass § 231 Abs. 1 Satz 1 Nr. 1 InsO sie mit der Formulierung „insbesondere" als Inhaltsvorschriften ausweist. Vor dieser Normänderung durch das ESUG war dieses Ergebnis umstritten,[25] entspricht jedoch nunmehr dem gesicherten Stand der Dogmatik.[26] Insbesondere im Zusammenhang mit der Bildung von sog. Mischgruppen gesicherter und ungesicherter Gläubiger durch den Plan (dazu Rn. 12.9) wurde eine Kontrolle der Gruppenbildung im Rahmen des § 250 Nr. 1 InsO bereits relevant.[27] Allerdings stellt eine als fehlerhaft zu beurteilende Gruppenbildung nur dann einen *wesentlichen Verfahrensverstoß* dar, wenn sie Auswirkungen auf die Annahme des Insolvenzplans gehabt haben konnte. Insofern können ggf. erst umfängliche Sachverständigengutachten über die *wirtschaftlichen Folgen* der gruppenrechtlichen Fehleinordnung Klärung bringen.

17.13

d) Versagungsgründe für eine Restschuldbefreiung. Mögliche Versagungsgründe für eine Restschuldbefreiung müssen in einen Plan nicht aufgenommen werden. Insofern besteht also auch keine Vorschrift über den Inhalt des Plans, die (in wesentlichen Punkten) verletzt werden könnte.[28] Insbesondere verpflichtet § 220 Abs. 2 InsO hierzu nicht. Dies ist nur dann anders, wenn eine **Betriebsfortführung** geplant ist, weil sich die Gläubiger dann auf die Zuverlässigkeit des Schuldners verlassen müssen (im Einzelnen oben Rn. 6.63).[29]

17.14

e) Abbedingen zwingenden Rechts. Werden im Insolvenzplan **planfeste Vorschriften abbedungen** (im Einzelnen oben Rn. 6.78 f.), so werden damit die Vorschriften über den Inhalt des Plans gem. § 250 Nr. 1 InsO verletzt. Werden

17.15

---

21 OLG Dresden, B. v. 21.6.2000, 7 W 951/00, NZI 2000, 436 f.
22 Darauf allein abstellend LG Bielefeld ZInsO 2002, 198.
23 HambKomm-*Thies*, InsO, § 250 Rn. 5.
24 LG Berlin ZInsO 2002, 1191.
25 Dazu im Einzelnen Smid/Rattunde/Martini, Der Insolvenzplan, 3. Aufl. 2012, Rn. 17.15 ff. m.w.N.
26 Vgl. nur HK-*Haas*, InsO, § 250 Rn. 2; KPB-*Pleister*, InsO, § 250 Rn. 8.
27 BGH ZInsO 2005, 927.
28 BGH ZInsO 2009, 1252.
29 BGH ZInsO 2012, 173.

also beispielsweise im Plan Berechnungsgrundlagen für Insolvenzforderungen abweichend von den zwingenden gesetzlichen Regelungen normiert, ist dem Plan gem. § 250 Nr. 1 InsO die Bestätigung zu versagen.[30]

17.16 f) **Teilbestätigung.** Eine **partielle Bestätigung ist nicht zulässig,**[31] da das Gericht den Inhalt des Insolvenzplans damit abändern würde, wozu es aber nicht befugt ist.

4. Unlauteres Zustandekommen

17.17 Schließlich ist die **Bestätigung** eines Insolvenzplans zu **versagen**, der **auf „unlautere" Weise zustande gekommen** ist (§ 250 Nr. 2 InsO).[32] Voraussetzung dafür ist, dass die unlautere Herbeiführung kausal für die Annahme des Planes ist.[33] Darunter sind alle Fälle zu verstehen, in denen die Aushandlung oder die Annahme des Plans auf der Begünstigung eines Gläubigers (Stimmenkauf und dergleichen mehr) oder auf Täuschungshandlungen oder Drohungen eines der Beteiligten gegenüber Abstimmungsberechtigten beruht.[34] In seiner Entscheidung vom 3.3.2005 hat der IX. Zivilsenat des BGH[35] die Herbeiführung der mehrheitlichen Annahme des Insolvenzplans durch Forderungs- und Stimmenkaufverträge dann als „unlauter" i. S. v. § 250 Nr. 2 InsO qualifiziert, wenn der Forderungs- bzw. Stimmenkaufvertrag nach § 226 Abs. 3 InsO wegen Verstoßes gegen den Grundsatz par conditio creditorum nichtig ist. Das ist stets beim Forderungskauf zu einem höheren Preis als der im Insolvenzplan vorgesehenen Quote der Fall.[36] § 250 Nr. 2 InsO zieht m.a.W. für das Bestätigungsverfahren die Konsequenz aus der gesetzlichen Missbilligung des Mittels des Forderungs- bzw. Stimmrechtskaufs gem. § 226 Abs. 3 InsO, das die Beteiligten zur Herbeiführung ihrer Zwecke einsetzen. Ob daher der die Mehrheit erzielende Abstimmende von den Insolvenzgläubigern deren Forderungen oder deren Stimmrechte kauft, ist unerheblich. Der Forderungskauf stellt sich, wie der IX. Zivilsenat des BGH[37] zutreffend feststellt, zwar nicht *unmittelbar* als Stimmenkauf dar; er ist aber deshalb als „unlautere" Maßnahme zur Herbeiführung der Annahme des Planes anzusehen, weil er den Forderungskäufer entweder kraft der von ihm erworbenen Rechtsstellung oder – wie in dem vom BGH entschiedenen Fall – aufgrund einer entsprechenden Bevollmächtigung durch die verkaufenden Insolvenzgläubiger zur Abgabe der auf die von ihm erworbenen oder zu erwerbenden Forderungen entfallenden Stimmen befähigt. Die Nichtigkeit des Erwerbsvertrages aufgrund Verstoßes gegen den Grundsatz par conditio creditorum zieht daher zwangsläufig zugleich die Rechtsfolge des § 250 Nr. 2 InsO nach sich, wonach die insolvenzgerichtliche Bestätigung des Insolvenzplans ausgeschlossen ist. Das Gericht darf nicht durch seinen Beschluss Straftaten bzw. von der Rechtsordnung missbilligten Verhaltensweisen Wirkung verschaffen, zumal hier eine Vielzahl von Personen betroffen sein kann und des Schutzes durch das Gericht bedarf. Nicht zuletzt kann dies der Fall sein, wenn sich nachträglich herausstellt, dass durch die Gruppenbildung nach § 222 Abs. 2 InsO manipulative Zwecke verfolgt worden sind.

5. Kein insolvenzgerichtliches Ermessen

17.18 Das Gericht darf dagegen die Bestätigung des Insolvenzplans nicht deshalb verweigern, weil es die getroffenen Regelungen für wirtschaftlich unzweckmä-

---

30 BGH ZInsO 2009, 478.
31 *Bötticher*, ZZP 86, 373, 389.
32 *Schiessler*, Der Insolvenzplan, 181.
33 BGH ZInsO 2005, 487; LG Berlin ZInsO 2005, 609; NR-*Braun*, InsO, § 250 Rn. 11.
34 MünchKomm-*Sinz*, InsO, § 250 Rn. 44 ff.
35 BGH, B. v. 3.3.2005, IX ZB 153/04, ZIP 2005, 719; oben Rn. 4.18.
36 Uhlenbruck-*Lüer*, InsO, § 250 Rn. 30.
37 BGH, B. v. 3.3.2005, IX ZB 153/04, ZIP 2005, 719, 722.

ßig hält, sofern die genannten rechtlichen Versagungsgründe nicht vorliegen. Denn insofern hat **das Gericht kein eigenes wirtschaftliches Ermessen** zu betätigen. Der Bestätigungsbeschluss ist daher abseits des fehlenden Eintritts einer Planbedingung gem. § 249 InsO nur beim Vorliegen eines der Tatbestände der Nr. 1 oder Nr. 2 des § 250 InsO (dann aber zwingend) zu versagen.[38]

17.19 Jeder **Gläubiger**, der eine zur Teilnahme am Verfahren berechtigende Forderung ordnungsgemäß nach den §§ 174 ff. InsO angemeldet hat, kann einen **Antrag** auf Versagung der Bestätigung des Insolvenzplans durch das Gericht stellen und so die amtswegige Entscheidung anregen.

IV. Bestätigung im Falle „bedingter" Pläne gem. § 249 InsO

17.20 Ist im Insolvenzplan vorgesehen, dass vor der Bestätigung bestimmte Leistungen erbracht oder andere Maßnahmen verwirklicht werden sollen, so darf der Plan nur bestätigt werden, wenn diese Voraussetzungen erfüllt sind, § 249 Satz 1 InsO. Die Bestätigung ist nach § 249 Satz 2 InsO von Amts wegen zu versagen, wenn die Voraussetzungen auch nach Ablauf einer angemessenen, vom Insolvenzgericht gesetzten Frist nicht erfüllt sind. Diese Regelungen tragen dem Umstand Rechnung, dass nicht selten ein Bedürfnis dafür bestehen wird, das Wirksamwerden von Rechtsänderungen, die im gestaltenden Teil des Plans vorgesehen sind, davon abhängig zu machen, dass bestimmte Leistungen erbracht oder andere Maßnahmen verwirklicht werden.[39] § 249 Satz 1 InsO hat seinen hauptsächlichen Anwendungsbereich, wenn bestimmte Maßnahmen im darstellenden Teil des Plans **als Bedingungen für die vorgesehenen Rechtsänderungen** aufgeführt sind.

17.21 Dies kann **beispielsweise**[40] dort sinnvoll sein, wo der Verzicht auf ein Pfandrecht nach den Festlegungen des Plans erst wirksam werden soll, wenn ein neues Pfandrecht an einer anderen Sache bestellt worden ist. In einem solchen Fall wäre es zwar auch möglich, in den Plan lediglich die schuldrechtliche Verpflichtung aufzunehmen, die Sicherheiten Zug um Zug auszutauschen. Diese Verpflichtung müsste dann notfalls aber erst mit dem rechtskräftig bestätigten Plan als Vollstreckungstitel (§ 257 InsO) zwangsweise durchgesetzt werden. § 249 Satz 2 InsO dient dazu, eine längere Ungewissheit über die Bestätigung des Plans zu vermeiden: Das Insolvenzgericht kann eine **Frist bestimmen**, innerhalb derer die Voraussetzungen für die Bestätigung des Plans erfüllt werden müssen.

17.22 Nach § 249 InsO können neben „Leistungen"[41] auch „Maßnahmen" zum Gegenstand von Bedingungen gemacht werden.[42] Damit sind alle „sonstigen" Maßnahmen gemeint, die nach allgemeinen zivilrechtlichen Grundsätzen zulässig sind.[43]

17.23 Denkbar ist angesichts dieser weiten Befugnis auch, eine bestimmte **Festsetzung der Verwaltervergütung** zur Planbedingung zu erheben (dazu noch unten Rn. 17.24). Ob durch einen Insolvenzplan auch **Insolvenzanfechtungsansprü-**

---

[38] FK-*Jaffé*, InsO, § 248 Rn. 5; KPB-*Pleister*, InsO, § 248 Rn. 9; früh schon *Schiessler*, Der Insolvenzplan, 180.
[39] Amtl. Begr. zu § 296 RegEInsO, BT-Drs. 12/2443, 211; *Braun/Uhlbrück*, Unternehmensinsolvenz, 578; *Geiwitz*, in: Buth/Hermanns, Restrukturierung, Sanierung, Insolvenz, § 29 Rn. 79.
[40] Amtl. Begr. zu § 296 RegEInsO, BT-Drs. 12/2443, 211.
[41] MünchKomm-*Sinz*, InsO, § 249 Rn. 7 ff.; Braun-*Braun/Frank*, InsO, § 249 Rn. 2.
[42] MünchKomm-*Sinz*, InsO, § 249 Rn. 12 ff.; typische Beispiele: *Rendels/Zabel*, Insolvenzplan, Rn. 366.
[43] MünchKomm-*Sinz*, InsO, § 249 Rn. 22.

che geregelt werden können, steht in Streit.[44] An dieser Stelle kann die rechtsdogmatische Strukturfrage, die diesem Streit zugrunde liegt, nicht annähernd ausgeführt werden. Es muss hier der Hinweis darauf genügen, dass der Insolvenzverwalter zur Anfechtung gläubigerbenachteiligender Handlungen des Schuldners befugt und verpflichtet ist, § 280 InsO. Ob die Normsetzungsbefugnis der Gläubiger durch Insolvenzplan soweit reicht, dem Verwalter die Rechtsmacht zur Anfechtung vorinsolvenzlicher gläubigerbenachteiligender Abreden des Schuldners mit seinem Berater zu nehmen, ist fraglich.[45] Wenn man dies gleichwohl nicht für ausschlagend hält, kommt doch ein Weiteres hinzu. Im Falle fruchtloser Vollstreckung aus dem Plan (§ 257 Abs. 1 InsO) stehen dem die Individualvollstreckung betreibenden Gläubiger die Behelfe des § 3 AnfG zu Gebote.[46] Es begegnet erheblichen Zweifeln, ob der Insolvenzplan dies wirksam ausschließen kann.

V. Bedingung der Festsetzung einer bestimmten Verwaltervergütung

17.24 Wie oben ausgeführt worden ist, wird in einer im Vordringen begriffenen Meinung im Schrifttum,[47] der hier gefolgt wird, der **Insolvenzplan** als konkrete, auf das Verfahren bezogene und für die Beteiligten geltende Norm bzw. als geltender **Normkomplex** dargestellt. Danach ist das Verfahren der Ausformulierung, der Erörterung und der Abstimmung des Insolvenzplans, sowie das Verfahren seiner Bestätigung[48] als formalisiertes Verfahren einer Art von Gesetzgebung zu verstehen. Folgt man diesem Ansatz, kommt es für die Frage darauf an, ob sich eine *Festsetzung* der Verwaltervergütung durch den Plan als Vergütungsabrede darstellt und damit die Zuständigkeit des Insolvenzgerichts verletzt, oder ob es sich um eine Form einer inner-verfahrensrechtlichen und damit zulässigen Bedingung handelt.

17.25 Wird im Insolvenzplan vorgesehen, dass die Bestätigung des Insolvenzplans durch das Insolvenzgericht von der Festsetzung einer bestimmten oder einer sich in einem bestimmten Rahmen bewegenden Vergütung durch das Insolvenzgericht abhängig sein soll, handelt es sich nicht um eine unzulässige Bindung der insolvenzgerichtlichen Bestätigungsentscheidung. **Vergütungsvereinbarungen**[49] sind allerdings wegen Verstoßes gegen ein gesetzliches Verbot gem. § 134 BGB nichtig.[50] Denn das Verbot der Bindung gerichtlicher Entscheidungen an Bedingungen gilt nur für *außerprozessuale Bedingungen*[51] einer Verfahrenshandlung. Denn diese würde einen Schwebezustand nach sich ziehen, der es nicht erlauben würde, die verfahrensrechtliche Lage eindeutig zu beurteilen. Schon im Recht des streitigen Prozesses gilt aber etwas anderes für *innerprozessuale Bedingungen*.[52] So ist die hier interessierende Verfahrenshandlung – Be-

---

44 LG München I, Urt. vom 26.7.2011, 6 O 10074/10; MünchKomm-*Kirchhof*, AnfG, § 18 Rn. 4 m. w. N.; *Buchalik/Hiebert*, ZInsO 2014, 109 m. w. N.
45 Vgl. aber *Buchalik/Hiebert*, ZInsO 2014, 109 ff.; sowie OLG Karlsruhe, B. v. 12.8.2013, 9 U 55/13, ZInsO 2014, 155. Danach ist ein Verzicht auf die Ausübung dieser Rechte nur dann möglich, wenn im Rahmen einer wirtschaftlichen Betrachtungsweise, den Gläubigern dadurch kein Schaden entsteht bzw. wenn sie im Rahmen einer solchen Lösung ggf. sogar mehr wirtschaftliche Vorteile bekommen, als bei einer Durchsetzung der Ansprüche – d. h. in derartigen Fällen läge dann auch Plandispositivität vor.
46 Vgl. MünchKomm-*Huber*, InsO, § 257 Rn. 24; eingehend MünchKomm-*Kirchhof*, AnfG, § 3 Rn. 1 f.
47 *Happe*, Die Rechtsnatur des Insolvenzplans, 214.
48 *Happe*, Die Rechtsnatur des Insolvenzplans, 214 ff.
49 Leonhardt/Smid/Zeuner-*Smid*, InsO, § 63 Rn. 2.
50 *Schilken*, in: Jaeger, InsO, § 63 Rn. 18.
51 *Rosenberg/Schwab/Gottwald*, Zivilprozeßrecht, § 65 Rn. 24.
52 *Rosenberg/Schwab/Gottwald*, Zivilprozeßrecht, § 65 Rn. 25.

stätigung des Insolvenzplans – an die (inzidente) Bedingung geknüpft, dass das Gericht über die miteinander in einem Sinnzusammenhang stehenden zulässigen Anträge des Insolvenzverwalters entscheidet. Die vom Bedingungsverbot perhorreszierte Ungewissheit *kann* in dieser Fallgestaltung schlechthin *nicht* eintreten. Es wäre sehr eigenartig, wollte man behaupten, es sei ungewiss, ob das Insolvenzgericht über einen zulässigen Antrag entscheiden wolle oder nicht.

Das Insolvenzgericht muss jedenfalls vor Aufhebung des Insolvenzverfahrens und damit jedenfalls auch nach Annahme des Planes über die Vergütungsfestsetzung entscheiden, weil ansonsten nicht nach § 258 Abs. 2 InsO verfahren werden könnte. Daher spricht eine zeitliche Festlegung des Insolvenzgerichts in seiner Vergütungsentscheidung durch eine aufschiebende Bedingung nicht gegen deren Zulässigkeit, weil sie dem Insolvenzgericht nur das zu tun zumutet, was es pflichtgemäß verfahrensrechtlich ohnedies zu tun hat.

17.26

Dies gilt aber auch in sachlicher Hinsicht: Denn das Insolvenzgericht ist dadurch jedenfalls soweit nicht betroffen, als diese Klausel die **Höhe** der festzusetzenden Vergütung des Verwalters **nach oben begrenzt**. Damit spricht der Plan nur aus, dass das Gericht nach § 4 InsO i. V. m. § 308 Abs. 1 ZPO an den Vergütungsantrag des Insolvenzverwalters gebunden ist. Für das Gericht ist die Entscheidungslage eindeutig: Das Insolvenzgericht kann nämlich beurteilen, ob und wieweit dem Vergütungsantrag des Verwalters entsprochen werden kann; das Insolvenzgericht – und nur das Insolvenzgericht – kann und muss den Bedingungseintritt herbeiführen. Die hier in Frage stehende Bedingung verweist mithin auf einen innerverfahrensrechtlichen Vorgang, der im Rahmen des pflichtgemäßen Handelns des Insolvenzgerichts liegt und die Entscheidungsfreiheit (sachliche Unabhängigkeit) des Insolvenzgerichts nicht berührt.

17.27

Doch auch eine **höhere Vergütung als die gesetzlich vorgesehene** scheint dogmatisch nicht ausgeschlossen. Das ESUG hat nämlich in § 217 Abs. 1 Satz 1 InsO die Möglichkeit eingeführt, auch *Verfahrensfragen* durch den Plan zu regeln. Damit wollte der Gesetzgeber die Gläubigerautonomie stärken. Diese Norm legt damit nahe, dass auch die Vergütung als Verfahrensfrage regelbar ist,[53] zumal zwingende Gründe gegen die Annahme einer Plandispositivität nicht ersichtlich sind.[54] Insbesondere ist dies vielmehr wirtschaftlich sinnvoll, um insgesamt die Abwicklung des Verfahrens besser planbar zu gestalten.[55] Im Übrigen kennt das Prozessrecht auch beispielsweise § 4 InsO i. V. m. § 286 Abs. 3 ZPO oder dem sog. Prozessvertrag Mittel, durch Beteiligtenvereinbarung eine Bindung gerichtlicher Entscheidungsbefugnisse zu erreichen.[56] Es spricht daher viel dafür, dass das Gericht bei Vorliegen einer die Verwaltervergütung regelnden Planbestimmung seine Festsetzung gem. § 64 InsO nach dieser vornehmen muss.

17.28

VI. Heilung von Mängeln des Plans durch die insolvenzgerichtliche Bestätigung

Der Eintritt der **Rechtskraft der Bestätigung**[57] durch das Insolvenzgericht **heilt etwaige Verfahrensmängel** des Insolvenzplans und grundsätzlich auch Inhalts-

17.29

---

53 *Graeber*, ZIP 2013, 916, 919; ihm folgend LG München ZInsO 2013, 1966; a. A. noch die Vorinstanz AG München BeckRS 2013, 13792.
54 Ebd.
55 *Haarmeyer/Wutzke/Förster*, InsVV, § 1 Rn. 35; LG München ZInsO 2013, 1966.
56 *Harbeck*, jurisPR-InsR 2/2014 Anm. 4.
57 Missverständlich MünchKomm-*Sinz*, InsO, § 248 Rn. 27f.

mängel.[58] Dies soll auch für „Willensmängel"[59] gelten. Eine Irrtumsanfechtung des Insolvenzplans nach bürgerlich-rechtlichen Vorschriften ist im Übrigen weder im Wege direkter noch entsprechender Anwendung des § 119 BGB möglich, wohl aber soweit der Gläubiger zu seiner Stimmabgabe im Wege der arglistigen Täuschung oder der Drohung veranlasst worden ist.[60] Dies setzt aber voraus, dass die arglistige Täuschung oder die Drohung für die Annahme des Insolvenzplans ursächlich geworden ist,[61] was *quaestio facti* ist. Im Übrigen können vor Eintritt der Rechtskraft die Gläubiger und der Schuldner die sofortige Beschwerde nach § 253 InsO erheben (Näheres hierzu in Kapitel 21).

1. Insolvenzgerichtliche Bestätigung der Plankorrektur

17.30 Nach § 248a Abs. 1 InsO bedarf eine **Berichtigung des Insolvenzplans** durch den Insolvenzverwalter gem. § 221 Satz 2 InsO der Bestätigung durch das Insolvenzgericht. Dabei „soll" (wegen der notwendigen Gewährung rechtlichen Gehörs gem. Art. 103 Abs. 1 GG: „hat")[62] das Insolvenzgericht nach § 248a Abs. 2 InsO vor der Entscheidung über die Bestätigung den Insolvenzverwalter, den Gläubigerausschuss, wenn ein solcher bestellt ist, die Gläubiger und die Anteilsinhaber, sofern ihre Rechte betroffen sind, sowie den Schuldner zu hören.

17.31 Die Planberichtigung wird erst durch Bestätigung nach § 248a InsO wirksam.[63] Der systematische Zusammenhang mit § 248 InsO zeigt, dass die Bestätigung gem. § 248a InsO einer vorigen Planbestätigung gem. § 248 InsO nachfolgen muss. Denn eine zwischen Planannahme und Bestätigung vorgenommene Korrektur unterliegt ohnehin gem. § 248 InsO der gerichtlichen Kontrolle, so dass es einer Anwendung des § 248a InsO nicht bedarf.[64] Möglich ist das Verfahren gem. § 248a InsO bis zur Rechtskraft des Planbestätigungsbeschlusses.[65] Das durch Beschluss (vgl. § 248a Abs. 4 InsO) entscheidende Gericht hat zu prüfen, ob die Voraussetzungen einer rechtmäßigen Planberichtigung gem. § 221 Satz 2 InsO vorliegen.[66]

2. Weiteres Verfahren. Rechtsmittel

17.32 Das Insolvenzgericht hat die Bestätigung der Korrektur des Insolvenzplans auf Antrag zu versagen, wenn der antragstellende Beteiligte durch die mit der Berichtigung einhergehenden Planänderung voraussichtlich schlechter gestellt wird, als er nach den mit dem Plan beabsichtigten Wirkungen stünde (§ 248a Abs. 3 InsO). Das unterscheidet sich von § 251 InsO, da die Vorschrift auf die Planwirkungen selbst abhebt, und nicht eine ohne den Plan greifende Lage. Gegen den Beschluss, durch den die Berichtigung bestätigt oder versagt wird, steht nach § 248a Abs. 4 InsO den in § 248a Abs. 2 InsO genannten, durch die Planberichtigung schlechter gestellten Gläubigern und Anteilsinhabern sowie dem Verwalter die sofortige Beschwerde zu.

---

58 MünchKomm-*Eidenmüller*, InsO, § 217 Rn. 198; vgl. auch LG Berlin, B. v. 20.10.2004, 86 T 578/04, NZI 2005, 335.
59 Vgl bereits zu § 78 VerglO: *Bley/Mohrbutter*, VerglO, § 78 Anm. 15; NR-*Braun*, InsO, § 250 Rn. 11.
60 MünchKomm-*Eidenmüller*, InsO, § 217 Rn. 37.
61 NR-*Braun*, InsO, § 250 Rn. 11.
62 FK-*Jaffé*, InsO, § 248a Rn. 5; a. A. (fakultative Anhörung) z. B. KPB-*Pleister*, InsO, § 248a Rn. 5.
63 FK-*Jaffé*, InsO, § 248a Rn. 2; HK-*Haas*, InsO, § 248a Rn. 2.
64 FK-*Jaffé*, InsO, § 248a Rn. 2; HK-*Haas*, InsO, § 248a Rn. 2.
65 HK-*Haas*, InsO, § 248a Rn. 2.
66 KPB-*Pleister*, InsO, § 248a Rn. 3.

Kapitel 18: Planbestätigung trotz mehrheitlicher Ablehnung des Insolvenzplans durch eine oder mehrere Abstimmungsgruppen

I. Funktion

1. Ausgangslage

Die Aufstellung eines Insolvenzplans, der die im Insolvenzverfahren getroffenen oder beabsichtigten Maßnahmen beschreibt (§§ 219, 220 InsO) und dabei zur sanierungsgemäßen Umgestaltung der Rechtsverhältnisse **Eingriffe in die Rechte der Beteiligten** festlegt (§§ 219, 221 InsO), ist **in hohem Maße kostenintensiv**. Seine Ausarbeitung lohnt sich überhaupt nur dann, wenn sichergestellt erscheint, dass er nicht an kleinlichem **Partikularinteresse** einzelner Beteiligter oder Beteiligtengruppen scheitert.[1] Um dies zu ermöglichen, sieht das Gesetz ein besonderes Abstimmungsverfahren vor, das an die Stelle mehrheitlicher Willensbildung in der Gläubigerversammlung tritt. Die Beteiligten werden nach Maßgabe ihrer Rechtsstellung in Gruppen aufgeteilt (§ 222 InsO, oben Kapitel 12), die jeweils für sich über die Annahme des Plans abstimmen (§ 243 InsO, oben Kapitel 16). Die Annahme erfolgt, wenn in jeder Gruppe die Mehrheit der abstimmenden Beteiligten nach Kopfteilen und Summe der vertretenen Ansprüche dem Plan zustimmt (§ 244 InsO). Die von einer Gruppe versagte Zustimmung wird nach § 245 InsO fingiert, wenn sich die Versagung als Obstruktion darstellt; die Gruppe nachrangiger Gläubiger nimmt im Übrigen überhaupt keinen Einfluss auf die Annahme oder Ablehnung des Planes. § 245 InsO überantwortet dem Insolvenzgericht im Rahmen der Bestätigung des Insolvenzplans gem. § 248 InsO die Prüfung, ob die Verweigerung der Zustimmung zum Insolvenzplan durch eine Beteiligtengruppe sich als „Obstruktion" darstellt, die unbeachtlich bleibt und demzufolge die Annahme des Planes nicht zu hindern geeignet ist.[2]

Das moderne Insolvenzrecht ist an sich davon geprägt, dass die **Universalexekution** in das Vermögen des Schuldners weitgehend in die Hände der **Gläubigergemeinschaft** gelegt worden ist;[3] deren wirtschaftlicher Kompetenz sind die Grundentscheidungen über die Abwicklung der Insolvenzlage anvertraut. Die Obstruktionsentscheidung kehrt dies nachgerade um.[4] Die Ersetzung der verweigerten Annahme des Plans wegen der Qualifikation der Verweigerung als „obstruktiv" stärkt die Richtermacht im Insolvenzverfahren; § 245 InsO begrenzt die Autonomie der Beteiligten.[5] In Nordamerika ist dagegen von einer *cram-down-power* des Schuldners die Rede.[6] Handelt es sich in Nordamerika bei der Unternehmensreorganisation im Wesentlichen um ein im wirtschaftli-

---

1 *Smid*, FS für Pawlowski, 391 ff.; FK-*Jaffé*, InsO, § 245 Rn. 4; Braun-*Braun/Frank*, InsO, § 245 Rn 1.
2 *Smid/Rattunde*, Der Insolvenzplan, 1. Aufl. 1998, Rn. 505 ff.; LG Göttingen, Beschl. v. 7.9.2004, 10 T 78/04, NZI 2005, 41 f.; FK-*Jaffé*, InsO, § 245 Rn 11.
3 Zur preußischen Konkursordnung von 1855/1856 vgl. *Hellmann*, Konkursrecht, 93 ff. u. insbes. die historische Darstellung bei *Kohler*, Lehrbuch des Konkursrechts, 32 ff., 62 ff.
4 *Smid/Rattunde*, Der Insolvenzplan, 1. Aufl. 1998, Rn. 506.
5 Krit. vor dem Hintergrund des legislatorischen Ziels einer Stärkung der Gläubigerautonomie (Amtl. Begr. zum RegE InsO Allg. 3a) kk, 4h, BT-Drs. 12/2443, 79 f., 99 f.) *Smid/Rattunde*, Der Insolvenzplan, 1. Aufl. 1998, Rn. 509, 30 ff. (zu den justizrellen Folgen); *Kersting*, Die Rechtsstellung der Gläubiger im Insolvenzplanverfahren, 187, spricht dagegen von einer Begrenzung der Gläubigerautonomie „im positiven Sinne"; laut HambKomm-*Thies*, InsO, § 245 Rn. 1 dient die Vorschrift „lediglich der Grenzziehung zwischen Gläubigerautonomie und Rechtsmissbrauch".
6 *Baird*, The Elements of Bankruptcy, p.17; der deutsche Autor *Fassbach*, Die cram down power des amerikanischen Konkursgerichtes im Reorganisationsverfahren nach Chapter 11 des Bankruptcy Code, schreibt auch für das US-amerikanische Recht von einer cram down power des Gerichts.

chen und rechtlichen Interesse des Schuldners liegendes Rechtsinstrument,[7] geht es bei dem Insolvenzplanverfahren im deutschen Recht um ein Verfahren der Herstellung von Bedingungen, unter denen die Rechtsverwirklichung der Gläubiger gewährleistet wird.[8] Ersetzt man die autonome Entscheidung der Beteiligten über die Abwicklung des Verfahrens in wesentlichen Fragen – wie der einer Abweichung von den allgemeinen insolvenzrechtlichen Regelungen, (§ 217 InsO) – durch insolvenzgerichtliche Entscheidungen, dann bedarf es einer besonderen Rechtfertigung, die allein aus der ordnungsgemäßen Gewährleistung einer rechtmäßigen Entscheidung durch die Einhaltung der verfahrensrechtlichen Formen folgen kann.

18.3 Bereits die vorangegangenen Überlegungen zum möglichen Inhalt des Insolvenzplans und zu den Aufgaben der Einteilung der Beteiligten, in deren Rechtsstellung eingegriffen wird, in Gruppen (oben Kapitel 12) haben den Grund des Unterschieds des Insolvenzplanrechts zum früheren Recht von Vergleich und Zwangsvergleich deutlich werden lassen. Die rechtlichen Gestaltungsmöglichkeiten des Insolvenzplans erschöpfen sich – nunmehr von Eingriffen in Rechte der Anteilseigner abgesehen – nicht in Eingriffen in die Rechte „der Konkursgläubiger" als einer Einheit. Vielmehr widerspiegeln die §§ 223 bis 225a InsO mit der Regelung der möglichen Eingriffe in die Rechte von Beteiligten unterschiedlicher Rechtsstellungen und die Abs. 2 und 3 des § 222 InsO mit der Eröffnung der Möglichkeit, **weitere Differenzierungen** vorzunehmen, dem **Planinitiator** die Befugnis, Beteiligte verschiedener Rechtsstellungen und Gruppenzugehörigkeiten differenziert zu behandeln.

18.4 Die Einteilung der Beteiligtengruppen dient also dazu, eine **Ungleichbehandlung** der durch den Insolvenzplan in ihren Rechten **betroffenen Beteiligten** dadurch zu ermöglichen,[9] dass eine Gleichbehandlung von Beteiligten gleicher Gruppenzuordnung im Unterschied zur Ungleichbehandlung der Beteiligten mit unterschiedlichen Gruppenzugehörigkeiten (arg. § 226 Abs. 1 InsO[10]) vorgesehen wird. Während Gleichbehandlung *innerhalb* der Gruppe zu gewährleisten ist, kann zwischen den Gruppen ungleich behandelt werden.[11]

18.5 Das ruft scheinbar ein Paradoxon auf das Feld: Will man überhaupt ein funktionsfähiges, in den Händen der Gläubiger liegendes Insolvenzplanverfahren, müssen Grenzen der Gläubigerautonomie bestimmt werden, um das Verfahren nicht am Widerstreit der Interessen solcher Beteiligter scheitern zu lassen, die nicht homogen, sondern vielgestaltig[12] ist. Daher soll ein **Verbot obstruierender Versagung der Zustimmung zum Insolvenzplan** die notwendige Vorausset-

---

7 Vgl. das verbreitete Werk von *Weintraub*, What Every Executive Should Know About Chapter 11; FK-*Jaffé*, InsO, § 245 Rn. 9.
8 Vgl. Braun-*Kießner*, InsO, § 1 Rn. 8 f.; Leonhardt/Smid/Zeuner-*Smid*, InsO, § 1 Rn. 38 ff.
9 Die Meinung von *Bilgery*, DZWIR 2001, 316, 318, wonach eine Ungleichbehandlung auch dann zur Ablehnung der Bestätigung des Planes führen müsste, wenn Gläubiger verschiedener Gruppenzugehörigkeit, aber gleicher Rechtsstellung (z. B. nicht nachrangige Insolvenzgläubiger) ungleich behandelt werden, findet im Gesetz keine Grundlage; sie ist deshalb nicht wirklich überzeugend, weil die durch den Planinitiator vorgenommene Differenzierung sachgerecht sein muss. Das kann z. B. in einer Ungleichbehandlung von Insolvenzforderung aus gegen den Schuldner gezogenen Bürgschaften gegenüber Insolvenzforderungen aus Werklohnforderungen u.dgl.m. der Fall sein, weil die vorkonkurslich von den Insolvenzgläubigern zur Masse gebrachten „Opfer" sich unterscheiden.
10 Leonhardt/Smid/Zeuner-*Smid*, InsO, § 226 Rn. 2; FK-*Jaffé*, InsO, § 226 Rn 3.
11 *Silcher*, in: Ahrens/Gehrlein/Ringstmeier, Fachanwalts-Kommentar Insolvenzrecht, § 226 Rn. 3, da die unterschiedlichen Rechtsstellungen der Insolvenzgläubiger oder die unterschiedlichen wirtschaftlichen Interessen, § 222 Abs. 1 Satz 1, die Ungleichbehandlung zwischen den Gruppen rechtfertigen.
12 Dies hat insbesondere die US-amerikanische Diskussion deutlich gemacht, vgl. *Balz*, ZIP 1988, 273, 279; *Balz*, ZIP 1988, 1438 ff.; *Smid*, BB 1992, 501, 507 ff.

zung dafür schaffen, dass Insolvenzpläne auch dann vom Gericht bestätigt werden können, die Vorstellungen des Gesetzgebers auch dann Wirklichkeit und das Insolvenzplanverfahren auch dann eine regelmäßig anzutreffende Erscheinung in der Unternehmensinsolvenz werden kann, wenn Insolvenzpläne nicht mehrheitlich auf die Zustimmung der Gläubiger (und anderer Beteiligter) stoßen. **Ohne „cram down" kann es ein sinnvolles Insolvenzplanverfahren nicht geben.**[13]

18.6 Die Festlegungen des unter Übergehung ihrer Einwände beschlossenen und bestätigten Insolvenzplans binden auch die Beteiligten, deren Widerspruch als „Obstruktion" gewertet worden ist. Das ablehnende Votum einer Beteiligtengruppe bedeutet, dass sie an der gesetzlich geregelten Abwicklung des Insolvenzverfahrens festhalten will; dies aber wird ihr aufgrund der gerichtlichen Obstruktionsentscheidung dadurch verweigert, dass sie auf ein „privatautonomes", von den gesetzlichen Regelungen abweichendes Verfahren verwiesen wird. Was sich aus Sicht des Initiators oder der Initiatoren des Insolvenzplans als autonome Gestaltung des Verfahrens darstellt, schlägt aufgrund der Obstruktionsentscheidung des Gerichts gegenüber der dissentierenden Beteiligtengruppe in eine **heteronome, von außen kommende Zwangsentscheidung** um, durch die den betroffenen Beteiligten der Schutz genommen wird, den ihnen das Gesetz zuteilwerden lassen soll.

18.7 Das Neue am Obstruktionsverbot liegt in der Art der Begründung eines vermeintlichen Rechtsmissbrauchs wegen wirtschaftlicher Wertlosigkeit der Rechtsposition des betroffenen Beteiligten,[14] die ohne Vorbild im bisherigen Recht ist. Wo – von der Begründung her zweifelhaft – eine Begrenzung prozessualer Rechtsausübung in der Judikatur zur sittenwidrigen Nutzung arglistig erschlichener Titel sich auf § 826 BGB[15] stützt oder es um die Einschränkung rechtsmissbräuchlicher aktienrechtlicher Anfechtungsklagen gegen Hauptversammlungsbeschlüsse geht, lässt sich rechtlich aus der Nähe zu prozessualen Restitutionsgründen oder aus gesellschaftsrechtlichen Treuepflichten[16] argumentieren. Im Falle des Obstruktionsverbots fehlt es an solchen rechtlich-systematischen Anknüpfungspunkten an die Wertungen der Rechtsordnung; was bleibt, ist das bloße Verdikt vermeintlicher wirtschaftlicher Wertlosigkeit, der das verfahrensrechtliche Teilnahmerecht des Gläubigers begründenden Insolvenzforderung.

18.8 Dabei mag dahingestellt bleiben, ob sich aus dem Gesichtspunkt gesellschaftsrechtlicher Treuepflichten in der Tat eine so weitreichende Konsequenz der Pflicht der Aktionäre zur Mitwirkung an einer außergerichtlichen Sanierung ergibt, wie es der BGH im „Girmes"-Urteil ausgeführt hat.[17] Mit *Häsemeyer*[18] lässt sich jedenfalls sagen, dass die Konkretisierung gesellschaftsrechtlicher Treuepflichten durch die Behauptung einer Mitwirkungspflicht im Einzelfall den Gesellschaftern zumutet, das Risiko der wirtschaftlichen[19] Realisierbarkeit des Sanierungskonzepts zu tragen. Man mag noch davon ausgehen, dass die Aktionäre insofern Teil einer Risikogemeinschaft seien – wobei das OLG Dresden[20] den sich daraus ergebenden Konsequenzen dadurch zutreffend eine Grenze gezogen hat, dass es im „Sachsenmilch"-Verfahren auf den aktienrechtlichen Minderheitsschutz hingewiesen hat.

---

13 NR-*Braun*, InsO, § 245 Rn. 1 bezeichnet es als „für das Institut des Insolvenzplans lebensnotwendig".
14 Vgl. Amtl. Begr. RegEInsO, BT-Drs. 12/2443, 208 (zu § 290), wo vom Fehlen eines „vernünftigen Grundes" für den Widerspruch, d. h. die verweigerte Zustimmung, die Rede ist.
15 Zum prozessualen Problem *Braun*, Rechtskraft und Rechtskraftdurchbrechung bei Titeln über sittenwidrige Ratenkreditverträge; im Übrigen *Häsemeyer*, ZHR Bd. 160, 109, 124 zu § 826 BGB als Grundlage gesellschaftsrechtlicher Mitwirkungspflichten.
16 *Lutter*, AcP Bd. 180, 84, 102.
17 BGH, Urt. v. 20.3.1995, II ZR 205/94, BGHZ 129, 136. Hierzu *Lutter*, JZ 1995, 1053 ff.; *Flume*, ZIP 1996, 161 ff.; *Häsemeyer*, ZHR Bd. 160, 109, 112 et passim; *Eidenmüller*, ZHR Bd. 160, 343 ff.
18 ZHR Bd. 160, 109, 124.
19 Vgl. *K. Schmidt*, ZIP 1980, 328, 335.
20 OLG Dresden, Urt. v. 18.9.1996, 12 U 1727/96, ZIP 1996, 1780.

3. Hauptteil 18.9–18.13 Verfahren der Vorprüfung, Erörterung, usw ...

18.9 „Kooperationspflichten"[21] zwischen *Beteiligten* stehen dagegen auf einem völlig anderen Blatt, mögen sie auch als „volkswirtschaftlich sinnvoll"[22] angesehen werden. Die Begründungsansätze der Befürworter solcher „Kooperationspflichten" stehen denn auch auf den wackligen Füßen des § 242 BGB, der dem Schuldner (sic!) ein Leistungsverweigerungsrecht gegen den kooperationsunwilligen Beteiligten geben soll, weil dieser sich „Sondervorteile" verschaffe.[23]

18.10 Der BGH hat demgegenüber in seiner „Akkordstörer"-Entscheidung[24] derartigen Konstruktionen mit zutreffenden Gründen einen Riegel vorgeschoben. Dabei beruft sich der BGH auf die Materialien zur Konkursordnung: Erst durch die Eröffnung des Konkursverfahrens wird die Mehrheit der Gläubiger aus der zufälligen Tatsache, dass dem Gläubiger neben anderen eine Forderung gegen den Schuldner zusteht, zu einer rechtlichen Gläubigergemeinschaft, innerhalb derer bindende Mehrheitsbeschlüsse gefällt werden können.

18.11 Den Insolvenzgerichten wird nach Vorstellung des Gesetzgebers mit der „Obstruktionsentscheidung" zugemutet, sowohl die wirtschaftlichen Aussagen des Insolvenzplans als auch Einwendungen, die einzelne Beteiligte oder Beteiligtengruppen gegen ihn erheben, zu gewichten und gegeneinander abzuwägen. Das ist deshalb ebenso problematisch wie interessant, weil Gerichte gewöhnlich aufgrund juristischer Kriterien entscheiden[25] – „Recht anwenden", ohne dabei „zu kalkulieren". Den Gerichten werden aber im Gegensatz dazu vom Insolvenzplanverfahren eine Reihe intrikater wirtschaftlicher Bewertungen abverlangt. Nimmt man die einzelnen Tatbestandsmerkmale des § 245 InsO wörtlich, so hätte das Gericht unter bestimmten Voraussetzungen die wirtschaftlichen Folgen[26] zu prüfen, die sich ergäben, bestätigte das Insolvenzgericht den vorgelegten, von den Beteiligtenmehrheit aber abgelehnten Insolvenzplan. Juristen, die regelmäßig über keine nachhaltige wirtschaftswissenschaftliche Ausbildung verfügen und (wie man weiß) zudem andauernd unter erheblichem Zeitdruck stehen[27], würde dann künftig die Aufgabe einer Entscheidung auf der Grundlage **ökonomisch begründeter Prognosen**[28] **überantwortet**. An dieser Problematik ändert sich auch dadurch nichts, dass nunmehr § 22 Abs. 6 Satz 2, 3 GVG dem in Insolvenzsachen tätigen Richter gewisse Mindestkenntnisse der Betriebswirtschaft, der Buchführung usw. abverlangt, solange der Umfang durch die Verwendung unbestimmter Rechtsbegriffe („Grundkenntnisse") nicht geregelt ist, die Belastbarkeit der Vermittlung derartiger Kenntnisse legislatorisch nicht nachvollzogen wird und – so steht zu befürchten – deren nachhaltige Vermittlung aus fiskalischen Gründen scheitert, zumal der Gesetzgeber durch die verwandten Formulierungen („sollen ... verfügen", „alsbald zu erwarten ist") der Berücksichtigung derartiger Fiskalinteressen auch noch Vorschub leistet.

18.12 Wären *tatsächlich* wirtschaftlich fundierte Prognosen durch Insolvenzgerichte zu treffen, würden sie dadurch, so lautet die nachvollziehbare Kritik,[29] sowohl von ihrem Kenntnis- und Ausbildungsstand her als auch aufgrund der mit der Erstellung von Prognosen verbundenen verfahrensrechtlichen Implikationen in ihren personellen und sachlichen Ressourcen überfordert. Über diese hier einmal ganz justizorganisatorischen Bedenken hinaus wird befürchtet, dass die Entscheidungslage des Gerichts dann so unüberschaubar zu werden droht, dass der Richter in stärkerem Maße als bereits nach dem überkommenen Recht im Verfahren des Zwangsvergleichs bzw. -ausgleichs Gefahr läuft, **Manipulationen seitens der Initiatoren von Insolvenzplänen**[30] **ausgesetzt zu sein**.

18.13 Eine genaue Bestimmung der Kriterien der Obstruktionsentscheidung ist unerlässlich. Die Norm des § 245 InsO hat sich in praxi wegen ihrer bereits ange-

---

21 *Eidenmüller*, ZHR Bd. 160, 343, 354 ff.
22 *Eidenmüller*, ZHR Bd. 160, 343, 345.
23 *Eidenmüller*, ZHR Bd. 160, 343, 367 ff.
24 BGH, Urt. v. 12.12.1991, IX ZR 178/91, BGHZ 116, 319.
25 Vgl. *Pawlowski/Smid*, Freiwillige Gerichtsbarkeit, Rn. 35 ff.
26 Krit. dagegen *Henckel*, KTS 1989, 477, 481 ff.
27 Nach der Insolvenzrechtsreform ist dies in der Tat in den Insolvenzdezernaten zur Realität geworden, vgl. schon die Prognose der Mehrbelastung der Gerichte bei *Krug*, Der Verbraucherkonkurs; s. auch *Uhlenbruck*, KTS 1994, 169 f.
28 Vgl. zur ökonomischen Analyse des Insolvenzplanverfahrens MünchKomm-*Eidenmüller*, InsO, Vor §§ 217 bis 269 Rn. 23 ff.
29 *Stürner*, in: Leipold, Insolvenzrecht im Umbruch, 41, 46 f.
30 Zum Initiativrecht gem. § 218 InsO und seiner Reichweite vgl. *Smid*, WM 1996, 1249 ff.

sprochenen zentralen Bedeutung für die Funktionstauglichkeit des Insolvenzplanverfahrens überhaupt als „streitempfindlich" erwiesen[31] – was die seit langem in Nordamerika artikulierten Bedenken bestätigt. Denn die Entscheidung gem. §§ 248, 245 InsO, mit der die Verweigerung der Zustimmung zum Insolvenzplan als „Obstruktion" und damit als – unbeachtlich bleibender – Missbrauch disqualifiziert wird, greift tief in die Möglichkeit der betroffenen Beteiligtengruppe zur Mitwirkung am Verfahren ein. Damit werden die, im deutschen Recht nach Art. 103 Abs. 1 GG grundrechtlichen Schutz genießenden[32] **Teilnahmerechte der Beteiligten**, auf das Verfahren und sein Ergebnis einzuwirken, in erheblichem Umfang in Frage gestellt. Noch bevor das Problem erörtert werden kann, ob gegen eine „Obstruktionsentscheidung" des Insolvenzgerichts ggf. „Rechtsschutz gewährt" bzw. auf wie immer auch geartete Weise der Rechtsweg eröffnet wird,[33] bedarf es aber der Frage nach den **materiellen Maßstäben**, die dieser Entscheidung zugrunde liegen und wie diese Maßstäbe im Verfahren zum Tragen gelangen. Die Insolvenzgerichte heben durch die Obstruktionsentscheidung die konkrete Ausübung von Mitwirkungsbefugnissen der betroffenen Beteiligtengruppe auf; der ablehnenden Beteiligtengruppe wird also die Möglichkeit genommen, den Gang des Verfahrens durch Verweigerung ihrer Zustimmung zum Insolvenzplan zu beeinflussen. Wenn nämlich die mehrheitliche Entscheidung der Beteiligten gegen einen Insolvenzplan rechtsmissbräuchlich sein kann, wird mit der Entscheidung darüber die im Verfahren realisierte Gestaltungsmacht von den Beteiligten auf das Gericht übertragen.

18.14 Die Brisanz einer solchen Obstruktionsentscheidung liegt auf der Hand. Denn diese Entscheidungen greifen in die Rechte der betroffenen Gruppe ein: Die Aufhebung von Mitwirkungsmöglichkeiten zeitigt dabei unmittelbar Auswirkungen auf die materielle Rechtsposition der Beteiligtengruppe. Auf dem Spiel stehen daher Rechtspositionen, die in Art. 14 Abs. 1 und Art. 103 Abs. 1 GG grundrechtlich geschützt sind. Das ist allerdings für sich genommen noch nicht problematisch, denn in zivilgerichtlichen Verfahren geht es in sehr vielen Fällen um Sein oder Nichtsein solcher Rechtspositionen, ja, zivilgerichtliche Verfahren sind schlechthin u. a. dazu da, dass in ihnen der **Bestand von Eigentumsrechten** festgestellt und der **Umfang verfahrensrechtlicher Teilnahmebefugnisse** festgelegt wird.

18.15 Problematisch sind daher die Maßstäbe und das Verfahren, aufgrund derer und in dem dies geschieht. Wird nämlich über ein *inter partes* streitiges Recht durch Urteil entschieden, so geschieht dies im Allgemeinen auf der Basis einer Sachverhaltsfeststellung, deren Tatsachengrundlage in der Vergangenheit liegt.[34] Was zwischen den Parteien rechtens ist, kann erkannt werden, da die Entwicklung der Rechtsbeziehungen der Parteien als Quelle ihres Rechts interpretiert werden kann.[35] Mit der Obstruktionsentscheidung, die das Insolvenzgericht zu fällen hat, wird demgegenüber etwas *strukturell* anderes getan: Ob ich als Beteiligter ein nach den gesetzlichen Regelungen der InsO organisiertes Verfahren gewährt bekomme, ob ich mit meiner dissentierenden Entscheidung zum Insolvenzplan gehört werde oder ob aufgrund von Regelungen des Insolvenzplans in meine Rechte eingegriffen wird, hängt jedenfalls im Falle der Obstruk-

---

31 So wörtlich *Paul*, ZInsO 2004, 72.
32 Eingehend *Carl*, Teilnahmerechte im Konkurs.
33 Zum Rechtsweg gegen administrative Maßnahmen der Gerichte insbesondere der freiwilligen Gerichtsbarkeit vgl. *Smid*, Rechtsprechung. Zur Unterscheidung von Rechtsfürsorge und Prozess, § 3 IV 3d (225 f.), § 7 I 2 (400 ff.) sowie *Pawlowski/Smid*, Freiwillige Gerichtsbarkeit, Rn. 775 ff.
34 *Smid*, Rechtsprechung. Zur Unterscheidung von Rechtsfürsorge und Prozess, § 4 I 2b (259 f.), § 4 IV 3b (297).
35 Vgl. *Smid*, Rechtsprechung. Zur Unterscheidung von Rechtsfürsorge und Prozess, § 4 IV (291 ff.) § 5 I, II (313 ff.).

3. Hauptteil 18.16–18.18 Verfahren der Vorprüfung, Erörterung, usw ...

tionsentscheidung vordergründig von wirtschaftlich begründeten **Prognosen** des Insolvenzgerichts ab.

18.16 Schon früh[36] ist freilich darauf aufmerksam gemacht worden, dass im Insolvenzverfahren materiellrechtliche Entscheidungsmaßstäbe und Ausgestaltung des Verfahrens eng miteinander verzahnt sind. Bei der Auseinandersetzung mit dem Obstruktionsverbot darf die besondere Struktur des Insolvenzverfahrens nicht außer Rechnung gelassen werden: Die Frage der Bestätigung eines Plans aufgrund der Bewertung seiner Ablehnung durch eine oder mehrere Abstimmungsgruppen der Beteiligten als „Obstruktion" gehört zu den Aufgaben der Beaufsichtigung der Gläubigerselbstverwaltung durch das Insolvenzgericht: Dem Gericht obliegt es herkömmlich, die Gleichbehandlung der Gläubiger (den Grundsatz par conditio creditorum) vor manipulativen Entscheidungen der Gläubigerversammlung zu schützen. Die damit verbundenen Aufsichtsfunktionen gehören erkennbar *nicht* dem Bereich der streitigen Zivilgerichtsbarkeit an.[37] Die Entscheidungen über das Recht der Insolvenzgläubiger, soweit es streitig ist, haben die Insolvenzgesetze auf den *ordentlichen Prozess* verlagert (§§ 179 ff. InsO, §§ 146 ff. KO, § 11 Abs. 3 GesO, § 110 öKO).

18.17 Die Differenzierung zwischen dem um die gerichtliche Feststellung streitiger Forderungen geführten Prozess einerseits und dem „eigentlichen" Konkursverfahren war die große Leistung, mit der im 19. Jahrhundert der gemeinrechtliche Konkursprozess[38] überwunden wurde, dessen Langwierigkeit und Umständlichkeit einer *effizienten* Insolvenzabwicklung im Wege stand. Die Entlastung des Insolvenzgerichts von der „inhaltlichen" Gestaltung des Verfahrens, die der Gläubigerautonomie unterworfen ist, war die Folge dieses Ausdifferenzierungsprozesses. Das aufsichtsführende Insolvenzgericht entscheidet im modernen deutschen Insolvenzverfahrensrecht[39] daher im Allgemeinen nicht über Rechte der Gläubiger; wohl aber können deren Teilnahmebefugnisse – die aufgrund Art. 6 EMRK[40] ebenso wie in Deutschland nach Art. 103 Abs. 1 GG Grundrechtsrang haben – durch Maßnahmen des Insolvenzgerichts „betroffen" werden. Ebenso wie die Verwaltung „greift" das Insolvenzgericht nämlich mittels seiner Aufsichtsmaßnahmen „ein",[41] „entscheidet" aber nicht aufgrund eines prozessual verfassten Erkenntnisverfahrens: Das Insolvenzgericht muss in einem Dauerverfahren[42] tätig werden, und seine Verfügungen (Maßnahmen[43]) tragen oftmals den Charakter von Eilentscheidungen.[44]

18.18 Die Tatsachengrundlage seiner Maßnahmen ermittelt das Insolvenzgericht von Amts wegen (§ 5 Abs. 1 Satz 1 InsO). Herkömmlich handelt es sich dabei um Maßnahmen, mit der das Insolvenzgericht in das Verfahren eingreift: die Bestimmung der Reichweite der Befugnisse des vorläufigen Verwalters (§ 22 InsO[45]) oder auch Ordnungsmaßnahmen gegenüber dem Insolvenzverwalter (§§ 58 Abs. 2 und 3, 59 InsO). Seine Genehmigungs- und Aufsichtsfunktionen im Insolvenzplanverfahren gehören daher sachlich ebenso zur nichtstreitigen, freiwilligen Gerichtsbarkeit[46] wie z.B. die Genehmigungsverfahren der Vormundschaftsgerichte. Worum es geht, wird deutlich, wenn man die Struktur des insolvenzgerichtlichen Verfahrens näher betrachtet. Da es über keinen eigenen Ermittlungsapparat verfügt, stützt das Insolvenzgericht seine Ermittlungen im Eröffnungsver-

---

36 *Oetker*, Konkursrechtliche Grundbegriffe, 13 ff.
37 An dieser Stelle soll der Streit um die „Zugehörigkeit" des Insolvenzverfahrens zum „Prozess" oder zu den nichtstreitigen Angelegenheiten der Zivilrechtspflege nicht vertieft werden, vgl. nur Smid-*Smid*, GesO, Einl. Rn. 74 ff. sowie § 1 Rn. 198 ff., aber auch *Oetker*, Konkursrechtliche Grundbegriffe, 13 ff.; *Oetker*, FS Windscheid, 1, 16 ff.
38 Vgl. *Briegleb*, Einleitung in die Theorie der summarischen Prozesse, 1; *v. Wilmowski*, Deutsche Reichs-Konkursordnung, 25 f.
39 Im französischen Recht wird dies aufgrund des dort offen administrativen Charakters des Insolvenzverfahrens deutlich, vgl. *Kremer*, Unternehmenssanierung in Frankreich.
40 Frowein/Peukert-*Peukert*, EMRK, Art. 6 Rn. 53.
41 *Carl*, Teilnahmerechte im Konkurs, S. 27 ff.
42 *Carl*, Teilnahmerechte im Konkurs, S. 80 ff.
43 Zu diesen Kategorien im Bereich des nichtstreitigen Tätigwerdens der Insolvenzgerichte vgl. *Pawlowski/Smid*, Freiwillige Gerichtsbarkeit, Rn. 301 ff.
44 Zum Eröffnungsverfahren vgl. *Thiemann*, Vorläufige Verwaltung im Insolvenzeröffnungsverfahren.
45 Vgl. *Smid*, WM 1995, 785 ff.
46 *Carl*, Teilnahmerechte im Konkurs, S. 83 ff.

fahren auf sachverständige Gutachter bzw. den vorläufigen Insolvenzverwalter[47] und nach Eröffnung des Verfahrens auf Berichte des Verwalters; beide sind „Erkenntnismittel" des Insolvenzgerichts. Grundsätzlich ist das zeit- und kostenintensive Verfahren des zivilprozessualen Strengbeweises[48] im Insolvenzverfahren ausgeschlossen.[49] Die Obstruktionsentscheidung fällt das Insolvenzgericht m. a. W. aufgrund „eigener" Erkenntnisse, ohne dass diese durch die Beteiligten in einem förmlichen Beweisverfahren korrigiert werden könnten. Das Insolvenzgericht entscheidet also in vielen Fällen aufgrund eines Bildes von der Lage des zu sanierenden Unternehmens, das ihm von einem „Beteiligten" vermittelt worden ist, nämlich vom Insolvenzverwalter. Denn der Verwalter ist zur Aufstellung eines Insolvenzplans initiativbefugt und ggf. aufgrund eines entsprechenden Auftrages der Gläubigerversammlung gem. § 157 Satz 2 InsO zum Ergreifen einer „Planinitiative" verpflichtet, § 218 InsO.[50] Seine Berichte tragen die Tatsachengrundlage der Entscheidung des Insolvenzgerichts, auch die der Entscheidung nach § 245 InsO. Die „Obstruktionsentscheidung", mit der aus der gesetzlichen Fiktion der Zustimmung einer tatsächlich ablehnenden Beteiligtenmehrheit die Konsequenz der Bestätigung des Planes durch das Gericht gezogen wird, stellt sich als besonderer Fall der Aufhebung eines, mit der Mehrheit der in der Gläubigerversammlung präsenten stimmberechtigten Gläubiger gefassten Beschlusses (§ 78 InsO, § 99 KO, der etwa § 95 Abs. 3 öKO entspricht) dar, ohne dass dies aber den Beteiligten unmittelbar deutlich würde. Ja, mehr noch, das Insolvenzgericht ist nicht nur eine „neutrale" Aufsichtsbehörde, sondern insofern am Verfahren „beteiligt", als es eine eigene materielle Aufgabe[51] zu erfüllen hat, die mit § 1 Satz 1 InsO sogar gesetzlich fixiert worden ist: Das Insolvenzgericht hat danach die gemeinschaftliche Gläubigerbefriedigung sicherzustellen.

18.19 Die Stellung des Insolvenzgerichts in Ansehung seiner Obstruktionsentscheidung wird noch deutlicher, wenn man in den Blick bekommt, dass die Obstruktionsentscheidung **von Amts wegen** zu treffen ist. Die amerikanischen Gerichte werden dagegen die Bestätigung eines mehrheitlich abgelehnten Insolvenzplans keinesfalls von Amts wegen vornehmen; erforderlich ist der Antrag des Initiators (*proponent*, 11 USC § 1129 [b][1]).[52] Demgegenüber hat gem. § 248 InsO die gerichtliche Bestätigung des Insolvenzplans *von Amts wegen* zu erfolgen, wenn die Voraussetzungen hierfür vorliegen – und zu diesen Voraussetzungen zählt die Fiktion der Zustimmung bei obstruktiver Verweigerung.

2. Cramdown im chapter 11 bankruptcy code

18.20 Im US-amerikanischen Recht als der Quelle, aus der der deutsche Gesetzgeber das Insolvenzplanverfahren mit seinem Obstruktionsverbot geschöpft hat,[53] stellt sich das *cramdown*-Verfahren als Instrument einer **besonderen, dem Schuldner eingeräumten Rechtsbefugnis** dar. *Baird*[54] spricht von „the debtor's ‚cramdown' power", die aus dem Gesichtspunkt der Reorganisation und des *fresh starts* hergeleitet ist. **Cramdown** bedeutet, dass jemand – nämlich die Mehrheit der dissentierenden Gläubiger – gezwungen wird, etwas – nämlich die Kröte des von ihr abgelehnten Insolvenzplans – herunterzuwürgen. Freilich sind auch für die US-amerikanische Praxis die Grenzen dieser **cramdown-power** sichtbar; hier mag wieder *Baird*[55] zitiert werden: „Even if you could cram down a plan on the general creditors, you would prefer not to have to do so" – weil die Kreditgeber üblicherweise bestimmte Untergrenzen ihrer Befriedigung

---

47 Leonhardt/Smid/Zeuner-*Smid*, InsO, § 22 Rn. 6 ff.
48 Zu dessen Funktion *Smid*, Rechtsprechung. Zur Unterscheidung von Rechtsfürsorge und Prozess, § 8 IV 2a (531), § 9 II 2a (565 f.).
49 Ausnahmen greifen, wo im Eröffnungsverfahren eine streitige Gläubigerforderung zugleich den Insolvenzgrund darstellen soll, vgl. LG Halle, B. v. 10.5.1993, 2 T 53/93, ZIP 1993, 1036; weitere Nachw. bei Leonhardt/Smid/Zeuner-*Smid*, InsO, § 2 Rn. 58 ff.
50 Vgl. *Smid* WM 1996, 1249, 1252 f.
51 Siehe *Pawlowski/Smid*, Freiwillige Gerichtsbarkeit, Rn. 158 ff.
52 *Weintraub/Resnick*, Bankruptcy Law Manual, 8–109 (sub 2).
53 Amtl. Begr., BT-Drs. 12/2443, 208 (zu § 290).
54 *Baird*, The Elements of Bankruptcy, 17.
55 *Baird*, The Elements of Bankruptcy, 230.

nicht akzeptieren,⁵⁶ was im Hinblick auf die weitere Finanzierung des Schuldners problematisch ist. Diese Bedenken, die sich mit der Besorgnis verbinden, „cramdown requires valuations and these are expensive and unreliable",⁵⁷ zielen aber eher auf ein „taktisches" denn auf ein prozessrechtssystematisches Problem. Funktioniert das *cramdown*-Verfahren nicht, dann wird die Reorganisation des Schuldners gefährdet. Die Rechtsmacht („power") des *debtors* wird dagegen nicht in Frage gestellt, im Gegenteil. Die Frage „Why not eliminate chapter 11?"⁵⁸ wird zwar gestellt, aber doch mit Blick auf die Gesamtstruktur des US-amerikanischen Insolvenzverfahrens ausdrücklich verneint: „There is no escaping the fact, then, that the bankruptcy judge must ascertain the value of the firm both in the hands of third parties and in the hands of its former claimants",⁵⁹ wobei eingeräumt wird, die Insolvenzrichter seien häufig nicht fähig, marktgerechte Einschätzungen des Wertes des schuldnerischen Unternehmens zu geben.⁶⁰ Aus der **Sicht der betroffenen Gläubiger** wird das Verfahren nach chapter 11 daher nicht selten als nachdrückliche **Belastung** empfunden werden, was von amerikanischen Insolvenzrechtlern auch ausdrücklich artikuliert wird,⁶¹ die aber ihre Anlage nicht oder doch keineswegs in einem legislatorischen Fehlgriff, sondern in den *Strukturbedingungen* des US-amerikanischen Insolvenzrechts selbst hat.

18.21 Die *cramdown*-Entscheidung ergeht auf Initiative des Schuldners, denn das Verfahren nach chapter 11 ist ein Verfahren im primären Interesse des Schuldners⁶²; dagegen ergeht die Obstruktionsentscheidung im Rahmen der Bestätigung des Insolvenzplans von Amts wegen, da das Insolvenzplanverfahren ebenso wie das allgemeine Insolvenzverfahren primär der Haftungsverwirklichung zugunsten der Gläubigergemeinschaft dient.

18.22 Die z. T. exorbitanten Kosten des *cramdown*-Verfahrens fallen einer „Masse" anheim, die regelmäßig⁶³ vom Schuldner verwaltet wird (*debtor in possession*) und somit einem unmittelbaren Zugriff der Gläubigergemeinschaft schon auf der Ebene der Verwaltung entzogen ist. Die Kosten des *cramdown* und der damit verbundenen wirtschaftlichen Bewertungen stellen sich somit als Rechtsverfolgungskosten des Schuldners dar, die schließlich ihm zur Last fallen. Die Perspektive der Kosten unterscheidet sich in Nordamerika von derjenigen eines am deutschen oder österreichischen Vorbild orientierten Insolvenzrechts: Dort ist die Haftungszuweisung der Masse an die Gläubigergemeinschaft mit Verfahrenseröffnung vollzogen;⁶⁴ alle Kosten, die nunmehr entstehen, wenn der Verwalter in ein Insolvenzplanverfahren initiiert, sind – wie oben ausgeführt – Massekosten. Das gilt aber auch für den Fall der Planinitiative des Schuldners. Denn auch wenn er die Kosten der Ausarbeitung des Planes selbst bzw. durch interessierte Gläubiger finanziert, fallen doch etwaige Kosten der Begutachtung für das Insolvenzgericht der Masse zur Last.

18.23 Die cramdown-battle des US-amerikanischen Rechts verdient ihren Namen. Es geht dabei um die streitige Durchsetzung des Rechts des Schuldners, eine Chance zur Reorganisation seines Unternehmens zu erhalten – anders als in der deutschsprachigen Literatur, die noch weithin von dem Leitbild der Insolvenz einer natürlichen Person ausgeht,⁶⁵ spricht die amerikanische Literatur übrigens ausdrücklich von den share holders. Deren Rechte als debtor in possession werden daher in einem Verfahren durchgesetzt, dessen Mittel nicht mit Rücksicht auf eine Relation zu den Zwecken des Verfahrens begrenzt

---

56 *Baird*, The Elements of Bankruptcy, 230 spricht von „10 or 20 cents of the dollar".
57 *Baird*, The Elements of Bankruptcy, 230.
58 *Jackson*, The Logic and Limits of Bankruptcy Law, 218.
59 *Jackson*, The Logic and Limits of Bankruptcy Law, 219.
60 *Jackson*, The Logic and Limits of Bankruptcy Law, 222.
61 *Jackson*, The Logic and Limits of Bankruptcy Law, 218 ff., 223; *Roe*, A New Model for Rorporative Reorganization, 83 Com. L. Rev. 527/563; *Bradley/Rosenzweig*, The Untenable Case for Chapter 11, 101 Yale L. J. 1043; *Warren*, The Untenable Case for Repeal of Chapter 11, 102 Yale L. J. 477 f. (1992).
62 FK-*Jaffé*, InsO, § 245 Rn. 10.
63 *Weintraub/Resnik*, Bankruptcy Law Manual, 8–28, 8–33.
64 *Buchbinder*, A Practical Guide to Bankruptcy, 155 ff.; *Herzog/King*, Bankruptcy Code, 541.
65 Zu Recht krit. K. *Schmidt*, Wege zum Insolvenzrecht der Unternehmen, 139 ff.

werden. So unterschiedlich sowohl die gerichtsverfassungsrechtlichen Grundlagen ebenso wie die Verfahrensordnungen sind, die den Insolvenzrechtssystemen unterlegt sind, was einen derartigen Vergleich naturgemäß fragwürdig erscheinen lassen muss, fällt der Unterschied zum deutschen Recht doch ins Auge. Die Rechte des Schuldners sind im mitteleuropäischen Insolvenzverfahren allenfalls Reflex. Die nichtstreitige Struktur des Insolvenzverfahrens hat die geschilderte Verfahrensökonomie zur Folge und damit die Beschränkung der für die Sachverhaltsermittlung aufzuwendenden Kosten.

3. Umfang der Ermittlungspflichten des Insolvenzgerichts: Der Fall des AG Mühldorf/Inn[66] und des LG Traunstein[67]

18.24 Eine Entscheidung des LG Traunstein als Beschwerdegericht aus dem Jahr 1999 hat **exemplarischen Charakter.** Sie beleuchtet die vielfältigen Probleme, denen die Gerichte begegnen, wenn sie vor die Frage nach der Anwendung des § 245 InsO aufgrund der Nichtannahme des Insolvenzplans durch eine oder mehrere Abstimmungsgruppen gestellt werden. Daher soll dieser Fall hier etwas näher erläutert werden.

18.25 In dem vom LG Traunstein zu entscheidenden Fall handelte es sich nämlich um den Regelfall eines Insolvenzverfahrens, das, wie die Gründe mitteilen, aufgrund der durch das Gutachten des späteren Insolvenzverwalters festgestellten Zahlungsunfähigkeit (§ 17 Abs. 2 InsO) und Überschuldung der Schuldnerin eingeleitet worden ist. Damit ist aber eine wirtschaftliche Lage der Schuldnerin beschrieben, in der regelmäßig ein weiterer Kredit von den Gläubigern nicht mehr gewährt wird. Die Sanierung einer solchen Schuldnerin gegen den Willen der kreditierenden Banken ist regelmäßig nicht möglich. Darauf aber laufen die Beschlüsse des AG Mühldorf/Inn und des LG Traunstein im Ergebnis hinaus: Die Hausbank der Schuldnerin hatte ihre Zustimmung zum Insolvenzplan verweigert; deren Ersetzung im Wege der Obstruktionsentscheidung des Insolvenzgerichts führt im Ergebnis dazu, dass die Hausbank gezwungen wird, den notleidend gewordenen Kredit der Schuldnerin stehen zu lassen.

18.26 Es kann unterstellt werden, dass das Insolvenzgericht im vorliegenden Fall den Plan nach § 231 InsO zugelassen hat, auch wenn weder der insolvenz- noch der beschwerdegerichtliche Beschluss hierzu etwas sagen. Immerhin hat das Insolvenzgericht festgestellt, dass der von der Schuldnerin eingereichte Insolvenzplan den gesetzlichen Voraussetzungen deshalb genüge, weil er nach Maßgabe des § 219 InsO gegliedert sei; das Beschwerdegericht stellt apodiktisch fest, der Plan sei nicht gem. § 250 InsO zurückzuweisen, da die Vorschriften über das Verfahren eingehalten und die Annahme des Planes nicht unlauter herbeigeführt worden sei. Insbesondere die Gruppenbildung hat das LG Traunstein als gesetzeskonform (§ 222 InsO, vgl. oben Rn. 12.6 ff.) angesehen, was nicht frei von Bedenken ist,[68] auf die an dieser Stelle aber nicht mehr eingegangen werden muss.

18.27 Die beschwerdegerichtliche Entscheidung legt die Frage nahe, ob Insolvenzgericht und Beschwerdegericht hinreichend die **tatsächlichen Voraussetzungen** ihrer Entscheidungen **aufgeklärt** haben. Das LG Traunstein hat die verfahrensrechtlichen Voraussetzungen, unter denen es die fehlende Zustimmung einer den Plan ablehnenden Gläubigergruppe nach § 245 InsO zu ersetzen befugt ist, durch eine restriktive Auslegung des § 5 Abs. 1 Satz 2 InsO auf ein „**sparsames**" **Modell** zu bringen versucht. Das ist vordergründig überraschend erfreulich, da das Insolvenzgericht für die „Obstruktionsentscheidung" des § 245 InsO eine wirtschaftliche Prognoseentscheidung fällen muss.[69] In der Literatur[70] waren wegen der wirtschaftswissenschaftlichen Implikationen dieser Prognoseentschei-

---

66 AG Mühldorf/Inn, Beschl. v. 27.7.1999, 1 IN 26/99, Rpfleger 1999, 561.
67 LG Traunstein, Beschl. v. 27.8.1999, 4 T 2966/99, Rpfleger 1999, 561; vgl. auch *Paul*, ZInsO 2004, 72 f.
68 *Smid*, InVo 2000, 1 ff.
69 *Fassbach*, Die cram down power des amerikanischen Konkursgerichtes im Reorganisationsverfahren nach Chapter 11 des Bankruptcy Code, 160 ff., 162 ff. zur wirtschaftstheoretischen Bedeutung von wertenden Prognoseentscheidungen des Insolvenzgerichts.
70 *Smid/Rattunde*, Der Insolvenzplan, 1. Aufl. 1998, Rn. 588; *Smid*, InVo, 1996, 614; *Fassbach*, Die cram down power des amerikanischen Konkursgerichtes im Reorganisationsverfahren nach Chapter 11 des Bankruptcy Code, 166; *Wittig*, ZInsO 1999, 373, 377.

dungen denn auch „Sachverständigenschlachten" befürchtet worden, die nach Stellungnahmen amerikanischer Insolvenzrechtler[71] im US-amerikanischen Recht Gang und Gäbe sein sollen. So ist die Ansicht[72] vertreten worden, eine „Schlacht" um Obstruktionsentscheidungen ließe sich in den europäischen Rechtsordnungen schon deshalb nicht vermeiden, weil zu der Gewährleistung eines fairen Verfahrens gem. Art. 6 der EMRK die Eröffnung eines Rechtsweges ggf. in Gestalt des Instanzenzuges gehöre.[73] In der Verfassung Deutschlands folge dies aus der Rechtsweggarantie des Art. 19 Abs. 4 GG.[74] Andernfalls entfalte sich ein Szenario, dass der zitierte amerikanische Autor[75] damit beschreibt, im Ausgang dieser Schlachten sähe sich „the victor be left standing alone in the rubble of the debtor".

18.28 Das LG Traunstein sagt demgegenüber – vereinfacht – folgendes: § 5 Abs. 1 Satz 2 InsO zwinge das Insolvenzgericht nicht dazu, einen **Sachverständigen** zur Vorbereitung seiner Entscheidung nach § 245 InsO heranzuziehen. Die Insolvenzgerichte seien vielmehr darin frei, bei der Bewertung der „voraussichtlichen" Entwicklung die ihnen vorliegenden Tatsachen zu würdigen. Das erscheint unmittelbar vernünftig. Denn wie die Literatur betont hat, müssen sich die Kosten, die zur Ermittlung der Entscheidungsgrundlage über wirtschaftlichen Sinn und Unsinn eines Plans zu investieren sind, im Rahmen der üblichen Massekosten halten, insbesondere dürfen sie nicht den Gläubigern den geringen Rest quotaler Befriedigungschancen entziehen.[76] Gerade auch für das insolvenzgerichtliche Verfahren leuchtet die Gültigkeit dieses Grundsatzes der Sparsamkeit einzusetzender Mittel unmittelbar ein – an den im Übrigen im Gesetzgebungsverfahren niemand gedacht zu haben scheint. Das ergibt sich – sehr einfach – aus der grundlegenden Unterscheidung zwischen Insolvenzforderungen und Masseverbindlichkeiten: Die Kosten des Verfahrens sind bekanntlich gem. § 53f. InsO „vorab" aus der Masse, also „außerhalb des Konkurses" zu befriedigen; ein Verfahren, das unnötig und exzessiv Kosten verursacht, stellt sich vor diesem Hintergrund deshalb als falsch dar, weil es seiner Aufgabe, die Haftung des schuldnerischen Vermögens zugunsten der Gläubigergemeinschaft zu gewährleisten, nicht oder doch nur schlecht erfüllt[77] – was u. a. durch die Haftungsvorschrift des § 61 InsO deutlich gemacht wird.[78]

18.29 Die Entscheidung des LG Traunstein zeigt damit die tiefen verfahrensrechtlichen Unterschiede zwischen dem US-amerikanischen Verfahren und dem deutschen Insolvenzverfahren: Die cram-down-Entscheidung des US-amerikanischen Reorganisationsrechts ergeht auf Initiative des Schuldners, denn das Verfahren nach chapter 11 ist ein Verfahren im primären Interesse des Schuldners. Im Unterschied dazu ergeht die deutsche Obstruktionsentscheidung im Rahmen der Bestätigung des Insolvenzplans von Amts wegen,[79] da das Insolvenzplanverfahren ebenso wie das allgemeine Insolvenzverfahren primär der Haftungsverwirklichung zugunsten der Gläubigergemeinschaft dient.[80] Beim cram-down-battle des **US-amerikanischen Rechts** geht es um die **streitige Durchsetzung des Rechts des Schuldners**, eine Chance zur Reorganisation sei-

---

71 Statt vieler *Buchbinder*, A Practical Guide to Bankruptcy, 312.
72 *Smid/Rattunde*, Der Insolvenzplan, 1. Aufl. 1998, Rn. 549.
73 *Smid*, Rechtsprechung. Zur Unterscheidung von Rechtsfürsorge und Prozess, § 1 I 1 (37 ff.), § 8 II (481 ff.).
74 *Smid*, Rechtsprechung. Zur Unterscheidung von Rechtsfürsorge und Prozess, § 8 II (481 ff.); str, a. A. vgl. allein Maunz/Dürig-*Schmidt-Aßmann*, GG, Art. 19 Abs. 4 Rn. 179.
75 *Buchbinder*, A Practical Guide to Bankruptcy, 312.
76 *Smid/Rattunde*, Der Insolvenzplan, 1. Aufl. 1998, Rn. 549.
77 *Smid/Rattunde*, Der Insolvenzplan, 1. Aufl. 1998, Rn. 547.
78 Vgl. *Smid* in: Kölner Schrift zur InsO, S. 265 ff.
79 *Weisemann/Holz*, in: Weisemann/Smid, Handbuch Unternehmensinsolvenz, 15/Rn. 112 (597).
80 *Smid/Rattunde*, Der Insolvenzplan, 1. Aufl. 1998, Rn. 554.

nes Unternehmens zu erhalten. Das **deutsche Insolvenzverfahren** hat demgegenüber nicht die Struktur eines streitigen Prozesses, in dem es um die Durchsetzung von Rechten geht, sondern es hat eine nichtstreitige Struktur – im Insolvenzverfahren geht es um die **gerichtliche „Hilfe" bei der Abwicklung** der wirtschaftlichen Krise des Schuldners. Aus dieser verfahrensrechtlichen Struktur folgt die Ökonomie des Insolvenzverfahrens und damit die Beschränkung der für die Sachverhaltsermittlung aufzuwendenden Kosten.[81] Damit ist aber noch nicht gesagt, wie diese Verfahrensökonomie im Einzelnen mit der auch im Insolvenzverfahren verfassungsrechtlich gebotenen Gewährung rechtlichen Gehörs[82] und der Gleichbehandlung der Verfahrensbeteiligten (der Herstellung ihrer verfahrensrechtlichen Chancen- oder Waffengleichheit)[83] zu vereinbaren ist und wie sich die Grenzen der Amtsermittlung und der Aufklärungspflichten[84] des Insolvenzgerichts bestimmen lassen.[85] In diesem Zusammenhang unterscheidet man allgemein zwischen der Amtsermittlungspflicht des Gerichts einerseits und der Ausübung der Aufsicht über den Verwalter (§ 58 InsO), der eine abschließende Regelung der Amtsermittlung in Bezug auf die Tätigkeit des Verwalters treffe, andererseits.[86]

Wendet man den Blick auf das US-amerikanische Recht, dem der deutsche Reformgesetzgeber das neue Insolvenzplanverfahren nachgebildet hat,[87] begegnet man durchaus kritischen Einschätzungen wie der eines amerikanischen Richters,[88] der, vor die Aufgabe der wirtschaftlichen Bewertung der Aussichten eines ölexportierenden Unternehmens mit Tätigkeitsschwerpunkt in der kanadischen Arktis gestellt, davon sprach, er könne ebenso „attend the County fair with your cristal ball, because that is absolutely the only possible way you can come up with a result". Eine derartige Absicherung könnte allein im Wege ebenso umfangreicher wie kostenaufwändiger Sachverständigengutachten vonstattengehen.[89] Verletzt nämlich das Gericht seine Pflicht zur sorgfältigen Durchführung der Ermittlungen,[90] so greifen grds. Amtshaftungsansprüche ein,[91] wegen derer im Übrigen auch das Spruchrichterprivileg nicht greift.[92]

18.30

Ganz so verhielt es sich im Falle des LG Traunstein indessen nicht. Der Rechtspfleger am Insolvenzgericht (dem AG Mühldorf/Inn) hatte sich auf eine Reihe von Erkenntnismitteln stützen können. Ihm hatten nämlich bereits zum Insolvenzplan der Bericht des Insolvenzverwalters und seine Plausibilitätsprüfung der Liquiditätsplanung durch einen vom Insolvenzverwalter berufenen Wirtschaftsprüfer sowie die nach § 232 InsO, in diesem Falle nach dem amtsgerichtlichen Beschluss, den Plan befürwortenden Stellungnahmen ebenso vorge-

18.31

---

81 *Smid/Rattunde*, Der Insolvenzplan, 1. Aufl. 1998, Rn. 556.
82 Vgl. allein KPB-*Prütting*, InsO, § 5 Rn. 24 ff.
83 KPB-*Prütting*, InsO, § 5 Rn. 15.
84 Hierzu *Brass*, KTS 1956, 25 ff.
85 Zur Frage, ob das Konkursgericht Amtsermittlungen zur Vorbereitung von Anfechtungsprozessen durchführen darf oder gar muss: H. *Schmidt*, KTS 1984, 201.
86 *Smid/Rattunde*, Der Insolvenzplan, 1. Aufl. 1998, Rn. 592.
87 Amtl. Begr. zum RegE InsO, BT-Drs. 12/2443, 194.
88 *Judge Fred M. Winnet* im Folgenden zit. nach *Fassbach*, Die cram down power des amerikanischen Konkursgerichtes im Reorganisationsverfahren nach Chapter 11 des Bankruptcy Code, 119.
89 Diese Befürchtung beruht auf der Wahrnehmung von Entwicklungen in anderen Bereichen nichtstreitiger gerichtlicher Verfahren, in denen es um die Aufsicht durch das Gericht geht, vgl. wegen Beispielen *Pawlowski/Smid*, Freiwillige Gerichtsbarkeit, Rn. 231 ff.
90 Vgl. auch *Bollig*, KTS 1990, 599 ff.
91 *Heil*, Akteneinsicht und Auskunft im Konkurs, Rn. 149; *Häsemeyer*, Insolvenzrecht, 4. Aufl. 2007, Rn. 6.08.
92 *Heil*, Akteneinsicht und Auskunft im Konkurs, Rn. 149; Smid-*Smid*, GesO, § 2 Rn. 68 ff.; *Smid*, Jura 1990, 225 ff.

legen wie die (wohl) von der Schuldnerin eingereichten Bewertungsgutachten. Dem Beschwerdegericht lag zudem eine weitere – den von der Schuldnerin vorgelegten Plan befürwortende – Stellungnahme des Insolvenzverwalters vor.

18.32 Die **Maßstäbe**, nach denen sich die **Prüfungspflichten des Insolvenzgerichts** wegen einem vom Verwalter initiierten, aber mehrheitlich abgelehnten Plan richten, ergeben sich ebenfalls aus der Stellung des Verwalters im Verfahren.[93] Dabei ist zunächst danach zu unterscheiden, ob der Verwalter auf Beschluss der Gläubigerversammlung gem. § 157 Satz 2 InsO oder aus eigenem Antrieb den Plan initiiert. Die Regelungen der Aufsicht des Insolvenzgerichts über die Tätigkeit des Verwalters gem. § 58 InsO bzw. § 83 KO scheinen es nahe zu legen, dem Insolvenzgericht amtswegige Ermittlungen aufzuerlegen: Das Insolvenzgericht hat nämlich zu überwachen, ob der Verwalter Beschlüsse der Gläubigerversammlung ausführt.[94] Daraus ist aber nicht darauf zu schließen, dass vom Insolvenzgericht amtswegig Voraussetzungen des § 245 Abs. 1 InsO ermittelt werden müssten, wenn einem vom Verwalter aufgrund Auftrags gem. § 157 InsO vorgelegten Plan durch die Gläubigerversammlung mehrheitlich die Zustimmung versagt worden ist.

18.33 Legt der **Schuldner** den **Insolvenzplan** vor, bedarf es **keiner amtswegigen Ermittlungen** des Insolvenzgerichts, um Tatsachen festzustellen, auf deren Grundlage sich die Verweigerung der Zustimmung zum Plan durch die Majorität der Beteiligten als verbotener und damit als „Obstruktion" zu wertender Missbrauch darstellt. Lehnen die Beteiligten diesen Planvorschlag mehrheitlich ab, kann er nicht bestätigt werden. Denn der Schutz des Schuldners wird bereits durch die allgemeinen Verfahrensregelungen gewährleistet.[95] Da § 218 InsO dem Schuldner aber wegen der Planinitiative ein eigenes Verfahrensteilnahmerecht einräumt, muss dem Schuldner die Möglichkeit offen stehen, sein verfahrensrechtliches Initiativrecht effizient zu verfolgen; dem Schuldner wird es regelmäßig darum gehen, mit dem Insolvenzplan Regelungen zu treffen, die eine wie auch immer geartete Restschuldbefreiung zu seinen Gunsten vorsehen. Voraussetzung dafür ist aber, dass er die tatsächlichen Voraussetzungen in das Verfahren einführen kann, aufgrund derer der von ihm vorgelegte Plan trotz der Ablehnung durch die Beteiligtenmajorität vom Insolvenzgericht zu bestätigen ist. Daher ist der Schuldner zu hören, wenn er beantragt, ein Sachverständigengutachten zu den Voraussetzungen des § 245 Abs. 1 InsO einzuholen, sofern der Schuldner einen entsprechenden Kostenvorschuss leistet. Insofern kommt trotz der grundsätzlichen, dem Gericht anvertrauten Aufgabe amtswegiger Ermittlung des Sachverhalts zum Tragen, dass der Schuldner mit seiner Insolvenzplaninitiative eigene Rechte gegen die Mehrheit der Beteiligten vertritt; die Lage im Verfahren wegen der Feststellung der Voraussetzungen einer Bestätigung des Planes gem. §§ 248, 245 InsO unterscheidet sich von der im Eröffnungsverfahren beim Eigenantrag des Schuldners, in dem wegen der zur Feststellung des Insolvenzgrundes notwendigen Kosten dem Schuldner ein Vorschuss nicht abverlangt werden darf.[96]

18.34 Die Stellung des Gerichts im Aufsichtsverfahren der Obstruktionsentscheidung anlässlich der Bestätigung des mehrheitlich abgelehnten Insolvenzplans hat unmittelbar Einfluss sowohl auf das Verfahren, das bei dieser Entscheidung zu beachten ist, als auch auf die materiellen Kriterien, auf die es in diesem Verfahren ankommt. Denn das Gericht

---

[93] *Smid/Rattunde,* Der Insolvenzplan, 1. Aufl. 1998, Rn. 112 ff., 245, 605 ff.
[94] BGH, Urt. v. 12.7.1965, III ZR 41/64, KTS 1966, 17 20; RG, Urt. v. 7.4.1937, V 290/36, RGZ 154, 291, 297.
[95] *Pawlowski,* ZZP Bd. 80, 345 ff.; *Gaul,* AcP 168, 27 ff.; *Henckel,* Prozessrecht und materielles Recht, 41 ff.
[96] *Uhlenbruck/Delhaes,* Konkurs und Vergleich, Rn. 1320 ff., insbes. 1326.

nimmt Aufgaben wahr, die materiell dem Bereich verwaltenden Staatshandelns[97] zuzuordnen sind.

So wird besonders im Bereich des vormundschaftsgerichtlichen Verfahrens darauf aufmerksam gemacht, dass sich solche Entscheidungen als ausgesprochen unrichtig erweisen, die dem Mündel erhebliche Opfer abverlangen.[98] So dürfen etwa bei der Ermittlung der Voraussetzungen der Erteilung einer Genehmigung von Rechtsgeschäften keine unverhältnismäßigen Aufwendungen betrieben werden, die zum in Frage stehenden Geschäft außer Relation stehen. Ähnliches gilt von Entscheidungen der Genehmigung des Ausschlusses des Versorgungsausgleichs gem. § 1587o BGB durch das Familiengericht,[99] um nur zwei Beispiele aus dem Bereich des deutschen Rechts zu nennen.

18.35

Gerade auch für das insolvenzgerichtliche Verfahren leuchtet die Gültigkeit dieses **Grundsatzes der Sparsamkeit einzusetzender Mittel** unmittelbar ein – an den im Übrigen im Gesetzgebungsverfahren niemand gedacht zu haben scheint. Das ergibt sich – sehr einfach – aus der grundlegenden Unterscheidung zwischen Insolvenzforderungen und Masseverbindlichkeiten: Die Kosten des Verfahrens sind bekanntlich gem. § 53 f. InsO, § 58 Nr. 1 KO, § 13 Nr. 1 GesO bzw. §§ 46, 47 Abs. 2 öKO „vorab" aus der Masse, also „außerhalb des Konkurses" zu befriedigen; ein Verfahren, das unnötig und exzessiv Kosten verursacht, stellt sich vor diesem Hintergrund deshalb als *falsch* dar, weil es seiner Aufgabe, die Haftung des schuldnerischen Vermögens zugunsten der Gläubigergemeinschaft zu gewährleisten, nicht oder doch nur schlecht erfüllt. Mehr noch. Wie bereits eingangs beschrieben, ist das moderne Insolvenzrecht in der ersten Hälfte des vergangenen Jahrhunderts nicht zuletzt deshalb aus der Taufe gehoben worden, weil der gemeinrechtliche Konkursprozess das gemeinschuldnerische Vermögen aufzehrte und der Befriedigung der Gläubiger schon wegen seiner langen Dauer im Wege stand. Unbekannt ist dieses Thema daher nicht. Bislang ist es allerdings in „Einkleidungen" der Haftung des Insolvenzverwalters diskutiert worden.[100] Durch die Verlagerung von gläubigerautonomen Entscheidungen, die vom Verwalter zu exekutieren sind, auf das Insolvenzgericht besonders im Rahmen seiner Obstruktionsentscheidung wird sich die Lage verschieben und die Frage nach einem **sparsamen Gerichtsverfahren** in den Vordergrund des Interesses treten.

18.36

Für das Insolvenzplanverfahren resultieren aus der das moderne Insolvenzverfahren konstituierenden Abkehr vom gemeinrechtlichen Konkursprozess[101] und der Organisation eines nichtstreitig verfassten Insolvenzverfahrens eine Reihe von Konsequenzen. Wenigstens lässt sich festhalten, dass folgender Satz Geltung beanspruchen kann: Die Kosten, die zur Ermittlung der Entscheidungsgrundlage über wirtschaftlichen Sinn und Unsinn eines Plans zu investieren sind, müssen sich im Rahmen der üblichen Massekosten halten, insbesondere dürfen sie nicht den Gläubigern den geringen Rest quotaler Befriedigungschancen entziehen. Zugleich muss vermieden werden, dass das Verfahren Streitigkeiten nach sich zieht, die nicht allein den mit der Initiierung eines Insolvenzplans verfolgten Sanierungszweck ad absurdum führen, sondern darüber hinaus die Chance der Insolvenzgläubiger auf eine Quote zu vereiteln geeignet sind – also die Verwirklichung der Haftung des schuldnerischen Vermögens zugunsten der Gläubiger aufheben. Gerade diese Gefahr wohnt dem Obstruktionsverbot aber

18.37

---

97 Vgl. bereits *Oetker*, Konkursrechtliche Grundbegriffe, 19 ff.; *Bernatzik*, Rechtsprechung und materielle Rechtskraft.
98 *Rassek*, Begriff und Bestimmung des Kindeswohls als Maßstab bei der Sorgerechtsregelung, 49 f. et passim; *Pawlowski/Smid*, Freiwillige Gerichtsbarkeit, Rn. 65 ff.
99 Hierzu *Smid*, Rechtsprechung. Zur Unterscheidung von Rechtsfürsorge und Prozess, § 9 IV (609 ff., 617).
100 *Fr. Weber*, FS Lent, 301 ff.; *Lüke*, Die persönliche Haftung des Konkursverwalters, 43 f.; *Smid*, in: Kölner Schrift zur InsO, 265 ff.
101 *Briegleb*, Einleitung in die Theorie der summarischen Prozesse, 1.

inne: In der Literatur zum amerikanischen **cramdown-Verfahren** heißt es, „... the costs of litigation will increase administrative expensive..."; solche Streitigkeiten seien aber häufig unvermeidbar.[102] Und in der Folge der gerichtlichen Auseinandersetzung könne dem ursprünglich initiierten Insolvenzplan allein schon wegen des eingetretenen Zeitablaufs die Grundlage entzogen sein.

18.38 Die „Schlacht" um Obstruktionsentscheidungen lässt sich in den europäischen Rechtsordnungen schon deshalb nicht vermeiden, weil zu der Gewährleistung eines **Verfahrens** gem. Art. 6 der EMRK die Eröffnung eines Rechtswegs ggf. in Gestalt des Instanzenzuges gehört.[103] In der Verfassung Deutschlands folgt dies aus der **Rechtsweggarantie des Art. 19 Abs. 4 GG**.[104] Die Empfehlung eines amerikanischen Autors,[105] die Beteiligten sollten danach trachten, „cramdown disputes" durch *Verhandlungen*, möglichst aber nicht streitig vor Gericht auszutragen, ist daher verständlich und vernünftig – zumal ihm darin Recht zu geben ist, wenn er ausführt, andernfalls könne es geschehen, dass als Ausgang dieser Schlachten „the ‚victor' be left standing alone in the rubble of the debtor". Es ist aber nicht zu verkennen, dass für all diejenigen Fälle Vorsorge getragen werden muss, in denen eine außergerichtliche Einigung über die Annahme des Insolvenzplans *nicht* zustande kommt, was angesichts der Ablehnung des Planes durch die numerische Mehrheit jedenfalls nicht unwahrscheinlich ist. Ein vernünftiger Umgang mit der Übernahme des *cramdown*-Verfahrens in Gestalt der Obstruktionsentscheidung gem. § 245 InsO erzwingt es daher, dessen Tatbestände so zu rekonstruieren, dass sie Gegenstand eines Verfahrens werden können, das effizient die insolvenzrechtlich gebotenen Entscheidungen vorbereiten kann.

18.39 **Strukturunterschiede** zwischen dem US-amerikanischen Reorganisations- und dem deutschen Insolvenzplanverfahren. An dieser Stelle begegnen sich unsere eingangs angestellten Überlegungen zur verfahrensrechtlichen Struktur der insolvenzgerichtlichen Bestätigung des Insolvenzplans trotz „obstruktiv" qualifizierter Ablehnung durch die Mehrheit der Beteiligten mit der verfahrensrechtlichen Behandlungsweise des *cramdown* in den USA. Es lassen sich die Unterschiede schlagwortartig zusammenfassen: Die *cramdown*-Entscheidung ergeht auf **Initiative des Schuldners**, denn das Verfahren nach chapter 11 ist ein Verfahren im primären Interesse des Schuldners; dagegen ergeht die Obstruktionsentscheidung im Rahmen der Bestätigung des Insolvenzplans von Amts wegen, da das Insolvenzplanverfahren ebenso wie das allgemeine Insolvenzverfahren primär der Haftungsverwirklichung zugunsten der Gläubigergemeinschaft dient.

18.40 **Absicherung des Insolvenzgerichts gegenüber drohender Amtshaftung.** Die genaue Fassung besonders dieses Tatbestandes ist daher außerordentlich wichtig, um *Rechtssicherheit* für die Beteiligten dadurch zu gewährleisten, dass den Gerichten eine **eindeutige Entscheidungsgrundlage** geschaffen wird. Nicht zuletzt liegt dies auch im Interesse der Richter und Rechtspfleger. Ist nämlich eine Entscheidung mit den weitreichenden Folgen wie die nach §§ 248, 245 InsO einmal gefällt, werden sich die Richter künftig nicht selten **Amtshaftungsansprüchen**[106] ausgesetzt sehen. Das kann die fatale Folge haben, dass die Gerichte eine Praxis entwickeln, sich durch umfangreiche Ermittlungen

---

102 *Buchbinder*, A Practical Guide to Bankruptcy, 312: „As a result, they [cramdown battles, der Verf.] can be very counterproductive to the reorganization's successfull outcome".
103 *Smid*, Rechtsprechung. Zur Unterscheidung von Rechtsfürsorge und Prozess, § 1 I 1 (37 ff.), § 8 II (481 ff.).
104 *Smid*, Rechtsprechung. Zur Unterscheidung von Rechtsfürsorge und Prozess, § 8 II (481 ff.); str., a. A. vgl. allein Maunz/Dürig-*Schmidt-Aßmann*, GG, Art. 19 Abs. 4, Rn. 179.
105 Siehe Fn. 72.
106 Vgl. Smid-*Smid*, GesO, Einl. Rn. 81 ff.

"abzusichern". Eine derartige Absicherung könnte allein im Wege ebenso umfangreicher wie **kostenaufwändiger Sachverständigengutachten** von statten gehen.[107] Verletzt nämlich das Gericht seine Pflicht zur sorgfältigen Durchführung der Ermittlungen,[108] so greifen grundsätzlich Amtshaftungsansprüche ein,[109] wegen derer im Übrigen auch das Spruchrichterprivileg nicht greift.[110] Die Amtsermittlung wird durch deren Kosten begrenzt. Ausdrücklich wird dies aber in der Literatur bislang kaum dargestellt; es wird aber darauf hingewiesen, dass den Richter die Pflicht zur Kostendeckung trifft[111] – unabhängig von Vorschusszahlungen. Im Zusammenhang des überkommenen Rechts haben sich indessen keine haftungsrechtlichen Fragen ergeben, soweit Konkursgerichte zu intensiv den Sachverhalt ermittelt haben – es ging bislang immer um die Frage, was geschieht, wenn die Gerichte „zu wenig" an Ermittlungen veranlasst haben. Diese Lage kann und wird sich voraussichtlich nach Inkrafttreten der InsO verschieben. Die Insolvenzgerichte werden sich dem Problem stellen müssen, dass ihre eigenen Ermittlungen aufgrund der dadurch verursachten Kosten zu Haftungslagen führen können.

18.41 Dass sich im Rahmen der Obstruktionsentscheidung bei Bestätigung des mehrheitlich nicht angenommenen Insolvenzplans überhaupt derartige Schwierigkeiten ergeben, hat auch etwas damit zu tun, dass in der Diskussion der Reform des deutschen Insolvenzrechts zunächst erörtert wurde, ob durch eine Änderung der Anforderungen, die an die **Auswahl des Verwalters** gestellt werden, eine vermeintliche Erhöhung wirtschaftlicher Kompetenz zur Umstellung des Verfahrens von der Liquidation zur Reorganisation und Sanierung genutzt werden könne: So wurde vorgeschlagen,[112] auch **juristische Personen** mit der Verwaltung betrauen zu können, um großen **Wirtschafts- und Unternehmensberatungsgesellschaften** die Sanierung von schuldnerischen Unternehmen im Insolvenzverfahren zu ermöglichen. Die Vorstellung der Autoren der Vorentwürfe der schließlich verabschiedeten InsO war dabei wohl auch, das Tätigwerden von Unternehmensberatungsgesellschaften könne unmittelbar zu einer Vergütung deren gutachterlicher Tätigkeit im Rahmen der Verwaltervergütung führen. Bereits dies war ein gravierender Trugschluss, da sich auch durch die Masseverwaltung durch Unternehmensberatungsgesellschaften das Problem gerichtlicher „Kontroll-" oder Obergutachten nicht erledigt hätte. Zum insoweit guten Ende ist aber dieses Thema noch in der Schlussphase der Reformdiskussion[113] erledigt worden: Wie im früheren Recht kann auch nach § 56 Abs. 1 InsO nur eine **natürliche Person als Verwalter** eingesetzt werden,[114] der sich bei seiner Tätigkeit ggf. nach Rückabsicherung bei Gläubigerausschuss und Insolvenzgericht des sachverständigen Rates von Wirtschaftsprüfungsgesellschaften u. ä. bedienen kann (was in praxi in Großverfahren nunmehr auch die Regel sein dürfte). Würde das Insolvenzgericht zum Zwecke der Absicherung *seiner* Entscheidungsgrundlage Sachverständigengutachten erstellen lassen, würde eine derartige Praxis im Falle einer Insolvenzplaninitiative des Verwalters i. S. v. § 218 InsO geradezu zwangsläufig zu einer Verdoppelung der aufzu-

---

107 Diese Befürchtung beruht auf der Wahrnehmung von Entwicklungen in anderen Bereichen nichtstreitiger gerichtlicher Verfahren, in denen es um die Aufsicht durch das Gericht geht, vgl. wegen Beispielen *Pawlowski/Smid*, Freiwillige Gerichtsbarkeit, Rn. 231 ff.
108 Vgl. auch *Bollig*, KTS 1990, 599 ff.
109 *Heil*, Akteneinsicht und Auskunft im Konkurs, Rn. 149.
110 *Heil*, Akteneinsicht und Auskunft im Konkurs, Rn. 149; *Smid-Smid*, GesO, § 2 Rn. 68 ff.; *Smid*, Jura 1990, 225 ff.
111 *Uhlenbruck-Uhlenbruck*, InsO, § 5 Rn. 10.
112 Amtl. Begr., BT-Drs. 12/2443, 127 (zu § 65).
113 Vgl. besonders die Kritik *Uhlenbrucks*, AnwBl. 1993, 453 ff.; ferner *Pape*, ZIP 1993, 737 ff.; vgl. weiterhin die Beschl.-Empfehlung des RechtsA, BT-Drs. 12/7302 161 (zu § 65).
114 Was eine Reihe von Vorteilen hat, die von der Ansprechbarkeit bis hin zur persönlichen Haftung des Verwalters reichen.

wendenden Sachverständigengutachten führen: neben der Stellungnahme des von ihm eingesetzten Verwalters würde dann noch eine Art von „Obergutachten" eingeholt werden. Schon der damit verbundene Zeitaufwand macht aber deutlich, wie wenig dies mit dem Charakter des Insolvenzverfahrens als Eilverfahren vereinbar ist.

18.42 Die Dinge werden durch zwei Probleme noch weiter kompliziert. Zum einen wird nachhaltig darüber gestritten, welches die Grenzen der Amtsermittlung und der Aufklärungspflichten[115] des Insolvenzgerichts seien – was insbesondere im Hinblick auf die Frage diskutiert worden ist, ob das Gericht Amtsermittlungen zur Vorbereitung von Anfechtungsprozessen durchführen darf oder gar muss,[116] wogegen unter dem Gesichtspunkt der Wahrung der Waffengleichheit der Parteien des künftigen Prozesses Bedenken angemeldet worden sind.[117] Zum anderen unterscheidet man allgemein zwischen der Amtsermittlungspflicht des Gerichts und der Ausübung der Aufsicht über den Verwalter gem. § 58 InsO,[118] der eine abschließende Regelung der Amtsermittlung in Bezug auf die Tätigkeit des Verwalters treffe; zu diesem Problem wird noch oben (Rn. 18.24 ff.; s. auch Rn. 3.1 ff.) im Zusammenhang der Behandlung der Planinitiative des Verwalters Stellung zu nehmen sein. Aus der Diskussion um die Berücksichtigung des Grundsatzes der Waffengleichheit bei der Bestimmung der Reichweite amtswegiger Ermittlungen des Gerichts lassen sich für unsere Fragestellung Schlüsse ziehen. Dem Insolvenzgericht ist es nämlich nicht allein verwehrt, die Balance waffengleichen Prozedierens[119] im Anfechtungsprozess durch seine Ermittlungen zu gefährden; ebenso ist es daran gehindert, Ermittlungen auf Kosten der Masse zu betreiben, deren Durchführung allein im Interesse einzelner Beteiligter liegt. Im geltenden Recht wird dies ausführlich zur Reichweite der Amtsermittlung im Eröffnungsverfahren gesagt.[120] Dort soll das Insolvenzgericht jedenfalls nicht im Interesse des antragstellenden Gläubigers tätig werden.

18.43 **Notwendigkeit einer Begrenzung der Amtsermittlung** bei der Entscheidung nach den §§ 248, 245 InsO. Diese sehr skizzenhafte Darstellung vermag deutlich zu machen, dass die Übernahme von Regelungen des US-amerikanischen chapter 11 in das deutsche Insolvenzrecht erhebliche Brüche gegenüber dessen Funktion, seiner Grundstruktur ebenso wie einzelner seiner Institute hervorruft. Denn Anwendung und Auslegung der Tatbestände eines Obstruktionsverbots müssen auf den Bedeutungswechsel eingehen, den die materiellrechtlichen Maßstäbe dadurch erfahren, dass sie in einem nichtstreitig strukturierten Verfahren zur Anwendung kommen. Will man die mit Grund befürchteten „Sachverständigenschlachten" vermeiden, muss man daher die eingangs gestellte Frage aufgreifen, ob sich die Notwendigkeit einer Sachverhaltsermittlung dadurch vermeiden lässt, dass die dem Gesetz zugrunde liegende Annahme, der Insolvenzplan sei grundsätzlich zu bestätigen, aufgegeben und die Anforderungen an die Annahme einer Obstruktion dissentierender Beteiligtengruppen durch eine **ergänzende Auslegung** der Tatbestände des § 245 InsO zu erhöhen seien. Dabei ist freilich zu berücksichtigen, dass der Gesetzgeber einer „Wiedereinführung" von Befriedigungsquoten nach Vorbild des § 187 KO und qualifizierter Mehrheiten entsprechend § 182 KO ebenso den Weg verstellt hat wie einer Reanimation der alten „Vergleichswürdigkeit" (oben Rn. 2.37 ff.). Denn insoweit trifft die InsO mit der Normierung des bereits erwähnten Mehrheitsprinzips mit § 76 in Ermangelung anderer Vorschriften eine abschließende Re-

---

115 *Brass*, KTS 1956, 25 ff.
116 Uhlenbruck-*Uhlenbruck*, InsO, § 5 Rn. 22.
117 Uhlenbruck-*Uhlenbruck*, InsO, § 5 Rn. 22; *H. Schmidt*, KTS 1984, 201; zum Zeugnisverweigerungsrecht eines vom Konkursgericht als Zeugen vernommenen potentiellen Beklagten eines Anfechtungsprozesses *Uhlenbruck/Delhaes*, Handbuch der Rechtspraxis, Konkurs- und Vergleichsverfahren, Rn. 308; krit. dagegen *Heil*, Akteneinsicht und Auskunft im Konkurs, Rn. 138.
118 Uhlenbruck-*Uhlenbruck*, InsO, § 5 Rn. 7.
119 *Smid*, Rechtsprechung. Zur Unterscheidung von Rechtsfürsorge und Prozess, § 4 III 2 (285 ff.).
120 Vgl. m. w. N. Smid-*Smid*, GesO, § 2 Rn. 68 ff.

Maßstäbe einer korrigierenden Auslegung des § 245 InsO. Eine korrigierende Auslegung des § 245 InsO muss grundsätzlich bei der Frage ansetzen, ob angesichts der geschilderten Besonderheiten der verfahrensrechtlichen Einbettung des Insolvenzplans im deutschen Recht das eingangs referierte Ziel des Gesetzgebers, das Insolvenzplanverfahren zum „Regelfall" der Unternehmenssanierung zu machen, haltbar ist.

18.44

Ausgangspunkt der hier angestrebten korrigierenden Auslegung des § 245 InsO ist folgende Überlegung: Es kann nicht Aufgabe der amtswegigen Ermittlung des Sachverhalts durch das Insolvenzgericht (§ 5 Abs. 1 InsO, im überkommenen Recht § 75 KO, § 2 Abs. 2 GesO und § 173 Abs. 5 öKO) sein, die Voraussetzungen eines Obstruktionsverbots gem. § 245 InsO zu ermitteln. Denn die bisherigen Überlegungen haben folgende Rahmenbedingungen aufgedeckt, unter denen die Obstruktionsentscheidung gefällt wird: (1) der Gläubigergemeinschaft stehen als Alternative zum Verfahren nach einem Insolvenzplan andere, **kostenmäßig günstigere** und die Masse weniger belastende Wege einer Sanierung des schuldnerischen Unternehmens zur Verfügung, (2) das Insolvenzplanverfahren dient auch dem Ziel der Verwirklichung der **Haftung des Schuldners zugunsten der Gläubigergemeinschaft** und schließlich (3) wird das Insolvenzplanverfahren anders als im US-amerikanischen Recht[121] nicht primär auf Initiative des Schuldners zu dessen Schutz, sondern vorrangig auf **Initiative der Gläubigergemeinschaft** gem. § 157 Satz 2 InsO bzw. des Verwalters gem. § 218 InsO eingeleitet. Noch einmal: Im US-amerikanischen Verfahrensrecht[122] legt der Schuldner den Insolvenzplan im Parteibetrieb vor; eine Entscheidung über die Bestätigung des Insolvenzplans (confirmation – also das Gegenstück zur „Obstruktionsentscheidung") ergeht allein dann, wenn er sie beantragt und ihre Kosten trägt. Da das Verfahren des Rechts der Initiative der Vorlage eines Insolvenzplans gem. § 218 InsO im deutschen Recht grundsätzlich anders ausgestaltet ist als im amerikanischen Recht,[123] lässt sich eine Korrektur auch nicht dadurch bewerkstelligen, dass man im Falle mehrheitlicher Versagung der Zustimmung zum Insolvenzplan dessen Bestätigung gem. § 248 InsO davon abhängig macht, dass von dem Initiator beantragt wird, dass das Insolvenzgericht (zuvor?) das Vorliegen einer „Obstruktion" feststellt.

18.45

Die Fragestellung unserer Überlegungen lässt sich daher nunmehr genauer fassen: Gibt es eine Situation, aufgrund derer das Insolvenzgericht die Bestätigung des mehrheitlich nicht akzeptierten Insolvenzplans bestätigen muss, weil die Voraussetzungen des § 245 Abs. 1 InsO evident vorliegen? Allenfalls die Fälle des § 245 Abs. 1 Nr. 2 und 3 InsO können zu einer **amtswegigen** Bestätigung des mehrheitlich abgelehnten Insolvenzplans führen, da für dessen Voraussetzungen formalisierte Maßstäbe normiert sind. Lehnt die Beteiligtenmehrheit die Annahme des Insolvenzplans ab, hat das Insolvenzgericht daher dem Plan **die Bestätigung zu versagen, ohne Ermittlungen** zum Vorliegen von Anhaltspunkten anzustellen, die auf eine „Obstruktion" der ablehnenden Beteiligten verweisen würden. Im Einzelnen gilt Folgendes: Im Falle des § 245 Abs. 1 Nr. 3 InsO kommen Sachverhaltsermittlungen nicht in Betracht, da es nur um die Auslegung dieser Vorschrift vor dem Hintergrund des § 76 InsO geht. Gegen eine fehlerhafte Anwendung dieser Vorschriften kann sich der Planinitiator mit

18.46

---

121 Dort steht während einer 90 Tage dauernden Frist das Recht zur Planinitiative ausschließlich dem Schuldner bzw. seinen Gesellschaftern zu, vgl. m. umf. Nachw. *Smid*, WM 1996, 1249, 1251 f.
122 Vgl. *Schack*, Einführung in das US-amerikanische Zivilprozessrecht.
123 *Smid*, WM 1996, 1249, 1251 f.

der sofortigen Beschwerde wehren, §§ 6, 7, 253 InsO;[124] zu beachten ist, dass dem *Verwalter* nach § 253 InsO keine Beschwerdebefugnis gegen die Ablehnung der Bestätigung des Plans zustehen soll.

18.47 Im Falle des § 245 Abs. 1 Nr. 2 InsO hat der Initiator darzutun, dass die Festlegungen des Insolvenzplans eine angemessene Beteiligung aller Beteiligten sicherstellen, dass also – in Bezug auf die Gläubiger – der Gleichbehandlungsgrundsatz gewahrt ist. Auch insoweit **greift der Amtsermittlungsgrundsatz nicht,** denn es geht nicht um die „Verwaltung" des Verfahrens und die Gewährleistung der Gläubigergleichbehandlung durch die insolvenzgerichtliche Aufsicht, sondern um die Wahrnehmung von Rechten und die Wahrung von Rechtsstellungen durch den Initiator. Der kann sich mit der sofortigen Beschwerde gegen die Versagung der Planbestätigung zur Wehr setzen, die als Tatsacheninstanz die Möglichkeit zur Beweisführung eröffnet.

18.48 Diese einschränkende Auslegung hat ihre Grundlage im überkommenen Konkursrecht nicht anders als im Insolvenzrecht. Dort wird der Amtsermittlungsgrundsatz nämlich noch in einer Reihe anderer Zusammenhänge einschränkend ausgelegt bzw. gehandhabt. So wurde zur Festsetzung der Vergütung der Mitglieder des Gläubigerausschusses durch das Insolvenzgericht gem. § 91 Abs. 1 Satz 2 KO, § 73 Abs. 1 i. V. m. §§ 63, 64 InsO zu Recht die Auffassung vertreten,[125] eine Erhöhung der Regelvergütung komme nur dann in Betracht, wenn das betreffende Mitglied des Gläubigerausschusses seinen Aufwand entsprechend darlegt und ggf. nachweist. In all diesen Fällen geht man davon aus, dass dem Insolvenzgericht nicht die amtswegige Ermittlung der Umstände obliegt, auf die sich der Begünstigte beruft.

18.49 Diesen Fällen ist gemeinsam, dass sich die Entscheidung des Insolvenzgerichts nicht allein als Maßnahme der Verwaltung des Verfahrens darstellt, sondern dass sie die Reaktion des Gerichts auf das Begehren eines (vermeintlich) Berechtigten darstellt. Der Amtsermittlungsgrundsatz soll aber nicht die Ermittlung des Insolvenzgerichts zugunsten einzelner Verfahrensbeteiligter sicherstellen; bei ihm geht es um die Gewährleistung ordentlicher Wahrnehmung von Aufgaben materieller Verwaltung durch das Gericht, in den genannten Beispielen um (freilich: ebenfalls materiell administrative) Entscheidungen der Gerichte im Hinblick auf geltend gemachte, aus dem Verfahren herrührender Rechte einzelner.

18.50 Das AG Mühldorf/Inn als Insolvenzgericht und das LG Traunstein als Beschwerdegericht haben sich allein auf die Äußerungen des Insolvenzverwalters gestützt. Das ist im Grunde nicht zu beanstanden, denn der Insolvenzverwalter ist das „Erkenntnisorgan" des Insolvenzgerichts.[126] Nur tragen die in vorliegenden Beschluss des LG Traunstein mitgeteilten Äußerungen des Insolvenzverwalters nicht die Annahme des Vorliegens der Voraussetzungen des § 245 Abs. 2 Nr. 2 InsO, wenn man – was jedenfalls vom Insolvenzgericht in diesem Fall behauptet worden ist – sich an der US-amerikanischen Judikatur orientieren will. Nun kann dem deutschen Rechtsanwender die US-amerikanische Judikatur grundsätzlich gleichgültig sein. Das kann aber nicht dazu führen, dass die cram-down-Entscheidung im deutschen Recht gegenüber dem US-amerikanischen Verfahren erheblich erleichtert werden dürfte. Denn berücksichtigt man, dass die Obstruktionsentscheidung nach § 245 InsO einen nachdrücklichen Eingriff sowohl in die verfahrens- als auch die materiellrechtliche Rechtsstellung der betroffenen Beteiligten darstellt, dürfen allgemeine verfahrens-

---

124 Zur Funktion der Rechtsmittel im Insolvenzverfahren vgl. *Smid*, ZIP 1995, 1137, 1140, 1143 ff.
125 *Kuhn/Uhlenbruck*, KO, § 91 Rn. 1, 1b.
126 *Smid/Rattunde*, Der Insolvenzplan, 1. Aufl.1998, Rn. 539 f.

rechtliche Grundsätze des deutschen Rechts nicht ohne Not vernachlässigt werden.

Dabei kommt in den Blick, dass es die Schuldnerin ist, die „etwas" – nämlich ihre Sanierung auf Kosten der Gläubiger – „will".[127] Im Falle des „Schuldnerplans" gilt daher, dass den Schuldner als Planinitiator die verfahrensrechtliche Last trifft, sicherzustellen, dass trotz Zulassung des Plans zum Verfahren ein Dritter die Möglichkeit der übertragenden Sanierung als Erwerber erhält. **18.51**

II. Reichweite der Entscheidung gem. § 245 InsO

Ist in einem Verfahren nur eine Gruppe zu bilden, stellt sich die Frage nach der Anwendbarkeit des § 245 InsO.[128] Dagegen spricht, dass für diesen Fall insbesondere die Beurteilungsmaßstäbe nicht recht passen wollen, die § 245 Abs. 2 InsO aufstellt. Das Schicksal des Insolvenzplans und damit einer vom Schuldner angestrebten Restschuldbefreiung liegt dann ausschließlich in den Händen der abstimmenden Beteiligtenmehrheit.[129] Diese Fälle werden sich weitgehend auf über das Vermögen natürlicher Personen eröffnete Insolvenzverfahren beschränken. Im Unternehmensbereich sind sie kaum denkbar. Die Unanwendbarkeit des § 245 InsO in diesen Ausnahmefällen erscheint nicht bedenkenfrei. Denn sie würde eine Obstruktion gegen die Sanierung des Schuldners erlauben. Die **Beratungspraxis** muss also Vorsicht walten lassen und eine mit § 222 Abs. 2 InsO vereinbare Gruppenbildung zur Vermeidung eines Ein-Gruppen-Falls betreiben. **18.52**

III. Das Verbot der „Schlechterstellung" und die gerichtliche Prognose gem. § 245 Abs. 1 Nr. 1 InsO

1. Best interest test

§ 245 Abs. 1 Nr. 1 InsO bestimmt, dass die Zustimmung einer Abstimmungsgruppe als erteilt gilt und – vorbehaltlich der §§ 249, 250 InsO – der Plan insolvenzgerichtlich zu bestätigen ist, obwohl die erforderlichen Mehrheiten nicht erreicht worden sind, wenn die Angehörigen der dissentierenden Gruppe durch den Insolvenzplan **voraussichtlich nicht schlechter gestellt** werden, als sie **ohne einen Plan** stünden. Dieser Tatbestand entspricht im US-amerikanischen Recht dem dort anzustellenden „best interest of the creditors test".[130] **18.53**

Soweit der Gesetzgeber **Fiskusvorrechte** gewährt, hat dies zwingend nicht allein zur Folge, dass eine gesonderte Gruppe für das Vorrecht der Finanzämter gebildet werden muss. Der Fiskus würde durch den Plan regelmäßig schlechter gestellt, da ein Eingriff in seine Rechte eine Verschlechterung gegenüber der Abwicklung im Regelinsolvenzverfahren darstellen würde. Die Zustimmung zum Plan hätte daher den Charakter einer Beihilfe, was europarechtliche Probleme auslösen könnte (oben Rn. 4.26 ff.). **18.54**

2. Maßstäbe

Die im vorangegangenen erörterten Erwägungen des LG Traunstein betreffen im Wesentlichen den Tatbestand des § 245 Abs. 1 Nr. 1 InsO, der sich im Rahmen des § 245 Abs. 1 InsO als der rechtsdogmatisch wenig problematisch erscheinende, in **tatsächlicher Hinsicht** hingegen am **schwierigsten zu handhabende Tatbestand** im Rahmen des Obstruktionsverbots erweist. Zu dem **18.55**

---

127 Zu diesem Gedanken *Smid/Rattunde*, Der Insolvenzplan, 1. Aufl. 1998, Rn. 608 ff.
128 AG Duisburg, Beschl. v. 15.8.2001, 43 IN 40/00, NZI 2001, 605.
129 So AG Duisburg, Beschl. v. 15.8.2001, 43 IN 40/00, NZI 2001, 605.
130 *Waxman*, Bankruptcy, 199; Uhlenbruck-*Uhlenbruck*, InsO, § 245 Rn. 6.

Gegenstück dieser Vorschrift, dem § 309 InsO, liegt seit Langem in großem Umfang Judikatur[131] vor; dort geht es freilich allein um vielleicht arbeitsaufwändige, aber der Sache nach einfach anzustellende Rechenexempel. Auch § 245 Abs. 1 Nr. 1 InsO verweist scheinbar unmittelbar auf einen wirtschaftlich begründeten Vergleich zwischen der durch den Insolvenzplan geschaffenen Rechtslage mit den Befriedigungschancen, die der Beteiligte einer vom Plan betroffenen dissentierenden Gruppe ohne den Insolvenzplan im ordentlichen Insolvenzverfahren gehabt hätte. Es wird sich aber nicht immer einfach sagen lassen, welches die konkreten Befriedigungschancen wären, die Angehörige der jeweiligen Beteiligtengruppen ohne den Insolvenzplan hätten; das Gericht wird insoweit auf Prognosen verwiesen,[132] die zudem auf hypothetische Verläufe gestützt sind.

18.56 Diese Prognosen kann das Insolvenzgericht auf die **Berichte des Verwalters** (§ 156 InsO) gründen;[133] im Zusammenhang der oftmals sehr komplexen wirtschaftlichen Fragestellungen bei einer Unternehmensreorganisation wird sich das Insolvenzgericht wegen der sich aus dem Insolvenzplan ergebenden Befriedigungsaussichten auf Aussagen einzulassen haben, deren wirtschaftliche Eckdaten naturgemäß **erheblichen Schwankungen** unterworfen sind. Wie in der Literatur[134] kritisiert worden ist, ist in diesem Zusammenhang nicht der Umstand entscheidend, dass jede prognoseorientierte gerichtliche Entscheidung später einmal auf veränderte Bedingungen stoßen wird, sondern dass die Tatsachengrundlage der Entscheidung nach den §§ 248, 245 Abs. 1 Nr. 1 InsO von vornherein auf einer Annahme beruht, die eines strengen Beweises nicht fähig ist. Teilnahmerechte der Beteiligten und ihre Befriedigungschancen werden daher nach § 245 Abs. 1 Nr. 1 InsO aufgrund einer Prognose endgültig entzogen, deren Annahmen sich später als nicht haltbar erweisen können.[135]

3. Abhängigkeit der Gläubigerbefriedigung vom Zustandekommen des Insolvenzplans

18.57 Es ist bereits bei der Erörterung der Funktionen des Insolvenzplanes deutlich geworden, dass in einer wachsenden Zahl von Fällen die Befriedigung der Gläubiger durch eine übertragende Sanierung ebenso wenig wie durch eine zerschlagende Verwertung der Masse erreicht und allein ein Insolvenzplan hierfür den Weg ebnen kann.

18.58 Dabei können verschiedene Fallgruppen auftreten: Kommt bei einem Unternehmen wie der im Anhang dargestellten „Papier AG" kein Insolvenzplan zustande, wird das Verfahren masseunzulänglich. Wird im Falle des Notars (vgl. oben Rn. 2.27, 28.8 ff.) oder des Rechtsanwaltes[136] der Insolvenzplan nicht angenommen, verliert der Schuldner seine weitere Erwerbsmöglichkeit und die Gläubiger ihre Befriedigungsaussichten. Die dissentierenden Gläubiger müssen sich dies nach § 245 Abs. 1 Nr. 1 InsO entgegenhalten lassen.[137]

---

131 Siehe nur LG Bielefeld, Beschl. v. 16.6.1999, 23 T 208/99, ZIP 1999, 1275; AG Göttingen, Beschl. v. 21.7.1999, 74 Y 33/99, ZIP 1999, 1365 f.
132 Vgl. nur HambKomm-*Thies*, InsO, § 245 Rn. 7.
133 *Smid/Rattunde*, Der Insolvenzplan, 1. Aufl. 1998, Rn. 585; HambKomm-*Thies*, InsO, § 245 Rn. 7 weist darauf hin, dass der Verwalter zur Vorbereitung der Prognoseentscheidung im darstellenden Teil eine Vergleichsrechnung einfügen solle.
134 *Smid/Rattunde*, Der Insolvenzplan, 1. Aufl. 1998, Rn. 587; *Fassbach*, Die cram down power des amerikanischen Konkursgerichtes im Reorganisationsverfahren nach Chapter 11 des Bankruptcy Code, 160 ff.; *Wittig*, ZInsO 1999, 373, 377.
135 Vgl. HK-*Haas*, InsO, § 245 Rn. 7 ff.; *Eidenmüllier*, NJW 1999, 1837 ff.; Leonhardt/Smid/Zeuner-*Rattunde*, InsO, § 245 Rn. 16.
136 BGH, Senat für Anwaltssachen, Beschl. v. 6.11.2000, AnwZ (B) 1/00.
137 AG Göttingen, Beschl. v. 19.12.2001, 74 IN 112/00, ZIP 2002, 953 m. Anm. *Otte*, EWiR 2002, 877.

4. Befriedigung absonderungsberechtigter Gläubiger

18.59 Eine Schlechterstellung absonderungsberechtigter Gläubiger (Gruppe gem. § 222 Abs. 1 Nr. 1 InsO) durch den Insolvenzplan gegenüber der Abwicklung des Verfahrens nach allgemeinen Regeln liegt nicht vor, wenn die absonderungsberechtigten Gläubiger **aus dem Gegenstand befriedigt** werden, an denen das Absonderungsrecht besteht. Wird damit die gesicherte Forderung getilgt, genießen diese Gläubiger keine Stimmrechte. Soweit den absonderungsberechtigten Gläubigern durch den Insolvenzplan der Erlös aus der Verwertung der Sicherungsgegenstände unter Abzug von Verfahrenskosten gem. §§ 170, 171 InsO zugewiesen wird, werden sie so gestellt, wie sie ohne Plan stünden – so dass im Falle der Ablehnung des Planes durch diese Gruppe die Voraussetzung gem. § 245 Abs. 1 Nr. 1 InsO vorliegt, deren Zustimmung zu ersetzen.[138]

IV. Schutz bevorrechtigter Gläubiger gem. § 245 Abs. 1 Nr. 2 InsO – die deutsche Variante der absolute priority rule

1. Haftungsverwirklichung als Funktion des Insolvenzverfahrens und Grundlage des Insolvenzplans

18.60 Während die Gruppenbildung Fragen aufwirft, die sich aus dem Verhältnis von Rechtsdurchsetzung der Absonderungsberechtigten im Regelinsolvenzverfahren auf der einen und den Besonderheiten des Insolvenzplanverfahrens auf der anderen Seite ergeben, stellt sich die Frage, ob ein Insolvenzplan der Genehmigung fähig ist, soweit „vorrangige" Gläubiger Eingriffe hinnehmen müssen, während vorgesehen wird, dass „im Rang nachgehende" Gläubigergruppen aus der Masse etwas erhalten. Die Beantwortung dieser Frage ist, wie *Eidenmüller*[139] zutreffend festgestellt hat, von zentraler Bedeutung für die Effizienz von Kreditsicherheiten. Dabei stellen sich zwei Probleme, die sich aus der Rezeption der US-amerikanischen *absolute priority rule*[140] durch den deutschen Gesetzgeber mit der Vorschrift des § 245 Abs. 2 Nr. 2 InsO ergeben.

18.61 Der Tatbestand des § 245 Abs. 1 Nr. 2 InsO erscheint vordergründig zunächst relativ unproblematisch sowohl für die Berücksichtigung der Rechte der betroffenen Beteiligten als auch im Hinblick auf seine verfahrensrechtliche Feststellung: Das Insolvenzverfahren dient primär der Verwirklichung der Haftung des Schuldners,[141] § 1 Satz 1 InsO.[142] Der **Grundgedanke des § 245 Abs. 1 Nr. 2 InsO** ist denn auch zunächst auf den ersten Blick verständlich.

18.62 Erhält eine Beteiligtengruppe aufgrund des Insolvenzplanes das, was ihr „angemessen" ist, so ist die Verweigerung der Zustimmung zum Insolvenzplan durch diese Gruppe missbräuchlich und kann ersetzt werden. „Angemessenheit" verweist begrifflich nicht auf wirtschaftliche Maßstäbe, sondern **rechtliche Bewertungen wirtschaftlicher Faktoren**.[143] Erhält ein Gläubiger nachträglich eine schlechtere Quote als der andere in ihrer Gruppe vertretene Gläubiger, weil

---

138 AG Göttingen, Beschl. v. 19.12.2001, 74 IN 112/00, ZIP 2002, 953 m. Anm. *Otte*, EWiR 2002, 877.
139 *Eidenmüller*, Obstruktionsverbot, Vorrangregel u. Absonderungsrechte, in: Kapitalgeberansprüche, Marktwertorientierung u. Unternehmenswert, 188, 191.
140 *Braun/Uhlenbruck*, Unternehmensinsolvenz, 520, 607 f., 617; Uhlenbruck-*Lüer*, InsO, § 245 Rn. 26; *Smid*, WM 2002, 1033, 1035; eingehend auch *Fassbach*, Die cram down power des amerikanischen Konkursgerichtes im Reorganisationsverfahren nach Chapter 11 des Bankruptcy Code, 95 ff.; *Rauls*, Das Reorganisationsverfahren der USA gemäß Chapter 11 BC im Deutschen Internationalen Privatrecht, 47; *Kemper*, Die US-amerikanischen Erfahrungen mit Chapter 11, 173 ff.
141 *Häsemeyer*, Insolvenzrecht, 4. Aufl. 2007, Rn. 1.11 ff.; *Balz*, ZIP 1988, 273, 277.
142 Amtl. Begr., BT-Drs. 12/2443, 108.
143 Vgl. Leonhardt/Smid/Zeuner-*Rattunde*, InsO, § 245 Rn. 17.

seine Forderung erst nachträglich in tatsächlicher Höhe im Insolvenzplan berücksichtigt wurde, ist sie nicht angemessen i. S. d. § 245 Abs. 1 Nr. 2 InsO beteiligt.[144]

2. § 245 Abs. 2 InsO als Vorschrift zur Auslegung des § 245 Abs. 1 Nr. 2 InsO

18.63 a) **Rechtslage nach der deutschen InsO.** Dass die Dinge freilich nicht ganz so einfach liegen, war dem Gesetzgeber klar, der versucht hat, durch eine **Auslegungsvorschrift** Hilfestellungen im Umgang mit § 245 Abs. 1 Nr. 2 InsO zu geben: „Angemessen" i. S. v. § 245 Abs. 1 Nr. 2 InsO soll die Beteiligung der Gläubiger einer Gruppe nach der vorherrschenden Auslegung dieser Vorschrift dann sein, wenn die Voraussetzungen des § 245 Abs. 2 Nr. 1 bis Nr. 3 InsO **kumulativ** vorliegen.[145] In der instanzgerichtlichen Rechtsprechung sind in der Anfangszeit der Anwendung insolvenzplanrechtlicher Regelungen z.T. abwegige Auffassungen vertreten worden wie die, durch § 245 Abs. 2 Nr. 3 InsO werde im Unterschied zum us-amerikanischen Recht die Benachteiligung einer Gruppe von Gläubigern gegenüber anderen gleichrangigen Gläubigern ausgeschlossen.[146]

18.64 Im Einzelnen bestimmt diese Vorschrift Folgendes: Soll nach den Festlegungen des Insolvenzplans kein Gläubiger wirtschaftliche Werte erhalten, die den vollen Betrag (den Nennwert) seiner, ggf. nach § 45 InsO in Euro umzurechnenden[147] Forderung überschreiten (§ 245 Abs. 2 Nr. 1 InsO), sollen weder ein nachrangiger Gläubiger, der auch ohne Insolvenzplan nichts erhalten hätte, noch ein Schuldner oder eine an ihm beteiligte Person befriedigt werden (§ 245 Abs. 2 Nr. 2 InsO) und bleibt schließlich innerhalb einer Gruppe die Gleichbehandlung der Gläubiger gewahrt (§ 245 Abs. 2 Nr. 3 InsO), so ist eine „angemessene" Beteiligung gegeben.

18.65 b) **Absolute priority rule im US-amerikanischen Insolvenzrecht.** Dieser Tatbestand entspricht der im US-amerikanischen *cram-down*-Verfahren eingreifenden sog. „*absolute priority rule*".[148] Nach ihr darf der Plan **keine unfaire Diskriminierung** verwirklichen und muss „**fair und annehmbar**" („*fair and suitable*") sein. Die Formel „*fair and equity*" wurde von den Gerichten in der Auslegung des früheren Chapter 10 (dem heutigen chapter 11) bankruptcy code als zentraler Prüfstein der Beurteilung der Behandlung der verschiedenen Klassen von Forderungen durch den Plan zugrunde gelegt. Daher rührt die Bezeichnung dieser Formel als *absolute priority rule*.[149] Im Hinblick auf ungesicherte Forderungen ist der Plan „*fair and equitable*", wenn diese Forderungen eine volle Kompensation erhalten (11 USC § 1129 (b)(2)(B)(i).[150] Das ist im nordamerikanischen Recht auch dann der Fall, wenn z. B. Stundungen oder Ratenzahlungen vorgesehen sind. Ein Kriterium für die Einhaltung der *absolute priority rule* ist ferner, dass rangschlechtere Forderungsklassen gegenüber der dissentierenden Klasse nach dem Plan nicht am Wert des Unternehmens beteiligt werden (11 USC § 1129 (b)(2)(B)(ii)[151] und rangbessere Forderungsklassen nicht mehr als 100 % des (Nominal-)Wertes ihrer Forderungen erhalten.

18.66 Diese Auslegungsvorschrift ist zunächst insoweit hilfreich, als sie anzeigt, dass § 245 Abs. 1 Nr. 2 InsO auf die (materiale) **Gläubigergleichbehandlung** in der Insolvenz verweist. Gleichrangig zu befriedigende Gläubiger, so § 245 Abs. 2 Nr. 3 InsO, dürfen aufgrund von Festlegungen des Insolvenzplans nicht ungleich behandelt werden. Das ist eine *Selbstverständlichkeit*, die der Gesetzge-

---

144 LG Göttingen, Beschl. v. 7.9.2004, 10 T 78/04, NZI 2004, 41.
145 OLG Köln, Beschl. v. 5.1.2001, 2 W 228/00, NZI 2001, 660; LG Göttingen, Beschl. v. 7.9.2004, 10 T 78/04, NZI 2005, 41, 42; Uhlenbruck-*Lüer*, InsO, § 245 Rn. 22.
146 LG Magdeburg, B. v. 25.4.2001, 3 T 12/01, NZI 2001, 326.
147 K. *Schmidt*, FS Merz, 533, 534, 537 f.
148 *Blum/Kaplan*, The Absolute Priority Rule in Corporate Reorganization, 41 U. Chi. L. Rev. 651.
149 *Weintraub/Resnick*, Bankruptcy Law Manual, 8–110, 111.
150 *Weintraub/Resnick*, Bankruptcy Law Manual, 8–115.
151 *Weintraub/Resnick*, Bankruptcy Law Manual, 8–116.

ber aber ausdrücklich als Auslegungsmaßstab aufzustellen für nötig befunden hat, weil das US-amerikanische Vorbild sich erheblich anders darstellt: Danach darf der Insolvenzplan keine „unfaire Diskriminierung"[152] („discriminate unfair") einer Klasse von Gläubigern oder Sicherungsgebern (*interest holder*) gegenüber anderen verwirklichen.

18.67 An dieser Stelle kann naturgemäß auch nicht annähernd dargestellt werden, was damit im Zusammenhang des US-amerikanischen Insolvenzrechts gemeint ist; die Lektüre der Literatur[153] zeigt indessen, dass „fairness and equity" ebenso wie „unfair discrimination" schon wegen ihres Bezugs auf ein völlig anderes materielles Recht keinesfalls unvermittelt als Maßstäbe unseres Insolvenzrechts zu dienen geeignet sind.

18.68 § 245 Abs. 2 Nr. 1 InsO drückt im Übrigen nur die Selbstverständlichkeit aus, dass **einzelne Gläubiger nicht an der Insolvenz verdienen sollen**.[154] Die vom Gericht zu treffenden Feststellungen sind insoweit denkbar einfach; hier bedarf es keiner wie auch immer gearteten wirtschaftlichen Betrachtungsweise oder Prognose; es genügt, den betragsmäßigen Nennwert der angemeldeten Forderung – denn nur diese können berücksichtigt werden – mit den Festlegungen des Insolvenzplans zu vergleichen.

18.69 Das Gleiche gilt für § 245 Abs. 2 Nr. 2 InsO, soweit es um die durch den Insolvenzplan betroffene Rechtsstellung des Schuldners geht. Freilich gilt dies nur, wenn man sich im Rahmen der **Insolvenz natürlicher Personen** bewegt, die nach wie vor für das Insolvenzrecht **Leitbildcharakter** hat.[155] In der Unternehmensinsolvenz kommt es, wie § 245 Abs. 2 Nr. 2 InsO zeigt, wesentlich auf **mögliche Begünstigungen** an, die solche Personen erfahren, die **am Schuldner beteiligt** (die *share holders* des amerikanischen Rechts) sind. Um wen es sich dabei handelt, soll sich aus dem Insolvenzplan selbst ergeben: Über Beteiligungsverhältnisse soll der darstellende Teil des Insolvenzplans (§ 220 InsO) Aufschluss verschaffen.

18.70 „Angemessenheit" der Beteiligung der Gläubiger bedeutet also nach der Auslegungsvorschrift des § 245 Abs. 2 InsO nichts anderes, als dass der **Grundsatz der Gläubigergleichbehandlung nicht verletzt** sein darf. Es bleibt wegen der geschilderten strukturellen Differenz des US-amerikanischen Rechts daher bei der Anwendung von Maßstäben, die dem mitteleuropäischen Insolvenzrecht geläufig sind. Das verweist vordergründig auf die zur Kontrolle des Zwangsvergleichs gem. § 181 KO (entspricht § 150 Abs. 2 öKO) überkommenen Maßstäbe: Das RG[156] hat nachdrücklich darauf hingewiesen, es sei der Zweck des damaligen § 168 KO (§ 181 KO), die Gleichbehandlung der Beteiligten sicherzustellen; und die Literatur[157] hat daraus den Satz gefolgert, die Bindung der Gläubiger an den Vergleich habe nur daraus eine innere Berechtigung, dass der Zwangsvergleich die gemeinsamen Interessen der Gläubiger wahre. Ungleich bemessene Quoten,[158] Verschweigen einer Gegenforderung durch den Gemeinschuldner, die er einer angemeldeten Forderung hätte entgegenhalten können[159] und jedes „Vorzugsabkommen",[160] das einem Beteiligten gewährt wird

---

152 *Weintraub/Resnick*, Bankruptcy Law Manual, 8–109; *Buchbinder*, A Practical Guide to Bankruptcy, 312.
153 Vgl. z. B. *Balz*, ZIP 1988, 273, 279.
154 So auch FK-*Jaffé*, InsO, § 245 Rn. 24.
155 Krit. *K. Schmidt*, Wege zum Insolvenzrecht der Unternehmen, 4 ff., 250 ff.
156 RG, Urt. v. 26.9.1905, II 17/05, RGZ 61, 297 f.
157 *Kuhn/Uhlenbruck*, KO, § 181 Rn. 1; s. auch *Häsemeyer*, Insolvenzrecht, 4. Aufl. 2007, 625 f.
158 RG, Urt. v. 23.5.1932, VIII 60/32, RGZ 136, 288, 292 (zu § 5 VerglO); *Kuhn/Uhlenbruck*, KO, § 181 Rn. 3.
159 RG, Urt. v. 19.9.1896, I 137/96, RGZ 37, 142, 143.
160 Zu dessen Nichtigkeit vgl. BGH, Urt. v. 16.6.1952, IV ZR 131/51, BGHZ 6, 232, 236; *Kuhn/Uhlenbruck*, KO, § 181 Rn. 5, 6.

und das nicht durch ausdrückliche Einwilligung der übrigen Gläubiger[161] gebilligt worden ist, verletzen den Gleichheitsgrundsatz. § 181 KO hob die Wirksamkeit solcher Abreden auf, die die Gläubigergleichbehandlung gefährden – was den Rekurs auf subjektive Momente verständlich macht;[162] § 246 Abs. 1 Nr. 2 InsO hat dagegen eine grundlegend **andere Zielrichtung**: Dort ist von vornherein die Abweichung vom allgemeinen Verfahren aufgrund des Insolvenzplanes als ordnungsgemäß vorausgesetzt, weshalb sich, folgt man den Vorstellungen des Gesetzgebers, dissentierende Gläubiger nur dann sollen durchsetzen können, wenn das Vorliegen einer Verletzung des Grundsatzes der Gläubigergleichbehandlung festgestellt wird. Das Regel-Ausnahmeverhältnis, das den Prozess des Zwangsvergleichs in den §§ 173 ff. KO beherrschte, wird durch § 246 Abs. 1 Nr. 2 InsO umgekehrt. Gleichwohl stellt sich die Verweigerung der Zustimmung zu einem solchen Insolvenzplan schon nach allgemeinen Maßstäben als missbräuchlich und damit unbeachtlich dar. § 245 Abs. 1 Nr. 2 InsO macht daher nur klar, dass dies auch hinsichtlich der Verfahrensrechte von Gläubigern im Insolvenzverfahren gilt.

18.71 Die Zustimmung einer ungesicherten Gläubigerklasse kann nur ersetzt werden, wenn die Gläubiger entweder zu 100 % befriedigt werden oder keine – im Verhältnis zu der dissentierenden Gläubigerklasse – „nachrangige Gläubigerklasse" einen Wert aufgrund des Planes erhält.[163] Dieser Grundsatz wird als *absolute priority rule* bezeichnet.[164] Wie es zu der Entstehung dieser Regel gekommen ist, ist in Nordamerika in den Entscheidungen des Supreme Court „Boyd" und „Case" entwickelt worden.[165] Kommt es zu einer unterschiedlichen Behandlung gleichrangiger Gläubiger, kann die Zustimmung der dissentierenden Gläubigergruppe nur fingiert werden, wenn vernünftige und logische Gründe für eine Ungleichbehandlung bestehen.[166]

18.72 So musste sich das LG Traunstein in seiner bereits mehrfach zitierten Entscheidung[167] damit auseinandersetzen, ob ein gegenüber Absonderungsberechtigten „nachrangiger" Gläubiger durch den Plan befriedigt wird, während die Befriedigung der absonderungsberechtigten Gläubiger der dissentierenden Gruppe eins plangemäß ausgesetzt bleibt. Die Beschwerdekammer sieht sich vor einen gordischen Knoten gestellt, den sie flugs unter Berufung auf eine Literaturstelle[168] durchschlägt: Der Reformgesetzgeber habe die Rangordnung der Konkursgläubiger abgeschafft und sähe nunmehr eine „Nachrangordnung" gem. § 39 Abs. 1 InsO vor, die aber hier nicht einschlägig sei. Die mit 35 Prozent ihres Forderungsbetrages befriedigten einfachen („nicht nachrangigen") **Insolvenzgläubiger** i. S. d. § 38 InsO seien aber nicht „nachrangig" **gegenüber Absonderungsberechtigten**, sondern ein „rechtliches aliud"; sogar gegenüber den nachrangigen Insolvenzforderungen gem. § 39 Abs. 1 InsO genössen Absonderungsberechtigte keinen Vorrang.

18.73 Wäre dies richtig, käme § 245 Abs. 2 Nr. 2 InsO im Verhältnis zwischen gesicherten und ungesicherten Gläubigern mit der Folge nicht zur Anwendung, dass – wie im vorliegenden Fall – die Befriedigung der gesicherten Gläubiger und die Verwertung der für ihre Forderungen bestellten Sicherheiten ausge-

---

161 *Kuhn/Uhlenbruck*, KO, § 181 Rn. 2.
162 *Kuhn/Uhlenbruck*, KO, § 181 Rn. 8.
163 So für das deutsche Recht ausdr. einschränkungslos FK-*Jaffé*, InsO, § 245 Rn. 25; *Smid*, WM 2002, 1033; vgl. auch *Maus*, in: Kölner Schrift zur InsO, 2. Aufl. 2000, 931 ff. Rn. 70.
164 Uhlenbruck-*Lüer*, InsO, § 245 Rn. 24.
165 *Warringsholz*, Die angemessene Beteiligung der Gläubiger an dem wirtschaftlichen Wert der Masse aufgrund eines Insolvenzplans, 30 ff.
166 *Warringsholz*, Die angemessene Beteiligung der Gläubiger an dem wirtschaftlichen Wert der Masse aufgrund eines Insolvenzplans, 30 ff., 48 f.
167 LG Traunstein, Beschl. v. 27.8.1999, 4 T 2966/99, Rpfleger 1999, 561; vgl. auch *Paul*, ZInsO 2004, 72 f.
168 NR-*Braun*, InsO, § 245 Rn. 22.

setzt werden könnte, während die ungesicherten Gläubiger zu befriedigen wären. Für diese Auslegung scheint daher nur vordergründig die Entwicklung zu sprechen, die die Behandlung der Sicherheiten im Konkurs vor Inkrafttreten der InsO durchlaufen hat.[169] So hat der Vorschlag *Henckels*, die nach altem Recht gem. § 4 Abs. 2 KO zur bevorzugten Befriedigung außerhalb des Konkursverfahrens berechtigenden Sicherungsrechte in die – durch die Reform allerdings abgeschaffte – Prioritätenordnung der Konkursgläubiger einzuordnen,[170] kein Gehör gefunden. Gleichwohl hat die InsO die Rechtsausübung der absonderungsberechtigten Gläubiger in das Insolvenzverfahren eingebunden. Betrachtet man die Gläubiger vorkonkurslich begründeter Forderungen nach ihrer Befugnis zum Zugriff auf die Sollmasse, fällt auf, dass den Absonderungsberechtigten eine Erlösauskehr aus der Masseverwertung vor den einfachen Insolvenzgläubigern zusteht. Das wird besonders in dem durchaus nicht seltenen Fall solcher Verfahren deutlich, in denen eine (von Sicherheitsrechten) freie Masse erst durch (sei es nach den §§ 170, 171 InsO oder sei es aufgrund von Vereinbarungen zwischen Insolvenzverwalter und Sicherheitengläubigern) Kostenbeiträge der absonderungsberechtigten Gläubiger konstituiert wird. Die Erwägung, etwaig gesicherte nachrangige Forderungen (nach den Sicherungsabreden wohl insbesondere die nach Verfahrenseröffnung laufenden Zinsen nach § 39 Abs. 1 Nr. 1 InsO) blieben stets nachrangige Forderungen,[171] führt demgegenüber in die Irre. Denn die absonderungsberechtigten Gläubiger treten im neuen Recht sowohl mit ihren dinglichen Sicherheiten als auch als Insolvenzbeteiligter (sei es ohne, sei es mit Nachrang) in Erscheinung, da sie mit ihrem Ausfall (§ 52 InsO) bedingte Forderungen (§ 41 InsO) anmelden. Gerade § 52 InsO zeigt aber, dass ein – untechnisches – Nachrangverhältnis zwischen dem Vorgehen aus der Sicherheit und der Befriedigung der Insolvenzforderung besteht. Nur der Vollständigkeit halber sei insofern angemerkt, dass im US-amerikanischen Recht, auf dessen Struktur und Auslegung durch das Insolvenzgericht und das Beschwerdegericht im vorliegenden Fall abgestellt worden ist, selbstverständlich eine Rangfolge von gesicherten und ungesicherten Gläubigern gesehen wird.

18.74 Es liegen daher sachliche Gesichtspunkte dafür vor, im Rahmen der Auslegung des § 245 Abs. 2 Nr. 2 InsO von einem **Nachrang** ungesicherter **einfacher Insolvenzgläubiger** nach den **gesicherten Insolvenzgläubigern** zu sprechen.

18.75 Ein eindeutiges Rangverhältnis besteht zwischen nicht nachrangigen und nachrangigen Insolvenzforderungen: erstere gehen letzteren vor (s. o.). Schwierig ist hingegen das Verhältnis zwischen Absonderungsberechtigten und einfachen Insolvenzgläubigern; ungeklärt ist, ob es ein Rangverhältnis zugunsten der Absonderungsberechtigten gibt. Die Antwort auf diese Frage ist für die Durchführung eines Planverfahrens von erheblicher Relevanz, weil von ihr etwa abhängt, ob eine Bank zu einem Forderungsnachlass gezwungen werden kann, obwohl der Nominalbetrag ihres Absonderungsrechts nicht erreicht wird.

18.76 Das LG Traunstein hatte sich weiter damit auseinanderzusetzen, ob der schuldnerischen Unternehmensträgerin durch den Insolvenzplan dadurch ein **Vermögenswert zugewandt** wird, dass ihr die **Unternehmensfortführung ermöglicht** wird. Erlangt „der Schuldner" nämlich einen „wirtschaftlichen Wert" durch den Plan, wird die dissentierende Gläubigergruppe nicht „angemessen" an dem wirtschaftlichen Wert beteiligt, der den Beteiligten plangemäß zufließen soll, § 245 Abs. 1 Nr. 2 InsO. Bislang war in der Literatur zum deutschen Recht[172] diese Regelung so ausgelegt worden, dass bei einem durch Sanierung und Reor-

---

169 Vgl. *Serick*, Eigentumsvorbehalt und Sicherungseigentum, 5; *Serick*, Mobiliarsicherheiten und Insolvenzrechtsreform, § 81 II 1.
170 *Henckel*, DJT 030, Sitzungsbericht O zum 51. DJT 1976, 8 ff.
171 NR-*Braun*, InsO, § 245 Rn. 22.
172 NR-*Braun*, InsO, § 245 Rn. 26.

ganisation hergestellten Kapitalsaldo von Null kein positiver Vermögenswert zugewandt würde und dass auch dann die Regelung des § 245 Abs. 2 Nr. 2 InsO nicht zur Anwendung gelange, wenn der schuldnerische Unternehmensträger zwar mit positivem Kapital ausgestattet werde, dieses aber „haftungstechnisch" den Gläubigern zur Verfügung stehe.

18.77 Die Auslegung dieser Regel war im US-amerikanischen Recht bis zu einer durch den US-Supreme Court ergangenen Entscheidung in dem über das Vermögen des Bauträgers LaSalle[173] durchgeführten Reorganisationsverfahren umstritten. Auf diese US-amerikanische Judikatur hat das Insolvenzgericht[174] denn auch seine Auslegung des deutschen Rechts ausdrücklich gestützt, wofür bereits im Schrifttum Stellung bezogen worden ist.[175] Die US-amerikanische Judikatur nimmt einen Vergleich der wirtschaftlichen Verwertungsmöglichkeiten des schuldnerischen Unternehmens als Ausgangspunkt der Beurteilung der Frage, ob der (bisherige) Unternehmensträger durch die Ermöglichung einer Unternehmensfortführung in unangemessener Weise gegenüber den Gläubigern durch Zuweisung einer wirtschaftlich werthaltigen Position **bessergestellt** werde. Als **Maßstab** dafür sieht der **US-Supreme Court** (vereinfacht zusammengefasst) eine Lage an, die im deutschen Recht unter dem Titel einer „übergehenden Sanierung" behandelt wird, nämlich die Möglichkeit einer Veräußerung des Unternehmens an einen Erwerber.[176] Im US-amerikanischen Recht wird freilich die Möglichkeit der Eingriffe in die gesellschaftsrechtlichen Beteiligungsverhältnisse der schuldnerischen Unternehmensträgerin im Reorganisationsverfahren eröffnet, die das deutsche Recht ausdrücklich nicht vorsieht; der deutsche Gesetzgeber hat dies ursprünglich vorgeschlagen, die entsprechenden Vorschriften im Gesetzgebungsverfahren aber wieder gestrichen. Dabei haben verfassungsrechtliche Bedenken eine Rolle gespielt (vgl. Art. 14 GG).[177] Dieser Unterschied mag aber dahingestellt bleiben. Kernaussage der „LaSalle"-Entscheidung ist es, dass nach dem Insolvenzplan kein besseres Angebot zur Verwertung des Unternehmens vorliegt als das Zuschießen „frischer" Mittel durch den Schuldner, namentlich aber durch seine Gesellschafter.[178]

18.78 Bereits *Wittig*[179] hat darauf aufmerksam gemacht, dass die in der „LaSalle"-Entscheidung herausgearbeiteten Grundsätze auch auf die Auslegung des § 245 Abs. 2 Nr. 2 InsO übertragen werden können. Dem ist zuzustimmen: Die Zustimmung der dissentierenden Gläubiger, in deren Rechtsstellung eingegriffen wird, darf demnach nur dann durch das Insolvenzgericht ersetzt werden, wenn Dritten im Insolvenzplan die Möglichkeit eingeräumt worden ist, ein besseres Angebot für die Übernahme des fortzuführenden Unternehmens zu unterbreiten,[180] als es in dem Einschießen frischer Mittel durch die Gesellschafter der Schuldnerin läge. Schon wegen der fehlenden Instrumentarien einer Einwirkung auf die Gesellschafter der Schuldnerin wäre ansonsten insbesondere die kreditierende Bank dem Zwang ausgesetzt, in ihrem Engagement festgehalten zu werden und weiter mit einer Schuldnerin zusammenarbeiten zu müssen, die der Bank nicht mehr kreditwürdig erscheint.

18.79 *Wittig*[181] weist zu Recht in diesem Zusammenhang darauf hin, dass der Umstand, dass kein konkurrierender Insolvenzplan vorliegt, nicht zuletzt auf die

---

173 *Wittig*, ZInsO 1999, 373, 375 ff.
174 AG Mühldorf/Inn, B. v. 27.7.1999, 1 IN 26/99, Rpfleger 1999, 561.
175 *Wittig*, ZInsO 1999, 373, 378.
176 *Wittig*, ZInsO 1999, 373, 379.
177 *Smid/Rattunde*, Der Insolvenzplan, 1. Aufl. 1998, Rn. 343 ff.
178 *Wittig*, ZInsO 1999, 373, 378.
179 *Wittig*, ZInsO 1999, 373, 378.
180 So zutreffend *Wittig*, ZInsO 1999, 373, 379.
181 *Wittig*, ZInsO 1999, 373, 379.

Notwendigkeit zurückzuführen ist, dass der Insolvenzverwalter als potentieller Planinitiator sich mit den widerstreitenden Interessen der Gläubiger ins Benehmen setzen muss; allein der Umstand, dass der Insolvenzverwalter – wie im vorliegenden Fall – im Eröffnungsverfahren keine anderen Erwerber hat ausfindig machen können, mag zwar eine Vermutung für das Fehlen einer besseren Verwertung des Unternehmens auf dem Markt begründen, ist aber insofern wenig aussagekräftig, als im Insolvenzplanverfahren regelmäßig die Verwertung gem. § 233 InsO ausgesetzt ist.[182] Jedes „bessere" Angebot einer übertragenden Sanierung durch einen Erwerber wäre als Verwertungsmaßnahme[183] durch die Zulassung des Planes durch das Insolvenzgericht gem. § 231 InsO gehindert.

3. **Verhältnis des best interest tests (§ 245 Abs. 1 Nr. 1 InsO) zur absolute priority rule (§ 245 Abs. 1 Nr. 2 InsO)**

18.80 In der Kommentarliteratur[184] wird ganz überwiegend der Gesetzeswortlaut des § 245 Abs. 1 InsO, der dessen verschiedene Tatbestände mit einem „und" verbindet, dahingehend verstanden, dass die Ersetzung der Zustimmung der dissentierenden Gläubigergruppe durch das Insolvenzgericht voraussetzt, dass die **Tatbestände Nr. 1 bis Nr. 3** der Vorschrift nicht alternativ, sondern **kumulativ** vorliegen.[185] Es liegt auf der Hand, dass dies insbesondere im Hinblick auf die Stellung der absonderungsberechtigten Gläubiger erhebliche Schwierigkeiten verursacht. Während eine Auslegung des Gesetzes für das Verhältnis der Tatbestände der Nr. 1 und 2 des § 245 Abs. 1 InsO auf der einen und des Tatbestandes des § 245 Abs. 1 Nr. 3 InsO auf der anderen Seite plausibel erscheint, ist das Verhältnis des best interest tests (§ 245 Abs. 1 Nr. 1 InsO) zur absolute priority rule (§ 245 Abs. 1 Nr. 2 InsO) alles andere als klar.

18.81 In der Judikatur[186] ist dieser aus dem Wortlaut der Vorschrift abgeleitete „Kumulationsgrundsatz" *bislang* ausdrücklich bestätigt worden. Die Verwunderung des Autors einer Rechtsprechungsübersicht,[187] weshalb es solcher Judikatur angesichts des wegen des „und" in § 245 Abs. 1 InsO „eindeutig" anmutenden Wortlauts der Norm überhaupt bedürfe, erweist sich aber angesichts der Komplexität der Problemstellung als deutlich zu kurz gegriffen. Erhält die Gruppe oder erhalten die Gruppen absonderungsberechtigter Gläubiger durch den Plan *jedenfalls* nicht weniger, als sie ohne Plan im Regelinsolvenzverfahren erhielten, fragt es sich nämlich, ob sie einer Verfahrensabwicklung die absolute priority rule entgegenhalten können, wenn andere Gläubiger aufgrund des Planes „etwas" (regelmäßig eine Dividende) erhalten. Die Konsequenz wäre eine so als Sperrvorschrift begriffene absolute priority rule: § 245 Abs. 1 Nr. 2 InsO hätte dann die Aufgabe, den absonderungsberechtigten Gläubigern die Befugnis einzuräumen, einen Insolvenzplan zu Fall bringen zu können, der sich für sie wirtschaftlich neutral auswirkt. Die absolute priority rule wäre mithin als Letztentscheidungsbefugnis der gesicherten Gläubiger zu begreifen.

18.82 Diese Auslegung der absolute priority rule als Sperrvorschrift hat einen Sinn, wenn durch einen Sanierungsplan der Insolvenzschuldner wirtschaftliche Werte erhält. *In diesem Fall* greifen die im Wege der new value corrolary zu berücksichtigenden Begrenzungen der absolute priority rule, wenn der Schuldner vom

---

182 *Smid/Rattunde*, Der Insolvenzplan, 1. Aufl. 1998, Rn. 167 ff.
183 Hierzu m. w. N. *Smid*, Grundzüge des neuen Insolvenzrechts, § 20 Rn. 2, 13, 21.
184 Braun-*Braun/Frank*, InsO, § 245 Rn. 6; FK-*Jaffé*, InsO, § 245 Rn. 22; NR-*Braun*, InsO, § 245 Rn. 18; Leonhardt/Smid/Zeuner-*Smid*, InsO, § 245 Rn. 11; krit. MünchKomm-*Drukarczyk*, InsO, § 245 Rn. 87.
185 OLG Köln, B. v. 5.1.2001, 2 W 228/00, NZI 2001, 660 = ZInsO 2002, 330.
186 OLG Köln, B. v. 5.1.2001, zit. nach NZI 2001, Beil. Rechtsprechungsübersicht, 32.
187 *Paul*, ZInsO 2004, 73.

Insolvenzbeschlag nicht erfasste Mittel (new value) dem Unternehmen zuführt. Regelmäßig wird erst dadurch die Sanierung überhaupt möglich, so dass eine Sperre durch die gesicherten Gläubiger in derartigen Fällen eigener Vermögensopfer des Schuldners nicht sachgerecht wäre.

18.83 Umso mehr gilt dies für einen Liquidationsplan. Wird durch den Plan das schuldnerische Vermögen liquidiert *und* durch die Liquidation ein Mehrerlös gegenüber der Liquidation im Wege des Regelinsolvenzverfahrens erzielt, der durch den Plan den im Regelinsolvenzverfahren ausfallenden Gläubigern zugeführt wird, ist es ebenfalls nicht sachgerecht, den Absonderungsberechtigten im Wege der absolute priority rule die Befugnis einzuräumen, die Berücksichtigung der nicht gesicherten Gläubiger zu Fall zu bringen, obwohl ihnen hieraus gegenüber dem Regelinsolvenzverfahren ein wirtschaftlicher Vorteil nicht erwächst.

18.84 In den beiden vorgenannten Fallkonstellationen ist es sachgerecht, § 245 Abs. 1 Nr. 2 InsO nicht zur Anwendung zu bringen, *weil* eine Schlechterstellung der absonderungsberechtigten Gläubiger nicht vorliegt. Der Geltungsbereich des § 245 Abs. 1 Nr. 2 InsO wird m. a. W. teleologisch reduziert. Diese methodische Operation wird *technisch* durch eine Einschränkung des „Kumulationsdogmas" vollzogen.

18.85 Umgekehrt: Würde durch den Plan „in das Absonderungsrecht" eingegriffen, wie es der Gesetzeswortlaut des § 223 Abs. 2 InsO nahe legt, käme das Insolvenzgericht bei der Prüfung der Voraussetzungen einer Ersetzung der durch die betroffene Gruppe versagten Zustimmung zum Plan nicht mehr zur Frage einer Anwendung der absolute priority-Regelung des § 245 Abs. 1 Nr. 2 InsO, da *evident* bereits der the best interest tests des § 245 Abs. 1 Nr. 1 InsO nicht erfüllt wäre. Nimmt oder verkürzt der Plan das Absonderungsrecht des Absonderungsberechtigten, steht dieser in Ermangelung einer Befriedigung ohne Rücksicht auf die ungesicherten Gläubiger (§ 170 Abs. 1 InsO!) jedenfalls schlechter, als er ohne einen Insolvenzplan stehen würde – wenn nicht in extremen Ausnahmefällen der Gegenstand des Absonderungsrecht jeden Wert eingebüßt hätte.[188]

18.86 Wie *Manuel M. Ferber* zutreffend dargestellt hat, setzt diese Qualifikation eines Planes als „fair and equitable" u. a. voraus, dass mit den Regelungen des Planes keine Zuwendung an nachrangige Gläubiger vorgesehen werde, solange höherrangige Klassen nicht vorher befriedigt werden. Diese „absolute priority rule" beruht auf dem Gedanken der Haftungsverwirklichung durch Zuweisung des schuldnerischen Vermögens an die Gläubiger zum Zwecke ihrer Befriedigung;[189] In ihrem ursprünglichen Inhalt brachte die „absolute priority rule" mit anderen Worten die durch die Einleitung des Insolvenzverfahrens bewirkte Enteignung des Schuldners zum Ausdruck; betrachtet man das englische Recht, wurde dort ein entsprechender Effekt durch das sog. „receivership" bewirkt, worunter man sich eine Einweisung der Gläubiger in das Vermögen des Schuldners vorstellen kann. In rechtsvergleichenden Betrachtungen deutscher Juristen wird nicht selten verkannt, dass die ursprünglich formulierte „absolute priority rule" im weiteren Verlauf durch die Judikatur abgewandelt wurde, um eine Mobilisierung weiterer, der Befriedigung der Gläubiger dienender Mittel zu ermöglichen. So wurde in den 20er Jahren[190] entschieden, dass die Fortführung von Unternehmensträgern auch unter Beteiligung der Altgesellschafter möglich sei.[191] Als Voraussetzung hierfür wurde angesehen, dass die Altgesellschaften neue Mittel (new value) in die haftende Masse hinein gäben. Was das

---

188 Was das AG Mühldorf/Inn und das LG Traunstein angenommen hatten. Hier muss nicht darüber befunden werden, ob diese Gerichte richtig gelegen haben. Auch ein Grundpfandrecht kann an Wert vollständig einbüßen, z. B. wenn es auf einem aufgrund einer den Insolvenzschuldner legitimierenden Realkonzession industriell genutzten Grundstück lastet – wird der Betrieb des Insolvenzschuldners stillgelegt und erlischt die Realkonzession, kann das Grundpfandrecht wirtschaftlich nicht mehr realisiert werden.
189 Northern Pacific Railway Co. v. Boyd, 228 U. S. 482 (1913); Ferber, in: Berger/Bähr u. a., 11. Leipziger Insolvenzrechtstag 2000, 43, 47.
190 Kansas City Terminal Railway Co. v. Central Union Trust Co.
191 *Ferber*, in: Berger/Bähr u. a., 11. Leipziger Insolvenzrechtstag 2000, 43, 47.

heißt, hat die Entscheidung Los Angeles Lumber Products[192] näher ausgeführt. Danach bedeutet die Zufuhr von new value das Einschießen von „money" oder „money's worth".[193] Nach dem Inkrafttreten des bankruptcy code im Jahre 1978 hat nunmehr der US Supreme Court in der auch in Deutschland bis hin zu Insolvenz- und Beschwerdegerichten[194] bekannt gewordenen LaSalle-Entscheidung des US Supreme Court vom 3.5.1999[195] zu der (vereinfachten) Frage entschieden, ob der Grundeigentümer gegen die Insolvenzgläubiger mit dem Vortrag einen Reorganisationsplan durchsetzen kann, eine Verwertung der Immobilie sei (derzeit) nicht möglich und wirtschaftlich sei eine Verwaltung der Immobilie durch den Grundeigentümer sinnvoller. In der deutschen Rezeptionsliteratur zu dieser Entscheidung sind sowohl der zugrunde liegende Sachverhalt als auch der Inhalt der Entscheidung durchaus nicht unstreitig.

18.87 Da das deutsche Recht in § 245 Abs. 2 Nr. 2 InsO vorsieht, dass ein Plan nicht gegen den Widerstand einer opponierenden Gruppe bestätigt werden darf, wenn dieser vorsieht, dass ein gleichrangiger Gläubiger besser gestellt wird, als die dissentierende Gläubigergruppe,[196] scheint damit von vornherein ein Problem aufzutreten. Daraus würde zwangsläufig folgen, dass in den hier zu erörternden Fällen die ungesicherten Gläubiger nur unter der Voraussetzung eine Quote erhalten würden, dass die Grundpfandgläubiger mit einer entsprechenden Regelung des Insolvenzplans einverstanden sind. Opponieren diese Gläubiger, scheint der Plan zum Scheitern verurteilt zu sein.

18.88 In Fällen eines Liquidationsplans stellen sich nicht die Fragen, die im Rahmen des Insolvenzplans im Falle eines über das Vermögen der Betreiberin eines metallverarbeitenden Unternehmens durch das AG Mühldorf/Inn[197] eröffneten Insolvenzverfahren für Aufsehen gesorgt haben: Dort hatte das Insolvenzgericht den Insolvenzplan bestätigt, der (vereinfacht) u. a. vorgesehen hat, dass die nicht nachrangigen Insolvenzgläubiger eine Quote erhielten, während die kreditierende Bank ihren Kredit stehen lassen und auf die Verwertung der absonderungsrechtsbelasteten Masse verzichten sollte.[198] Unabhängig vom Verhältnis absonderungsberechtigter zu nicht nachrangigen Insolvenzgläubigern erhielt die insolvenzschuldnerische Unternehmensträgerin durch den Insolvenzplan einen „wirtschaftlichen Wert" in Gestalt des *Sanierungsgewinns*.[199] Zwar erlangt der Insolvenzschuldner nichts aus dem Plan, wenn dieser allein die Vermögensliquidation vorsieht; es bleibt aber die Frage offen, ob im Verhältnis der Gläubiger zueinander die Vorrangordnung hinreichend beachtet worden ist.

18.89 Ob überhaupt aus § 245 Abs. 1 Nr. 2 InsO eine Frage erwächst, hängt davon ab, ob Absonderungsberechtigte auf der einen und nicht nachrangige Insolvenzgläubiger auf der anderen Seite überhaupt in einem Verhältnis von Vorrang und Nachrang zueinander stehen. Dies ist freilich höchst streitig. Ob die in § 245 Abs. 1 Nr. 2, Abs. 2 Nr. 2 InsO ausgedrückte *absolute priority rule* verletzt wird, wenn ein gegenüber Absonderungsberechtigten „nachrangiger" Gläubiger durch den Plan befriedigt wird, während die Befriedigung der absonderungsberechtigten Gläubiger plangemäß ausgesetzt bleibt, war in den ersten Monaten nach Inkrafttreten der InsO Gegenstand höchst kontroverser Erörte-

---

192 Case v. Los Angeles Lamber Products 308 U. S. 306 (1939).
193 *Ferber*, in: Berger/Bähr u. a., 11. Leipziger Insolvenzrechtstag 2000, 43, 47; diesen Zusammenhang verkennt *Kaltmeyer*, ZInsO 1999, 316, 319.
194 AG Mühldorf/Inn, B. v. 27.7.1999, 1 IN 26/99, NZI 1999, 422; LG Traunstein, B. v. 27.8.1999, 4 T 2966/99, DZWIR 1999, 464 = NZI 1999, 461 = ZInsO 1999, 577.
195 Bank of America National Trust and Saving Assoc. v. 203 North Lassal Street Partnership 126 F. 3rd 955 7th cir. 1997; *Ferber*, in: Berger/Bähr u. a., 11. Leipziger Insolvenzrechtstag 2000, 43, 48. Hierzu eingehend *Wittig*, ZInsO 1999, 373 ff.
196 *Warringsholz*, Die angemessene Beteiligung der Gläubiger an dem wirtschaftlichen Wert der Masse aufgrund eines Insolvenzplans, 30 ff., 164 ff.
197 AG Mühldorf/Inn, B. v. 27.7.1999, 1 IN 26/99, NZI 1999, 422.
198 Das LG Traunstein hat dies als Beschwerdeinstanz gehalten; LG Traunstein, B. v. 27.8.1999, 4 T 2966/99, DZWIR 1999, 464 = NZI 1999, 461 = ZInsO 1999, 577.
199 Hierauf reagiert die US-amerikanische Dogmatik mit einer sog. fresh money corrollary oder exception.

rungen. Das AG Mühldorf/Inn und das LG Traunstein[200] haben sich bei der Beantwortung dieser Frage vor ein Problem gestellt gesehen, das sie – unter Berufung auf eine einzelne Fußnote (!) zu einer Literaturstelle[201] – dadurch zu erledigen versucht haben, dass sie schlicht seine Existenz geleugnet haben.[202] Die Argumentation sieht folgendermaßen aus: *Der Reformgesetzgeber, so führen die zitierten Gerichte aus, habe die Rangordnung der Konkursgläubiger abgeschafft und sähe nunmehr eine „Nachrangordnung" gem. § 39 Abs. 1 InsO vor,*[203] *die aber hier nicht einschlägig sei.*[204] *Die mit einem Prozentsatz ihres Forderungsbetrages im Plan befriedigten einfachen („nicht nachrangigen") Insolvenzgläubiger i. S. d. § 38 InsO seien, so die zitierten Gerichte, daher nicht „nachrangig" gegenüber Absonderungsberechtigten, sondern ein „rechtliches Aliud";*[205] *allein gegenüber den nachrangigen Insolvenzforderungen gem. § 39 Abs. 1 InsO genössen nicht nachrangige Insolvenzgläubiger einen Vorrang.*[206] Diese Meinung kommt zu dem Ergebnis, dass § 245 Abs. 1 Nr. 2 InsO auf Absonderungsberechtigte überhaupt nicht anwendbar ist.[207] Wäre dies richtig, käme § 245 Abs. 2 Nr. 2 InsO im Verhältnis zwischen gesicherten und ungesicherten Gläubigern mit der Folge nicht zur Anwendung, dass die Befriedigung der gesicherten Gläubiger und die Verwertung der für ihre Forderungen bestellten Sicherheiten ausgesetzt werden könnten, während die ungesicherten Gläubiger zu befriedigen wären. Für diese Auslegung scheint daher nur vordergründig die Entwicklung zu sprechen, die die Behandlung der Sicherheiten im Konkurs vor In-Kraft-Treten der InsO durchlaufen hat. So hat der Vorschlag Henckels,[208] die nach altem Recht gem. § 4 Abs. 2 KO zur bevorzugten Befriedigung außerhalb des Konkursverfahrens berechtigenden Sicherungsrechte in die – durch die Reform allerdings abgeschaffte – Prioritätenordnung der Konkursgläubiger einzuordnen,[209] kein Gehör gefunden. Gleichwohl hat die InsO die Rechtsausübung der absonderungsberechtigten Gläubiger in das Insolvenzverfahren eingebunden. Betrachtet man die Gläubiger vorkonkurslich begründeter Forderungen nach ihrer Befugnis zum Zugriff auf die Sollmasse, fällt auf, dass den Absonderungsberechtigten eine Erlösauskehr aus der Masseverwertung vor den einfachen Insolvenzgläubigern zusteht. Das wird besonders in dem durchaus nicht seltenen Falle solcher Verfahren deutlich, in denen eine (von Sicherheitenrechten) freie Masse erst durch (sei es nach den §§ 170, 171 InsO oder sei es aufgrund von Vereinbarungen zwischen Insolvenzverwalter und Sicherheitengläubigern ausgehandelter) Kostenbeiträge der absonderungsberechtigten Gläubiger konstituiert wird. Die Erwägung, etwaig gesicherte nachrangige Forderungen (nach den Sicherungsabreden wohl insbesondere die nach Verfahrenseröffnung laufenden Zinsen nach § 39 Abs. 1 Nr. 1 InsO) blieben stets nachrangige Forderungen,[210] führt demgegenüber in

---

200 AG Mühldorf/Inn, B. v. 27.7.1999, 1 IN 26/99, NZI 1999, 422; LG Traunstein, B. v. 27.8.1999, 4 T 2966/99, DZWIR 1999, 464 = NZI 1999, 461 = ZInsO 1999, 577; beide Entscheidungen mit Besprechungen von *Braun,* NZI 1999, 473 und – scharf ablehnend – *Smid,* InVo 2000, 1.
201 NR-*Braun,* InsO, § 245 Rn. 22.
202 Dem schließt sich Uhlenbruck-*Lüer,* InsO, § 245 Rn. 24 an.
203 Statt aller Leonhardt/Smid/Zeuner-*Smid,* InsO, § 39 Rn. 1 f.
204 Konträr dagegen: Uhlenbruck-*Lüer,* InsO, § 245 Rn. 24 u. *Braun,* NZI 1999, 473.
205 So Braun-*Braun/Frank,* InsO, § 245 Rn. 9 wie bereits in NR-*Braun,* InsO, § 245 Rn. 22. Krit. dagegen *Smid,* InVo 2000, 1; *Eidenmüller,* Obstruktionsverbot, Vorrangregel u. Absonderungsrechte, in: Kapitalgeberansprüche, Marktwertorientierung u. Unternehmenswert, 194.
206 Braun-*Braun/Frank,* InsO, § 245 Rn. 9; Uhlenbruck-*Lüer,* InsO, § 245 Rn. 24.
207 Krit. dagegen *Eidenmüller,* Obstruktionsverbot, Vorrangregel u. Absonderungsrechte, in: Kapitalgeberansprüche, Marktwertorientierung u. Unternehmenswert, 190 et passim.
208 Vgl. *Serick,* Eigentumsvorbehalt und Sicherungseigentum, 5; *Serick,* Mobiliarsicherheiten und Insolvenzrechtsreform, § 81 II 1.
209 *Henckel,* DJT 030, Sitzungsbericht O zum 51. DJT, 1976, 8 ff.
210 NR-*Braun,* InsO, § 245 Rn. 22.

die Irre. Denn die absonderungsberechtigten Gläubiger treten im neuen Recht sowohl mit ihren dinglichen Sicherheiten als auch als Insolvenzgläubiger (sei es ohne, sei es mit Nachrang) in Erscheinung, da sie mit ihrem Ausfall (§ 52 InsO) bedingte Forderungen (§ 41 InsO) anmelden. § 52 Satz 2 InsO zeigt aber, dass ein – untechnisches – Nachrangverhältnis zwischen dem Vorgehen aus der Sicherheit und der Befriedigung der Insolvenzforderung besteht. Im US-amerikanischen Recht wird selbstverständlich eine Rangfolge von gesicherten (senior claims) und ungesicherten Gläubigern (junior claims) gesehen. Nach alledem ist auch im deutschen Recht im Rahmen der Auslegung des § 245 Abs. 2 Nr. 2 InsO sowohl aus Gründen systematischer Stimmigkeit der Vorschrift des § 245 InsO als auch des im Gesetz angelegten Erhalts der Sicherungsrechte (arg. §§ 169, 172 InsO[211]) von einem Nachrang ungesicherter einfacher Insolvenzgläubiger nach den gesicherten Insolvenzgläubigern zu sprechen.[212] Diese systematischen Gründe sprechen schließlich dafür, die absolute priority-Regelung des § 245 Abs. 1 Nr. 2, Abs. 2 Nr. 2 InsO auch auf absonderungsberechtigte Gläubiger anzuwenden; hiervon ist im übrigen auch der Gesetzgeber ausdrücklich ausgegangen.[213]

Folgt man entgegen der vorherrschenden Meinung der hier vertretenen Ansicht, ergeben sich daraus Probleme, die das Verfahren nach § 245 InsO gegenüber Absonderungsberechtigten schlechthin ausschließen – was die Neigung der herrschenden Lehre, die Regelung des § 245 Abs. 2 Nr. 2 InsO wenigstens teilweise ihres Inhalts zu berauben, nur zu verständlich werden lässt.

18.90

Das **praktische Beispiel** des AG Mühldorf/Inn und des LG Traunstein[214] macht deutlich, dass damit in der Unternehmensinsolvenz Insolvenzpläne ohne oder gar gegen die Absonderungsberechtigten ausgeschlossen wären. Für Fälle einer Betriebsfortführung freilich bestehen dafür gute Gründe. Denn das geltende Recht erlaubt es nicht, die Absonderungsberechtigten über den durch die §§ 169, 172 InsO, § 30e ZVG bestimmten Rahmen hinaus zugunsten ungesicherter Gläubiger zur Finanzierung einer Betriebsfortführung zu Sonderopfern heranzuziehen.[215]

18.91

Bruns[216] hat die Frage gestellt, ob die Behandlung von Grundpfandrechten im Insolvenzplanverfahren das Ende deutscher Immobiliarsicherheiten bedeute. Dabei hat Bruns den Fall des AG Mühldorf/Inn bzw. des LG Traunstein im Auge gehabt, mit dem die Fortführung des insolvenzschuldnerischen Betriebs durch den Insolvenzplan auf Kosten der grundpfandrechtlich gesicherten Bank vorgesehen war. Ausgangspunkt der Erwägungen *Bruns*[217] ist der Minderheitenschutz der grundpfandrechtlich gesicherten Gläubiger nach § 251 Abs. 1 InsO. Hier sieht *Bruns* das deutsche Gegenstück des US-amerikanischen best-interest-tests. An dieser Prämisse mag man deshalb zweifeln, weil gemeinhin der best-interest-test in § 245 Abs. 1 Nr. InsO gesehen wird.

18.92

---

211 *Smid*, Kreditsicherheiten, § 18 Rn. 25 ff. et passim; *Smid*, Grundzüge des Insolvenzrechts, § 1 Rn. 78; *Bilgery*, DZWIR 2001, 316.
212 *Smid*, InVo 2000, 1 ff.; *Smid*, WM 2002, 1033, 1035; eingehend auch *Herzig*, Das Insolvenzplanverfahren, 295 ff.
213 Vgl. zu der Begründung zu § 279 Abs. 2 Nr. 2 *Eidenmüller*, Obstruktionsverbot, Vorrangregel u. Absonderungsrechte, in: Kapitalgeberansprüche, Marktwertorientierung u. Unternehmenswert, 195.
214 AG Mühldorf/Inn, B. v. 27.7.1999, 1 IN 26/99, NZI 1999, 422; LG Traunstein, B. v. 27.8.1999, 4 T 2966/99, DZWIR 1999, 464 = NZI 1999, 461 = ZInsO 1999, 577.
215 Dabei wird nicht verkannt, dass insbesondere die absonderungsberechtigten Gläubiger vorkonkurslich auf das Schuldner Einfluss genommen haben, den es rechtfertigt, sie in das Insolvenzverfahren „einzubinden", – denn die Insolvenzfestigkeit des Vorrechts jedenfalls der *Grundpfandgläubiger* rechtfertigt sich aus deren Publizität, vgl. *Häsemeyer*, Insolvenzrecht, 4. Aufl. 2007, Rn. 18.04ff.
216 *Bruns*, KTS 2004, 1 ff.
217 *Bruns*, KTS 2004, 1, 7.

In der Tat wird aber der einzelne Insolvenzgläubiger über die Ersetzung der Zustimmung einer dissentierenden Gruppe hinaus auch dann nach dem best-interest-test geschützt, wenn seine individuelle Rechtsposition durch den Plan gegenüber einer Abwicklung in einem liquidierenden Insolvenzverfahren verschlechtert würde. *Bruns*[218] lässt zunächst offen, ob § 251 InsO das Absonderungsrecht des grundpfandrechtlich gesicherten Gläubigers gem. § 49 InsO schlechthin gegenüber einer Beeinträchtigung schützt – was im Übrigen der Tod eines jeden Insolvenzplanverfahrens wäre, in dem Grundpfandgläubiger auftreten – oder ob der Grundpfandgläubiger die Gewähr erhält, jedenfalls den Liquidationswert zu erzielen. Dabei unterstellt Bruns im Übrigen zu Recht, dass es sich bei Absonderungsberechtigten um bevorrechtigte Gläubiger i. S. v. der absolute priority rule des § 245 Abs. 1 Nr. 2 i. V. m. Abs. 2 InsO handelt. Da aber nach seinen Grundannahmen jeder grundbuchrechtliche Rang eines Grundpfandgläubigers diesem eine eigene, gegenüber den anderen Grundpfandgläubigern abgehobene rechtliche Stellung verschafft, fordert Bruns aus verfassungsrechtlichen Gründen der Ungleichbehandlung gleicher Sachverhalte (Art. 3 Abs. 1 i. V. m. Art. 14 Abs. 1 GG), dass jeder Grundpfandgläubiger eine Einzelgruppe im Verfahren gem. § 222 Abs. 2 Satz 1 InsO bilden müsse.[219] Etwas umständlich meint er, das „Ermessen" des Planinitiators sei aufgrund des verfassungsrechtlich gebotenen Schutzes des Eigentums des Grundpfandgläubigers „auf Null reduziert".[220] Bruns unausgesprochene Prämisse lautet, dass die verschiedenen grundbuchlichen Ränge der Grundpfandgläubiger mehr oder weniger an dem zu erzielenden Erlös der Immobilie im Falle der Zwangsversteigerung zu partizipieren in der Lage wären. Geht man von dem fiktiven Fall eines mit an drei aufeinander folgenden Rangstellen mit zusammen 1.000.000 € belasteten Grundstücks aus, bei dem geringstes Gebot nach der 7/10-Regelung des § 74a ZVG 1, 2 Millionen € ist, überzeugt Bruns Prämisse nicht. Denn der rechtliche Unterschied der verschiedenen Rangstellen kommt wirtschaftlich nicht zum Tragen – und hat somit auch rechtlich im Kontext des ZVG-Verfahrens keine Bedeutung, was sich wiederum auf die Gruppenbildung nach § 222 InsO niederschlägt: Nichts spricht in diesem Fall dagegen, die grundpfandrechtlich gesicherten Gläubiger in einer Gruppe zusammenzufassen, wie es der Gesetzgeber ja auch in § 222 Abs. 1 Nr. 1 InsO vorgesehen hat. Hat bei einer Liquidation nur der erstrangige Grundpfandgläubiger Aussicht auf Befriedigung, spricht ebenfalls nichts dagegen, diejenigen Grundpfandgläubiger, die bei der Liquidation (also der Zwangsversteigerung gem. § 49 i. V. m. ZVG) ausfallen würden, in einer Gruppe zusammenzufassen; allerdings ist Bruns darin zu folgen, dass die Unterscheidung dieser Gläubiger gegenüber den erstrangigen Gläubigern mit Befriedigungsaussicht geboten ist.

18.93 Für einen Liquidationsplan bedarf es von vornherein anderer Erwägungen, als sie Bruns empfiehlt. Denn im Gegensatz zum Reorganisations- und Fortführungsplan sieht der Liquidationsplan des Schuldners die Gesamtabwicklung des schuldnerischen Vermögens vor. Die Verwertung der Immobilien wird durch den Liquidationsplan in ein Gesamtkonzept eingebunden. An dieser Stelle liegt die augenfällige Schwäche der Argumentation Bruns. Er meint nämlich,[221] der Schutz des individuellen Absonderungsrechts des einzelnen Grundpfandgläubigers entspreche dem „Zwecke" des Insolvenzplanverfahrens. Ihm ist freilich darin Recht zu geben, dass das deutsche Insolvenzplanverfahren gem. § 1 Satz 1 InsO sich nach seinem „Zweck" nicht von dem Verfahren unterscheidet, das nach den allgemeinen Regeln des Insolvenzrechts als Liqui-

---

218 *Bruns*, KTS 2004, 1, 7.
219 *Bruns*, KTS 2004, 1, 9 ff.
220 *Bruns*, KTS 2004, 1, 12.
221 *Bruns*, KTS 2004, 1, 12.

dationsverfahren durchgeführt wird: Denn es wird allgemein anerkannt, dass auch das Insolvenzplanverfahren der gemeinschaftlichen Gläubigerbefriedigung dient, die auch ohne ihre explizite gesetzliche Normierung in § 1 Satz 1, 1. Hs. InsO als strukturbildendes Element einem jeden Insolvenzrecht zugrunde liegt.[222] Dieses Element der „Gemeinschaftlichkeit" der Gläubigerbefriedigung – par conditio creditorum – glaubt Bruns außer Acht lassen zu können; sind die absonderungsberechtigten Gläubiger gem. § 51 InsO mit Mobiliarsicherheiten gem. § 166 ff. InsO dem konkurslichen Regime unterworfen, da der Insolvenzverwalter die Verwaltungs- und Verfügungsbefugnis über das Absonderungsgut grundsätzlich ausübt, scheint Bruns, ohne dies ausdrücklich zu thematisieren, die Berechtigung der Grundpfandgläubiger, außerhalb des Insolvenzverfahrens gem. § 49 InsO die belastete Immobilie im Wege der Zwangsversteigerung verwerten zu dürfen, zum Anlass zu nehmen, die Grundpfandgläubiger gleichsam aus der Betrachtung eines Insolvenz- als „Gesamtverfahren", um die Diktion des Art. 1 EuInsVO aufzugreifen, herauszunehmen. So spricht Bruns[223] zwar die Befugnis des Insolvenzverwalters oder des eigenverwaltenden Schuldners an, gem. § 30d ZVG die einstweilige Einstellung des Zwangsversteigerungsverfahrens zu betreiben, um eine günstigere Verwertung der Immobilie im Rahmen der Masseverwertung herbeizuführen. Er meint indes, dass der Schutz gegen nutzungsbedingte Wertverluste gem. § 30e ZVG bzw. § 143b Abs. 2 ZVG dazu führe, *„dass Grundpfandrechte in ihrer Werthaltigkeit im Liquidationsverfahren ..."* keiner gravierenderen Beeinträchtigung ausgesetzt sind".[224]

Damit vernachlässigt Bruns indes, dass die Befugnis des grundbuchlich erstrangigen Grundpfandgläubigers zur zwangsversteigerungsweisen Verwertung der Immobilie außerhalb des Insolvenzverfahrens zwei Konsequenzen nach sich ziehen kann, die gerade aus der Perspektive der verfassungsrechtlich unterlegten Prüfung durch Bruns ausgesprochen unerwünscht sein müssen. Mit der Zwangsversteigerung, die regelmäßig Wertverluste nach sich zieht, kann der grundbuchlich erstrangige Grundpfandgläubiger regelmäßig seine Befriedigung sicherstellen, während insbesondere angesichts fortgesetzt fallender Preise auf dem Immobilienmarkt[225] die grundbuchlich nachrangigen Grundpfandgläubiger ebenso leer ausgehen wie die ungesicherten Insolvenzgläubiger. Hand in Hand damit geht, dass das Verfahren der Zwangsversteigerung wegen der begrenzten Beitrittsmöglichkeiten der grundbuchlich nachrangigen Grundpfandgläubiger zum Verfahren (§ 74a ZVG) – ebenso wie der Möglichkeit der Gewährung von Ausbietungsgarantien durch betreibende Beteiligte[226] – eine erheblich geringere Transparenz aufweist, als sie dem Insolvenzverfahren sowohl nach allgemeinen Regeln als auch nach den Regeln über den Insolvenzplan eigen ist.

18.94

Legt daher der Schuldner einen Liquidationsplan vor, können die von *Bruns* angesprochenen verfassungsrechtlichen Bedenken erst da zur Geltung kommen, wo der Plan den Grundpfandgläubigern Eingriffe in ihre Rechtsstellung abverlangt, die aufgrund ihrer grundbuchlichen Rangstelle Aussicht auf einen Versteigerungserlös hätten. Das macht deutlich, dass es beim Liquidations-, anders als beim Reorganisations- und Fortführungsplan nicht um Stundungen geht, wie sie der grundpfandrechtlich gesicherten Bank im Mühldorfer Fall auferlegt worden waren.[227] Im Falle eines Liquidationsplans stellt sich naturge-

18.95

---

222 Vgl. allein *Smid*, Grundzüge des Insolvenzrechts, § 1.
223 *Bruns*, KTS 2004, 1, 2.
224 *Bruns*, KTS 2004, 1, 2.
225 Worauf es indes nicht ankommt.
226 Vgl. *Stöber*, ZVG, § 71 Anm. 8.1 ff.
227 Vgl. AG Mühldorf/Inn, B. v. 27.7.1999, 1 IN 26/99, NZI 1999, 422.

mäß die Frage nach einer möglichen Schlechterstellung des Grundpfandgläubigers, dessen grundbuchliche Rangstelle seine Befriedigung sicherstellen würde. Dieser Grundpfandgläubiger kann versucht sein, aus den unterschiedlichsten wirtschaftlichen Gründen seine Schlechterstellung dadurch darzutun, dass er z. B. potentielle Bieter präsentiert. Demgegenüber bietet die Orientierung am Verkehrswert des Grundstücks und der 7/10-Regelung den Vorteil, dass an normativ niedergelegte Kriterien bei der Beurteilung des best-interest-tests angeknüpft werden kann – deren Verfassungskonformität im Lichte des Art. 14 Abs. 1 GG im Übrigen nicht in Frage steht. Dies alles lässt Bruns aufgrund der auf Fortführungspläne begrenzten Perspektive seiner Darstellung unerörtert. Gleichwohl bedarf es aber näherer Überlegung: denn gegenüber der 7/10-Regelung trägt der Grundpfandgläubiger, der sich auf eine bessere Verwertungsmöglichkeit im Rahmen einer Zwangsversteigerung beruft, hierfür jedenfalls die Darlegungs- und Beweislast.[228] Auch wenn man das Insolvenz- und Insolvenzplanverfahren zutreffend als Verfahren nicht streitiger freiwilliger Gerichtsbarkeit betrachtet,[229] in dem der Amtsermittlungsgrundsatz gem. § 5 Abs. 1 InsO vorherrscht, muss doch der Beteiligte, der eine ihm günstige Entscheidung herbeiführen will, die entsprechenden Tatsachen nicht nur vortragen, sondern auch unter Beweis stellen. Dies gilt auch für das Verfahren nach § 251 Abs. 1 InsO bzw. § 245 Abs. 1 Nr. 1 InsO.

18.96 Nach alledem stehen die Erwägungen *Bruns'* den hier entwickelten Grundsätzen nicht im Wege. Denn *Bruns*[230] wendet die absolute priority rule zwar auf das Verhältnis von Grundpfandgläubigern und ungesicherten Gläubigern und wohl auch im Verhältnis der Grundpfandgläubiger untereinander an. Hochgradig dunkel wird es indes, bedenkt man das Verhältnis der verschiedenen grundbuchlichen Rangklassen grundpfändlich gesicherter Absonderungsberechtigter auf der einen und der Gläubiger mit Absonderungsrechten aufgrund von Mobiliarsicherheiten auf der anderen Seite. Sind insofern die Grundpfandgläubiger in ihrer Gesamtheit den Absonderungsberechtigten gem. § 51 InsO i.S. v. § 245 Abs. 1 Nr. 2 InsO „vorrangig"? *Bruns*[231] beantwortet diese Frage nicht, er stellt sie nicht einmal. Diese Frage kann man nicht dadurch umgehen, dass man behauptet, der jeweilige Vorrang des absonderungsberechtigten Gläubigers beziehe sich auf seine dinglich begründete Rangstelle. Denn durch die Regelung eines Liquidationsinsolvenzplans wird eine einheitliche Insolvenzmasse gebildet und nach Maßgabe der jeweiligen Berechtigung den Verfahrensteilnehmern durch die Festlegung von Dividenden zugewiesen.

18.97 In der durch amerikanische Termini geprägten Rechtssprache des Insolvenzplanverfahrens altertümlich klingend ausgedrückt lässt sich dies so formulieren: Die *ratio* des § 245 Abs. 2 Nr. 2 InsO liegt darin, dass den Absonderungsberechtigten im Verhältnis zu anderen Gläubigern keine Sonderopfer durch den Insolvenzplan zugemutet werden dürfen. Das Maß zur Bestimmung dafür, ob die Absonderungsberechtigten „angemessen" oder „unangemessen" an dem aufgrund des Planes den Gläubigern zufließenden Wert beteiligt werden, folgt im Falle des Liquidationsplanes wie im Falle des Regelinsolvenzverfahrens daraus, dass der aus dem Absonderungsrecht folgende Vorrang *dinglich* auf den Verwertungserlös des Pfandrechtsgegenstandes *beschränkt* ist.[232]

---

228 Muss die Schlechterstellung glaubhaft machen, AG Charlottenburg, B. v. 20.11.2007, 36w IN 4732/06, Rn. 12 nach juris.
229 Vgl. NR-*Becker*, InsO, § 5 Rn. 1; *Smid*, Grundzüge des Insolvenzrechts, § 1 Rn. 72 ff. m. w. N.
230 *Bruns*, KTS 2004, 1, 9 f.
231 *Bruns*, KTS 2004, 1, 9 f.
232 So zutr. *Eidenmüller*, Obstruktionsverbot, Vorrangregel u. Absonderungsrechte, in: Kapitalgeberansprüche, Marktwertorientierung u. Unternehmenswert, 197.

18.98 Vor diesem Hintergrund schlägt *Eidenmüller*[233] vor, die Regelung des § 245 Abs. 2 Nr. 2 InsO auf solche Fälle zu beschränken, in denen die absonderungsberechtigten Gläubiger durch den Plan nicht wenigstens den Wert erhalten, der dem Erlös des Sicherungsgutes entspricht. Damit würde indes das *Kernproblem* der Anwendung der absolute priority-Regelung im deutschen Insolvenzplanverfahren nicht gelöst. Denn damit würde die Partizipation des gesicherten Gläubigers am „Plangewinn" bzw. genauer an dem aufgrund des Planes erzielten Mehrerlös ausgeschlossen,[234] die durch § 245 Abs. 2 Nr. 2 InsO sichergestellt werden soll.

18.99 Damit wäre aber auch die Liquidation des Schuldnervermögens durch einen *single asset real estate*-Plan auf den guten Willen der Grundpfandgläubiger angewiesen;[235] deren „Akkordstörung" würde einen Insolvenzplan immer dann zu Fall bringen, wann immer die nicht nachrangigen Insolvenzgläubiger aufgrund des Planes eine Quote erhielten. Können sich die grundpfandrechtlich gesicherten Gläubiger nicht auf ein gemeinsames Vorgehen zur Erteilung von Löschungsbewilligungen verständigen, um eine freihändige Verwertung der Immobilie möglich zu machen, ergäbe sich aus der absolute priority rule des § 245 Abs. 1 Nr. 2, Abs. 2 Nr. 2 InsO die wenig zielführende Konsequenz, dass – geht man von dem oben geschilderten Beispielsfall aus – der Schuldner die Zwangsversteigerung der Immobilien hinnehmen müsste, ohne die Möglichkeit einer wirtschaftlicheren Verwertung durch freihändigen Verkauf nutzen zu können.

18.100 Soll nicht ein systematisch abgesichertes Verständnis der Anwendung des § 245 Abs. 1 Nr. 2 InsO auch auf absonderungsberechtigte Gläubiger die Funktionstauglichkeit der Regeln des Insolvenzplanrechts aushebeln, stellt sich die Frage nach der Möglichkeit einer nicht nur im Einzelfall ansetzenden, sondern selbst systematisch rückgekoppelten teleologischen Reduktion dieser Vorschrift.[236]

18.101 Zwischen Sanierungsplänen und Fällen von Liquidationsplänen besteht freilich ein augenfälliger Unterschied.[237] Der Sanierungsplan steht (regelmäßig) der „unverzüglichen" Verwertung der Massegegenstände (vgl. § 159 InsO) entgegen, arg. § 233 Satz 1 InsO.[238] Der Liquidationsplan richtet sich demgegenüber gegen eine *bestimmte* Art der Verwertung, der eine ökonomisch sinnvollere entgegengestellt wird. Während daher der Sanierungsplan die gesicherten Gläubiger, regelmäßig die Grundpfandgläubiger, zum „Stehen lassen" von Sicherheiten und Weiterfinanzierung zwingt, stellt sich der Liquidationsplan als besondere Form der insolvenzverfahrensrechtlichen Universalexekution dar.

18.102 Grundpfandgläubiger werden durch eine freihändige Verwertung der Immobilien regelmäßig gegenüber der Zwangsversteigerung nicht i. S. v. § 245 Abs. 1 Nr. 1 InsO schlechter gestellt. Dies spielt indes nicht allein im Kontext des best interest tests eine Rolle, sondern ist auch im Rahmen der absolute priority-Regelungen des deutschen Insolvenzrechts relevant. Die Befürchtung, damit drohten die Bedeutungsgrenzen der Nr. 1 und 2 des § 245 Abs. 1 InsO verschoben zu werden, hat bereits *Eidenmüller*[239] zutreffend abgetan.

---

233 *Eidenmüller*, Obstruktionsverbot, Vorrangregel u. Absonderungsrechte, in: Kapitalgeberansprüche, Marktwertorientierung u. Unternehmenswert, 198.
234 Wie *Eidenmüller*, Obstruktionsverbot, Vorrangregel u. Absonderungsrechte, in: Kapitalgeberansprüche, Marktwertorientierung u. Unternehmenswert, 199 meint.
235 Was auch Autoren wie *Braun*, KTS 2004, 1 im Ergebnis ebenfalls befürchten!
236 Zutr. *Eidenmüller*, Obstruktionsverbot, Vorrangregel u. Absonderungsrechte, in: Kapitalgeberansprüche, Marktwertorientierung u. Unternehmenswert, 198.
237 Demgegenüber geht *Eidenmüller*, Obstruktionsverbot, Vorrangregel u. Absonderungsrechte, in: Kapitalgeberansprüche, Marktwertorientierung u. Unternehmenswert, 198, weiter, indem er mit einer einschränkenden Auslegung des § 245 Abs. 1 Nr. 2 InsO für alle Arten von Plänen die Anwendung der absolute-priority-Regelung begrenzen will.
238 Uhlenbruck-*Lüer*, InsO, § 233 Rn. 2–7 f.: In diesem Zusammenhang kommt es nicht darauf an, ob diese Vorschrift auf den Verwalterplan anwendbar ist.
239 *Eidenmüller*, Obstruktionsverbot, Vorrangregel u. Absonderungsrechte, in: Kapitalgeberansprüche, Marktwertorientierung u. Unternehmenswert, 2003, 198.

18.103 Es gelingt freilich auch nicht, die Anwendbarkeit der absolute priority-Regeln durch einen Rückgriff auf die oben beschriebene „Akzessorietät" von Sicherheit und Forderung „auszuhebeln", denn dies würde sich danach als logischer Trugschluss erweisen: Wird die Forderung durch Regelungen des Planes gekürzt, folgt daraus nicht, dass, weil das Sicherungsrecht des gesicherten Gläubigers insoweit nicht mehr valutiert, er auch aus der Sicherheit schon materiellrechtlich nicht mehr vorgehen kann und er daher am Wert angemessen i. S. d. § 245 Abs. 2 Nr. 2 InsO beteiligt wird. Denn diese Sichtweise würde verkennen, dass die Forderung, die einer Kürzung usf. unterworfen wird, als *gesicherte* Forderung anzusehen ist.

18.104 Freilich ist insoweit zu **differenzieren**, was der oben dargestellte Beispielsfall (oben Rn. 18.91) deutlich macht. Dazu bedarf es einer **weiteren Erwägung**. Grundschulden lauten über einen bestimmten Betrag. Es ist aber selbstverständlich, dass sie aufgrund der zugrunde liegenden Sicherungsabrede ebenso wenig zum Nennbetrag zu realisieren sind, wie Sicherungseigentum trotz fehlender Valutierung durchgesetzt werden kann. Hier interessiert allein, dass im Insolvenzverfahren Grundpfandrechte durch einen Insolvenzplan nur insoweit betroffen werden können, wie sie a) aufgrund des Bestandes der gesicherten Forderung *valutieren und* b) das Grundpfandrecht *werthaltig* ist. Wird daher die durch ein werthaltiges (etwa in unserem Beispielsfall: ein grundbuchlich erstrangiges) Grundpfandrecht gesicherte Forderung eingeschränkt, kommt die absolute priority Regel zur Anwendung. Valutiert das Grundpfandrecht, ist es aber nicht werthaltig, weil es nicht durchgesetzt werden könnte, kommt es nicht zur Anwendung der absolute priority-Regeln.

18.105 Dies ist davon unabhängig, dass in diesem Fall der Gläubiger nach dem best interest test gem. § 245 Abs. 1 Nr. 1 InsO aufgrund des Insolvenzplans nicht schlechter als im Regelinsolvenzplan steht. Entscheidend *dafür* ist, dass ein grundbuchlich „schlecht" platzierter Grundpfandgläubiger im Insolvenzverfahren nicht besser steht als im Regelinsolvenzverfahren. Dort könnte der Grundpfandgläubiger im Wege der Zwangsversteigerung ebenso wenig erfolgreich vorgehen wie außerhalb des Insolvenzverfahrens.

18.106 Für die Anwendbarkeit der absolute priority-Regelung kommt es darauf an, ob die insolvenzrechtlich anerkannte Vorrechtsordnung durch den Insolvenzplan betroffen ist. Ein *Vorrecht* (dessen Schutz nach dem oben [Rn. 18.60 ff.] Dargestellten die absolute priority rule beabsichtigt), genießt die Forderung nur, soweit die Sicherheit *wirklich* reicht. Der Gläubiger, dessen Forderung mit einer grundbuchlich nachrangigen Grundschuld gesichert ist, wird auch dann an der Verteilung der Masse *nicht unangemessen* beteiligt, wenn Insolvenzgläubiger „etwas" erhalten: Denn er steht auch rechtlich nicht anders als ungesicherte Insolvenzgläubiger dar, weil eine Zwangsvollstreckung in die Immobilie aus seinem Grundpfandrecht unergiebig geblieben wäre.

18.107 Wenn aber die **Werthaltigkeit von Grundpfandrechten** für die Anwendbarkeit der Regeln über den Vorrangschutz im Insolvenzplanverfahren entscheidend ist, stellt sich die Frage nach dem Bewertungsmaßstab. Für Grundpfandrechte bedarf es anders als bei beweglichem Sicherungsgut (sicherungsübereigneten Sachen und sicherungszedierten Forderungen und Rechten) keiner wirtschaftlichen Bewertung. Das Gesetz – das ZVG – gibt den Bewertungsmaßstab durch das geringste Gebot. Der mit dem Insolvenzplan gem. § 245 Abs. 1 Nr. 2, Abs. 2 Nr. 2 InsO zu berücksichtigende Vorrang des Grundpfandgläubigers reicht daher soweit wie das geringste Gebot.

18.108 Der Insolvenzplan wird weitere Anwendung finden, sobald die ihn strukturierenden Regelungen begriffen werden können. Dabei müssen gekünstelte Konstrukte wie die Beschreibung von Absonderungsrechten als „Aliud" zugunsten einer Untersuchung der sich aus dem deutschen Recht ergebenden Sachkriterien verabschiedet werden. Der hier entwickelte Vorschlag beschränkt sich zunächst auf eine eng umrissene Fallgruppe; er versteht sich als Ansatz, von dem aus Fälle einer Sanierung von Unternehmensträgern diskutiert werden können.

V. Regelung des § 245 Abs. 1 Nr. 3 InsO

1. Mehrheitsentscheidungen, Gläubigerautonomie und numerische Minderheiten bei der Bestätigung des Insolvenzplans

18.109 Nur vordergründig unproblematisch erscheint die Auslegung der Vorschrift des § 245 Abs. 1 Nr. 3 InsO; sie ist nämlich durchaus nicht frei von erheblichen Bedenken. Denn die Vorschrift verweist auf Verfahren der Gläubigerautonomie, die dem Insolvenzverfahren als einem in die Hand der Gläubigergemeinschaft[240] gelegten, vom Gericht beaufsichtigten Exekutionsverfahren[241] wesenseigen sind. Bereits das überkommene Konkurs- und Gesamtvollstreckungsrecht sah mit dem Institut des Zwangsvergleichs gem. §§ 173 ff. KO bzw. § 16 GesO die Möglichkeit einer Beendigung des Insolvenzverfahrens aufgrund einer Mehrheitsentscheidung der Gläubiger vor. Freilich sind für das Zustandekommen eines Zwangsvergleichs qualifizierte Mehrheiten von Insolvenzgläubigern erforderlich: § 182 Abs. 1 Nr. 1 und Nr. 2 KO und § 16 Abs. 4 GesO forderten eine Mehrheit der im Termin anwesenden Gläubiger *und* eine Mehrheit von drei Vierteln der Gesamtsumme aller stimmberechtigten Forderungen. Das Verfahren der Abstimmung nach Gruppen würde es nach dem Wortlaut des § 245 Abs. 1 Nr. 3 InsO demgegenüber ermöglichen, dass eine **numerische Minderheit** von Beteiligten sowohl gemessen nach Kopfzahlen als auch nach der Summe der von ihnen angemeldeten Forderungen die Annahme des Insolvenzplans bewirken kann, sofern sie nur die Mehrheit von Abstimmungsgruppen majorisiert. Das hört sich wenig überzeugend an, erhält aber durch die gesetzliche Regelung der Gruppenbildung gem. § 222 InsO Nahrung. Bleibt es bei den von Gesetzes wegen in § 222 Abs. 1 InsO vorgesehenen Abstimmungsgruppen, ist die hier angesprochene Gefahr relativ gering; sie steigt aber proportional zur Zahl der nach § 222 Abs. 2 InsO zusätzlich durch den Plan selbst initiierten Gruppen. Der Gesetzgeber hat sich darüber im Übrigen keine Gedanken gemacht.

18.110 Folgendes Beispiel mag deutlich machen, worum es geht: Der Insolvenzplan in einem Insolvenzverfahren sieht die Bildung der Gruppen nach § 222 Abs. 1 Nr. 1 bis 3 InsO, einer Arbeitnehmergruppe, einer Vermietergruppe, einer Gruppe gebildet aus den Kreditinstituten sowie zwei weiterer Gruppen für Kleingläubiger (Lieferanten und Handwerker, vgl. § 222 Abs. 3 Satz 2 InsO) vor. Die Arbeitnehmergruppe und die Vermietergruppe lehnen die Annahme des Planes wegen einer als unzureichend empfundenen Sozialplanregelung ab. Die Zustimmung der Gruppe von nachrangigen Gläubigern gem. § 222 Abs. 1 Nr. 3 InsO wird nach § 246 InsO fingiert. Die Gruppe der Absonderungsberechtigten (also die der Kreditinstitute) und die Gruppen der Kleingläubiger erteilen dem Insolvenzplan mit knappen gruppeninternen Mehrheiten ihre Zustimmung. Die genannten Gruppen, die positiv durch Mehrheitsbildung dem Plan zugestimmt haben, repräsentieren nicht notwendig die Mehrheit der abstimmungsberechtigten Gläubiger, stellen aber die Mehrheit der durch den Plan gebildeten Abstimmungsgruppen dar. Die Vermietergruppe und die Arbeitnehmergruppe, die einen wesentlichen Teil der Forderungen neben der Gruppe § 222 Abs. 1 Nr. 2 InsO repräsentieren, werden m. a. W. in dem hier gebildeten Beispiel „ausgeschaltet". Die Fiktion des § 246 InsO bleibt zwar bei der Berechnung der Mehrheiten außer Ansatz;[242] das führt aber nur dazu, dass wenigstens *eine* der an der Abstimmung beteiligten Gruppen dem Insolvenzplan zugestimmt haben muss.

18.111 Die außerordentlich problematische Frage nach der Gruppenbildung im Plan ist bereits diskutiert worden (oben Kapitel 12); diesem Verfahren wohnen erhebliche Manipulationsgefahren inne. Fraglich ist, wie dieser Gefahr begegnet werden kann, dass aufgrund einer numerischen Minderheit gem. § 245 Abs. 1 Nr. 1 und Nr. 2 InsO die Ablehnung des Planes „niedergeschlagen" werden kann. Die Zurückweisung des vorgelegten Insol-

---

240 *Hegmanns*, Der Gläubigerausschuß, 4 ff.; *Pape*, ZIP 1990, 1251 ff.
241 Zum Gesamtvollstreckungscharakter des Insolvenzverfahrens vgl. *Henckel*, FS Merz, 197 ff.
242 So ausdr. Amtl. Begr., BT-Drs. 12/2443, 209 (zu § 290); Beschl.-Empfehlung des RechtsA, BT-Drs. 12/7302, 184 (zu § 290).

venzplans gem. § 231 InsO gibt insoweit wenig her; diese Vorschrift entspricht etwa § 186 KO, der in seiner Nr. 1 eine Verwerfung des Zwangsvergleichs von Amts wegen für den Fall vorsah, dass die für Verfahren und Abschluss des Zwangsvergleichs maßgeblichen Vorschriften nicht beachtet worden sind (näher zu § 231 InsO oben Kapitel 14). Eine Abweichung von den gesetzlichen Vorschriften über den Inhalt des Planes gem. § 231 Abs. 1 Nr. 1 InsO liegt nicht vor. Denn eine von der gesetzlichen Regelung abweichende Gruppenbildung ist nach § 222 Abs. 2 InsO ausdrücklich zulässig, sofern sie nur nach wirtschaftlichen Kriterien erfolgt – was in unserem Beispielsfall eingehalten worden ist: Lieferanten und Handwerker haben durchaus möglicherweise unterschiedliche wirtschaftliche Interessen; ihre Forderungen beruhen zudem auf Rechtsgründen, die ggf. höchst unterschiedlich zu beurteilen sind (man denke nur an das Gewährleistungsrecht!). Dass mit der konkreten Gruppenbildung Missbrauch betrieben werden kann, wird dem Insolvenzgericht insbesondere dann kaum auffallen, wenn der Missbrauch später erfolgreich zur Annahme des Insolvenzplans führt – weil die Initiatoren dann umsichtig und klug vorgegangen sind! Aus diesem Grunde greift auch die insolvenzgerichtliche Kontrolle durch amtswegige Versagung der Bestätigung des Insolvenzplans gem. § 250 InsO nicht: Denn Verfahrensvorschriften werden nicht verletzt (§ 250 Nr. 1 InsO) und daher ist die Annahme des Insolvenzplans auch nicht unlauter herbeigeführt (§ 250 Nr. 2 InsO), selbst wenn sie durch eine (gemessen an den Maßstäben des überkommenen Rechts) im Übrigen nicht dazu legitimierte Minderheit von Gläubigern bewirkt worden ist.

18.112 Es ist nötig, daran zu erinnern, dass dieser Minderheit von Gläubigern durch das Obstruktionsverfahren ein rechtliches Mittel an die Hand gegeben wird, der Entscheidung der Mehrheit die rechtliche Wirksamkeit, die Möglichkeit der Einflussnahme auf das Verfahren zu nehmen. Das gibt Anlass, über Korrekturen nachzudenken. Wie erwähnt, findet sich nirgendwo in den Gesetzesmaterialien ein Hinweis auf die Problematik des § 245 Abs. 1 Nr. 3 InsO. Dass der Gesetzgeber die Möglichkeit eröffnen wollte, dass die Zustimmung auch nur einer Gruppe die Annahme des Planes auf dem Weg der Obstruktionsentscheidung solle bewirken können, steht allerdings außer Zweifel.[243] Freilich bezieht sich dies auf die Fälle des § 245 Abs. 1 Nr. 1 und Nr. 2 InsO; der Fall des § 245 Abs. 1 Nr. 3 InsO wird nicht erörtert. Soll aber eine Obstruktionsentscheidung auch ohne die inhaltlichen (materiellen) Voraussetzungen des § 245 Abs. 1 Nr. 1 und Nr. 2 InsO ergehen können, muss deren Legitimation an die **Verfahrensstruktur des Insolvenzverfahrens** angebunden werden: Die Nr. 1 und Nr. 2 des § 245 Abs. 1 InsO verweisen auf dessen wirtschaftliche Funktion der Haftungsverwirklichung im Insolvenzverfahren; Nr. 3 dieser Vorschrift ist im verfahrensrechtlichen Bereich angesiedelt, dort also, wo die **Gläubigerautonomie** ihren Ort hat. Sie aber verweist auf die Verfahren der kollektiven Entscheidung durch die Gläubiger, die im Übrigen auch nach der InsO gem. deren § 76 Abs. 2 dadurch erfolgt, dass Beschlüsse der Gläubigerversammlung zustande kommen, wenn die Summe der Forderungsbeträge der zustimmenden Gläubiger mehr als die Hälfte der Summe der Forderungsbeträge der abstimmenden Gläubiger beträgt. Im Übrigen spricht der Gesetzgeber selbst in der Überschrift des § 251 InsO von einem „Minderheitenschutz", der keinen Sinn hätte, wenn es stets nur um den Schutz der numerischen Minorität der zustimmenden Gläubiger durch Obstruktionsentscheidungen gegen die dissentierende Gläubigermehrheit ginge.[244] Auch wenn § 251 InsO **keine starke Argumentationsgrundlage** für eine korrigierende Auslegung liefert, bleibt es doch dabei, dass § 245 Abs. 1 Nr. 3 InsO nur dann eine Legitimationsgrundlage für „Obstruktionsentscheidungen" bieten kann, wenn als ungeschriebene Voraussetzung der Ersetzung der Zustimmung diese Vorschrift dahin gehend ergänzt wird, dass die Voraussetzungen des § 76 Abs. 2 InsO vorliegen müssen.

---

243 Amtl. Begr., BT-Drs. 12/2443, 209 (zu § 290).
244 Wobei § 251 InsO dem einzelnen Gläubiger (nur) Schutz davor gewährt, gegen seinen Willen schlechter gestellt zu werden, als er ohne Plan stünde, AG Charlottenburg, B. v. 20.11.2007 – 36w IN 4732/06, Rn. 12 nach juris.

18.113 Andernfalls würde die Verweigerung der Annahme des Plans durch eine oder mehrere Gruppen dazu führen, dass die Mehrheitsregelung des § 244 Abs. 1 Nr. 2 InsO ausgehebelt würde. Diese Regelung bezieht sich zwar ihrem Wortlaut nach auf die Mehrheitsverhältnisse innerhalb der jeweiligen Abstimmungsgruppe. Der Gesetzgeber selbst hat aber in der Amtlichen Begründung zu § 289 RegEInsO ausgeführt, diese Regelung stimme im Ausgangspunkt mit dem überkommenen Recht des gerichtlichen Vergleichs, des Zwangsvergleichs im Konkurs und des Vergleichs im Gesamtvollstreckungsverfahren überein (§ 74 Abs. 1 VerglO, § 182 Abs. 1 KO, § 16 Abs. 4 Satz 3 GesO): Für die Zustimmung der Gläubiger zum Plan wird eine doppelte Mehrheit verlangt, nämlich eine Mehrheit nach der Zahl der Gläubiger (Kopfmehrheit) und eine Mehrheit nach der Höhe der Ansprüche (Summenmehrheit).[245]

18.114 Für die oben angesprochene Ergänzung spricht schließlich auch eine rechtsvergleichende Überlegung: Nach dem US-amerikanischen Recht ist zunächst einmal ausdrücklich gesetzlich geregelte Voraussetzung für die Durchführung eines *cram-down*-Verfahrens, dass mindestens eine Gläubigergruppe dem Plan zugestimmt hat (§ 1129a 10 BC). Dies soll auch im deutschen Recht gelten.[246] Daher hat das Insolvenzgericht also nicht aufgrund eigener, gegenüber derjenigen der Gläubigerversammlung vermeintlich besserer Erkenntnis von Amts wegen auch ohne die wenigstens durch eine Gruppe abstimmungsberechtigter Gläubiger erteilte Zustimmung die Bestätigung zu erteilen. Die Initiative zur Vorlage eines Planes liegt, wie bereits oben angesprochen, nach dem Wortlaut des § 218 InsO bei dem Schuldner oder dem Verwalter.[247] Daher kann es Situationen geben, in denen einem Insolvenzplan die Zustimmung durch alle Gruppen versagt wird, beispielsweise, wenn der Initiator die Unterstützung der ursprünglich an der Planinitiative interessierten Beteiligtengruppen verliert. Dem Insolvenzgericht obliegt in diesen Fällen nicht die Aufgabe einer amtswegigen Prüfung der Voraussetzung der Obstruktion der Beteiligten: Zu einem anderen Ergebnis kommt man auch dann nicht, wenn man es – im Falle des Schuldnerantrags – als Aufgabe des Insolvenzgerichts ansieht, dem insolventen Schuldner den Weg zu einer Restschuldbefreiung zu ebnen – § 1 InsO. Im Falle der Planinitiative des Verwalters (oben Rn. 3.2 ff.) folgt die Notwendigkeit einer amtswegigen Ermittlung der Tatbestandsvoraussetzungen des § 245 InsO auch nicht aus der Aufgabe der Überwachung des Insolvenzverwalters durch das Gericht. Denn die Ablehnung des Plans durch *alle* Gruppen zeigt bereits, dass *diese* Maßnahme des Verwalters wenigstens nicht sinnvoll war: *Mehr* muss das Insolvenzgericht insoweit nicht wissen, als dass es um die Frage der Bestätigung eines abgelehnten Insolvenzplans geht. Und etwas anderes ergibt sich selbst dann nicht, wenn man § 78 InsO (den bisherigen § 99 KO) betrachtet. Denn die Überprüfung eines nach Ansicht des Verwalters masseabträglichen Beschlusses der Gläubigerversammlung erfolgt nur auf Antrag des Verwalters (unten Rn. 15.25).

2. Keine „gestalterischen" Befugnisse des Insolvenzgerichts

18.115 Die Bestätigung des Insolvenzplans ist nach der Vorstellung des Reformgesetzgebers kein Instrument einer eigenen Gestaltung des Verfahrensablaufs durch das Insolvenzgericht *gegen* die Entscheidung durch die Gläubigergemeinschaft. Denn nach dem erklärten Willen des Gesetzgebers sollte das Insolvenzplanverfahren einer Deregulierung des Insolvenzverfahrens das Feld bereiten.[248] Aber selbst unter der Voraussetzung, dass man entgegen den verlautbarten ausdrücklichen Absichtserklärungen von einem legislatorischen Willen ausgehen wollte, die Gläubigerautonomie zu schwächen, wird damit doch keinesfalls ein „etatis-

---

245 Amtl. Begr., BT-Drs. 12/2443, 208 (zu § 289).
246 Amtl. Begr., BT-Drs. 12/2443, 205, 208; *Stürner*, in: Leipold, Insolvenzrecht im Umbruch, 41, 46.
247 Zur Reichweite des § 218 InsO vgl. Leonhardt/Smid/Zeuner-*Smid*, InsO, § 218 Rn. 8 ff.
248 Amtl. Begr., BT-Drs. 12/2443, 90.

VI. Obstruktionsverbot gegenüber der Gruppe der Anteilseigner

18.116 Bilden die am Schuldner beteiligten Personen nunmehr ebenso wie die Gläubiger Abstimmungsgruppen, besteht die Möglichkeit, dass auch eine Gruppe der Anteilsinhaber ihre Zustimmung missbräuchlich verweigert. Durch das ESUG ist § 245 InsO durch einen Abs. 3 erweitert worden, der vorsieht, dass für eine Gruppe der Anteilsinhaber eine angemessene Beteiligung i. S. d. § 245 Abs. 1 Nr. 2 InsO vorliegt, wenn nach dem Plan kein Gläubiger wirtschaftliche Werte erhält, die den vollen Betrag seines Anspruchs – gemeint ist: inkl. Zinsen und Kosten – übersteigen, und kein Anteilsinhaber, der ohne einen Plan den Anteilsinhabern der Gruppe gleichgestellt wäre, besser gestellt wird als diese. Wenn daher z. B. die Angehörigen einer Gruppe der geringfügig beteiligten Anteilsinhaber i. S. v. § 222 Abs. 3 Satz 2 InsO nach dem Plan mehr bekommen sollen als die übrigen, gleichgestellten Anteilsinhaber, kann die fehlende Zustimmung der Gruppe dieser übrigen Anteilsinhaber nicht durch das Obstruktionsverbot überwunden werden.

18.117 Nur scheinbar evident ist die Regelung des § 245 Abs. 3 Nr. 2 InsO, die das **Verhältnis der Anteilseigner untereinander** behandelt. Gesellschafter dürfen durch den Plan nicht unterschiedlich behandelt werden, wenn sie ohne Plan gleichgestellt gewesen wären. Da dies ein Grundsatz des Gesellschaftsrechts ist, ist eine Gleichstellung bei Gesellschaftern zumeist ohnehin die Regel.[249] Gemeint ist hier die Gleichstellung, die sich gesellschaftsrechtlich nur auf die **Gewinn- und Überschussverteilung bezieht**,[250] was sich bereits aus dem Charakter des Insolvenzverfahrens als Generalexekutionsverfahren ergibt, dass im Falle des fehlenden Insolvenzplans mangels abweichender Beschlüsse der Gläubigerversammlung eben regelmäßig zur Unternehmenszerschlagung führt, § 159 InsO. Sonstige gesellschaftsrechtliche Bereiche, wie beispielsweise geänderte Mehrheitsverhältnisse,[251] sind nicht gemeint, da sie eine Frage der Gruppenbildung darstellen. Grundsätzlich ist damit von einer gleichen Rechtsstellung auszugehen. Es obliegt daher dem betroffenen Anteilseigner, anderweit vorzutragen.

18.118 Damit noch nicht geklärt ist aber die Prämisse, ob sich der **Wert der Beteiligung** am Zerschlagungszenario orientiert oder aber, den Erfolg des Insolvenzplans vorausgesetzt, am Leitbild des erfolgreich sanierten Unternehmens. Solange nicht alle Gläubiger, auch die nachrangigen, vollständig befriedigt sind, kann es nur richtig sein, den Wert des den Gesellschaftern z. B. beim debt-equity-swap zuwachsenden Gesellschaftsanteils am **Zerschlagungswert** des Regelverfahrens zu orientieren, da es nicht richtig sein kann, den Gesellschaftern durch den Plan zu Vermögenswerten zu verhelfen, die ansonsten den Gläubigern zustünden.

---

249 Andres/Leithaus-*Andres,* InsO, § 245 Rn 10 m. w. N. zum GmbH- und Aktienrecht.
250 Andres/Leithaus-*Andres,* InsO, § 245 Rn 10.
251 Andres/Leithaus-*Andres,* InsO, § 245 Rn 10.

Kapitel 19: Das Widerspruchsrecht des Insolvenzschuldners gegen den angenommenen Insolvenzplan (§ 247 InsO)

I. Grundlagen

1. Eigene verfahrensrechtliche Beteiligtenstellung des Insolvenzschuldners

Mit der Überwindung „obstruktiver" Ablehnung des Planes durch einzelne Gläubiger ist die gerichtliche Bestätigung des Insolvenzplans aber noch nicht sichergestellt. **Schwierigkeiten** wirft auch die Vorschrift des § 247 InsO auf, welche die Beteiligung des Insolvenzschuldners betrifft. Sie hat folgenden Hintergrund: Anders als im früheren Konkursverfahren nimmt der Schuldner, wie die vorangegangenen Überlegungen gezeigt haben, im Insolvenzverfahren eine andere, stärkere Stellung ein. Seine **Stellung als Verfahrensbeteiligter** ist nicht zu übersehen. Das spielt auch im Zusammenhang der „Verabschiedung" des Insolvenzplans eine Rolle. So wie die Gläubiger dem Plan ihre Zustimmung erteilen müssen, bedarf es zur Abweichung vom Regelverfahren auch der Zustimmung des Insolvenzschuldners. § 247 Abs. 1 InsO bestimmt, dass die Erteilung dieser Zustimmung fingiert wird, wenn der Insolvenzschuldner dem Plan nicht spätestens im Abstimmungstermin schriftlich widerspricht. Diese Fiktion soll der Rechtssicherheit dienen.[1]

19.1

2. Inhaber und Grundgedanke des Widerspruchsrechts

Das Widerspruchsrecht steht dem Insolvenzschuldner zu. Bei einer **natürlichen Person** übt diese es selbst aus, bei einer **Gesellschaft** das jeweilige Vertretungsorgan[2]. Die Vorschrift des § 247 InsO gewährt kein Widerspruchsrecht für die (Kapital-)Mehrheit der an einer Gesellschaft Beteiligten. Dies war in der ersten Entwurfsfassung der Norm anders. Es kam aber im weiteren Gesetzgebungsverfahren zur Streichung, weil die Insolvenzordnung zunächst noch ohne die angedachte Möglichkeit zur Regelung von Gesellschafterbeteiligungen durch den Insolvenzplan in Kraft trat und man daher keine Notwendigkeit für ein Widerspruchsrecht der in ihren Anteilsrechten grundsätzlich nicht berührten Beteiligten sah.[3] Die insofern durch das ESUG wegen § 225a InsO geänderte Interessenlage findet in § 247 InsO keine Berücksichtigung.

19.2

Mit der Einräumung dieses Widerspruchsrechts stellen sich im Übrigen wegen des Verhaltens des Insolvenzschuldners die gleichen Probleme, die der Gesetzgeber zur **Vermeidung von Akkordstörungen** mit § 245 InsO zu lösen versucht hat: Widerspricht der Insolvenzschuldner dem Insolvenzplan, bestimmt § 247 Abs. 2 InsO die Voraussetzungen, unter denen der Widerspruch unbeachtlich ist.

19.3

Diese Vorschrift überträgt insofern den **Grundgedanken des Obstruktionsverbots** in § 245 InsO auf den Widerspruch des Schuldners.[4] Sie schützt den Schuldner vor einer *unangemessenen Benachteiligung*, wenn der Plan seine Rechtsstellung gegenüber dem Regelverfahren verschlechtert. Dies kann etwa dadurch geschehen, dass ihm eine weitergehende Haftung auferlegt wird als im Regelverfahren vorgesehen. Daneben erfüllt sie eine *objektive Korrektivfunktion* und erklärt den Widerspruch für beachtlich, wenn einzelne Gläubiger mehr an wirtschaftlichem Wert erhalten, als sie materiell-rechtlich zu beanspruchen haben (dazu u. Rn. 19.11 f.).

19.4

---
1 Amtl. Begr., BT-Drs. 12/2443, 210 (zu § 293 RegEInsO = § 247 InsO).
2 Dazu im Einzelnen MünchKomm-*Sinz*, InsO, § 247 Rn. 8 ff.
3 Vgl. die Beschlussempfehlung des RechtsA zum RegEInsO, BT-Drs. 12/7302, 184 (zu § 293 RegEInsO).
4 Amtl. Begr., BT-Drs. 12/2443, 210; *Mai*, Insolvenzplanverfahren, Rn. 315 ff.

II. Reichweite des Widerspruchsrechts des Insolvenzschuldners im Falle der Planinitiative des Insolvenzverwalters

1. Widerspruchsrecht nach § 247 Abs. 2 Nr. 1 InsO

19.5 a) **Grundsatz.** Das dem Insolvenzschuldner eingeräumte Widerspruchsrecht beruht auf einem Bild des Insolvenzplanverfahrens, das durch **Konkurrenz verschiedener Planentwürfe** geprägt war (Rn. 3.3). Dieses Bild ist nicht nur angesichts des eingeschränkten Kreises der Initiativberechtigten, sondern auch angesichts der erheblichen Kosten der Aufstellung eines Insolvenzplanes unrealistisch. Gleichwohl ist theoretisch denkbar, dass in einem Verfahren der Schuldner einen Plan vorlegt, der Verwalter auf Weisung der Gläubigerversammlung einen anderen und nicht zuletzt noch einen eigenen Plan aufstellt. Praktisch relevant sind insofern einzig die (sehr seltenen) Fälle, in denen sich Schuldner- und Verwalterplan gegenüberstehen. Jeder dieser Pläne wird dann zu erörtern und über ihn wird abzustimmen sein.[5]

19.6 Vor dem Hintergrund dieser gedachten Konkurrenzsituation erklärt sich auch, warum die Einräumung eines Widerspruchsrechts unbedingt erforderlich ist. Denn zwar kann der Schuldner bei einem selbst aufgestellten Plan auf seine Interessen selbst Rücksicht nehmen, doch ist dies bei dem Plan eines Verwalters anders. Er muss daher gem. § 247 InsO davor geschützt werden, **gegen seinen Willen** durch den Plan **schlechter gestellt zu werden**, als er im Regelinsolvenzverfahren stünde.

19.7 b) **Maßstab der „Schlechterstellung".** Der Wortlaut des § 247 Abs. 2 Nr. 1 InsO ist insofern offen: Er stellt lediglich den Zustand des Insolvenzschuldners unter Geltung des Plans demjenigen im Regelverfahren gegenüber. Das kann **wirtschaftlich** oder auch **rechtlich** verstanden werden. Wollte man die Gegenüberstellung wirtschaftlich verstehen,[6] müsste man die *hypothetischen wirtschaftlichen Lagen* vergleichen, in denen sich der Insolvenzschuldner unter Geltung der jeweiligen Regelungen befände. Der Vergleich wäre dann auch offen für die Berücksichtigung beispielsweise von Kundenbindungen oder dem Erhalt von Arbeitsplätzen.

19.8 Die nähere Betrachtung der Vorschrift zeigt aber, dass sie bei der **Rechtsstellung** des Insolvenzschuldners und ihrer Modifikation durch den Plan ansetzt.[7] Das ergibt sich schon aus der Historie: Der Gesetzgeber ging nämlich davon aus, dass Voraussetzung für die Beachtlichkeit des Widerspruchs sei, dass der Plan Eingriffe in die „Rechtsstellung" des Insolvenzschuldners vorsehe.[8] Wollte man darüber hinaus wirtschaftliche Aspekte berücksichtigen, wäre die Vorschrift kaum mehr handhabbar: Die hypothetisch-prognostischen ökonomischen Betrachtungen wären in ihrer oft subjektiven Wertung nur schwer nachvollziehbar und daher nur eingeschränkt gerichtlich kontrollierbar. Insofern sind wirtschaftliche Maßstäbe also fehl am Platze.

19.9 c) **Fallgruppen.** Aus dem Gesagten ergeben sich typische Fallgruppen, in denen eine Schlechterstellung im Sinne der Norm anzunehmen ist. Eher theoretisch ist ein Ausschluss des Insolvenzschuldners vom Erhalt des **Übererlöses** gem. § 199 InsO. Praktisch bleibt regelmäßig nach Zahlung der Verfahrenskosten schon kein Betrag aus der Masse übrig, der die Begleichung aller Forderungen in voller Höhe und *darüber hinaus* noch eine Ausschüttung an den Schuldner

---

5 Zu den Modalitäten vgl. einerseits Uhlenbruck-*Lüer*, InsO, § 235 Rn. 7 und andererseits Münch-Komm-*Hintzen*, InsO, § 235 Rn. 30.
6 FK-*Jaffé*, InsO, § 247 Rn. 6; HambKomm-*Thies*, InsO, § 247 Rn. 7.
7 So auch Andres/Leithaus-*Andres*, InsO, § 247 Rn. 3; Braun-*Braun/Frank*, InsO, § 247 Rn. 3; NR-*Braun*, InsO, § 247 Rn. 3.
8 Amtl. Begr., BT-Drs. 12/2443, 210.

erlaubt. Denkbar ist aber, dass der Plan eine **Unternehmensfortführung** vorsieht, ohne die gem. § 230 Abs. 1 Satz 1 InsO erforderliche Zustimmung des Schuldners zu enthalten.[9]

Auch kann ein Plan abweichend von den Vorschriften der §§ 286 ff. InsO die **Restschuldbefreiung** regeln und insofern etwa zum Nachteil des Schuldners von der (nunmehr) grundsätzlich fünfjährigen „Wohlverhaltensperiode"[10] abweichen. Liegt dabei keiner der Gründe des § 290 InsO vor, begründet ein Ausschluss der Restschuldbefreiung eine rechtliche Schlechterstellung des Insolvenzschuldners.[11] Schließlich ist auch denkbar, dass der Plan **insolvenzfreies Vermögen** des Schuldners erfasst: Dies mag beispielsweise der Fall sein, wenn gem. §§ 36 f. InsO pfändungsfreies Vermögen oder das gemeinschaftlich verwaltete Gesamtgut von Ehegatten durch den Plan in die Verteilung einbezogen wird.[12] Auch dies würde den Schuldner gegenüber der Regelabwicklung schlechter stellen und sein Widerspruchsrecht nach § 247 Abs. 2 Nr. 1 InsO begründen.

2. Widerspruchsrecht nach § 247 Abs. 2 Nr. 2 InsO

Betrachtet man die Nr. 2 der Regelung im systematischen Kontext der Nr. 1, mag man versucht sein, der Norm **subjektiv-rechtlichen Gehalt** zum Schutz des Schuldners zuzuschreiben. Denn in der Tat *kann* die Regelung ihn davor bewahren, überhöhter Belastung ausgesetzt zu sein: Dies wäre nämlich dann der Fall, wenn einzelne Gläubiger mehr erhielten, als ihnen zivilrechtlich zustünde, also für sie eine Quote von über 100 Prozent vorgesehen wäre. Eine dadurch bedingte überhöhte Belastung scheidet aber in Summe aus, wenn im Gegenzug andere Gläubiger in derselben Höhe auf mehr verzichten, als ursprünglich vorgesehen.[13]

An eine solche Summenkompensation knüpft § 247 Abs. 2 Nr. 2 InsO indes nicht an: Die Norm eröffnet schon ihrem Wortlaut nach das Widerspruchsrecht in jedem Fall. Dies zeigt, dass die Regelung subjektive Interessen des Schuldners lediglich als Reflex schützt. Sie hat eine **objektive Korrektivfunktion**.[14] Beansprucht nämlich, wie gezeigt (s. oben Rn. 2.52), auch im Insolvenzplanverfahren der allgemeine Grundsatz der Gläubigergleichbehandlung Geltung, dient § 247 Abs. 2 Nr. 2 InsO der Durchsetzung dieser Gleichbehandlung. Das Recht bedient sich insofern des Schuldners, um nicht *dessen* Rechte zu schützen, sondern mit seiner Hilfe diese objektive Funktion des Insolvenzrechts zu wahren. Um diesem Umstand gerecht zu werden, sind die Voraussetzungen des § 247 Abs. 2 InsO nicht kumulativ, sondern im Sinne der Aufzählung alternierender Möglichkeiten zu verstehen.[15] Dieses Verständnis ist auch von der Gesetzesbegründung so vorgesehen.[16]

III. Reichweite des Widerspruchsrechts des Insolvenzschuldners im Falle seiner Planinitiative

1. Grundsatz

Das Widerspruchsrecht des Schuldners ist eine recht **neue** Konstruktion. Für sie war im alten Vergleichs- bzw. Konkursverfahren kein Raum. Ihm lag kons-

---

9 Leonhardt/Smid/Zeuner-*Rattunde*, InsO, § 247 Rn. 6 m. w. N.
10 Begriff bei Amtl. Begr. BT-Drs. 12/2443, 195.
11 NR-*Braun*, InsO, § 247 Rn. 4 m. w. N.
12 MünchKomm-*Sintz*, InsO, § 247 Rn. 29.
13 Darauf hinweisend NR-*Braun*, InsO, § 247 Rn. 8.
14 Vgl. grundlegend Leonhardt/Smid/Zeuner-*Rattunde*, InsO, § 247 Rn. 13 f.
15 Leonhardt/Smid/Zeuner-*Rattunde*, InsO, § 247 Rn. 9; a. A. aber z. B. MünchKomm-*Sintz*, InsO, § 247 Rn. 22 m. w. N.
16 Amtl. Begr., BT-Drs. 12/2443, 210.

truktiv die Idee eines Vergleichsvertrages zugrunde (oben Rn. 7.1 ff.), der auf Antrag des Gemeinschuldners durch die Mehrheit der Gläubigergemeinschaft auch mit Wirkung für die dissentierende Minderheit gem. §§ 74 VerglO, 182 KO oder § 16 Abs. 4 Satz 2 GesO angenommen wurde. Der Gemeinschuldner konnte sich von dem Vergleich nur durch Anfechtung gem. § 123 BGB lösen. Für die Anwendung der Irrtumsanfechtung gem. § 119 BGB war kein Raum.[17] Eine Anfechtung kam lediglich infrage, soweit der Anfechtende ohne Verschulden daran gehindert war, den Anfechtungsgrund im gerichtlichen Bestätigungsverfahren geltend zu machen (vgl. § 196 Abs. 2 KO).[18] Auch wenn nach früherem Recht durch den Vergleich oder Zwangsvergleich in die Rechte des Schuldners eingegriffen werden konnte, wurden die damit verbundenen Probleme nach den allgemeinen Regeln über die Bindungswirkung von Willenserklärungen gelöst.

19.14 Der Gesetzgeber der InsO hat dagegen wegen der Möglichkeit, mithilfe des Planes **regelnd** in die Rechtsstellung des Schuldners einzugreifen, das Widerspruchsrecht gem. § 247 Abs. 1 InsO geschaffen. Der Schuldner müsse, so der Gesetzgeber, in die Lage versetzt werden, das Wirksamwerden eines Planes zu verhindern, wenn dieser ihn unangemessen beeinträchtige.[19] **Vor diesem Hintergrund erklärt sich, warum das Widerspruchsrecht im Falle der Planinitiative des Schuldners einer Einschränkung bedarf:** Er wird nämlich regelmäßig eine Sanierung nur unter der Voraussetzung erreichen können, dass er auf Rechte verzichtet, auf die andernfalls seine Gläubiger keinen Zugriff nehmen könnten. Somit wäre es widersprüchlich, könnte er eine dadurch begründete Schlechterstellung zum Anlass nehmen, sich darauf zu berufen, er habe den von ihm aufgestellten Plan „so" nicht gewollt. Eine Einschränkung des Widerspruchsrechts folgt damit aus dem Gedanken **volenti non fit inuria**, also der **Treuwidrigkeit** (§ 242 BGB) der Berufung auf das Widerspruchsrecht.[20]

2. Widerspruchsrecht nach § 247 Abs. 2 Nr. 1 InsO

19.15 Durch den Insolvenzplan „erkauft" sich der Schuldner **erhebliche Vorteile. Handelt es sich** zum **Beispiel** um eine natürliche Person oder den persönlich haftenden Gesellschafter einer Personenhandelsgesellschaft, **können seine** persönliche Haftung und ggf. seine Restschuldbefreiung abweichend von den gesetzlichen Vorschriften geregelt werden. **So mag** etwa die „Wohlverhaltensperiode" von grundsätzlich fünf Jahren erheblich verkürzt werden. Schlägt der Schuldner zur Erlangung derartiger Vorteile im von ihm vorgelegten Planentwurf Eingriffe in seine Rechte vor, würde er sich **widersprüchlich verhalten**, wenn er mit Blick darauf Widerspruch gegen den Plan erheben würde. Denn im Rahmen seiner Planinitiative hat er bereits kalkuliert, dass ihm der entworfene Plan Nutzen bringt.

19.16 Daher ist **die Ausübung des Widerspruchsrechts** im Falle **einer** Planinitiative **des Schuldners wegen** Treuwidrigkeit ausgeschlossen, **soweit** der vom Schuldner entworfene und initiierte Plan von den Gläubigern unverändert angenommen wurde. **Doch** auch wenn der Planentwurf des Schuldners aufgrund des Ergebnisses der Stellungnahmen nach § 232 InsO gem. § 240 InsO in abgeänderter Fassung zur Abstimmung gestellt und angenommen **wurde, ist** zu berücksichtigen, dass die Abänderungsbefugnis dem Schuldner als Vorlegendem zusteht. **Zwar kann er das in Gang gesetzte Insolvenzplanverfahren nicht durch**

---

17 *Kilger/K. Schmidt*, KO, § 173 Anm. 1; *Kuhn/Uhlenbruck*, KO, § 173 Rn. 1 ff.
18 Vgl. Smid-*Smid*, GesO, § 16 Rn. 4.
19 Amtl. Begr., BT-Drs. 12/2443, 210.
20 So auch, wenngleich mit unterschiedlicher Begründung, Braun-*Braun/Frank*, InsO, § 247 Rn. 6; MünchKomm-*Sinz*, InsO, § 247 Rn. 25 (venire contra factum proprium); NR-*Braun*, InsO, § 247 Rn. 9 (teleologische Reduktion).

Rücknahme seines Antrages beenden (vgl. Rn. 3.1 ff.). Er ist jedoch als Planinitiator nicht zur Vornahme von Änderungen gezwungen: Es steht ihm vielmehr frei, die mehrheitliche Ablehnung des Planes zu riskieren, wenn er **der Auffassung ist**, dass er durch die an ihn herangetragenen Änderungs„wünsche" übermäßig belastet werde. Auch im Falle einer Änderung des Plans würde er sich daher widersprüchlich verhalten, wenn er anschließend mit Blick auf die Schlechterstellung durch die Änderung Widerspruch erheben würde.

19.17 Eine weitere Überlegung macht das deutlicher: Der Gesetzgeber[21] hat zutreffend festgestellt, es sei nicht sinnvoll, dass die Gläubiger über eine Fortführung des Unternehmens durch eine natürliche Person oder durch eine Gesellschaft mit persönlich haftenden Gesellschaftern entscheiden, solange nicht feststehe, dass deren Bereitschaft besteht, die persönliche Haftung für die Fortführung des Unternehmens zu übernehmen. Er hat daher in § 230 Abs. 1 InsO vorgeschrieben, dass in einem solchen Fall dem Plan eine entsprechende Erklärung des Schuldners oder der persönlich haftenden Gesellschafter beizufügen ist. Der Gesetzgeber hält diese Erklärung des Schuldners für entbehrlich, wenn dieser selbst den Plan vorgelegt hat (§ 230 Abs. 1 Satz 3 InsO). Auch der Gesetzgeber geht also davon aus, dass in diesem Fall der Insolvenzschuldner durch seine Planinitiative Urheber der in seine Rechte „planmäßig" vorzunehmenden Eingriffe ist; es leuchtet vor diesem Hintergrund aber nicht ein, ihm dann gegen seinen, von den Gläubigern akzeptierten Vorschlag ein Widerspruchsrecht einzuräumen.

3. Widerspruchsrecht nach § 247 Abs. 2 Nr. 2 InsO

19.18 Diese Überlegungen scheinen zunächst auch für § 247 Abs. 2 Nr. 2 InsO einschlägig zu sein. Gleichwohl kann aber der Insolvenzschuldner sein **Widerspruchsrecht auch im Falle seiner Planinitiative** ausüben, wenn und soweit er es auf eine übermäßige Bevorzugung einzelner Gläubiger stützt. Insofern kommt es nämlich nicht auf die Frage eines eigenen Rechtsschutzinteresses des Schuldners an:[22] Wie oben (Rn. 19.11 f.) dargestellt, hat die Norm **objektive Korrektivfunktion** und schützt subjektive Interessen des Schuldners nur als Reflex. Zur Wahrung dieser objektiven Funktion wäre es daher verfehlt, das Widerspruchsrecht des Schuldners mit Blick auf seine Planinitiative einzuschränken.

19.19 Die übermäßige Bevorzugung einzelner Gläubiger im Sinne dieser Vorschrift müsste freilich bereits zur Zurückweisung der Planinitiative gem. § 231 Abs. 1 Nr. 1 InsO führen, hat aber jedenfalls zur Folge, dass die Ablehnung des Plans durch eine Gläubigergruppe wegen § 245 Abs. 1 Nr. 2 i. V. m. Abs. 2 Nr. 1 InsO nicht als obstruktiv gewertet werden könnte und dem Plan daher die Bestätigung von Amts wegen zu versagen wäre – so dass der Widerspruch des Insolvenzschuldners nur dann eine **eigenständige rechtliche Bedeutung** erlangt, wenn sowohl das Insolvenzgericht seiner Aufsichtsaufgabe nicht nachkommt als auch in sämtlichen Abstimmungsgruppen die Gläubiger die Bevorzugung Einzelner mehrheitlich gutheißen.

IV. Wirkung der Zustimmungsfiktion und Rechtsschutz

19.20 Die Zustimmungsfiktion dient lediglich dazu, die verfahrensrechtlich notwendige Zustimmung des Schuldners zu begründen. Sie hat keine darüber hinausgehende Funktion. Insbesondere dient sie **nicht** dazu, **Rechtsfehler zu heilen**. Verstoßen daher Regelungen des Plans gegen zwingende rechtliche Vorgaben

---
21 Amtl. Begr., BT-Drs. 12/2443, 203 (zu § 274).
22 So aber MünchKomm-*Sinz*, InsO, § 247 Rn. 34.

über den Inhalt des Plans, werden diese Verstöße durch die Zustimmung nicht unbeachtlich. Das Insolvenzgericht hat daher gleichwohl dem Plan nach der Annahme die Bestätigung gem. § 250 Nr. 1 InsO zu versagen.

19.21 Fehlt es an einem Widerspruch oder wurde dieser vom Gericht für nicht beachtlich gehalten, so wird das Gericht den Plan – vorbehaltlich der Berücksichtigung sonstiger Rechtsfehler – bestätigen. **Rechtsschutz** gegen die Bewertung eines Widerspruchs als unbeachtlich ist nicht vorgesehen. Er kann nur inzidenter mithilfe der **sofortigen Beschwerde** gegen die Bestätigung gem. § 253 InsO erlangt werden.[23]

---

[23] Braun-*Braun/Frank*, InsO, § 247 Rn. 7; MünchKomm-*Sinz*, InsO, § 247 Rn. 36; NR-*Braun*, InsO, § 247 Rn. 14.

Kapitel 20: Minderheitenschutz gem. § 251 InsO

I. Gesetzliche Regelung

1. Zulässigkeit des Antrags auf Versagung der Bestätigung des Insolvenzplans

a) Systematische Stellung der Vorschrift. Die „Obstruktionsentscheidung" des Insolvenzgerichts gegen die Versagung der Zustimmung zum Plan durch einzelne Gläubigergruppen (§§ 245, 246 InsO) und die cram-down-Entscheidung gegen den Widerspruch des Insolvenzschuldners (§ 247 InsO) sowie die Prüfung der Einhaltung der Verfahrensvorschriften (§ 250 InsO) sind nicht die einzigen Hindernisse, die aus dem Weg geräumt werden müssen, damit der Plan durch seine Bestätigung in Vollzug gesetzt werden kann. Handelt es sich bei diesen Prüfungsschritten nach der Vorstellung des Gesetzgebers um amtswegig zu prüfende Bestätigungsvoraussetzungen (vgl. aber die Kritik dieser Vorstellung oben Kapitel 17), normiert § 251 InsO ausdrücklich ein weiteres, auf Antrag[1] eines widersprechenden **Beteiligten** einzuleitendes **Prüfungsverfahren**.

20.1

Hat ein Gläubiger oder – wenn der Schuldner keine natürliche Person ist – eine am Schuldner beteiligte Person seinen **Widerspruch** gegen den Plan spätestens im Abstimmungstermin schriftlich erklärt oder zu Protokoll gegeben[2] (§ 251 Abs. 1 Nr. 1 InsO), leitet sich daraus die **Zulässigkeit** seines Antrages gem. § 251 InsO ab, dem Plan die Bestätigung zu versagen. Das bloße gegen den Plan im Verlauf der Erörterung abgegebene Votum des dissentierenden Beteiligten genügt nicht. Denn § 251 InsO gibt ihm eine außerordentlich starke Rechtsposition, deren Durchsetzung die Einhaltung des gesetzlich vorgeschriebenen Procedere und der damit verbundenen Formen zum Schutz der übrigen Beteiligten voraussetzt.[3] Liegt daher kein im Abstimmungstermin schriftlich oder zu Protokoll der Geschäftsstelle erklärter Widerspruch des dissentierenden Beteiligten vor, hindert die Ablehnung des Plans durch diesen Beteiligten das Insolvenzgericht selbst dann nicht an der Bestätigung des im Übrigen nach den gesetzlichen Vorschriften angenommenen Insolvenzplans, wenn der Beteiligten durch den Plan schlechter gestellt wird, als er im Regelinsolvenzverfahren gestanden hätte.[4]

20.2

Der Gesetzgeber hat neben dem Mehrheitsschutz des § 245 InsO die individuellen Interessen des Einzelgläubigers oder Anteilsinhabers in § 251 InsO zu schützen vorgesehen. Der einzelne Gläubiger oder Anteilsinhaber soll dann Schutz vor den Wirkungen des Insolvenzplans erfahren, wenn er **ohne abzustimmen benachteiligt** wäre, er innerhalb seiner Gruppe **überstimmt** wird oder wenn die **Zustimmung** seiner gegen die Annahme des Planes votierenden Gruppe nach § 245 InsO **fingiert** wird. Die Voraussetzungen des § 245 InsO und die des § 251 InsO unterscheiden sich in mehrfacher Hinsicht. § 245 InsO regelt den *Mehrheitsschutz*, § 251 InsO den *Minderheitsschutz*. Die materiellen Voraussetzungen sind verschieden, ebenso die Darlegungs- und Beweislast. So muss bei der Prüfung im Rahmen des § 245 InsO die Nichtschlechterstellung wahrscheinlicher sein als die Schlechterstellung und Zweifel gehen „zu Lasten des Plans", während im Rahmen des § 251 InsO die Schlechterstellung wahrscheinlicher

20.3

---

1 Ungenau *Eidenmüller*, JbfNPolÖk Bd. 15, 164 ff., 181, der meint, im Falle der wirtschaftlichen Schlechterstellung eines Gläubigers dürfe der Plan nicht bestätigt werden, ohne die Verfahrensaspekte einzubeziehen.
2 LG Berlin, B. v. 29.10.2002, 86 T 534/02, ZInsO 2002, 1191; LG Neubrandenburg, B. v. 31. 1. 2000, 4 T 260/00, ZInsO 2000, 628.
3 So zutreffend LG Neubrandenburg, B. v. 31.1.2000, ZInsO 2000, 628; *Paul*, ZInsO 2004, 72, 74.
4 LG Neubrandenburg, B. v. 31.1.2000, ZInsO 2000, 628.

sein muss. Die Darlegungs- und Beweislast dafür trägt der betreffende Beteiligte. Zweifel an der Schlechterstellung gehen zu seinen Lasten.[5]

20.4 b) **Reichweite des Widerspruchsrechts über den Gesetzeswortlaut hinaus.** Ob der Beteiligte nach den §§ 77, 235 InsO **stimmberechtigt war oder nicht, soll nach Meinung des Gesetzgebers hierfür unerheblich** sein,[6] womit der Kreis der Antragsberechtigten aus gutem Grunde weit gefasst wird. Der Widerspruchsgrund der wirtschaftlichen Schlechterstellung nach § 251 Abs. 1 Nr. 2 InsO ist nämlich insofern zu eng gefasst, als die Schlechterstellung sich auch auf andere Gründe beziehen kann, die in der Versagung von Teilnahmemöglichkeiten liegen. Auch derjenige Gläubiger, dem zu Unrecht nach § 235 Abs. 1 und § 77 InsO das ihm zustehende Stimmrecht nicht gewährt worden ist, kann sich daher mit dem Widerspruch nach § 251 InsO gegen die Bestätigung des Planes wenden; dieser Widerspruch ist nicht a priori mit Blick auf § 251 Abs. 1 InsO unzulässig.

20.5 Der Minderheitenschutz, der früher nur für die Gläubiger galt, ist durch die Änderung des § 251 Abs. 1 InsO auf die **Anteilsinhaber** erstreckt worden. Hierdurch wird sichergestellt, dass die Anteilsinhaber den **Liquidationswert** ihrer Rechtsstellung nicht verlieren und durch den Plan nicht schlechter gestellt werden, als bei einer Abwicklung des Rechtsträgers. Damit wird auch dem verfassungsrechtlichen Gebot des Eigentumsschutzes in Art. 14 GG Rechnung getragen. Eine Einschränkung oder der Verlust des Mitgliedschaftsrechts im Insolvenzplanverfahren ist unbedenklich, weil der Anteilsinhaber nach Eröffnung eines Insolvenzverfahrens, das ohne den Plan zu einer Abwicklung und damit Löschung des insolventen Rechtsträgers im Register führt, ohnehin nicht mehr mit dem Erhalt seines Anteils- oder Mitgliedschaftsrechts rechnen kann (siehe hierzu im Übrigen Rn. 9.3 ff.). Dem im Einzelfall möglicherweise fortbestehenden restlichen Vermögenswert des Anteils- oder Mitgliedschaftsrechts ist durch einen Ausgleich im Insolvenzplan Rechnung zu tragen.

2. Glaubhaftmachung

20.6 Der Antragsteller muss die materiellen Voraussetzungen der Nr. 2 des § 251 Abs. 1 InsO **glaubhaft machen** und zwar **spätestens im Abstimmungstermin** (§ 251 Abs. 2 InsO). Die bloße Behauptung einer Schlechterstellung genügt daher nicht.[7] Die letztere Voraussetzung lehnt sich an § 188 Abs. 2 KO an; sie soll nach Vorstellung des Gesetzgebers das Insolvenzgericht davor bewahren, dass ein Antrag, der auf bloße Vermutungen gestützt wird, zu aufwändigen Ermittlungen durch das Gericht führen muss und infolgedessen – dies Erfahrungen der Praxis vor Inkrafttreten des ESUG – die Umsetzung des Plans und damit die Sanierung des Unternehmens ggf. soweit zeitlich hinausgeschoben wird, dass sie allein durch den Zeitablauf und das Verharren des Unternehmens im Insolvenzverfahren, also gleichsam in einer Zwitterstellung zwischen zu erwartender Liquidation und angestrebter Sanierung, unmöglich gemacht wird. Nach der Amtlichen Begründung zu § 298 RegE[8] kann der Antrag gestellt werden, bis der Plan bestätigt und die Bestätigung rechtskräftig geworden ist. Insoweit entspricht die Vorschrift dem früheren Recht des Zwangsvergleichs.

20.7 Der Antrag nach § 251 Abs. 1 InsO ist, wie der IX. Zivilsenat[9] in seiner Entscheidung zu den Folgen der unterlassenen Anführung von Tatsachen, die zur Versagung der Restschuldbefreiung führen würden, ausgeführt hat, allein unter der Voraussetzung zulässig, dass der Gläubiger die **Verletzung seines wirt-**

---

5 AG Düsseldorf, Beschl. v. 7.1.2008, 503 IN 221/02, ZInsO 2008, 463.
6 Amtl. Begr. RegEInsO, BT-Drs. 12/2443, 211 (zu § 298).
7 So ausdr. LG Berlin, Beschl. v. 29. 10. 2002, 86 T 534/02, ZInsO 2002, 1191, 1192.
8 BT-Drs. 12/2443, 211 f.
9 BGH, B. v. 19.5.2009, IX ZB 236/07, ZIP 2009, 1384.

schaftlichen Interesses – seine Schlechterstellung durch den Insolvenzplan gegenüber der Abwicklung im Verfahren, das den gesetzlichen Vorschriften im Übrigen folgt – glaubhaft macht. Er muss dabei **konkrete Anhaltspunkte** darlegen, aufgrund derer die Prognose erstellt werden kann, dass er wahrscheinlich schlechter gestellt wird, als er ohne Plan stünde. Die vom Gläubiger vorzutragenden und glaubhaft zu machenden Tatsachen müssen daher die überwiegende Wahrscheinlichkeit seiner Schlechterstellung durch den Insolvenzplan ergeben. Das Gericht soll nicht ausführlich ermitteln. Vielmehr ist es bei seiner Prüfung darauf beschränkt, die vom Gläubiger vorgebrachten und glaubhaft gemachten Tatsachen und Schlussfolgerungen zu überprüfen.[10] Die Glaubhaftmachung erfolgt im Übrigen durch liquide Beweismittel, was das Vorbringen des Gläubigers weiter einschränkt.[11]

3. Suspensiveffekt

Liest man die §§ 251, 252 InsO genauer, so stellt sich heraus, dass der Antrag nach § 251 Abs. 1 InsO *Suspensiveffekt* hat. **20.8**

II. „Wirtschaftliche Interessen"

1. Prognoseentscheidung des Insolvenzgerichts

a) **Verhältnis zu § 245 InsO.** Dieses Widerspruchsrecht wird jedem einzelnen Beteiligten eingeräumt. Es geht hier um viel mehr als um „Minderheitenschutz", wie es die amtliche Überschrift des Paragraphen glauben machen will. Denn was der Gesetzgeber in § 245 InsO erheblich überdehnt hat, nämlich die cram-down-procedure *gegen* die Gläubiger, wird in § 251 InsO in exaltierter Weise durch einen heftigen Pendelschlag in die andere Richtung wieder gut zu machen versucht. **20.9**

b) **Glaubhaft gemachter Vortrag.** Ob der Beteiligte welcher den Versagungsantrag stellt, durch den Insolvenzplan wirtschaftlich benachteiligt wird, ist auf der Grundlage seines glaubhaft gemachten Vorbringens zu beurteilen: Nach § 251 Abs. 2 InsO ist der Antrag, die Bestätigung des Insolvenzplans zu versagen, nur zulässig, wenn der Gläubiger die Verletzung seines wirtschaftlichen Interesses spätestens im Abstimmungstermin glaubhaft macht. Diese – an § 188 KO angelehnte Voraussetzung – soll das Insolvenzgericht vor umfangreichen auf Grundlage einer bloßen Vermutung bewahren.[12] Geht es – wie hier – um eine Prognose, muss die Entwicklung, die eine Benachteiligung bewirken könnte, nicht nur abstrakt möglich, sondern **aufgrund konkreter Anhaltspunkte wahrscheinlicher sein als eine Nichtschlechterstellung**.[13] Der Beteiligte muss also Tatsachen vortragen und glaubhaft machen, aus denen sich die überwiegende Wahrscheinlichkeit seiner Schlechterstellung durch den Insolvenzplan ergibt. Die Prüfung des Insolvenzgerichts ist auf die vorgebrachten (und glaubhaft gemachten) Tatsachen und Schlussfolgerungen beschränkt.[14] Die abstrakte Möglichkeit, durch eine künftige Entwicklung wie in dem vom BGH entschiedenen Fall durch das Entstehen von Steuererstattungsansprüchen in unbekannter Höhe während der Wohlverhaltensphase Vorteile zu erlangen, die durch **20.10**

---

10 BGH, B. v. 29.03.2007, IX ZB 204/05, ZIP 2007, 923; BGH, B. v. 20.12.2009, IX ZB 124/09, WM 2010, 226.
11 BGH, B. v. 19.5.2009, IX ZB 236/07, ZIP 2009, 1384.
12 BT-Drs. 12/2443, 212.
13 BT-Drs. 14/120, 14 zu Art. 2 Nr. 14 EGInsO ÄndG.
14 OLG Dresden, B. v. 21.06.2000, NZI 2000, 436, 437; BayObLG, B. v. 11.12.2000, NZI 2001, 145, 147; OLG Köln, B. v. 29.8.2001, NZI 2001, 594, 595; Uhlenbruck-*Lüer*, InsO, § 251 Rn. 17; NR-*Braun*, InsO, § 251 Rn. 8; *Jungmann*, KTS 2006, 135, 147.

den Insolvenzplan ausgeschlossen werden, reicht für die Glaubhaftmachung einer Schlechterstellung durch den Insolvenzplan nicht aus.[15]

20.11 Die Schlechterstellung des Beteiligten darf **nicht lediglich abstrakte Möglichkeit** sein, sie muss überwiegend wahrscheinlich, jedenfalls wahrscheinlicher sein, als die Nicht-Schlechterstellung (§ 251 InsO). Just eine Woche vor dem besprochenen Beschluss hatte der BGH bereits entschieden: Die Bestätigung eines Insolvenzplans ist zu versagen, wenn die Schlechterstellung eines Gläubigers wahrscheinlicher ist als die Nicht-Schlechterstellung; der Antrag des Gläubigers sei nur zulässig, wenn die Schlechterstellung glaubhaft gemacht wird.[16]

2. Maßstäbe der insolvenzgerichtlichen Prognose

20.12 a) **Vorstellungen des Gesetzgebers.** Materieller Grund des Widerspruchsrechts soll eine Verletzung der wirtschaftlichen Interessen des einzelnen Beteiligten sein.[17] Der Gesetzgeber scheint sich dabei der Reichweite dieses Ansatzpunktes des Widerspruchsrechts bei weitem nicht im Klaren zu sein. Er meint nämlich, der mit § 251 InsO **institutionalisierte Schutz der Minderheit brauche nicht so weit zu reichen wie der Schutz der Mehrheit** einer Gruppe von Gläubigern dagegen, dass ein Plan trotz der Ablehnung durch diese Mehrheit bestätigt wird. Er brauche nicht eine angemessene Beteiligung an dem durch den Plan realisierten Wert zu erfassen, sondern nur zu garantieren, dass kein widersprechender Beteiligter schlechter gestellt wird, als er ohne einen Plan stünde. Wäre ohne einen Plan eine Gesamtveräußerung des insolventen Unternehmens möglich, so werde der Minderheit allerdings der so zu realisierende Fortführungswert gewährleistet.

20.13 b) **Fallbeispiele.** Man muss sich indes fragen, ob dies so richtig ist. Wenn z. B. der Gläubiger Inhaber einer Sicherungshypothek gegen den Insolvenzschuldner ist, so versagt ihm § 89 InsO die Zwangsvollstreckung; die Verwertung des Grundstücks als Teil der Masse liegt gem. § 159 InsO beim Verwalter. Wird nun das Sicherungsrecht des Gläubigers durch einen Insolvenzplan zum Zwecke der Sanierung des Insolvenzschuldners beschnitten, dann kann es durchaus möglich sein, dass ohne eine derartige Maßnahme eine „Gesamtveräußerung" des Unternehmens nicht möglich gewesen wäre. Damit ist es doch nach dem Wortlaut des § 251 Abs. 1 Nr. 2 InsO nicht ausgeschlossen, dass der Gläubiger durch die Sanierung des Insolvenzschuldners nicht schlechter gestellt wird, als er ohne einen Plan stünde – z. B. dann, wenn er glaubhaft machen kann, dass die Bebauungspläne für das betreffende Grundstück nunmehr eine andere, erhebliche Wertsteigerungen sichernde Bebauung erlaubten und er ohne die durch den Plan vorgesehenen Eingriffe in seine Rechtsstellung voraussichtlich keine Ausfälle erleiden werde. Mit Fragen einer Gesamtveräußerung des Unternehmens hat das ersichtlich nichts zu tun.

20.14 Das Beispiel ist bewusst einfach gewählt. Durch Vorlage des Bebauungsplans und ein entsprechendes Wertgutachten kann der widersprechende Antragsteller seinen Antrag glaubhaft machen (§ 251 Abs. 2 InsO); die Frage der wirtschaftlichen Schlechterstellung mag in diesem Fall ohne größere Probleme nachgewiesen werden können. Der Plan ist dann „geplatzt"; *post festum* werden sich die Beteiligten um die Haftung wegen der Kosten streiten, die er bis dahin konsumiert haben wird. Diese Kosten stellen im Übrigen kein Argument dar, das zulässigerweise gegen den Antrag des widersprechenden Gläubigers in die Waagschale geworfen werden dürfte. Es wäre im Gegenteil absurd, dem Gläubiger, der sich gegen die Eingriffe in seine Rechte zur Wehr setzt, die Kosten entgegenzuhalten, die der Masse die Vorbereitung dieser Eingriffe verursacht haben – denn die ungeschmälerte Masse ist, wie verschiedentlich gezeigt, allen Gläubigern zur Befriedigung zugewiesen.

---

15 BGH, B. v. 29.3.2007, IX ZB 204/05, DZWIR 2007, 350.
16 BGH, B. v. 22.3.2007, IX ZB 10/06.
17 So ausdr. der Gesetzgeber in der Amtl. Begr. zu § 298 RegE, BT-Drs. 12/2443, 211.

20.15 Die Dinge können und werden regelmäßig freilich viel komplizierter liegen, wie ein weiteres Beispiel verdeutlichen mag: Der gesicherte Gläubiger vertritt die Ansicht, dass gegenüber einer Gesamtsanierung des Unternehmensträgers eine – mögliche – Teilsanierung unter Liquidierung des Unternehmensträgers wegen der für ihn, den Gläubiger, an Betriebsmitteln des „lukrativen" Teils des Unternehmens bestellten Sicherheiten wirtschaftlich günstiger wäre und legt entsprechende Gutachten vor. Man denke an einen insolventen Konzern, der mit erheblichen Verlusten Stahl produziert, aber in einer anderen Sparte mit ständig steigendem Gewinn in der Telekommunikation tätig ist. In einem derartigen Fall können in einem Insolvenzplanverfahren, wie schon an anderer Stelle bemerkt, widerstreitende Interessen aufeinander stoßen. Die von US-amerikanischen Autoren als Schreckgespenst projizierten cram-down-battles nehmen dann ihren Lauf, wenn nicht im Vorfeld die Beteiligten sich auf eine gemeinsame Linie einigen – was herzustellen auf außerordentliche Schwierigkeiten stößt.

III. Salvatorische Klauseln

1. Entlastung des Insolvenzplanverfahrens von Prognoseentscheidungen durch salvatorische Klauseln

20.16 (Vgl. bereits oben Rn. 13.4 ff.). Der Gesetzgeber glaubt freilich, die Planinitiatoren seien in der Lage, die dem Widerspruchsrecht nach § 251 InsO innewohnenden Gefahren entkräften zu können. In der Amtl. Begr. zu § 298 RegE heißt es dazu, mit § 251 InsO sei „ein nicht immer leicht zu kalkulierendes Risiko für das Zustandekommen der einvernehmlichen Regelung verbunden". Es sei „möglich, dass ein Plan, der nach langwierigen Verhandlungen ausformuliert worden ist und anschließend die erforderlichen Zustimmungen der Mehrheiten in den Gläubigergruppen erhalten hat, dennoch nicht bestätigt wird, weil nach Auffassung des Gerichts die für einzelne widersprechende Beteiligte vorgesehenen Leistungen dem Mindeststandard nicht entsprechen. Dieses Risiko kann jedoch dadurch ausgeschlossen oder vermindert werden, dass im Plan **zusätzliche Leistungen an solche Beteiligte vorgesehen werden, die dem Plan widersprechen und den Nachweis führen, dass sie ohne solche Zusatzleistungen durch den Plan schlechter gestellt werden** als ohne einen Plan. Enthält der Plan eine solche Bestimmung, ist die Finanzierung der Leistungen gesichert und ist eindeutig, dass im Falle der zusätzlichen Leistungen der Mindeststandard erreicht wird, so steht der Minderheitenschutz der Bestätigung des Plans nicht entgegen". Durch salvatorische Klauseln soll das Insolvenzverfahren von aufwändigen Feststellungen entlastet werden, wie die Amtliche Begründung fortfährt: „Ob die zusätzlichen Leistungen zu erbringen sind, kann dann außerhalb des Insolvenzverfahrens geklärt werden". Was damit gemeint ist, ließ die Gesetzesbegründung zur ursprünglichen Fassung im Dunkeln.

20.17 § 251 InsO schien vor ESUG nach alledem eine Einbruchstelle umfangreicher „Sachverständigenschlachten" im Insolvenzplanverfahren darzustellen. Der Ausbruch einer solchen Schlacht bedeutete aber nach der Rechtslage vor ESUG zugleich, dass der angreifende antragstellende Beteiligte mit seinem Widerspruch geradezu automatisch den Sieg davonträgt. Denn der durch das anhebende Verfahren notwendig verursachte Zeitverlust mit Hemmung sowohl der weiteren Verwertungsmaßnahmen als auch der Exekution des noch nicht verabschiedeten Planes würde der Durchführung des Letzteren regelmäßig den Todesstoß versetzen.

2. Neuregelung durch das ESUG

20.18 Diese Gefahr versucht der durch das ESUG eingeführte § 251 Abs. 3 InsO einzudämmen. Danach ist der Antrag nach § 251 Abs. 1 InsO abzuweisen, wenn im gestaltenden Teil des Plans Mittel für den Fall bereitgestellt werden, dass ein Beteiligter eine Schlechterstellung nachweist. **Ob der Beteiligte einen Ausgleich aus diesen Mitteln erhält, ist außerhalb des Insolvenzverfahrens zu**

klären. § 251 Abs. 3 InsO stellt damit klar, dass in einem Plan dafür Vorsorge getroffen werden kann, dass ein Gläubiger oder eine Minderheit von Gläubigern bzw. ein Anteilsinhaber oder eine Minderheit von Anteilsinhabern eine Schlechterstellung durch den Plan geltend macht. Sieht der Plan vor, dass ein Gläubiger oder Anteilsinhaber für eine nachgewiesene Schlechterstellung einen finanziellen Ausgleich erhält, liegt im Ergebnis keine Schlechterstellung mehr vor. Damit besteht auch kein Grund, die Bestätigung des Plans zu versagen. Die Finanzierung des finanziellen Ausgleichs muss – der Gesetzestext schweigt sich aus – durch eine Rücklage, eine Bankbürgschaft oder in ähnlicher Weise gesichert sein, wie bereits dem Referentenentwurf zu entnehmen ist[18]. Eine Rückstellung dürfte aber nicht ausreichend sein[19]. Auch regelt das Gesetz die Höhe der bereitzustellenden Mittel nicht. Da der Planinitiator schon per se von der Gleichstellung aller Beteiligten in dem von ihm erstellten Plan ausgeht, dürften die Ausführungen zur Bemessung der Höhe der zur Verfügung zu stellenden Mittel knapp ausfallen dürfen[20]. Ob daraus eine Beschränkung der Überprüfbarkeit durch das Gericht kraft eines Beurteilungsspielraums des Planerstellers folgt[21], ist zweifelhaft, wenngleich vor dem Hintergrund der durch § 251 Abs. 3 intendierten Beschleunigungsfunktion der Planumsetzung wünschenswert. Der Rechtsstreit um den finanziellen Ausgleich ist außerhalb des Insolvenzverfahrens in einem gesonderten Rechtsstreit vor den ordentlichen Gerichten auszutragen.

---

18 RefE-InsO, 52.
19 So auch *Rendels/Zabel*, Insolvenzplan, Rn. 513; a. A. Braun-*Braun/Frank*, InsO, § 251 Rn. 8.
20 Ebenso *Rendels/Zabel*, Insolvenzplan, Rn. 514.
21 So *Rendels/Zabel*, Insolvenzplan, Rn. 515.

Kapitel 21: Rechtsbehelf

I. Geltung der allgemeinen Regelungen

1. Gesetzliche Zulassung der sofortigen Beschwerde gem. § 6 Abs. 1 InsO

21.1 Die Entscheidungen des Insolvenzgerichts unterliegen gem. § 6 Abs. 1 InsO nur in den Fällen einem Rechtsmittel, in denen dieses Gesetz die sofortige Beschwerde vorsieht. § 6 Abs. 2 InsO sieht vor, dass die Beschwerdefrist mit der Verkündung der Entscheidung beginnt oder, wenn diese nicht verkündet wird, mit deren Zustellung. Nach § 6 Abs. 3 Satz 1 InsO wird die Entscheidung über die Beschwerde erst mit der Rechtskraft wirksam. Das Beschwerdegericht kann jedoch gem. § 6 Abs. 3 Satz 2 InsO die sofortige Wirksamkeit der Entscheidung anordnen. Die früher in § 7 InsO geregelte Möglichkeit der Rechtsbeschwerde ist weggefallen[1].

2. Fallgruppen

21.2 Gem. § 231 Abs. 3 InsO steht gegen den Beschluss, durch den der Plan zurückgewiesen wird, dem Vorlegenden die sofortige Beschwerde zu.

21.3 Gegen den Beschluss, durch den der Insolvenzplan bestätigt oder die Bestätigung versagt wird, steht den Gläubigern, dem Schuldner und – wenn dieser keine natürliche Person ist – den an ihm beteiligten Personen gem. § 253 InsO die sofortige Beschwerde zu.

3. Beschwerdefrist

21.4 Die Beschwerdefrist beginnt mit der Verkündung der Entscheidung, wenn diese nicht verkündet wird, mit deren Zustellung, § 6 Abs. 2 InsO. Die Beschwerde ist binnen einer Notfrist von zwei Wochen bei dem Amtsgericht oder dem Landgericht schriftlich oder zu Protokoll der Geschäftsstelle einzulegen, §§ 569 ZPO, 4 InsO. Die Verkündung setzt die Frist in Lauf, § 221 ZPO, für deren Berechnung gem. § 222 Abs. 1 ZPO die §§ 186 ff. BGB gelten. Eine Frist endet nicht an einem Sonntag, einem allgemeinen Feiertag oder einem Sonnabend, § 222 Abs. 2 ZPO. Fällt die Verkündung des Beschlusses in einen Tageslauf, so wird dieser Tag bei dem Beginn der Frist nicht mitgerechnet, § 187 Abs. 1 BGB. Wird die Frist – wie bei der sofortigen Beschwerde – nach Wochen (hier Notfrist von zwei Wochen, vgl. § 569 Abs. 1 ZPO) bemessen, so endet sie in diesem Fall mit dem Ablauf desjenigen Tages der letzten Woche, welcher durch seine Benennung dem Tag des Fristbeginns entspricht, §§ 187, 188 BGB.

4. Rechtsbehelfsbelehrung

21.5 Nach einem Beschluss des IX. Zivilsenats des BGH[2] greift die gesetzliche Regelung des Fristbeginns auch bei einer fehlerhaften Rechtsbehelfsbelehrung. Weder die ZPO noch die InsO sehen zwar eine Pflicht des über die Beschwerde entscheidenden Amtsgerichts zur Rechtsbehelfsbelehrung vor. Informiert das Gericht aber den Beschwerdeführer durch eine fehlerhafte Rechtsbehelfsbelehrung unzutreffend über den Beginn der Rechtsmittelfrist, so stellt sich im jeweiligen Einzelfall die Frage nach einer Wiedereinsetzung des Rechtsmittelführers (von Amts wegen) gem. § 236 Abs. 2 Satz 2 Halbs. 2 ZPO, § 4 InsO. Das setzt unter anderem voraus, dass die versäumte Rechtshandlung innerhalb der Antragsfrist nachgeholt wird.

---

1 Vorschrift aufgehoben durch das Gesetz zur Änderung des § 522 ZPO v. 21.10.2011 (BGBl. I S. 2082) m. W. v. 27.10.2011.
2 BGH, B. v. 16.10.2003, IX ZB 36/03, DZWIR 2004, 79.

5. Rechtskraft des Insolvenzplans

21.6 Sobald die Bestätigung des Insolvenzplans rechtskräftig ist, beschließt das Insolvenzgericht die Aufhebung des Verfahrens, wenn der Insolvenzplan nichts anderes vorsieht, § 258 Abs. 1 InsO. Da die InsO keine Regelung darüber trifft, wann ein Insolvenzplan rechtskräftig wird, finden gem. § 4 InsO die zivilprozessualen Vorschriften der §§ 705 ff. ZPO auch hier Anwendung. Diese gelten unmittelbar zwar nur für Urteile, die vollstreckt werden sollen, nach einhelliger Auffassung entsprechend aber für alle gerichtlichen Beschlüsse.[3] Analog §§ 705 Abs. 1 ZPO, 4 InsO hängt die formelle Rechtskraft des Beschlusses über die Bestätigung des Insolvenzplans davon ab, dass binnen der Beschwerdefrist kein Rechtsmittel eingelegt worden ist. In diesem Fall erteilt der zuständige Urkundsbeamte der Geschäftsstelle des für das Rechtsmittel zuständigen Gerichts analog §§ 706 Abs. 2 ZPO, 4 InsO ein sog. Notfristzeugnis, welches als Nachweis dafür dient, dass gegen den Beschluss bis zum Ablauf der Notfrist ein Rechtsmittel nicht eingelegt wurde.[4]

6. Erfolgreiche Beschwerden

21.7 Wir haben bereits oben gesehen, dass die Regelung des § 250 InsO zur Folge hat, dass Fehler bei der Erarbeitung des Insolvenzplans nachhaltige Konsequenzen zeitigen können. Denn Verfahrensfehler, die insbesondere bei der Gruppeneinteilung nach § 222 InsO auftreten können, können Rechtsbehelfe hervorrufen. Es ist bereits in verschiedenen Zusammenhängen auf die Entscheidung des LG Berlin im Fall der Berliner Konsum-Insolvenz hingewiesen worden, in der das LG als Beschwerdegericht darauf erkannt hat, dass allein aufgrund der falschen Gruppeneinteilung die sofortige Beschwerde von Gläubigern gegen die Planbestätigung als statthaft angesehen[5] und das Insolvenzverfahren in den Status vor der Abstimmung zurückgesetzt wurde.

21.8 Eine Rechtsbeschwerde findet nicht mehr statt, nachdem § 7 InsO mit Wirkung zum 27.10.2011 aufgehoben wurde (oben Rn. 21.1).

II. Verfahren und beschwerdegerichtliche Entscheidung

1. Verfahren mit oder ohne mündliche Verhandlung

21.9 Über die sofortige Beschwerde gegen die Bestätigung des Insolvenzplans durch insolvenzrechtlichen Beschluss kann nur dann ohne mündliche Verhandlung entschieden werden, wenn das Beschwerdegericht keine Beweiserhebungen für erforderlich hält oder die Beschwerde nicht ganz oder teilweise für begründet erachtet. Beschwerdeentscheidungen ergehen durch Beschluss, weil sich die Beschwerde in aller Regel gegen Entscheidungen richtet, die eine vorherige mündliche Verhandlung nicht erfordern (§ 567 Abs. 1 Satz 2 ZPO).[6] Die mit der sofortigen Beschwerde angegriffene Entscheidung über die Bestätigung des Insolvenzplans durch das Amtsgericht setzt aber eine mündliche Verhandlung voraus, §§ 235 Abs. 1, 252 Abs. 1 InsO. Dies deshalb, weil das Insolvenzplangericht erst aufgrund eines komplexen, die unterschiedlichen Interessen aller Verfahrensbeteiligter – häufig mehrerer hundert – berücksichtigenden Erörterung und Sachaufklärung entscheiden kann. Deshalb ist es erforderlich, den übrigen Verfahrensbeteiligten – den Gläubigern aller Gruppen, dem Schuldner, den Massegläubigern und dem Insolvenzverwalter – rechtliches Gehör zu geben. Entbehrlich ist eine mündliche Verhandlung nur, sofern sich das Beschwer-

---

3 *Baumbach/Lauterbach/Albers/Hartmann*, ZPO, § 706 Rn. 11; Zöller-*Stöber*, ZPO, § 705 Rn. 1.
4 Zöller-*Stöber*, ZPO, § 706 Rn. 10 ff.; Thomas/Putzo-*Hüßtege*, § 706 Rn. 8.
5 LG Berlin, B. v. 20.10.2004, 86 T 578/04, DZWIR 2005, 298.
6 Vgl. Thomas/Putzo-*Reichold*, ZPO, Vor § 300 Rn. 2.

degericht der einstimmigen Entscheidung dieser Verfahrensbeteiligten und des Amtsgerichts anschließt.

Sollte von deren Entscheidung aber abgewichen werden, so kann dies nicht ohne Beteiligung derjenigen Personen geschehen, die über den Insolvenzplan erstinstanzlich beschlossen hatten. Andernfalls würde mit der beschwerdegerichtlichen Entscheidung gegen diejenigen Gläubiger entschieden werden, die im Abstimmungstermin für die Annahme des Insolvenzplans und damit inzidenter für die Herbeiführung der angefochtenen insolvenzgerichtlichen Bestätigungsentscheidung gem. § 248 InsO entschieden haben. Diese Gläubiger, gegen deren Annahmeentscheidung sich die Beschwerde inzidenter richtet, sind daher gem. Art. 103 Abs. 1 GG am beschwerdegerichtlichen Verfahren zu beteiligen, so dass der Gegenstand der sofortigen Beschwerde gegen den Bestätigungsbeschluss es erfordert, in mündlicher Verhandlung zu prozedieren. 21.10

2. Aufhebung des Bestätigungsbeschlusses und Zurückverweisung des Verfahrens an das AG im status quo ante?

Demgegenüber steht es dem Landgericht nicht frei, anstelle einer mündlichen Verhandlung die Bestätigungsentscheidung des Amtsgerichts aufzuheben und das Verfahren in den status quo ante zurückzuversetzen (§ 572 Abs. 3 ZPO). Denn hierdurch wird nur eine erneute Entscheidung des Amtsgerichts evoziert, nicht aber eine Beteiligung der übrigen Verfahrensbeteiligten sichergestellt. Daher wäre es – isoliert verfahrenstechnisch betrachtet – zwar denkbar, dass das Landgericht die Sache an das Amtsgericht auf den Stand vor Erörterung und Abstimmung analog § 538 Abs. 2 ZPO zurückverweist.[7] Im Insolvenzplanverfahren würde dies aber ignorieren, dass die Gläubiger eine Abstimmung abgehalten haben, um deren Ergebnis sie gleichsam mit einer solchen Entscheidung gebracht würden. 21.11

Unabhängig von den Beschwerdegründen wären Gläubiger und Schuldner dadurch zusätzlich beschwert und müssten vor der Anordnung einer solchen Beschwer erneut angehört werden. Eine solche Anhörung könnte zwar auch im schriftlichen Verfahren erfolgen; der Insolvenzverwalter könnte entsprechend § 8 InsO allen Verfahrensbeteiligten die Beschwerde und ggf. die Stellungnahme des Planverfassers zukommen lassen. Allerdings wäre in diesem Fall nicht hinreichend sichergestellt, dass tatsächlich jeder Verfahrensbeteiligte zu allen Argumenten Stellung genommen bzw. alle Informationen erhalten hat, so dass die Möglichkeit einer schriftlichen Stellungnahme abzulehnen ist. 21.12

III. Beschwerdebefugnis, Beschwer und Begründetheit

1. Beschwerdebefugnis gem. § 253 Abs. 1 InsO

Der Kreis der Beschwerdebefugten bemisst sich nach dem eindeutigen Wortlaut des § 253 Abs. 1 InsO. Er umfasst also den **Schuldner**, die **Gläubiger,** sowie die am Schuldner **beteiligten Personen**. Auf die Eigenschaft als Planverfasser stellt das Gesetz dabei nicht ab. Daher hat der Verwalter, auch wenn er den Plan erstellt haben und ihm die Bestätigung versagt worden sein sollte, keine Beschwerdebefugnis.[8] Ausdrücklich anders geregelt ist dies in § 231 Abs. 3 InsO, der aber dort dazu dient, die mit § 218 InsO eingeräumte Vorlagebefugnis gegenüber einer Abweisungsentscheidung durchzusetzen. Die Norm ist also 21.13

---
7 So etwa HK-*Haas*, InsO, § 253 Rn. 14.
8 BGH ZInsO 2009, 478; Braun-*Braun/Frank*, InsO, § 253 Rn. 2; HambKomm-*Thies*, InsO, 2012, § 253 Rn. 6.

auch nicht analog anzuwenden.[9] Denn über die Vorlageberechtigung hinausgehende subjektive Rechte, welche eine Beschwerdebefugnis des Verwalters notwendig machen würden, gibt es im Falle der Versagung der Planbestätigung nicht.

21.14 Freilich ist der Planverfasser (der Schuldner oder der Insolvenzverwalter) als *Rechtsmittelgegner* von einer beschwerdegerichtlichen Entscheidung formell beschwert. Die Planinitiatoren können sich daher ebenfalls mit der weiteren Beschwerde gegen eine beschwerdegerichtliche Entscheidung wehren, mit der die Planbestätigung aufgehoben wird. Aber auch das kostet Zeit, die bei der erfolgreichen Durchführung des Planes fehlt. Allerdings ist von *Wehdeking* und *Smid*[10] in diesem Zusammenhang darauf hingewiesen worden, dass aus Gründen der *Verfahrensfairness* (in Deutschland aus dem verfassungsrechtlichen Gesichtspunkt effektiven Rechtsschutzes, Art. 19 Abs. 4 GG) das Gebot effektiven Schutzes im Wege des Rechtsmittelrechts zu gewähren ist.

2. Widerspruch und Stimmverhalten (formelle Beschwer)

21.15 Den Kreis der Beschwerdebefugten engt § 253 Abs. 2 Nr. 1, 2 InsO jedoch ein. Beschwerdebefugt sind danach der Schuldner, die am Schuldner Beteiligten und Gläubiger nur dann, wenn sie erstens **spätestens im Abstimmungstermin dem Plan widersprochen** und zweitens **gegen ihn gestimmt** haben. Diese Eingrenzung dient der Planbarkeit des Verfahrens,[11] so dass für die Beteiligten klar ist, wer welche Position zum Plan vertritt. Dies verhindert, dass Beteiligte, die für den Plan gestimmt haben, überraschend die Bestätigung durch die Einlegung eines Rechtsmittels verzögern.

21.16 Entscheidend kann das Stimmverhalten jedoch nur da sein, wo es im Verfahren überhaupt vorgesehen war. Soweit also der **Schuldner** in das Abstimmungsverfahren schon nicht eingebunden und seine Zustimmung gem. § 247 InsO fingiert wird, kann seine Beschwerde nicht an § 253 Abs. 2 Nr. 2 InsO scheitern. Die Norm ist insofern teleologisch zu reduzieren.[12] Gleiches gilt auch für **nicht stimmberechtigte Gläubiger** und **Gesellschafter**.[13] Wer nicht abstimmen konnte, muss auch im Sinne des § 253 Abs. 2 Nr. 2 InsO nicht gegen den Plan gestimmt haben. Von der Pflicht zur Erhebung eines Widerspruchs gem. § 253 Abs. 2 Nr. 1 InsO enthebt die reduzierende Auslegung indes nicht.[14]

3. Schlechterstellung (materielle Beschwer)

21.17 Über die formelle Beschwer hinaus ist gem. § 253 Abs. 2 Nr. 3 InsO weiter erforderlich, dass der Beschwerdeführer durch den Plan **wesentlich schlechter gestellt** ist, als er bei einer Abwicklung im Regelverfahren stünde. Eine solche wesentliche Schlechterstellung soll nach der Gesetzesbegründung jedenfalls dann vorliegen, wenn die Negativabweichung des Ertrages gegenüber der Abwicklung im Regelverfahren bei mindestens zehn Prozent liegt.[15] Auf die Wesentlichkeitsschwelle werden etwaige Kompensationsleistungen gem. § 251 Abs. 3 InsO angerechnet.[16]

21.18 Eine starre Anknüpfung an die Zehn-Prozent-Schwelle kann nicht sinnvoll sein. Denn je nach absoluter Forderungshöhe wird eine absolute Erheblichkeitsschwelle erforderlich sein, um im Einzelfall bei beispielsweise geringer For-

---

9 BGH ZInsO 2009, 478, 479.
10 *Smid/Wehdeking*, FS Rechberger, 604, 607 ff.
11 BT-Drs. 17/5712, 35.
12 KPB-*Pleister*, InsO, § 253 Rn. 15 m. w. N.; HambKomm-*Thies*, InsO, § 253 Rn. 12.
13 KPB-*Pleister*, InsO, § 253 Rn. 15; HK-*Haas*, InsO, § 253 Rn. 5f.
14 LG Berlin NZI 2005, 335.
15 BT-Drs. 17/5712, 35; dem folgend auch KPB-*Pleister*, InsO, § 253 Rn. 17.
16 KPB-*Pleister*, InsO, § 253 Rn. 16.

derungshöhe auch erst Abweichungen von mehr als zehn Prozent zu erfassen. Denn andernfalls kann die Vorschrift ihren Sinn, Gläubigerobstruktionen zu verhindern, nicht wirksam erfüllen. Mithin hat die Erreichung des Schwellwertes allenfalls **Indizwirkung**.[17]

Darüber hinaus birgt die auf die Gläubiger zugeschnittene Vorschrift[18] bei Anwendung auf den **Schuldner** Schwierigkeiten. Wollte man auf die wirtschaftliche Schlechterstellung rekurrieren, wäre eine Beschwerde des Schuldners faktisch ausgeschlossen. Denn er würde nur schlechter als im Regelverfahren stehen, wenn mehr als 100 Prozent aller Forderungen seiner Gläubiger befriedigt würden, was im Verfahren praktisch niemals vorkommt.[19] Dasselbe Problem birgt auch die Anwendung auf **Gesellschafter**: Im Regelverfahren der Liquidation wären ihre Anteile wertlos, so dass sie durch einen Plan niemals schlechter stehen könnten als mit einem – wie auch immer gestalteten – Sanierungsplan.[20]

21.19

Diese Konstellationen zeigen, dass der Gesetzgeber mit § 253 Abs. 2 Nr. 3 InsO nur Fälle der **Gläubiger als Beschwerdeführer** sinnvoll erfasst hat. Er hat sich in der Begründung auch ausdrücklich nur mit diesen als Adressaten der Norm befasst.[21] Das erlaubt methodisch die Anwendung einer teleologischen Reduktion. Die Norm ist daher so zu lesen, dass bei Beschwerden von Schuldner und Gesellschaftern lediglich § 253 Abs. 2 Nr. 1 und 2 InsO (vgl. aber oben Rn. 21.16) maßgeblich sind, um im Rahmen der Zulässigkeit die Beschwer zu begründen. Lediglich für Gläubiger müssen alle drei Ziffern vorliegen.[22]

21.20

Soweit Gläubiger als Beschwerdeführer auftreten, haben sie eine Schlechterstellung gegenüber dem Regelverfahren **glaubhaft zu machen**. Sie müssen also mit den in § 294 ZPO vorgesehenen Mitteln darlegen, dass eine wesentliche Schlechterstellung *überwiegend wahrscheinlich* ist.[23]

21.21

IV. Begründetheit der Beschwerde

Die Regelung des § 253 InsO enthält selbst keinen Maßstab für die Begründetheit der Beschwerde. Vor Inkrafttreten der Änderung der Norm durch das ESUG genügte für eine begründete Beschwerde eine jede Verletzung von Verfahrensvorschriften, durch die in Rechte des Beschwerdeführers eingegriffen wurde.[24] Soweit sich insofern – wie gezeigt – die Anforderungen für Beschwerden von **Schuldner** und **Anteilseignern** nicht geändert haben, wird heute dasselbe gelten.[25]

21.22

Soweit **Gläubiger** Beschwerdeführer sind, wird sich der gesteigerte Maßstab der Zulässigkeit in der Begründetheit abzubilden haben. Begründet ist eine Beschwerde dieser Beteiligten also nur dann, wenn eine Verletzung von Verfahrensvorschriften vorliegt, welche eine *wesentliche Schlechterstellung* begründet und aus den Mitteln gem. § 251 Abs. 3 InsO nicht mindestens bis unter die Wesentlichkeitsgrenze ausgeglichen werden kann.[26]

21.23

---

17 KPB-*Pleister*, InsO, § 253 Rn. 17 m. w. N.
18 BT-Drs. 17/5712, 35.
19 HambKomm-*Thies*, InsO, § 253 Rn. 13.
20 KPB-*Pleister*, InsO, § 253 Rn. 18; FK-*Jaffé*, InsO, § 253 Rn. 3h.
21 BT-Drs. 17/5712, 35.
22 KPB-*Pleister*, InsO, § 253 Rn. 18.
23 BGH ZInsO 2010, 131; HambKomm-*Thies*, InsO, § 253 Rn. 19 m. w. N.
24 MünchKomm-*Sinz*, InsO, § 253 Rn. 54.
25 So, aber weiter als hier, HambKomm-*Thies*, InsO, § 253 Rn. 21.
26 MünchKomm-*Sinz*, InsO, § 253 Rn. 55 f.

V. Das Verfahren nach § 253 Abs. 4 Satz 1 und 2 InsO

1. Unverzügliche Zurückweisung der sofortigen Beschwerde

21.24 Schwebezustände sind der Tod von Insolvenzplänen. Deswegen wurde die Regelung des § 253 InsO um einen Abs. 4 ergänzt, dessen Sätze 1 und 2 diesem Umstand Rechnung tragen sollen. Nach § 253 Abs. 4 Satz 1 InsO weist das Landgericht auf Antrag des Insolvenzverwalters die Beschwerde unverzüglich zurück, wenn das alsbaldige Wirksamwerden des Insolvenzplans vorrangig erscheint, weil die Nachteile einer Verzögerung des Planvollzugs nach freier Überzeugung des Gerichts die Nachteile für den Beschwerdeführer überwiegen. Voraussetzung hierfür ist, dass der Insolvenzverwalter die Umstände schlüssig vorträgt, aus denen sich ergibt, dass der durch den Plan vorgesehene Umfang der Befriedigung der Gläubiger (die vom Plan gewährten Quoten) durch die Verzögerung des Planvollzuges gefährdet wird. Gegen die Zurückweisungsentscheidung findet nach § 253 Abs. 4 Satz 1, 2. Halbs. InsO kein Abhilfeverfahren nach § 572 Abs. 1 Satz 1 ZPO statt.

21.25 Diese Möglichkeit greift gem. § 253 Abs. 4 Satz 2 InsO aber nicht, wenn ein besonders schwerer Rechtsverstoß vorliegt. Damit können nicht Verstöße gegen Vorschriften über die Vorlage des Planes, § 250 Nr. 1 InsO, sondern allein solche Rechtsverstöße gemeint sein, die eine unredliche Herbeiführung der Annahme des Insolvenzplans oder Verstöße gegen rechtliches Gehör im Verfahren betreffen.

2. Schadenersatzregelung

21.26 In § 253 Abs. 4 Satz 3 InsO wird eine Schadenersatzregelung für den Fall getroffen, dass das Gericht nach § 253 Abs. 4 Satz 1 InsO die sofortige Beschwerde unverzüglich verworfen hat. Entsteht dem Beschwerdeführer durch den Planvollzug ein Schaden, kann er diesen in Geld ersetzt verlangen. Naturalrestitution ist gem. § 253 Abs. 4 Satz 3, 2. Halbs. InsO ausgeschlossen. Diese Regelung bestimmt nämlich ausdrücklich, dass der Beschwerdeführer die Rückgängigmachung der Wirkungen des Insolvenzplans nicht als Schadenersatz verlangen kann.

21.27 Schadenersatz hat der Beschwerdeführer im Privatklageweg vor den ordentlichen Gerichten zu verfolgen. Nach § 253 Abs. 4 Satz 4 InsO ist für Klagen, mit denen Schadensersatzansprüche nach Satz 3 geltend gemacht werden, das Landgericht ausschließlich zuständig, das die sofortige Beschwerde zurückgewiesen hat.

Kapitel 22: Wirkung des bestätigten Insolvenzplans

I. Persönlicher Geltungsbereich

Mit der Rechtskraft der Bestätigung des Plans äußert er gem. § 254 Abs. 1 Satz 1 InsO seine Wirkungen gegenüber allen **Beteiligten**[1]. Das umfasst absonderungsberechtigte Gläubiger (§§ 50 ff. InsO), Insolvenzgläubiger (§ 38 InsO), nachrangige Gläubiger (§ 39 InsO), den Schuldner und, wenn dieser keine natürliche Person ist, im Falle deren Einbeziehung auch seine Anteilsinhaber unmittelbar gem. § 225a InsO und sonst mittelbar[2]. Wie § 254b Halbs. 2 InsO klarstellt, treten die Wirkungen auch gegenüber denjenigen Beteiligten ein, welche dem Plan ihre Zustimmung versagt haben. Darüber hinaus ordnet § 254b Halbs. 1 InsO an, dass der Plan auch gegenüber jenen Insolvenzgläubigern Wirkung entfaltet, die ihre Forderungen nicht angemeldet haben.

22.1

II. Materiell-rechtliche Wirkungen

1. Grundsatz

a) Gegenstand. Durch den Plan können Rechte an Gegenständen begründet, geändert, übertragen oder aufgehoben werden. Der **Begriff des Gegenstandes** ist weiter als derjenige der Sache (oder des Tieres), §§ 90 ff. BGB, und umfasst auch immaterielle Vermögensgüter wie Patente, Lizenzen, Forderungen, Sicherungs-, Anteils- und Mitgliedschaftsrechte[3]. Dass § 254a Abs. 1 InsO insofern neben Gegenständen noch Gesellschaftsanteile einer GmbH nennt, hat allein klarstellende Funktion[4]. Mit Rechtskraft der Planbestätigung treten daher die vom Plan vorgesehenen Wirkungen für und gegen die unter Rn. 22.1 Genannten ein: Vornehmlich werden die zwischen ihnen bestehenden **Rechtsbeziehungen** durch Stundungen, Erlasse und sonstige Rechtsverzichte **materiell-rechtlich** neu gestaltet.

22.2

b) Form und Verfahren. In den Plan können, soweit zur Planumsetzung erforderlich, sowohl schuldrechtliche Willenserklärungen (§ 230 Abs. 3 InsO) als auch auf dingliche Rechtsänderung gerichtete Willenserklärungen (§ 228 Abs. 1 InsO) aufgenommen werden. Vielfach unterliegen diese **besonderen Formvorschriften**, wie etwa nach §§ 311b, 1154 Abs. 1 BGB oder im Falle der Übertragung von bspw. GmbH-Gesellschaftsanteilen § 15 Abs. 3, 4 GmbHG. Teilweise sehen gesetzliche Regelungen außerhalb der InsO bereits Sonderregelungen für Insolvenzpläne vor, wie etwa § 925 Abs. 1 Satz 3 Var. 2 BGB für die Auflassung. Für sonstige Fälle fingiert die Regelung des § 254a InsO zur Vereinfachung mit Rechtskraft der Planbestätigung die formgerechte Abgabe der Erklärungen. Sind sie also in den Plan aufgenommen, gelten sie als formgerecht abgegeben. Diese Wirkung erstreckt sich nicht nur auf die dingliche Seite, sondern auch die ihr zugrunde liegenden schuldrechtlichen Verpflichtungen, § 254a Abs. 3 InsO.

22.3

Die Fiktion formgerechter Abgabe erweitert § 254a Abs. 2 InsO auch auf Beschlüsse oder sonstige Erklärungen von Anteilsinhabern bzgl. der Änderung von Anteils- oder Mitgliedschaftsrechten. Insbesondere die notarielle Beurkundung von beispielsweise satzungsändernden Kapitalmaßnahmen

22.4

---

1 Zum Begriff vgl. MünchKomm-*Hintzen*, InsO, § 235 Rn. 6f.
2 Andres/Leithaus-*Andres*, InsO, § 254 Rn. 4; Leonhardt/Smid/Zeuner-*Rattunde*, InsO, § 254 Rn. 5; HambKomm-*Thies*, InsO, § 254 Rn. 5; a. A. MünchKomm-*Huber*, InsO, § 254 Rn. 15; NR-*Braun*, InsO, § 254 Rn. 5; Uhlenbruck-*Lüer*, InsO, § 254 Rn. 14.
3 NR-*Braun*, InsO, § 254 Rn. 3.
4 NR-*Braun*, InsO, § 254 Rn. 3; vgl. zum Gang des Gesetzgebungsverfahrens BT-Drs. 12/7302, 185, BT-Drs. 12/3803, 135 f.

3. Hauptteil 22.5–22.7   Verfahren der Vorprüfung, Erörterung, usw ...

nach §§ 53 ff. GmbHG und §§ 179 ff. AktG wird damit im Insolvenzplanverfahren überflüssig[5]. Darüber hinaus erstreckt sich die Fiktionswirkung der Anordnung in § 254a Abs. 2 Satz 2 InsO nach auch auf die Einhaltung gesellschaftsrechtlicher **Verfahrensvorschriften**, so dass erforderliche Ladungen, Bekanntmachungen und sonstige Maßnahmen zur Vorbereitung von Beschlüssen der Anteilsinhaber als in der vorgeschriebenen Form bewirkt gelten.

22.5 Hinsichtlich der in ihm enthaltenen Willenserklärungen hat der Plan eine Wirkung, die mit derjenigen des Urteils nach § 894 ZPO vergleichbar ist: Sie gelten mit Rechtskraft der Planbestätigung als abgegeben. Soweit es für eine Rechtsänderung darüber hinaus noch eines **Publizitätsaktes** bedarf, ist dieser freilich von der Planwirkung nicht umfasst: Die Übertragung des Besitzes an einer Sache gem. §§ 929, 1205 BGB oder die Eintragung einer Rechtsänderung im Grundbuch (§ 873 BGB) als Voraussetzung für das Wirksamwerden derselben können durch den Insolvenzplan ebenso wenig ersetzt werden wie notwendige Registereintragungen[6]. Für Registereintragungen weist hierauf schon § 254a Abs. 2 Satz 3 InsO plastisch hin.

2. Erlass von Forderungen

22.6 Regelt der Plan einen (teilweisen) Erlass von Forderungen, erlöschen diese insofern nicht. Denn dies hätte zur Folge, dass ein Gläubiger, der nach Aufhebung des Verfahrens vom Schuldner voll befriedigt wird, insofern einem Rückgewähranspruch ausgesetzt wäre. Stattdessen hat sich der Gesetzgeber für ein Modell entschieden, demzufolge der erlassene Teil der Forderung als „eine natürliche Verbindlichkeit fort[besteht]"[7]. Daher zeigen die §§ 254 Abs. 3, 255 Abs. 1 InsO, dass diese **Naturalobligation** auch nach Rechtskraft der Planbestätigung als erfüllbare, aber nicht erzwingbare Forderung weiterhin besteht, wovon auch der BGH (und bereits das Reichsgericht zum Zwangsvergleich)[8] in seiner Rspr.[9] und weitgehend die Literatur[10] ausgehen: Diese Naturalobligation stellt einen Rechtsgrund für das Behaltendürfen dar, der Rückgewähransprüche ausschließt.

22.7 Hieraus erklärt sich auch die Regelung des § 254 Abs. 2 InsO, nach der die **akzessorische Bürgenhaftung** durch einen (Teil-)Erlass der Forderung im Insolvenzplan nicht berührt wird: Bei dieser Anordnung handelt es sich um keine Akzessorietätslockerung, sondern um eine konstruktive Folge des Modells der Naturalobligation. Unerheblich ist es für das Modell auch, ob Gläubiger schon während des Verfahrens oder erst nach seiner Aufhebung durch den Schuldner befriedigt werden. Lediglich wenn sie während des Verfahrens *vollständige* Befriedigung erfahren, wie es bei **absonderungsberechtigten Gläubigern** häufig der Fall ist, scheiden sie als Beteiligte aus und werden somit von der Planregelung gem. § 254 Abs. 1 InsO nicht mehr erfasst[11]: Damit wirken sich die Regelungen des Plans für absonderungsberechtigte Gläubiger also nur für diejenigen aus, die bis zum Zeitpunkt der rechtskräftigen Planbestätigung noch keine vollständige Befriedigung erlangt haben[12].

---

5 HambKomm-*Thies*, InsO, § 254a Rn. 6.
6 BT-Drs. 12/2443, 213; KPB-*Spahlinger*, InsO, § 354a Rn. 2; NR-*Braun*, InsO, § 254 Rn. 2; Leonhardt/Smid/Zeuner-*Rattunde*, InsO, § 254 Rn. 10.
7 BT-Drs. 12/2443, 213.
8 RGZ 156, 245, 250; vgl. auch *Böhle-Stamschräder/Kilger*, VerglO, § 9 Rn. 1, 5.
9 BGH NZI 2013, 84, 84; BGH NZI 2011, 538, 539 m. w. N.
10 Andres/Leithaus-*Andres*, InsO, § 254 Rn. 8; Braun-*Braun/Frank*, InsO, § 254 Rn. 6; MünchKomm-*Huber*, InsO, § 254 Rn. 33; a. A. KPB-*Spahlinger*, InsO, § 254 Rn. 20.
11 KPB-*Spahlinger*, InsO, § 254 Rn. 16 f.
12 Leonhardt/Smid/Zeuner-*Rattunde*, InsO, § 254 Rn. 14.

3. Aufrechnung mit erlassenen Forderungen

22.8 Geraume Zeit war umstritten, inwieweit als Naturalobligationen fortbestehende Forderungen einer **Aufrechnung** zugänglich sind[13]. Mittlerweile ist in der Rspr. des BGH geklärt, dass es an einer gem. § 387 BGB notwendigen Aufrechnungslage fehlt, weil die Naturalobligation nicht mehr durchsetzbar ist[14]. Dies sei gem. § 94 InsO nur dann anders, wenn die Aufrechnungslage bereits zum Zeitpunkt der Eröffnung des Insolvenzverfahrens bestand. Denn insofern habe der Gesetzgeber den Gläubiger im Insolvenzplanverfahren nicht schlechter stellen wollen, als er nach früherem Recht stand, unter dem die §§ 54 f. KO die Aufrechnung trotz Abschluss eines Vergleiches zuließen[15]. Diese Überlegung krankt indes nicht nur daran, dass sie zu praktischen Problemen bei der Aufstellung von Insolvenzplänen führt und bei Planerstellung unerkannte Aufrechnungslagen die Realisierung des Plans vereiteln können[16].

22.9 Sie ist auch rechtsdogmatisch wenig überzeugend[17]. Der Sache nach wirkt die vom BGH angenommene fortbestehende Möglichkeit zur Erklärung der Aufrechnung nämlich wie ein **Absonderungsrecht an der eigenen Forderung**[18]: Müsste der Gläubiger normalerweise eine Quote akzeptieren, kann er nun seine Forderung voll realisieren, weil er sie gegen einen aus der Masse gegen ihn bestehenden Anspruch aufrechnen kann. Insofern kann er gewissermaßen bevorrechtigt auf die Masse zugreifen – sich also abgesondert befriedigen. Konsequenterweise müssten im Insolvenzplan nicht nur Regelungen über einen (Teil-)Erlass, sondern auch über ein Aufrechnungsverbot getroffen werden, um dies zu verhindern[19]. Damit würden sich Fragen des § 245 Abs. 1 Nr. 1, 2 InsO stellen[20], wenn die Aufrechnungsbefugnis mit dem Restbestand der durch den Plan titulierten Forderung beschränkt würde. All diese Fragen hat der BGH nicht gesehen, für die Praxis bleibt ihre Beantwortung offen.

4. Nicht angemeldete Forderungen („Nachzügler")

22.10 Grundsätzlich gelten die vom Plan vorgesehenen Rechtsfolgen gem. § 254 InsO für die Beteiligten. Erst § 254b Halbs. 1 InsO erweitert die Wirkung auch auf Gläubiger, die ihre Forderungen nicht angemeldet haben (sog. „Nachzügler"). Soweit der Plan auch ihnen gegenüber wirkt, mag man zweifeln, ob sie überhaupt mit einer Quote in die Verteilung der Insolvenzmasse eingebunden sind. Denn bei der im Plan vorgesehenen Verteilung wurden sie mangels Anmeldung ihrer Forderungen nicht berücksichtigt. Einen solchen Ausschluss der Nachzügler hatte der Gesetzgeber im Gesetzgebungsverfahren auch erwogen, allerdings aufgrund verfassungsrechtlicher und praktischer Bedenken verworfen: Er ging davon aus, eine verfassungskonforme Regelung könne nur bei gleichzeitiger Aufnahme von Vorschriften über eine Wiedereinsetzung gelingen, was praktisch zu problematisch sei[21]. Deswegen sind Nachzügler mit ihren Forderungen nicht ausgeschlossen[22]: Sie sind mit ihnen vielmehr denjenigen (quotalen) Be-

---

13 Vgl. nur *Braun*, NZI 2009, 409 m. w. N.
14 BGH NZI 2011, 538, 539.
15 BGH NZI 2011, 538, 539 f.; MünchKomm-*Brandes/Lohmann*, InsO, § 94 Rn. 7; NR-*Wittkowski/Kruth*, InsO, § 94 Rn. 27.
16 *Schwarz/Lehre*, ZInsO 2011, 1540, 1540; Anm. zu BGH 19.5.2011, IX ZR 222/08; *Baumert*, LMK 2011, 320965 und *Kroth*, FD InsR 2011, 320140.
17 Ausführlich *Smid*, jurisPR-InsR 18/2011 Anm. 2.
18 Vgl. schon *Häsemeyer*, Insolvenzrecht, 2. Aufl., 1998, Rn. 19.02.
19 KPB-*Spahlinger*, InsO, § 254 Rn. 21.
20 Angedeutet bei Andres/Leithaus-*Andres*, InsO, § 254 Rn. 3.
21 BT-Drs. 17/5712, 37.
22 BGH NZI 2013, 84, 84; BAG NZI 2013, 1076, 1078 f.

schränkungen unterworfen, die der **Insolvenzplan für Gruppenmitglieder mit vergleichbaren Ansprüchen** vorsieht[23].

22.11 Insofern stellen Nachzüglerforderungen, obgleich sie gem. § 259b InsO einer verkürzten Verjährung (Rn. 22.13) unterliegen, eine Gefahr für Insolvenzpläne dar. Steht für die Verteilung nur ein fester Betrag zur Verfügung oder kann aufgrund der Summe der Nachforderungen eine im Plan versprochene Quote nicht erreicht werden, kann die Plansanierung misslingen. Auf dieses Problem hat die Praxis unter anderem mit **Ausschlussklauseln bzw. -fristen** im gestaltenden Teil reagiert. Diese nehmen solche Forderungen von der Verteilung aus, die von den Gläubigern nicht spätestens bis zu einem bestimmten Termin geltend gemacht wurden. Dies hat auch der BGH gebilligt, allerdings ausgeführt, dass derlei Fristen frühestens ab Rechtskraft der Planbestätigung zu laufen begönnen[24]. Insofern dürfte es zu weit gehen, als zeitliche Zäsur den Erörterungs- und Abstimmungstermin zu setzen, was aber bisweilen in der Praxis vor Inkrafttreten des ESUG so gehandhabt wurde[25].

22.12 Gleichwohl ist die rechtliche Zulässigkeit von Ausschlussklauseln bundesgerichtlich nicht abschließend geklärt. In einer **aktuellen Entscheidung** hat das BAG Zweifel geäußert[26], die auch in der Literatur nach der durch das ESUG verkürzten Verjährung vorgebracht wurden[27]. Ebenso hat der BGH in einem neueren Verfahren, dem freilich keine Regelung in einem Insolvenzplan zugrunde lag, auf ein bewusstes Nichtregeln des Ausschlusses von Nachzüglern durch den Gesetzgeber hingewiesen[28]. Insofern wird man gleichwohl keine Abkehr von der früheren Rspr. des BGH annehmen müssen, denn Aussagen zur gesetzlichen Regelung lassen sich nicht unmittelbar auf einen im Insolvenzplan getroffenen Ausschluss übertragen[29]. Dieser erlaubt vielmehr gerade gem. § 217 Satz 1 InsO von den Normen der InsO abweichende Regelungen. Ohnehin lässt sich im ESUG und seiner Begründung kein Hinweis darauf finden, dass der Gesetzgeber die frühere Rspr. zur Zulässigkeit von Ausschlussklauseln missbilligt hätte. Insofern ist als **Alternative** zur Aufnahme einer solchen Klausel auch allenfalls eine quotenmindernde Rückstellung im Plan für unbekannte Gläubiger denkbar.

Der Planersteller sollte hier den sichersten Weg gehen. Ist er als Berater tätig, wird er den Schuldner auf die mit einer Nachzüglerklausel verbundenen Unwägbarkeiten mangels höchstgerichtlicher Klärung hinweisen müssen.

5. Verjährung von Forderungen

22.13 Zwar sind Nachzügler nach dem Gesagten nicht von der Verteilung ausgeschlossen, doch unterliegen sie mit ihren Forderungen gem. § 259b InsO einer verkürzten Verjährung. Ansprüche, die nicht bis zum Abstimmungstermin angemeldet worden sind und die mithin nicht in die Finanzplanung im Planverfahren aufgenommen werden konnten, verjähren nach Abs. 1 der Norm, soweit sie fällig sind, **ein Jahr nach rechtskräftiger Planbestätigung**, wenn sie nicht nach allgemeinen Vorschriften schon vor dem Ende dieses Jahres verjährt wären, § 259b Abs. 3 InsO.

---

23 BGH NZI 2013, 84, 84; *Otte/Wiester*, NZI 2005, 70, 71; *Rendels/Zabel*, Insolvenzplan, Rn. 339; HambKomm-*Thies*, InsO, § 254b Rn. 2.
24 BGH NZI 2010, 734, 735 m. zust. Anm. *Martini*, jurisPR-InsR 16/2010 Anm. 2.
25 So *Otte/Wiester*, NZI 2005, 70.
26 BAG NZI 2013, 1076, 1078 f.
27 *Küpper/Heinze*, ZInsO 2013, 471, 473 f.
28 BGH NZI 2013, 84, 84 f.
29 *Rendels*, EWiR 2013, 783, 784 Anm. zu BAG vom 12.9.2013, 6 AZR 907/11; *Rendels/Zabel*, Insolvenzplan, Rn. 348 f.

6. Wiederaufleben von Forderungen

22.14 Eine im gestaltenden Teil des Plans vorgesehene Stundung oder der teilweise Erlass von Forderungen werden nach § 255 Abs. 1 Satz 1 InsO für den Gläubiger hinfällig, gegenüber dem der Schuldner mit der Erfüllung des Plans erheblich in Rückstand gerät. Ein **erheblicher Rückstand** ist nach § 255 Abs. 1 Satz 2 InsO erst anzunehmen, wenn der Schuldner eine fällige Verbindlichkeit nicht bezahlt, obgleich der Gläubiger den Schuldner schriftlich gemahnt und ihm dabei eine mindestens zweiwöchige Nachfrist gesetzt hat. Am **Rückstand fehlt es** gem. § 256 Abs. 1 Satz 1 InsO, wenn der Schuldner auf eine im Prüfungstermin bestrittene Forderung oder eine Ausfallforderung eines absonderungsberechtigten Gläubigers, deren endgültige Höhe noch nicht feststeht, bis zur endgültigen Feststellung ihrer Höhe lediglich insofern berücksichtigt, wie es das Insolvenzgericht bei der Entscheidung über das Stimmrecht des Gläubigers bei der Abstimmung über den Plan getan hat.

22.15 Auch die Nichtleistung auf Forderungen von Nachzüglern kann einen Rückstand bedingen. Wurden sie allerdings nicht zur Tabelle angemeldet und sind sie bestritten, so gerät der Schuldner trotz Nichtleistung innerhalb einer Nachfrist grundsätzlich nicht in Rückstand. Dies ist nur dann anders, wenn das Insolvenzgericht gem. § 256 Abs. 1 Satz 2 InsO auf Antrag z. B. des Gläubigers die **vorläufige Berücksichtigung** der Forderung oder das Prozessgericht das **Bestehen der Forderung** festgestellt haben. Erst eine danach erfolgte Fristsetzung kann sodann bei Nichtleistung einen Rückstand begründen: „Frühere Fristsetzungen sind wirkungslos."[30]

22.16 Wird vor vollständiger Erfüllung des Plans über das Vermögen des Schuldners ein **neues Insolvenzverfahren** eröffnet, fallen Stundung und Erlass gem. § 255 Abs. 2 InsO für alle Insolvenzgläubiger fort und die Forderungen leben wieder auf.

22.17 Dieses Wiederaufleben bezieht sich, wie der Wortlaut der Norm in Abs. 1 zeigt, nur auf einen **teilweisen Erlass**. Aus systematischer und historischer Sicht ist dies auch in Abs. 2 der Fall[31]. Vollständig erlassene Forderungen leben also nicht wieder auf. Ebenso ist es mit **dinglichen Rechten**, die § 255 InsO nicht (auch nicht analog[32]) unterfallen und für deren Wiederaufleben in aller Regel auch kein Bedürfnis besteht: Eine Regelung der Absonderungsrechte im Plan wird im Allgemeinen dahin gehen, dass diese Gläubiger auf einen Teil ihrer Sicherheiten verzichten, dass sie ihre Sicherheit zeitweise nicht ausüben dürfen oder dass ihre Sicherheiten gegen andere ausgetauscht werden.[33] In diesen Fällen sind die Gläubiger in der Lage, die ihnen nach dem Plan zustehenden Rechte durch Zugriff auf die Sicherheiten auch gegen den Willen des Schuldners durchzusetzen. Für den PSV als Träger der betrieblichen Altersversorgung ist das Wiederaufleben von Forderungen durch eine Änderung des Gesetzes zur Verbesserung der betrieblichen Altersversorgung im Rahmen des EGInsO besonders geregelt[34].

22.18 Will der Plan hiervon abweichende Vorsorge treffen, kann ein Verzicht auf dingliche Rechte **auflösend bedingt** erklärt werden und insofern auch bereits

---

30 BGH ZInsO 2012, 1321, 1324 m. Anm. *Rendels/Körner*, EWiR 2012, 533, 534, Anm. zu BGH vom 10.5.2012, IX ZR 206/11; *Rendels/Zabel*, Insolvenzplan, Rn. 342 f.; vgl. auch *Smid*, jurisPR-InsR 18/2011 Anm. 5.
31 KPB-*Spahlinger*, InsO, § 255 Rn. 8; Andres/Leithaus-*Andres*, InsO, § 255 Rn. 2; Braun-*Braun/Frank*, InsO, § 255 Rn. 5.
32 So aber MünchKomm-*Eidenmüller*, InsO, § 221 Rn. 32. Indes spricht der klare Wortlaut der Norm gegen eine planwidrige Lücke, vgl. auch NR-*Braun*, InsO, § 255 Rn. 3 a. E.
33 Leonhardt/Smid/Zeuner-*Rattunde*, InsO, § 255 Rn. 7.
34 Vgl. § 9 Abs. 4 des Gesetzes zur Verbesserung der betrieblichen Altersversorgung i. d. F. des Art. 91 Nr. 4d EGInsO; s. die amtl. Begr. zu Art. 94 Nr. 4 RegEEGInsO, BT-Drs. 12/3803, 112.

durch Vormerkung gesichert werden[35]. Alternativ kann der Plan einen schuldrechtlichen Anspruch auf erneute Einräumung der Sicherheit vorsehen[36]. Einer für den Fall des Scheiterns vorgesehene Wiedereinräumung der Sicherheit mit dinglicher Wirkung nach einem ausdrücklichen Verzicht dürften indes angesichts zwischenzeitlich möglicher Verfügungen über die jeweilige Sicherheit zu große praktische Schwierigkeiten entgegen stehen[37].

III. Prozessuale Wirkungen (Vollstreckungsschutz)

22.19 Die Regelung des § 259a InsO bildet zusammen mit § 259b InsO den Schutz der Planumsetzung gegen Störung durch Nachzügler-Forderungen. Während Letztere auf Ebene des materiellen Rechtes durch eine Verkürzung der Verjährungsfristen wirkt, bringt Erstere **prozessualen Schutz** gegen die Umsetzung störende Maßnahmen der Zwangsvollstreckung durch Nachzügler. Insofern regelt die Norm, dass Maßnahmen der Zwangsvollstreckung durch Insolvenzgläubiger, welche ihre Forderungen bis zum Abstimmungstermin nicht angemeldet haben, untersagt oder einstweilen eingestellt werden können, wenn andernfalls die Durchführung des Insolvenzplans gefährdet wird.

22.20 Der Vollstreckungsschutz wird auf Antrag des Schuldners gewährt. Zuständig für die Entscheidung ist nicht das Vollstreckungsgericht, sondern das Insolvenzgericht, was systemgerecht ist[38]: Wie der Normtext zeigt, wird Schutz nur gegen solche Vollstreckungsmaßnahmen gewährt, welche die **Plandurchführung gefährden**. Insbesondere gegen die Vollstreckung kleinerer Forderungen, die keinen Einfluss auf den Erfolg der Sanierung haben, ist daher kein Schutz gegeben. Insofern ging der Gesetzgeber davon aus, dass Schutz erst gegen die Vollstreckung „beträchtliche[r] Forderungen" notwendig sei[39]. Beträchtlich sind Forderungen jedenfalls dann, wenn ihre Vollstreckung die ordnungsgemäße Plandurchführung unmöglich machen würde oder dem Unternehmen dadurch für die Betriebsfortsetzung benötigte Gegenstände entzogen würden[40]. Muss somit die Erfolgsaussicht der Plansanierung als Entscheidungsdeterminante berücksichtigt werden, ist das Insolvenzgericht dafür das sachnäheste Gericht[41].

22.21 Die **Zulässigkeit** des Antrages setzt die Glaubhaftmachung gem. § 294 ZPO der tatsächlichen Behauptungen hinsichtlich der Gefährdung voraus, § 259a Abs. 1 Satz 2, Abs. 2 InsO. Für seine **Begründetheit** gilt der Amtsermittlungsgrundsatz nach § 5 Abs. 1 InsO[42]. Soll insofern der Vollstreckungsschutz das Gelingen der Plansanierung sichern, ergibt sich daraus eine Einschränkung des Entscheidungsmaßstabes: Auch wenn nämlich Vollstreckungsmaßnahmen das Gelingen der Sanierung gefährden, kann ein Antrag unbegründet sein. Das ist der Fall, wenn **Sanierungsinteressen das Vollstreckungsinteresse nicht überwiegen**, also wenn ohnehin keine Aussicht besteht, dass das sanierte Unternehmen die nachträglich geltend gemachten Forderungen – „jedenfalls nach Erfüllung des Insolvenzplans und in Raten – aus den erwirtschafteten Erträgen bezahlen können"[43] wird.

---

35 Braun-*Braun/Frank*, InsO, § 255 Rn. 5.
36 KPB-*Spahlinger*, § 255 Rn. 11.
37 KPB-*Spahlinger*, InsO, § 255 Rn. 11; NR-*Braun*, InsO, § 255 Rn. 3 a. E.
38 A.A. *Rendels/Zabel*, Insolvenzplan, Rn. 352: „systemwidrig".
39 BT-Drs. 17/5712, 37.
40 BT-Drs. 17/5712, 37.
41 FK-*Jaffé*, InsO, § 259a Rn. 5.
42 FK-*Jaffé*, InsO, § 259a Rn. 3.
43 BT-Drs. 17/5712, 37.

22.22 Die Entscheidung des Gerichts kann gem. § 259a Abs. 2 InsO auch **einstweilig** ergehen. Sie ist gem. § 6 Abs. 1 InsO nicht rechtsmittelfähig, kann aber gem. § 259a Abs. 3 InsO auf Antrag einer Partei geändert oder aufgehoben werden, soweit dies wegen Veränderung der Sachlage geboten ist.

4. Hauptteil: Planerfüllung und Planüberwachung

Kapitel 23: Aufhebung des Insolvenzverfahrens

I. Wiederherstellung der Befugnisse des Schuldners mit Aufhebung des Insolvenzverfahrens

Gem. § 259 Abs. 1 Satz 1 InsO **erlöschen** mit der Aufhebung des Insolvenzverfahrens die **Ämter des Insolvenzverwalters** und der **Mitglieder des Gläubigerausschusses**.[1] Vorbehaltlich einer abweichenden, die Überwachung der Planerfüllung anordnenden Vereinbarung im gestaltenden Teil des Plans gem. § 259 Abs. 3 InsO endet gem. § 259 Abs. 1 Satz 1 InsO mit dem Wirksamwerden des Plans aufgrund Verkündung seiner Bestätigung das Amt des Insolvenzverwalters.

23.1

Damit unterliegt der Verwalter grundsätzlich der Rechnungslegungspflicht des § 66 InsO (unten Kapitel 24).[2] Diese umfasst einen Schlussbericht, Einnahmen- und Ausgabenrechnung bzw. Jahresabschlüsse, chronologische Buchungsjournale, Kontenblätter und Belegwesen.[3] Diese Rechnungslegungspflicht kann gem. § 66 Abs. 1 Satz 2 InsO durch Regelung im Insolvenzplan ausgeschlossen werden.

23.2

Nach § 259 Abs. 1 Satz 2 InsO erhält der **Schuldner** das **Recht** zurück, über die Insolvenzmasse **frei zu verfügen**. § 259 Abs. 2 InsO ordnet weiter an, dass die Wiederherstellung der Verwaltungs- und Verfügungsbefugnisse des Schuldners die Vorschriften über die Überwachung der Planerfüllung unberührt lässt. Sofern nicht nach § 270 InsO Eigenverwaltung angeordnet war, gilt nach § 259 Abs. 1 Satz 2 InsO Folgendes: Der Schuldner erlangt den unmittelbaren Besitz an der Masse zurück. Verwaltungs- und Verfügungsbeschränkungen werden durch die Aufhebung des Verfahrens beseitigt. Eines weiteren Zutuns des Schuldners bedarf es hierzu nicht.[4] Beschränkungen der Verfügungsbefugnis des Schuldners sind nur im Rahmen des § 259 Abs. 2 InsO möglich.

23.3

Ist eine **Planüberwachung** nicht vorgesehen, hat der Verwalter die in seinem Besitz befindlichen verbliebenen Massegegenstände an den Schuldner herauszugeben, ihm insbesondere die Geschäftsbücher zu überlassen. Sind Prozesse anhängig, werden diese unterbrochen; der Schuldner kann sie aufnehmen (für die Ausnahme bzgl. Anfechtungsprozessen vgl. unten Rn. 23.6 f.).

23.4

Nach einem Verfahren unter **Eigenverwaltung** des Schuldners erlischt gem. §§ 270 Abs. 1 Satz 2, 259 Abs. 1 Satz 1 InsO das Amt des Sachwalters.

23.5

II. Fortdauer der Funktionen des Insolvenzverwalters und der Mitglieder des Gläubigerausschusses

§ 259 InsO sieht zwar zunächst das Erlöschen der Ämter des Verwalters und der Mitglieder des Gläubigerausschusses (§ 259 Abs. 1 Satz 1 InsO) und den

23.6

---

1 KPB-*Spahlinger*, InsO, § 259 Rn.1; MünchKomm-*Huber*, InsO, § 259 Rn. 10; Leonhardt/Smid/Zeuner-*Rattunde*, InsO, § 259 Rn. 4, 6.
2 KPB-*Onusseit*, InsO, § 66 Rn. 5; MünchKomm-*Riedel*, InsO, § 66 Rn. 1; Leonhardt/Smid/Zeuner-*Rattunde*, InsO, § 259 Rn. 4.
3 HK-*Metoja*, InsO, § 66 Rn. 37.
4 *Schiessler*, Der Insolvenzplan, 205.

Übergang der Verfügungsbefugnis über die Insolvenzmasse vom Verwalter auf den Schuldner (§ 259 Abs. 1 Satz 2 InsO) vor.[5] Der gestaltende Teil des Insolvenzplans kann aber vorsehen, dass der Verwalter einen rechtshängigen[6] Rechtsstreit in Anfechtungssachen nach der Aufhebung des Insolvenzverfahrens fortzuführen berechtigt bleibt (§ 259 Abs. 3 Satz 1 InsO) – der dann für Rechnung des Schuldners zu führen ist (§ 259 Abs. 3 Satz 2 InsO).[7]

23.7 Die **Verteilung des** durch den **Prozess Erlangten im Falle eines Obsiegens des Verwalters** kann ebenfalls im Plan geregelt werden; fehlt eine solche Regelung, so fällt das Erlangte an den Schuldner.[8] Auch die **Kosten** eines verlorenen Prozesses **trägt** im Zweifel **der Schuldner** (§ 259 Abs. 3 Satz 2 InsO).

23.8 Der **Plan** kann vorsehen, dass seine Erfüllung trotz Aufhebung des Verfahrens zu **überwachen** ist. Dies richtet sich nach den §§ 260 ff. InsO (unten Kapitel 25). Entsprechende Regelungen können also die Fortdauer des Amtes des Insolvenzverwalters zur Kontrolle der Erfüllung der den Schuldner oder eine Übernahmegesellschaft aus dem Plan fließenden Verpflichtungen oder die Entscheidung über die Zustimmung zu bestimmten Geschäften (§ 273 InsO) vorsehen. Zur Bekanntmachung der Überwachung vgl. § 267 InsO.

III. Übersicht

23.9 Die Verfahrensbeendigung lässt sich schematisch folgendermaßen darstellen:

Verfahrensbeendigung	
Gerichtliche Bestätigung des Plans	**Rechtskraft**
– nach Annahme (Gläubiger/Schuldner, § 248 InsO)	– mit Unanfechtbarkeit des Bestätigungsbeschlusses, d. h. mit Ablauf der zweiwöchigen Beschwerdefrist oder bei Rechtsmittelabweisung
– Kein Verfahrensverstoß, Minderheitenschutz gewährt, §§ 249 f., InsO	
– Bekanntgabe durch Beschluss, § 252 InsO	
Aufhebung des Verfahrens	
– Bei Rechtskraft der Planbestätigung, § 258 I InsO, es sei denn, der Plan sieht anderes vor – Berichtigung – Berichtigung unstreitiger und Sicherheitsleistung für streitige Masseverbindlichkeiten, § 258 II InsO bzw. Vorlage eines Finanzplans für die noch nicht fälligen Masseverbindlichkeiten – Öffentliche Bekanntgabe nach Ankündigung, § 258 III InsO – Planüberwachung, § 260 InsO	

---

[5] KPB-*Spahlinger*, InsO, § 259 Rn. 1; MünchKomm-*Huber*, § 259 Rn. 11; Leonhardt/Smid/Zeuner-*Rattunde*, InsO, § 259 Rn. 2.
[6] BGH ZIP 2014, 330; NZI 2013, 489.
[7] KPB-*Spahlinger*, InsO, § 259 Rn. 20; MünchKomm-*Huber*, InsO, § 259 Rn. 23.
[8] Amtl. Begr. zu § 308 RegEInsO, BT-Drs. 12/2443, 214.

Kapitel 24: Schlussrechnung und Kosten

I. Allgemeines

Gem. § 258 Abs. 1 InsO beschließt das Insolvenzgericht grundsätzlich die **Aufhebung des Insolvenzverfahrens**, sobald die Bestätigung des Insolvenzplans rechtskräftig ist. Der Plan kann gem. Abs. 1 Satz 2 der Vorschrift hiervon jedoch Abweichungen vorsehen und so eine Verfahrensfortdauer auch über die rechtskräftige Planbestätigung hinaus bewirken. — 24.1

Der Verwalter hat vor der Aufhebung des Verfahrens die unstreitigen **Masseansprüche** zu berichten bzw. für die streitigen Sicherheit zu leisten, § 258 Abs. 2, 1. Alt InsO. Für noch nicht fällige Masseansprüche kann jedoch nach Abs. 2 Satz 2 der Norm auch ein Finanzplan vorgelegt werden, aus dem sich ergibt, dass ihre Erfüllung zum Zeitpunkt des Fälligwerdens gewährleistet ist.[1] — 24.2

Darüber hinaus müssen aber auch alle sonstigen Voraussetzungen zur Beendigung eines Insolvenzverfahrens vorliegen. Grundsätzlich ist der Verwalter also gem. § 66 InsO verpflichtet, eine **Schlussrechnung** zu erstellen. Weil diese Pflicht zu praktischen Schwierigkeiten führen konnte,[2] sieht § 66 Abs. 1 Satz 2 InsO vor, dass der Plan von diesem Erfordernis befreit werden kann. Im Interesse einer schnellen Verfahrensabwicklung **sollte auch auf eine Schlussrechnungslegung und Abhaltung eines Schlusstermins verzichtet werden**. Seiner Aufsichtspflicht kann das Gericht auch durch die Anforderung einer Zwischenrechnung zeitnah zur Vorlage des Insolvenzplans zur Abstimmung nachkommen. — 24.3

Darüber hinaus hat das Insolvenzgericht die **Vergütung des Verwalters**, §§ 63, 64 InsO, sowie die Vergütung eines eventuellen **Gläubigerausschusses**, § 73 InsO, festzusetzen. Da die Verfahrenskosten i. S. d. § 54 InsO im Rahmen des Insolvenzplans zu erfüllen sind, müssen bei der Planerstellung entsprechende Rückstellungen gebildet werden. Daher ist es für den Planersteller von erheblicher Bedeutung, sich über die Höhe der anfallenden Kosten im Klaren zu sein. Denn diese müssen bei der Ermittlung der den Gläubigern versprochenen Ausschüttung und der Aufstellung des Plans mit einkalkuliert werden. — 24.4

Die **Verfahrenskosten**, § 54 InsO, zählen zu den **Masseansprüchen**, die gem. § 258 Abs. 2 InsO vor der Aufhebung zu befriedigen sind. Grundsätzlich ist daher darauf zu achten, dass die Vergütung des Verwalters und eventueller Gläubigerausschussmitglieder vor der Verfahrensaufhebung festgesetzt werden. Bei Streitigkeiten hinsichtlich der Höhe der Vergütung hat der Verwalter ggf. eine Rückstellung zu bilden. Das Verfahren kann dann unverzüglich aufgehoben und der Geschäftsbetrieb auf die nunmehr wieder Verantwortlichen übertragen werden. — 24.5

II. Schlussrechnung bzw. Zwischenrechnung

Nach § 66 Abs. 1 InsO wird der Insolvenzverwalter grundsätzlich verpflichtet, bei Beendigung seines Amtes gegenüber einer Gläubigerversammlung Rechnung zu legen. Im Gegensatz zur handelsrechtlichen Rechnungslegung handelt es sich hierbei um eine **insolvenzrechtsspezifische Abrechnung**, die verbunden ist mit einem Tätigkeitsbericht gegenüber dem Gericht und den Gläubigern. Hierdurch wird es dem Gericht ermöglicht, seine Aufsichtspflichten auszu- — 24.6

---

1 Zu den Problemen der Normfassung vor Einführung des Satz 2 durch das ESUG vgl. *Smid/Rattunde/Martini*, Der Insolvenzplan, 3. Aufl. 2012, Rn. 21.21a.
2 Zum Ganzen *Smid/Rattunde/Martini*, Der Insolvenzplan, 3. Aufl. 2012, Rn. 21.2 f.

üben bzw. kann eine Kontrolle des Verwalters durch die beteiligten Gläubiger erfolgen. Darüber hinaus dient die Rechnungslegung der Ausübung der Gläubigerautonomie, der Überprüfung von Qualitätsstandards sowie als Ergänzung und Dokumentation des vom Verwalter gestellten Vergütungsantrages (Rn. 24.9 ff.).

24.7 Die Schlussrechnung basiert auf der **Summen- und Saldenliste** und enthält das gesamte **Rechnungswesen** bis zum Zeitpunkt der Beendigung des Verfahrens. Dabei sind die Grundsätze einer ordnungsgemäßen Buchführung einzuhalten.[3] Das heißt, es darf keine Buchung ohne Beleg erfolgen, ein sachverständiger Dritter soll sich innerhalb angemessener Zeit einen Überblick über die Geschäftsvorfälle verschaffen können, Zeitpunkt, Bezeichnung und Betrag sind genau anzugeben, es ist auf Vollständigkeit der Schlussrechnung, der Journale und Einzelkonten zu achten.

24.8 In der vom Verwalter vorzulegenden Schlussrechnung sind somit **sämtliche Vermögenswerte** erfasst, die der Verwalter bis zu diesem Zeitpunkt verwertet hat. Gleichzeitig enthält die Schlussrechnung Angaben dazu, welche **Aus- und Absonderungsrechte** Dritter zu befriedigen waren.

III. Vergütung des Insolvenzverwalters

24.9 Nach § 63 Abs. 1 InsO hat der Insolvenzverwalter einen Anspruch auf **Vergütung** für seine Geschäftsführung und auf Erstattung angemessener **Auslagen**. In Ausübung der Ermächtigung nach § 65 InsO wurden die Einzelheiten der Vergütung und die Erstattung der Auslagen des Insolvenzverwalters durch Rechtsverordnung, die InsVV[4], näher geregelt. Daraus ergibt sich folgende Grundstruktur:
(1) Betragsorientierte Vergütung mit widerlegbarer Vermutung der Angemessenheit bei bestimmten Prozentsätzen;
(2) Maßstab ist die nach § 1 InsVV bestimmte Insolvenzmasse;
(3) Prozentualer Anteil nach § 2 InsVV stellt die Regelvergütung dar;
(4) Individuelle tätigkeitsbezogene Zu- und Abschläge nach § 3 InsVV.

1. Berechnungsgrundlage, § 1 InsVV

24.10 Gem. § 63 Abs. 1 Satz 2 InsO ist Grundlage der Vergütung des Verwalters der **Wert der Insolvenzmasse** zur Zeit der Beendigung des Insolvenzverfahrens. Nach § 1 Abs. 1 Satz 1 InsVV erfolgt die Feststellung der Berechnungsgrundlage auf der Grundlage der im Schlusstermin bestätigten Schlussrechnung.[5] Dies ist im Planverfahren häufig mit erheblichen Problemen verbunden, da im Falle eines Sanierungsplans die Verwertung des Vermögens nicht abgeschlossen ist und gerade bei Fortführung des Betriebes eine ständige Wertsteigerung der Masse erfolgt. Darüber hinaus kann der Plan gem. § 66 Abs. 1 Satz 2 InsO gerade vorsehen, dass eine Schlussrechnung nicht zu erstellen ist, so dass sie auch keine rechnerische Grundlage für eine Vergütung darstellen kann.

24.11 Unzutreffend wäre es, als Berechnungsgrundlage für die Vergütung lediglich die **Einnahmen** zugrunde zu legen, die der Insolvenzverwalter während seiner Tätigkeit erzielt hat, da dann Bestandteile der Masse, die der ausgeschiedene

---
3 HK-*Metoja*, InsO, § 66 Rn. 30 ff.
4 Insolvenzrechtliche Vergütungsverordnung vom 19.8.1998, BGBl. I, 2205.
5 LG Heilbronn, B. v. 6.5.2005, 1 T 141/05 ST 2, ZIP 2005, 1187; OLG Brandenburg, B. v.11.10.2001, 8 W 231/91, ZInsO 2001, 1148.

24.12 Dem hat der Gesetzgeber dadurch abgeholfen, dass sich die Vergütung nach dem **Schätzwert der Masse** zur Zeit der Beendigung des Verfahrens berechnet, § 1 Abs. 1 Satz 2 InsVV, wenn das Verfahren nach Bestätigung eines Insolvenzplans aufgehoben oder durch Einstellung vorzeitig beendet wird. Anhaltspunkte für den Schätzwert der Masse zur Zeit der Beendigung des Verfahrens, können die in § 153 InsO bzw. im Falle eines Insolvenzplans, die in § 229 InsO vorgesehenen **Vermögensübersichten** geben.[7]

24.13 In der Vermögensübersicht werden die vorhandenen Vermögensgegenstände und die bestehenden Verbindlichkeiten gegenübergestellt. Je nachdem, ob es sich um einen Liquidations- oder Sanierungsplan handelt, werden die Vermögensgegenstände mit **Liquidations- oder Fortführungswerten** erfasst. Unter dem Fortführungswert ist der Betrag zu verstehen, den ein Kaufinteressent bereit ist, für die Vermögensgegenstände zu bezahlen. Da dieser Wert nur schwer feststellbar sein wird, kann stattdessen der Wiederbeschaffungswert in Ansatz gebracht werden. Darunter versteht man die Anschaffungs- oder Herstellungskosten abzüglich der Abschreibungen.[8]

24.14 Da zwischen der Aufstellung des Vermögensverzeichnisses nach § 229 InsO und der Aufhebung des Verfahrens nach Annahme des Insolvenzplans einige Zeit vergeht, kann das **Vermögensverzeichnis** allerdings lediglich einen **Anhaltspunkt** für den Schätzwert des Vermögens zum Zeitpunkt der Verfahrensbeendigung liefern.[9] Ggf. kann daher auch auf Angaben in den erstellten **Jahresabschlüssen** zurückgegriffen werden bzw. lassen sich aus der Buchhaltung des Unternehmens **Zwischenabschlüsse** erstellen.

24.15 Dabei ist allerdings zu berücksichtigen, dass Massekosten und Masseverbindlichkeiten i. S. d. §§ 54, 55 InsO die Teilungsmasse nicht schmälern. Hinsichtlich einer **Betriebsfortführung** ist gem. § 1 Abs. 2 Nr. 4 lit. b) InsVV ein etwaig erwirtschafteter Verlust unerheblich und schmälert die Masse nicht.[10] Allerdings wird masseerhöhend auch nur ein Gewinn berücksichtigt. Insofern hat der BGH[11] festgestellt, dass die während der Fortführung anfallenden laufenden Kosten, mit denen Gewinn erwirtschaftet werden soll, im Rahmen der Einnahmen-/Ausgabenrechnung als Ausgaben berücksichtigt werden müssen. Abzuziehen sind also zunächst alle Ausgaben aufgrund von Verträgen, die vom Verwalter im Rahmen der Unternehmensfortführung abgeschlossen wurden oder für die er die Erfüllung (§ 103 InsO) gewählt hat,[12] z. B. Rohstoffeinkäufe. Darüber hinaus sind dies Verbindlichkeiten aus Dauerschuldverhältnissen (oktroyierte Masseverbindlichkeiten), wenn durch sie im Rahmen der Betriebsfortführung ein Gewinn erwirtschaftet werden soll, z. B. die Kosten der für die Betriebsfortführung eingesetzten Arbeitnehmer oder Mieten der für die Betriebsfortführung genutzten Räumlichkeiten (§§ 108, 109 InsO).

24.16 Hinsichtlich der mit **Absonderungsrechten** Dritter belasteten Vermögenswerte sind diese – ohne hier auf die Einzelheiten näher eingehen zu wollen – nach

---

6 BGH, B. v. 10.11.2005, IX ZB 168/04 Rn. 6, ZInsO 2006, 29, zur vorzeitigen Beendigung des Amtes des Verwalters.
7 Vgl. Amtl. Begr. zu § 1 InsVV, LG Traunstein, B. v. 18.8.2000, 4 T 4212/99, ZInsO 2000, 510.
8 Budde/Förschle/Winkeljohann-*Förschle/Weisang*, Sonderbilanzen, R. Rechnungslegung im Insolvenzverfahren, Rn. 14.
9 *Weber*, Rpfleger 2007, 296, 297 mit Beispiel; im Übrigen vgl. auch die Aufstellung des LG Traunstein, B. v. 18.8.2000, 4 T 4212/99, ZInsO 2000, 510.
10 BGH ZInsO 2005, 760, 761.
11 BGH ZInsO 2011, 1615; ZIP 2008, 2222.
12 BGH, B. v. 24.5.2005, ZInsO 2005, 760.

§ 1 Abs. 2 Nr. 1 und Nr. 2 InsVV nur in Höhe des zu Gunsten der Masse verbleibenden Differenzbetrages zu berücksichtigen. Ist deren Verwertung bis zur Verfahrensbeendigung nicht erfolgt, so ist deren „Ertrag" ebenfalls im Rahmen der Berechnungsgrundlage der Verwaltervergütung zu berücksichtigen. Dies gilt nur dann nicht, wenn der Vermögensgegenstand auch ohne die vorzeitige Beendigung nicht verwertet worden wäre.[13]

24.17 Ein bestehender, aber noch nicht erfolgreich durchgesetzter **Anfechtungsanspruch** ist ebenfalls Bestandteil der Insolvenzmasse und damit bei der Ermittlung der Berechnungsgrundlage zu berücksichtigen.[14] Voraussetzung ist allerdings neben der Erfüllung der tatbestandlichen Voraussetzungen der §§ 129 ff. InsO auch die wirtschaftliche Durchsetzbarkeit des Anspruchs.

24.18 Auch **noch nicht fakturierte Geschäftsvorfälle** sind zu berücksichtigen, da diese Forderungen bereits entstanden sind. Zugrunde zu legen ist der – ggf. zu schätzende – Verkehrswert der Forderungen.[15] Dafür gibt der voraussichtliche Realisierungswert einen Anhaltspunkt.[16]

24.19 Daneben gilt hinsichtlich der Ermittlung der Schätzwerte der Masse der **Amtsermittlungsgrundsatz**, d. h., das Amtsgericht hat neben den Angaben des Verwalters ggf. den Schuldner zu befragen bzw. Informationen von Dritten einzuholen.

24.20 Ergänzend ist darauf hinzuweisen, dass **Angaben des Insolvenzverwalters**, die hinsichtlich der Verfahrenskosten, insbesondere hinsichtlich seiner Verwaltervergütung, in einem von ihm ausgearbeiteten oder vom Schuldner vorgelegten und von ihm überarbeiteten Insolvenzplan erfolgen, **nicht bindend** sind. Dies gilt selbst dann, wenn der betreffende Ansatz in den gestaltenden Teil des Insolvenzplans (§ 221 InsO) aufgenommen worden ist. Nach § 54 Abs. 1 Satz 1 und 3 InsO bindet dieser Teil eines rechtskräftig bestätigten Insolvenzplans alle Beteiligten. Aus § 221 InsO ergibt sich wiederum, dass unter den Beteiligten diejenigen zu verstehen sind, in deren Rechtsstellung durch den Insolvenzplan eingegriffen wird.[17] Dies trifft auf den Insolvenzverwalter nicht zu. Dem Kostenansatz im Insolvenzplan kommt auch keine Geständniswirkung i. S. d. §§ 288 ff. ZPO zu, da diese im Insolvenzverfahren nicht analog anwendbar sind.[18]

24.21 Allenfalls bei einer **erheblichen Abweichung** könnte der Insolvenzverwalter, der den Plan selbst erstellt oder zumindest mitgestaltet hat, nach Treu und Glauben, § 242 BGB, daran gehindert sein, für seine Bemühungen einen Zuschlag nach § 3 Abs. 1 lit. e) InsVV zu verlangen.[19] Denn der Insolvenzverwalter, der sich seine Mithilfe bei der Erstellung des Planes vergüten lassen möchte, hat auf einen realistischen Ansatz der Vergütung zu achten, da dieser Faktor für die Willensbildung der Beteiligten entscheidend ist. Gerade bei kleineren Insolvenzverfahren wird die Verwaltervergütung einen relativ großen Anteil der Masse aufzehren und deren Höhe daher entscheidend dafür sein, ob ein Insolvenzplan durchgeführt werden kann.

---

13 BGH, B. v. 29.3.2007, IX ZB 153/06, ZInsO 2007, 539.
14 BGH, B. v. 13.3.2008, IX ZB 39/05, ZInsO 2008, 558.
15 BGH, B. v. 9.6.2005, IX ZB 230/03, NZI 2005, 557; BGH, B. v. 22.2.2007, IX ZB 106/06 Rn. 15, ZInsO 2007, 436; BGH, B. v. 26.4.2007, IX ZB 160/06, ZInsO 2007, 766, Rn. 10.
16 LG Heilbronn, B. v. 18.2.2002, 1b T 32/02 Bm, 1b T 32/02, ZIP 2002, 719.
17 BGH, B. v. 22.2.2007, IX ZB 106/06 Rn. 7, ZInsO 2007, 436.
18 BGH, B. v. 22.2.2007, IX ZB 106/06 Rn. 7, ZInsO 2007, 436; OLG Köln ZInsO 2000, 393; a. A. wohl AG Wolfratshausen, B. v. 26.11.2007, 2 IN 116/05, ZInsO 2007, VI, wonach bei einem Insolvenzplan, der Angaben zur Verwaltervergütung enthält, durch dessen gerichtliche Bestätigung, § 248 InsO, auch die Vergütung bestätigt werde und die spätere Festsetzung lediglich deklaratorische Bedeutung habe.
19 BGH, B. v. 22.2.2007, IX ZB 106/06 Rn. 10, ZInsO 2007, 436.

2. Zuschläge

24.22 Dass die **Befassung des Insolvenzverwalters mit einem Insolvenzplan** die Gewährung eines Zuschlags rechtfertigt, ist so bereits in § 3 Abs. 1 lit. e) InsVV normiert. Hinsichtlich der Gewährung von Zuschlägen im Einzelfall ist darauf hinzuweisen, dass die Regelvergütung nach § 2 Abs. 1 InsVV grundsätzlich alle Tätigkeiten eines Verwalters in einem durchschnittlichen Normalverfahren abdeckt. Erst bei einer erheblichen Abweichung vom Normalfall sind Zu- oder Abschläge vorzunehmen.[20]

24.23 Es ist also im **konkreten Einzelfall** der angefallene Arbeitsaufwand mit dem eines Normalverfahrens zu vergleichen. Das Vorliegen eines Erhöhungstatbestandes allein reicht nicht aus. Eine erhebliche Abweichung liegt nach Ansicht des BGH[21] vor, wenn eine Veränderung der Regelvergütung um mindestens 5 % gerechtfertigt ist. Dabei ist es ausreichend, wenn der im konkreten Fall erforderliche Aufwand nach **allgemeinen Kriterien** bewertet wurde. Eine Bemessung der Vergütung nach dem exakten Zeitaufwand ist dem System des § 63 Abs. 1 Satz 3 i. V. m. § 3 InsVV fremd.[22]

24.24 Hinsichtlich des dem Verwalter aufgrund des Insolvenzplanes entstandenen Mehraufwandes ist zunächst danach zu unterscheiden, ob der Verwalter den **Insolvenzplan selbst erstellt** oder den **Plan des Schuldners** überarbeitet hat.[23] Des Weiteren dürfte der Mehraufwand im Wesentlichen davon abhängen, ob es sich um eine Einzelperson, ein kleineres oder ein größeres Unternehmen gehandelt hat. Des Weiteren ist zu unterscheiden zwischen einem Liquidationsplan, der in der Regel Privateinzelpersonen eine vorzeitige Beendigung des Insolvenzverfahrens ermöglichen soll, und der Ausarbeitung eines Sanierungsplans.

24.25 Erschwert werden kann die Planerstellung durch die **gleichzeitige Fortführung des Unternehmens**. Weitere Komplikationen können in **komplizierten Beteiligungsverhältnissen** gegeben sein, die umfangreiche Regelungen erfordern. Soll durch den Insolvenzplan zudem in die **Unternehmensorganisation eingegriffen** oder **Teile des Betriebes abgespalten** werden, so dürfte hierin ebenfalls ein erheblicher Mehraufwand begründet sein.

24.26 In der Rechtsprechung und Literatur werden für die Überprüfung eines Insolvenzplans **Zuschläge zwischen 50 bis 100 %** anerkannt. Arbeitet der Insolvenzverwalter selbst den Plan aus, so werden je nach Unternehmensgröße Zuschläge von 100 bis 350 % gewährt.[24]

24.27 Dem Insolvenzverwalter obliegt es, den ihm bzw. seinen Mitarbeitern im Einzelnen entstandenen **Arbeitsaufwand darzulegen**. Hierzu empfiehlt es sich, die mit den unterschiedlichen Beteiligten geführten Vorverhandlungen detailliert zu dokumentieren und die rechtlichen und tatsächlichen Problemstellungen aufzuzeigen.

24.28 Ergänzend sei darauf hingewiesen, dass ein solcher Zuschlag vom Insolvenzverwalter **auch beim Scheitern des vorgelegten Insolvenzplans** geltend gemacht werden kann. Denn § 3 InsVV honoriert den dem Verwalter entstandenen Mehraufwand (Gespräche mit dem Schuldner, Ausarbeitung des Plans nebst

---

20 BGH, B. v. 24.7.2003, IX ZB 607/02, ZInsO 2003, 790.
21 BGH, B. v. 11.5.2006, IX ZB 249/04, ZInsO 2006, 642.
22 BGH, B. v. 25.6.2009, IX ZB 118/08, ZInsO 2009, 1511 – die Überarbeitung eines vom Schuldner vorgelegten Insolvenzplans rechtfertigt einen Zuschlag, wenn sie für den Verwalter mit einem erheblichen Mehraufwand verbunden war.
23 BGH, B. v. 22.2.2007, IX ZB 106/06, ZInsO 2007, 436.
24 Vgl. hierzu Tabelle in: *Keller*, Vergütung und Kosten im Insolvenzverfahren, Rn. 335; BGH, B. v. 22.2.2007, IX ZB 106/06, ZInsO 2007, 436: 20 % für die Überprüfung eines vom Schuldner vorgelegten Insolvenzplans.

Anlagen, Vorverhandlung mit den Gläubigern, Information der Gläubiger und Teilnahme am Abstimmungstermin), die spätere Durchführung des Plans ist hierfür nicht erforderlich. Sollte der Insolvenzverwalter mit der Überwachung der Umsetzung des Plans betraut werden, so steht ihm hierfür eine gesonderte Vergütung zu, § 6 Abs. 2 InsVV (näher s.u. Rn. 24.36).

3. Auslagen

24.29 Darüber hinaus hat der Verwalter einen Anspruch auf Erstattung der ihm entstandenen Auslagen. Dabei hat der Verwalter entweder die Möglichkeit, eine **Aufstellung** zu den **tatsächlich entstandenen Auslagen** vorzulegen, oder die Auslagenpauschale nach § 8 Abs. 3 InsVV geltend zu machen. Danach hat er im ersten Jahr einen Anspruch auf 15% der Regelvergütung nach § 2 Abs. 2 InsVV und in den Folgejahren von je 10 %. Allerdings ist die Auslagenpauschale auf maximal 250 € pro Monat der Tätigkeit des Verwalters (§ 8 Abs. 3 Satz 1 InsVV) und maximal 30% der Regelvergütung (§ 8 Abs. 3 Satz 2 InsVV) begrenzt.

4. Umsatzsteuer

24.30 Zusätzlich zur Vergütung und den Auslagen wird dem Verwalter die von ihm zu zahlende Umsatzsteuer festgesetzt, § 7 InsVV.

IV. Gerichtskosten

24.31 Im Rahmen der Planerstellung ist auch die **Deckung der gerichtlichen Kosten** des Insolvenzverfahrens sicherzustellen, wobei für den Insolvenzplan an sich keine gesonderten Kosten anfallen.[25]

24.32 Nach § 1 Abs. 1 Nr. 4 GKG bestimmen sich die Gerichtskosten nach dem GKG. Die Kosten des Insolvenzverfahrens sind wiederum im Einzelnen in den **§§ 34 ff. GKG** i. V. m. Nr. 2310 ff. des Kostenverzeichnisses geregelt.

24.33 Zunächst fällt die **Verfahrensgebühr** an. Wurde das Verfahren auf Antrag des Schuldners eröffnet, so beträgt diese das 2,5fache der Gebühr nach § 34 GKG, Nr. 2320 GKG KV. Wurde das Verfahren auf Antrag des Gläubigers eröffnet, so entsteht eine Verfahrensgebühr in Höhe des 3fachen der Gebühr nach § 34 GKG, Nr. 2330 GKG KV. Wurden sowohl ein Schuldner- als auch ein Gläubigerantrag gestellt, so richtet sich die Verfahrensgebühr nach der geringeren Gebühr des Schuldnerantrags.[26]

24.34 Darüber hinaus sind die Gerichtskosten des **Eröffnungsverfahrens** zu befriedigen. Unabhängig davon, ob es sich um Anträge des Schuldners oder eines Gläubigers handelt, wird je Antrag eine **0,5fache Gebühr** erhoben, Nrn. 2310, 2311 GKG KV.

24.35 Neben den Gerichtskosten, sind auch die **Auslagen des Gerichts** zu berücksichtigen. Hierzu zählen neben den Zustellkosten gem. Nr. 9002 GKG KV und den Kosten der öffentlichen Bekanntmachung gem. Nr. 9004 GKG KV i. V. m. § 9 Abs. 1 InsO nach Nr. 9005 GKG KV auch die Kosten eines Sachverständigen nach § 9 JVEG. Hierunter fallen die Kosten eines vom Gericht im Vorfeld der Verfahrenseröffnung mit der Ermittlung des vorhandenen Vermögens und der Verbindlichkeiten sowie des Vorliegens der Insolvenzeröffnungsgründe gem. §§ 17 ff. InsO beauftragten Sachverständigen. Genauso zählen hierzu die Kosten eines eventuell vom Gericht mit der Prüfung der Schlussrechnung/Zwischenrechnung des Insolvenzverwalters beauftragten Sachverständigen.

---

25 Braun-*Bäuerle*, InsO, § 54 Rn. 19.
26 *Keller*, Vergütung und Kosten im Insolvenzverfahren, Rn. 826.

V. Kosten einer Planüberwachung i. S. v. § 269 InsO

1. Kosten des planüberwachenden Insolvenzverwalters

Der Insolvenzplan kann vorsehen, dass die Umsetzung des Insolvenzplans überwacht wird, § 260 Abs. 1 InsO. Dies ist Aufgabe des Insolvenzverwalters, § 261 Abs. 1 Satz 1 InsO. Wird der Insolvenzverwalter mit der Überwachung der Erfüllung des Insolvenzplans betraut, so steht ihm hierfür nach § 6 Abs. 2 InsVV eine **gesonderte Vergütung** zu. Die Vergütung ist unter Berücksichtigung des Umfangs der Tätigkeit nach billigem Ermessen festzusetzen, § 6 Abs. 2 Satz 2 InsVV.[27]

24.36

Kostenschuldner ist der **Schuldner** bzw. im Falle der Überwachung einer **Übernahmegesellschaft** i. S. v. § 260 Abs. 3 InsO dieselbige, § 269 InsO. Die Gläubiger oder die Staatskasse haften nicht. Daher ist es im Interesse des Insolvenzverwalters, dafür zu sorgen, dass die Erfüllung seines Vergütungsanspruchs im Insolvenzplan sichergestellt wird.[28] Gleichzeitig liegt es im Interesse des Planerstellers, diese Kosten wenigstens überschlägig bei der Erstellung des Planes zu berücksichtigen. Problematisch ist insofern, dass die Höhe der Vergütung von dem erst noch anfallenden Aufwand der Planüberwachung abhängt und eventuelle Erschwernisse zu diesem Zeitpunkt noch nicht absehbar sind.

24.37

Faktoren für den **Aufwand der Planüberwachung** sind neben der im Plan vorgesehenen **Dauer** des Kontrollzeitraums (nach § 268 Abs. 1 Nr. 2 InsO maximal 3 Jahre nach Aufhebung des Insolvenzverfahrens) insbesondere der Umfang der Kontrolltätigkeit. Diese richtet sich nach den Vorgaben des Insolvenzplans und kann neben einer reinen **Überwachung** auch bestimmte Rechtsgeschäfte von der **Zustimmung** des Insolvenzverwalters abhängig machen, § 263 InsO.

24.38

Die Vergütung kann als **Pauschale** festgelegt werden. In der Literatur wird hierfür ein Anteil von 20–40 % des einfachen Regelsatzes nach § 2 Abs. 1 InsVV, der für den Insolvenzverwalter für die Durchführung des Insolvenzverfahrens ermittelt wurde, als angemessen erachtet.[29] Bei einer besonders umfangreichen Tätigkeit ist die Geltendmachung weiterer Prozentsätze gerechtfertigt.

24.39

Ebenso kann eine **Abrechnung nach Stundensätzen** erfolgen. Die hierfür als angemessen erachteten Beträge schwanken zwischen 125 €[30] und 400–600 €[31] pro Stunde.

24.40

Darüber hinaus steht dem Verwalter ein **Auslagenersatzanspruch** zu, wenn nicht im Rahmen des Plans ausdrücklich vereinbart wurde, dass die Vergütung die Auslagen mit abdeckt. Gem. § 7 InsVV ist die **Umsatzsteuer** gesondert festzusetzen.

24.41

2. Gerichtskosten

Weitere Gerichtskosten fallen nicht an, da die Planüberwachung außerhalb des bereits abgeschlossenen Insolvenzverfahrens erfolgt.[32]

24.42

---

27 *Graeber*, InsbürO 2005, 339.
28 *Haarmeyer/Wutzke/Förster*, InsVV, § 6 Rn. 14 f., der vorschlägt, einen entspr. Betrag zu hinterlegen.
29 *Graeber*, InsbürO 2005, 339; *Haarmeyer/Wutzke/Förster*, InsVV, § 6 Rn. 16.
30 *Graeber*, InsbürO 2005, 339.
31 *Haarmeyer/Wutzke/Förster*, InsVV, § 6 Rn. 17.
32 *Keller*, Vergütung und Kosten in Insolvenzverfahren, Rn. 837.

Kapitel 25: Planüberwachung und Planerfüllung

I. Wirkungen der Aufhebung des Insolvenzverfahrens

1. Rahmenbedingungen

25.1 Wie im vorangegangenen Kapitel dargestellt, bestimmt § 259 InsO, dass die Bestätigung des Insolvenzplans das **Erlöschen der Ämter des Verwalters und der Mitglieder des Gläubigerausschusses** und den Übergang der Verfügungsbefugnis über die Insolvenzmasse vom Verwalter auf den Schuldner (§ 259 Abs. 1 Satz 2 InsO) bewirkt. Der Insolvenzplan hat aber selbst einen „prozesshaften" Charakter – sein „Gelingen" hängt von seiner Verwirklichung im Zeitraum nach der Planbestätigung und im Zweifel auch der Aufhebung des Insolvenzverfahrens ab. Bereits im überkommenen Recht war es eine Frage der vertraglichen Vereinbarungen zwischen dem Gemeinschuldner und seinen Gläubigern, ob in dem auf die Bestätigung des Zwangsvergleichs folgenden Zeitraum institutionelle Voraussetzungen zur Kontrolle der Erfüllung der sich aus dem Zwangsvergleich nach Aufhebung des konkurslichen Regiments ergebenden Pflichten eingerichtet wurden.

25.2 Das frühere Recht des Zwangsvergleichs im Konkurs und des Vergleichs im Gesamtvollstreckungsverfahren sah keine expliziten Regelungen einer Überwachung der Erfüllung des Vergleichs vor. Die Vergleichsordnung traf dagegen eine differenzierte Regelung: Für Verfahren geringer Bedeutung folgte sie dem Beispiel der KO, sah also keine Überwachung vor (§ 90 Abs. 1 Nr. 2 VerglO in Fällen, in denen die Summe der Vergleichsforderungen nicht über DM 20.000 liegt). Größere Verfahren wurden grundsätzlich erst aufgehoben, wenn der Vergleich erfüllt war; bis zu diesem Zeitpunkt hatte der Vergleichsverwalter die Erfüllung des Vergleichs zu überwachen (§ 96 VerglO). Dies galt jedoch nicht, wenn die Vergleichsgläubiger mehrheitlich die Aufhebung des Verfahrens ohne eine Überwachung beantragten (§ 90 Abs. 1 Nr. 1 VerglO), oder wenn der Schuldner sich im Vergleich der Überwachung durch einen Sachwalter unterworfen hatte (§§ 91 bis 95 VerglO); in diesen Fällen konnte das Verfahren mit der Bestätigung des Vergleichs aufgehoben werden.

2. Festlegung einer Überwacherstellung im Plan

25.3 Soweit es die Gewährleistung einer effizienten Planüberwachung gebietet, kann der Plan vorsehen, dass auch die Ämter der Mitglieder des Gläubigerausschusses und die Aufsicht des Insolvenzgerichts über den Verwalter fortbestehen. Insbesondere gilt dies für die allgemeinen Auskunfts- und Berichtspflichten des Verwalters gegenüber Gläubigerausschuss und Gericht. Ein jährlicher Bericht des Verwalters gegenüber diesen Stellen über den Stand und die Aussichten der Erfüllung des Plans ist besonders vorgeschrieben (§ 261 Abs. 2 Satz 1 InsO).[1]

II. Stellung des Überwachers

25.4 Die InsO sieht eine von Fall zu Fall mittels des Planes zu regelnde **Aufsicht** über die Geschäftsführung **durch einen Verwalter** zum Zwecke der Planüberwachung vor: § 259 Abs. 2 InsO „behält" bei Aufhebung des Insolvenzverfahrens die Vorschriften über die Überwachung der Planerfüllung vor, die nach § 260 Abs. 1 InsO im gestaltenden Teil des Planes vorgesehen werden kann.

25.5 Die Planüberwachung nach § 260 Abs. 1 InsO ist durch § 261 InsO gesetzlich ausgestaltet: Zweckmäßigmäßigerweise hat der Gesetzgeber[2] die Überwachung

---

[1] Amtl. Begr. RegEInsO, Aufgaben und Befugnisse des Insolvenzverwalters, BT-Drs. 12/2443, 215 (zu § 308); KPB-*Pleister*, InsO, § 261 Rn. 11; MünchKomm-*Stephan*, InsO, § 261 Rn. 7; Leonhardt/Smid/Zeuner-*Rattunde*, InsO, § 261 Rn. 4.

[2] Amtl. Begr. RegEInsO, Aufgaben und Befugnisse des Insolvenzverwalters, BT-Drs. 12/2443, 215 (zu § 308); KPB-*Pleister*, InsO, § 261 Rn. 5; MünchKomm-*Stephan*, InsO, § 261 Rn. 1; Leonhardt/Smid/Zeuner-*Rattunde*, InsO, § 261 Rn. 1.

des Plans als **Aufgabe des bisherigen Insolvenzverwalters** ausgestaltet. Dem lag die Vorstellung[3] zugrunde, der bisherige Insolvenzverwalter sei es, der in der Regel den Plan selbst ausgearbeitet habe. Es trifft zu, dass der bis zur Aufhebung des Insolvenzverfahrens amtierende Insolvenzverwalter in jedem Falle aufgrund seiner Amtspflichten über den Inhalt des Planes und seine Rahmenbedingungen im Einzelnen unterrichtet ist.

Zu Eingriffen in die Geschäftsführung des Unternehmens ist der Insolvenzverwalter nurmehr im Rahmen der **Zwecke der Planüberwachung** berechtigt, die sich aus dem gestaltenden Teil des Planes ergeben, der die Zustimmungspflichtigkeit bestimmter Geschäfte vorsehen kann (§ 263 Satz 1 InsO). **25.6**

Mit der Aufhebung des Insolvenzverfahrens erlangt der Schuldner, wie oben ausgeführt, im Allgemeinen gem. § 259 Abs. 1 Satz 2 InsO die Verfügungsbefugnis über das haftende Vermögen (zurück). Die Vorschrift des § 263 InsO räumt den Beteiligten die Möglichkeit ein, während der Dauer der Planüberwachung wirtschaftlich besonders bedeutsame Rechtsgeschäfte des Schuldners an die Zustimmung des Verwalters zu binden. Die im gestaltenden Teil des Plans vorgesehene Einschränkung der Verfügungsbefugnis des Schuldners hat **Wirkungen gegenüber jedem Dritten**:[4] Ein Rechtsgeschäft, das der Schuldner ohne die erforderliche Zustimmung des Verwalters vornimmt, ist gem. § 81 Abs. 1 und § 82 InsO unwirksam.[5] **25.7**

Im Übrigen hat der zur Planüberwachung eingesetzte Verwalter wie ein vorläufiger Insolvenzverwalter die Befugnis, sich in den **Geschäftsräumen des Schuldners** über die Einzelheiten der Geschäftsführung zu unterrichten (§§ 261 Abs. 1 Satz 3, 22 Abs. 3 InsO). Die Planüberwachung kann in gleicher Weise auch im Hinblick auf eine Übernahmegesellschaft angeordnet werden, § 260 Abs. 3 InsO. Die vom IX. Zivilsenat des BGH in seiner Entscheidung zum vorläufigen Verwalter vom 18.7.2002[6] entwickelten – dort – zutreffenden Grundsätze betreffend die Geltung des Verhältnismäßigkeitsgrundsatzes, kommen im Rahmen der Planüberwachung nicht zum Zuge. Denn das Insolvenzgericht hat sich bei vorläufiger Anordnungen gem. § 21 Abs. 2 InsO im Rahmen des Verhältnismäßigkeitsgrundsatzes zu bewegen, da es hoheitliche Eingriffe in die Rechtsstellung des Schuldners vornimmt. Demgegenüber beruhen die Anordnung der Planüberwachung wie deren Reichweite auf den Regelungen des Plans. **25.8**

Schließlich trifft den Planüberwacher die Pflicht, die **Nichterfüllung** bzw. **Nichterfüllbarkeit** von Ansprüchen, deren Erfüllung er überwacht, unverzüglich **anzuzeigen**, § 262 InsO. Die Anzeige muss gegenüber dem Gericht und dem Gläubigerausschuss erfolgen. Ist ein solcher nicht (mehr) im Amt, sind statt seiner die Gläubiger zu informieren, denen nach dem Plan Ansprüche gegen den Schuldner oder die Übernahmegesellschaft zustehen. Die **Anzeige** selbst ruft **keine Rechtsänderung** hervor. Sie verschafft den Gläubigern vielmehr die Informationsgrundlage, auf derer sie über die Durchsetzung ihrer Rechte etwa mithilfe von Zwangsvollstreckung aus dem Plan oder mit Antrag auf Eröffnung eines neuen Insolvenzverfahrens reagieren können.[7] **25.9**

---

3 Amtl. Begr. RegEInsO, Aufgaben und Befugnisse des Insolvenzverwalters, BT-Drs. 12/2443, 215 (zu § 308); KPB-*Pleister*, InsO, § 261 Rn. 5; MünchKomm-*Stephan*, InsO, § 261 Rn. 1; Leonhardt/Smid/Zeuner-*Rattunde*, InsO, § 261 Rn. 1.
4 Amtl. Begr. RegEInsO, Aufgaben und Befugnisse des Insolvenzverwalters, BT-Drs. 12/2443, 216 (zu § 310).
5 HK-*Haas*, InsO, § 263 Rn. 4; FK-*Jaffé*, InsO, § 263 Rn. 5; Uhlenbruck-*Lüer*, InsO, § 263 Rn. 5; MünchKomm-*Stephan*, InsO, § 263 Rn. 9.
6 BGH, Urt. v. 18.7.2002, IX ZR 195/01, ZIP 2002, 1625.
7 HK-*Haas*, InsO, § 262 Rn. 2; MünchKomm-*Stephan*, InsO, § 262 Rn. 10; *Silcher*, in: Ahrens/Gehrlein/Ringstmeier, Fachanwalts-Kommentar Insolvenzrecht, § 262 Rn. 6.

III. Prozessstandschaft des Sachwalters wegen Anfechtungsprozessen gem. §§ 129 ff. InsO

1. Regel-Ausnahme-Verhältnis des § 259 Abs. 3 InsO

25.10 Mit der Aufhebung des Insolvenzverfahrens **endet grundsätzlich die Prozessführungsbefugnis des Insolvenzverwalters**; er hört auf, „Partei kraft Amtes" zu sein. Damit einher geht, dass der Verwalter diejenigen spezifischen insolvenzrechtlichen Befugnisse nicht mehr geltend machen kann, deren Verfolgung gerade ihm in seiner Eigenschaft als Partei kraft Amtes zugewiesen ist: § 13 AnfG bestimmt, dass die Befugnis zur Anfechtung gläubigerbenachteiligender Rechtsgeschäfte mit Eröffnung des Insolvenzverfahrens über das Vermögen des Schuldners von den einzelnen Gläubigern auf den Insolvenzverwalter übergeht. Für das frühere Recht wurde angenommen, dass der Anfechtungsanspruch, der der Anfechtungsklage zugrunde liegt, mit der Aufhebung des Konkursverfahrens nach einem Zwangsvergleich erlischt und der Anfechtungsprozess damit in der Hauptsache erledigt ist: Er fällt nicht in die Kompetenz der einzelnen Gläubiger zurück, die ja aufgrund des Vergleichs mit dem Schuldner „ins Reine" gekommen sind. Die dogmatische Konstruktion des Schicksals der dem Aktionenrecht verhafteten Anfechtungsklage ist dunkel. Und die dadurch geschaffene Rechtslage wurde vom Gesetzgeber[8] als unbefriedigend empfunden. Sie bot für den Anfechtungsgegner Anreize, den Anfechtungsprozess zu verschleppen und gleichsam als „Trittbrettfahrer" eines Zwangsvergleichs zu Lasten der Gläubigergemeinschaft ungerechtfertigte Vorteile zu erlangen.

25.11 § 259 Abs. 3 Satz 1 InsO bestimmt für den Fall, dass ein Anfechtungsprozess des Insolvenzverwalters im Zeitpunkt der Aufhebung des Insolvenzverfahrens noch nicht beendet ist, dass im gestaltenden Teil des Plans die **Fortdauer der Prozessführungsbefugnis des Verwalters** über die Aufhebung des Verfahrens hinaus angeordnet werden kann.[9] Der Gesetzgeber verknüpft dabei durch § 259 Abs. 3 Satz 1 InsO in einer für das moderne Verständnis eigentümlich anmutenden aktionenrechtlichen Weise die prozessualen Befugnisse mit dem materiellrechtlichen Bestand des Rechts. Für den Fall der Anordnung der Fortdauer der Prozessführungsbefugnis des Verwalters für anhängige Anfechtungsprozesse wird der (materiellrechtliche) *Anfechtungsanspruch* von der Aufhebung des Verfahrens nach der Bestätigung des Insolvenzplans nicht berührt. Andernfalls würde der Anfechtungsanspruch zugunsten der reinen Einzelgläubigeranfechtung stattfinden.[10]

25.12 An die **Formulierung der Prozessführungsermächtigung** des Insolvenzverwalters nach Aufhebung des Insolvenzverfahrens im Insolvenzplan sind nach der Judikatur des BGH keine hohen Anforderungen zu stellen. Der IX. Zivilsenat hat nämlich darauf erkannt, dass die im gestaltenden Teil des Insolvenzplans formulierte Klausel „§ 259 Abs. 3 InsO findet Anwendung" in der Regel als Ermächtigung des Insolvenzverwalters genügt, Anfechtungsrechtsstreitigkeiten auch nach Aufhebung des Insolvenzverfahrens fortzuführen.[11]

25.13 Das Gesetz formuliert mithin ein Regel-Ausnahme-Verhältnis. Danach verliert der Verwalter in der Regel die Befugnis, Anfechtungsprozesse auch nach Aufhebung des Insolvenzverfahrens fortzuführen, was in praxi erhebliche Probleme macht. Es ist schon an verschiedenen Teilstellen dieser Überlegung darauf hin-

---

[8] Amtl. Begr. RegEInsO, Aufgaben und Befugnisse des Insolvenzverwalters, BT-Drs. 12/2443, 215 (zu § 308).
[9] KPB-*Spahlinger*, InsO, § 259 Rn. 15 ff.; MünchKomm-*Huber*, InsO, § 259 Rn. 21 ff.; Leonhardt/Smid/Zeuner-*Rattunde*, InsO, § 259 Rn. 10.
[10] BGH ZInsO 2008, 1017, 1019; BGH NJW 1982, 1765, 1766.
[11] BGH, Urt. v. 6.10.2005, IX ZR 36/02; BGH ZInsO 2006, 38, 40 m. Anm. *Bähr/Landry*, EWiR 2006, 87; *Rendels/Zabel*, Insolvenzplan, Rn. 568.

gewiesen worden, dass es beim Insolvenzplan sehr häufig auf eine rasche Entscheidung der Gläubiger und eine zügige Beendigung des Insolvenzverfahrens ankommt. In derartigen Fällen – dafür ist die Herlitz-Insolvenz ein illustratives Beispiel – liegen dem Insolvenzverwalter sehr häufig zum Zeitpunkt der Erörterung und Abstimmung über den Insolvenzplan noch nicht hinreichend Informationen über zu führende Anfechtungsprozesse vor. Nach dem systematischen Aufbau des § 259 Abs. 3 InsO drohen die damit zusammenhängenden Ansprüche m. a. W. mit der Aufhebung des Verfahrens geradezu zwingend undurchsetzbar zu werden. Für die Praxis ergibt sich daraus, dass formularmäßig in Insolvenzpläne ein Passus über die Fortdauer der Prozessführungsbefugnis des Verwalters über die Aufhebung des Verfahrens hinaus wegen Anfechtungsprozessen aufgenommen werden sollte. Freilich wird damit nur die Prozessionsbefugnis des Verwalters wegen zum Zeitpunkt der Aufhebung bereits anhängiger Anfechtungsprozesse betroffen. De lege ferenda besteht in diesem Fall ein Änderungsbedarf, der Möglichkeiten eröffnet, dem Sachwalter nach Beendigung des Insolvenzverfahrens die Befugnisse der §§ 129 ff. InsO zu überantworten.[12]

2. Keine gewillkürte Prozessstandschaft

25.14 Eine über den Bereich anhängiger Anfechtungsprozesse hinausreichende gewillkürte Prozessstandschaft des (bisherigen) Insolvenzverwalters für weitere auf das Vermögen des Schuldners bezogene Prozesse ist dagegen von § 259 Abs. 3 InsO nicht gedeckt. Der II. Zivilsenat des BGH[13] ist in einer Entscheidung, in der es zunächst vom Insolvenzverwalter im eröffneten Insolvenzverfahren geführten Aktivstreit zur Masse geführten Prozess, später, nach Bestätigung eines Insolvenzplans und Aufhebung des Insolvenzverfahrens in der Revisionsinstanz von ihm fortgeführten Prozess ging, davon ausgegangen, dass der Insolvenzplan eine Ermächtigung des (bisherigen) Insolvenzverwalters zur Prozessführung des Schuldners nach Aufhebung des Insolvenzverfahrens vorsehen könne. Allerdings ist der II. Zivilsenat im konkreten Fall davon ausgegangen, der Insolvenzverwalter sei nicht mehr prozessführungsbefugt: Der Insolvenzverwalter, der infolge der Aufhebung des Insolvenzverfahrens nach Bestätigung eines Insolvenzplans seine gesetzliche Prozessführungsbefugnis verliert, müsse es in den Tatsacheninstanzen offen legen, wenn er den Prozess in gewillkürter Prozessstandschaft fortführe. Dies hat der Insolvenzverwalter nicht getan – und hätte es nach den Grundsätzen, die für die gewillkürte Prozessstandschaft gelten, auch nicht darlegen können: Denn der Prozessstandschafter muss bei der gewillkürten Prozessstandschaft ein eigenes wirtschaftliches Interesse an der Prozessführung haben[14], was im Falle des § 259 Abs. 3 InsO erkennbar nicht der Fall sein kann und darf.

25.15 Dieser Ausschluss gewillkürter Prozessstandschaft kann auch nicht wirksam umgangen werden, etwa durch in den Insolvenzplan aufgenommene Modelle uneigennütziger Treuhand des (bisherigen) Insolvenzverwalters. Das wird besonders in weiteren Fallgestaltungen deutlich: In einem weiteren Urteil des II. Zivilsenats des BGH[15] ging es darum, dass der Insolvenzverwalter gegen die Beklagte über den Betrag von ca. 8 Mio. € als Schadensersatz wegen Ausstellung falscher Bankbestätigungen gemäß §§ 188 Abs. 2, 37 Abs. 1 Satz 4 AktG zur Masse eingeklagt hatte. Nach dem später, noch während Rechtshängigkeit des Rechtsstreits, mit den erforderlichen Mehrheiten angenommenen und bestätigten Insolvenzplan hat die Schuldnerin den streitigen Anspruch an den Insolvenzverwalter und Kläger „als Treuhänder" mit der Maßgabe abgetreten,

---

12 BGH, Urt. v. 10.12.2009, IX ZR 206/08, WM 2010, 136.
13 BGH, Urt. v. 7.7.2008, II ZR 26/07.
14 Musielak-*Weth*, ZPO, 10. Aufl. 2013, § 51 Rn. 27 m. w. N.
15 BGH, Urt. v. 7.1.2008, II ZR 283/06.

hierauf eingehende Zahlungen der Beklagten nach den Regelungen des Insolvenzplans zu verteilen. Während des Rechtsstreits in erster Instanz wurde am 1.2.2004 das Insolvenzverfahren über das Vermögen der Schuldnerin erneut eröffnet und der Kläger wiederum zum Insolvenzverwalter bestellt. Der II. Zivilsenat hat hier darauf erkannt, ein Insolvenzverwalter könne eine gemäß dem Insolvenzplan treuhänderisch an ihn abgetretene Masseforderung nach Aufhebung des Insolvenzverfahrens nicht mehr als Partei kraft Amtes, sondern nur aus eigenem Recht als Zessionar weiterverfolgen.[16] Und in dem von ihm zu entscheidenden Fall bejahte der II. Zivilsenat die Prozessführungsbefugnis des Klägers. Das aber ist doch zweifelhaft. Denn das über das Vermögen des Insolvenzschuldners eröffnete zweite (Folge-)Insolvenzverfahren zeitigt Wirkungen auf das Treuhandverhältnis: Die hier in Frage stehende fremdnützige bzw. uneigennützige Verwaltungstreuhand unterfällt in der Insolvenz des Treugebers der Regelung des § 116 InsO, der dann zum Erlöschen des Treuhandvertrages führt[17]. Anders ist dies bei der eigennützigen Sicherungstreuhand und etwa beim Sicherungseigentum: hier richtet sich die Abwicklung nach den §§ 51, 166 ff. InsO – die hier aber nicht vorliegt. Fälle der uneigennützigen Treuhand, bei der noch zwischen der echten Treuhand mit Vollrechtsübertragung auf den Treunehmer und der unechten (dinglich beschränkten) Vollmachtstreuhand, die dem Treunehmer lediglich die Verfügungsbefugnis einräumt, unterschieden werden kann, sind etwa die Verwaltungstreuhand, Inkassozessionen, Notar- bzw. Rechtsanwaltsanderkonten und die Sanierungstreuhand. Bei der dinglichen beschränkten und echten uneigennützigen Treuhand wird das Treugut der Masse in der Insolvenz des Treugebers grds. haftungsrechtlich zugerechnet. Nach dem Erlöschen des Treuhandvertrages mit der Eröffnung hat der Treuhänder das Treugut auch dann nach §§ 675, 667 BGB zurück zu übertragen, wenn die Sicherungsübereignung nicht auflösend mit der Treuhandabrede verknüpft ist[18]. Da dies aber so ist, war schon die Bestellung des früheren Insolvenzverwalters zum Verwalter in dem zweiten (Folge-)Insolvenzverfahren mit Blick auf das Unabhängigkeitserfordernis gem. § 56 Abs. 1 InsO nicht frei von Bedenken. Dessen ungeachtet hatte der Treuhänder jedenfalls den massezugehörigen Anspruch in die Masse des zweiten (Folge-)Insolvenzverfahrens rückabzutreten, den der dortige Insolvenzverwalter (ungeachtet möglicher Identitäten der natürlichen Personen als Träger der jeweiligen Ämter bzw. Inhaber der jeweiligen Rechtspositionen) als Partei kraft Amtes geltend zu machen gehabt hätte. Der Insolvenzplan, dessen Regelungen zur Abwicklung des ersten Insolvenzverfahrens beschlossen und bestätigt wurden, konnte jedenfalls die Regelungen der §§ 115, 116 InsO für ein Folgeinsolvenzverfahren über das Vermögen des schuldnerischen Rechtsträgers nicht abbedingen.

25.16 Etwas anderes ergibt sich auch nicht aus einem Urteil des IX. Zivilsenats des BGH aus dem Jahr 2011: Dort war der (später) beklagte Rechtsanwalt zum Insolvenzverwalter in dem im Dezember 2004 der schuldnerischen GmbH eröffneten Insolvenzverfahren bestellt worden, das nach rechtskräftiger Bestätigung eines Insolvenzplans am 1.2.2006 durch das Insolvenzgericht aufgehoben wurde. Eine Drittschuldnerin überwies nach Aufhebung des Insolvenzverfahrens auf offene Forderungen der Schuldnerin auslaufender Geschäftsbeziehung insgesamt rund 28.000 € auf das Anderkonto des Beklagten. In der Folgezeit zahlte der Beklagte vom Anderkonto 15.000 € an die Schuldnerin aus und vereinnahmte rund 18.000 € für sich als Insolvenzverwaltervergütung. Wenige Monate später eröffnete das Insolvenzgericht auf Antrag der Schuldnerin er-

---

[16] So bereits BGH, Urt. v. 15.6.1992, II ZR 88/91, ZIP 1992, 1152 f.
[17] *Häsemeyer*, Insolvenzrecht, Rn. 20.79; KPB-*Tintelnot*, InsO, §§ 115, 116 Rn. 30.
[18] OLG Hamm, Urt. v. 22.3.1988, 26 U 133/87, NJW-RR 1988, 1463 zur fremdnützigen Verwaltungstreuhand; vgl. auch *Jaeger/Henckel*, KO, § 23 Rn. 18; KPB-*Tintelnot* InsO, §§ 115, 116 Rn. 30.

neut das Insolvenzverfahren über ihr Vermögen und bestellte Rechtsanwalt R. zum Insolvenzverwalter, der vom Beklagten Zahlung der 28.000 € verlangte. Daraufhin überwies ihm der Beklagte vom Anderkonto rund 3.000 € und stellte dieses dadurch auf Null. Der IX. Zivilsenat hat hier darauf erkannt, dass Zahlungen des Drittschuldners auf ein nach Verfahrensaufhebung fortbestehendes Anderkonto des vormaligen Insolvenzverwalters keine schuldbefreiende Wirkung haben, wenn der Schuldner dem Insolvenzverwalter keine Einziehungsermächtigung erteilt hat.[19] Schon während des laufenden Insolvenzverfahrens auf dem Anderkonto des Beklagten eingehende Gelder fallen, wie der IX. Zivilsenat feststellte, nicht in die Masse oder das Schuldnervermögen. Vielmehr war Forderungsinhaber (aus dem Kontenvertrag) allein der später beklagte Insolvenzverwalter selbst. Nach zutreffender Würdigung durch den IX. Zivilsenat gilt dies umso mehr für die Zahlungen der Drittschuldnerin, die erst erfolgten, als das Insolvenzverfahren nach rechtskräftiger Planbestätigung gemäß § 258 Abs. 1 InsO aufgehoben war. Denn die Aufhebung hatte nach § 259 Abs. 1 InsO zur Folge, dass das Amt des Insolvenzverwalters erlosch und die Schuldnerin das Recht zurückerhielt, über die Insolvenzmasse frei zu verfügen. Eine Regelung des Insolvenzplans, die den Insolvenzverwalter zur Vereinnahmung von der Schuldnerin zustehenden Geldern nach Aufhebung des Insolvenzverfahrens ermächtigen würde, wäre von §§ 258, 259 InsO nicht gedeckt; allerdings könnte der Schuldner den bisherigen Insolvenzverwalter wie andere Rechtsanwälte hierzu ermächtigen. Daraus lässt sich aber keine Ausdehnung des § 259 Abs. 3 InsO auf gewillkürte Prozessstandschaften ableiten. Denn die Entscheidung sagt nichts anderes, als das Verpflichteter des Rückzahlungsanspruchs der ehemalige Verwalter als nunmehr natürliche Person ist – weil sein Amt bei Erlangung des Geleisteten erloschen war, er das Geld also selbst (und nicht die Masse) erlangt hat.

Nun könnte man sich auf den Standpunkt stellen, der Insolvenzplan könne sich zur Erreichung seiner Gestaltungszwecke der Rechtsinstitute des geltenden Rechts bedienen – und damit auch desjenigen der gewillkürten Prozessstandschaft. Dies gilt allerdings nur soweit, wie die Voraussetzungen dieses Rechtsinstituts gegeben sind. In dem vom II. Zivilsenat entschiedenen Fall fehlte es aber gerade daran. Denn der als gewillkürte Prozessstandschafter eingesetzte vormalige Insolvenzverwalter durfte kein eigenes wirtschaftliches Interesse an der Wahrnehmung der prozessualen Befugnisse des Schuldners haben, die auf diesen mit der Aufhebung des Insolvenzverfahrens wieder übergegangen waren Und eine vertragstheoretische Konstruktion des Insolvenzplans lässt es als unplausibel erscheinen, was den Übergang der Prozessführungsbefugnis auf den Sachwalter soll begründen können.

3. Sonderkonstellation: Unterbrechung und Aufnahme des aufgrund insolvenzplanrechtlicher Regelung fortgesetzten Anfechtungsprozesses im Zweitverfahren

Der während des Verlaufs des über das Vermögen des Schuldners unter Anordnung der Eigenverwaltung zunächst von der dortigen Sachwalterin rechtshängig gemachte Anfechtungsrechtsstreit wird durch die Eröffnung des zweiten Insolvenzverfahrens nach § 240 ZPO unterbrochen.[20] Denn das zweite Insolvenzverfahren hatte eine Masse, die von dem Rechtsstreit betroffen wurde, weil der Insolvenzbeschlag der mit Aufhebung des ersten Verfahrens frei gewordenen Masse als schuldnerisches Vermögen vom Beschlag des Zweitverfahrens erfasst wird. Nun ist allerdings nach dem formellen Parteibegriff § 240 ZPO nicht anwendbar, weil die aufgrund ihrer Rechtsmacht nach § 259 Abs. 3

---

19 BGH, Urt. v. 12.5.2011, IX ZR 133/10.
20 BGH, Urt. v. 9.1.2014, IX ZR 209/11.

InsO klagende Insolvenzverwalterin im ersten Insolvenzverfahren als Sachwalterin aufgrund des dort verabschiedeten und bestätigten Insolvenzplans Partei des Prozesses war. § 240 ZPO setzt aber die Eröffnung des Insolvenzverfahrens über das Vermögen der prozessierenden Partei voraus, was in dem vom BGH entschiedenen Fall nicht vorlag. Der IX. Zivilsenat[21] geht davon aus, dass § 240 ZPO indes auch auf diesen Fall als Konstellation einer gewillkürten Prozessstandschaft der Klägerin als Verwalterin im ersten Insolvenzverfahren anzuwenden sei. Diese gewillkürte Prozessstandschaft beruht nun auf dem Insolvenzplan, nicht aber auf einer Auftragserteilung durch den Schuldner. Daher kommt die Prozessstandschaft nicht nach §§ 115, 116 InsO durch die zweite Eröffnung des Insolvenzverfahrens über das Vermögen der Schuldnerin zum Erlöschen.

4. Anforderungen an die Regelungen des Insolvenzplans

25.19 Im Einzelnen hat es in der Praxis Probleme mit der Bestimmung der Anforderungen gegeben, die an die Angaben zu stellen sind, die der Insolvenzplan machen muss, der eine Fortdauer der Prozessführungsbefugnis des Insolvenzverwalters für Anfechtungsprozesse anordnet. So hatte das **LG Erfurt**[22] in einem Insolvenzanfechtungsprozess judiziert, der allgemeine Hinweis im Insolvenzplan darauf, dass § 259 Abs. 3 InsO Anwendung finden solle, genüge nicht, um die Prozessführungsbefugnis des bisherigen Insolvenzverwalters fortdauern zu lassen. Dieses Urteil ist vom **OLG Jena**[23] aufgehoben worden. Das OLG Jena hat der Rechtsansicht des vorinstanzlichen LG Erfurt entgegengehalten, die Regelung des Insolvenzplans sei der Auslegung zugänglich. Diese ergibt, dass dem Sachwalter die Prozessführungsbefugnis wegen Anfechtungsprozessen gem. §§ 129 ff. InsO eingeräumt werden soll.[24] In einem vom **LG Wuppertal**[25] entschiedenen Fall war im darstellenden Teil des Planes ein Betrag genannt worden, der von der mit der Anfechtungsklage geltend gemachten Klagesumme betragsmäßig abwich. Das LG Wuppertal hat zutreffend darauf erkannt, dass es hierauf nicht ankommen könne. Der Sachwalter sei wegen des Anfechtungsprozesses Prozessstandschafter, sofern eine entsprechende Regelung nach § 259 Abs. 3 InsO getroffen worden sei, die durch Angaben im darstellenden Teil nicht ausgehebelt werde. Immerhin zeigt diese Entscheidung doch mögliche Fallstricke, wenn man sie im Zusammenhang mit der des OLG Jena liest. Die Auslegung des Plans greift nämlich zunächst auf das systematische Zusammenspiel seiner Regelungen selbst zurück. Dem LG Wuppertal ist freilich zuzustimmen, dass betragsmäßige Abweichungen innerhalb des Plans die Prozessstandschaft des Sachwalters nicht antasten. Der Planinitiator ist aber auf eine sorgfältige Abstimmung der einzelnen Teile des Planes verwiesen.

5. Befugnis des Planüberwachers zur Führung von Anfechtungsprozessen

25.20 Das Insolvenzgericht hebt nach der Planbestätigung das Insolvenzverfahren auf, wenn der Insolvenzplan nichts anderes vorsieht und die Masseverbindlichkeit beglichen bzw. deren Begleichung in der gesetzlich vorgeschriebenen Weise sichergestellt worden ist (§ 258 Abs. 1, 2 InsO). Im Rahmen der darauffolgenden Planüberwachung kann der frühere Insolvenzverwalter als Sachwalter bestellt werden namentlich um Anfechtungsklagen weiter zu verfolgen. Um die Prozessführungsbefugnis des Insolvenzverwalters nach Aufhebung des Insolvenzverfahrens wegen Anfechtungsprozessen zu begründen, bedarf es, wie der

---

21 BGH, Urt. v. 9.1.2014, IX ZR 209/11.
22 LG Erfurt, Urt. v. 26.7.2001, 3 O 290/01, ZIP 2001, 1646 f. m. Anm. *Neußner*, EWiR 2001, 1067 f.
23 OLG Jena, Urt. v. 6.2.2002, 2 U 1033/01, ZIP 2002, 538 ff. m. Anm. *Michels*, EWiR 2002, 293 f.
24 OLG Jena, Urt. v. 6.2.2002, 2 U 1033/01, ZIP 2002, 538, 540.
25 LG Wuppertal, Urt. v. 27.12.2001, 2 O 11/01, ZInsO 2002, 337.

IX. Zivilsenat des BGH nunmehr entschieden hat[26] keiner Individualisierung der fortzuführenden Anfechtungsstreitigkeiten. Soweit im vorliegenden Fall die Rechtsbeschwerde gerügt hat, im Insolvenzplan sei die Ermächtigung des Sachwalters zur Führung von Anfechtungsprozessen auf bestimmte Anfechtungsprozesse beschränkt worden, hat der IX. Zivilsenat diese Rechtsbeschwerde nicht als zulässig angesehen. Insofern stellt sich die vorliegende Entscheidung als ein obiter dictum dar. Der IX. Zivilsenat meint nämlich, dass es sachgerecht sein kann, wegen der zu berücksichtigenden Prozessrisiken und Erfolgsaussichten die Prozessführungsbefugnis des Verwalters auf bestimmte Anfechtungsklagen zu begrenzen.

Der in der Vergangenheit häufiger aufgetretene umgekehrte Fall, dass der Insolvenzverwalter durch den Insolvenzplan ermächtigt wird, auch andere Prozesse zu führen und gar Vermögensverwaltungsaufgaben anderer Art und Weise wahrzunehmen, wird von dieser Entscheidung nicht berührt. Im Gegenteil. Sie lässt erkennen, dass der IX. Zivilsenat zu einer strikten Beschränkung der Prozessführungsbefugnis des früheren Insolvenzverwalters in der Planübergangsphase auf den gesetzlich genannten Fall tendiert.

6. Rechtshängigkeit von Forderungen, die der bisherige Verwalter nach Aufhebung des Insolvenzverfahrens nach Planbestätigung noch prozessual verfolgen soll

25.21 Es fehlt an einer gesetzlichen Grundlage dafür, dass der Insolvenzplan vorsieht, dass der Insolvenzverwalter zur Klageerhebung nach Aufhebung des Insolvenzverfahrens ermächtigt wird. Eine Ermächtigung durch das Insolvenzgericht begründet keine Prozessführungsbefugnis des Verwalters nach der Verfahrensaufhebung. Auf der Grundlage eines Insolvenzplans kann der Insolvenzverwalter nach einem der Rechtsprechung des BGH nur einen bereits rechtshängigen Anfechtungsrechtsstreit fortsetzen, aber nicht einen neuen einleiten. Eine solche Befugnis kann dem Insolvenzverwalter, da sie das Gesetz nicht vorsieht, nicht durch eine Entscheidung des Insolvenzgerichts eingeräumt werden.[27]

Das Amt des Insolvenzverwalters endet mit Aufhebung des Insolvenzverfahrens. Da der Insolvenzverwalter zur Insolvenzanfechtung befugt ist (§ 129 Abs. 1 InsO), endet diese Rechtsmacht mit seiner allgemeinen Verwaltungs- und Verfügungsbefugnis über die beschlagnahmte Masse nach Aufhebung des Konkursbeschlages. Für allgemeine Zahlungsklagen ist der vormalige Insolvenzverwalter daher nach Beendigung seines Amtes nicht mehr rechtszuständig, § 80 Abs. 1 InsO. Hier lag freilich eine Zahlungsklage vor, die der Sache nach die Insolvenzanfechtung zum Gegenstand hatte, da anfechtungsrechtliche Gesichtspunkte die Beurteilung der Wirksamkeit der Verrechnung durch den Beklagten betrafen. Nach § 259 Abs. 3 Satz 1 InsO kann der Insolvenzplan allerdings vorsehen, dass der Insolvenzverwalter einen zum Zeitpunkt der Aufhebung des Insolvenzverfahrens anhängigen Rechtsstreit fortzuführen ermächtigt wird. Das Gesetz sieht damit einen besonderen Fall gewillkürter Prozessstandschaft vor, denn der Plan kann eine Befriedigung der Gläubiger aus solchen Beträgen vorsehen, die aus anhängigen Anfechtungsprozessen, die vom Insolvenzverwalter nach Aufhebung des Verfahrens fortgeführt werden, zur Verteilung zur Verfügung stehen. Obwohl § 259 Abs. 3 InsO, wie der IX. Zivilsenat ausdrücklich ausführt, den Gläubigern die Entscheidungsbefugnis darüber einräumt, die Prozessführungsbefugnis des Verwalters für schwebende Insolvenzanfechtungsprozesse über die Dauer des Insolvenzverfahrens hinaus aufrechtzuerhalten, hat er dies im vorliegenden Fall nicht für erfüllt angesehen. Vielmehr führt er unter Rückgriff auf seine vorherige Judikatur[28] aus, neue

---

26 BGH, B. v. 7.3.2013, IX ZR 222/12, ZIP 2013, 738.
27 BGH, Urt. v. 10.12.2009, IX ZR 206/08, ZIP 2010, 102.
28 BGH, Urt. v. 10.12.2009, IX ZR 206/08, ZIP 2010, 102.

erst später anhängig zu machende Anfechtungsklagen könnten nicht von dieser Ermächtigung erfasst werden. Hier – in dem vom BGH entschiedenen Fall – soll ein anhängiger Rechtsstreit i. S. v. § 259 Abs. 3 Satz 1 InsO nicht vorgelegen haben. Die Anfechtungsklage sei nämlich nur eingereicht, aber noch nicht zugestellt worden, da die Zustellung erst am 22.7.2010 mithin 19 Tage nach Aufhebung des Insolvenzverfahrens zugestellt worden war. Damit habe aber Rechtshängigkeit nicht mehr während der Dauer des über das Vermögen der schuldnerischen GmbH eröffneten Insolvenzverfahrens begründet werden können. Der BGH geht nun davon aus, dass anhängiger Rechtsstreit i. S. v. § 259 Abs. 3 Satz 1 InsO nicht bereits die anhängig gemachte Klage sei. Der Begriff Rechtsstreit in Verbindung mit dem Wort anhängig verweise vielmehr darauf, dass es sich nicht allein um die Klage handle, die beim Gericht eingereicht sei, sondern um ein rechtshängiges Verfahren – dass es also auf die Zustellung an den Beklagten ankomme.[29] In der Tat ist – argumentiert man begrifflich – die anhängige Klage noch kein Rechtsstreit, der rechtshängig ist. Ob ein anhängiger Rechtsstreit, der im Übrigen in § 261 ZPO nicht begrifflich vorkommt, zwingend auf die Rechtshängigkeit im Sinne dieser zivilprozessualen Vorschrift schließen lassen muss, mag man bezweifeln. Der IX. Zivilsenat ist aber weit davon entfernt, hier allein begrifflich zu argumentieren. Betrachtet man nun § 259 Abs. 3 Satz 1 InsO, wird die Entscheidung des BGH verständlicher. Denn sie wehrt allen Anfängen einer Überdehnung der Ermächtigung des bisherigen Insolvenzverwalters zur Prozessführung nach Aufhebung des Insolvenzverfahrens. Gleichwohl ist nicht ganz zu verstehen, weshalb die bereits anhängig gemachte Klage substanziell etwas anderes als ein rechtshängige Rechtsstreit ist. Sieht man nämlich die Gründe, die für die Regelung des § 259 Abs. 3 InsO sprechen, erscheint es wenig sachgerecht, dem Verwalter die Möglichkeit der Fortführung einer anhängig gemachten Anfechtungsklage nicht möglich machen zu können. Denn für das bestätigende Insolvenzgericht ist ebenso wie für die Gläubiger, die über den Insolvenzplan abgestimmt und ihn angenommen haben und nicht zuletzt auch für den klagenden Insolvenzverwalter kaum absehbar, ob die Anfechtungsklage in time zugestellt wird. Mehr noch. Eine Aufhebung des Insolvenzverfahrens mit all den komplizierten daran hängenden Quisquilien, wie die Neufinanzierung der Betriebsfortführung, von den Zufälligkeiten der im Amtsbetrieb durchzuführenden Zustellung der Klagschrift abhängig zu machen, erscheint nicht wirklich sinnvoll zu sein. Da hat sich der IX. Zivilsenat bei Weitem nicht auf eine im schlechten Sinne begriffsjuristische Art der Argumentation verlegt. Vielmehr basiert seine Art der Entscheidung hier auf dem Versuch einer Harmonisierung der Auslegung des § 259 Abs. 3 InsO mit § 240 ZPO. Die Eröffnung des Insolvenzverfahrens über das Vermögen einer Partei bewirkt nach der Judikatur des Senats[30] die Unterbrechung des Prozesses nur, wenn er aufgrund der Zustellung der Klagschrift rechtshängig geworden ist i. S. v. § 261 ZPO. Setzt die Unterbrechung des Prozesses nach § 240 ZPO dessen Rechtshängigkeit voraus, scheint die Auslegung des Begriffe anhängiger Rechtsstreit in § 259 Abs. 3 InsO nichts anderes als den Gleichklang der Vorschriften herbeizuführen. Der erkennende Senat meint weiter, dies – nämlich das Verständnis von anhängig i. S. v. Rechtshängigkeit – liege auch §§ 85, 86 InsO zugrunde – was allerdings in diesen Vorschriften deshalb naheliegt, weil sie unmittelbar auf § 240 ZPO verweisen.

---

29 Vgl. dazu *Wollweber/Hennig*, ZInsO 2013, 49, 50 ff.
30 BGH, B. v. 11.12.2008, IX ZB 232/08, ZIP 2009, 240.

Kapitel 26: Vollstreckung aus dem Insolvenzplan

I. Titelgläubiger

„Der Plan" ist erfüllt, wenn alle aus dem Plan folgenden und durch ihn titulierten **Leistungspflichten** des Schuldners erfüllt sind. Das ist der Fall, wenn der Schuldner alles getan hat, was ihm zur Leistungserbringung obliegt. Insolvenzgläubiger, deren Forderungen festgestellt und die nicht vom Schuldner im Prüfungstermin bestritten worden sind, können gem. § 257 Abs. 1 Satz 1 InsO aus dem rechtskräftig bestätigten Insolvenzplan in Verbindung mit der Eintragung in die Tabelle wie aus einem vollstreckbaren Urteil die Zwangsvollstreckung gegen den Schuldner betreiben.

Zur Zwangsvollstreckung aus dem Insolvenzplan berechtigt sind die **Insolvenzgläubiger** i. S. v. § 38 InsO, deren Rechtsstellung durch § 224 InsO modifiziert worden ist. Die Vollstreckung ist insofern immer auf Geldzahlung gerichtet (arg. § 45 InsO). Die Zwangsvollstreckung erfolgt im Falle des § 257 Abs. 1 InsO, *weil* die persönliche Forderung durch den Plan tituliert ist. Hat der Plan die Forderung eines Gläubigers nicht beschränkt, kann dieser nach Bestätigung des Planes seine Forderung unverkürzt und ungehindert gegen den Schuldner geltend machen.[1] Weiterer Voraussetzungen bedarf es nicht, denn der Plan sieht vor, dass der Insolvenzgläubiger eine bestimmte Summe Geld zu erhalten hat.

Gläubiger, denen nach dem Plan **Absonderungsrechte** zustehen, befinden sich rechtlich in einer anderen Lage. Sofern sie auch Insolvenzgläubiger einer gesicherten Forderung sind, würde die Vollstreckung wegen der persönlichen Forderung dazu führen, dass das Sicherungsrecht in diesem Umfang oder gänzlich nicht mehr valutiert. Diese Vollstreckung wegen der persönlichen Forderung absonderungsberechtigter Gläubiger ist daher nur unter der Voraussetzung zulässig, dass nach den Festlegungen des Planes die „Pfandreife" eingetreten ist. Dann allerdings kann der Absonderungsberechtigte auch nach allgemeinen außerhalb des Insolvenzverfahrens greifenden Grundsätzen die Pfandverwertung betreiben.

II. Plan und Tabellenauszug als Titel

Wie § 257 Abs. 1 Satz 1 InsO bestimmt, hat der rechtskräftig bestätige Plan die Funktion eines Titels. Diese erfüllt er der Norm zufolge jedoch erst „in Verbindung mit der Eintragung in die Tabelle" (§§ 175, 178 Abs. 2 Satz 1 InsO) vollständig. Beide Elemente zusammen, **Plan und Eintragung**, ergeben also – in urkundlicher Verbindung mit dem mit Rechtskraftvermerk versehenen Bestätigungsbeschluss gem. § 248 InsO – den vollstreckungsfähigen Titel.[2] Dies stellt historisch gesehen eine Abkehr von der Auffassung dar, nicht der frühere Zwangsvergleich sei der Titel, sondern der *Tabelleneintrag* der angemeldeten und unbestritten eingetragenen Forderung.[3]

Zwar verweisen die §§ 254 ff. InsO nicht ausdrücklich auf die §§ 724 bis 793 ZPO;[4] § 257 Abs. 3 InsO spricht aber davon, unter welchen Voraussetzungen der wegen erheblicher Rückstände vollstreckende Gläubiger die Vollstre-

---

1 *Schiessler*, Der Insolvenzplan, 193.
2 Andres/Leithaus-*Andres*, InsO, § 257 Rn. 4; MünchKomm-*Huber*, InsO, § 257 Rn. 22.
3 So aber auch heute noch NR-*Braun*, InsO, § 257 Rn. 2; das RG, 27.11.1903, VII 312/03, RGZ Bd. 56, 70, 73, sprach vom Tabellenauszug als dem „eigentlichen Vollstreckungstitel" – in dieser zur Begründung der heute vertretenen Qualifikation zitierten Entscheidung wird freilich *auch* in den *tragenden* Gründen ausgeführt, vollstreckt werde „aus dem Zwangsvergleich" (es ging um die Unterwerfung eines Vergleichsbürgen unter die sofortige Zwangsvollstreckung; der Zwangsvergleich war unter der Bedingung der Bürgschaftsübernahme geschlossen worden).
4 Dies war noch in § 194 KO anders.

ckungsklausel erlangt, woraus sich auch für die übrigen Fälle ergibt, dass mit dem durch den Plan erlangten Titel nach den §§ 724 ff. ZPO zu verfahren ist[5]. Dabei legt die Formulierung des Gesetzes („Zwangsvollstreckung aus dem Plan in Verbindung mit der Eintragung in die Tabelle") nahe, dass damit eine Reihe von Fragen erledigt ist, die sich nach dem bisherigen Recht daraus ergeben haben, dass Titel der Tabelleneintrag war. Denn daraus wurde der Schluss gezogen, in der Vollstreckungsklausel sei zu vermerken, wie der Zwangsvergleich die Zwangsvollstreckung aus der durch Tabelleneintrag titulierten Forderung modifiziere. Schon nach überkommenem Recht war der Zwangsvergleich dem Tabellenauszug vorzuheften. Die gesetzliche Unterscheidung zwischen darstellendem und gestaltendem Teil des Insolvenzplans entlastet das Klauselerteilungsverfahren.

III. Vollstreckungsgegenklage des Schuldners

26.6 Eine **Vollstreckungsgegenklage** des Schuldners unterliegt den Beschränkungen des § 767 Abs. 2 ZPO,[6] so dass der Schuldner mit allen Einwendungen präkludiert ist, die bereits im Prüfungstermin entstanden waren.[7] Diese Beschränkung gilt freilich nicht für die Klauselerinnerung gem. § 732 ZPO oder eine prozessuale Gestaltungsklage analog § 767 ZPO[8]: Diese beiden Rechtsbehelfe sind möglich, soweit der Insolvenzplan wegen mangelnder Bestimmtheit seine Titelfunktion nicht erfüllen kann (vgl. oben Rn. 6.84).

IV. Zwangsvollstreckung aus dem Insolvenzplan gegen Dritte

26.7 Über den Bereich der Zwangsvollstreckung gegen den Insolvenzschuldner hinaus sieht § 257 Abs. 2 InsO vor, dass aus dem Plan die Zwangsvollstreckung gegen einen Dritten betrieben werden kann. Dies betrifft nach der Vorstellung des Gesetzgebers den Fall, dass der Dritte die Verpflichtungen gegenüber den Insolvenzgläubigern in einer dem Plan als Anlage beigefügten Erklärung[9] übernommen hat – also die Inanspruchnahme eines Garanten der beabsichtigten Reorganisation und Sanierung des schuldnerischen Unternehmens. Sie erfasst aber auch eine in anderer Weise beim Insolvenzgericht eingereichte, etwa im Erörterungstermin übergebene Erklärung (im überkommenen Vergleichsrecht § 85 Abs. 2 Halbs. 2 VerglO).

26.8 Soweit Dritte – **Bürgschaftsgeber**, aber auch **Gesellschafter** – sich ohne Vorbehalt der Vorausklage im Rahmen des Planes verpflichtet haben, ist der Plan nach Abs. 2 Vollstreckungstitel, wobei diese Dritten mit der Drittwiderspruchsklage gem. § 771 ZPO geltend machen können, sie seien nicht am Verfahren beteiligt gewesen. Wegen der Zwangsvollstreckung gegen Dritte bedarf es daher gem. § 257 Abs. 2 InsO allein der zum Plan genommenen Erklärung dieser Dritten, etwa wegen bestimmter, durch den Plan festgeschriebener Ansprüche zu haften, ohne dass § 257 Abs. 2 InsO etwa die formgerechte (§ 794 Abs. 1 Nr. 5 ZPO) Unterwerfung unter die sofortige Zwangsvollstreckung vorsähe:[10]

---

5 Andres/Leithaus-*Andres*, InsO, § 257 Rn. 5 ff.; MünchKomm-*Huber*, InsO, § 257 Rn. 27 ff.
6 Anders das Modell der Insolvenzrechtskommission: Erster Bericht der Kommission für Insolvenzrecht, 1985, LS 2. 2. 24 (2).
7 *Schiessler*, Der Insolvenzplan, 202.
8 Vgl. allgemein zum Vorgehen gegen unbestimmte Titel Musielak-*Lackmann*, ZPO, § 767 Rn. 9 a f.; MünchKomm-K. *Schmidt/Brinkmann*, ZPO, § 767 Rn. 6.
9 Amt. Begr. zu § 304 RegEInsO, BT-Drs. 12/2443, 214 unter Verweis auf § 274 Abs. 3 des Entwurfs.
10 Diese kann jedoch im Erörterungs-, bzw. Abstimmungstermin formgerecht zu Protokoll des Insolvenzgerichts erklärt werden, vgl. MünchKomm-*Huber*, InsO, § 257 Rn. 43.

Der bestätigte Insolvenzplan stellt sich ebenso wie der frühere Zwangsvergleich[11] gem. § 194 KO als „gerichtlicher Vergleich" dar.

Ebenso wie dem Schuldner stehen den Dritten, die der Plan als Titelschuldner vorsieht, eine **Vollstreckungsgegenklage** sowie weitere Rechtsbehelfe zu (Rn. 26.6).

V. Vollstreckungsklausel bei erheblichen Rückständen, § 257 Abs. 3 InsO

Die Zwangsvollstreckung wegen einer in der Tabelle festgestellten Insolvenzforderung ist ausgeschlossen, wenn der Plan eine Stundung oder einen Teilerlass dieser Forderung vorsieht (vgl. § 224 InsO). Die Stundung oder der Erlass werden nach § 255 Abs. 1 Satz 1 InsO aber für den Gläubiger hinfällig, gegenüber dem der Schuldner mit der Erfüllung des Plans „erheblich" in Rückstand gerät. Wann ein solcher Rückstand vorliegt und welche Folgen daraus für das Wiederaufleben von Forderungen und Sicherheiten erwachsen, wurde bereits oben (Rn. 22.14 ff.) ausführlich erörtert.

Will der Gläubiger die Zwangsvollstreckung aus dem Plan, der seine Forderung tituliert, wegen erheblicher Rückstände (§§ 255, 256 InsO) betreiben, muss er im Klauselerteilungsverfahren nicht den vollen Beweis für das Vorliegen erheblicher Rückstände führen. Es bedarf gem. § 294 ZPO i. V. m. § 4 InsO nur der Glaubhaftmachung der Mahnung sowie der Setzung und des Ablaufs der Zweiwochen-Frist der §§ 255 Abs. 1 Satz 2, 256 Abs. 2 Satz 2 InsO. Dies geschieht durch präsente Beweismittel – also regelmäßig durch das Mahnschreiben als Privaturkunde und den Nachweis des Zugangs des Mahnschreibens mit Nachfristsetzung.

VI. Streitige Forderungen und Ausfallforderungen

Im Plan kann festgelegt sein, dass der Schuldner bereits vor der endgültigen Feststellung auf folgende Forderungen hin zu leisten verpflichtet sein soll: bestrittene Forderungen, § 179 InsO, Ausfallforderungen absonderungsberechtigter Gläubiger gem. § 52 InsO, wenn der Ausfall noch nicht feststeht, und betagte Forderungen, § 41 InsO (arg. e § 256 Abs. 3 InsO). In diesen Fällen wären bei einer Durchführung des Insolvenzverfahrens die Gläubiger nach den §§ 189 ff. InsO bei Abschlagsverteilungen zu berücksichtigen. Für die Behandlung von streitigen Forderungen oder solchen Insolvenzforderungen, deren Höhe wie im Falle von Ausfallforderungen gem. § 52 InsO zum Zeitpunkt der Bestätigung des Planes noch nicht feststeht, trifft § 256 InsO eine **Sonderregelung**. Ist eine Forderung im Prüfungstermin bestritten worden oder steht die Höhe der Ausfallforderung eines absonderungsberechtigten Gläubigers noch nicht fest, bestimmt § 256 Abs. 1 Satz 1 InsO, dass ein Rückstand mit der Erfüllung des Insolvenzplans i. S. d. § 255 Abs. 1 InsO nicht anzunehmen ist, wenn der Schuldner die Forderung bis zur endgültigen Feststellung ihrer Höhe in dem Ausmaß berücksichtigt, das der Entscheidung des Insolvenzgerichts über das Stimmrecht des Gläubigers bei der Abstimmung über den Plan entspricht.

Da in den genannten Fällen der Betrag der Leistungspflicht des Schuldners deshalb nicht feststeht, weil die **Forderung nicht festgestellt** sein kann, ordnet § 256 Abs. 1 Satz 1 InsO an, dass der Schuldner die Höhe der von ihm zu erbringenden Leistungen an den betreffenden Gläubiger nach Maßgabe des

---

11 Vgl. *Kilger/K. Schmidt*, KO, § 173 Anm. 1; *Kuhn/Uhlenbruck*, KO, § 173 Anm. 1.

Protokolls der Gläubigerversammlung an dem Stimmrecht des Gläubigers zu orientieren hat. Ist ausnahmsweise keine Entscheidung über das Stimmrecht getroffen worden – etwa weil in die Forderung durch den Insolvenzplan nicht eingegriffen worden ist oder weil keine Nachprüfung der Forderung stattgefunden hat (§ 177 Abs. 1 Satz 2 InsO),[12] hat das Insolvenzgericht gem. § 256 Abs. 1 Satz 2 InsO auf Antrag des Schuldners oder des Gläubigers nachträglich festzustellen, in welchem Ausmaß der Schuldner vorläufig die Forderung zu berücksichtigen hat.

26.14 Der Schuldner und der Gläubiger können die Feststellung des Insolvenzgerichts darüber beantragen, in welchem Umfang der Schuldner aus dem Plan zur Leistung gegenüber dem Gläubiger verpflichtet ist. Der Schuldner ist allerdings nicht zur Antragstellung verpflichtet;[13] bis zu einer insolvenzgerichtlichen Entscheidung nach § 256 Abs. 1 Satz 2 InsO trifft ihn insofern keine Leistungspflicht. Er gerät nicht in einen die Rechtsfolgen des § 255 InsO auslösenden „Rückstand".

26.15 In diesen Fällen kann weiterhin die endgültige Klärung ergeben, dass der Schuldner zu wenig gezahlt hat. Nach § 256 Abs. 2 Satz 1 InsO hat er das Fehlende nachzuzahlen. Dies zieht indes nicht zwingend die Rechtsfolgen des § 255 InsO nach sich. § 256 Abs. 2 Satz 2 InsO ordnet vielmehr an, dass ein erheblicher Rückstand mit der Erfüllung des Plans in diesen Fällen erst anzunehmen ist, wenn der Schuldner das Fehlende nicht nachzahlt, obwohl der Gläubiger ihn schriftlich gemahnt und ihm dabei eine mindestens zweiwöchige Nachfrist gesetzt hat.

26.16 Grundsätzlich kann der Schuldner nach den Regeln über die **Herausgabe der ungerechtfertigten Bereicherung** den an den Gläubiger gezahlten Mehrbetrag verlangen, der sich ergibt, wenn die Forderung endgültig festgestellt ist. Anspruchsgrundlage ist § 812 Abs. 1 Satz 1 Var. 1 BGB. Eine endgültige Feststellung liegt entweder vor, wenn über eine streitige Forderung ein (rechtskräftiges) Feststellungsurteil (§§ 180 ff. InsO) oder das Ergebnis einer abgesonderten Befriedigung und damit die Höhe der Ausfallforderung (§ 52 InsO) vorliegt.[14] Ergibt die endgültige Feststellung, dass der Schuldner zu viel gezahlt hat, so kann er nach § 256 Abs. 3 InsO den Mehrbetrag nur insoweit zurückfordern, als dieser auch den nicht fälligen Teil der Forderung übersteigt, die dem Gläubiger nach dem Insolvenzplan zusteht.

VII. Abweichende Regelungen im Insolvenzplan

26.17 Der Plan kann Regelungen vorsehen, die von den § 255 Abs. 1 und 2 InsO **abweichen**. Diese Regelungen dürfen aber im Falle des Abs. 1 die Situation nicht zum Nachteil des Schuldners verändern. Denkbar ist insofern etwa eine Verlängerung der Mahnungsfrist auf einen Monat.[15] Dagegen kann im Plan zu Lasten des Schuldners eine von § 255 Abs. 2 InsO abweichende Regelung getroffen werden.[16] In Lagen des **Schuldnerverzuges wegen Forderungen**, die streitig geblieben oder deren Höhe aus anderen Gründen zum Zeitpunkt der Bestätigung des Planes noch nicht bestimmt oder bestimmbar war, kommt § 256 zur Anwendung.

---

12 *Schiessler*, Der Insolvenzplan, 198.
13 BGH ZInsO 2012, 1321, 1323 m. Anm. *Rendels/Körner*, EWiR 2012, 533, 534; *Rendels/Zabel*, Insolvenzplan, Rn. 342 f.; vgl. auch *Smid*, jurisPR-InsR 18/2011 Anm. 5.
14 *Schiessler*, Der Insolvenzplan, 200.
15 *Rendels/Zabel*, Insolvenzplan, Rn. 601.
16 *Schiessler*, Der Insolvenzplan, 197.

5. Hauptteil: Insolvenzpläne in Insolvenzverfahren über das Vermögen natürlicher Personen

Kapitel 27: Der Insolvenzplan der natürlichen Person

I. Anwendungsbereich und Bedeutung

Die Regelungen über den Insolvenzplan gem. §§ 217 ff. InsO sind auch auf natürliche Personen anwendbar. Die insofern unter Geltung des § 312 Abs. 2 InsO a. F. relevante Unterscheidung zwischen **Verbrauchern** und **Unternehmern** ist seit dem 1.7.2014[1] weggefallen: Beide Gruppen können sich nunmehr[2] eines Insolvenzplanes bedienen. Verbrauchern steht darüber hinaus vor Eröffnung eines Verfahrens auch das Institut eines Schuldenbereinigungsplans (§§ 305–310 InsO) zur Verfügung, welches jedoch praktisch keine bedeutende Rolle spielt[3]: Es krankt vornehmlich daran, dass es nicht unter der Leitung eines neutralen Dritten, nämlich des Insolvenzverwalters, steht.   27.1

Das Insolvenzverfahren betrifft die natürliche Person in ihrem **Vermögen**, nicht dem Menschen an sich. Die bisweilen zu findende Bezeichnung „Insolvenz des Menschen" sollte daher vermieden werden. Sie legt eine Ausdehnung des Verfahrens in den durch Art. 1, 2 GG geschützten Bereich der Persönlichkeitsrechte des Schuldners nahe, die nicht Sinn des zur Verteilung des Vermögens dienenden Insolvenzverfahrens ist. Sie ist daher geeignet, den Menschen in seiner Person herabzuwürdigen, ohne dass dem ein erkennbarer Vorteil für die Gläubiger gegenüberstünde.   27.2

Für natürliche Personen hat ein Insolvenzplan **besondere Bedeutung**. Gem. § 217 Satz 1 InsO erlaubt er nämlich eine von den §§ 286 ff. InsO abweichende Regelung über die **Restschuldbefreiung** des Schuldners. Grundsätzlich muss dieser nunmehr mindestens drei und regelmäßig sechs Jahre abwarten, bevor seine ausstehenden Verbindlichkeiten erlassen werden können; der geringere Zeitablauf steht zudem unter anderem unter dem Vorbehalt der Erfüllung einer festen Quote von 35 Prozent der offenen Forderungen, § 300 Abs. 1 Satz 2 Nr. 2 InsO. Durch einen Insolvenzplan diesen Zeitraum und die geforderte Quote zu verkürzen, bietet dem Schuldner „größten Anreiz"[4]. Auch kann ein Insolvenzplan zur Reorganisation dienen, um eine unternehmerisch ausgeübte Tätigkeit fortzusetzen. Insofern erfüllt er auch hinsichtlich der Aufrechterhaltung **berufsrechtlicher Zulassungen** eine wichtige Rolle (Kapitel 28).   27.3

Insgesamt bietet das Insolvenzplanverfahren in der Insolvenz einer natürlichen Person gegenüber der Regelabwicklung **erhebliche Vorteile**[5], insbesondere
- die Möglichkeit zur Abkürzung der Verfahrensdauer bis zur Restschuldbefreiung,
- eine bessere und gegenüber der Regelabwicklung flexiblere Gläubigerbefriedigung,   27.4

---

1 Zeitpunkt des Inkrafttretens des Gesetzes zur Verkürzung des Restschuldbefreiungsverfahrens und zur Stärkung der Gläubigerrechte vom 15.7.2013, BGBl. I 2013, 2379.
2 Dies ist gem. Art. 103h Satz 2 EGInsO auch in Verfahren der Fall, deren Eröffnung bereits vor dem Stichtag beantragt wurde.
3 So schon *Martini*, ZInsO 2001, 249; *Hofmeister*, ZVI 2003, 12 und nunmehr auch der Gesetzgeber in BT-Drs. 17/11268, 19 c).
4 *Hingerl*, ZInsO 2013, 21, 21.
5 Dazu *Grote/Pape*, AnwBl. 2013, 601, 605; *Grote/Pape*, ZInsO 2013, 1433, 1437; *Harder*, NZI 2013, 70, 74; *Hingerl*, ZVI 2012, 258, 260; *Hingerl*, ZInsO 2013, 21, 23.

- in Grenzen das Erzwingen von Mehrheitsentscheidungen gegen sog. Akkordstörer und sonstige opponierende Gläubiger,
- eine größere Flexibilität auch in verfahrensrechtlicher Hinsicht,
- die Möglichkeit, der Restschuldbefreiung gem. § 302 InsO nicht unterfallende Forderungen zum Gegenstand einer Einigung mit den Gläubigern zu machen,
- Verbesserung der Vergütung ggü. der sonst für den Treuhänder gem. § 14 InsVV kaum kostendeckenden Überwachung der Wohlverhaltenszeit.

II. Inhalt und Besonderheiten des Insolvenzplans der natürlichen Person

27.5 Der Insolvenzplan der natürlichen Person unterliegt gem. §§ 217 ff. InsO denselben rechtlichen Regelungen wie derjenige der sonstigen insolvenzverfahrensfähigen Subjekte. Rechtsdogmatisch ergeben sich insofern keine Abweichungen. Gleichwohl sind bei natürlichen Personen einige Besonderheiten zu beachten:

1. Gelder Dritter

27.6 Überwiegend sehen Insolvenzpläne natürlicher Personen vor, dass die Gläubiger im Falle der Planannahme zunächst dasjenige erhalten, was sie auch im Fall der Regelabwicklung erhielten. Eine Mindestquote sieht das Planrecht, anders als z. B. § 300 Abs. 1 Satz 2 Nr. 2 InsO für die Verkürzung der Restschuldbefreiung, nicht vor.

In der Praxis hat es sich bewährt, eine **Quote von mindestens fünf Prozent** der festgestellten und noch feststellungsfähigen Forderungen anzusetzen. Darüber hinaus wird den Gläubigern regelmäßig ein bestimmter **fixer Betrag** zugedacht, der typischerweise durch Dritte – Familie oder Freunde – zur Verfügung gestellt wird. Dies bewirkt eine *Besserstellung der Gläubiger* gegenüber der Regelabwicklung und dadurch eine *gesteigerte Motivation*, den Plan anzunehmen.

27.7 Beispiel:
Die Masse reicht zur Deckung der Verfahrenskosten aus, lässt aber eine Quote nicht zu. Die Gesamtsumme der Verbindlichkeiten beträgt 100.000 €. Hier empfiehlt sich ein zusätzlich von dritter Seite aufzubringender Betrag von 5.000 €. Dahinter zurückbleibende Beträge sind zwar denkbar, senken aber die Chance der Planannahme erfahrungsgemäß.

27.8 Der Insolvenzplan der natürlichen Person sieht typischerweise vor, dass der von einem Dritten zur Verfügung gestellte Betrag zusätzlich zu der auch im Falle der Regelabwicklung zur Verfügung stehenden Quote an die Gläubiger ausgeschüttet wird, ggf. nach Abzug sonstiger Massekosten und -verbindlichkeiten. Untypisch und nicht zu empfehlen ist es, den Gläubigern eine zusätzliche bestimmte Quote bzw. **Quotenverbesserung** zu versprechen. Ist dies bereits bei buchführungspflichtigen juristischen Personen im Falle übersehener Verbindlichkeiten mit der Gefahr der Unerfüllbarkeit des Plans verbunden, zeigt die Erfahrung, dass in der Insolvenz der natürlichen Personen übersehene Verbindlichkeiten beinahe die Regel sind (vgl. zu diesem Problem noch Rn. 27.21 ff.). Der Insolvenzplan wäre dann, wenn der Dritte nicht nachschießt, unerfüllbar.

27.9 Beispiel:
Der Schuldner teilt Verbindlichkeiten von 50.000 € mit. Die vorhandene Masse reicht im Falle der Regelabwicklung wie im Falle der Beendigung des Insolvenzplans zur Deckung der Massekosten und -verbindlichkeiten aus. Eine Quote scheidet aus. Ein Dritter stellt 5.000 € zur Verfügung. Der gestaltende Teil des Insolvenzplans sieht vor, dass jeder Gläubiger eine Quote von 10% erhält. Nach rechtskräftiger Planbestätigung, aber noch

vor Verfahrensaufhebung, meldet ein Gläubiger eine weitere Forderung über 5.000 € an. Der Dritte, der 5.000 € zur Verfügung gestellt hat, ist nicht bereit, weitere 500 € zur Verfügung zu stellen. Der Insolvenzplan ist undurchführbar. Eine Sanierung des Schuldners kann im Ergebnis nicht erreicht werden.

Um dies zu vermeiden, sollte der gestaltende Teil eine **variable Quote** vorsehen, also die Verteilung des zur Deckung der Massekosten und -verbindlichkeiten nicht benötigten Teils der Masse und des zusätzlich zur Verfügung gestellten Betrages auf die festgestellten Forderungen. 27.10

Beispiel: 27.11
(1) Die Gläubiger stimmen den Maßnahmen, die im Insolvenzplan im Insolvenzverfahren über das Vermögen des .... festgelegt sind, zu.
(2) Auf die angemeldeten und festgestellten Forderungen der Gläubiger wird ein nicht massezugehöriger Betrag von 5.000,00 €, der im Falle der Regelabwicklung nicht zur Verfügung stünde, verteilt.
(3) Die Gläubiger erhalten darüber hinaus den nach Zahlung der Massekosten auf dem Sonderkonto des Insolvenzverwalters vorhandenen liquiden Geldbestand.
(4) Mit Zahlung verzichten sie gegenüber dem dies annehmenden Schuldner auf ihre sämtlichen restlichen Forderungen gegen diesen.

2. Freigabe der Selbstständigkeit

Nach der die allgemeine Freigabebefugnis des Insolvenzverwalters klarstellenden Regelung des § 35 Abs. 2, 3 InsO kann der Neuerwerb des Schuldners durch die Ausübung einer selbständigen Tätigkeit freigegeben werden. Insofern wird endgültig und unbedingt auf die Ausübung der Verwaltungs- und Verfügungsbefugnis über das aus der Selbständigkeit erlangte Vermögen verzichtet[6]. Der Insolvenzverwalter erhält damit zur Vermeidung der eigenen Haftung aus einer durch den Schuldner vorgenommenen Betriebsfortführung (vgl. § 61 InsO, Nichtbefriedigung von Masseverbindlichkeiten) die Möglichkeit, den **Geschäftsbetrieb aus der Masse zu entfernen**[7] und damit deren Haftung ex nunc zu beenden. Das anschließend vom Schuldner durch die Selbständigkeit erworbene Vermögen steht nur noch den Neugläubigern zur Verfügung[8]; für Insolvenzgläubiger gilt § 89 Abs. 1 InsO. 27.12

Die Freigabe des Verwalters, also die Erklärung, dass neu erworbenes Vermögen nicht den Gläubigern des laufenden Insolvenzverfahrens zur Verfügung stehen soll (sog. Negativerklärung), erweist sich in der Praxis mitunter als **Hemmnis** für den Fall der beabsichtigten Vorlage eines Insolvenzplans. Denn einerseits erstrebt der Schuldner durch die Vorlage des Insolvenzplans eine vorzeitige Restschuldbefreiung, auf der anderen Seite befürchten Gläubiger, dass ihnen durch die Freigabe und damit das Ausscheiden des beruflichen Neuerwerbs aus der Haftungsmasse die Überschüsse der durch den Schuldner fortgesetzten selbstständigen Tätigkeit verloren gehen. Diese Befürchtung mildert § 35 Abs. 2 Satz 2, 295 Abs. 2 InsO nur teilweise. Zwar ist der Schuldner danach verpflichtet, das **fiktive pfändbare Einkommen** an die Masse abzuführen, das er entsprechend seiner beruflichen Qualifikation in einem Dienst- oder Arbeitsverhältnis erzielen würde[9]. Allerdings gilt diese 27.13

---
[6] BT-Drs. 16/3227, 17.
[7] BGH NZI 2013, 641, 643; LG Göttingen ZInsO 2011, 1798; *Ahrens*, NZI 2007, 622.
[8] BGH NZI 2013, 641, 643; BGH NZI 2011, 633, 634.
[9] BT-Drs. 16/3227, 17; BGH NZI 2013, 641, 642 m.w.N. Zur Kollision dieser Regelung mit Sicherungsabtretungen vgl. auch *Ahrens*, NJW-Spezial 2014, 85.

Ausgleichspflicht[10] einerseits nur, soweit der Schuldner mit der Selbständigkeit Gewinn erzielt[11], und sie wirkt andererseits nur bis zum Verfahrensende[12], das bei einem Insolvenzplan regelmäßig früher eintritt als im Regelverfahren.

27.14 Zwar muss die Frage, ob der Verwalter die Tätigkeit freigibt, ohne Berücksichtigung eigener Interessen auf Grundlage der **Prognoseentscheidung** beantwortet werden, ob die Fortsetzung der selbstständigen Tätigkeit mehr Ertragschancen als Risiken für die Gläubiger birgt[13]. Tatsächlich zeigt jedoch die Praxis, dass wegen der planerischen Unwägbarkeiten und der Haftungsgefahren nach § 60 InsO die Freigabe nach Abs. 2 die Regel ist[14]. Hier ist es Sache des Planverfassers, durch eine nachvollziehbare und transparente **Darstellung** der Prognose, die zur Freigabe geführt hat, den Gläubigern die latente Befürchtung zu nehmen, dass sie durch die Entfernung des Geschäftsbetriebs aus der Masse und etwaige Ausgleichszahlungen benachteiligt werden, während der Schuldner gleichzeitig aus der freigegebenen Tätigkeit vorschnell wieder zu Vermögen kommt. Darüber hinaus muss der Planverfasser den möglichen Eindruck der Gläubiger zerstreuen, dass die Freigabe in Vorbereitung des Insolvenzplans nur deshalb erfolgt ist, um leichter darlegen zu können, dass die Gläubiger im Falle der Regelabwicklung (bei der ihnen der Neuerwerb des Schuldners zustünde, wenn eine Freigabe nicht erfolgt wäre) gegenüber dem Insolvenzplan nichts oder weniger erhielten.

27.15 Beispiel:
„Im Falle der Regelabwicklung dürften die Gläubiger mit einer Quote nicht rechnen. Insbesondere stünde ihnen nicht ein etwaiger Neuerwerb des Schuldners zu. Denn der Insolvenzverwalter hat am … die Tätigkeit des Schuldners aus der Insolvenzmasse freigegeben. Unter Berücksichtigung der Ergebnisse der Vorjahre, der Marktentwicklung in der Branche, in der der Schuldner tätig ist, und der dem Planverfasser vorgelegten Planungen, hat die Freigabe mit überwiegender Wahrscheinlichkeit die Masse vor einer Auszehrung durch die zu erwartenden Verluste bewahrt, wie sich aus der Planung in Anlage ergibt."

3. Änderung der wirtschaftlichen Verhältnisse

27.16 Im Schuldenbereinigungsverfahren sieht § 309 Abs. 1 Satz 2 Nr. 2 Halbs. 2 InsO vor, dass im Falle der Zustimmungsersetzung im Zweifel davon auszugehen ist, dass sich die Einkommens-, Vermögens- und Familienverhältnisse während der gesamten Dauer des Verfahrens nicht ändern. All jene Änderungen, die unwesentlich oder noch nicht konkret absehbar sind, müssen also keine Berücksichtigung finden[15]. Für den **Insolvenzplan fehlt eine vergleichbare Regelung**. Das begründet einen deutlichen Unterschied: Durch den Insolvenzplan darf nämlich keine Schlechterstellung der Gläubiger gegenüber der Regelabwicklung eintreten, §§ 245 Abs. 1 Nr. 1, 251 Abs. 1 Nr. 2 InsO. Insofern muss der Plan zu erwartende Änderungen der Einkommens-, Vermögens- und Familienverhältnisse des Schuldners berücksichtigen. Das ist insbesondere dann zu beachten, wenn Insolvenzpläne natürlicher Personen mit dem Ziel vorgelegt werden, dem Schuldner die Aufnahme einer ggf. schon vorbereiteten Tätigkeit

---

10 BGH NZI 2013, 797, 798 mit zust. Anm. *Ahrens*; *von Gleichenstein*, ZVI 2013, 409, 415 f.; anders noch (nicht einklagbare Obliegenheit) etwa OLG Brandenburg, NZI 2013, 650; LG Düsseldorf NZI 2012, 970.
11 BGH NZI 2013, 797, 798 f. mit zust. Anm. *Ahrens*.
12 *von Gleichenstein*, ZVI 2013, 409, 417.
13 *Berger*, ZInsO 2008, 1101; *Frind*, ZInsO 2004, 1064; *Andres/Pape*, NZI 2005, 141; *Grote/Pape*, ZInsO 2004, 993.
14 HambKomm-*Lüdtke*, InsO, § 35 Rn. 252.
15 Uhlenbruck-*Lüer*, InsO, § 309 Rn. 72; Braun-*Buck*, InsO, § 309 Rn. 22.

zu ermöglichen. Denn dann wäre womöglich ohne eine Restschuldbefreiung im Insolvenzplan die Abführung pfändbarer Gehaltsanteile an die Masse zu erwarten.

27.17 Insofern scheint jedoch durchaus denkbar, die **Zweifels-Regelung** aus dem Schuldenbereinigungsplan **analog im Insolvenzplanverfahren** für Verbraucher anzuwenden. Dies ist, soweit ersichtlich, bisher nicht diskutiert worden. Die für eine Analogie notwendige planwidrige Regelungslücke lässt sich begründen: Die Zweifels-Regelung hat der Gesetzgeber bei Verbrauchern seinerzeit mit der Erleichterung der Beurteilung einer Schlechterstellung der Gläubiger begründet[16]. Bei Einführung des Insolvenzplanverfahrens für Verbraucher hat er sich indes mit solchen Fragen schlechterdings überhaupt nicht befasst: Er ging lediglich davon aus, das Planverfahren sei „bewährt"[17] und werde praktisch die „Funktion des Zustimmungsersetzungsverfahrens übernehmen"[18]. Soll der Insolvenzplan aber diese Funktion übernehmen können, muss er auch praktisch gleich geeignet sein. Insofern besteht eine vergleichbare Interessenlage, denn die insbesondere bei Verbrauchern schwierige Beurteilung künftiger Entwicklungen persönlicher Umstände ist sowohl beim Schuldenbereinigungsplan als auch beim Insolvenzplan ein Problem. Daher spricht im Ergebnis viel für eine Analogie.

4. Verfahrenskostenstundung

27.18 Wurden dem Schuldner die Kosten des Insolvenzverfahrens gem. §§ 4a ff. InsO gestundet, so kommt eine Beendigung des Insolvenzverfahrens solange nicht in Betracht, wie der Schuldner die gestundeten Beträge nicht zurückgezahlt hat. Denn nach § 258 Abs. 2 InsO hat der Verwalter vor der Beendigung u. a. die **unstreitigen Masseansprüche zu berichtigen**. Von dieser Norm kann auch nicht durch Verfahrensregelung im Plan abgewichen werden[19]. Ein Schuldner, der nicht in der Lage ist, die Kosten des Insolvenzverfahrens aufzubringen und auf ein Darlehen der öffentlichen Hand angewiesen ist, kann nicht erwarten, durch einen Insolvenzplan vorzeitig restschuldbefreit zu werden, wenn er nicht gleichzeitig dafür sorgt, dass die gestundeten Beträge zurückgeführt werden. Soll der Insolvenzplan mit Hilfe finanzieller Mittel Dritter erfüllt werden, so ist dieser Betrag zweckmäßigerweise so zu bemessen, dass er im Falle der Annahme des Insolvenzplans gleichzeitig ausreicht, um die gestundeten Verfahrenskosten zurückzuführen.

27.19 In der Praxis hat es sich bewährt, dass der **Insolvenzverwalter** als Planverfasser vor Planerstellung oder jedenfalls vor Einreichung bei Gericht mit dem die finanziellen Mittel zur Verfügung stellenden Dritten vereinbart, dass er die benötigte Summe **treuhänderisch vereinnahmt**, mit der Maßgabe, hierüber nur für den Fall der rechtskräftigen Annahme des Insolvenzplans zu verfügen. Es sollte dann ferner vereinbart werden, dass der treuhänderisch vereinnahmte Betrag nicht nur zur Auslösung der Zahlungen nach dem gestaltenden Teil des Insolvenzplans verwandt werden darf, sondern gleichzeitig zur Bezahlung der entstandenen Verfahrenskosten.

27.20 *Muster:*
„Sehr geehrter Herr Müller, wie Sie wissen, habe ich mich gegenüber dem Schuldner bereit erklärt, einen Insolvenzplan zu erstellen, dessen gestaltender Teil vorsehen soll, dass zusätzlich der zu der ohnehin zu erwartenden Quote ein Betrag von 10.000 € an die Gläubiger ausgeschüttet werden soll. Der Schuldner teilte mir mit,

---

16 BT-Drs. 12/7302, 192.
17 BT-Drs. 17/11268, 18.
18 BT-Drs. 17/11268, 49; dies geschah anfangs im Gesetzgebungsverfahren freilich noch in der Erwartung, das Institut des Schuldenbereinigungsplans zu streichen, wozu es später nicht kam.
19 HambKomm-*Thies*, InsO, § 218 Rn. 8; PK-*Wutzke/Wenzel*, InsO, § 217 Rn. 7.

dass dieser Betrag durch Sie zur Verfügung gestellt wird. Ich bin bereit, diesen Betrag treuhänderisch von Ihnen zu vereinnahmen und von der Insolvenzmasse getrennt auf dem Treuhandkonto ... zu verwahren. Ferner verpflichte ich mich Ihnen gegenüber, über den durch Sie einzuzahlenden Betrag nur dann und insoweit zu verfügen, als der gestaltende Teil des Insolvenzplans Zahlungen an die Gläubiger vorsieht. Ferner darf ich den durch Sie zur Verfügung gestellten Betrag verwenden, um hieraus die Verfahrenskosten zu begleichen. Sofern Sie einverstanden sind, bitte ich um Mitteilung Ihres Einverständnisses zu dieser angebotenen Treuhandabrede. Eine persönliche Haftung für das Gelingen des Insolvenzplans übernehme ich nicht ..."

5. Nachmeldung von Forderungen

27.21 Das allgemeine Problem von Gläubigern, die ihre Forderungen zu spät melden (sog. „**Nachzügler**", vgl. Kapitel 22), stellt sich insbesondere auch bei Insolvenzplänen natürlicher Personen: Denn gerade hier sind bei der Planaufstellung übersehene Verbindlichkeiten an der Tagesordnung (Rn. 27.8). Soweit solche Forderungen nach Abschluss des Planverfahrens geltend gemacht werden, entfaltet der Insolvenzplan zwar gem. § 254a Abs. 1 InsO auch gegenüber den Nachzüglern Geltung. Das bedeutet jedoch nicht, dass diese mit ihren Forderungen ausgeschlossen sind[20]. Einen solchen Ausschluss hatte der Gesetzgeber zwar im Gesetzgebungsverfahren diskutiert, aber mit Blick auf verfassungsrechtliche und praktische Bedenken verworfen[21]. Verspätet auftretende Gläubiger sind daher vielmehr mit ihren Forderungen denjenigen Beschränkungen unterworfen, die der **Plan für die Gruppenmitglieder mit vergleichbaren Ansprüchen** vorsieht[22].

27.22 Insofern stellen Nachzüglerforderungen, obgleich sie gem. § 259b InsO einer verkürzten Verjährung unterliegen, eine Gefahr für Insolvenzpläne dar. Sieht der Plan die Verteilung eines festen Betrages vor, der typischerweise im Insolvenzplan der natürlichen Person von Dritten zur Verfügung gestellt wird, kann eine etwaig im Plan versprochene Quote nicht erreicht werden, wenn sich Gläubiger melden, die nicht bedacht oder verschwiegen wurden. Auf dieses Problem hat die Praxis unter anderem mit **Ausschlussklauseln bzw. -fristen** im gestaltenden Teil reagiert. Diese nehmen solche Forderungen von der Verteilung aus, die von den Gläubigern nicht spätestens bis zu einem bestimmten Termin geltend gemacht wurden. Dies hat auch der BGH gebilligt, allerdings ausgeführt, dass derlei Fristen frühestens ab Rechtskraft der Planbestätigung zu laufen begännen[23]. Insofern dürfte es zu weit gehen, als zeitliche Zäsur den Erörterungs- und Abstimmungstermin zu setzen[24].

27.23 Gleichwohl ist die rechtliche Zulässigkeit von Ausschlussklauseln höchstrichterlich nicht abschließend geklärt. In einer **aktuellen Entscheidung** hat das BAG Zweifel geäußert[25], die auch in der Literatur nach der durch das ESUG verkürzten Verjährung vorgebracht wurden[26]. Ebenso hat der BGH in einem neueren Verfahren, dem freilich keine Regelung in einem Insolvenzplan zugrunde lag, auf ein bewusstes Nichtregeln des Ausschlusses von Nachzüglern durch den Gesetzgeber hingewiesen[27]. Insofern wird man gleichwohl keine Abkehr von der früheren Rspr. des BGH annehmen müssen, denn Aussagen zur gesetzlichen Regelung lassen sich nicht unmittelbar auf einen im Insolvenzplan ge-

---

20 BGH NZI 2013, 84, 84; BAG NZI 2013, 1076, 1078 f.
21 BT-Drs. 17/5712, 37.
22 BGH NZI 2013, 84, 84; *Otte/Wiester*, NZI 2005, 70, 71; *Rendels/Zabel*, Insolvenzplan, Rn. 339; HambKomm-*Thies*, InsO, § 254b Rn. 2.
23 BGH NZI 2010, 734, 735 m. zust. Anm. *Martini*, jurisPR-InsR 16/2010 Anm. 2.
24 So aber *Otte/Wiester*, NZI 2005, 70.
25 BAG NZI 2013, 1076, 1078 f.
26 *Küpper/Heinze*, ZInsO 2013, 471, 473 f.
27 BGH NZI 2013, 84, 84 f.

troffenen Ausschluss übertragen[28]. Dieser erlaubt vielmehr gerade gem. § 217 Satz 1 InsO von den Normen der InsO abweichende Regelungen. Ohnehin lässt sich im ESUG und seiner Begründung kein Hinweis darauf finden, dass der Gesetzgeber die frühere Rspr. zur Zulässigkeit von Ausschlussklauseln missbilligt hätte. Insofern ist als **Alternative** zur Aufnahme einer solchen Klausel auch allenfalls eine quotenmindernde Rückstellung im Plan für unbekannte Gläubiger denkbar.

6. Deliktische Forderungen

Wird dem Schuldner im Regelverfahren gem. §§ 286 ff. InsO Restschuldbefreiung erteilt, bezieht sich diese nicht auf die in § 302 Nr. 1 InsO genannten **deliktischen Forderungen**. Neben dem zeitlichen Aspekt stellt insbesondere dieser Umstand eine wesentliche Motivation des Betroffenen zur Vorlage eines Insolvenzplans dar. Denn für Insolvenzpläne fehlt eine vergleichbare Regelung, so dass in ihnen auch der Erlass deliktischer Forderungen geregelt werden kann[29].

Eine **entsprechende Anwendung des** § 302 Nr. 1 InsO scheidet für Insolvenzpläne natürlicher Personen aus. Denn für das Zustandekommen eines Insolvenzplanes bedarf es einer Zustimmung der Mehrheit der Gläubiger, mit welcher diese ihre Autonomie für oder gegen den Plan ausüben. Die Restschuldbefreiung ist hingegen von einer Zustimmung unabhängig, so dass es insofern des Schutzes der Gläubiger deliktischer Forderungen bedarf. Für sie besteht im Regelverfahren daher eine andere Interessenlage[30], welche auf das Planverfahren nicht übertragbar ist.

III. Rechtsfolgen des erfolgreichen Insolvenzplans der natürlichen Person

1. Allgemeine Folgen

Kommt es zur Annahme des Insolvenzplans im Verfahren der natürlichen Person, richten sich die Rechtsfolgen nach dessen **gestaltendem Teil**. Gegenüber den Insolvenzplänen anderer insolvenzverfahrensfähiger Subjekte ergeben sich keine Besonderheiten. Insbesondere richten sich die Rechtsfolgen hinsichtlich der deliktischen Forderungen (Rn. 27.24 f.) ausschließlich nach den Regelungen des Insolvenzplans und nicht nach der gesetzlichen Regelung in § 302 InsO.

2. Steuerliche Folgen

a) **Grundsatz.** Bei Gewerbetreibenden und sonstigen Selbstständigen kann im Falle der erfolgreichen Restschuldbefreiung oder der erfolgreichen Sanierung durch Insolvenzplan ein steuerpflichtiger Gewinn entstehen. Dieser umfasst im Falle der Sanierung die Erhöhung des Betriebsvermögens dadurch, dass Schulden zum Zwecke der Sanierung ganz oder teilweise erlassen werden. Derartige **Sanierungsgewinne** waren nach dem bis zum 31.12.1997 geltenden Recht steuerfrei[31]. Nach aktuellem Recht sind sie grundsätzlich steuerpflichtig und damit vom Verwalter als Masseverbindlichkeit zu erfüllen mit der Folge einer möglichen persönlichen Haftung nach § 34 Abs. 3 AO bzw. § 69 AO sowie nach § 61 InsO im Falle der Nichtzahlung.

---
28 *Rendels*, EWiR 2013, 783, 784; *Rendels/Zabel*, Insolvenzplan, Rn. 348 f.
29 BGH, Beschl. v. 17.12.2009, IX ZR 32/08 – juris Rn. 2; vorgehend schon Kammergericht, Urt. v. 17.12.2007, 10 U 111/07; LG Nürnberg-Fürth NZI 2011, 592, 593; *Thorwart/Schauer*, NZI 2011, 574, 576.
30 Darauf hinweisend LG Nürnberg-Fürth NZI 2011, 592, 593.
31 Vgl. dazu noch ausführlicher *Smid/Rattunde/Martini*, Der Insolvenzplan, 3. Aufl. 2012, Rn. 28.2 ff.

27.28 Die Abschaffung der Steuerfreiheit des Sanierungsgewinns steht jedoch im Widerspruch zu den Zielen der Insolvenzordnung. Um dies zu korrigieren, sah das Bundesministerium der Finanzen (BMF) in einem Schreiben an die obersten Finanzbehörden der Länder vom 28.3.2003[32] vor, dass im Falle einer **Sanierung** aus Billigkeitsgründen eine Steuerstundung und ein Steuererlass gewährt werden solle. Dass dies nur für den steuerpflichtigen Gewinn bei einer Sanierung, aber nicht auch im Rahmen einer Restschuldbefreiung vorgesehen war, stieß in der Literatur auf erhebliche Kritik[33]: Insbesondere wurde hierin eine willkürliche Ungleichbehandlung gesehen. Diesem Vorwurf nahm sich das BMF mit Schreiben vom 22.12.2009[34] an und entschied, dass auch für die aufgrund einer **Restschuldbefreiung** entstehende Steuer Stundung und Erlass zu gewähren sei. Bei beiden Schreiben handelt es sich nach der Rspr. des BFH um ermessenslenkende Verwaltungsvorschriften, die wegen der Selbstbindung der Verwaltung (Art. 3 Abs. 1 GG) auch von den Finanzgerichten zu beachten sind.[35]

27.29 b) **Anwendung.** Für die steuerlichen Folgen der erfolgreichen Sanierung durch Insolvenzplan bedeutet dies Folgendes: Grundsätzlich entsteht ein Sanierungsgewinn in Höhe der Erhöhung des Betriebsvermögens durch Erlass der Schulden. Auf diesen Gewinn sind die **im Schreiben vom BMF vorgesehen Erleichterungen** anwendbar, wenn für das Unternehmen Sanierungsbedürftigkeit und Sanierungsfähigkeit vorliegen und ebenso Sanierungseignung des Schulderlasses und die Sanierungsabsicht der Gläubiger besteht. Hierfür spielt ein Insolvenzplan nicht nur inhaltlich, sondern auch aus Beweislastgründen eine entscheidende Rolle, denn „liegt ein Sanierungsplan vor, kann davon ausgegangen werden, dass diese Voraussetzungen erfüllt sind."[36] In diesen Fällen führt nach den Ausführungen des BMF auch ein Forderungsverzicht eines Gläubigers gegen **Besserungsschein** zu einem begünstigten Sanierungsgewinn: Leiste der Schuldner im Besserungsfalle gemäß der Vereinbarung, seien diese Aufwendungen zwar steuerlich nicht als Betriebsausgaben zu bewerten. Jedoch seien sie vom zu versteuernden Sanierungsgewinn abzuziehen.[37]

27.30 Ist ein Sanierungsgewinn entstanden, so wird die Steuer auf einen Antrag des Steuerpflichtigen hin gem. § 163 AO **abweichend festgesetzt**: Für die Ermittlung des Gewinns werden dabei die Verluste bzw. negativen Einkünfte unbeschadet von Ausgleichs- und Verrechnungsbeschränkungen bis zur Höhe des Sanierungsgewinns vorrangig mit demselben verrechnet und sind damit für einen etwaigen Verlustvortrag bzw. einen verrechenbaren Verlust verbraucht.[38] Nach der Festsetzung der Steuer auf diesen verminderten Gewinnbetrag wird die Steuer im Folgenden nach § 222 AO mit dem Ziel eines späteren Erlasses zunächst unter Widerrufsvorbehalt **gestundet**.[39] Wurde im Plan eine Konstruktion mit Besserungsschein gewählt, umfasst die Stundung den kompletten Zeitraum, in dem vereinbarungsgemäß Zahlungen auf den Besserungsschein geleistet werden können.[40] Abschließend findet eine Prüfung mit Feststellung der endgültigen Steuer statt, die sodann gem. § 227 AO zusammen mit Stundungszinsen **erlassen** wird.[41]

---

32 BMF, Schreiben v. 28.3.2003, IV C 4 – S 2285 – 16/03, BStBl. I 2003, 240; vgl. hierzu *Schmittmann*, ZInsO 2003, 505.
33 *Thouet*, ZInsO 2008, 664; *Uhländer*, ZInsO 2005, 76.
34 BMF, Schreiben v. 22.12.2009, IV C 6 – S 2149/07/10001-01, BStBl. I 2010, 18.
35 BFHE 229, 502 – juris Rn. 39 m. w. N.
36 BMF, Schreiben v. 28.3.2003, IV C 4 – S 2285 – 16/03, BStBl. I 2003, 240 Rn. 4 S. 2.
37 BMF, Schreiben v. 28.3.2003, IV C 4 – S 2285 – 16/03, BStBl. I 2003, 240 Rn. 5.
38 BMF, Schreiben v. 28.3.2003, IV C 4 – S 2285 – 16/03, BStBl. I 2003, 240 Rn. 8 S. 3 ff.
39 BMF, Schreiben v. 28.3.2003, IV C 4 – S 2285 – 16/03, BStBl. I 2003, 240 Rn. 8 S. 2.
40 BMF, Schreiben v. 28.3.2003, IV C 4 – S 2285 – 16/03, BStBl. I 2003, 240 Rn. 11 S. 1.
41 BMF, Schreiben v. 28.3.2003, IV C 4 – S 2285 – 16/03, BStBl. I 2003, 240 Rn. 12.

27.31 Offen bleibt nach den Vorgaben des BMF jedoch die Frage der **Gewerbesteuer**. Sie fällt in die Zuständigkeit der Gemeinden, so dass diese entscheiden können, ob Stundung und Erlass gewährt werden oder nicht. Für sie gelten die lediglich die Finanzbehörden bindenden Vorgaben des BMF nicht[42], so dass sich ihre Verpflichtung darauf beschränkt, ermessensfehlerfrei über die Fragen von abweichender Festsetzung, Stundung und Erlass zu entscheiden[43]. Für ein streitiges Verfahren hierüber sind die Finanz-, bzw. Verwaltungsgerichte zuständig[44]. Um die Gemeinden in die Plansanierung einzubinden, hat die Praxis mancherorts mit Verwaltungsvorschriften über die frühzeitige Unterrichtung der Gemeinden durch die Finanzbehörden reagiert[45]. Ob sich damit aber einer Rechtszersplitterung wirksam entgegenwirken lässt, scheint sehr zweifelhaft.

---

42 BFHE 237, 403 (Leitsatz).
43 VG Magdeburg, Urt. v. 24.5.2012, 2 A 122/10, juris Rn. 34 ff.
44 Im Einzelnen Gräber-*Koch*, FGO, § 33 Rn. 30 („Gewerbesteuer") m. w. N.
45 OFD Hannover, 26.8.2006, G 1498-16-StO 252, GewSt-Kartei ND § 1 GewStG Karte 2 (übernommen vom Bayerischen Landesamt für Steuern).

Kapitel 28: Berufsgruppenspezifische Anwendungsfälle

I. Allgemeines

28.1 Insbesondere in Berufen mit Vermögensbezug und solchen Berufen, die durch ein besonderes Vertrauensverhältnis zu Kunden bzw. Mandanten oder Patienten geprägt sind, ist die Eröffnung des Insolvenzverfahrens für den Berufsträger mit besonderen Nachteilen verbunden: Aufgrund des Schutzes der Vermögensinteressen der von der Geschäftsbeziehung Betroffenen droht im Falle des Vermögensverfalls der Widerruf der Zulassung. Häufig stellt, wie zu zeigen sein wird, ein Insolvenzplan die einzige Möglichkeit dar, um den Verlust der berufsrechtlichen Zulassung und damit die Vernichtung der eigenen wirtschaftlichen Existenz zu vermeiden.

28.2 Im Bereich der Berufe mit einem spezifischen Vermögensbezug gilt dies namentlich für die Berufsgruppen der
- Rechtsanwälte (§ 14 Abs. 2 Nr. 7 BRAO)
- Notare (§ 50 Abs. 2 Nr. 6 BNotO)
- Wirtschaftsprüfer (§ 20 Abs. 2 Nr. 5 i. V. m. § 16 Abs. 1 Nr. 7 WPO)
- vereidigten Buchprüfer
- Steuerberater (§ 46 Abs. Nr. 4 StBerG).

28.3 Auswirkungen hat die Eröffnung des Insolvenzverfahrens darüber hinaus u. a. für die Berufsgruppen der
- Ärzte
- Zahnärzte
- Psychologischen Therapeuten.

II. Berufsgruppen

1. Rechtsanwälte und Patentanwälte

28.4 Gem. § 14 Abs. 2 Nr. 7 BRAO bzw. § 21 Abs. 2 Nr. 8 PatAO ist die Zulassung eines Rechtsanwalts bzw. Patentanwalts mit Eintritt des Vermögensverfalls zu widerrufen, es sei denn, die Interessen der Rechtsuchenden sind durch den Vermögensverfall nicht gefährdet. Ein Vermögensverfall liegt vor, wenn der Berufsträger in ungeordnete schlechte finanzielle Verhältnisse geraten ist, die er in absehbarer Zeit nicht ordnen kann und er außerstande ist, seinen Verpflichtungen nachzukommen[1]. Der Vermögensverfall wird gemäß der Norm widerlegbar vermutet, wenn ein Insolvenzverfahren über das Vermögen des Rechtsanwalts eröffnet worden ist oder wenn er gem. § 26 Abs. 2 InsO oder § 882b ZPO in ein Schuldnerverzeichnis eingetragen wurde.

28.5 Die Widerlegung der Vermutung setzt nach der Rspr. des BGH eine Würdigung der Person und der Beschränkungen, denen sie sich unterworfen hat, voraus[2]. Es muss dargelegt und bewiesen werden, dass der Rechtsanwalt sich trotz der Eröffnung des Insolvenzverfahrens nicht im Vermögensverfall befindet oder dass eine – auch abstrakte[3] – Gefährdung der Rechtsuchenden ausgeschlossen ist. Insofern ist das zielgerichtete, ernsthafte und planvolle Unternehmen der erforderlichen Schritte zur Stabilisierung der Vermögensverhältnisse relevant[4]. Hierfür bietet sich ein Insolvenzplan an, um darzulegen, wie die gegen den Rechtsanwalt gerichteten Forderungen in absehbarer Zeit getilgt werden können. Allerdings setzt der BGH zur Widerlegung der Vermutung voraus, dass

---

1 BGH NJW-RR 2000, 1228; BGH NJW-RR 1999, 712.
2 BGH NJW-RR 2006, 559.
3 Vgl. hierzu BVerwG NJW 2005, 3795 (für Wirtschaftsprüfer).
4 BGH AnwBl 2013, 145 m. w. N.

ein entsprechender Insolvenz- oder Schuldenbereinigungsplan bereits gerichtlich bestätigt wurde[5]. Zur Frage, ob dies nicht zu spät ansetzt, vgl. u. Rn. 28.9.

28.6 Rechtsanwaltskammern neigen dazu, bereits im Vorfeld einer etwaigen Insolvenz die Zulassung zu entziehen, wenn die gegen den Rechtsanwalt gerichteten Titel eine bestimmte Gesamthöhe erreicht haben[6]. Gesetz und Rspr. sehen die Interessen der Rechtsuchenden nämlich bei einem Vermögensverfall des Rechtsanwalts in vielfältiger Hinsicht als gefährdet an, insbesondere wegen der Gefahr, dass der Rechtsanwalt sich unter dem finanziellen Druck an Mandantengeldern vergreifen könne[7], Zwangsvollstreckungsmaßnahmen von Gläubigern des Rechtsanwalts eine Gefährdung anvertrauter Mandantengelder darstellen könnten[8], insbesondere dann, wenn der Rechtsanwalt versäume, Anderkonten einzurichten[9] oder die Gefahr bestehe, dass Mandanten an den Schuldner nicht mehr schuldbefreiend leisten könnten[10].

28.7 Der Wechsel in ein Angestelltenverhältnis beseitigt nach der Rspr. des BGH die Gefährdung von Rechtsuchenden grds. nicht. Insofern sei nämlich denkbar, dass der Rechtsanwalt außerhalb der Kanzlei auf eigene Rechnung tätig werde[11], bzw. unter der Aufsicht lediglich eines weiteren Kollegen stehe, was zu fehleranfällig sei[12]. In einer neueren Entscheidung verneinte das Gericht allerdings eine Gefährdung, soweit ein angestellter Rechtsanwalt wirksam beaufsichtigt sei, keine eigenen Mandate führe, keinen Zugriff auf Kanzleikonten habe und die Abrechnung allein durch den Arbeitgeber erfolge[13].

2. Notare

28.8 Für Notare regelt § 50 Abs. 2 Nr. 6 BNotO die Amtsenthebung bei Vermögensverfall. Dieser wird – wie bei Rechtsanwälten[14] – vermutet, wenn ein Insolvenzverfahren über das Vermögen des Notars eröffnet worden ist oder wenn er gem. § 26 Abs. 2 InsO oder § 882b ZPO in ein Schuldnerverzeichnis eingetragen wurde. Insofern ist die Regelung strenger als diejenige des § 14 Abs. 2 Nr. 7 BRAO, weil sie keine Ausnahme im Falle fehlender Interessengefährdung (Rn. 28.4f.) kennt. Darüber hinaus sieht § 50 Abs. 2 Nr. 8 BNotO schon im Vorfeld einer etwaigen Insolvenz eine Amtsenthebung vor. Diese finde dann statt, wenn unter anderem die wirtschaftlichen Verhältnisse oder die Art der Wirtschaftsführung durch den Notar die Interessen der Rechtsuchenden gefährden.

28.9 Zur Widerlegung der Vermutung des § 50 Abs. 2 Nr. 6 BNotO ist es erforderlich, dass der Notar seine Einkommens- und Vermögensverhältnisse umfassend darlegt, insbesondere eine Forderungsaufstellung vornimmt und dartut, wie gegen ihn gerichtete Forderungen auf erfolgversprechende Weise in absehbarer Zeit erfüllt werden sollen[15]. Eben dieser Anforderung entspricht der Notar, soweit er mithilfe eines Insolvenzplans für eine Ordnung seiner Vermögensverhältnisse sorgt. Die Justizverwaltung muss jedoch den Ausgang eines Insolvenzplanverfahrens für eine Amtsenthebung nicht abwarten[16]. Ist der Insolvenzplan im Amtsenthebungsverfahren daher noch nicht bestätigt, so genügt dies dem BGH nicht,

---

5 BGH NJW-RR 2013, 175; BGH AnwBl 2012, 655.
6 *Harlfinger*, Der Freiberufler in der Insolvenz, S. 68.
7 BGH, Beschl. v. 3.9.2013, AnwZ (B) 23/09.
8 BGH ZVI 2007, 619.
9 BGH, Beschl. v. 22.11.2010, AnwZ (B) 1/10.
10 BGH HFR 2010, 1353; BGH BRAK-Mitt. 2000, 144.
11 BGH NJW 2005, 511.
12 BGH AnwBl 2009, 64.
13 BGH NJW 2007, 2924; BGH NJW 2000, 1229.
14 Zum gleichen Verständnis der Normen vgl. BVerfG NJW 2005, 3057, 3058.
15 BGH NJW 2004, 2013 m.w.N.
16 BGH NJW 2007, 1287; *Lerch*, in: Arndt/Lerch/Sandkühler, BNotO, § 50 Rn. 19f.

um die Vermutung des Vermögensverfalls zu widerlegen[17]. Das ist jedoch zu eng gegriffen: Schon wenn die Gläubigerversammlung den Insolvenzverwalter bereits mit der Ausarbeitung eines Insolvenzplans beauftragt hat, sind dessen Annahme in den zu bildenden Abstimmungsgruppen sowie die anschließende gerichtliche Bestätigung überaus wahrscheinlich. Es gibt dann nachgerade keine stärkere Vermutung für das Gelingen der Vermögensreorganisation des Betroffenen, denn die Transparenz des gerichtlichen Insolvenzplanverfahrens bietet ihm ein Höchstmaß an möglicher Unterrichtung und Kontrolle für das weitere Verfahren. Überzeugender ist es deswegen, einen Vermögensverfall mit dem BVerfG schon dann abzulehnen, wenn die Gläubigerversammlung den Insolvenzverwalter mit der Erstellung eines Insolvenzplans beauftragt und beschlossen hat, dass der Notar sein Geschäft weiterführen solle[18].

28.10 Auch im Vorfeld der Insolvenz werden in der Praxis gemäß § 50 Abs. 1 Nr. 8 BNotO Amtsenthebungsverfahren durchgeführt. Dabei geht der BGH davon aus, dass bereits eine hohe Verschuldung die Integrität und Unabhängig des Notars gefährde; es bestehe insofern die Gefahr, dass er nicht hinreichend sorgfältig arbeite und sich sachwidriger Einflussnahme Dritter nicht mit genügend Nachdruck erwehre[19].

3. Steuerberater

28.11 Die Regelung über den Widerruf der Bestellung zum Steuerberater in § 46 Abs. 2 Nr. 4 StBerG entspricht in ihrer Struktur derjenigen des § 14 Abs. 2 Nr. 7 BRAO (Rn. 28.4). Ist ein Insolvenzverfahren über das Vermögen des Steuerberaters eröffnet, wird der Vermögensverfall auch hier widerleglich vermutet. Insofern besteht ebenfalls die Möglichkeit, mithilfe eines Insolvenzplanverfahrens zwecks Entkräftung der Vermutung für geordnete wirtschaftliche Verhältnisse zu sorgen. Wie schon der BGH bei Rechtsanwälten (Rn. 28.5) und Notaren (Rn. 28.9), so setzt auch der BFH bei Steuerberatern voraus, dass der Insolvenzplan bereits gerichtlich bestätigt wurde[20].

28.12 Wenn ein Vermögensverfall des Steuerberaters besteht, kann im Einzelfall die Vermutung für die Gefährdung der Interessen der Mandanten widerlegt werden. Dabei muss durch tatrichterliche Würdigung[21] mit hinreichender Gewissheit ausgeschlossen werden, dass der Berater seine Berufspflichten trotz des Drucks seiner desolaten Vermögenslage einhalten wird[22]. Indizwirkung kann haben, inwieweit sonstige geschäftliche oder eigene Angelegenheiten zuverlässig und gesetzeskonform abgewickelt werden[23], z.B. Lohnsteuer abgeführt wird[24]. Die beanstandungsfreie Fortführung der Steuerberatung im Insolvenzverfahren soll indes nicht berücksichtigungsfähig sein, da nicht Beanstandungen Grund für den Widerruf seien, sondern die Gefährdung der Mandanten[25]. Auch genügt, wie bei Rechtsanwälten (Rn. 28.7), der Wechsel in ein Angestelltenverhältnis grundsätzlich nicht zur Widerlegung der Vermutung[26]; wenn und soweit im Einzelfalle aber durch arbeitsvertragliche Regelungen und faktische Schutzvorkehrungen ein Zugriff auf Mandantengelder und sonstige Vermögenswerte verhindert ist, kann dies anders sein[27].

---

17 BGH NJW 2007, 1287.
18 BVerfG NJW 2005, 3057; zum Ganzen *Schmittmann*, ZInsO 2006, 419.
19 BGH NJW 2000, 2359; zum Ganzen *Lerch*, in: Arndt/Lerch/Sandkühler, BNotO, § 50 Rn. 27 ff.
20 BFH DStR 2010, 776.
21 BFH/NV 2006, 983.
22 BFH BStBl II 2008, 401 m.w.N.
23 BFH HFR 2000, 741.
24 BFH HFR 2000, 742.
25 BFH/NV 2006, 983.
26 BFH/NV 2002, 1344.
27 BFH BStBl II 2008, 401.

Die Regelung des § 46 Abs. 2 Nr. 4 StBerG unterliegt nach der Rspr. des BFH[28] unter Billigung durch das BVerfG[29] auch mit Blick auf den Gleichbehandlungsgrundsatz des Art. 3 Abs. 1 GG keinen verfassungsrechtlichen Bedenken. Im Gegensatz zum Berufsrecht der Steuerberater sieht § 12 GewO zwar vor, dass während eines laufenden Insolvenzverfahrens die Vorschriften über den Widerruf der Zulassung wegen Unzuverlässigkeit des Gewerbetreibenden keine Anwendung finden. Diese Differenzierung ist aber nach Ansicht des BFH nicht willkürlich, sondern durch das besondere Vertrauensverhältnis zwischen Steuerberater und Auftraggeber bedingt. Das überzeugt, denn der Steuerberater erbringt eine höchstpersönliche Leistung im Bereich der finanziellen Angelegenheiten seines Mandanten. Da ihm die finanziellen und steuerlichen Verhältnisse seines Mandanten im Detail bekannt sind, kann Letzterer umgekehrt auch erwarten, dass sein Steuerberater selbst in geordneten wirtschaftlichen Verhältnissen lebt und kein Interesse daran hat, den Mandanten zur Sanierung zu übervorteilen.

28.13

4. Wirtschaftsprüfer

Gemäß § 20 Abs. 2 Nr. 5 WPO ist die Bestellung als Wirtschaftsprüfer zu widerrufen, wenn dieser sich nicht in geordneten wirtschaftlichen Verhältnissen, insbesondere in Vermögensverfall befindet. Dieser wird gemäß § 16 Abs. 1 Nr. 7 WPO bei Eröffnung eines Insolvenzverfahrens oder Eintragung in ein Schuldnerverzeichnis vermutet; von einem Widerruf kann abgesehen werden, wenn Interessen Dritter nicht gefährdet sind, § 20 Abs. 4 Satz 4 WPO. Die Vergleichbarkeit dieser Rechtslage mit jener des Rechtsanwalts (Rn. 28.4) rechtfertigt sich daraus, dass auch der Wirtschaftsprüfer gemäß § 1 Abs. 2 Satz 1 WPO einen freien Beruf ausübt und seine Beratungs- und Prüfungstätigkeiten gemäß § 2 WPO von einem ähnlichen Vertrauensverhältnis – insbesondere im wirtschaftlichen Bereich – zu seinem Auftraggeber geprägt sind.

28.14

Von der Vermutungsregelung des § 16 Abs. 1 Nr. 7 WPO abgesehen fehlt es nach der auch vom Gesetzgeber gebilligten[30] Rspr. des BVerwG[31] bereits dann an geordneten wirtschaftlichen Verhältnissen, wenn die regelmäßigen Ausgaben die regelmäßigen Einnahmen auf Dauer übersteigen; soweit Schulden vorhanden seien, denen keine realisierbaren Vermögenswerte gegenüberstünden, sei von geordneten finanziellen Verhältnissen (nur) dann auszugehen, wenn der Schuldendienst nach Maßgabe mit den Gläubigern getroffener Vereinbarungen bedient werde und die Verbindlichkeiten zudem in einem überschaubaren Zeitraum getilgt werden könnten[32].

28.15

Um dies und den Ausnahmefall[33] einer fehlenden Interessengefährdung Dritter zu belegen, bietet sich auch nach dem erklärten Willen des Gesetzgebers[34] zur Änderung des § 20 WPO das Instrument des Insolvenzplanes an. Inwieweit hierfür aber ein gerichtlich bestätigter Insolvenzplan vorliegen muss[35] oder bereits eine frühere Phase des Insolvenzplanverfahrens genügt (Rn. 28.9) ist bisher höchstrichterlich nicht entschieden.

28.16

5. Vereidigte Buchprüfer

Gem. § 129 Abs. 1 WPO haben vereidigte Buchprüfer die Aufgabe, Prüfungen auf dem Gebiet des betrieblichen Rechnungswesens, insbesondere Buch- und

28.17

---

28 BFH BStBl II 2004, 895; BFH/NV 2007, 983.
29 Verfassungsbeschwerde nicht zur Entscheidung angenommen, BVerfG Beschl. v. 29.6.2004, 1 BvR 1245/04.
30 BT-Drs. 16/2858, 24 (Zu Buchstabe c).
31 BVerwGE 124, 110.
32 BVerwGE 124, 110 im Anschluss an BFHE 178, 506 und BFH/NV 2004, 1426.
33 OVG Berlin, Beschl. v. 3.9.2004, OVG 1 N 41.03.
34 BT-Drs. 16/2858, 24 (zu Buchstabe c).
35 So BT-Drs. 16/2858, 24 (zu Buchstabe c).

Bilanzprüfungen durchzuführen, und über das Ergebnis ihrer Prüfung und Prüfungsvermerke zu erteilen. Aufgrund der sog. 5. WPO-Novelle wird der vereidigte Buchprüfer seit dem 1.1.2005 nicht mehr neu zugelassen. Der Beruf ist im Beruf des Wirtschaftsprüfers aufgegangen. Für den Widerruf ihrer Zulassung gelten die Ausführungen zum Zulassungswiderruf der Wirtschaftsprüfer entsprechend.

6. Architekten

28.18 Für die Berufsgruppe der Architekten und berufsrechtlich gleich behandelte Berufe (insbesondere Ingenieure und Stadtplaner) regeln die jeweiligen Gesetze der Länder die Möglichkeit der Versagung der Eintragung in die Architektenlisten bzw. -verzeichnisse und die Löschung einer zuvor erfolgten Eintragung. Um dem wegen der Beeinträchtigung der Berufswahlfreiheit aus Art. 12 Abs. 1 GG zu beachtenden Übermaßverbot Rechnung zu tragen, bedienen sich die Gesetzgeber der Länder dabei zur Feinsteuerung entweder der Regelungsmethode des unbestimmten Rechtsbegriffs auf Tatbestandsseite oder des Ermessens auf Rechtsfolgenseite:

28.19 a) **Unbestimmter Rechtsbegriff.** Einerseits werden Konstellationen wirtschaftlicher Engpässe des Architekten bisweilen auf Tatbestandsseite der jeweiligen Norm erfasst. Demgemäß knüpfen die Regelungen in den Ländern
- Bayern (BayBauKaG[36])
- Hessen (HASG[37])
- Niedersachsen (NArchtG[38])
- Nordrhein-Westfalen (BauKaG NRW[39])
- Sachsen-Anhalt (ArchtG-LSA[40])

an den gewerberechtlichen Begriff der Unzuverlässigkeit an. Unzuverlässig ist, wer nach der Gesamtschau seines Verhaltens nicht die Gewähr dafür bietet, sein Gewerbe künftig ordnungsgemäß auszuüben[41]. Dadurch ist denkbar, Fälle bestehender oder drohender Insolvenz im Rahmen dieses unbestimmten Rechtsbegriffs wertend zu erfassen. So geht das NdsOVG davon aus, dass der Architekt trotz Insolvenz bei Ordnung seiner Vermögensverhältnisse durch einen Insolvenzplan zuverlässig sein könne[42]. Auf der Rechtsfolgenseite indes sehen die Normen regelmäßig[43] eine gebundene Entscheidung, also kein Ermessen vor: Besteht Unzuverlässigkeit, *ist* die Eintragung zu versagen bzw. die Löschung vorzunehmen.

28.20 Man mag freilich zweifeln, ob die Zuverlässigkeit begrifflich der passende Standort für die Frage nach geordneten wirtschaftlichen Verhältnissen des Architekten ist. Sieht man in ihr die Einhaltung gewerbebezogener Pflichten, fragt sich, inwieweit eigene wirtschaftliche Leistungs(un)fähigkeit hierfür relevant

---

36 Gesetz über die Bayerische Architektenkammer und die Bayerische Ingenieurkammer-Bau (Baukammergesetz – BayBauKaG) v. 9.5.2007, GVBl., 308; *Versagung:* Art. 6 Abs. 1 BayBauKaG; *Löschung:* Art. 6 Abs. 2 Satz 2 BayBauKaG i. V. m. Art. 49 Abs. 2 Satz 1 Nr. 3 BayVwVfG.
37 Hessisches Architekten- und Stadtplanergesetz (HASG) v. 24.5.2002, GVBl. I, 182; *Versagung:* § 5 Abs. 1 HASG; *Löschung:* § 6 Abs. 2 Satz 2 HASG – atypisch mit Ermessen.
38 Niedersächsisches Architektengesetz (NArchtG) v. 27.3.2003, Nds. GVBl., 177; *Versagung:* § 5 Satz 1 NArchtG; *Löschung:* § 6 Abs. 1 Nr. 3 NArchtG.
39 Gesetz über den Schutz der Berufsbezeichnungen „Architekt", „Architektin", „Stadtplaner" und „Stadtplanerin" sowie über die Architektenkammer, über den Schutz der Berufsbezeichnung „Beratender Ingenieur" und „Beratende Ingenieurin" sowie über die Ingenieurkammer-Bau – Baukammerngesetz (BauKaG NRW) v. 16.12.2003, GV., 786; *Versagung:* § 5 Abs. 1 BauKaG NRW; *Löschung:* § 6 Satz 1 lit. D) BauKaG NRW.
40 Architektengesetz des Landes Sachsen-Anhalt (ArchtG-LSA) v. 29.4.1998, GVBl., 243; *Versagung:* § 8 Abs. 1 Nr. 2 ArchtG-LSA; *Löschung:* § 9 Abs. 1 Nr. 4 ArchtG-LSA.
41 Vgl. *Marcks*, in: Landmann/Rohmer, GewO, § 35 Rn. 29 m. w. N.
42 NdsOVG NdsVBl. 2012, 76; NdsOVG, Beschl. v. 23.11.2006, 8 ME 146/06.
43 Abweichend nur § 6 Abs. 2 Satz 2 HASG (Ermessen).

sein mag. So überzeugt es nicht ohne Weiteres, wenn die Rspr. mit der Gefahr argumentiert, der Architekt orientiere sich in der Insolvenz nicht an den Interessen seines Auftraggebers, sondern zuvörderst an eigenen wirtschaftlichen Interessen[44]. Denn ob zwischen Architekt und Auftraggeber wirklich ein vermögensbezogenes Vertrauensverhältnis besteht wie etwa zwischen Rechtsanwalt und Mandant, scheint fraglich. Konsequenterweise müsste eine Insolvenz dann bei nachgerade jeder Berufsgruppe zum Erlöschen der Zulassungsvoraussetzungen führen. Dies gilt umso mehr, als eigenes Gewinnstreben regelmäßig dominierender Aspekt jedes wirtschaftlichen Handelns ist und insofern nicht insolvenzspezifisch. Vergegenwärtigt man sich aber, dass es zum einen keinen einheitlichen Unzuverlässigkeitsbegriff gibt[45] und zum anderen die Anknüpfung an den Begriff der Zuverlässigkeit nichts weiter als eine rechtstechnische Erleichterung ist, um die Insolvenz des Architekten nicht als eigenen Tatbestand ausformulieren zu müssen, greifen die Zweifel im Ergebnis wohl nicht durch; landesrechtlich ist in den Konstellationen der Rn. 28.19 der Begriff daher weit auszulegen.

b) Ermessen. Andererseits kann das Übermaßverbot auf Rechtsfolgenseite Berücksichtigung finden. So regeln die Vorschriften in den Ländern **28.21**
– Baden-Württemberg (ArchG BW[46])
– Berlin (ABKG[47])
– Brandenburg (BbgArchG[48])
– Bremen (BremArchG[49])
– Hamburg (HmbArchtG[50])
– Mecklenburg-Vorpommern (ArchIngG M-V[51])
– Rheinland-Pfalz (RpfArchG[52])
– Saarland (SAIG[53])
– Sachsen (SächsArchG[54])
– Schleswig-Holstein (ArchIngKG[55])
– Thüringen (ThürAIKG[56])

---

44 So etwa HessVGH NJW 2005, 919; OVG NRW BauR 2012, 691.
45 BVerwG, Beschl. v. 5.12.2008, 6 B 76/08.
46 Architektengesetz (ArchG BW) v. 28.3.2011, GBl., 152; *Versagung:* § 6 Abs. 2 Nr. 1, 2 ArchG BW; *Löschung:* § 7 Abs. 2 ArchG.
47 Berliner Architekten- und Baukammergesetz (ABKG) v. 6.7.2006, GVBl., 720; *Versagung:* § 5 Abs. 2 Nr. 1 ABKG; *Löschung:* § 5 Abs. 4 ABKG.
48 Brandenburgisches Architektengesetz (BbgArchG) v. 8.3.2006, GVBl. I, 26; *Versagung:* § 6 Abs. 2 Nr. 1, 2 BbgArchG; *Löschung:* § 5 Abs. 4 BngArchG.
49 Bremisches Architektengesetz (BremArchG) v. 26.2.2003, GBl., 53; *Versagung:* § 5 Abs. 2 Nr. 1 BremArchG; *Löschung:* § 7 Abs. 6 Satz 4 BremArchG.
50 Hamburgisches Architektengesetz (HmbArchtG) v. 11.4.2006, GVBl., 157; *Versagung:* § 6 Abs. 2 Nr. 1 HmbArchtG; *Löschung:* § 7 Abs. 2 HmbArchtG.
51 Gesetz zur Neufassung des Architekten- und Ingenieurrechts des Landes Mecklenburg-Vorpommern (Architekten- und Ingenieurgesetz – ArchIngG M-V) v. 18.11.2009, GVOBl., 646; *Versagung:* § 11 Abs. 2 Nr. 1, 2 ArchIngG M-V; *Löschung:* § 12 Abs. 2 Nr. 1 ArchIngG M-V.
52 Architektengesetz (RpfArchG) v. 16.12.2005, GVBl., 505; *Versagung:* § 6 Abs. 2 Nr. 1 RpfArchG; *Löschung:* § 6 Abs. 2 RpfArchG.
53 Saarländisches Architekten- und Ingenieurkammergesetz (SAIG) v. 18.2.2004, Amtsbl., 822; *Versagung:* § 4 Abs. 2 Nr. 1 SAIG; *Löschung:* § 5 Abs. 2 Nr. 1 SAIG.
54 Sächsisches Architektengesetz (SächsArchG) v. 29.6.2002, GVBl., 207; *Versagung:* § 6 Abs. 2 SächsArchG; *Löschung:* § 7 Abs. 2 SächsArchG.
55 Gesetz über die Führung der Berufsbezeichnung Architektin oder Architekt, Stadtplanerin oder Stadtplaner und Beratende Ingenieurin oder Beratender Ingenieur sowie über die Errichtung einer Architekten- und Ingenieurkammer (Architekten- und Ingenieurkammergesetz – ArchIngKG) v. 9.8.2001, GVOBl., 116.; *Versagung:* § 12 Abs. 2 Nr. 1, 2 ArchIngKG; *Löschung:* § 13 Abs. 3 Nr. 2 ArchIngKG.
56 Thüringer Gesetz über die Architektenkammer, die Ingenieurkammer und den Schutz von Berufsbezeichnungen (Thüringer Architekten- und Ingenieurkammergesetz – ThürAIKG) v. 5.2.2008, GVBl., 9; *Versagung:* § 10 Abs. 1 Satz 2 ThürAIKG; *Löschung:* § 11 Satz 1 Nr. 2 ThürAIKG.

eine Versagung der Eintragung bzw. die Vornahme einer Löschung unter tatbestandlicher Anknüpfung an ein eröffnetes oder lediglich mangels Masse nicht eröffnetes Insolvenzverfahren, bzw. die Eintragung des Architekten in Schuldnerverzeichnisse. Auf Rechtsfolgeseite sehen sie Ermessen vor, so dass die Behörde trotz einer Insolvenz nicht versagen bzw. löschen *muss*; sie kann damit Sonderfälle hinreichend berücksichtigen. Inwieweit hierbei Insolvenzpläne das Ermessen beeinflussen, ist in diesen Ländern obergerichtlich noch nicht geklärt. In der Sache müssten aber auch hier auf Rechtsfolgeseite die Überlegungen des NdsOVG[57] zum Tragen kommen, so dass mittels Insolvenzplans eine Löschung abgewendet werden kann.

7. Ärzte, Zahnärzte, Psychologische Psychotherapeuten

28.22 a) **Approbation.** Gründe für die Nichterteilung der ärztlichen Approbation gemäß § 3 Abs. 1 Nr. 2 BÄO bzw. ihren Widerruf gemäß § 5 Abs. 2 BÄO knüpfen an die Unwürdigkeit oder Unzuverlässigkeit des Arztes zur Ausübung seines Berufes an. Ähnliche Regelungen finden sich in den Berufsgesetzen anderer Heilberufe, namentlich derjenigen der Psychologischen Psychotherapeuten[58] und der Zahnärzte[59]. Ähnlich wie in den Fällen der Architekten (Rn. 28.20) fragt sich daher, inwieweit die Eröffnung eines Insolvenzverfahrens oder die Ablehnung der Eröffnung wegen fehlender Masse als Grund für eine Nichterteilung bzw. den Entzug der Approbation Berücksichtigung finden kann.

28.23 Einer Anknüpfung an den Begriff der *Unwürdigkeit* steht dessen klassisches Verständnis in der Rspr. des BVerwG entgegen: Unwürdig ist danach, wer durch sein Verhalten nicht mehr das Ansehen und Vertrauen besitzt, das für die Ausübung seines Berufes nötig ist[60]. Notwendig ist ein schwerwiegendes Fehlverhalten des Arztes, das bei Würdigung aller Umstände seine weitere Berufsausübung als schlechthin untragbar erscheinen lässt[61]. Unter diese Definition ist die Eröffnung eines Insolvenzverfahrens nicht subsumierbar. Erstens mag eine Insolvenz unabhängig von einer persönlichen Vorwerfbarkeit eintreten. Zweitens bedingt ein solches Verfahren kein Unwerturteil; es stellt vielmehr nur den Beginn des staatlich geregelten Eingriffs in die Rechte des Schuldners dar, da jener nicht mehr in der Lage ist, seinen gesamten Zahlungsverpflichtungen nachzukommen.

28.24 Ob eine Subsumtion der Insolvenz unter den Begriff der Unzuverlässigkeit möglich ist, hängt davon ab, inwieweit man zwischen vermögensrelevanten Verfehlungen des Arztes und seinem Beruf einen Bezug herstellt. Nach der Rspr. des BVerwG ist ein Arzt nämlich unzuverlässig, wenn er nicht die Gewähr dafür bietet, künftig seinen berufsspezifischen Pflichten nachzukommen[62]. Sieht man in geordneten wirtschaftlichen Verhältnissen des Arztes eine rein private Obliegenheit und keine berufsspezifische Pflicht, verbietet es sich, mit Blick auf eine Insolvenz die Unzuverlässigkeit zu begründen.

28.25 Ein Verständnis als eine solche rein private Obliegenheit ist mit der Überlegung konstruiert worden, dass die BÄO ausschließlich dem Schutz der Gesundheit diene und insofern lediglich die Gefahrenabwehr auf dem gesundheitlichen Sektor regle[63]. Berufsbezug hätten damit nur konkret gesundheitsbezogene

---

57 NdsOVG NdsVBl 2012, 76; NdsOVG, Beschl. v. 23.11.2006, 8 ME 146/06.
58 Psychotherapeutengesetz v. 16.6.1998 (BGBl. I, 1311).
59 Gesetz über die Ausübung der Zahnheilkunde v. 31.3.1952 (BGBl. I, 221) i. d. F. der Bekanntmachung v. 16.4.1987 (BGBl. I, 1225).
60 BVerwG NJW 1991, 1557; BVerwG NJW 1999, 3425.
61 BVerwG NJW 1999, 3425.
62 BVerwG NJW 2003, 913; BVerwG NJW 1991, 1557.
63 *Stober*, NJW 1981, 617.

Pflichten. Freilich weist das BVerwG zutreffend darauf hin, dass auch die korrekte Abrechnung zu den Pflichten eines Arztes zählt: Insofern haben finanzielle Aspekte einen Bezug zum Beruf und sind für die Solidargemeinschaft der Versicherten relevant, welche für Leistungen aufzukommen hat[64]. Zum Schutz des Gemeinschaftsgutes der Gesundheitsversorgung auch vor falscher Abrechnung zulasten der Solidargemeinschaft oder des Privatpatienten kann daher nach der Rspr. des Gerichtes ein Approbationsentzug rechtmäßig sein[65]. Mithin wird man differenzieren müssen: Haben in der Vergangenheit bereits fehlerhafte Abrechnungen stattgefunden, wird das eine Verletzung berufsspezifischer Pflichten auch für die Zukunft indizieren. Die bloße Eröffnung eines Insolvenzverfahrens über das Vermögen des Arztes selbst wird aber nicht ohne Weiteres eine Unzuverlässigkeit begründen[66]. Andernfalls liefe man Gefahr, dem in Vermögensverfall geratenen Arzt per se eine Neigung zu Falschabrechnungen zu unterstellen. Das wäre aber mit dem Grundrecht Art. 12 Abs. 1 GG unvereinbar, welches vor dem Entzug zugunsten bloßer Vermutungen schützt.

b) Zulassung als Vertragsarzt. Neben dem Entzug der Approbation ist auch eine Aufhebung der Zulassung als Vertragsarzt denkbar. Eine solche ist gemäß § 95 Abs. 1 Satz 1 SGB V Voraussetzung für die Behandlung von Kassenpatienten. Sie wird nicht erteilt bzw. entzogen, wenn der Arzt für die Ausübung der vertragsärztlichen Tätigkeit nicht geeignet ist oder wenn er seine vertragsärztlichen Pflichten gröblich verletzt, § 95 Abs. 6 SGB V i. V. m. §§ 20, 21 Zulassungsverordnung für Vertragsärzte. Insbesondere stellt die Verordnung darauf ab, ob persönliche Mängel wie Rauschgift- oder Trunksucht vorliegen.

28.26

Ein in der Person des Arztes liegender schwerwiegender Mangel gemäß § 21 der Verordnung ist durch einen Vermögensverfall ebenso wenig indiziert wie die Ungeeignetheit nach § 20 Abs. 2. Der Vermögensverfall berührt, wie auch bei der Approbation, das Wesen der Tätigkeit als Vertragsarzt nicht. Ebenso geht ein Vermögensverfall nicht zwangsläufig mit der Verletzung vertragsärztlicher Pflichten einher. Genauso wenig, wie die mögliche Gefahr von Falschabrechnungen den Entzug der Approbation rechtfertigt, genügt sie für den Entzug der Kassenarztzulassung.

28.27

c) Fazit. Die Insolvenz des Arztes allein rechtfertigt daher weder den Entzug der Approbation noch den der Kassenarztzulassung[67].

28.28

---

[64] BVerwG NJW 2003, 913.
[65] BVerwG NJW 2003, 913; NJW 1998, 2756.
[66] *Runkel*, FS Walter Gerhardt, 839.
[67] So auch *Runkel*, FS Walter Gerhardt, 839 ff.; *Uhlenbruck*, FS Henkel, 877, 879; *Bange*, ZInsO 2006, 362.

Anhang 1   Musterinsolvenzplan „Star Radio GmbH"

Anhang 1:
Musterinsolvenzplan „Star Radio GmbH"

Star Radio GmbH
Insolvenzverfahren
Amtsgericht Charlottenburg 122 IN 4999/03

Insolvenzplan

Planverfasser[1]:   RA Jürgen Meier
als Insolvenzverwalter
Kurfürstendamm
10707 Berlin
Datum: Berlin, 27.1.2004

Inhaltsverzeichnis[2]

A.   Darstellender Teil[3]
     I.   Überblick
     II.   Angaben zur Schuldnerin[4]
     III.   Angaben betriebswirtschaftlicher Art
     IV.   Mietverträge
     V.   Vermögen
         1.   Anlagevermögen
         2.   Umlaufvermögen
     VI.   Verbindlichkeiten
     VII.   Gruppenbildung[5]
     VIII.   Ertragslage
     IX.   Vorgeschlagene Maßnahmen
     X.   Quotenvergleich Regelabwicklung ohne Planverfahren
B.   Gestaltender Teil[6]

A.   Darstellender Teil[7]

I.   Überblick[8]

Der Insolvenzverwalter der Star Radio GmbH legt zum Erörterungstermin diesen Insolvenzplan vor. Er beruht auf der Annahme, dass der Geschäftsbetrieb der

---

1   Zur Planvorlageberechtigung, insbesondere zur Planvorlagebefugnis des Insolvenzverwalters näher Rn. 3.1 ff.
2   Das Inhaltsverzeichnis kann auch als „Plangliederung" bezeichnet werden. Zu den Bestandteilen eines Insolvenzplans vgl. Rn. 6.1 ff.
3   Den Inhalt des darstellenden Teils erläutern ausführlich die Rn. 6.13 ff.
4   Die Darstellung der Lage des Unternehmens sehen die Anforderungen des IDW-Standards vor, vgl. Rn. 6.14 f.
5   Funktion und Maßstäbe der Gruppenbildung erläutern ausführlich Rn. 12.1 ff.
6   Zu den gesetzlichen Einzelvorgaben des gestaltenden Teils sei auf Rn. 6.65 ff. verwiesen.
7   Der darstellende Teil des Insolvenzplans (§ 220 InsO) hat die Aufgabe, die Voraussetzungen zu erläutern, unter denen die Krise und die beabsichtigte Sanierung des Gemeinschuldners stehen. Vgl. zu Regelungsgegenständen und Inhalt des darstellenden Teils Rn. 6.1 ff. und 6.13 ff.
8   Der darstellende Teil des Insolvenzplans sieht zunächst einen Überblick über das Plankonzept, eine Beschreibung des Unternehmens und seiner wirtschaftlichen und steuerlichen Verhältnisse vor, vgl. Rn. 6.14 ff.

Schuldnerin auf Dauer mit Ertrag wirtschaften kann. Auf Einnahmenseite wurde nach Verfahrenseröffnung ein Geschäftsbesorgungsvertrag mit der Firma Radio Harmonie GmbH, einem Tochterunternehmen desjenigen Unternehmens, das den Radiosender „Radio Harmonie" betreibt, geschlossen, der vorsieht, dass dieses Unternehmen die gesamte Abwicklung des Werbezeitenverkaufs (national und international) für die Schuldnerin übernimmt. Dabei werden Mindesterlöse garantiert. Nach Verfahrenseröffnung wurde die Vereinbarung neugefasst, um den Anforderungen der Landesmedienanstalt Rechnung zu tragen.

Zur anteiligen Befriedigung der Gläubiger wurde von dritter Seite ein Betrag in Höhe von 100.000,00 € zur Befriedigung im Wege eines Planverfahrens zur Verfügung gestellt. Dieser Betrag wurde bereits auf ein durch einen Sozius des Unterzeichners eingerichtetes Treuhandkonto eingezahlt. Er steht zur Gläubigerbefriedigung nur im Falle der erfolgreichen Durchführung eines Insolvenzplanverfahrens zur Verfügung und wird im folgenden auch als „Plansonderkonto" bezeichnet.

Die Geschäftsführung der Schuldnerin hatte nach Insolvenzantragstellung bereits unmittelbar selbst Vergleichsgespräche mit einigen Gläubigern geführt (nach meinem Kenntnisstand jedoch nicht mit den Banken). Sie hatte beabsichtigt, im Falle erfolgreicher Vergleichsgespräche den Insolvenzantrag zurückzunehmen. Ein Großteil der Gläubiger hatte bereits im Vorfeld einem Vergleich zugestimmt. Die Zustimmung einiger wesentlicher Gläubiger erfolgte jedoch nicht bzw. war an nicht annehmbare Voraussetzungen geknüpft, so dass eine Antragsrücknahme nicht erfolgt ist.

Eine übertragende Sanierung des Unternehmens kommt nicht in Betracht[9]. Die Sendeerlaubnis, in deren Besitz sich die Schuldnerin befindet, wird im Falle der Aufnahme neuer nicht unwesentlich beteiligter Gesellschafter oder aber der Veräußerung der wesentlichen Unternehmenswerte an einen neuen Rechtsträger durch die zuständige Landesmedienanstalt voraussichtlich widerrufen werden und sodann neu auszuschreiben sein. Eine verlässliche planbare Übernahme des gemeinschuldnerischen Betriebs durch einen Dritten ist daher nicht möglich.

Denkbar wäre gewesen, einen Kaufvertrag über die Vermögenswerte der Schuldnerin mit einer auflösenden Bedingung oder einem Rücktrittsrecht für den Fall zu versehen, dass der Käufer die zum Betrieb des Radiosenders notwendige Sendeerlaubnis nicht erhält. Der entscheidende Nachteil wäre jedoch eine Zeitspanne von einigen Monaten bis zur Entscheidung der Medienanstalt gewesen, in der Rechtssicherheit nicht bestanden hätte. Aufgrund der harten Konkurrenzsituation am privaten Hörfunkmarkt wäre zu befürchten gewesen, dass in diesem Zeitraum langfristige Verträge mit Werbekunden nicht akquiriert werden können und es daher erneut zu einem Umsatzeinbruch kommt. Darüber hinaus wäre in diesem Fall der o. g. Betrag von 100.000,00 € die Gläubiger nicht zur Verfügung gestellt worden.

Es bleibt daher nur die Möglichkeit, durch einen Insolvenzplan den Unternehmensträger zu entschulden und somit dem Unternehmen nach Aufhebung des Insolvenzverfahrens die Möglichkeit zu geben, durch Aufnahme neuer Gesellschafter, ggf. nach vorangehenden Gesprächen mit der Medienanstalt, neues Kapital einzuwerben.

Kein Gläubiger wird durch den Plan schlechter gestellt, als er ohne die Sanierung des Unternehmens stünde (§ 245 Abs. 1 InsO)[10].

II. Angaben zur Schuldnerin[11]

Die Schuldnerin firmiert unter der Bezeichnung Star Radio GmbH. Sie ist im Handelsregister des Amtsgerichts Charlottenburg zum Aktenzeichen HRB 59179 eingetragen. Geschäftsansässig war sie bis zum 15.12.2003 in der Platanenallee 14, 10050 Berlin.

Aus Kostengründen habe ich die Geschäftsräume jedoch zwischenzeitlich geräumt an den Vermieter zurückgegeben.

Alleingesellschafter des Unternehmens ist die Firma EURORadio Star Broadcasting Ltd., 199 mit Sitz in London mit einer Stammeinlage in Höhe von 50.000,00 DM. Die Einzahlung des Stammkapitals konnte bislang durch die Geschäftsführung nicht

---

9 Zur übertragenden Sanierung als Sanierungsmittel vgl. Rn. 1.6 ff.
10 Ausführlich zu den Anforderungen des § 245 InsO Rn. 18.1 ff.
11 Bestandteil des darstellenden Teils des Insolvenzplans ist eine Beschreibung des Unternehmens, vgl. Rn. 6.14 ff.

Anhang 1   Musterinsolvenzplan „Star Radio GmbH"

belegt werden; von der Volleinzahlung ist jedoch auszugehen, da die mir vorliegenden Bilanzen ausstehendes Eigenkapital nicht aufweisen. Ich gehe dem weiter nach. Geschäftsführer des Unternehmens ist Herr Justin Baker, Chauseestr. 12, 10589 Berlin. Er ist einzelvertretungsberechtigt und von den Beschränkungen des § 181 BGB befreit.

III. Angaben betriebswirtschaftlicher Art[12]

Das Unternehmen hatte keine Buchungsrückstände. Die Bücher wurden bis zum 31.12.2003 durch die Mitarbeiterin Marlene Diedrichs im Hause geführt. Seit dem 1.1.2004 werden sie durch die Firma Fix Steuerberatungsgesellschaft, Kurfürstendamm 185, 14050 Berlin, geführt. Der letzte Jahresabschluss wurde zum 31.12.2001 erstellt. Die steuerliche Bearbeitung erledigte die Firma Fix Steuerberatungsgesellschaft mbH, die nunmehr nur noch die Abrechnung der Löhne und Gehälter vornimmt. Frau Marlene Diedrichs ist zum 31.12.2003 aus dem Unternehmen ausgeschieden. Sie hat eine Anschlussbeschäftigung gefunden, wobei ich mit dem neuen Arbeitgeber von Frau Diedrichs vereinbart habe, dass sie im Einzelfall und bei Bedarf noch für mich tätig sein kann. Ihr Gehalt wird dann anteilig umgelegt.

Das Unternehmen erzielte in den letzten Jahren folgende Umsätze:
2000   1.350.000,00 €
2001   865.000,00 €
2002   889.000,00 €

Zum Stichtag der Verfahrenseröffnung bestanden 12 Arbeitsverhältnisse mit einem Gesamtbruttomonatsgehalt von 34.000,00 €.

Die Arbeitsverhältnisse musste ich in allen Fällen aus Gründen der nicht ausreichenden Masse im November 2003 kündigen und zwar längstens mit einer Kündigungsfrist bis zum 31.12.2003. Die Mitarbeiterin Barbara Streusand (Assistentin der Geschäftsführung) beschäftige ich einstweilen zu Lasten der Masse weiter. Ferner beschäftigt die Gemeinschuldnerin – derzeit unentgeltlich – ihren Geschäftsführer, der insbesondere für die Programmgestaltung verantwortlich ist.

Die zwischen mir und der Firma Radio Harmonie geschlossene Vereinbarung, wie zitiert in Anlage 1, ließ eine Kündigung der Arbeitsverhältnisse mit einer Ausnahme zu, ohne die Fortführung des Geschäftsbetriebes zu gefährden. Ein Arbeitnehmer hat eine Eigenkündigung ausgesprochen, nachdem ihm von Radio Harmonie eine Beschäftigung angeboten worden war. Auch weitere ehemalige Mitarbeiter der Gemeinschuldnerin haben eine neue Beschäftigung bei Radio Harmonie gefunden. Dort werden diese jedoch nur benötigt, solange der Vertrag mit der Gemeinschuldnerin erfüllt wird.

Versicherungsverträge bestanden in gewerbeüblichem Umfang; überwiegend konnte die Nichterfüllung gem. § 103 InsO erklärt werden[13]. Für einen im Eigentum der Gemeinschuldnerin stehenden LKW, der zu Werbezwecken weiterhin benötigt wird (der sog. „Star-Radio-Truck"), zahle ich die Versicherungsbeiträge zu Lasten der Masse weiter.

Die in Anlage beigefügte Planung für das Jahr 2004 wurde von der Geschäftsführung der Gemeinschuldnerin gemeinsam mit Radio Harmonie erstellt. Bislang stimmen Ist- und Soll-Zahlen überein, so dass ich keine vernünftige Veranlassung habe, an der Planung zu zweifeln.

IV. Mietverträge[14]

Die Schuldnerin hatte eine Reihe von Miet- und Leasingverträgen abgeschlossen:
a) Die Geschäftsräume in Platanenallee 14, 10050 Berlin, mietete sie von der Firma Neues Luisen- Quartier GmbH & Co. KG, geschäftsansässig ebenda. Es handelte sich um Büroräume mit einer Größe von 294 m² sowie acht Pkw-Abstellplätze in der

---

12 Zu der Beschreibung des Unternehmens im Rahmen des Plankonzepts zählen auch betriebswirtschaftliche Angaben wie etwa Umsatzzahlen der letzten Jahre, Anzahl der Mitarbeiter sowie Buchungszahlen. Die einzelnen Zahlen und Daten finden sich in den Plananlagen, hierzu Rn. 6.88.
13 Zum Schicksal gegenseitiger Verträge im eröffneten Insolvenzverfahren vgl. Rn. 6.37 ff.
14 Vgl. Rn. 6.37 ff. Für das Unternehmen typische Verträge sind sinnvollerweise in die Plananlagen aufzunehmen.

Musterinsolvenzplan „Star Radio GmbH" **Anhang 1**

Tiefgarage. Die monatliche Miete betrug 2.072,00 € für die Büroräume (dies entsprach 7,00 €/m²) zzgl. 90,00 € pro Stellplatz; hinzu kamen 592,00 € an Betriebskostenvorauszahlungen und 444,00 € an Heizkostenvorauszahlungen. So errechnete sich inkl. der Mehrwertsteuer von 612,48 € eine Gesamtmiete in Höhe von 4.440,48 €.
Ursprünglich war durch eine Zusatzvereinbarung vom 15./21.1.2003 eine Kompensationsabrede getroffen worden. Danach konnten die Nettokaltmiete und die Stellplatzmiete durch Werbemaßnahmen der Schuldnerin für die Vermieterin erbracht werden (6.000 Radio-Spots jährlich, Bannerwerbung auf der Homepage der Antragstellerin, Werbung auf den Kfzs der Antragstellerin, wobei letztgenannte Leistung nie erbracht wurde). Der Mietvertrag war bis zur Verfahrenseröffnung ungekündigt gewesen. Im November 2003 erklärte die Vermieterin die fristlose Kündigung des Mietverhältnisses und gewährte eine Räumungsfrist bis Ende November 2003. Da die Mieträume ohnehin nicht mehr benötigt wurden, habe ich mich nach Rücksprache mit der Geschäftsführung der Gemeinschuldnerin mit der Kündigung einverstanden erklärt, obwohl die vertraglich vereinbarte Lösungsklausel für den Fall der Eröffnung eines Insolvenzverfahrens zumindest nach überwiegender Ansicht gem. §§ 109, 112 InsO unwirksam war. Nachdem eine Räumung zu Ende November 2003 nicht möglich war, wurden die Räume noch einige Tage im Dezember weiter genutzt und sodann kurz vor Weihnachten geräumt. Sodann habe ich mit der Vermieterin vorsorglich eine Aufhebungsvereinbarung geschlossen, die eine Zahlung von brutto 5.000,00 € zur Abgeltung aller Ansprüche der Vermieterin aus dem Mietverhältnis vorsieht. Dadurch habe ich das Entstehen von Masseverbindlichkeiten vermieden.
b) Für die Schuldnerin bestanden einige Kfz-Leasingverträge. Die Autos wurden nicht mehr benötigt, so dass die Leasingverträge durch mich beendet wurden. Die Wagen habe ich sämtlichst zurückgegeben.

V.   Vermögen[15]

1.   Anlagevermögen

Die Schuldnerin verfügt nur in geringem Umfang über eigenes Anlagevermögen. Dieses hatte ich durch einen vereidigten Sachverständigen und Auktionator unter Fortführungs- und Liquidationsgesichtspunkten bewerten lassen. Bereits vor Verfahrenseröffnung nahm für den überwiegenden Teil des Anlagevermögens die Firma Audioservice GmbH in Nürnberg für sich in Anspruch, Eigentümerin zu sein, blieb jedoch zunächst den Nachweis ihres Eigentums schuldig. Nach Verfahrenseröffnung wurde der Aussonderungsanspruch sodann bewiesen; es erfolgte eine Herausgabe der gesamten Sendetechnik an Audioservice, so dass damit Aus- und Absonderungsansprüche erledigt sind. Die übrigen, geringwertigen freien Gegenstände des Anlagevermögens wurden nicht mehr benötigt und daher überwiegend an die Vermieterin bzw. den Nachmieter der Schuldnerin veräußert. Eine kurzfristige Veräußerung war erforderlich, da es sich überwiegend um Möbel handelte, die Transport- und Lagerkosten verursacht hätten, wenn ich sie hätte zwischenlagern lassen. Durch den Verkauf an Vermieter bzw. Nachmieter habe ich der Masse diese Kosten erspart. Die Einzelheiten ergeben sich aus meinem Bericht zum Berichtstermin.
Das Anlagevermögen wurde aufgrund der mit Radio Harmonie geschlossenen Vereinbarung nicht mehr benötigt. Der Moderator, der in einem Arbeitsverhältnis mit Radio Harmonie steht, jedoch für die Gemeinschuldnerin moderiert, nutzt die Technik von Harmonie und produziert dort für die Schuldnerin in einem Studio von Radio Harmonie. Die Nachrichten werden überwiegend von BerlinRadio zugekauft. Die Folge ist, dass die zuvor geleaste Sendetechnik mit Ausnahme einiger Computer an den Leasinggeber zurückgegeben werden konnte.

2.   Umlaufvermögen

a)   Außenstände des Unternehmens
Zum Zeitpunkt der Verfahrenseröffnung bestanden Außenstände von rd. 30.000,00 €. Die laufend geringe Höhe der Außenstände ist der Hauptgrund für die

---
15 Das Verzeichnis des Anlage- und Umlaufvermögens ist Bestandteil der Plananlagen, vgl. Rn. 6.18.

Anhang 1

Musterinsolvenzplan „Star Radio GmbH"

Insolvenz der Schuldnerin. Darüber hinaus kommt dazu, dass in zahlreichen Fällen mit den Drittschuldnern Kompensationsabreden getroffen worden sind.
Anstelle einer Zahlung trat eine Gegenleistung (letztlich ein Tausch).
Der wesentliche Grund für die geringen Außenstände des Unternehmens lag darin, dass diejenigen Mitarbeiter, die hauptsächlich mit der Akquise beschäftigt waren, das Unternehmen der Schuldnerin bereits im Vorfeld der Insolvenzantragstellung verlassen hatten. Nach Insolvenzverfahrenseröffnung habe ich in Abstimmung mit der Geschäftsführung des Unternehmens eine Vereinbarung mit Radio Harmonie GmbH geschlossen, die in Zukunft dafür sorgt, dass die Umsätze unmittelbar durch Radio Harmonie generiert werden können. Dieses Unternehmen, dessen Schwesterunternehmen in Berlin ebenfalls einen Radiosender betreibt („Radio Harmonie"), verfügt über ein effektives Verkaufsteam; Umsätze dieser Größenordnung wären ansonsten nicht zu erwarten gewesen.

b) Sonstige Vermögensgegenstände des Umlaufvermögens

Die Schuldnerin verfügte über einen Kassenbestand stets nur von geringem Umfang, um die notwendigsten Barausgaben decken zu können. An dieser Stelle kann nur noch ein Erinnerungswert von 1,00 € in Ansatz gebracht werden. Das durch den Unterzeichner eingerichtete Sonderkonto wies zum 16.12.2003 einen Bestand von 32.000,00 € auf. Hinsichtlich der Massekosten verweise ich auf meinen Bericht zum Berichtstermin.

VI. Verbindlichkeiten

Die Verbindlichkeiten der Schuldnerin beliefen sich zum Tage der Verfahrenseröffnung nach den Angaben der Gemeinschuldnerin zu rd. 1.205.400,00 €. Nach den mir vorliegenden Unterlagen hatten im Vorfeld Gläubiger mit Gesamtforderungen von etwa 506.000,00 € dem Vorschlag der heutigen Gemeinschuldnerin zugestimmt, auf 75 % ihrer Forderungen zu verzichten. Nach meinem Kenntnisstand sind Vergleichsgespräche mit der Hausbank nicht geführt worden.

1. Zusammensetzung

Die Verbindlichkeiten der Schuldnerin setzen sich aktuell und unter Berücksichtigung zwischenzeitlicher Forderungsanmeldungen im Wesentlichen wie folgt zusammen:

a) Lohn- und Gehaltsrückstände ca.	37.000,00 €
b) Sozialversicherungsanteile ca.	25.000,00 €
c) Forderungen freier Mitarbeiter ca.	15.000,00 €
d) Steuerrückstände ca.	400,00 €
e) Verbindlichkeiten Lieferung/Leistung ca.	850.000,00 €
f) Mietrückstände	210.000,00 €
g) Bankverbindlichkeiten ca.	100.000,00 €
Summe:	1.237.400,00 €

2. Anmerkungen

Die Mietverbindlichkeiten in f) ergeben sich aus einem ehemaligen Mietverhältnis in den sog. Ellis-Stein-Höfen. Hier befanden sich die Geschäftsräume der Gemeinschuldnerin vor Umzug in das sog. Luisen-Quadrat in Berlin.
Zu f) ist zu sagen, dass die Westbank – Hausbank der Schuldnerin – teilweise besichert ist durch eine Bürgschaft des Geschäftsführers Baker, die bereits teilweise in Anspruch genommen wurde und zwar etwa i. H. v. 52.000,00 €. Unterstellt, Herr Baker kommt seiner Zahlungsverpflichtung nach, reduzieren sich die Verbindlichkeiten nach Ziffer f) von 100.000,00 € noch. Auf im Verfahren geltend zu machende Rückgriffsansprüche wegen Zahlungen an die Westbank gegen die Gemeinschuldnerin hat Herr Baker verzichtet.

Musterinsolvenzplan „Star Radio GmbH" **Anhang 1**

VII. Gruppenbildung[16]

Im Insolvenzplanverfahren werden die Gläubiger sachgerecht gruppiert, § 222 InsO[17]. Es sind grundsätzlich zu bilden zwei Pflichtgruppen (absonderungsberechtigte Gläubiger, nicht nachrangige Gläubiger), in diesen wiederum Gruppen mit gleichen wirtschaftlichen Interessen, § 222 Abs. 2 InsO, ferner fakultativ Arbeitnehmer und Kleingläubiger, § 222 Abs. 3 InsO. Die Forderungen nachrangiger Gläubiger in diesem Verfahren sollen erlassen werden, § 225 InsO, so dass eine separate Gruppe nicht gebildet wird. Eine separate Gruppe der absonderungsberechtigten Gläubiger muss hier ausnahmsweise nicht gebildet werden, weil keine absonderungsberechtigten Gläubiger (mehr) vorhanden sind, in deren Rechte durch den Plan eingegriffen wird[18].

Die Westbank bildet eine separate Gruppe. Sie unterscheidet sich von den übrigen Gläubigern dadurch, dass ihre Forderung teilweise besichert ist durch eine Bürgschaft des Geschäftsführers Baker. Diese wurde teilweise bereits in Anspruch genommen, wobei der Geschäftsführer auf Rückgriffsansprüche gegenüber der Gesellschaft verzichtet hat, so dass die Frage nach einer Eigenkapitalersatzproblematik nicht virulent wird.

Die Kleingläubiger werden gem. § 222 Abs. 3 InsO in einer gesonderten Gruppe zusammengefasst[19]. Zu den Kleingläubigern gehören diejenigen Gläubiger, die als freie Mitarbeiter oder Kleingewerbetreibende für die Gemeinschuldnerin künstlerische Leistungen erbracht haben (Musiker, Ton- und Lichttechniker, Grafiker, freie Verkäufer etc.) und deren Forderung nicht über 2.500,00 € liegt bzw. die auf den darüber hinausgehenden Teil ihrer Forderung verzichten. Für diese Gläubigergruppe bedeutet die Insolvenz der Gemeinschuldnerin eine besondere Härte, da die Forderungen gegen die Gemeinschuldnerin überwiegend zur Bestreitung des Lebensunterhaltes benötigt wurden und ihre Dienste seit Verfahrenseröffnung nicht mehr in Anspruch genommen werden.

Demgemäß werden folgende Gruppen gebildet:
1. Westbank
2. Gruppe der Kleingläubiger s. o.
3. Gruppe der sonstigen nicht nachrangigen Gläubiger
   alle Gläubiger gem. § 38 InsO, sofern nicht in Gruppen 1 bis 2 gruppiert.

VIII. Ertragslage[20]

Die gegenwärtige negative Unternehmenslage wurde im Wesentlichen durch eine nicht ausreichende Vermarktung der Werbezeiten der Schuldnerin verursacht, darüber hinaus durch eine weitgehende Praxis der Vereinbarung sog. Kompensationsgeschäfte; branchenüblich, in Einzelfällen durchaus nützlich, unter liquiditätsmäßigen Gesichtspunkten aber wenig sachgerecht. Wesentliche Mitarbeiter der Schuldnerin aus dem Akquisebereich haben darüber hinaus bereits vor einiger Zeit das Unternehmen verlassen, so dass die Neuakquise stetig nachließ.

Auf der anderen Seite bietet das Unternehmen durchaus Marktchancen. Mit seinem Spartenprogramm bedient die Schuldnerin eine eher gut gebildete, kaufkräftige Klientel mit typischerweise akademischer Ausbildung. Auf Personalseite war die Schuldnerin aus Sicht des Unterzeichners übersetzt. Insbesondere branchenunüblich ist die – wenn auch geringe – Bezahlung der vorhandenen Praktikanten, mögen diese auch wichtige Hilfstätigkeiten verrichtet haben. Vor dem Hintergrund, dass bei diversen privaten Berliner Rundfunksendern (z. B. Radio Schlager 100,1) sogar Moderatoren mehrere Tage pro Woche kostenlos moderieren, erscheint die Bezahlung von Praktika in einer begehrten Branche durchaus nicht erforderlich.

---

16 Zur Funktion und zu den Maßstäben der Gruppenbildung siehe ausführlich Rn. 12.1 ff. und 12.6 ff.
17 Fehler bei der Gruppenbildung können nachhaltige Konsequenzen haben, vgl. Rn. 17.13 ff.
18 Dies ist selten. Üblicherweise sind Absonderungsberechtigte Hauptgläubiger im Insolvenzplanverfahren. Vgl. zur Gruppenbildung bei Absonderungsberechtigten Rn. 12.7 ff.
19 Zur Gruppe der Kleingläubiger näher Rn. 12.22 ff.
20 Die Darstellung der Ertragslage des Unternehmens erfordert eine Beschreibung des historischen Werdegangs des Unternehmens und der Ursachen der Insolvenz, vgl. Rn. 6.19.

Anhang 1   Musterinsolvenzplan „Star Radio GmbH"

Die Arbeitsverhältnisse sind zwischenzeitlich durch den Unterzeichner mit einer Ausnahme beendet worden. Die wesentliche Tätigkeit des Verkaufs der Werbezeiten erledigt nunmehr für den Unterzeichner ein Unternehmen Radio Harmonie im Rahmen eines Geschäftsbesorgungsvertrages.
Branchenunüblich war auch die im Zeitpunkt der Insolvenzantragstellung vorgefundene Anzahl an Leasingverträgen. Die Leasingverträge mit unterschiedlichsten Leasingunternehmen waren noch zu einem Zeitpunkt abgeschlossen worden, als noch mehrere im Außendienst tätige Werbezeitenverkäufer für die Schuldnerin tätig waren. Gerade im Bereich des Pkw-Leasings hätte sich – wie dies auch von Mitbewerbern gehandhabt wird – der Abschluss von Kompensationsgeschäften angeboten. Von einer vorfristigen Rückgabe der Leasingfahrzeuge hatte die heutige Gemeinschuldnerin ursprünglich aus Liquiditätsgründen abgesehen, denn die Fahrzeuge waren teilweise beschädigt und hätten daher vor Rückgabe instandgesetzt werden müssen. Der wesentliche Teil der Leasingfahrzeuge stand ungenutzt in der Tiefgarage der Gemeinschuldnerin. Sämtliche Leasingverträge habe ich beendet und die Fahrzeuge zwischenzeitlich zurückgegeben.

IX.   Vorgeschlagene Maßnahmen[21]

1.   Ausgangspunkt

Der Beginn der Umstrukturierung – insbesondere Einsparungen auf Kostenseite – erfolgt bereits während der Tätigkeit des Unterzeichners. Auf Einnahmenseite sind durch die Vereinbarung mit Radio Harmonie erste positive Veränderungen zu erkennen, wenn auch diese Vereinbarung angesichts der Höhe der vereinbarten Provision auf Dauer sicherlich keinen Bestand haben kann.

2.   Gesellschaftsrechtliche Maßnahmen

Konkrete organisatorische Maßnahmen auf Gesellschafterseite sind momentan nicht geplant. Die durch mich erstellte Planung zwingt nicht zur Zuführung frischen Kapitals in das Unternehmen, so dass auch die Aufnahme neuer finanzkräftiger Gesellschafter jedenfalls nicht notwendig ist.

3.   Bilanzielle Sanierung

Zur Beseitigung der eingetretenen Überschuldung wird ein Verzicht von Forderungen beteiligter Gläubiger wie folgt vorgeschlagen[22]:

a) Quote
Von dem zur Verteilung stehenden Betrag von 100.000,00 € (den ein Sozius des Unterzeichners als Treuhänder vereinnahmt hat) sollen auf die Forderungen der Kleingläubiger lt. obiger Gruppe 2) 50 % bezahlt werden. Gegenwärtig gehe ich von anzumeldenden und festzustellenden Forderungen dieser Gruppe i. H. v. 15.000,00 € aus. Dabei unterstelle ich, dass diejenigen Gläubiger, deren Forderung über der Grenze von 2.500,00 € liegt, ihre Forderungsanmeldung reduzieren, wenn sie dadurch in Gruppe 2 einzugruppieren sind und sich ihre Ausschüttung dadurch erhöht. Auf die festzustellenden Forderungen dieser Gruppe wäre mithin ein Betrag von insgesamt 7.500,00 € auszukehren. Der restliche Betrag von 93.566,00 € soll auf die übrigen Gläubiger verteilt werden, wobei ich gegenwärtig von anzumeldenden und festzustellenden Forderungen innerhalb der beiden übrigen Gläubigergruppen (1 und 3) von rd. 1.222.400,00 € ausgehe.
Verteilt werden sollen darüber hinaus die nicht zur Deckung der Verfahrenskosten vorhandenen liquiden Mittel bzw. liquidierbaren Vermögenswerte, die bis einschließlich Mai 2004 erwirtschaftet worden sind. Die Größenordnung richtet sich danach,

---

21 Zu den Maßnahmen, die zur Sanierung des Unternehmens erforderlich sind, vgl. ausführlich Rn. 6.21 ff.
22 Zu den steuerlichen Folgen von Forderungsverzichten der Gläubiger vgl. *Smid/Rattunde*, Der Insolvenzplan, 2. Aufl., 2005, Rn. 2.105 ff.

inwieweit die Planzahlen für das Geschäftsjahr 2004 (Anlage 8) erreicht werden können. Unter Berücksichtigung etwaiger Unwägbarkeiten gehe ich gegenwärtig davon aus, dass bis zu diesem Zeitpunkt ein Überschuss von etwa 50.000,00 € erwirtschaftet worden ist. Dieser Betrag ist zunächst auf die Masseverbindlichkeiten und dann auf die Gruppen 1 und 3 zu verteilen. Die Gläubiger der Gruppen 1 und 3 können damit mit einer Quote zwischen 5 % und 12 % rechnen.

b) Fälligkeit
aa) Die Verteilung des auf dem Sonderkonto vorhandenen Betrages erfolgt zwei Wochen Veröffentlichung der Rechtskraft der Planbestätigung; die Zahlung der Quote an die Gläubiger der Gruppe 2 ist mit dieser ersten Ausschüttung abgeschlossen;
bb) Die Verteilung der nicht zur Deckung der Masseverbindlichkeiten benötigten liquiden Mittel bzw. liquidierbaren Vermögenswerte erfolgt am ersten Werktag des dritten Monats nach Veröffentlichung der Rechtskraft der Planbestätigung.
cc) Die Verteilung erfolgt analog §§ 187 ff. InsO.

X. Quotenvergleich Regelabwicklung ohne Planverfahren

Durch den Insolvenzplan darf keine Schlechterstellung von Gläubigern gegenüber einer Regelabwicklung ohne Insolvenzplanverfahren erfolgen[23]. Daher ist eine fiktive Betrachtung erforderlich, mit welcher Insolvenzquote die Gläubiger rechnen könnten, wenn eine Sanierung im Rahmen eines Insolvenzplanverfahrens nicht erfolgen würde.
Dabei hat der Insolvenzverwalter grundsätzlich das zur Insolvenzmasse gehörende Vermögen zu verwerten, es sei denn, Beschlüsse der Gläubigerversammlung stünden dem entgegen, § 159 InsO. Ein entgegenstehender Beschluss wäre in der Form denkbar, dass der Verwalter das Unternehmen fortführen soll. Jedoch ist trotz der Planung für das Jahr 2004, die einen Überschuss vorsieht, zu berücksichtigen, dass die Vereinbarung zwischen dem Verwalter und *Radio Harmonie Media* Marketing GmbH nur eine Interims-Lösung darstellt. *Radio Harmonie Media* Marketing ist nicht bereit, auf Dauer an dem Vertrag mit dem Verwalter festzuhalten. Hierzu teilte deren Geschäftsführerin, Frau *Jennifer Lopenz*, letztmalig in einer Besprechung in meinem Büro am 5.1.2004 mit, dass sie Planungssicherheit benötige. Häufig würden sie Kunden darauf ansprechen, wann das Insolvenzverfahren beendet werde und sie könne dazu keine definitive Antwort geben. Planungssicherheit sei jedoch vonnöten. Es bedarf wohl keiner Erwähnung, dass die Tätigkeit unter Federführung eines Insolvenzverwalters zu Reibungsverlusten führt, die vorübergehend, jedoch nicht auf Dauer, für die Werbekunden tragbar sind.
Daher ist vom Zerschlagungsfall auszugehen. Nach Abzug der Kosten des Insolvenzverfahrens, § 54 InsO, sowie der sonstigen Masseverbindlichkeiten, § 55 InsO, ist der verbleibende Verwertungserlös an die Gläubiger auszuschütten, § 187 ff. InsO.
Der Status unter Liquidationsgesichtspunkten ergibt sich aus meinem Bericht zum Berichtstermin vom 22.12.2003, der als Anlage 9 nochmals beigefügt ist. Hieraus ergab sich eine freie Masse von 56.558,62 €.
Dem stehen folgende Massekosten gegenüber:

1. Gerichtskosten   1.668,00 €
2. Veröffentlichungskosten entstehen erfahrungsgemäß in Höhe
   von mindestens   1.535,00 €
3. Auslagen und Vergütung des Sachverständigen   241,51 €
4. Auslagen und Vergütung des vorläufigen Insolvenzverwalters
   a) Vergütung ca.   7.756,13 €
   b) Auslagen   250,00 €
   Auslagen der vorläufigen Insolvenzverwaltung
   zusätzliche Hilfskräfte
5. Auslagen und Vergütung des Insolvenzverwalters
   a) Vergütung ca.   20.000,00 €

---

23 Zum Minderheitenschutz gem. § 251 InsO und zur gerichtlichen Prognose vgl. Rn. 20.1 ff.

Anhang 1 Musterinsolvenzplan „Star Radio GmbH"

b) Auslagen
- von Geschäftsunterlagen 1.172,79 €
- steuerliche Bearbeitung/Erstellung von Steuer- und Handelsbilanzen 8.900,55 €
- Nachbuchung der Geschäftsvorfälle 500,00 €
- Räumungskosten/Rückgabe Mietsache 0,00 €

Summe der Massekosten **42.023,98 €**

Hinzukommen die Masseverbindlichkeiten:
1. Aus Verwertungshandlungen des Verwalters (§ 55 I Nr. 1 InsO):
   a) Inbesitznahme, Inventarisierung und Sicherung der Vermögensgegenstände 0,00 €
   b) Abzuführende Umsatzsteuer 2.000,00 €
   c) Prozesskosten vorsorglich
      (z. B. wegen der zu erwartenden Arbeitsrechtsstreitigkeiten) 0,00 €
   d) Sonstiges (geschätzt) 500,00 €
2. Wegen der Erfüllung laufender Verträge (§ 55 I Nr. 2 InsO):
   a) Löhne und Gehälter 0,00 €
   b) Mieten 0,00 €
   c) Strom/Gas/Telefon 0,00 €

Masseverbindlichkeiten gesamt **2.500,00 €**

Daraus folgt, dass auf die angemeldeten und festzustellenden Forderungen im Falle der Regelabwicklung ein Betrag von etwa 12.000,00 € zu verteilen wäre. Dies entspräche einer Quote von etwa 0,008 %.

Die Annahme des hier vorgelegten Insolvenzplans stellt die Gläubiger damit besser.

B. Gestaltender Teil[24]

1. Die Gläubigergruppen[25]

a) Großbank
b) der sonstigen nicht nachrangigen Gläubiger

stimmen den Maßnahmen, die im Insolvenzplan im Insolvenzverfahren der *Star Radio* und Verlag GmbH festgelegt sind, zu, und erhalten auf ihre angemeldeten und festgestellten Forderungen eine Quote aus dem nach Zahlung an die Kleingläubiger verbleibenden Betrag auf dem Plansonderkonto sowie aus dem vorhandenen Vermögen, das einschließlich Mai 2004 erwirtschaftet worden ist, unter Abzug der Verfahrenskosten und Masseverbindlichkeiten. Sie verzichten gegenüber der dies annehmenden *Star Radio* und Verlag GmbH für den Fall der rechtskräftigen Bestätigung des Insolvenzplans auf ihre restlichen Forderungen.

2. Die Kleingläubiger

stimmen den Maßnahmen, die im Insolvenzplan im Insolvenzverfahren der *Star Radio* und Verlag GmbH festgelegt sind, zu, und erhalten auf ihre angemeldeten und festgestellten Forderungen eine Quote aus dem Plansonderkonto in Höhe von 50 % ihrer angemeldeten und festgestellten Forderungen unter Abzug der Verfahrenskosten und Masseverbindlichkeiten und verzichten gegenüber der dies annehmenden Jazz Radio und Verlag GmbH für den Fall der rechtskräftigen Bestätigung des Insolvenzplans auf ihre restlichen Forderungen.

3. Die Erfüllung des Insolvenzplans wird durch den bisherigen Insolvenzverwalter als Sachwalter überwacht[26].

4. Die Kosten des Insolvenzverfahrens trägt die Schuldnerin.

---

24 Der gestaltende Teil des Insolvenzplans sieht die im darstellenden Teil vorgeschlagenen rechtlichen Sanierungsmaßnahmen vor, vgl. Rn. 6.13 ff.
25 Einen Überblick über die einzelnen Bestandteile sowie die gesetzlichen Einzelvorgaben zum gestaltenden Teil gibt Rn. 6.65 ff.
26 Zur Planerfüllung und Planüberwachung siehe Rn. 23.1 ff. und 25.1 ff.

Musterinsolvenzplan „Habicht AG" **Anhang 2**

Berlin, 27. Januar 2004

gez. Jürgen Meier
Rechtsanwalt
als Insolvenzverwalter

Anlageverzeichnis zum Insolvenzplan

Anlage 1	Vereinbarung mit Radio ParadisoMedia Marketing GmbH
Anlage 2	Verzeichnis der Arbeitsverhältnisse zum Stichtag der Verfahrenseröffnung
Anlage 3	Versicherungsverträge
Anlage 4	Leasingverträge
Anlage 5	Sachverständigengutachten Anlagevermögen
Anlage 6	OP-Liste Debitoren
Anlage 7	OP-Liste Kreditoren
Anlage 8	Planung für das Jahr 2004
Anlage 9	Bericht zum Berichtstermin vom 22.12.2003

Anhang 2:
Musterinsolvenzplan „Habicht AG"[1]

Habicht AG
Insolvenzverfahren
AG Charlottenburg

Insolvenzplan

Planverfasser[2]:   RA Jürgen Meier
als Insolvenzverwalter
Kurfürstendamm
10707 Berlin
Datum: Berlin, 27.1.2004

Plangliederung

I. Darstellender Teil
    1. Übersicht
        1.1   Plankonzept
        1.2   Zahlen/Daten/Anschriften
    2. Das Sanierungskonzept
        2.1   Kurzbeschreibung des Unternehmens
        2.2   Bisherige Maßnahmen
        2.3   Geplante Maßnahmen
        2.4   Der Plan
        2.5   Risiken
    3. Die Gläubiger
        3.1   Einteilung der Gruppen
            3.1.1. Gruppe 1

---

[1] Beispiel in Anlehnung an das Muster in *Horstkotte/Martini*, 7 InsO 2012, 557 ff. Dort auch weiterführende Muster zu den erforderlichen Beschlüssen und Mustern. Verwendung mit freundlicher Genehmigung des Herausgebers und Mitverfassers.
[2] Zur Planvorlageberechtigung, insbesondere zur Planvorlagebefugnis des Insolvenzverwalters näher Rn. 3.1 ff.

Anhang 2 Musterinsolvenzplan „Habicht AG"

        3.1.2. Gruppe 2
        3.1.3. Gruppe 3
        3.1.4. Gruppe 4
    3.2   Änderung der Beteiligtenrechte
    3.3   Quote bei Zerschlagung
    3.4   Planerfüllung

II. Gestaltender Teil
III. Zusammenfassung des wesentlichen Inhalts (§ 235 InsO)
IV. Plananlagen[3]

I. Darstellender Teil[4]

1. Übersicht[5]

1.1 Plankonzept[6]

Der Insolvenzverwalter der Habicht AG legt im Auftrag der Gläubigerversammlung einen Insolvenzplan vor[7], der zur Vollbeendigung des Insolvenzverfahrens bei Fortführung der AG führen soll. Teil des Sanierungskonzepts ist eine teilweise Umwandlung eines Darlehensrückgewährungsanspruchs der Eifel-Bank i. H. v. 10 Mio. € in Anteile an der Schuldnerin im Wege eines Debt-Equity-Swap.

Die Schuldnerin ist ein Vertriebsunternehmen der Süßwarenindustrie, deren Rechtsvorgängerin seit Ende des 19. Jahrhunderts in Deutschland tätig ist. ...

Durch den ausgezeichneten Ruf der Gesellschaft innerhalb und außerhalb Deutschlands ist die Gesellschaft wertvoller als die Summe ihrer Teile, so dass eine Zerschlagung für die Gläubiger schädlich wäre.

Das Unternehmen ist wesentlich fremdkapitalfinanziert. Durch notwendige Abschreibungen trat eine Überschuldungssituation ein. Das Anlagevermögen – ein Maschinenpark – hat noch einen Wert von 3 Mio. € unter Fortführungsgesichtspunkten. Unter Liquidationsgesichtspunkten ist es weit weniger wert: Die speziell für die Schuldnerin konfektionierten Produktionsanlagen müssten auseinandergebaut, ihre Einzelteile verkauft werden. Sie sind in der vorhandenen Form für Mitbewerber kaum brauchbar[8]. Die Eifel-Bank als Hausbank hat eine Darlehensforderung über 10 Mio. € fällig gestellt. Die letzte Handelsbilanz weist einen durch das Eigenkapital nicht gedeckten Fehlbetrag von 9 Mio. € auf. Die Rücklagen sind aufgelöst. Ein Gewinnvortrag ist nicht vorhanden. Das operative Geschäft ist profitabel, jedoch nicht in der Lage, die Fremdkapitalzinsen in gegenwärtiger Höhe zu erwirtschaften.

Werden die Forderungen der Bank auf einen Betrag gesenkt, der unter dem Vermögenswert liegt, ist eine Sanierung möglich und die AG ist bilanziell saniert. Die Eifel-Bank soll im Wege eines Debt-Equity-Swap nach Kapitalschnitt an dem Unternehmen beteiligt werden. Das Kapital soll auf „Null" vereinfacht herabgesetzt werden. Sodann soll das Kapital unter Ausschluss des Bezugsrechts der Altaktionäre wiederum auf 10 Mio. € Grundkapital erhöht werden. Davon soll die Eifel-Bank 10 Mio. € im Wege der Sacheinlage (nämlich durch Einbringung ihrer mit 7 Mio. € bewerteten

---

3 Zum dokumentierenden Teil des Insolvenzplans und den einzelnen Plananlagen gem. § 229 InsO vgl. Rn. 6.85 ff.

4 Der darstellende Teil des Insolvenzplans (§ 220 InsO) hat die Aufgabe, die Voraussetzungen zu erläutern, unter denen die Krise und die beabsichtigte Sanierung des Gemeinschuldners stehen, näher: Rn. 6.2.

5 Der darstellende Teil des Insolvenzplans sieht zunächst einen Überblick über das Plankonzept, eine Beschreibung des Unternehmens und seiner wirtschaftlichen und steuerlichen Verhältnisse vor, vgl. Rn. 6.2.

6 Der notwendige Inhalt des darstellenden Teils ergibt sich aus § 220 Abs. 1 InsO, der „Soll"-Inhalt aus § 220 Abs. 2 InsO. Im Sinne der Gläubigerakzeptanz empfiehlt es sich, die wirtschaftliche Entwicklung des Unternehmens kurz darzustellen. Ebenso sollte das Sanierungskonzept bereits in einigen Sätzen Gegenstand des darstellenden Teils sein, dem Leser erleichtert dies die Lektüre.

7 Zur Planvorlageberechtigung des Insolvenzverwalters: Rn. 3.2.

8 Daher wird später im Rahmen des Überschuldungsstatus unter Liquidationsgesichtspunkten von einem Wert von 100 T€ ausgegangen.

Darlehensforderung mit einem Nominalwert von 10 Mio. € und weitere 3 Mio. € gegen Bareinlage mit einem Aufgeld von 100%) erbringen. Die Forderungen der übrigen Gläubiger – rd. 2 Mio. € – sollen aus den wieder vorhandenen liquiden Mitteln quotal befriedigt werden. Die Insolvenzsituation wird beseitigt, die AG kann als saniert weiter am Markt tätig sein.

1.2 Zahlen/Daten/Anschriften[9]

Handelsregister:	Amtsgericht Dreiborn/Eifel, HRB 12345
Grundkapital:	10 Mio. €
Börse:	keine Notierung am geregelten Markt – Freiverkehr
Aktionäre:	10 Mio. Stückaktien als Namensaktien, im wesentlichen Streubesitz
Vorstände:	gegenwärtig: Hans Müller Dr. Peter Schmitz (Sprecher) Josef Vierlanden, Finanzen
Prokura:	./.
Aufsichtsrat:	gegenwärtig noch Anton Ahorn, Bettina Bienlein und Clemens Cramer Vorgeschlagen zur Neubestellung: Dieter Dankwart, Bankdirektor in Berlin Emil Erichsen, Investmentbanker in Frankfurt Frida Funke, Ingenieurin in Düsseldorf
Buchführung:	selbst, SAP R3
Steuerberater:	Schneifel-Steuerberatungsgesellschaft mbH, Herzogenrath
Wirtschaftsprüfer:	Grenzland-Wirtschaftsprüfungs AG, Aachen
Umsatz:	ca. 5 Mio. € p.a.
Finanzamt:	Finanzamt für Körperschaften, C..., St.-Nr. 27/048/09158
Sanierungsberater:	(bis zur Insolvenz) Areo-GmbH
Arbeitnehmer:	23; kein Betriebsrat, keine Vertreter im Aufsichtsrat
Anschrift:	Blumenstraße 1, 54444 Dreiborn/Eifel
Telefon:	0240/12345
Insolvenzverwalter:	Rechtsanwalt Jürgen Meier
Verwalterkonto:	Musterstädter Bank AG

2. Das Sanierungskonzept[10]

2.1 Kurzbeschreibung des Unternehmens[11]

Die Anfänge des Konzerns reichen bis in das Jahr 1880 zurück. ...

---

9 Fakultativer Inhalt nach § 220 Abs. 2 InsO.
10 Die Darstellung des Sanierungskonzepts sollte Angaben zur bisherigen Entwicklung des Unternehmens, zu den Ursachen der Insolvenz und zu den Maßnahmen, die zur Sanierung des Unternehmens erforderlich sind – bisherige und geplante Maßnahmen – enthalten.
11 Die Kurzbeschreibung des Unternehmens zeigt den historischen Werdegang und auch die Ursachen der Insolvenz auf, näher Rn. 6.19. Zwingend ist dies alles nicht. Für den von der Insolvenz Betroffenen, auch für denjenigen, der bisher keine oder wenige Berührungspunkte mit dem Unternehmen hatte, ist es aber wichtig, zu wissen, wie es zur Insolvenz gekommen ist und was geplant ist, Stichwort „positives Insolvenzklima".

Anhang 2

Musterinsolvenzplan „Habicht AG"

2.2 Bisherige Maßnahmen[12]

Zu Beginn des Planverfahrens fand der Verwalter die Eifel-Bank als Hausbank vor, bestrebt, sich wegen ihrer Kreditforderungen zu befriedigen. Da die Zerschlagung keine realistische Handlungsalternative war (zu vernachlässigender Zerschlagungswert des Werks bzw. seiner Teile, Vernichtung des good will, Marktsättigung), begann der Insolvenzverwalter sofort mit der Suche nach Investoren[13] und stellte fest, dass Interessenten vorhanden sind. Die Suche ist nicht abgeschlossen. Der Insolvenzplan kann gleichwohl vorgelegt werden, da er auch ohne einen Investor zur bestmöglichen Befriedigung der Gläubiger führt. Dem Planverfasser als (vorläufigem) Insolvenzverwalter der Gesellschaft ist es im Wesentlichen gelungen, den Geschäftsbetrieb aufrecht zu erhalten[14]. Hier befand er sich mit dem Management und der Belegschaft sowie den Gläubigern im Konsens.

2.3 Geplante Maßnahmen

Nachdem die Insolvenzordnung nunmehr seit dem 1.3.2012 Kapitalmaßnahmen auch innerhalb des Insolvenzplans zulässt, sieht dieser einen Debt-Equity-Swap vor[15].

2.4 Der Plan

Die bilanzielle Sanierung der AG soll durch eine Umwandlung von Fremd- in Eigenkapital erfolgen. Zur bilanziellen Sanierung reicht es aus, das Fremdkapital der Bank im Wesentlichen zu Grundkapital zu machen und aus den im Wege der Bareinlage mit Aufgeld aufzubringenden Mitteln die übrigen Gläubiger quotal zu befriedigen. Der Rest verbleibt bei der Gesellschaft. Er wird auch benötigt, da ihre Liquidität aufgebraucht ist.
Da die übrigen Gläubiger der AG zur endgültigen Befriedigung aus dem dann vorhandenen liquiden Vermögen eine Quote erhalten (und auf den Rest verzichten) sind bei Rechtskraft des Plans und seiner Erfüllung bilanzielle und rechnerische Überschuldung beseitigt und – da die „nachgeschossenen Gelder" hierfür nur teilweise benötigt werden, die Zahlungsfähigkeit wieder hergestellt, so dass das Insolvenzverfahren aufgehoben werden kann.

2.5 Risiken[16]

Folgende Risiken, die zum Scheitern des Plans führen können, bestehen insbesondere in steuerlicher Hinsicht. ...[17]

---

[12] Die Unterteilung der Sanierungsmaßnahmen in „bisherige" und „geplante" empfiehlt der IDW-Standard S6, näher Rn. 6.14. Sanierungsmaßnahmen sind nach autonomen (siehe Rn. 6.25ff.), d.h. solche ohne Hilfsmittel des Insolvenzrechts, und heteronomen (siehe Rn. 6.33ff.), also spezifisch insolvenzrechtlichen, zu differenzieren. Letztere stellen das Kernstück des betreffenden darstellenden Teils des Insolvenzplans dar, vgl. Rn. 6.34. Dieser Insolvenzplan sieht nur finanzwirtschaftliche Maßnahmen vor, gleichwohl das Unternehmen leistungswirtschaftliche Schwächen aufweist. Die leistungswirtschaftliche Sanierung wäre in diesem Beispielsfall Sache des Unternehmens nach erfolgreicher Beendigung des Insolvenzverfahrens. In der Regel sollte der Plan auch leistungswirtschaftliche Sanierungsmaßnahmen vorsehen.
[13] Die Investorenauswahl ist typische Sanierungsmaßnahme, siehe Rn. 6.33.
[14] Zum Erfüllungswahlrecht des Insolvenzverwalters bei gegenseitigen nicht erfüllten Verträgen vgl. Rn. 6.37ff.
[15] Eingehend zum Debt-Equity-Swap: Simon/Merkelbach NZG 2012, 121.
[16] Die Bewertung der Sanierungsfähigkeit des Schuldners und der Tauglichkeit einzelner Sanierungsmaßnahmen beinhaltet auch, mögliche Risiken aufzuzeigen, die zum Scheitern des Plans führen können, siehe Rn 6.59ff.
[17] Hier ist insbesondere auf die steuerrechtliche Problematik des Sanierungsgewinns einzugehen. Näher Rn. 5.1ff.

Musterinsolvenzplan „Habicht AG" **Anhang 2**

3. Die Gläubiger[18]

3.1 Einteilung der Gruppen[19, 20]

Der Verfasser des Plans folgt bei der Abgrenzung der Beteiligtengruppen zunächst der Einteilung im Gesetz. § 222 InsO sieht vor, dass Gruppen gebildet werden sollen für absonderungsberechtigte Gläubiger, wenn in deren Rechte eingegriffen wird (§ 222 Abs. 1 Nr. 1 InsO)[21], für Arbeitnehmer (§ 222 Abs. 3 InsO) und für sonstige nicht nachrangige (Klein-)Gläubiger (§ 222 Abs. 1 Nr. 2, Abs. 3 Satz 2 InsO)[22] und – wenn in deren Anteils- oder Mitgliedschaftsrechte eingegriffen wird – für die am Schuldner beteiligten Personen.

Der vorliegende Plan sieht eine Gruppe derjenigen Gläubiger vor, die sich an der Gesellschaft neu beteiligen (ergo die Eifel-Bank), eine Gruppe der Kleingläubiger, eine Gruppe der sonstigen Gläubiger und eine Gruppe der Anteilsinhaber vor[23]. Eine Gruppe der nachrangigen Gläubiger entfällt, da diese Forderungen als erlassen gelten sollen, § 225 InsO.

3.1.1. Gruppe 1

besteht aus der Eifel-Bank. Sie hat eine fällige Darlehensforderung von 10 Mio. €, die, bewertet mit 7 Mio. €, im Wege der Sacheinlage eingebracht werden soll. Die Bank übernimmt des Weiteren eine Bareinlage von 3 Mio. € mit einem Aufgeld von 100%[24].

3.1.2. Gruppe 2

enthält alle übrigen nicht nachrangigen Verbindlichkeiten der Schuldnerin, soweit sie nicht in Gruppe 3 fallen. Sie erhalten eine Quote von 5%. In der Summe geht der Planverfasser von Forderungen in dieser Gruppe von 1,95 Mio. € aus[25].

3.1.3. Gruppe 3

enthält die Gläubiger, die gemein haben, dass ihre Forderungen gegen die Schuldnerin jeweils nicht über 100,00 € betragen. Sie erhalten aus Gründen der Vereinfachung und weil Kleinstüberweisungen Kosten bei dem zu sanierenden Unternehmen verursachen, eine Quote von 95%. In Gruppe 3 fallen auch Gläubiger, die nach dem Nominalwert ihrer Forderung an sich in Gruppe 2 fallen, aber vorab auf ihre Forderung insoweit verzichten, als dass diese sodann nur noch 100,00 € oder weniger beträgt[26]. In Summe geht der Planverfasser von Forderungen in dieser Gruppe von 50 T€ aus.

---

18 Der darstellende Teil des Insolvenzplans enthält Regelungen über die Einteilung der Gläubigergruppen, über die Änderung der Gläubigerrechte, die zu erwartende Quote im Zerschlagungsfall sowie über die Planerfüllung. Vgl. Rn 12.1 ff.
19 Zur Funktion und zu den Maßstäben der Gruppeneinteilung: Rn 12.1 ff. und 12.6 ff.
20 Zu den Konsequenzen von Fehlern bei der Gruppeneinteilung: Rn. 17.13.
21 Zur Gruppenbildung von Absonderungsberechtigten vgl. Rn. 12.7. ff.
22 Zur Gruppe der Kleingläubiger: Rn. 12.22 ff.
23 Da in Absonderungsrechte nicht eingegriffen wird, erübrigt sich eine separate Gruppe.
24 Vor Inkrafttreten waren hier komplizierte Verknüpfungen der gesellschaftsrechtlichen Maßnahmen mit den Maßnahmen des Insolvenzplans mit aufschiebenden Bedingungen notwendig, siehe hierzu das Muster in Anhang 1 der Vorauflage („Präsident AG").
25 Das ESUG hat das Problem übersehener Gläubiger jedenfalls teilweise gelöst, §§ 259a f. InsO. Näher Rn. 22.19 ff.
26 Ansonsten würde nämlich ein Gläubiger mit einer Forderung von 101 € (Gruppe 2!) eine Quote von 5,05 € erhalten, während ein Gläubiger mit einer Forderung von 100 € (Gruppe 3!) eine Quote von 95 € erhielte.

Anhang 2 Musterinsolvenzplan „Habicht AG"

3.1.4. Gruppe 4

umfasst die Aktionäre der Schuldnerin. Ihre Anteile sind insolvenzbedingt wertlos. Sie verlieren ihre Anteile durch die Kapitalherabsetzung „auf 0" und werden zur Zeichnung der nach Kapitalerhöhung neu ausgegebenen Aktien nicht zugelassen.

3.2 Änderung der Beteiligtenrechte[27]

Die Gläubiger der Gruppe 2 erhalten 5% ihrer Forderungen, die Gläubiger der Gruppe 3 erhalten 95 %. Beide verzichten jeweils auf den Rest. Dies ist mehr als sie bei der Zerschlagung erhielten. Die Gläubigerin der Gruppe 1, die Eifel-Bank, verzichtet auf ihre darlehensrechtliche Rückgewährforderung, wird Anteilseignerin und schießt im oben genannten Umfang im Rahmen einer Kapitalerhöhung gegen Bareinlage mit Agio nach. Die Gruppe 4, die Aktionäre der Schuldnerin, erhält nichts. Ihre Anteile sind insolvenzbedingt ohnehin wertlos.

3.3 Quote bei Zerschlagung[28]

Kein Beteiligter soll durch den Plan schlechter gestellt werden, als er ohne den Plan stünde, vgl. § 251 InsO. Dies wird durch den Verfasser nachgewiesen[29]. Zu diesem Zweck wird nachfolgend die Quote berechnet, die die Beteiligten erhielten, wenn ein Insolvenzplan nicht zustande käme. Für diesen Fall ist von einer Zerschlagung der AG auszugehen. Diese kann, für den konkreten Fall, nachfolgend bestimmt werden. Der Fortführungswert, den der Verfasser in seinem Bericht zur Gläubigerversammlung gesetzmäßig anzugeben hatte (§ 151 Abs. 2 Satz 1 InsO), steht naturgemäß für eine Ausschüttung an die Gläubiger nicht zur Verfügung, sondern stellt eine rechnerische Vergleichsgröße dar. ...[30]. Bei Verbindlichkeiten von insgesamt 12 Mio. €[31] und geschätzten Verfahrenskosten von 50 T€ verbleiben 50 T€ zur Verteilung auf die Insolvenzgläubiger. Dies entspricht einer Quote von etwa 0,4 %. Aber auch in diesem Fall erhielten die Aktionäre nichts.

3.4 Planerfüllung[32]

Die Schuldnerin wird voraussichtlich in der Lage sein, die Verpflichtungen aus dem Insolvenzplan zu erfüllen[33]. Gegenüber der Gruppe 1 versteht sich dies von selbst, weil sie verzichtet und „frisches Geld" nachschießt. Aus dieser dann vorhandenen Liquidität werden u. a. die Beteiligten der übrigen Gruppen abgefunden. Für den Fall, dass ein Beteiligter eine Schlechterstellung i. S. d. § 251 Abs. 1 Ziff. 2 InsO behauptet und glaubhaft macht, sieht der Plan im gestaltenden Teil eine Rückstellung von 0,5 Mio. € vor.[34]

---

27 Zur Änderung von Gläubigerrechten, insbesondere zu Eingriffen in Rechte von Sicherungsgläubigern: Rn. 6.1 ff.
28 Zum Minderheitenschutz gem. § 251 InsO und zur gerichtlichen Prognose: Rn. 20.1 ff.
29 Der Nachweis erfolgt – wenn nicht bereits im darstellenden Teil nachweisbar dargelegt – in Zweifelsfällen mittels eines durch Sachverständigengutachten belegten Vergleichs mit dem Zerschlagungsfall, siehe Rn 20.16. Dies ist die Achillesferse des Plans.
30 Hier ist im Einzelnen darzulegen, was die Beteiligten erhielten, käme es zur Regelabwicklung. Dies ist in der Regel die Zerschlagung und nicht die Fortführung, wie sich bereits aus § 159 InsO ergibt. Kann nicht dargelegt werden, dass ein Beteiligter ohne Plan weniger oder bestenfalls das Gleiche erhielte, ist entweder das Einverständnis des Beteiligten beizubringen oder aber es ist von der Möglichkeit des § 251 Abs. 3 InsO Gebrauch zu machen. Das ESUG macht es dem Planverfasser jetzt wesentlich einfacher, da ein dissentierender Gläubiger nunmehr bereits im Abstimmungstermin glaubhaft machen muss, dass er durch den Plan voraussichtlich schlechter gestellt wird, § 251 Abs. 2 InsO. Weist der Plan hinsichtlich der Vergleichsrechnung keine groben handwerklichen Fehler auf, dürfte dies praktisch kaum möglich sein.
31 Bank: 10 Mio. €; 2 Mio. € sonstige Verbindlichkeiten.
32 Näher: Rn. 23.1 ff. und 25.1 ff.
33 Zweckmäßigerweise zu belegen durch Planungen als Anlage zum Insolvenzplan.
34 Näher *Simon/Merkelbach*, NZG 2012, 121.

Musterinsolvenzplan „Habicht AG" **Anhang 2**

II. Gestaltender Teil[35]

1. Die in Folge der Eröffnung des Insolvenzverfahrens über ihr Vermögen gem. § 262 Abs. 1 Nr. 3 AktG aufgelöste Gesellschaft wird fortgesetzt.[36]
2. Das Grundkapital wird zum Zwecke des Ausgleichs von Vermögensminderungen in vereinfachter Form von 10 Mio. € um 10 Mio. € auf 0 € herabgesetzt.[37] [38]
3. Sodann wird das Grundkapital unter Ausschluss des Bezugsrechts[39] der Altaktionäre um insgesamt 10 Mio. € auf 10 Mio. € wie folgt erhöht:
   a. Um 3 Mio. € gegen Bareinlagen[40] durch Ausgabe von 3 Mio. auf den Namen lautende Stückaktien zu einem Ausgabepreis von 2 € je Stückaktie (Ausgabekurs = 200%). Zur Zeichnung wird allein zugelassen die Eifel-Bank AG mit Sitz in B. Die Bareinlage ist sofort und nebst Aufgeld in voller Höhe zu leisten.
   b. Um weitere 7 Mio. € gegen Sacheinlage durch Ausgabe von 7 Mio. auf den Namen lautende Stückaktien zu einem Ausgabepreis von nominal 1 € je Stückaktie. Zur Zeichnung wird allein zugelassen die Eifel-Bank AG mit Sitz in B. Die Sacheinlage besteht in der Einbringung ihres i. H. v. 10 Mio. €[41] valutierenden Rückzahlungsanspruchs aus dem zwischen der Schuldnerin und der Eifel-Bank AG bestehenden Darlehensvertrages vom … nach Maßgabe des zwischen der Schuldnerin und der Eifel-Bank AG geschlossenen Einbringungsvertrags gemäß Ziffer 4. dieses Plans.

---

35 Den Schwerpunkt der Maßnahmen bildet ein sog. „Kapitalschnitt", d. h. eine Kombination aus vereinfachter Kapitalherabsetzung unter den in § 7 AktG bestimmten Mindestnennbetrag des Grundkapitals und einer nachfolgenden gemischten Kapitalerhöhung gegen Bar- und Sacheinlagen (Letzteres als Debt-Equity-Swap). Beachte § 228 Abs. 2 Satz1 AktG, wonach die Kapitalerhöhung und ihre Durchführung binnen 6 Monaten in das Handelsregister eingetragen sein müssen. § 228 Abs. 2 Satz 2 AktG wird man in dem Sinne auszulegen haben, dass die Sechsmonatsfrist mit der gem. § 248 InsO erforderlichen Beschlussfassung des Insolvenzgerichts über die Bestätigung des Plans zu laufen beginnt und der Lauf der Frist während der Dauer eines etwaigen Rechtsmittelverfahrens gegen die Planbestätigung entsprechend § 228 Abs. 2 Satz 2 AktG gehemmt ist.
36 Die Möglichkeit der Fortsetzung folgt aus § 274 Abs. 2 Nr. 1 AktG mit Wirkung auf den Zeitpunkt der Aufhebung des Insolvenzverfahrens nach Eintritt der Rechtskraft des Beschlusses über die Bestätigung des Plans gem. § 258 Abs. 1 InsO, kann aber bereits als Planbestandteil vorgesehen sein, § 225a Abs. 3 InsO. Damit ist klargestellt, dass diese Möglichkeit für den in der Praxis bedeutungslosen Liquidationsplan nicht möglich ist.
37 Obgleich der Gesetzestext in § 254a Abs. 2 InsO und die regierungsamtliche Begründung (vgl. BT-Drs. 17/5712 v. 4.5.2011, S. 32) von den „im Insolvenzplan gefassten Beschlüssen" sprechen, handelt es sich doch nicht um nach §§ 129, 130 AktG zu protokollierende Hauptversammlungsbeschlüsse, wie sich aus § 254a Abs. 2 InsO ergibt, zumal der Insolvenzplan grds. der Zustimmung aller Planbeteiligten, also insbesondere auch der Gläubiger (nach Gruppen, vgl. §§ 222, 244 InsO) und nicht nur der Anteilsinhaber bedarf. Vielmehr ersetzt der Plan die Beschlüsse nur.
38 Einer im Grunde für den hier vorgestellten Kapitalschnitt erforderlichen Hauptversammlung bedarf es nicht (§ 225a Abs. 3 InsO). Für die Ladung der in den Plan einbezogenen Anteilseigner ist § 235 Abs. 3 Satz 3 InsO und ggf. § 241 Abs. 2 InsO zu beachten. Schwieriger wird es bereits formal bei börsennotierten Gesellschaften (vgl. § 235 Abs. 3 Satz 4 InsO). Für das Stimmrecht der Angehörigen der Gruppe der Aktionäre gilt abweichend von den aktienrechtlichen Bestimmungen § 238a InsO mit der Folge, dass z. B. Inhaber von stimmrechtslosen Vorzugsaktien (§§ 139 ff. AktG) im Abstimmungstermin über den Plan stimmberechtigt sind und die Vorschriften über notwendige Sonderbeschlüsse (§§ 138, 141, 179, 182, 222 AktG) keine Geltung beanspruchen können. Allerdings dürfte das Insolvenzgericht bei der Feststellung des Stimmrechts der in den Plan einbezogenen Aktionäre faktisch erhebliche Probleme haben, insbesondere wenn es sich um eine Aktiengesellschaft handelt, deren Grundkapital in Form von nicht einzelverbrieften Inhaberaktien eingeteilt ist. Hier kommt allein – wenn möglich – ein Rückgriff auf § 123 AktG in Betracht.
39 Die Formalia, die in Ansehung des Bezugsrechtsausschlusses zu beachten wären (s. § 186 Abs. 4 AktG – Bekanntmachung und Vorstandsbericht), gelten im Planverfahren nicht (vgl. § 254a Abs. 2 InsO). Zum Ausschluss des Bezugsrechts vgl. Rn. 9.5.
40 Beachte § 228 Abs. 1 AktG, wonach bei einem Kapitalschnitt die Erhöhung des Grundkapitals gegen Bareinlage zu erfolgen hat. Allerdings gilt dies nur bis zur Erreichung der Mindestgrundkapitalausstattung einer Aktiengesellschaft, also bis zur Erreichung einer Grundkapitalziffer von 50 T€.
41 Zur Frage der Bewertung der eingebrachten Forderung vgl. die Wiedergabe des Streitstandes bei *Hirte/Knof/Mock*, DB 2011, 632; weiterführend: *Horstkotte/Martini*, ZInsO 2012, 557, 562 Fn. 47.

Anhang 2   Musterinsolvenzplan „Habicht AG"

    c. Die aus der Kapitalerhöhung hervorgehenden neuen Aktien sind ab Beginn des Kalenderjahres, in dem die gerichtliche Bestätigung des Insolvenzplans Rechtskraft erlangt, gewinnbezugsberechtigt.
4. Einbringungs- und Erlassvertrag zwischen der Schuldnerin und der Eifel-Bank AG[42]:
Zum Zwecke der Deckung der Einbringungsverpflichtung gem. Ziff. 3.b. des Plans erlässt die Eifel-Bank hiermit der dies annehmenden Schuldnerin ihre Verpflichtung zur Rückführung des ihr gegen die Schuldnerin zustehenden fälligen Darlehensrückgewähranspruchs i. H. v. 10 Mio. €.
5. Die Satzung der Schuldnerin wird in § 3 (Grundkapital und Einteilung) wie folgt geändert:[43]
„§ 3 (Grundkapital und Einteilung)
Das Grundkapital beträgt 10.000.000 € und ist eingeteilt in 10.000.000 Stückaktien, die je 1 € am Grundkapital verkörpern.
Die Aktien lauten auf den Namen."
6. Der bisherige Aufsichtsrat, bestehend aus Anton Ahorn, Bettina Bienlein und Clemens Cramer wird abberufen.[44]
An Stelle dessen werden in den Aufsichtsrat berufen: Dieter Dankwart, Emil Erichsen und Frida Funke
Die Genannten haben gegenüber der Gesellschaft erklärt, dass sie mit der Amtsübernahme einverstanden sind und dass in ihrer Person jeweils keine Bestellungshindernisse i. S. v. § 100 AktG bestehen.
7. Die Gläubiger der Gruppe 2 erhalten auf ihre festgestellten Forderungen eine Quote von 5% und verzichten auf den darüberhinausgehenden Teil.
8. Die Gläubiger der Gruppe 3 erhalten auf ihre festgestellten Forderungen eine Quote von 95% und verzichten auf den darüberhinausgehenden Teil.[45]
9. Im Hinblick auf Gläubiger, die im Abstimmungstermin glaubhaft machen, dass sie durch den Plan voraussichtlich schlechter gestellt werden, hat die Eifel-Bank eine Bürgschaft über 500 T€ gestellt, die diese Gläubiger in Anspruch nehmen können, wenn ihr Antrag zulässig ist und sodann gerichtlich rechtskräftig geklärt ist, dass eine solche Schlechterstellung tatsächlich vorliegt.
10. Die Ausschüttung jeglicher nach dem gestaltenden Teil vorgesehener Zahlungen erfolgt nach Aufstellung eines Verteilungsverzeichnisses in entsprechender Anwendung des § 188 InsO, das auf der Geschäftsstelle des Gerichts zur Einsicht der Beteiligten niedergelegt wird. Die Schuldnerin wird die Summe der Forderungen sowie den für die Verteilung verfügbaren Betrag dem Insolvenzgericht anzeigen.
11. Die Kosten des Insolvenzverfahrens inkl. der Kosten des Insolvenzplans trägt die Schuldnerin.
12. Der Insolvenzverwalter wird bevollmächtigt, die zur Umsetzung notwendigen Maßnahmen zu ergreifen und offensichtliche Fehler des Plans zu berichtigen.[46]

---

42 Da die Eifel-Bank AG als Gläubigerin am Verfahren beteiligt ist, kann der Erlassvertrag selbst zum Inhalt des Plans gemacht werden.
43 Siehe Fn. 35.
44 Auch für diese, grundsätzlich der Hauptversammlung der AG vorbehaltene Maßnahme, gilt bei Einbeziehung der Anteilseigner in den Insolvenzplan § 225a Abs. 3 InsO.
45 Eine Gruppe der Kleingläubiger bietet sich immer dann an, wenn der Betrag, den die Gläubiger ansonsten erhielten, so gering wäre, dass ihnen ein Zuwarten kaum zumutbar und/oder der auszuschüttende Betrag vernachlässigbar gering ist. Der angenehme Nebeneffekt ist, dass die Zustimmung der Gläubiger dieser Gruppe in der Regel sicher ist. Darüber hinaus wird Verwaltungsaufwand im Rahmen der Quotenausschüttung durch Kleinstüberweisungen vermieden.
46 Diese Klausel beruht – in Anlehnung an Durchführungs- und Vollzugsvollmachten in notariellen Verträgen – auf dem auf Empfehlung des Rechtsausschusses (BT-Drs. 17/7511, 48 f.) neu eingefügten § 221 Satz 2 InsO und schafft eine erhebliche Erleichterung bei zu spät erkannten Formfehlern des Plans, die ansonsten zu dessen Undurchführbarkeit führten. Sie muss im gestaltenden Teil ausdrücklich vorgesehen sein. Überprüfbar ist eine Ausnutzung dieser Ermächtigung durch den Insolvenzverwalter insoweit, als dass die Berichtigung der Bestätigung durch das Insolvenzgericht bedarf, § 284a InsO.

III. Zusammenfassung des wesentlichen Inhalts[47]

Der vorgelegte Insolvenzplan dient der erhaltenden Sanierung der Schuldnerin. Statt der Zerschlagung des Unternehmens erfolgt nach Kapitalherabsetzung auf „0" mit anschließender Kapitalerhöhung eine Beteiligung der bisherigen Hausbank der Schuldnerin als Hauptgläubigerin als neue Aktionärin im Wege des Debt-Equity-Swap. Die Gläubiger erhalten, soweit sie nicht Kleingläubiger mit Forderungen bis zu 100,00 € sind (dann erhalten sie eine Quote von 95%) eine Quote von 5% ihrer Forderungen. Nachrangforderungen gelten als erlassen. Die Altaktionäre der insolvenzbedingt wertlosen Anteile erhalten nichts.

Anhang 3:
Verbraucherinsolvenzplan

Frau Sandra Müller
Insolvenzverfahren
Amtsgericht

Insolvenzplan

Planverfasser[1]:   RA Jürgen Meier
als Insolvenzverwalter
Kurfürstendamm
10707 Berlin
Datum: Berlin, 31.7.2014

Inhaltsverzeichnis

A.   Darstellender Teil
     I.   Ausgangslage/beabsichtigtes Vorgehen
     II.   Angaben zum Schuldnerin
     III.   Wesentliche Verträge
     IV.   Vermögen
     V.   Verbindlichkeiten
     VI.   Gruppenbildung
     VII.   Vorgeschlagene Maßnahmen
     VIII.   Quotenvergleich Regelabwicklung/Insolvenzplanverfahren
B.   Gestaltender Teil
Anlage

Darstellender Teil

I. Ausgangslage/beabsichtigtes Vorgehen

Frau Sandra Müller stellte am 24.1.2014 einen Antrag auf Eröffnung des Insolvenzverfahrens über ihr Vermögen sowie auf Erteilung der Restschuldbefreiung und

---

[47] Gem. § 235 Abs. 3 Satz 2 Alt. 2 InsO erfolgt die Ladung zum Erörterungs- und Abstimmungstermin unter Beifügung eines Abdrucks des Plans oder einer Zusammenfassung seines wesentlichen Inhalts. Diese hat zwar der Vorlegende nach dem Gesetz nur auf Anforderung vorzulegen, es bietet sich aber an, diese dem Plan bereits unaufgefordert beizufügen. Für die Gruppe der Aktionäre gilt § 235 Abs. 3 Satz 3 InsO, vgl. Rn. 16.3.
[1] Zur Planvorlageberechtigung, insbesondere zur Planvorlagebefugnis des Insolvenzverwalters näher Rn. 3.1 ff.

Anhang 3   Verbraucherinsolvenzplan

Stundung der Verfahrenskosten. Mit Beschluss vom 27.3.2014 wurde das Insolvenzverfahren wegen Zahlungsunfähigkeit eröffnet und der Planverfasser zum Insolvenzverwalter bestellt.

Die Schuldnerin blieb ohne Ausbildung. Sie ist seit Jahren ohne Erwerbsbeschäftigung und bezieht Leistungen zur Sicherungen des Lebensunterhalts in Höhe von monatlich ... EUR. Frau Müller hatte in den letzten Jahren mit gesundheitlichen Problemen zu kämpfen. Versuche, eine abhängige Beschäftigung zu finden, schlugen fehl. Die alleinerziehende Schuldnerin hat drei minderjährige Kinder, die bei ihr leben. Zur Vermeidung von Wiederholungen nehme ich auf den Bericht zum Berichtstermin Bezug, den ich diesem Plan als Anlage beifüge[2].

Frau Müller hat Interesse bekundet, das Insolvenzverfahren durch einen Insolvenzplan zu beenden. Hierfür ist es ihr für den Fall, dass sie eine vorzeitige Schuldbefreiung nach rechtskräftiger Planbestätigung erhält, gelungen, von Seiten ihrer Eltern[3] einen Betrag in Höhe von 15.000,00 € zur Verfügung gestellt zu bekommen. Der Planverfasser hat hierfür bereits ein Treuhandkonto eingerichtet; das Geld ist dort hinterlegt[4].

Dieser Betrag soll zuzüglich der nicht zur Deckung der Verfahrenskosten benötigten Gelder auf dem Verwaltersonderkonto an die Gläubiger ausgeschüttet werden. Erfolgen keine weiteren Feststellungen, erhalten die Insolvenzgläubiger dann eine Quote von etwa 10%; im Falle der Regelabwicklung erhielten sie nichts.

Kein Gläubiger wird durch den Plan schlechter gestellt, als er bei einer Weiterführung des Insolvenzverfahrens stünde, § 245 Abs. 1 InsO.

II.   Angaben zum Schuldner

Frau Müller ist privat wohnhaft in der Beilsteiner Straße 14, 12681 Berlin. Sie wurde am 24.4.1972 in Eberswalde geboren. Sie ist alleinstehend und hat drei minderjährige Kinder, denen sie zum Unterhalt verpflichtet ist.

Eine Ausbildung hat Frau Müller nicht absolviert. Sie ist beschäftigungslos[5].

III.   Wesentliche Verträge

...

IV.   Vermögen

Verwaltersonderkonto:
Der Bestand des Verwaltersonderkontos bei der ... Bank,
IBAN ..., BIC beträgt   0,00 €
Weitere Massezuflüsse
sind nicht zu erwarten[6]   0,00 €

---

2   Generell sollten Insolvenzpläne so knapp und präzise wie möglich sein. Insbesondere im Bereich der Verbraucherpläne und Pläne in masselosen Verfahren empfiehlt sich zur Straffung, insbesondere im Bereich des Vermögens, die Bezugnahme auf ohnehin schon in den Gerichtsakten befindliche Unterlagen, die man aber dem Plan als Anlage beifügen sollte, um den interessierten Gläubigern eine mit Aufwand verbundene Akteneinsicht zu ersparen.

3   Aus der Erfahrung der Autoren steigert es die Akzeptanz derartiger Pläne bei den betroffenen Gläubigern, wenn sie erfahren, wer einen zusätzlichen Betrag zur Verfügung gestellt hat. Bisweilen besteht die Befürchtung, der Schuldner habe im Vorfeld der Insolvenz Gelder beiseitegeschafft, die er nunmehr mit der Behauptung, es handele sich um Gelder Dritter, wieder zur Verfügung stellt.

4   Es empfiehlt sich, dass der Planverfasser mit Treuhandauflage oder für ihn ein Dritter, die Drittzahlung bereits zuvor in Empfang nimmt, um zu vermeiden, dass ein angenommener und bestätigter Plan später nicht erfüllt werden kann, weil der Dritte sich an seine Zusage nicht mehr gebunden fühlt oder die Zahlung nicht (mehr) leisten kann.

5   Daraus ergibt sich ohne Weiteres, dass mit künftigen Massezuflüssen aus pfändbaren und damit massezugehörigen Gehaltsanteilen nicht zu rechnen ist. In weniger eindeutigen Fällen wäre dies im nachfolgenden Vermögensstatus zu erläutern.

6   Siehe die Ausführungen in der vorangegangenen Fußnote.

Verbraucherinsolvenzplan **Anhang 3**

Zahlung Dritter
Hinzukommt im Falle der Annahme des Insolvenzplans
der bereits vereinnahmte Betrag von 15.000,00 €
Von der damit zu erwartenden Insolvenzmasse von 15.000 EUR sind die voraussichtlich anfallenden Verfahrenskosten von 5.000 € in Abzug zu bringen. Es stünden 10.000 EUR zur Verteilung an die Gläubiger zur Verfügung.

V. Verbindlichkeiten

Insgesamt wurden zur Insolvenztabelle Forderungen in Höhe von 214.231,94 € angemeldet. Die Summe der festgestellten Forderungen beträgt: 100.000,00 €. Weitere Feststellungen sind gegenwärtig nicht zu erwarten[7]. Hinsichtlich der Einzelheiten wird auf die Tabelle nach § 175 InsO verwiesen, die ich als Anlage 1 beifüge. Dies entspräche einer Insolvenzquote auf die Insolvenzforderungen von 10%.

VI. Gruppenbildung

Im Insolvenzplanverfahren werden die Gläubiger sachgerecht gruppiert, § 222 InsO. Grundsätzlich sind zwei Pflichtgruppen zu bilden, nämlich absonderungsberechtigte Gläubiger und nicht nachrangige Gläubiger; in diesen wiederum Gruppen mit gleichen wirtschaftlichen Interessen. Jedoch gibt es keine absonderungsberechtigten Gläubiger, so dass eine Bildung dieser Gruppe unterbleiben kann. Die Forderungen der nachrangingen Gläubiger sollen erlassen sein, § 225 Abs. 1 InsO, so dass keine separate Gruppierung erfolgt.
Die fakultative Bildung einer Gruppe von Arbeitnehmern bzw. Kleingläubigern im Sinne von § 222 Abs. 3 InsO kann hier ebenfalls unterbleiben.
Die Bildung unterschiedlicher Gruppen ist daher nicht erforderlich.

VII. Vorgeschlagene Maßnahmen

Der von dritter Seite zur Verfügung gestellten Betrag von 15.000,00 EUR wird nach Bezahlung der Verfahrenskosten i. S. d. § 54 InsO von zu erwartenden 5.000,00 EUR auf die festgestellten Forderungen quotal verteilt. Dies entspricht insgesamt nach heutigem Stand der festgestellten und noch festzustellenden Forderungen einer Insolvenzquote von 10%.
Nach Auszahlung der in diesem Plan festgelegten Quote verzichten die Tabellengläubiger auf ihre Restforderungen gegenüber der Schuldnerin. Dies entspricht einem Forderungsverzicht von 90% nach heutigem Stand.

VIII. Quotenvergleich Regelabwicklung/Insolvenzplanverfahren

Durch den Insolvenzplan darf keine Schlechterstellung von Gläubigern gegenüber einer Regelabwicklung ohne Insolvenzplanverfahren erfolgen. Daher ist eine fiktive Betrachtung erforderlich, mit welcher Insolvenzquote die Gläubiger rechnen können, wenn ein Insolvenzplan nicht festgestellt werden würde.
Im Falle der Regelabwicklung fielen die Insolvenzgläubiger komplett aus. Die Schuldnerin hat kein verwertbares Vermögen. Solches ist in Zukunft auch nicht zu erwarten.
Der hier vorgelegte Insolvenzplan stellt die Gläubiger daher gem. § 245 Abs. 1 Nr. 1 InsO jedenfalls besser als die Regelabwicklung.

---

[7] In dem hier wiedergegebenen, vor dem 1.7.2014 im Bereich masseloser Stundungsfälle ehemaliger Selbstständiger klassischen Fall der Aufstellung eines Insolvenzplans mit Hilfe der Zahlung eines Dritten, ist, da den Gläubigern eine Quotenerwartung mitgeteilt werden muss, Wert darauf zu legen, dass die Insolvenztabelle möglichst abschließend geprüft und bereinigt ist, um eine spätere Unerfüllbarkeit des Insolvenzplans, die trotz der Regelungen des § 259a InsO ein ernsthaftes Risiko für das wirtschaftliche Scheitern des Plans darstellen, zu vermeiden.

Anhang 4 Informationsschreiben „Erörterungs- und Abstimmungstermin"

B. Gestaltender Teil

I. Die Gläubiger stimmen den Maßnahmen, die im Insolvenzplan im Insolvenzverfahren über das Vermögen von Sandra Müller festgelegt sind, zu.
II. Die nach Berichtigung der Verfahrenskosten noch verfügbaren Geldmittel auf dem Insolvenzverwaltersonderkonto werden zuzüglich des treuhänderisch vereinnahmten Betrages von 15.000,00 EUR quotal an die Insolvenzgläubiger verteilt, die mit Zahlung auf ihre restlichen Forderungen gegen den Schuldner verzichten.
III. Die Gläubiger bleiben zur Aufrechnung mit Forderungen berechtigt, die zum Zeitpunkt der Eröffnung des Insolvenzverfahrens bereits aufrechenbar bestanden oder im Verfahren aufrechenbar entstanden sind, ohne dass eine Anrechnung auf die Quote erfolgt.
IV. Der Insolvenzverwalter wird ermächtigt, die zur Umsetzung des Plans notwendigen Maßnahmen zu ergreifen und offensichtliche Fehler des Plans zu berichtigen, §§ 221 Satz 2, 248a InsO.

Berlin, 31.7.2014

gez. Jürgen Meier
Rechtsanwalt
als Insolvenzverwalter

Anhang 4:
Informationsschreiben „Erörterungs- und Abstimmungstermin"

Rechtsanwälte Müller & Partner

Insolvenzverfahren
XY Bau AG
Amtsgericht Charlottenburg 65 IN 512/05
Hier: Insolvenzplan/Erörterungs- und Abstimmungstermin[1]

Sehr geehrte Damen und Herren[2],
die Gläubigerversammlung im Insolvenzverfahren der XY Bau AG hat mich beauftragt, einen Insolvenzplan zur Sanierung aufzustellen[3]. Dies ist nunmehr geschehen. Der Plan und seine Anlagen können ab sofort bis zum Termin auf der Geschäftsstelle des Amtsgerichts eingesehen werden. Dort ist zur Erörterung und zur Abstimmung über diesen Plan Verhandlungstermin anberaumt, § 235 Abs. 1 InsO:

Amtsgericht Charlottenburg
Amtsgerichtsplatz 1, 14057 Berlin
Sitzungssaal: II. Stock, Zimmer 218
Termin: 25. Juli 2005

Eine Zusammenfassung der wesentlichen Planinhalte gem. § 235 Abs. 3 InsO erhalten Sie in der Anlage[4]. Selbstverständlich kann ich Ihnen den Plan auf Wunsch auch zur Verfügung stellen oder Rückfragen beantworten.

Ich meine, dass Sie durch den Plan günstiger gestellt werden, als Sie ohne den Plan stünden. Deshalb werbe ich für die Annahme des Plans. Dafür ist die gesetzliche Gläubigermehrheit erforderlich. Um Ihnen die Zustimmung zum Insolvenzplan zu erleichtern,

---

1 Inhalt und Ablauf des Erörterungs- und Abstimmungstermins erläutern Rn. 16.1 ff.
2 Die Notwendigkeit der Formulierung eines derartigen „Bettelbriefes" an die Gläubiger erläutert Rn. 16.79.
3 Zur Planvorlageberechtigung des Insolvenzverwalters vgl. Rn. 3.2 ff.; *Griebel*, Der Insolvenzplan und seine praktische Bedeutung, S. 19.
4 Zu den Vorzügen der Übersendung einer wesentlichen Planzusammenfassung vgl. Rn. 16.16 ff.

Stimmrechtsvollmacht **Anhang 5**

schlage ich vor, von der beigefügten Vollmacht[5] Gebrauch zu machen. Dies ist für Sie kostenlos, und, da die Vollmacht lediglich zur Zustimmung im Insolvenzplantermin berechtigt, auch risikolos. Sie ersparen sich die sonst erforderliche Anreise[6].

Wird der Plan angenommen, so wird die Gesellschaft voraussichtlich noch in diesem Jahr saniert und die Gläubiger erhalten die aus dem Plan ersichtlichen Leistungen. Für die gewöhnlichen Insolvenzgläubiger bedeutet dies eine 10 % Quote auf alle Forderungen, die festgestellt sind oder noch festgestellt werden. Nachrangige Gläubiger, zu denen grundsätzlich auch die Aktionäre gehören, erhalten nichts; für geschädigte Aktionäre ist indessen eine Entschädigungslösung vorgesehen, falls Schadensersatzforderungen erfolgreich gegen Schädiger und ihre Versicherungen durchgesetzt werden können.

Für den Fall, dass der Insolvenzplan nicht angenommen wird oder nicht durchgeführt werden kann, muss die AG voraussichtlich zerschlagen werden. Ob und ggf. wann in diesem Falle Quoten gezahlt werden können, kann nicht vorausgesagt werden. Die wesentlichen Forderungen sind einem Bankenpool für dessen Forderungen (ca. 170.000.000,00 €) zur Sicherheit übertragen worden; die übrigen Gläubiger haben derzeit weniger als 10.000.000,00 € angemeldet. Mit Zahlungen könnte in diesem Falle jedenfalls vorläufig nicht gerechnet werden.

Mit freundlichen Grüßen
gez. Dr. Müller
Rechtsanwalt als Insolvenzverwalte

Anhang 5:
Stimmrechtsvollmacht

Rechtsanwälte Müller & Partner

Vollmacht[1]

In dem
Insolvenzverfahren XY Bau AG
Amtsgericht Charlottenburg 65 IN XXX/05

bevollmächtige(n) ich/wir
zur Vertretung in der Gläubigerversammlung (Erörterungs- und Abstimmungstermin) am 25.7.2005 bei der Erteilung der Zustimmung zum Insolvenzplan:

Frau
Herrn
dienstansässig XXX, jeweils einzeln. Die Bevollmächtigten sind berechtigt, Untervollmacht zu erteilen und ggf. für eine Vertagung des Termins zu stimmen. Ich stimme dem Insolvenzplan zu. Kosten dürfen mir/uns für die Vertretung nicht entstehen.
Die zur Insolvenztabelle angemeldete Forderung beträgt gemäß bisheriger Korrespondenz:

....

Die Bankverbindung lautet: ....

.... den 2005

....
(rechtverbindliche Unterschrift/Firmenstempel

---

5 Siehe das nachfolgende Muster einer Stimmrechtsvollmacht.
6 Vgl. näher Rn. 16.79.
1 Die Vorteile einer Stimmrechtsvollmacht für die Abstimmung über den Insolvenzplan erläutert Rn. 16.79.

Stichwortverzeichnis

Absonderungsrechte 6.21, 6.49 ff., 12.7 ff., 18.59, 18.85
Abstimmung 9.24, 12.1 f., 16.32 f., 16.44, **16.64**, 18.110, 26.12
Abstimmungsgruppen *siehe Gruppenbildung*
Abstimmungstermin 16.1 ff., 17.1
Akkordstörung 1.4 f., 7.5, 18.10, 18.99
Amtshaftung 18.40 *siehe auch Spruchrichterprivileg*
Anfechtung *siehe Insolvenzanfechtung*
Anschaffungskosten 6.89
Arbeitsrecht 0.11, *siehe auch Insolvenzarbeitsrecht*
Auffanggesellschaft 2.22, 6.57, 16.34 *siehe auch Übernahmegesellschaft*
Aufhebung des Insolvenzverfahrens 6.37 ff., **23.1 ff.**
Ausfallforderung 16.49, 16.57, 26.12 ff.
Aussonderungsrecht 6.46 ff., 8.33 ff.

bankruptcy code 0.3, 2.38, 8.35, 16.69, **18.20 ff.**
Berichtstermin 3.6 f., 3.16 f., 16.21 ff.
Beschäftigungsgesellschaften 0.11, 1.23
Beschwerde *siehe Rechtsbehelfe*
Beteiligte am Insolvenzschuldner *siehe Gesellschafter*
Beteiligte am Verfahren
– Begriff 0.27, 7.1 ff.
– Eingriff in deren Rechtsstellung 8.1 ff.
Betriebswirtschaft 1.1, 1.5, 2.36 ff., 2.46, 6.16, 6.29 ff., 6.88 ff., 18.11

cram down procedure 18.5, **18.20 ff.**, 18.37, 20.1, 20.14

debt equity swap 0.24, 6.55, 6.76, 9.11 ff., 18.118
Deregulierung 15.15, 18.115
Diskussion unter den Beteiligten 4.10, 8.37, 11.23, 16.25 ff.
drohende Zahlungsunfähigkeit 0.15, 0.30 f., 1.12, 1.15, 3.21 f., **4.1 ff.**, 16.18

Eigenverwaltung des Schuldners 0.8 ff., 0.30 ff., 3.14 ff., 4.5 f., 16.60
Eröffnung des Insolvenzverfahrens
– Ablehnung mangels Masse 15.25
– Eigenantrag 1.11 f., 2.33, 11.28, 16.18
– Eröffnung des Planverfahrens *siehe Planinitiative*
– frühzeitige 1.11 f., 3.22
– Massekostenvorschuss 1.15, 16.18

– vorläufige Insolvenzverwaltung 0.8, 0.18, 3.9 ff., 4.2, 6.24, 18.18, 25.8
ESUG
– Masseunzulänglichkeit 14.20
– Minderheitenschutz 20.17
– Obstruktionsverbot 18.116
– Rechte der Anteilsinhaber 7.12, 9.21
– Rechtsmittel 21.15 ff., 21.24 ff.
– Verjährungsfrist 22.13
– Vollstreckungsfrist 22.19 ff.
– Vorbereitung einer Sanierung 3.21 f.
– vorläufiger Gläubigerausschuss 1.14
– Wirkung 22.1 ff., 22.19
Europarecht
– Beihilferecht 4.26 ff., 5.39
– grenzüberschreitende Insolvenzverfahren 11.40 f.

gegenseitige Verträge 0.11, 6.37 ff., **8.17 ff.**, 24.15
– Arbeitsverträge *siehe Insolvenzarbeitsrecht*
– Mietverträge 1.24, 2.7, 6.45 ff., 8.18 f.
– nach Aufhebung des Insolvenzverfahrens 6.38 f.
Gemeinschuldner als Beteiligter 0.21, 3.14 ff., 16.12 ff.
Gericht 14.65, 15.27 *siehe auch Insolvenzgericht*
Gesamtvollstreckung 1.8, 1.26 f., 2.11, 18.109, 25.2
Gesellschafter/Gesellschafterorgane
– Auswechslung 6.26, 6.59, **8.1 ff.**, 9.9 ff.
– Haftung 0.16, 9.15, 11.21, 19.15
– Widerspruch gegen den Plan 13.4 ff., 19.1 ff.
Gläubiger *siehe Abstimmung, Beteiligte, Gläubigerautonomie, Gleichheitsgrundsatz, Sicherheiten*
– absonderungsberechtigte 2.3 ff., 8.1 ff., 12.7 ff., 13.15 f., **16.61 ff.**, **18.59 ff.**, 22.7, 26.3, 26.12
– abwesende 16.78 f.
– aussonderungsberechtigte 6.46, **8.9 ff.**, 13.15 f.
– Gemeinschaft 2.35, 12.30, 16.37, 18.2, 18.8 ff.
– „Kleingläubiger" 6.17, **12.21 ff.**, 16.56
– nachrangige 10.5, **12.3 ff.**, 16.13, 18.1, 18.71 ff.
– rechtliches Gehör 2.48, 7.8, 14.7, 16.40, 17.4, **18.60 ff.**, 21.9
– Schutz 4.17 ff., 6.22, 11.20, 13.2, 14.27, 20.1 ff.

355

Stichwortverzeichnis

Gläubigerausschuss 2.51, 3.3 f., 4.3 f., 6.21, 11.33, 15.1 ff., **25.1 ff.**
Gläubigerautonomie 6.79, 12.1, 14.3 f., 15.15, 17.28, **18.109 ff.**, 24.6, 27.25
Gläubigerbefriedigung 0.1 ff., 1.26 ff., 2.13 ff., 9.4, 10.1, 13.12, 14.27 ff., 15.27, 18.55 ff.
Gläubigerversammlung 0.27 f., 1.7 f., 2.17, 4.1, 6.2, 6.21, 14.3 f., 14.18 f., 15.17 ff., 16.20 f., 16.57 ff., 28.9
Gläubigerverzeichnis **4.24 f.**, 6.18
Gleichbehandlungsgrundsatz 0.18, 6.92, 8.36 f., 12.27, **13.1 ff.**, 18.4, 19.12, 28.13
Gruppenbildung 2.2, 2.19, 2.52, 8.33 ff., 9.24, 12.1 ff., 14.16 f., 16.43 ff., 17.13
siehe auch Abstimmung
- chapter 11-Verfahren 12.1
- „Ein-Gläubiger-Gruppen" 12.30 ff., 13.12
- Funktion 12.3
- (gerichtliche) Kontrolle 12.2 ff., 14.16
- Manipulation(sgefahren)/ Missbrauchsabwehr 14.16 f., 16.43
- Mischgruppen 12.9, 17.13
- ökonomische Maßstäbe 14.14
- rechtliche Grenzen 12.25 ff.

Haftung 0.18, 18.36
- faktischer Konzern 11.19 ff.
- Gesellschafter 0.16, 9.15, 11.21, 19.15
- Insolvenzgericht 2.46, 14.15, 16.9, 16.50, 18.30, 18.40
- Insolvenzverwalter 4.7, 6.21, 9.15, 11.37, 15.16 f., 15.27, 16.42
- Organe und gesetzliche Vertreter des Schuldners 0.17, 1.15
Haftungsverwirklichung 1.27 f., 9.4, 14.27, 15.27, 18.21 ff., **18.60 ff.**
Hauptinsolvenzverfahren 11.38 ff.
Hauptversammlungskosten 4.20
„Herlitz"-Fall 0.3, 0.28, 0.32, 2.20, 2.60, 11.1

IDW-Standards 4.23 ff., 6.14 ff., 6.89 ff.
Initiativrecht *siehe Planinitiative*
Insolvenzanfechtung 1.4, **6.52 ff.**, 17.23, 25.10 ff.
Insolvenzantrag *siehe Eröffnung des Insolvenzverfahrens*
Insolvenzarbeitsrecht 0.11, **1.16 ff.**, 6.36, **8.27 ff.**
Insolvenzdelikt 1.4
Insolvenzgeld 0.8, 1.21 f., 4.28
Insolvenzgericht
- Amtsermittlung 2.50, 18.29 ff., 18.42 ff., 22.21, 24.19
- Aufsicht 2.44, 17.2 f., 19.19, 24.3, 25.3
- Aussetzung der Verwertung 14.52 ff., **15.15 ff.**, 17.9
- Entscheidungen/Ermessen 6.21, 14.47, 15.5, 15.22, 16.5, 16.38 ff., 17.18

- Haftung 2.46, 14.15, 16.9, 16.50, 18.30, 18.40
- Hinweispflichten 2.48, 14.6 f., 14.41 ff., 16.34, 16.50 f.
- Mehrbelastungen 2.43 ff., 18.11
- Obstruktionsentscheidung 6.61, 16.34, 18.1 ff.
- Planbestätigung 6.1 ff., 6.61 f., **17.1 ff.**, 21.3 ff.
- Planvorprüfung/Zurückweisung 2.19, 6.64, 7.6, 12.4 f., **14.1 ff.**, 16.35
- Stimmrechtsentscheidung 16.43 f., **16.56 ff.**, 17.11, 26.13
- Zuständigkeiten des Rechtspflegers 2.44, 14.50
Insolvenzplan *siehe Abstimmung, Gruppenbildung, Planerfüllung, Planinitiative*
- Abstimmung/Annahme 12.1 ff., **16.64 ff.**
- Anlagen 6.64, **6.85 ff.**
- Arten 2.13 ff.
- Bestandteile 2.17, **6.66 ff.**
- darstellender Teil **6.1 ff.**, 16.19, 16.55 f.
- Funktionen 1.26 f., 2.6, 2.7, 6.83
- (gerichtliche) Bestätigung 17.1 ff.
- (gerichtliche) Vorprüfung/Zurückweisung 2.19, 6.64, 7.6, 12.4 f., **14.1 ff.**, 16.35
- gestaltender Teil **6.65 ff.**
- Liquidationsplan 2.14 f., 18.83, 18.93 ff.
- Mängel 14.3, 14.42 ff., **16.27 ff.**, 17.29
- Mängelbeseitigung 14.3, 16.27 ff.
- Rechtsnatur **7.1 ff.**
- Restschuldbefreiung 2.16, 2.21, 2.57 f., 5.19, 6.63, 14.18 ff., 18.33, 18.52, 19.10, 27.3 ff.
- salvatorische Klauseln **13.4 ff.**, 16.39, 20.15 ff.
- Sanierungsplan 2.13, 5.20, 9.3, 11.43, 18.101, 24.10, 27.29
- Sprache 4.12 f., 6.16 f.
- Stellungnahmen 1.7, 2.19, 6.29, 14.57, **15.1 ff.**, 16.22, 19.16
- Struktur/Qualifikation 2.1, **7.1 ff.**, 18.39, 18.86
- Titelfunktion 2.19, 6.83 f., 7.9 f., **26.4 ff.**
- unlauteres Zustandekommen 17.8, **17.17**
- Vorprüfung 2.19, 6.64, 7.6, 12.4 f., **14.1 ff.**, 16.35
- Zulassungsbeschluss **14.50 ff.**, 17.7 f.
- Zusammenfassung des wesentlichen Inhalts 16.7 f., 16.16 ff.
Insolvenzrecht
- Befriedungsfunktion 1.23
- Entscheidungsfunktion 1.27, 15.27 f.
- Gleichbehandlungsfunktion 1.27
- Paradigmenwechsel 1.24

Stichwortverzeichnis

- Reform 0.1 f., 1.7, 2.20, 13.6 f., 14.22, 14.38, 18.30 ff.
- Universalexekution 1.26, 2.3, 13.8, 15.15, 18.2, 18.101

Insolvenzverfahren 11.38
- Aufgaben 0.1 ff., 2.40
- Effizienz/Ökonomie 1.1 f., 2.39 f., 11.4, 14.14, 18.29
- einheitliches 2.3, **2.35 ff.**, 14.23 f.
- europäisch grenzüberschreitende 11.38 ff.
- Teilnahmerechte 1.25, 14.55, 14.62, 18.13 f., 18.56 *siehe auch Beteiligte; rechtliches Gehör*
- Verbraucherinsolvenzverfahren 2.21, **2.58**, 14.11, 27.17

Insolvenzverschleppung 0.17, 1.4 f., 1.15

Insolvenzverwalter
- Auswahl 0.5 f., 1.14, 3.4, 4.1 ff., 11.33, 18.41
- Haftung 4.7, 6.21, 9.15, 11.37, 15.16, 15.27, 16.42, 27.14
- Planinitiative/Planentwurf 1.7, 2.17, **3.2 ff.**, 12.4, 14.23, 15.27, 16.17, 18.41 f., 18.114
- Prozessführungsbefugnis 25.10 ff.
- „richtige" **4.7 ff.**
- Stellung 25.4
- Überwachung der Planerfüllung 23.1 ff., **24.36 ff., 25.1 ff.**
- Vergütung 0.8, 1.30, 2.22, 2.29, 3.11, 8.6, 14.51, **17.24 ff.**, 18.48, 24.4 f., **24.9 ff.**

Justiz
- Mehrbelastungen **2.42 ff.**
- Rechtspfleger *siehe dort*
- Richter 0.21, 2.43 ff., 4.8, 6.16, 14.4 ff., **14.41 ff.**, 16.20 ff., 17.2, 18.11 f.

Kerninsolvenzpläne 0.28, 2.26, **11.1 ff.**
„Kleingläubiger"
- nachrangiger 2.52

Konzerninsolvenzrecht 3.10, 11.1 ff.

Kosten 6.68
- (gerichtliche) Sachverhaltsermittlung 18.22 f., 18.28 ff.
- Mitwirkung/Verfahrensteilnahme 6.68, 16.79
- Plan(entwurf) 16.16 ff., 19.5
- Planzusammenfassung 16.16 ff.
- Prozessführung nach Verfahrensaufhebung 25.10 ff.

Kostenintensität 2.16, 14.57, 18.1, 18.18
Krediterahmen 6.80 f.
Krise 0.5, 0.16, 1.4, 1.11 f., 6.2
- Symptome 1.12
- Ursachen 0.5, 6.2, 6.19, 6.31

Liquidation 0.2, 1.2, 1.7, 1.29, 2.2 ff., 8.32, 9.4, 14.22, 21.19
Liquidationsplan 2.14 f., 18.83, 18.93 ff.

Lizenzen 0.25, 2.7, 2.27, 22.2

Masseaarmut 1.11, 1.15, **2.59**
Massekosten 1.15, 4.20, 16.18, 18.22, 18.28, 18.37, 24.15, 27.8 ff.
Massekostenvorschuss 1.15, 16.18
Minderheitenschutz 2.2, 2.52, 6.79, 7.6, 9.6 ff., 12.16, 13.4, 16.75, 18.8, 18.111 f., **20.1 ff.**
Modifikation 14.66, 16.24, 16.37 ff.

non performing loans 4.20

Obstruktion 2.19, 6.61, 7.6, 8.39 ff., 14.41, 18.1 ff., 18.33, 21.18
Obstruktionsverbot 1.7, 2.11, 2.52, 6.24, 7.5, 8.42, 9.6, 12.3, 13.12, 18.7, 18.16 ff., 18.43 ff., 18.116, 19.4
- angemessene Beteiligung 2.52, 18.47, 18.62 ff., 20.12
- Bewertungsmaßstäbe 18.63 ff.
- mehrheitliche Annahme 2.2, 2.19, 14.8, 14.61, 15.15 f., 16.33, 16.69 ff., 17.17, 18.37 ff., 18.109 f.
- „Schlechterstellung" 2.52, 13.4 ff., 16.19, 16.34, **18.53 ff.**, 18.84 f., 18.94 ff., 19.6 ff., 20.2 ff., **21.17 ff.**

par conditio creditorum 0.18, **1.25**, 4.18, 6.40, 8.38, 12.30, 13.1 f., 17.17, 18.93
Pensionssicherungsverein **8.32 ff.**, 12.29, 12.32, 22.17
Planbestätigung 2.19, 4.18, 5.5, 6.1 f., 6.22, 6.61 f., 7.1 ff., 8.5 ff., 9.15, 9.19, 13.4 ff., 14.18 f., 14.41, 14.48, 14.54 f., 16.33, 16.63, 16.77, **17.1 ff., 18.109 ff.**, 19.20 f., 20.1 ff., 21.2 ff., 22.1 f., 23.9, 24.1, 25.1 f., 25.14 ff., 27.22
- Aufhebung des Verfahrens 6.38 ff., 13.8, 23.9, 24.1 ff., 25.16
- Rechtsänderung 2.19, 6.2, 6.10, 6.68, 17.20

Planentwurf 2.17 ff., 4.18, 6.2, 6.85, 12.4 f., 14.13 ff., 14.27 f., 14.41 ff., 14.66, 15.3, 16.17, 16.35, 16.47 f., 19.15 ff. *siehe auch Planinitiative, Gruppenbildung*
- Einstellung der Verwertung 14.52 ff., **15.15 ff.**, 17.9, 18.77
- Zustimmungsbedürftigkeit 23.8, 24.38, 25.6 f.

Planerfüllung/Überwachung
- Zustimmungsbedürftigkeit 23.8, 24.38, 25.6 f.

Planinitiative 1.9 f., 3.3 ff., 12.1, 12.4, 14.3, 14.23, 14.33 ff., 15.17, 15.27, 16.17 f., 16.38, 18.18, 18.21 f., 18.33, 18.41 f., 18.114, 19.5 ff. *siehe auch Gruppenbildung: Insolvenzplan, Planänderung, Planentwurf*

357

Stichwortverzeichnis

- des Schuldners 1.10, 3.14, 6.2, 8.5, 12.4, 14.3 f., 14.23, 14.36, 15.15, 15.27, 16.18, 18.33, 19.16 ff.
- des Verwalters 1.7, 1.9, 2.17, 3.2 ff., 7.4, 14.23, 15.27, 16.17, 18.41 f.
- einzelner Gläubiger/Gläubigergruppen 1.7, 3.6 ff., 14.33, 16.17, 18.18, 18.45, 18.114, 19.5 ff.

positives Sanierungsklima 0.5 f., 0.10, 2.60, **4.1 ff.**, 11.23

rechtliches Gehör 0.21, **2.48**, 2.48 f., 14.7, 14.42 f., 15.27, 16.40, 16.47, 17.4, 17.30, 18.29, 21.9, 21.25

Rechtsbehelfe
- der Beteiligten gegen Eingriffe 2.44, 16.33, 16.77, **21.1 ff.**
- des Schuldners 15.19, **19.1 ff.**, 26.6, 26.9
- Dritter 26.9
- gegen (Ablehnung der) Planbestätigung 16.77
- gegen Stimmrechtsentscheidungen 16.33, 17.11

Rechtsnatur des Insolvenzplans **7.1 ff.**

Rechtspfleger 2.43 ff., 6.16, 14.19, 14.50, 16.20 f., 17.2, 18.40

Rechtsvergleichung
- österreichisches Recht 1.26, 2.11, 18.18, 18.22
- US-amerikanisches Recht 0.3 ff., 2.1 f., 2.38, 7.7, 8.18, 11.4, 12.1, 12.30, 14.13, 18.19 ff., 18.39, 18.45, 18.60 ff., 18.114

Reorganisation
- finanzwirtschaftliche 0.33, 2.3, 2.6, 3.17, 8.1 ff.
- leistungswirtschaftliche 0.33, 2.3, 2.6, 3.17, 8.1 ff.

Reorganisationsplan 2.1 ff., 11.26, 14.52

Restschuldbefreiung 0.5, 2.16, 2.21, 2.57 f., 5.19, 6.63, 14.22, 17.14, 18.52, 19.10, 27.3 ff.

„Sachsenmilch" – Fall 18.8

Sachverständige 2.46, 14.10, 14.13, 18.18, 18.27 ff., 18.40 ff., 20.16, 24.35

Sanierung
- außergerichtliche 0.2, 0.6, **0.13 ff.**, 1.5, 2.28, 4.2, 4.11, 18.8
- durch Insolvenz 0.2, 0.16, **4.1 ff.**, 11.22 ff., 27.7 ff.
- Gefahren 1.25
- Haftungsprivilegien 1.12
- übertragende 0.8, 0.23, 0.26 ff., **1.6 ff.**
- von Unternehmensträgern 0.27, 1.6 f., 1.28, 2.24 f., 4.5, 6.60, 14.22, 14.38, 18.77, 18.108, 20.14

Sanierungsgewinne 2.26, 3.10, 4.28, **5.16 ff.**, 11.13, 14.38, 27.7 ff.

Sanierungsklima, positives 0.5 f., 0.10, 2.60, 4.1 ff., 11.23

Sanierungsmaßnahmen
- autonome 6.25, 6.31, 6.67
- heteronome 6.31 ff.
- Sanierungskredite 6.80, 14.50
- spezifisch insolvenzrechtliche 6.34

Sanierungsmittel 0.2, 0.4 f.

Schließungskosten 0.10

Sekundärinsolvenzverfahren 11.39 ff.

Sequester 1.15

Sicherheiten
- Eigentumsvorbehalt 6.45 f., 6.50, **8.9 ff.**, 12.31
- Eingriffe durch den Insolvenzplan 7.1 ff.
- Poolvereinbarungen 6.69, 13.15 f., 16.74
- Sicherungsübereignung/-zession 6.39, 6.49, 6.69, 12.7, 18.104, 18.107, 25.15
- Stimmrecht(sfestsetzung) 16.43, 16.53, 16.56 ff.

Sportvereine 2.27

Spruchrichterprivileg 2.46, 18.30, 18.40

Steuerrecht
- Sanierungsgewinne 2.26, 3.10, 4.28, **5.16 ff.**, 11.13, 14.38, 27.7 ff.
- Verlustvorträge 2.26, 3.10, 5.12 ff., 5.22 f., 5.35 ff., 11.13, 11.18

Stimmbindungsverträge **4.14 ff.**

Übernahmegesellschaft 6.57, 6.83, 6.85, 19.4, 21.8, 21.18 ff. *siehe auch Auffanggesellschaft*

Überschuldung 0.15, 1.15, 4.5, 4.23 ff., 6.19, 6.25 ff., 6.35

übertragende Sanierung 0.8, 0.18, 0.23 ff., **1.6 ff.**, 2.1, 2.6, 2.15, 2.22 ff., 2.27 f., 6.59, 8.30, 15.16, 15.19, 15.24 ff., 16.66, 18.57

Unternehmen
- Insolvenzantragspflichten 0.15, 0.17, 1.15
- Krise 0.5, 0.16, 1.4, 1.11, 1.16 ff., 2.5, 6.2, 6.31
- Liquidation 1.2, 1.6, 1.29, 2.2 f., 2.41, 3.6, 9.1 ff., 18.83 ff.
- realkonzessionierte 2.25
- Sanierung 0.1 ff., 1.1 ff., 2.7, 2.15, 2.24, 2.60, 4.2, 11.23, 18.44
- Stellung der Gesellschafter 0.24 f., 8.6 f., 9.1 ff., 12.17 f., 18.117 f.

US-amerikanisches Insolvenzrecht
- absolute priority rule **18.60 ff.**, 18.80 ff.
- automatic stay 0.12, 8.18
- bankruptcy court 14.13, 18.20
- chapter 11-Verfahren 0.3, 0.8, 2.38, 8.34, 12.1, **18.20 ff.**
- claim classification 12.1
- cram-down procedure 18.5, **18.20 ff.**, 18.37 ff., 20.1, 20.14
- „LaSalle"-Fall 18.77 f., 18.86

Stichwortverzeichnis

- Planinitiative/-verfahren 18.19 ff., 18.29, 18.39, 18.45, 18.65
- Prämissen 18.92
- Reorganisationsverfahren *siehe chapter 11-Verfahren*
- Rezeption 18.60, 18.86
- single asset real estate cases 18.99

Verbraucherinsolvenzverfahren 2.21, 2.57 f., 5.19, 14.11, 14.22, 14.58, 27.17
Verfahrensgrundsätze
- Amtsermittlungsgrundsatz **2.50**, 17.7, 18.29, 18.42 ff., 18.96
- insolvenzplanspezifische **2.52**
- rechtliches Gehör **2.48 f.**, 14.7

Verfahrenskosten *siehe Kosten*
Verfahrenskostendeckung 2.1
Vergleichsverfahren/-ordnung 0.2, 0.8, 0.31, 1.8 ff., 2.3, 2.10 ff., 2.36 f., 3.2, 3.5, 6.7 ff., 6.35, 7.1 ff., 8.1, 8.19, 11.8 ff., 12.1, 13.12, 15.23, 16.60, 16.65, 18.70, 19.13, 25.1 f., 25.10, 26.4 ff.
- Maßstab für die Planzurückweisung 14.21 ff., 14.34

Vermögensübersicht 4.24 f., 6.57, 6.88 ff., 24.12 f.
Verträge, gegenseitige 0.11, 6.37 ff., 8.9, **8.17 ff.** *siehe auch Arbeitsrecht, Sicherheiten*

- Auflösungsklauseln 8.20
- Gestaltung durch den Plan 6.83, **8.17**
- Kauf (unter Eigentumsvorbehalt) **8.9 ff.**
- Leasing 6.48
- Miete (Pacht) 0.11, 1.24, 2.7, 6.45 ff., 8.19 ff., 24.15
- nach Aufhebung des Insolvenzverfahrens 6.39 ff.

Verwalter *siehe Insolvenzverwalter*
Vorläufiger Insolvenzverwalter
- als Gutachter 2.1, 15.25, 18.18
- als Sanierer 0.8, 3.10
- Planvorlagebefugnis **3.9 ff.**

Widerspruch des Schuldners gegen den Plan **19.1 ff.**
- Unbeachtlichkeit 2.52, 19.3 f.

Zahlungsunfähigkeit (drohende) 0.30 f., 1.12, 1.15, 3.21 f., **4.1 ff.**, 16.18
Zinsforderungen 16.18, 16.30
Zustimmung des Schuldners zum Plan *siehe Widerspruch des Schuldners gegen den Plan*
Zwangsvergleich(sverfahren) *siehe Vergleichsverfahren*
Zwangsvollstreckung aus dem Plan 6.7 ff., 6.83 f., **26.1 ff.**
- gegen Dritte 6.83, **26.7 ff.**
- Klauselerteilung 26.5, 26.11

Leonhardt/Smid/Zeuner (Hrsg.)

Insolvenzrechtliche Vergütungsverordnung (InsVV)

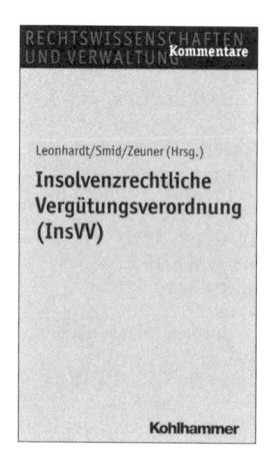

2014. XIV, 357 Seiten. Fester Einband. € 79,99
ISBN 978-3-17-022236-6
Kommentare

„50 Millionen für Kaufhaus-Insolvenzverwalter!" – „Fünf Millionen Euro für zehnwöchige Tätigkeit!": Die Höhe der Vergütung des Insolvenzverwalters hat auch abseits der spektakulären Fälle erheblich an Bedeutung gewonnen.

Mit der Aufhebung oder Einstellung des Insolvenzverfahrens endet die Tätigkeit des Insolvenzverwalters, der im Rahmen der Verfahrenskosten seine Vergütung nach Maßgabe der Insolvenzrechtlichen Vergütungsverordnung (InsVV) geltend macht. Die Vergütung wird nach Regelsätzen gewährt, die sich nach dem Wert der Insolvenzmasse zur Zeit der Beendigung des Insolvenzverfahrens berechnen.

Der neue Kommentar erläutert die InsVV praxisorientiert unter Berücksichtigung der aktuellen Rechtsprechung und Literatur.

Die Herausgeber:
RA und Notar **Peter Leonhardt**, Berlin;
Prof. Dr. Stefan Smid, Kiel; RA Prof. Dr. Mark Zeuner, Hamburg.
Die Autorin: RAin **Katrin Amberger**, Berlin.

Leseproben und weitere Informationen unter www.kohlhammer.de

W. Kohlhammer GmbH
70549 Stuttgart

Kohlhammer

2., erw. und überarb. Auflage
2012. XXXII, 470 Seiten. Fester Einband
€ 94,-
ISBN 978-3-17-022094-2

Leonhardt/Smid/Zeuner (Hrsg.)

Internationales Insolvenzrecht

- Europäische Insolvenzverordnung
- Art. 102 u. 102a EGInsO
- §§ 335 bis 358 InsO
- ausgewählte Vorschriften der InsO

Die EuInsVO und das autonome deutsche internationale Insolvenzrecht nehmen in der Insolvenzpraxis einen immer breiteren Raum ein. Die EuInsVO wird maßgeblich durch die Judikatur des EuGH und der nationalen Gerichte bestimmt, auf deren Rechtsprechung der Kommentar ebenso eingeht wie auf die Einflüsse, die vom internationalen Insolvenzrecht auf die Auslegung des deutschen Insolvenzrechts ausgehen. Kommentiert werden die EuInsVO, die Regelungen der Art. 102 §§ 1 ff. u. Art. 102a EGInsO, §§ 335 ff. InsO und ausgewählte Vorschriften des deutschen Insolvenzrechts.

Rechtsanwalt **Peter Leonhardt** ist seit über drei Jahrzehnten Insolvenzverwalter in Berlin und hat die Diskussion um das Internationale Insolvenzrecht maßgeblich mitbestimmt.
Prof. Dr. Stefan Smid leitet das Centrum für Deutsches und Europäisches Insolvenzrecht an der Christian-Albrechts-Universität zu Kiel.
Rechtsanwalt **Prof. Dr. Mark Zeuner,** Mitglied des Centrums für Deutsches und Europäisches Insolvenzrecht an der Christian-Albrechts-Universität zu Kiel, ist Insolvenzverwalter mit langjähriger Erfahrung insbesondere auch in der Bearbeitung grenzüberschreitender Insolvenzfälle.

Leseproben und weitere Informationen unter www.kohlhammer.de

W. Kohlhammer GmbH
70549 Stuttgart

Kohlhammer

2., vollst. überarb. und erw. Auflage
2014. XXII, 422 Seiten. Kart. € 79,99
ISBN 978-3-17-022679-1

Lissner/Dietrich/Eilzer/Germann/Kessel

Beratungshilfe mit Prozess- und Verfahrenskostenhilfe

Ein Handbuch und Nachschlagewerk für die Praxis

Das erfolgreiche Handbuch wird von allen Anwenderinnen und Anwendern in seinem Schwerpunktbereich „Beratungshilfe" sehr verlässlich und hoch geschätzt. Darüber hinaus ist es eine wertvolle Hilfe für die immer komplexer werdenden Fragestellungen im Bereich der Prozess- und Verfahrenskostenhilfe geworden.

Die 2. Auflage beinhaltet topaktuell alle diese Themengebiete betreffenden zahlreichen Gesetzesänderungen, wie das zum 1.1.2014 in Kraft getretene Gesetz zur Änderung des Prozesskostenhilfe- und Beratungshilferechts, das 2. Kostenrechtsmodernisierungsgesetz, das Gesetz zur Einführung einer Rechtsbehelfsbelehrung im Zivilprozess, PKH-Bekanntmachung 2014, die VO (EG) Nr. 4/2009 des Rates v. 18.12.2008, das Gesetz zur Verkürzung des Restschuldbefreiungsverfahrens und zur Stärkung der Gläubigerrechte sowie die zahlreich hierzu ergangenen neuen Rechtsprechungen.

Das Handbuch ist unverzichtbarer Bestandteil der täglichen Praxis, gerade auch für die erstmals mit diesen Themengebieten berührten Personen wie Steuerberater und Steuerbevollmächtigten, Wirtschaftsprüfer und vereidigten Buchprüfer sowie Rentenberater.

Leseproben und weitere Informationen unter www.kohlhammer.de

W. Kohlhammer GmbH
70549 Stuttgart

Kohlhammer